第 2 版

中国监察法学

On the Supervision Law Science of China

江国华 ◎ 著

中国政法大学出版社

2022·北京

声　明　　1. 版权所有，侵权必究。

　　　　　2. 如有缺页、倒装问题，由出版社负责退换。

图书在版编目（CIP）数据

中国监察法学/江国华著.—2版.—北京：中国政法大学出版社，2022.8
ISBN 978-7-5764-0604-7

Ⅰ.①中… Ⅱ.①江… Ⅲ.①行政监察法－法的理论－中国　Ⅳ.①D922.114.1

中国版本图书馆 CIP 数据核字(2022)第 135291 号

出 版 者	中国政法大学出版社
地　　址	北京市海淀区西土城路 25 号
邮寄地址	北京 100088 信箱 8034 分箱　邮编 100088
网　　址	http://www.cuplpress.com（网络实名：中国政法大学出版社）
电　　话	010-58908586(编辑部) 58908334(邮购部)
编辑邮箱	zhengfadch@126.com
承　　印	固安华明印业有限公司
开　　本	787mm×1092mm　1/16
印　　张	32.25
字　　数	690 千字
版　　次	2022 年 8 月第 2 版
印　　次	2022 年 8 月第 1 次印刷
定　　价	99.00 元

目 录

绪 论 001
    第一节　监察法的性质和地位 002
    第二节　监察法学的研究对象与学科地位 007
    第三节　中国监察制度的历史发展 010

◇ 第一编　监察法学基础理论 ◇

第一章　监察法学基本范畴 021
    第一节　监察 021
    第二节　监察权 024
    第三节　监察措施 029

第二章　马克思主义监察法治原理 032
    第一节　马克思、恩格斯、列宁关于政党和国家监督的理论 032
    第二节　马克思主义监察法治思想的中国化 037
    第三节　习近平新时代监察法治理论 042

第三章　监察法的基本原则 047
    第一节　领导原则 047
    第二节　组织原则 050
    第三节　办案原则 056

◇ 第二编　监察机关与监察对象 ◇

第四章　监察机关 ··· 063
- 第一节　监察委员会产生及其领导体制 ··· 063
- 第二节　监察委员会的内设机构 ··· 068
- 第三节　监察机关派驻或派出机构 ··· 070

第五章　监察官 ··· 075
- 第一节　《监察官法》的地位和意义 ··· 075
- 第二节　监察官的职责与权利 ··· 081
- 第三节　监察官的选用与任免 ··· 091
- 第四节　监察官的管理 ··· 099

第六章　监察对象 ··· 116
- 第一节　监察对象的范围 ··· 116
- 第二节　监察对象的认定原则与制度 ··· 122
- 第三节　监察对象的识别基准 ··· 125

◇ 第三编　监察权限与管辖 ◇

第七章　监察职责 ··· 141
- 第一节　监督职责 ··· 142
- 第二节　调查职责 ··· 143
- 第三节　处置职责 ··· 146

第八章　监察权限与监察措施 ··· 150
- 第一节　监察权限 ··· 150
- 第二节　语谈性监察措施 ··· 155
- 第三节　技术性监察措施 ··· 165
- 第四节　强制性监察措施 ··· 181

第九章　监察管辖 ··· 214
- 第一节　监察管辖一般规定 ··· 214
- 第二节　职务犯罪的监察管辖 ··· 220
- 第三节　互涉案件和关联案件的管辖 ··· 230

◇ 第四编　监察行为 ◇

第十章　监察法规与监察规范性文件的制定……237
- 第一节　监察法规的制定……237
- 第二节　监察规范性文件的制定……241
- 第三节　涉纪检监察党内法规的制定……245

第十一章　政务处分……251
- 第一节　政务处分的原则……251
- 第二节　政务处分的种类和适用……254
- 第三节　政务处分的程序……267
- 第四节　复审、复核与法律责任……273

第十二章　具体监察行为的类型化……280
- 第一节　执纪行为……280
- 第二节　执法行为……284
- 第三节　职务犯罪调查行为……291

第十三章　反腐败国际合作……300
- 第一节　监察委员会在国际反腐败工作中的两项职能……300
- 第二节　反腐败国际合作六大领域……302
- 第三节　国际反腐败追逃追赃和防逃工作……305

◇ 第五编　监察程序 ◇

第十四章　监察案件处理流程……315
- 第一节　问题线索管理与处理程序……315
- 第二节　立案、调查与审查程序……325
- 第三节　处置程序……337
- 第四节　移送审查起诉……346
- 第五节　从宽处罚的建议……359

第十五章　监察证据与证明……367
- 第一节　监察证据的概念与类型……367
- 第二节　监察证据的收集与固定……374

第三节	监察证据的审查与判断	382
第四节	监察案件的证明标准	387

第十六章　监察与刑事司法的衔接 396

第一节	管辖制度中的衔接机制	396
第二节	证据制度中的衔接机制	399
第三节	移送和审查起诉制度中的衔接沟通机制	404
第四节	留置与刑事强制措施之间的衔接沟通机制	412
第五节	监察调查与涉贪腐案件审理中的衔接机制	416
第六节	涉案财物处置中的衔接机制	419

◇ 第六编　监察的监督、救济与责任 ◇

第十七章　监察权的监督 425

第一节	党的监督与人大监督	425
第二节	监察信息公开与特约监察员制度	434
第三节	工作监督和执业监督	442

第十八章　监察对象的权利救济 459

第一节	复审、复核制度	459
第二节	申诉制度	464
第三节	监察赔偿	467

第十九章　监察责任 470

第一节	监察人员失职失责责任	470
第二节	监察人员违法违纪责任	472
第三节	监察对象拒执或阻碍办案责任	476
第四节	报复陷害和诬告陷害责任	482
第五节	刑事责任	485

主要参考文献 489

后　记 510

绪 论

世界各国的法治实践表明，建立一个专业的独立反腐败机构，比没有独立机构或多个机构执行反腐败法能起到更显著的反腐败成效。[1]2018年3月11日第十三届全国人民代表大会第一次会议通过的《宪法修正案》对国家机构的设置进行了调整，增加了有关国家监察委员会和地方各级监察委员会的相关规定，包括机构名称、性质、地位、人员组成、任期任届、领导体制、工作机制等内容。在此基础上，2018年3月20日第十三届全国人民代表大会第一次会议通过了《中华人民共和国监察法》（以下简称《监察法》[2]），共分9章69条，对国家监察的领导体制、国家监察机关及其职责、监察范围和管辖、监察权限、监察程序、反腐败国际合作、对监察机关和监察人员的监督、法律责任等作了全面的规定。《监察法》的制定是新时代下推进全面依法治国、推进国家治理体系和治理能力现代化的重大举措，对于构建集中统一、权威高效的中国特色监察体系，具有决定性意义。[3]

为规范政务处分，加强对所有行使公权力的公职人员的监督，促进公职人员依法履职、秉公用权、廉洁从政从业、坚持道德操守，根据《监察法》制定的《公职人员政务处分法》是《监察法》出台之后，第一部配套性法律。《公职人员政务处分法》将宪法确立的坚持党的领导的基本要求具体化、制度化、法律化，强化对公职人员的管理和监督、实现党纪与国法的有效衔接、推进政务处分的法治化和规范化，[4]使自觉坚持和切实维护党的领导成为公职人员的法律义务，为有效发挥中国共产党领导这一最大制度优势提供有力的法治保障。

构建中国特色国家监察官制度是深化国家监察体制改革的重要内容，也是推进国家治理现代化的应有之义。[5]2021年8月20日，第十三届全国人民代表大会常务委员会第三十次会议通过了《监察官法》，自2022年1月1日起施行。《监察官法》深入贯

---

[1] ［美］杰拉尔德·E.凯登等：《腐败：权利与制约》，王云燕译，人民日报出版社2017年版，第123~133页。

[2] 本书中涉及中国的法律法规，如无特殊说明，直接使用简称，省去"中华人民共和国"字样，全书统一，后不赘述。

[3] 徐天："《监察法》是党规转向国法的重要变化——专访著名法学家、中国政法大学原校长陈光中"，载《中国新闻周刊》2018年第11期。

[4] 吴玉良：《关于〈中华人民共和国公职人员政务处分法（草案）〉的说明》，2019年8月22日。

[5] 周磊、焦利："构建中国特色国家监察官制度：背景与建议"，载《北京行政学院学报》2019年第3期。

彻习近平新时代中国特色社会主义思想,认真落实党的十九大和十九届二中、三中、四中、五中全会精神,落实党中央深化国家监察体制改革的重大决策部署,以《宪法》和《监察法》为依据,坚持党管干部原则,坚持"责任法"的定位,秉持全心全意为人民服务的宗旨,坚持以人民为中心的发展思想,构建中国特色监察官制度,是不敢腐、不能腐、不想腐一体推进的又一重要制度性成果,进一步丰富了国家反腐败立法。

2021年9月20日,《监察法实施条例》公布并施行,是国家监察委员会成立后制定的第一部监察法规,共分9章287条,体例上与《监察法》各章相对应。该条例对监察制度进行科学化、体系化集成,同时把实践中的好经验、好做法上升为法规规定,有利于更好地指导各级监察机关加强规范化、专业化建设,确保监察权在法治轨道上运行。[1]

国家监察体制改革以来,学术界、理论界高度关注,积极开展相关理论研究,一些高校还成立了专门的研究机构,设置纪检监察专业或者开设相关课程,为推动纪检监察工作高质量发展提供了有益的理论支持。在《监察官法》立法过程中,理论界和实务部门形成共识,加强监察学科建设,有利于实现理论研究与实际工作密切结合、相互促进,汇聚更为丰富的研究资源,对监察基本原理、发展规律等进行学科化、学理化研究阐释,强化理论提升和规律总结,推动监察工作和监察官队伍的专业化、正规化。[2]因此,《监察官法》第32条明确规定:"国家加强监察学科建设,鼓励具备条件的普通高等学校设置监察专业或者开设监察课程,培养德才兼备的高素质监察官后备人才,提高监察官的专业能力。"这就从法律层面确立了监察学科建设的地位和作用,必将促进高等学校积极参与监察学科建设和监察人才培养,促进监察机关的广大监察官专业能力和水平的不断提升。[3]

第一节 监察法的性质和地位

一般而言,性质是事物的固有属性,是其所具有的、区别于其他事物的特征。在规范意义上,监察法是为了推进全面依法治国,实现国家监察全面覆盖,深入开展反腐败工作而专门制定的法律。监察法学所研究的"监察法"是以监察法律关系为调整对象的法律规范的总称。

一、监察法的性质

在中国特色社会主义法治体系中,监察法有其独立的立法宗旨和专门的调整对象,

---

[1] 邹开红:"持续深化国家监察体制改革 规范和正确行使国家监察权",载《中国纪检监察》2021年第19期。
[2] 夏晓东:"建设高素质专业化监察官队伍",载《中国纪检监察》2021年第17期。
[3] 邹开红:"《中华人民共和国监察官法》解读",载《中国纪检监察》2021年第17期。

是一门独立的新兴部门法，是国家监督领域的基本法律。[1]在广义上，其渊源形式包括《宪法》《全国人民代表大会组织法》《地方各级人民代表大会和地方各级人民政府组织法》《监察法》《刑事诉讼法》《刑法》"刑事证据相关规则"以及涉及反腐败的党内法规、监察法规和监察规范性文件等。在狭义上，监察法主要是指《宪法》中的监察条款、《监察法》《监察官法》《公职人员政务处分法》以及《监察法实施条例》等监察法规；其中，《监察法》居于基本法地位，其内容主要包括国家监察立法的基本宗旨、领导体制和监察工作的基本原则、监察的组织体系、监察权限与管辖、监察行为和监察程序等。

（一）监察法的公法属性

基于调整对象之划分标准，监察法的调整对象既包括国家监察机关与国家公职人员之间的关系，也涵摄国家监察机关与其他公权机关之间的关系，具有公法属性。就其历史渊源而言，公私法之分殊乃大陆法系法之分类之传统。其中，公法意指有关公共权力（职权）和义务（职责）的法律规定，涉及国家权力在社会生活中的地位、作用、运行程序等；私法则意指有关私人权利和义务的法律规定，涉及公民、法人等非国家组织的权利和义务。[2]监察法的基本任务在于对公职人员的职务行为及其行使的公权力进行监督和制约，调整的是监察工作中国家监察机关与公职人员及其他监察参与人的关系[3]，因而属于公法之范畴。

（二）监察法的宪法相关法属性

基于法律地位之划分标准，以构设监察组织体系、规范监察权力及其行使程序为宗旨的监察法，具有宪法相关法之属性。所谓宪法相关法，也称宪法性法律，意指由宪法所延伸出来的关涉国家基本制度的法律。《监察法》是国家监察法治体系中的基本法，兼具监察组织法、监察行为法和监察程序法三重性，与《全国人民代表大会组织法》《人民法院组织法》等基本法律在法律效力层级上具有同等的地位，属于宪法相关法之范畴。

其一，从宪法层面看，监察机关的设置突破了既有的权力格局。[4]2018年《宪法修正案》中的监察条款，在人民代表大会制度体系下增设了监察权，对原来国家权力结构进行了重新配置。监察权是一项新型的国家权力，具有独立于立法权、行政权、审判权和法律监督权的法律属性，基于《宪法》和《监察法》所构设的监察机关是一个具有鲜明政治性的反腐败专责机关。

其二，就其法律地位而言，《监察法》在中国特色监察法治体系中居于基本法地位。其主要规定：一是国家监察权由监督、调查、处置三权构成；二是监察权的行使主体是各级监察委员会；三是监察权的监督对象覆盖所有行使公权力的公职人员；四

---

[1] 姜明安："国家监察法立法的若干问题探讨"，载《法学杂志》2017年第3期。
[2] 张文显主编：《法理学》（第5版），高等教育出版社2018年版，第92页。
[3] 吴建雄、廖永安主编：《监察法学》，中国人民大学出版社2020年版，第6页。
[4] 江国华："国家监察体制改革的逻辑与取向"，载《学术论坛》2017年第3期。

是监察权运行程序和监察措施；五是反腐败国际合作，等等。

其三，就其价值取向而言，《监察法》内在涵摄了廉政、勤政、善政三重价值。[1]《监察法》的基本宗旨在于建立一个由党集中统一领导、权威高效的权力监督体制。[2]监察机关实行"党政合设"模式，融通法纪，兼行执纪执法双重职能，既对违纪行为进行监督、调查，也对职务违法和犯罪行为进行调查、处置。

（三）监察法的综合法属性

"监察法"是有关反腐败法律法规的总称，既指涉《监察法》及《监察法实施条例》，也涵摄《监察官法》《公职人员政务处分法》以及《中国共产党纪律处分条例》等党内法规。仅就《监察法》而言，由于其内容涉及监察组织、监察权限和监察程序等内容，因而兼具实体法和程序法的双重特征，属于综合性的法律——在法理上，法律可以分为实体法和程序法。其中，实体法意指规定实质权利和义务或者权力和责任的法律；程序法意指规定权利和义务或者权力和责任实施程序的法律。[3]以学术惯例，那些融实体法与程序法于一体的法律，就属于综合法之范畴。

其一，监察法对各级监察委员会组织作了一般性规定。《监察法》设置了四级监察机关，各级监察机关由同级人大产生，对同级人大负责，并接受同级人大及其常委会的监督；国家监察委员会为最高监察机关，统一领导地方各级监察委员会，县级以上地方各级监察机关接受上级监察委员会的领导。

其二，监察法规定了监察机关权力行使的范围和限度。从源头上讲，如何划分监察权，明确监察权与刑事司法权的衔接边界，明确各项监察措施的条件和限度，是保障监察权规范运行的重要方式。《监察法》和《监察法实施条例》均设置"监察权限"作为专章内容，规定了监察机关在监督和调查中各项权力的内容及其边界。

其三，监察法规定了监察工作程序。基于正当程序原则，监察机关应当建立问题线索处置、调查、审理的工作机制，且工作部门设置应相互协调、相互制约；在监察对象的线索处理问题上，监察机关应当按照有关规定提出处置意见，履行审批手续，进行分类办理；对于需要初步核实和处置问题线索的情形，监察机关应当依法履行审批程序，成立核查组；经过初步核实，对监察对象涉嫌职务违法犯罪，需要追究法律责任的，监察机关应当按照规定的权限和程序办理立案手续。

二、监察法的任务

腐败是国家治理中的一种病变行为，只有防止公共权力滥用，避免政府"服务之手"异化为"掠夺之手"，才能保障国家治理的有效性。[4]监察法即为推进全面依法治国、实现国家监察全面覆盖和深入开展反腐败工作而专门制定的法律，是以反腐败

---

[1] 江国华：《国家监察权力运行及其监督机制研究》，中国政法大学出版社2020年版，第2页。
[2] 秦前红主编：《监察法学教程》，法律出版社2019年版，第30页。
[3] 张光杰主编：《法理学导论》，复旦大学出版社2006年版，第17页。
[4] 吴建雄："论国家监察体制改革的价值基础与制度构建"，载《中共中央党校学报》2017年第2期。

为核心任务的廉政法。[1]作为国家监察工作统领性和基础性的法律，其核心任务在于构建"不敢腐""不能腐""不想腐"的中国特色反腐败法治体系。监察法的实施，也意味着监察体制改革从宪法体制层面的结构框架设计，步入了面向腐败治理实践的职权运行阶段。[2]

民主并不能消除腐败。[3]现有国内外研究表明民主对腐败来说的约束力相当弱。腐败在不同程度上持续存在于成熟的民主国家。[4]当诱惑与纵容并存时，腐败就会滋生。如果对权力缺乏制度性的监管，腐败行为则会猖獗。非政府组织国际透明反腐中心（Transparency International anticorruption center），使用来自世界银行、世界经济论坛、私人风险和咨询公司、智囊团等13个外部来源的数据，根据受访者（专家和商人）对公共部门腐败的看法，对全球180个国家和地区进行评分，并且每年发布清廉感知指数报告。清廉感知指数（Corruption Perceptions Index，CPI）已成为全球领先的公共部门腐败指标。2022年1月25日发布的清廉感知指数的报告显示，全球反腐败水平仍处于停滞状态，86%的国家在过去10年中几乎没有取得任何进展，全球CPI指数连续十年的平均分为43分。值得注意的是，中国在过去十年中CPI指数显著改善。我国自2018年颁布《监察法》并且成立监察委员会以来，CPI指数呈增长趋势：2018年为39分、2019年为41分、2020年为42分，2021年为45分。[5]反腐是一项长期的复杂而艰巨的工作，建立和完善我国反腐制度具有重大意义。

（一）强化监督问责，力保"不敢腐"

反腐工作应坚持标本兼治、综合治理，强化惩戒警示，严厉惩治腐败。党的十八大以来，基于"无禁区、全覆盖、零容忍"之原则，以实现"监察全覆盖"为目标，全面推进监察体制改革，确保行使公权力的各类公职人员均受到国法和党纪的双重监督。为营造"不敢腐"的氛围，就必须持续保持反腐败高压态势。就要求我们各级纪检监察机关持续不懈地做好监督执纪工作，充分发挥职能作用，加大反腐败力度，对违纪违规问题及时亮剑，发现一起，查处一起，不但要"打虎""拍蝇"还要"灭蚊"，让违法违纪者无可乘之机，让所有监察对象不敢心存侥幸，都树立起"莫伸手，伸手必被捉"的观念，在所有公权力行使者头上高悬"达摩克利斯之剑"。[6]

（二）巩固制度约束，力保"不能腐"

基于反腐的常态化趋势，解决"不能腐"的问题必须依靠健全的反腐制度体系。

---

[1] 谭宗泽、张震、褚宸舸主编：《监察法学》，高等教育出版社2020年版，第4页。

[2] 谭家超："《监察法》实施过程中监察建议的制度建构"，载《法学》2019年第7期。

[3] Reisman The causes of corruption: a cross-national study J. Public Econ., 76 (3) (2000), pp. 399~457.

[4] T. Persson, G. Tabellini, F. Trebbi Electoral rules and corruption J. Eur. Econ. Assoc., 1 (4) (2003), pp. 958~989.

[5] https://transparency.am/en/cpi.

[6] 达摩克利斯之剑（The Sword of Damocles），亦称"悬顶之剑"，源自古希腊传说：狄奥尼修斯国王请他的朋友达摩克利斯赴宴，命其坐在用一根马鬃悬挂的一把寒光闪闪的利剑下，由此而产生了这个外国典故，意指令人处于一种危急状态，"临绝地而不衰"。引申为"风险与权力并存、地位与能力相配"。

党的十九大报告提出,"要加强对权力运行的制约和监督,让人民监督权力,让权力在阳光下运行,把权力关进制度的笼子",要求运用制度来监督权力,形成监督合力、增强监督实效,确保党和人民赋予的权力真正用来为人民谋利益。[1]《监察法》规定国家监察机关和地方各级监察机关作为行使监察权的专责机关,实行纪委监委合署办公,有利于形成制度合力,同时发挥好党章、党规、党纪和宪法法律法规的功能。在"两把尺子"的共同作用之下,实现既用纪律管全党、治全党,又用法律管住所有行使公权力的公职人员。《监察法》在强调监察机关独立行使职权的同时,构建了法法衔接和反腐败协作机制,使得贪腐行为在党纪国法双重规制下将无缝可钻,真正构筑起不能腐的堤坝,夯实权力制约的铁笼。

(三) 加强教育功能,力保"不想腐"

党的十九大报告指出,"提高全民族法治素养和道德素质","深入挖掘中华优秀传统文化蕴含的思想观念、人文精神、道德规范"。习近平总书记强调,把法治中国建设好,必须坚持依法治国和以德治国相结合,使法治和德治在国家治理中相互补充、相互促进、相得益彰,推进国家治理体系和治理能力现代化。因此,反腐工作必须根植于反腐文化和廉洁精神。习近平总书记强调,领导干部要讲政德。政德是社会道德建设的风向标,立政德就要明大德、守公德、严私德。[2]《监察法》明确将"加强法治教育和道德教育,弘扬中华优秀传统文化"作为监察工作方针,就是从中华民族历史文化中汲取智慧,落实党中央的决策部署,实现监察工作理念思路、体制机制、方式方法的与时俱进。[3]

三、监察法的地位

监察法是以反腐败为基本宗旨的部门法,也是以廉政建设为目标的政治法。其中,《监察法》具有反腐败基本法的地位。基本法,即在其调整领域具有统率其他一般法律、法规和规章的地位。[4]它既是宪法有关监察条款的法律化,具有明确的规范性;也是党和国家反腐败政策的法律化,具有鲜明的政治性。

(一) 监督权力运行与监督的基本规范

监察体制改革通过整合行政监察、党内纪检监督和检察机关等法律监督权力,重构国家监督体制和宪法权力结构,形成了新的监察权。《监察法》既是监察权力行使的直接规范依据,也是监督监察权力运行的规范依据。在国家监察法治体系中,《监察法》及其《监察法实施条例》具有基础性地位。

---

[1] 中共中央纪律检查委员会、中华人民共和国国家监察委员会法规室编写:《〈中华人民共和国监察法〉学习问答》,中国方正出版社2018年版,第19页。

[2] 尹传政:"汲取优秀政德文化 加强政治生态建设",载《光明日报》2018年5月8日。

[3] 中共中央纪律检查委员会、中华人民共和国国家监察委员会法规室编写:《〈中华人民共和国监察法〉学习问答》,中国方正出版社2018年版,第21页。

[4] 姜明安:"国家监察法立法的若干问题探讨",载《法学杂志》2017年第3期。

(二) 监察体制和监察制度的基本依据

《监察法》整合了国家反腐败资源，建立国家监察委员会机构体系，由其依法专责独立行使国家监察权力，从而形成集中统一、权威高效的反腐败体制，为建设严密的现代的中国特色的法治监督体系奠定了基础。为确保监察体制有效运转，《监察法》规定了一套相对完整的监察制度体系，其中，民主集中制居于统摄地位；监督制度、调查制度、留置制度、反腐败国家合作制度等居于第二层次；管辖制度、程序制度、证据制度、被调查对象权利保障制度、监察本身的监督制度等居于第三层次；集体研究、审核批准、配合协作等工作制度居于第四层次。

(三) 国法和党规衔接的重要方式

我国公职人员的身份结构及内在特征决定了监督工作中"法纪"的不可分割性。[1] 监察体制改革后，国家监察机关和党的纪律检查机关采取合署办公的方式，为党纪和国法的互融互通提供了组织基础。为确保"依法监察"和"依规治党"有机结合，就必须以《监察法》为基础，打通法纪衔接障碍，构建法纪融通机制。至今，已基本形成了宪法、《监察法》及《监察法实施条例》《刑事诉讼法》《公职人员政务处分法》等法律与《中国共产党党内监督条例》《中国共产党纪律处分条例》《中国共产党问责条例》《中国共产党巡视工作条例》等党内法规相融相通的反腐败法治体系。

第二节 监察法学的研究对象与学科地位

一种法律制度的产生、实施和发展，会形成相应的法学理论学科。反过来，这种法学理论学科又会指导和推进这种法律制度的完善和发展。[2] 因此，随着国家监察改革不断推进和以《监察法》为核心的监察法律法规的陆续出台，监察法学应运而生。

就其性质而言，监察法学是以监察法治为核心研究对象的具有综合性和专门性的法学学科。作为一门学科，监察法学有其独立的研究对象，并在整个法学学科体系中占据重要的地位。

一、监察法学的研究对象

一般而言，法学作为一门独立的学科，其研究对象涉及所有的法律现象，在类别上包含各个部门法，在运作上涉及各个环节。[3] 法学研究始终离不开法律问题，其实践性和应用性十分突出。法学的研究对象，可以分为基础理论、法律规范和实践应用三个维度。据此，作为法学学科的一个新兴门类和重要分支，监察法学的研究对象可

---

[1] 我国80%的公务员和超过95%的领导干部是共产党员，这就决定了党内监督和国家监察具有高度的内在一致性，也决定了实行党内监督和国家监察相统一的必然性。李建国："关于《中华人民共和国监察法（草案）》的说明"，载中国人大网，http://www.npc.gov.cn/zgrdw/npc/xinwen/2018-03/14/content_2048551.htm，2022年5月30日访问。

[2] 吴建雄："监察法学学科创立的价值基础及其体系构建"，载《法学杂志》2019年第9期。

[3] 时显群主编：《法理学》，中国政法大学出版社2013年版，第24~25页。

以分解为监察法学基础理论、监察法律制度和监察法治实践等。

（一）监察法学基础理论

监察法学基础理论是指关于监察法、监察制度和监察活动的一系列法学理论。监察法学基础理论的研究范畴至少包括监察制度史研究、监察制度法律渊源研究、监察制度本质属性和特征研究、监察活动一般规律研究、监察制度比较研究等。[1]监察法学基础理论的研究主线在于探究监察法律关系，即基于监察权的行使而形成的发生在监察机关与监察对象、监察机关与其他国家机关等之间的法律关系。[2]

（二）监察法律制度

监察法律制度是依托监察法律规范体系凝结而成的制度规则体系，其不同于监察基本理论中的制度设计，强调以规范为依据，以实然为特征。从内容上看，监察法既包括实体内容，也包含程序性规定，监察法律制度同样包括实体和程序两个方面：一方面，监察法包含旨在明确监察机关的性质、地位及其权责等事项以及有关政务处分等实体性规定；另一方面，监察法还包含监察机关行使权力必须遵循的程序性规范，如监察管辖、监督程序、调查程序、处置程序、证据制度、救济程序等。[3]由于监察法与组织法、监督法和刑事诉讼法等相关法律具有紧密的关联性，监察法律制度还包括监察法与其他相关法律法规的相互衔接与协作机制。

（三）监察法治实践

实践乃制度发展和理论创新之源泉，监察法治实践乃监察法律制度发展和监察基础理论创新之源泉。监察法治实践是监察机关开展监察工作对监察法实施和适用的具体实践，它既受到监察法律制度的规范和制约，也是人们通过监察法律理论塑造监察法律关系的实践活动。广义上的监察法律实践包括监察立法、执法和司法三个基本维度。狭义上的监察法治实践主要是监察机关对监察法规制定权的行使，其主要集中于监察机关对监督、调查、处置权力的运用。监察法学主要研究狭义上的监察法治实践，即以监察权和监察机关为中心，分析其权力行使的体制、机制、程序，分析监察官与监察对象、涉案人、证人等主体间的法律关系，分析监察机关与其他国家机关之间的关系。

二、监察法学的研究方法

对作为一门独立法学学科的监察法学进行研究，在遵循一般法学研究方法的同时，也有其研究方法上的特殊性。按照法学研究方法通说，监察法学的研究方法可分为法教义学方法和社科法学方法两个维度，在具体方法应用方面具有自身的鲜明特色。

---

[1] 秦前红、石泽华："新时代监察法学理论体系的科学建构"，载《武汉大学学报（哲学社会科学版）》2019年第5期。

[2] 封利强："监察法学的学科定位与理论体系"，载《法治研究》2020年第6期。

[3] 封利强："监察法学的学科定位与理论体系"，载《法治研究》2020年第6期。

（一）法教义学方法

法学以"实证法"为其工作前提。[1]作为法学研究方法的法教义学（亦可称为规范法学、法解释学[2]）是指将现行实在法秩序作为其坚定信奉而不加怀疑的前提，并以此为出发点开展体系化解释工作的一门规范科学。[3]因此，法教义学是对本国实定法秩序的一种体系化解释方法。具体而言，法教义学至少包含以下方法，即概念分析方法、逻辑分析方法、语言分析方法、谱系学方法、历史分析方法、比较分析方法等。

"以体系的形式将之表现出来，乃是法学最重要的任务之一。"[4]运用法教义学方法之目的在于对《监察法》及其实施条例进行系统性释义，以确保其规范价值。为适应国家监察体制改革的客观需要，作为监察法体系核心的《监察法》，采用"综合立法模式"系统，涵盖监察制度的基本内容，既包含实体法也包含程序法的内容。由于监察机关被定位为政治机关，《监察法》有较强的政治色彩，包含了较多的政治性话语。但仅从理论研究来看，监察法学作为新兴法学学科，其学科基础理论的建构也必须对法律规范进行充分地解释，对监察法的功能定位、价值共识进行抽象概括。由此，监察法体系中存在诸多问题需要运用以上方法对规范和规范背后的价值判断进行系统的解释、分析和评价，譬如监察权配置的逻辑起点，诸多不确定法律概念，宪法的原则和规则如何贯彻，如何处理法律冲突和衔接[5]，等等。

（二）社科法学方法

社科法学是指运用社会科学的理论和方法来分析法律问题的一种法学研究方法。这一研究方法强调社会科学方法的正确适用，通过实践调查提炼出结论，让立法更符合社会实际，让法律实施手段更具有现实性。在价值立场上，其对不同理论和方法采取实用主义的态度，以扩展研究法学问题的知识界限和方法论。[6]显然，社科法学方法是一种跨学科的研究方法，它的研究基础是与法律相关的经验事实，从性质上来看是对社会科学研究中定性研究和定量研究的一种综合运用。社科法学方法基于法学与相关学科的融合，从而映射至具体的交叉学科问题领域，并形成法律社会学、法律经济学、法律认知科学等研究方向。

监察法的重要功能之一在于遏制公职人员的职务违法犯罪行为，预防和治理腐败现象。因此，其研究的核心聚焦于"法治反腐"这一历史性难题，涉及法学、政治学、政策学、经济学、社会学、管理学等相关学科；在法学学科内部，又关联宪法学、行

---

[1] ［德］卡尔·拉伦茨：《法学方法论》，陈爱娥译，商务印书馆2003年版，第76页。

[2] 一些法学研究者存在思维定势，对于明明属于自己每天都在坚持的东西，经常要冠之以西方的名称和概念。对那种以法律规范为研究对象的方法，本来已经有"规范法学""法解释学"等现成的称谓，可一些学者却偏偏引入了源自德国的"法教义学"这一洋名词。陈瑞华："法学研究方法的若干反思"，载《中外法学》2015年第1期。

[3] 白斌："论法教义学：源流、特征及其功能"，载《环球法律评论》2010年第3期。

[4] ［德］卡尔·拉伦茨：《法学方法论》，陈爱娥译，商务印书馆2003年版，第194~203页。

[5] 秦前红："监察法学的研究方法刍议"，载《河北法学》2019年第4期。

[6] 陈柏峰："社科法学及其功用"，载《法商研究》2014年第5期。

政法学、法理学、刑事诉讼法学、刑法学等部门法学。因此，采用跨学科的社科法学研究方法显得尤为必要。基于社科法学研究方法，使得监察法学体系中，衍生出监察党规学、监察政策学、监察法政治学、监察法经济学等分支学科，并由此形成了各自特有的研究方法。

三、监察法学的学科地位

监察法治的推进需要监察法学理论的正确指引，需要明确监察法学的学科属性和在整个法学学科体系中的地位。对于这一问题，学界存在较大的争议：有学者认为其属于横跨多个法学二级学科而形成的综合学科。[1]有学者认为其是融合了宪法、行政法、刑事诉讼法等学科知识和内容、带有交叉性和融合性的三级学科范畴。[2]还有学者认为监察法学主要从属于宪法学，构成其特殊的分支。[3]但鉴于其特定的研究对象和研究方法，监察法学具备成立独立法学二级学科之属性。其理由在于：

（一）监察权的独立性

就其权力属性而言，在宪法所规定的国家权力体系中，监察权是一项独立于立法权、行政权、审判权和法律监督权的国家权力，有其专属的作用范围和工作任务，遵循着特定的运行机制和运行程序。

（二）研究对象的独立性

就其研究对象而言，监察法学研究主线是监察法律关系，即基于监察权的行使发生在监察机关与监察对象、监察机关与其他国家机关之间的法律关系和法律事实，这种法律关系或法律事实，既不属于民事法律关系之范畴，也不属于行政法律关系之范畴，也有别于司法过程中的诉讼法律关系，而是一种独立的主要由监察法所调整的新型法律关系。

（三）规范构造的特殊性

就其规范构造而言，监察法治体系具有法纪融通之特有属性，既包括以《监察法》为核心的监察法律规范体系，也包括以《中国共产党党内监督条例》《中国共产党纪律处分条例》《中国共产党问责条例》《中国共产党巡视工作条例》为基本内核的党纪党规体系，与其他部门法相比较，监察法学更具鲜明的政治性；

（四）研究方法的独特性

就其研究方法而言，监察法学兼具法教义学和社科法学的研究特点，基于这种方法，监察法学有其独特的研究范式、理论逻辑和话语体系。

第三节　中国监察制度的历史发展

"以史为鉴，可以知兴替。"研究中国监察制度的来源与流变，是坚持历史逻辑与

---

[1] 陈东升："开展监察法学研究　破解反腐法律难题"，载《法制日报》2018年6月15日。
[2] 马怀德主编：《监察法学》，人民出版社2019年版，第2页。
[3] 谭宗泽、张震、褚宸舸主编：《监察法学》，高等教育出版社2020年版，第16页。

理论逻辑、实践逻辑相结合的必要途径。中国监察制度历来与治国理政息息相关,从制度变迁中总结发展规律,是监察制度得以不断完善且有效运行的前提。要言之,中国监察制度的历史发展大致经历了古代、近代和中华人民共和国成立后三个阶段,并各自具有鲜明的制度特色与时代特征。

一、中国古代监察制度的演进

监察制度是我国古代国家治理的重要制度,是公正、有效之政治法律秩序得以实现的保障。我国古代监察制度滥觞于先秦时期,形成于秦汉时期,至隋唐时期臻于完备,宋元明清时期其制度设计更为严密。从结构上来说,可以划分为御史监察和谏官言谏两个系统。其中,前者纠察官邪,肃正朝纲,运用弹劾手段监察官员;后者谏诤封驳,审核诏令章奏,纠正皇帝决策失误。[1]

(一) 先秦时期

中国古代监察制度起源甚早,据考证,在原始社会晚期,我国就已经出现了公共舆论监督和派遣专门官员督察的制度雏形。[2]但直到夏、商、周三代,方在国家事务中出现监察因素或监察相关活动。比如,夏朝设有监察之官"啬夫",分"吏啬夫"和"人啬夫"两类,主要职责是监督不同级别的官吏;其中,"吏啬夫谓检束群吏之官","人啬夫谓检束百姓之官"。[3]殷商时期设置"司过之士",负责纠正违失;[4]期间,还出台了专门治官的《官刑》。西周时期则正式出现了"御史"官称,其职责已含有监察之意。春秋战国时期,御史已兼有监察的使命。可见,虽然先秦时期没有建立起严格意义上的监察制度,但统治者已经认识到对国家各级官吏进行监察的必要性,并通过各种方式实现上述目标。

(二) 秦汉时期

秦汉时期,我国已经建立起一套从中央到地方的监察机构,形成了比较完整的监察制度。秦始皇统一六国后,在中央设御史大夫,分掌监察之权。御史大夫既承担副丞相职能,参与国家重大问题决策,又监督制衡丞相,以避免其违法、专权。在地方层面,由监御史、郡守和县令负责辖域监察工作。

西汉早期,基本沿袭了秦代的监察制度。其中,中央监察机构为御史府,御史府长官为御史大夫,御史大夫之下设御史中丞,负责各项具体的监察事务,掌握各项法令、档案,对内统领御史,对外督责刺史。[5]地方设置监御史,专司辖区监察工作。汉武帝时期,设立特别监察官"司隶校尉"和地方监察官"刺史"。其中,司隶校尉有权劾奏公卿贵戚,除监察朝中百官外,还负责监察京畿及周边的七郡地区;刺史作

---

[1] 张国安:"论中国古代监察制度及其现代借鉴",载《法学评论》2009年第2期。
[2] 张仲旺、阮兴:"中国古代监察制度的特点及现代意义",载《青海民族大学学报(社会科学版)》2019年第4期。
[3] (唐)房玄龄注:《管子·卷十·君臣上》,四库全书文渊阁本。
[4] 陆玖译注:《吕氏春秋·不苟论第四·自知》,中华书局2011年版,第894页。
[5] 张生:"中国古代监察制度的演变:从复合性体系到单一性体系",载《行政法学研究》2017年第4期。

为地方监察官,依据《六条问事》行使监察权,其位卑权重,不受地方干涉,至东汉时期权力不断加强,已不限于监察权之内。东汉的监察体制相对稳定,变化主要有二:一是将西汉晚期的御史大夫改为大司空,不再承担监察职责,由属官御史中丞出任御史府的最高长官,最高监察机关的级别降低;二是东汉丞相司直不再监察中央百官,也基本不设。[1]

在谏官言谏系统上,秦汉时期初创给事中、谏议大夫、记录起居的史官以执掌谏净制度。其中,给事中是"给事殿中"的简称,其侍从君主左右,为国家大政决策提供意见;谏议大夫通过参加朝会,发表议论,以匡正君主、谏净得失,限制君主恣意妄为;史官记录君主日常起居言行,既作为纂修国史的资料,同时也约束君主对历史负责、对君主世系负责。

(三) 魏晋至隋唐时期

魏晋南北朝时期政权更迭频繁,既一定程度上沿袭了汉代的监察制度,又在动荡中不断创新和发展。西晋设置黄沙狱治书侍御史,专门负责监察、审理皇帝诏令的大案,并监察廷尉的审判活动。东晋初年,御史台成为完全独立的国家监察机关。在谏净机构设置上,两晋创置门下省为专职的谏净机构。北朝时期,各朝基本因袭晋制,但集书省自门下省分离,规掌讽议献纳;地方监察巡视制度相延未改。南朝时期,刺史已是各州的地方长官,监察职责一般由特置的地方监察官"典签"行使。[2]

隋朝时期,御史台被重设为中央监察机关,并置司隶台,专门负责监察地方官员和考核政绩。此外,设门下省为谏净机关,掌管政令和封驳。至唐朝,我国古代的监察制度已基本成熟,其主要标志有三:一是监察组织体制完善、分工有序。行政机构的监察权归于御史台,并将御史分为三类,分隶台院、殿院、察院,行三院相互交叉配合之制;并建立地方巡视巡察之制,由御史台不定期派遣御史巡视州县,并划分监察区派遣使臣巡察;在谏官系统的设置上,唐朝谏官包括分属门下、中书两省的左右散骑常侍、左右谏议大夫、左右补缺、左右拾遗,拥有封驳和言谏两大权力,进而形成了台面相辅、权力制衡的态势。[3]二是以律令制度规范监察机关职权,赋予监察机关广泛的监督权限,其范围涉及政治、经济、司法、军事等诸领域,并规定御史相对独立地行使监察权。三是建立完善的御史选任机制。唐朝御史须精通法律、刚正无私、德才兼备;御史的选拔,要经过严格的录用程序,由吏部、御史台长官、宰相三方审议之后,最终由皇帝敕授。

(四) 宋元明清时期

宋元明清时期,伴随着皇权的强化,我国古代监察制度日益完善,监察机构的职

---

[1] 卜宪群:"汉代监察体制的完善及其意义",载《中国纪检监察报》2019年3月22日。

[2] 张仲旺、阮兴:"中国古代监察制度的特点及现代意义",载《青海民族大学学报(社会科学版)》2019年第4期。

[3] 张晋藩:《中国监察法制史稿》,商务印书馆2007年版,第205页。

能不断加强，组织结构亦愈加完备。

在宋代，中央层面，仍设"一台三院"的御史系统，御史享有言事谏净之权[1]，与谏官制度趋同。御史台是最高中央监察机关，御史大夫是台长，但没有实任，御史中丞是实际长官，通过谈、劾、纠、奏四种方式监察中央和京畿之地的文武百官。为约束御史台，宋代设置了监察御史台，开创了"监察之监察"这一制度的先河。在地方层面，置通判、监司和走马承受三职，其中，州府通判由皇帝差遣朝官担任，监司专司各路行政监督之职，走马承受则履专门监察官之责。宋代的谏官分为言谏和封驳两大部门，与御史系统相互渗透，享有监督朝廷司法、财政、人事决策等职权，兼司奏劾百官之职能。

元代，监察制度得到进一步加强，形成了从中央到地方的多层级的较为严密的监察体系。在中央层面，御史台是专门的监察机构，是中央主体机构的重要组成部分，与中书省、枢密院并驾齐驱。忽必烈曾说："中书朕左手，枢密朕右手，御史台是医朕两手的"[2]，中书省和枢密院纳入御史台的监察范围内。但元代不再设置谏院，其职能由御史兼任，由此，"台谏合一"的体制正式形成。在地方层面，设有行御史台，作为御史台的分支机构，专门监察地方百官；行御史台下设肃政廉访司，监察行省下各路、府、州、县。

明清时期，中央集权强化，对百官的监察亦随之强化，意图以"治臣下"实现"治其众"。[3]明代对唐宋以来的政治体制进行全面改革。在中央层面，改御史台为都察院，作为中央最高监察机关。都察院下设十三道监察御史，分别负责巡察各道。此外，由于六部的地位和权力得以提升，六科给事中对六部及其所属部门具有监察权，兼享封驳六部奏章之言谏权。在地方层面，设有总督巡抚、提刑按察使司、巡按御史三套体系，三者互不统属、交叉监察地方。其中，总督巡抚原初的职权以监察为主，后演变为地方长官；各省设提刑按察使司，兼掌司法与监察；巡按御史隶属于都察院，按照全国十三道监察区巡按地方。

清代延续了明代的都察院制度，但监察制度体系较单一，即都察院下设置六科给事中和十三道监察御史。其中，六科都给事中名为谏官，但职权受到削弱，仅能传达舆情，承办稽考和注销，已无权封驳君主的诏令。[4]由此，都察院成为对君主负责，承君主旨意办事的监察机关，具有极强的工具性特征。[5]在地方，清代形成了监察御史、总督巡抚、按察司、巡道四级监察体制。

二、近代中国监察制度的转型

近代中国面临重大的社会变革，从晚清政府到中华人民共和国成立的历史发展过

---

[1] （清）纪昀等撰：《历代职官表》（卷十八），上海古籍出版社1989年版，第361页。
[2] （明）叶子奇撰：《草木子·卷三下·杂制篇》，中华书局1959年版。
[3] 程美东、张伟："新时代中国监察制度的思想渊源与实践创造"，载《理论与评论》2019年第3期。
[4] 张生："中国古代监察制度的演变：从复合性体系到单一性体系"，载《行政法学研究》2017年第4期。
[5] 马怀德主编：《监察法学》，人民出版社2019年版，第80页。

程中，中国古代监察制度逐渐向现代化转型。晚清政府为挽救其封建统治，对监察制度进行了改革，设置资政院和咨议局，并将都察院改造为现代意义上的行政监察机构，但最终未能真正发挥作用。辛亥革命后，我国的国体和政体发生了根本性的转变，监察制度实现了现代化转型，但也同样存在诸多问题。在制度设置上，基于孙中山的"五权分立"思想，监察权为独立之权力，监察机关独立设置，并依法独立行使职权。与此同时，中国共产党在革命根据地建立了中华苏维埃政权，在学习苏维埃监察制度的基础上，逐步形成具有中国特色的马克思主义监察制度。

（一）北洋政府的监察制度

辛亥革命后，根据《中华民国临时约法》《国会组织法》等法律，国会具有对政府的监察权。但袁世凯就任大总统后，国会的监察职能并不彰显，国家监察职能主要依靠平政院、审计院、大理院等机关来实现。其中，平政院有权审理行政官员的违法不正行为，处理行政诉讼和纠谈事件，与传统的都察院职能具有相似之处；平政院下设肃政厅，可以独立司掌纠察官吏违失等事项，并可处理直呈大总统的纠弹案。审计院和大理院则分掌国家财政监督和司法监察之职能。

（二）国民政府的监察制度

国民政府的监察制度大致分成广州国民政府时期和南京国民政府时期两个历史阶段。

其一，广州国民政府的监察制度。1925年，广州国民政府成立后通过的《国民政府组织大纲》规定，监察院是独立的监察机关，享有监督国民政府行政、司法机关官员的职权。同年9月，《修正国民政府监察院组织法》规定，监察院的职权包括调查质疑权、纠弹官吏权、逮捕权、行政诉讼受理权、侦查权、审计权等。监察院下设五局一科，五局分管总务及吏治、训练及审计、邮件及运输、税务及货币和稽查及检查，一科为宣传科。[1]1926年，广州国民政府设立了惩吏院，隶属于国民党中央执行委员会，在国民党的监督、指导及国民政府的命令下，对失职违法的官吏进行惩治。同年5月，撤销惩吏院，改设审政院，至1926年底，撤销审政院，将惩治官吏的职权并于监察院。

其二，南京国民政府的监察制度。南京国民政府成立后，在继承广州国民政府以监察院作为全国最高监察机构监察体系的基础上，引进西方先进思想，采取中西结合的方式，[2]对监察制度进行了重大改革。自1928年《训政纲领》和《国民政府组织法》颁布至1932年6月，南京国民政府先后颁布了两个《监察院组织法》，并先后10次以修正案的形式进行修改，调整监察组织及其职权。监察院的机构设置亦由简到繁，由全盘西化到中西合璧。[3]具体有四：一是院部机关。监察院按行政院及其各部会之

---

[1] 余信红："民国时期的监察制度评析"，载《华北水利水电学院学报（社科版）》2002年第2期。
[2] 朱嫒嫒："南京国民政府的监察制度及启示"，载《安顺学院学报》2011年第3期。
[3] 姚秀兰："南京国民政府监察制度探析"，载《政法论丛》2012年第2期。

工作，分设 10 个委员会，各委员会委员由监察委员分别担任；二是审计院。设部长 1 人，财务次长 1 人，常务次长 1 人，由院长提请国民政府任命；审计院负责监督全国行政部门的财政收入及支出，审核各政府部门的会计档案，并有权要求有关部门对其会计档案作出解释；三是监察行署。监察行署是地方监察机关，按照地方监察区设置，其作为中央监察院的派出机构，向其汇报工作；四是惩戒机构。监察院集对公务员的弹劾权与审查处理权于一身。[1]在"训政"时期，惩戒权由国民党中央党部监察委员会、政务官惩戒委员会、中央和地方公务员惩戒委员会、军事长官惩戒委员会等机构行使。[2]

（三）革命根据地政权的监察制度

中国共产党历来重视监察制度，早在革命根据地时期，已根据政权建设构筑了监察制度，为中华人民共和国建立以后的监察创新积累了经验。[3]在土地革命、抗日战争和解放战争三个历史阶段，革命根据地政权的监察制度不断发展完善。土地革命时期设置了中央工农检察人民委员部，中央苏区所属省、县、区、乡苏维埃政府机构中也相继设立了工农检察部、科，城市苏维埃设立工农检察科；国共第二次合作时期，苏区政府改制为边区政府，将代表大会改为参议会，各级参议会成为边区政府的监察机构。为加强对各级政权机构及其人员的监督，将边区所属县市划分五个行政区，分设行政督察专员公署作为行政机关内部的监察机构；解放战争时期，依据解放区政权建设需要，重建各级监察机构——检察处。华北人民政府成立人民检察院，陕甘宁边区政府将检察机构改名为人民监察委员会。

革命根据地政府的监察制度开创了中国监察制度史上的一个新时代，它并非封建社会或半殖民地半封建社会监察制度的一般延伸，而是以工农兵大众为监察主体，注重以群众运动的方式解决监察中的重大问题，在引进苏维埃监察制度模式，有条件地吸收资产阶级议会监督方式的基础上结合中国革命具体实践予以创新，可谓是新型监察制度的更生。[4]

三、中华人民共和国监察制度的发展与变革

1949 年中华人民共和国成立，我国监察制度的发展历经确立、调整、停滞、恢复、变革、深化改革阶段，最终形成当前我国的国家监察制度。

（一）确立时期（1949—1954 年）

中华人民共和国监察机关的设立直接源自《中国人民政治协商会议共同纲领》（以下简称《共同纲领》，已失效，下同）的规定。根据《共同纲领》第 19 条第 1 款之规

---

[1] 聂鑫："中西之间的民国监察院"，载《清华法学》2009 年第 5 期。
[2] 张卫东：" '扩权'与'限权'：国民政府时期监察权配置之不同方案"，载《江汉论坛》2020 年第 8 期。
[3] 李凌云："新中国监察制度七十年的嬗变"，载《西部法学评论》2019 年第 3 期。
[4] 彭勃、龚飞：《中国监察制度史》，人民出版社 2019 年版，第 273~274 页。

定:"在县市以上的各级人民政府内,设人民监察机关。"此后,根据《共同纲领》制定的《中央人民政府组织法》(已失效)明确规定,在中央人民政府政务院(国务院前身)设人民监察委员会,负责监督政府机关及其公务人员。此次变革意味着监察机构不再隶属于中央人民政府委员会,其性质与行政机关更为接近,便于执行职责。[1] 1951年,《各级人民监察委员会通则》(已失效)正式规定了在政务院人民监察委员会下设地方各级人民监察委员会。

与此同时,党的监察制度建设也逐步走向规范化。党内监督是永葆党的肌体健康的有力武器。[2] 1949年中华人民共和国成立后,党中央成立了中央纪律检查委员会,并决定成立各级党的纪律检查委员会。可以说,中华人民共和国成立伊始,就构建了国家监察与党内监督有机统一的中国特色监察体制主体框架。

(二) 调整时期(1954—1959年)

随着1954年《宪法》和《国务院组织法》的颁布,依据《共同纲领》制定的监察制度也应随之调整。根据《国务院组织法》之规定,人民监察委员会改为监察部,接受国务院的领导。地方上也设置了监察厅、监察局、监察处,由专员公署或省的监察机关在工作特别需要的县和不设区的市派遣监察组,并受派出机关的垂直领导。各级监察机关享有监察、调查和建议等职权。由此,以行政监察为主体的监察体制逐步向法制化、制度化方向发展。

(三) 停滞时期(1959—1978年)

1956年社会主义改造基本完成后,由于"左倾"思想的影响,社会主义法治原则受到了错误批判,监察法制建设步伐随之放缓。1959年4月通过的《关于撤销司法部监察部的决议》标志着中华人民共和国的监察制度发展陷入了停滞。这一时期,由于行政监察被撤销,客观上促进了党的监察制度的发展。"文化大革命"时期,党中央监察委员会也被撤销,党的纪律和党内监督遭到破坏。

(四) 恢复时期(1978—1992年)

党的十一届三中全会后,经济建设过程中多发违法失职、违法乱纪现象,[3]党和国家重新认识到了监察制度的重要性,着力推行社会主义监察法制建设。1986年12月,在国务院提出恢复监察部的议案基础上,全国人大通过了《关于设立中华人民共和国监察部的决定》,决定设立监察部,并恢复行政监察体制。1987年8月,国务院发布《关于在县以上地方各级人民政府设立行政监察机关的通知》,逐步启动监察机关的恢复工作。监察部在被撤销28年后重新设立,目的在于通过政府机构调整的方式强化对政府工作人员的监察工作,其实质是严格"党政分开"的监察思路。[4]到1988年年

---

[1] 舒绍福、李婷:"从党内监察到国家监察:建党以来监察制度变迁",载《新视野》2022年第1期。

[2] 马怀德:"国家监察体制改革的重要意义和主要任务",载《国家行政学院学报》2016年第6期。

[3] 刘晓峰:"新中国成立以来我国监察制度发展历程、演进趋势及改革目标",载《社会主义研究》2018年第2期。

[4] 梁永成:"中国行政监察制度变迁30年(1987-2018年)",载《地方立法研究》2018年第5期。

底，各级县级机关先后完成了监察机构的组建工作。1990年《行政监察条例》（已失效）对监察机关职责、监察程序等问题作出明确规定，这一条例的出台标志着我国行政监察工作开始逐步迈向法治化。

（五）变革时期（1993—2002年）

在监察体制改革之前，我国国家权力监督体系处于分散化的权力行使格局。但是分散化权力监督体系存在着内生性缺陷，实践中难以有效发挥权力监督效能。[1]有鉴于此，1993年2月，中共中央与国务院批准了中央纪委、监察部《关于中央纪委、监察部机关合署办公和机构设置有关问题的请示》，随后实行"一套班子，两套职能"制度，实现了中央纪委、监察部合署。合署后的纪检机关、监察机关实行双重领导体制，监察机关同时接受同级人民政府和上级监察机关的领导。但监察机关与党的纪检机关合署办公并非改变监察职权的属性，也不是要将监察机关并入党的机关，而是在各自职能相对明确的基础上作出的职能整合。[2]这一时期的监察立法也有重大进展。1997年5月，《行政监察法》（已失效）正式颁布实施，进一步明确了监察机关的职责、权限、工作程序、法律责任等事项。

（六）深化改革时期（2002年至今）

党的十六大以来，我国进入深化改革和发展的关键阶段，反腐败形势相当严峻。为推进、完善惩治和预防腐败体系建设，监察制度进行了一系列的调整：一是对派驻机构实行统一管理；二是国家预防腐败局的成立；三是修正《行政监察法》，扩大监察对象的范围，完善监察机构的设置和监察程序。

党的十八大以来，改革进入深水区，纪检监察制度建设面临新的任务和挑战。2016年底，针对行政监察机关地位偏低、权限不足、手段有限、覆盖较窄、协调较难等问题，党中央决定在北京、山西、浙江开展监察体制改革试点，以构建高效权威统一的监察体制为目标，将行政监察职能、纪检监督职能和检察机关的职务犯罪侦查职能整合为"监察权"，组建专责的监察委员会，集中行使监察权。2018年《宪法修正案》，专辟第三章第七节规定监察委员会，并与其他国家机关的相关条文相衔接。监察委员会的成立标志着中国特色社会主义监察体系的正式创立。[3]同时，设立国家监察委员会是一项重大的体制改革，必须在法治的框架内进行。[4]同年3月《监察法》出台，标志着我国监察体制迈向新的历史发展时期。

---

[1] 程衍："论监察权监督属性与行权逻辑"，载《南京大学学报（哲学·人文科学·社会科学）》2020年第3期。

[2] 李凌云："新中国监察制度七十年的嬗变"，载《西部法学评论》2019年第3期。

[3] 龚举文："纪检监察体制改革下的纪法贯通、法法衔接"，载《党内法规理论研究》2020年第1期。

[4] 马怀德："国家监察体制改革的重要意义和主要任务"，载《国家行政学院学报》2016年第6期。

第一编

监察法学基础理论

所谓基础理论，意指一门学科的基本概念、范畴、判断与推理等知识的总称。监察法学基础理论是在监察法学中起基础性作用并具有稳定性、根本性、普遍性特点的理论知识体系。基础理论研习是打开监察法学大门之匙，缺乏对基础理论的系统掌握而欲行监察法学之研究，如同无源之水、无本之木。其具体内容包括：监察法学的基本范畴、监察法学的基本原理、监察法学的基本原则等。

第一章 监察法学基本范畴

一般来说，范畴是通过精练的语言予以表达的反映事物本质和普遍联系的基本概念，是人们通过对事物和现象的观察所形成的知识的抽象化表达。"任何一门科学，从理论形态上说，都是由范畴建构起来的理论大厦。"[1]一门学科的基本范畴如何界定，通常由其学科的知识体系所决定。就监察法学而言，基于其知识体系的内在逻辑，大体上可以抽象为"监察""监察权"和"监察措施"三个基本范畴。其中，"监察"最为基础，是位于中枢的范畴，它构成了监察权、监察机关、监察措施等核心范畴的逻辑起点；"监察权"是监察制度的核心要素，是监察法学区别于其他部门法学的标志性知识谱系；"监察措施"是监察权实现的基本方式，也是监察机关行使权力的基本手段，监察措施的使用将对监察对象的权利和义务直接产生实质性影响。

第一节 监察

"监察"一词发端较早，具有"自上而下"的基本特征。在常见语境当中，"监察"与"监督"会同时出现，二者之间存在紧密联系，又有明显的区别。就其性质而言，"监察"具有动词和名词的双重属性。作为动词的"监察"是一种"自上而下"的法律行为；作为名词的"监察"，既是"监察制度"的简称，也是"监察权"的简称。

一、"监察"词源考

从语义上讲，"监察"一词可以拆分为"监"和"察"，二者独立成词，并结合形成新的语义。在甲骨文中，"监"是一个人站在盛有水的盆边照面。《说文解字》云："监，临下也"，内含"居高"之意。而"察"一词《新书·道术》云："纤微皆审谓之察，反察为眊。"[2]《孟子》云："明足以察秋毫之末。"因此，"监"与"察"二者都有监督考察之意。从词源上讲，《诗经·大雅·皇矣》有云："监观四方，求民之莫。"[3]

---

[1] 张文显："论法学的范畴意识、范畴体系与基石范畴"，载《法学研究》1991年第3期。
[2] （清）马瑞辰撰，陈金生点校：《毛诗传笺通释·卷二十六 大雅·抑》，中华书局1989年版，第960页。
[3] （清）阮元校刻：《十三经注疏（清嘉庆刊本）·三 毛诗正义·卷第十六 十六之四 五二·皇矣》，中华书局2009年版，第1117页。

汉代郑玄笺曰："监察天下之众国。"[1]这里的监察指由上至下的监督查看。在制度层面上，我国"监察"一词源于古代官职名称"监察御史"。因此，在中国古代汉语和中国古代的政治法律实践中，监察就是以监督、调查为基本内容的监督权力和制度的统称。

监察的英文为"Supervision"，该词源于拉丁文"Supervisionem"一词，意为自上而下地监督察看，包含了由上而下的控制、监督、管理之意。在现代西文中，表示监察官的词汇有"Supervisor""Ombudsman"。"Supervisor"发源于古罗马，古罗马的监察工作由两个特设的官吏担任，元老院监督人民，监察官既监督人民，又监督元老院。[2]后来该词既指广义上的"监督者""监管人"，也指代专门进行权力监督活动的监察官。"Ombudsman"指一国立法部门的专员，即就公民对官员滥用权力的行为之申诉开展调查的专门人员。

二、"监察"与"监督"之分殊

为了进一步明晰"监察"的概念和内涵，需要厘清"监察"与"监督"这对容易混用的概念。

（一）联系

"监察"与"监督"二者存在紧密的关联性。汉语监督一词，最早见于《后汉书·荀彧传》："古之遣将，上设监督之重，下建副二之任，所以尊严国命而鲜过者也。"换言之，监督的目的是监察、督促派出去打仗的将军，由此而设官是为保证严格执行军令，减少失误。在国家政治权力领域，监察则是指为保证国家权力在职权的正当范围内行使，而对其进行监视、检查、调节、控制、纠偏的各种活动。[3]因此监察可以理解为"监督、调查"或"监督查看"，内在蕴含监督之意涵。

（二）区别

"监察"与"监督"二者也存在显著的区别。监察是一种自上而下的单向性活动，其主要作用是保障政权队伍依法依纪运行，从而巩固统治，维护政权；而监督的作用方向既发生在同级之间，如检察机关对审判机关的法律监督，也包括自下而上的监督，如人民群众依法对国家权力机关及其工作人员的监督，以及自上而下的监督。从这个意义上讲，"监察"属于"监督"的一个子集，监察活动必然属于监督活动，反之则不一定成立。因此，监察作为一个有特定含义的术语，应当是一种专门的国家监督方式，监察行为必然具有宪法和法律上的效力。相较而言，监察更强调监督权对监督对象的制约过程，并不强调实施具有法律后果和强制力手段，因而更具"弹性"。从法治发展实践来看，监察和监督在人民代表大会制度之下共同发挥作用，二者共同承载

---

[1]（清）阮元校刻：《十三经注疏（清嘉庆刊本）·三 毛诗正义·卷第十六 十六之四 五二·皇矣》，中华书局2009年版，第1117页。

[2][法]孟德斯鸠：《论法的精神》，张雁深译，商务印书馆1961年版，第49页。

[3] 蔡定剑：《国家监督制度》，中国法制出版社1991年版，第1页。

"制约权力"的现代治理功能。[1]

三、"监察"规范定义

监察法学课程中的"监察"兼具权力、制度、行为等多重意蕴。

（一）作为国家权力形态的"监察"

在国家权力体系中，"监察"是一项独立的权力形态。其一，监察权是反腐败执纪执法权的统称，包括监督、调查、处置三大子权力系统；其二，各级监察委员会依照《监察法》规定对所有行使公权力的公职人员（以下称公职人员）进行监察，调查职务违法和职务犯罪，开展廉政建设和反腐败工作，维护宪法和法律的尊严；其三，监察委员会依照法律规定独立行使监察权，不受行政机关、社会团体和个人的干涉；其四，监察机关办理职务违法和职务犯罪案件，应当与审判机关、检察机关、执法部门互相配合，互相制约；其五，监察机关在工作中需要协助的，有关机关和单位应当根据监察机关的要求依法予以协助。

（二）作为国家制度形式的"监察"

在国家制度体系中，监察制度是国家反腐败法律制度的统称，属于国家基本制度之范畴，包括监察组织制度、监察监督制度、监察调查制度、监察处置制度、反腐败国际合作制度等子制度体系。其中，监察组织制度主要包括：其一，各级监察委员会是行使国家监察职能的专责机关。具体而言，中华人民共和国国家监察委员会是最高监察机关，由全国人民代表大会产生，负责全国监察工作；地方各级监察委员会由本级人民代表大会产生，负责本行政区域内的监察工作，对本级人民代表大会及其常务委员会和上一级监察委员会负责，并接受其监督。其二，国家监察委员会领导地方各级监察委员会的工作，上级监察委员会领导下级监察委员会的工作。其三，各级监察委员会可以向本级中国共产党机关、国家机关、法律法规授权或者委托管理公共事务的组织和单位以及所管辖的行政区域、国有企业等派驻或者派出监察机构、监察专员；监察机构、监察专员对派驻或者派出它的监察委员会负责。其四，国家实行监察官制度，依法确定监察官的等级设置、任免、考评和晋升等制度。

（三）作为国家行为类型的"监察"

在行为法上，"监察"是一种国家行为，是监察机关代表国家依法行使监察职能的各种活动的总称。其一，监察是一种公权力的行使活动。监察活动以权力制约权力，监察人员依据授权对所有行使国家公权力的公职人员及其职务行为进行监督，其内在包括监察行为和监察措施。其二，监察是一项综合性的法律活动。监察活动能够引起法律关系产生、变更和消灭，其不仅包括监察法规的制定，也包括监察执法过程中监督、调查、处置等具体行为，还包括监察决定作出后司法机关的移送、补充侦查等环节。其三，监察对象有着特定的范围。监察一词的使用有其特定的领域性，一般体现

---

[1] 刘小妹："人大制度下的国家监督体制与监察机制"，载《政法论坛》2018年第3期。

在监察权所指向的对于国家公职人员的监督活动中。古今中外的监察活动都是针对国家公职人员所展开的，尽管在不同历史时期、不同国家和地区，对于国家公职人员的定义和范围有所差异，但其本质上都是行使国家公权力的人员。

第二节 监察权

监察权是我国国家权力体系中的重要组成部分，是监察机关开展监察活动的核心要素。因此，对监察权展开研究，首先应当明确其规范意义上的内涵，结合监察活动运行规律对其内在结构进行考察，并探究其与其他国家权力的内在关联。

廉洁理论（integrity theory）是由外国学者创立的，用于论证反腐败监察机构是如何发现和预防腐败并且促进廉政的学说。[1]国外主流廉洁理论将反腐败监督机构置于政府的第四个部门，并将其作为国家廉政体系的一部分。廉洁理论包含两个重要内容：第四部门廉洁性理论（fourth branch theory）和国家廉政体系理论（National integrity system theory，NIS）。

第四部门廉洁性理论建立在三权分立的宪法学说之上。它由澳大利亚高级公务员布鲁斯·托珀维恩于1999年和耶鲁大学理论家布鲁斯·阿克曼教授于2000年提出。[2]它将法定的"廉洁机构"——本质上具有促进行政部门廉洁的执行机构——归为一类。作为政府的第四个分支，独立于立法权、司法权和行政权。[3]廉洁机构"不制定政策、不提供服务、不规范社会；他们的职责是调查并追究履行这些行政职能的机构的责任"[4]。澳大利亚新近的研究也同样认为，澳大利亚的反腐机构不属于行政、立法或司法的分支，但实际上具有"调查"（tasting）这三者的功能，具有行政权、准立法权和准司法权的性质。[5]

NIS理论认为，为了维护政府廉洁性，必须有横向和纵向的问责支柱。纵向问责是指政府机构上下级之间的监督。横向问责是指政府机构之外的监督，是通过"核心"和"分布式"廉洁机构的互动来实现的。[6]核心廉洁机构是指那些以侦查和预防公职人员腐败为核心业务的机构，主要是指监管机构。分布式廉洁机构是指政府部门、地方政府机构、法定机构等以治理为核心业务的机构；他们有责任辅助其核心业务来发现、预防和披露腐败。横向问责制也通过政府内部的权力分立来实现，即廉洁执行机

---

[1] Howe S. W., Haigh. Y., "Anti-corruption Watchdog Accountability: The Limitations of Judicial Review's Ability to Guard the Guardians", *Australian Journal of Public Administration*, 2016, 75.

[2] Ackerman, Bruce, "The New Separation of Powers", *Harvard Law Review*, 2000.

[3] Gummow, W. M. C, "A Fourth Branch of Government", *Australian Institute of Administrative Law Forum*, 2012.

[4] Mcmillan J., "Re-Thinking the Separation of Powers", *Federal Law Review*, 2010, 38 (3).

[5] Latupeirissa J E, Akub M S, Karim M S, et al., *Specialty Investigation Against Corruption Crime by the Corruption Eradication Commission*, 2019.

[6] Brown A J, Sampford C J, Shacklock A H, et al., "Chaos or Coherence? Strengths, Opportunities and Challanges for Australia's Integrity Systems", *National Integrity Systems Assessment*, 2005.

构独立行使法定权力。我国监察机关的权力运作模式符合世界主流，但也有独特之处。

一、监察权的规范定义

职权乃职能的基础。监察权是监察机关行使监察职能的基础，监察职能的实现过程，就是监察权的运行过程。

(一) 监察权是一种专责的反腐败权力

在我国的宪法权力体系中，监察权是一项独立的新型国家权力，是由监察机关专门享有，专门行使，对拥有公权力的公职人员进行专责监督，并对其职务违法和职务犯罪行为进行调查和处置的权力。基于法治原则，监察权需要纳入法规范秩序中，即由宪法和法律所确立的国家权力运行体系以及法律监督权的运行秩序中。[1]

(二) 监察权是一种具有高度政治性的合成性权力

就其渊源而言，监察权是一种合成性权力。它有三个来源：其执纪监察权源自党的纪律检查权，是党的执政权延伸出来的政治性监察权；其职务违法调查权源自行政监察权，是由行政监察权转隶之后而合成之权力；其职务犯罪调查权源自检察机关的职务犯罪侦查权，是由检察机关职务犯罪侦查职能转隶之后而合成之权力。

(三) 监察权与其他监督权相互制约、相互配合

2018年宪法修正案出台之后，监察机关成为国家机关，我国出现三种监督权力和三种监督机关并存的格局。

其一，人大"监督权"居于统摄地位。就其性质而言，人大监督权是由宪法和法律赋予各级人民代表大会及其常务委员会，对由它产生的国家机关的工作和宪法、法律的实施，进行检查、调查、督促、纠正、处理的强制性权力，包括知情权、检查权、审议权和处置权四方面的权力；其本质就是人民当家作主、参与国家事务管理权利的表现，是人民当家作主的政治权力，同其他形式的监督相比，其具有最高的法律效力，实质是对其他国家机关权力的制约，以保障国家机器按照人民的意志运转。

其二，检察机关"法律监督权"居于转承地位，它既是人大监督权的延伸，也是国家监察权的重要支持力量。就其性质而言，我国检察机关履行法律监督权，主要指向公安机关的侦查活动、人民法院的审判活动和刑罚执行机关的活动，这就意味着，法律监督是以诉讼为基点和依托，针对具体案件和诉讼行为的合法性、公正性的监督，因此，法律监督权在本质上是具有司法监督性质的国家权力。[2]

其三，国家监察权居于保障地位。一方面，监察权的运行要接受人大监督和检察监督；另一方面，人大组织和检察机关中的公职人员又属于监察机关的监督对象，是人大和检察依法监督、积极履职、廉洁用权的法治保障。

二、监察权的内在结构

监察权并非单一的权力，而是由监督权、调查权和处置权三项子权力所组成的复

---

[1] 莫纪宏："国家监察体制改革要注重对监察权性质的研究"，载《中州学刊》2017年第10期。
[2] 樊崇义："检察机关深化法律监督发展的四个面向？"，载《中国法律评论》2017年第5期。

合性权力。三者在时间上彼此相继,在程序上相互衔接,在内容上相互配合,共同推进监察权力的有效运行。

(一) 监督权

监督权即监察机关对公职人员政治品行、行使公权力和道德操守情况进行监督检查和督促教育之权力。其内容主要包括:

其一,廉洁教育之权力。廉洁教育不仅包括对涉嫌违纪违法的公职人员进行特殊教育,还包括对其他公职人员进行的一般教育;通过教育使公职人员树立正确的权力观、责任观、利益观,保持为民务实清廉本色;监察机关可以与公职人员进行谈心谈话,发现政治品行、行使公权力和道德操守方面有苗头性、倾向性问题的,及时进行教育提醒。

其二,监督检查之权力。监督检查包括列席或者召集会议、听取工作报告、实施检查或者调阅、审查文件资料等方式,对公职人员依法履职、秉公用权、廉洁从政从业以及道德操守情况进行监督;对于发现的系统性、行业性的突出问题,以及群众反映强烈的问题,可以通过专项检查进行深入了解,督促有关机关、单位强化治理,促进公职人员履职尽责。

其三,监察建议之权力。监察机关应当以办案促进整改、以监督促进治理,在查清问题、依法处置的同时,剖析问题发生的原因,发现制度建设、权力配置、监督机制等方面存在的问题,向有关机关、单位提出改进工作的意见或者监察建议,促进完善制度,提高治理效能。

其四,监察机关开展监察监督,应当与纪律监督、派驻监督、巡视监督统筹衔接,与人大监督、民主监督、行政监督、司法监督、审计监督、财会监督、统计监督、群众监督和舆论监督等贯通协调,健全信息、资源、成果共享等机制,形成监督合力。在纪委监委合署办公模式下,监察机关的监督权与党的纪检监察机关的监督权在规范依据、实施对象、方式等方面存在差异,但都统一于监察法治体系当中,呈现相互补充、相互协调的局面。

(二) 调查权

调查权即监察机关对公职人员职务违法行为与职务犯罪行为展开调查的权力——调查公职人员关于涉嫌职务违法和职务犯罪的行为,是监察委员会的一项经常性工作。调查工作既是监察委员会开展廉政建设和反腐败工作的关键环节,也是维护宪法和法律尊严的一项重要措施。在调查权性质认定上,有观点认为调查权是一种行政调查权,而职务犯罪调查权实质上是一种刑事侦查权,二者只是名称的区别而已。[1]但是,笔者认为尽管国家监察体制改革涉及人员的转隶,但并不意味着监察机关的权限是原其他机关职权的平行移植或者简单叠加,相反,调查权是权力的重新安排与有机整合后构成的一种新的复合性权力,不能将监察机关的调查权简单归属于某种既有的权力

---

[1] 戴涛:"监察体制改革背景下调查权与侦查权研究",载《国家行政学院学报》2018年第1期。

类型。

其一，职务违法调查之权力。对于公职人员实施的与其职务相关联的，虽不构成犯罪但依法应当承担法律责任的违法行为，比如，利用职权实施的违法行为、利用职务上的影响实施的违法行为、履行职责不力、失职失责的违法行为等，监察机关有权展开调查。

其二，职务犯罪调查之权力。监察机关享有对公职人员涉嫌贪污贿赂、滥用职权、玩忽职守、徇私舞弊以及重大责任事故等犯罪行为展开调查之权力。

其三，对被查对象采取检查措施之权力。为保证监察调查的顺利实施，监察机关享有对被调查对象依法采取谈话、讯问、询问、留置、查询、冻结、调取、搜查、查封、扣押、勘验检查、鉴定、技术调查、通缉、限制出境等调查措施之权力。

(三) 处置权

处置权即监察机关对涉嫌职务违法和职务犯罪的公职人员进行政务处分、予以问责、移送起诉和提出监察建议等权力的总称。处置权是体现监察权裁定特质的一项子权力。监察机关在依法调查的基础上，有权对调查结果的认定和处置。[1] 处置权的设置遵循两大基本原则，即权力有限和职能分工原则。[2] 前者表明处置权受监察权内部其他权力的制约，并受到人大的监督。后者表明监察机关具体处置案件应职权配置科学，分工明确具体。

其一，政务处分之权力。监察机关享有对违法的公职人员依法作出政务处分决定之权力。

其二，问责之权力。监察机关在追究违法的公职人员直接责任的同时，依法对履行职责不力、失职失责，造成严重后果或者恶劣影响的领导人员予以问责。监察机关应当组成调查组依法开展问责调查。调查结束后经集体讨论形成调查报告，需要进行问责的按照管理权限作出问责决定，或者向有权作出问责决定的机关、单位书面提出问责建议。

其三，移送起诉之权力。监察机关对涉嫌职务犯罪的人员，经调查认为犯罪事实清楚，证据确实、充分，需要追究刑事责任的，依法移送人民检察院审查起诉。

其四，提出监察建议之权力。监察机关根据监督、调查结果，发现监察对象所在单位在廉政建设、权力制约、监督管理、制度执行以及履行职责等方面存在问题需要整改纠正的，依法提出监察建议。监察机关应当跟踪了解监察建议的采纳情况，指导、督促有关单位限期整改，推动监察建议落实到位。

三、监察权与相关权力的关系

监察权是一项独立的国家权力，其在运行过程中与其他国家权力相互影响、相互交织。为明确监察权这一范畴之外延，除从监察权自身的结构入手之外，还可以将其

---

[1] 张云霄："《监察法》和《刑事诉讼法》衔接探析"，载《法学杂志》2019 年第 1 期。
[2] 陈辉："论监察委员会处置权的合理配置与规范运行"，载《社会主义研究》2019 年第 6 期。

纳入整个国家权力体系中与其他相关权力进行横向比较,从外部审视监察权的性质、地位、权限、功能等基本要素,探究其与相关权力的联系和区别,进而探明监察权在国家权力体系中的定位。

(一) 监察权与人大监督权的关系

在国家监督权力体系中,监察权与人大监督权存在三种关系:

其一,源流关系。基于人民主权原则,我国《宪法》规定:中华人民共和国的一切权力属于人民;人民行使国家权力的机关是全国人民代表大会和地方各级人民代表大会。因此,在学理上,监察权本源于人民主权;但在制度上,则源自权力机关的让渡。为此,我国《宪法》第3条明确规定:国家监察机关由人民代表大会产生,对它负责,受它监督。

其二,辩证统一关系。一方面,监察权力的运行必须接受人大的监督,人大监督监察权力的方式包括专项报告审查、监察法规和监察规范性文件的备案审查、执法检查、特定问题调查以及人事罢免等;另一方面,监察机关享有对从事人大工作的公职人员涉嫌职务违法和职务犯罪行为实行监督、调查和处置之权力。

其三,彼此独立、相互配合之关系。一方面,监察权是一项独立的国家权力,监察机关依法独立行使监察权,不受行政机关、社会团体和个人的干涉;即便是人大监督也必须遵循法治原则和正当程序,[1]不可逾越法治监督之边界,不能干涉监察机关独立办案;另一方面,监察权的作用范围是"所有公职人员",[2]人大监督权的作用范围是"全部国家机关",二者各有侧重,但彼此交叉,应当相互监督、相互制约的基础上,彼此合作,形成监督合力。

(二) 监察权与行政权的关系

行政权是行政主体依法享有的执行法律、组织和管理国家与社会行政事务的权力。[3]就其性质而言,监察权与行政权有诸多相似之处。比如,二者均具有执行性、主动性、单向性、强制性等特征,最高国家监察机关与最高国家行政机关均有制定法规的权力。在组织结构上,均遵循下级服从上级、地方服从中央的领导体制;在权力渊源上,监察权一部分是由行政监察权转隶合成而来的。但监察权不是行政权,与行政监察权相比较,其显著差异有四:

其一,法律地位不同。在宪法规定的国家权力体系中,监察权具有独立性,是一项独立于立法权、行政权、审判权和法律监督权的新型权力,而行政监察权属于行政权之范畴。

其二,组织结构不同。监察权由国家监察委员会和地方各级监察委员会依法独立行使;各级监察委员会由本级人大产生、受其监督、对其负责;而行政监察权则由国

---

[1] 汪江连:"论监察机关依法独立行使监察权",载《法治研究》2018年第6期。
[2] 姜明安:《监察工作理论与实务》,中国法制出版社2018年版,第89~98页。
[3] 江国华:《中国行政法(总论)》(第2版),武汉大学出版社2017年版,第71页。

务院下设的监察部和地方政府下设的行政监察部门行使。

其三，权力构造不同。监察权具有集合性，就其权力性质而言，可以分为监督、调查、处置三大子权力系统；就其作用领域而言，既包括对公职人员违法监察权，也包括对公职人员职务犯罪的监察权；而行政监察权比较单一，其作用领域仅限于对行政违法的监督、调查、处分等。

其四，作用对象不同。基于监察全覆盖之原则，监察权的作用对象是所有行使公权力的公职人员；而行政监察权的主要限于国家行政机关及其公务员和国家行政机关任命的其他人员。

其五，权限手段不同。相对于行政监察权而言，监察委员会行使监察权权限与手段更充足有效，根据《监察法》之规定，各级监察委员会享有采取包括留置、技术调查等十二项调查措施之权力。

（三）监察权与司法权的关系

司法权的本质是"判断"，即对纠纷的事实以及法律的适用进行审查判断的权力，其有广义、中义、狭义、最狭义之分。[1]在国家权力结构上，行使司法权的主要是审判机关和检察机关，因此采用狭义司法权的界说较为适宜，即司法权包括法院的审判权和检察院的检察权。监察体制改革使得监察权和司法权的边界出现较大的变化，主要表现为监察权和审判权及监察权和检察权两对关系。

其一，监察权和审判权的关系。首先，监察机关和人民法院应当彼此尊重、各自依法独立行使职权；其次，监察机关与人民法院应当相互配合、相互支持，形成反腐败合力；最后，监察机关与人民法院应当相互制约、相互监督，确保各自依法行使职权。

其二，监察权和检察权的关系。首先，监察机关和人民检察院应当彼此尊重各自依法独立行使职权；其次，监察机关与人民检察院应当相互配合、相互支持，形成反腐败合力；最后，监察机关与人民检察院应当相互制约、相互监督，确保各自依法行使职权。

第三节 监察措施

在管理学上，措施通常是指针对问题的解决办法、方式、方案、途径。在行政法上，行政措施，是国家行政机关在进行行政管理活动时，针对具体的实际问题，所施行的单方面的决定和处理；它是用得最广泛的一种国家行政管理手段。在刑事诉讼法上，刑事强制措施，是指公安机关、人民检察院和人民法院为保证刑事诉讼的顺利进行，依法对刑事案件的犯罪嫌疑人、被告人的人身自由进行限制或者剥夺的各种强制性方法。在监察法上，监察措施是监察主体参与监察活动的主要方式，也是监察权运

---

[1] 姜起民：《实然与应然——人大对法院的监督关系研究》，吉林大学出版社2012年版，第20页。

行的具体表征。监察措施在实施过程中会对监察对象的权利义务产生实质性影响。因此，为了规范监察措施，监察法对其进行了较为细致的分类，分别设置了相应的程序，并贯穿于整个监察活动之中。

一、监察措施的规范定义

监察措施，是指国家监察机关履行监察职能时，针对具体的实际问题，所施行的单方面的决定和处理行为之总称，它是保障监察职能得以顺利有效实现的基本手段。其要义有三：

其一，监察措施是由监察机关实施的一种具体的监察行为，具有单方性、具体性等特点；除了语谈性监察措施外，其他监察措施大多具有强制性。

其二，监察措施的直接目的在于保证监察活动的顺利进行，相对于监察调查和监察处置而言，它具有辅助性、时效性和合目的性等特点。

其三，监察措施是监察机关开展监察工作的一种手段。除日常监督的相关措施之外，其他的监察措施主要服务于监察机关对于公职人员职务违法或职务犯罪案件之调查活动。

其四，监察措施是一种法律行为，并对被调查人员的权利义务产生实质影响，因此，必须遵循法定程序和法定条件，并依据办案阶段和案件类型分类或综合适用，而不得滥用。

二、监察措施的法律属性

监察措施是国家为了监察工作和活动顺利进行，而授权监察机关对监督对象所采取的特定方法和手段。就其性质而言，监察措施具有教育和预防双重法律属性；其中，大多数监察措施具有强制性。

其一，监察措施是监察机关行使监察权的具体行为，《监察法》对监察措施适用的条件和程序等做了明确规定。比如，监察法对留置的审批程序、留置场所、调查过程的安全和被留置人员饮食、休息、医疗服务等都有极其严格的规定，强调保障被调查人的人身权、财产权和申辩权等合法权益。凡是采取留置措施都必须经过监察机关领导人员集体研究决定，设区的市级以下监察机关采取留置措施应报上一级监察机关批准，省级监察机关采取留置措施应报国家监察委员会备案。而且，被调查人在留置期间，案件承办人始终坚持以理、以证据服人，以家国之情感人，通过让其学习党章、重温入党誓词、谈话等方法，促其自我省悟。

其二，监察措施不具有惩戒性，但对监察对象的权利义务具有实质性影响的监察措施，诸如搜查、查封、扣押、留置等监察措施，具有强制措施的属性。

其三，除了谈话、讯问、询问等监督性措施外，其他监督措施均涉及公民人身或财产权利，比如冻结存汇款、查封扣押等措施均涉及公民财产权利的限制，留置措施涉及公民人身自由的限制，技术调查措施涉及对公民隐私权的限制，基于法治原则，参照《行政强制法》，探讨部分监察措施的可诉性，并将其纳入司法审查之范围，是有价值的。

三、监察措施的基本类型

类型化研究是法学研究的惯常方法之一。《监察法》规定了一系列监察措施，基于不同的标准，可以将其划分为不同类型。

其一，基于其适用领域之不同，监察措施可以划分为监督措施、调查措施和处置措施三大类型。其中，《监察法实施条例》第 14 至 19 条所规定的监督检查、警示教育、教育提醒、专项检查等即属于监督监察措施之范畴；《监察法》第 18 至 29 条所规定的 12 项调查措施即属于调查措施之范畴；《监察法》第 45 条所规定的政务处分、移送起诉等 4 项措施即属于处置措施之范畴。

其二，基于其适用强度之不同，监察措施可以划分为一般性监察措施和强制性监察措施两大类型。其中，但凡对被监察对象人身或财产权利不具有强制作用的监察措施，比如，监督监察措施以及谈话、询问、讯问以及勘验检查、鉴定等调查监察措施，均属于一般性监察措施；但凡对被监察对象人身或财产权利具有强制作用的监察措施，[1]比如，调查监察措施中审查、冻结、查封、扣押、留置等以及处置措施，均属于强制性监察措施。

其三，基于其对专业技术之依赖程度，可以分为常规性监察措施和技术性监察措施两类。其中，勘验检查、鉴定和技术调查即属于技术性监察措施之范畴，其他的监察措施均属于常规性监察措施。

其四，基于其受法律羁束程度之不同，可以分为羁束性监察措施和裁量性监察措施。从《监察法》和《监察法实施条例》的规定来看，监督性监察措施和调查监察措施中的谈话可以划归为裁量性监察措施，调查措施中的其他 11 项措施和处置措施均有严格的程序和适用条件之限制，因而，都属于羁束性监察措施之范畴。

---

[1] 梁坤："纪检监察措施分类适用的法规范解读"，载《法学》2019 年第 3 期。

第二章
马克思主义监察法治原理

所谓原理，通常意指某一领域、部门或科学中具有普遍意义的知识和理论；它以大量的实践为基础，并为实践所检验。马克思主义监察法治原理历经百年锤炼，是对监察法治理论和监察法治实践具有指导意义的知识体系。同时，我国在法治实践中致力于实现马克思主义监察法治原理的中国化，客观上为填充拓展其内涵贡献良多。

第一节 马克思、恩格斯、列宁关于政党和国家监督的理论

马克思主义监察法治理论是马克思主义关于政党和国家监督理论的重要组成部分。正是在批判既有政党和国家监督理论的基础上，马克思主义经典作家创立了无产阶级政党监督理论和国家监督理论。

一、马克思恩格斯关于政党和国家监督的理论

马克思、恩格斯在领导工人运动、创建无产阶级革命政党的实践中，在辩证地批判三权分立理论的基础上，创立了新的国家权力制约与监督理论，为无产阶级政党构建科学的党内监督体系提供了原则指引和实践方向，也为马克思主义监察法治理论奠定了思想基础。

（一）政党监督理论

政党监督理论是马克思、恩格斯无产阶级政党建设理论的重要组成部分。其中，党内制度监督是其最具代表性的思想。它强调以贯彻执行党的制度、法规为依托，通过强化组织制度建设来实施党内监督。

其一，实行党内民主选举。马克思、恩格斯认为党内民主选举权利的充分行使是政党监督的坚实基础，民主选举实际上是政党监督运作的过程。正如恩格斯指出的："组织本身是完全民主的，它的各委员会由选举产生并随时可以罢免，仅这一点就已堵塞了任何要求独裁的密谋狂的道路。"[1]这种"堵塞"，正是以民主选举和随时罢免的方式，通过党内监督的作用和效果来实现的。[2]由此，马克思、恩格斯在《共产主义者同盟章程》中强调，必须通过定期选举的方式，才能从根本上破除党内职务终

---

〔1〕《马克思恩格斯选集》（第4卷），人民出版社1995年版，第200页。
〔2〕邹思源："论马克思恩格斯权力监督与制约思想"，载《求实》2008年第6期。

身制，防止党内职务的固化。

其二，实行党内专门监督。马克思、恩格斯认为，党的领导机构的最高领导应当受到专门的监督制约，而且这种监督要建立在领导机构的成员集体中。从实践来看，在马克思、恩格斯的指导下，1869年德国社会主义民主工党正式成立，此后设置的由11人组成的党的监察委员会，成为无产阶级政党监督发展史上的第一个专职机构，标志着党内监督体制从理论走向实践。1875年8月，德国社会主义工人党成立了三个委员会，即执行委员会、监察委员会和仲裁委员会。其中，监察委员会对执行委员会进行监督；在执行委员会和监察委员会之间产生分歧时，仲裁委员会则起协调作用；如果执行委员会玩忽职守，或者拒不改正已被指出的过失，仲裁委员会和监察委员会有权以绝对多数予以罢免。同时规定，这三个委员会分别经过选举产生，接受代表大会和全体党员的监督。

其三，建立党的代表大会制度。马克思、恩格斯认为政党监督必须坚持民主集中制原则，实行党的代表大会制度。党的代表大会制度在《共产主义者同盟章程》形成之时，就作为一项基本的组织制度被固定下来，并在实践中不断加以完善和发展。为实现常态化的监督和强化监督的时效性，党的代表大会实行年会制度。马克思、恩格斯确立的党的代表大会制度，实质上明确了党的代表大会的最高监督、裁决、处置权，体现了党内最高立法权和监督权的统一。这种统一还体现在组织结构上党的领导机构的权力与责任的统一，使党内最高监督形式法定化、实体化，为正确开展党内民主监督提供了现实组织和制度保证。[1]

其四，建立党的集体领导制度。马克思、恩格斯明确提出要对党的领导机构的最高领导进行监督和制约。他们认为要把这种监督和制约建立在领导机构的成员集体之中，不允许超越集体的领导权且不加限制的权力存在，从而形成最有效的监督机制。这一认识来自于在第一共产国际初期的经验教训：由于当时总委员会设的主席一职没有具体的领导责任，主席权力凌驾于各委员之上却不受制约。为此马克思、恩格斯要求取消主席一职，以保障党的集体领导权。

（二）国家监督理论

国家监督的核心在于权力监督，其前提在于对国家公权力的合理分配。马克思恩格斯的国家监督理论形成于对资本主义三权分立理论的扬弃，在肯定其历史价值的同时也对其阶级局限性进行了深刻批判：三权分立理论的目的是为了推翻封建专制，仍属于统治者之间的分权，无法实现人民监督权力。由此，马克思和恩格斯明确提出：无产阶级专政国家权力制约与监督的原则是议行合一。这种议行合一的国家监督理论主要包含以下三个方面的内容：

其一，实行普选制和撤换制，确保权力不被滥用。公职人员应由人民选举，对人民负责，并随时可以撤换。恩格斯指出："他们把行政、司法和国民教育方面的一切职

---

[1] 孟凡强、吴君："论马克思恩格斯党内制度监督思想"，载《理论学刊》2002年第2期。

位交给由普选选出的人担任，而且规定选举者可以随时撤换被选举者。"[1]实行普选制的目的，就是通过选举的方式产生能够代表人民利益的人。当被选举者滥用权力时，人民可以随时撤换他们。马克思指出："公社是由巴黎各区普选选出的市政委员组成的。这些委员是负责任的，随时可以罢免。"[2]通过普选制和撤换制，确保国家机关及其工作人员不得滥用权力，权力只能用来为人民谋福利。

其二，实行低薪制，建设廉价政府。为了防止公职人员变成资产阶级，巴黎公社实行低薪制。恩格斯指出："国家高级官吏所享有的一切特权以及支付给他的办公费，都随着这些官吏的消失而消失。"[3]基于廉价政府之理念和巴黎公社的低薪制度推动的廉价政府建设实践，马克思强调："公社实现了所有资产阶级革命都提出的廉价政府这一口号，因为它取消了两个最大的开支项目，即常备军和国家官吏。"[4]在马克思和恩格斯看来，实行低薪制，建设廉价政府，是对国家权力进行制约与监督的一个有效途径。

其三，实行政务公开制，监督公权力的运行。实行政务公开，增加管理工作的透明度，是防止公权力腐败的有效措施之一。在巴黎公社，许多政务都是向社会公开的。公社委员和各级领导人必须经常参加选民大会，报告工作，听取批评和意见，把自己的工作置于人民群众的监督之下。马克思对这些措施大加赞赏："公社一举把所有的公职——军事、行政、政治的职务变成真正工人的职务，使它们不再归一个受过训练的特殊阶层所私有。"[5]在马克思看来，实行政务公开制，可以监督公权力的运行，防止行使公权力的公职人员变成人民的主人。

二、列宁关于政党和国家监督的理论

十月革命胜利后，列宁为了防止党和国家机关及其工作人员滥用权力，对权力监督的理论和实践进行了创制性探索。列宁认为，监督活动的主体是广大人民群众，人民的监督权至上；监督活动的对象是领导机关、领导干部，重点是对党和国家最高权力的制约；监督活动的多渠道畅通是保障人民监督权实现的具体途径；监督活动必须通过法律来保障，依法监督是权力监督机制的关键环节。列宁晚年时期提出了关于建立自上而下和自下而上的多层次、全方位权力监督机制思想，这一思想体系对我国当前进行的国家监察体制改革和反腐败斗争仍具有重要的理论意义。

（一）政党监督理论

为整肃党内纪律、确保党始终成为社会主义建设的中坚力量，列宁在马克思主义党内监督思想的指导之下，结合俄国实践，形成了一套比较健全的社会主义国家执政

---

[1]《马克思恩格斯选集》（第3卷），人民出版社1995年版，第12~13页。
[2]《马克思恩格斯选集》（第3卷），人民出版社1995年版，第154页。
[3]《马克思恩格斯选集》（第3卷），人民出版社1995年版，第55页。
[4]《马克思恩格斯选集》（第3卷），人民出版社1995年版，第58页。
[5]《马克思恩格斯选集》（第3卷），人民出版社1995年版，第141页。

党监督的理论体系。

其一，充分发挥党的代表会议的监督职能。一是中央领导机关作为党的代表大会选举产生的权力执行机关，必须向党的代表大会负责和报告工作，并接受其监督。党的代表大会听取、审议和决定是否批准中央领导机关的工作报告、有权罢免不合格的中央领导机关的委员。二是定期召开党的各级会议，听取党的各级负责人做工作报告。列宁指出在全体党员大会中"区委员会、市委员会和省委员会做关于自己工作的报告，然后，最好对这些报告进行讨论"[1]，报告的对象包括上级和下级组织。三是要重视发挥基层党组织对党员的监督作用。列宁认为："对不加入党组织的党员实行监督不过是一句空话。"[2]只有让党员加入党的组织，党组织才能对这个党员的工作、思想等情况做到心中有数，从而真正承担起对党员领导和监督的责任。[3]

其二，建立专门的党内监督机构。为了巩固党的统一和增强党的威信，在列宁的领导下，俄共（布）第九次代表大会建立了专门的党内监督机构——中央监察委员会。监察委员必须在党的代表大会上民主选举产生，向本级党的代表大会负责并报告工作，且不得兼任其他职务，任期内不得随意调离。在监察委员的人选问题上，列宁认为其必须是党内最有威信的同志，必须是由经过党的长期实践的、党内最有修养、最有经验、最大公无私、受到普遍信任、能够严格执行党的监督政策的同志组成。[4]

其三，强化监察机关的相对独立性和高度权威性。为确保监察机关能够独立有效地行使其监督权，列宁指出："……中央委员在其监察委员会的工作中，不受中央委员会决定的约束；参加监察委员会的中央委员，在监察委员会专门讨论同他们的主管部门或工作范围有关的问题时，不参加表决。"[5]1921年3月，俄共（布）第十次代表大会规定："监察委员会和党委员会平行地行使职权，并向本级代表会议和代表大会报告工作。"[6]由此，监察委员会有权参加同级党委会的一切会议，不受党委会的约束，具有高度权威性。

其四，党内监督的重点是党的领导人。列宁明确提出了要监督党的最高层："有一定的人数必须出席政治局每次会议的中央监察委员会的委员们，应该形成一个紧密的集体，这个集体应该'不顾情面'，应该注意不让任何人的威信妨碍他们提出质询、检查文件，以至做到绝对了解情况并使各项事务严格按照规定办事"，[7]从而加强对党内

---

[1] 《苏联共产党代表大会、代表会议和中央全会决议汇编》（第2分册），中共中央马克思恩格斯列宁斯大林著作编译局译，人民出版社1958年版，第38页。

[2] 《列宁全集》（第8卷），人民出版社2017年版，第256页。

[3] 王进芬："列宁加强党内监督的理论逻辑、现实考量和制度设计"，载《南京师大学报（社会科学版）》2019年第3期。

[4] 赵洪霞："列宁的党内监督思想及其启示"，载《理论界》2004年第2期。

[5] 《列宁全集》（第39卷），人民出版社2017年版，第289页。

[6] 《苏联共产党代表大会、代表会议和中央全会决议汇编》（第2分册），中共中央马克思恩格斯列宁斯大林著作编译局译，人民出版社1958年版，第70~71页。

[7] 《列宁全集》（第43卷），人民出版社2017年版，第37页。

最高决策权力的制约，并有利于改善党内民主状况。

(二) 国家监督理论

工人阶级取得全国政权以后，如何对国家权力的行使实行有效的制约和监督，以防止权力滥用，一直是列宁非常关心的问题。特别是在其晚年时期，列宁在被称为"政治遗嘱"的最后五篇论文和书信中专门阐述了社会主义制度下的国家权力制约问题，提出了一整套国家监督的举措。

其一，健全检察机构，完善监督机制。列宁十分重视检察机关的组织建设，领导成立了中央监察委员会、中央控告检察局、工农检察院等机构。此外，列宁在《怎样改组工农检察院》中建议把原属于苏维埃政府的工农检察院与党的监察委员会合并起来，并且将其置于与党的中央委员会同等的地位。这一新的机构作为党和国家最高权力的一个组成部分，专门监督国家最高行政机关的人民委员的工作及党的领袖人物。在机构编制上，列宁提倡合并减员，要求合并后的中央监督委员会的人员由原来的2万多人减少到300人至400人。

其二，建立工农监督机制，形成自下而上的人民监督网络。列宁在实践中创造了一系列的工农监督形式：一是鼓励工农参与监督。列宁提出，必须吸收那些经过考验而证明其忠实的非党工人和农民参加工农检察院。他们可不担任任何职务，而以非正式的身份参加检察工作，并有对工作提出意见的权利。二是召开非党工农代表会议。非党工农代表会议由广大工农群众选出，并受其监督，对工农检察院具有监督权。各种工农代表会议可以选出参加工农检察院的代表，并有权对选出的代表进行罢免。建立工农监督机制，加强人民对苏维埃各机关进行监督，从而使工农检察院最终受到广大工农群众的监督。[1]

其三，通过信访渠道实行监督。列宁认为，信访工作是无产阶级政党、国家机关及其工作人员密切联系群众、保障人民监督权的重要渠道。具体而言，对于群众来信来访需要做到：一是实行定时公开接待。每个苏维埃机关，都要公开接待群众来访日期和时间，即使在星期日和节日也必须接受来访，接待室必须设在可以自由出入的地方。二是实行来访登记制度。每个苏维埃机关都要设登记簿，要有简要的记载，记下来访者的姓名、申诉要点及交谁办理。三是实行信访的检察监督制度。国家监察部的负责人有权参加信访接待，随时视察接待工作，检察登记簿，把视察、检察登记簿和询问群众的情况做成记录。对群众来信来访置之不理的行为，法院应该予以追究，并对打击报复者予以严惩。在列宁的领导下，群众的监督权得到了有效地保护。[2]

其四，加强新闻舆论监督。列宁认为在报刊或出版物上充分展开讨论，从而形成

---

[1] 黄勇、武彬：" 列宁构筑'三位一体'权力监督体系的思想研究"，载《社会主义研究》2013年第3期。

[2] 吴洪凯：" 列宁对社会主义国家权力监督问题的探索"，载《社会科学论坛（学术研究卷）》2009年第8期。

监督党和政府决策的社会舆论，有利于实现决策的科学化和民主化。同时，列宁十分重视舆论监督的作用，要求报刊如实地报道党和国家机关的活动情况，一方面要表扬机关或经济部门有成绩的工作人员，另一方面也要批评机关中的疏忽大意、无所事事的工作人员以及申诉官僚主义拖拉、松散和腐败现象。

其五，加强法制，建立权力监督的法制保障。列宁认为法律是制约、监督党和国家机关、领袖人物权力的有效武器。他指出，苏维埃国家的法律是严肃的，任何地方的党政领导机关都不得对执法机关进行干预。列宁强调法制应当具有统一性，[1]他说："法制不能有卡卢加省的法制，喀山省的法制，而应是全俄统一的法制，甚至是全苏维埃共和国联邦统一的法制。"[2]

第二节 马克思主义监察法治思想的中国化

马克思主义监察法治思想在中国监察制度建设中，始终居于总体的指导地位。早在革命根据地建设时期，以毛泽东同志为核心的党的第一代中央领导集体将马克思主义监察法治思想与中国革命实际相结合，创立了中国特色社会主义监察法治理论。中华人民共和国建立后，这一理论为党中央历代领导集体所继承和发展。

一、毛泽东关于政党和国家监督的理论

为加强党的建设，提高党的执政能力，巩固人民民主专政，毛泽东在继承和发展马列主义的基础上，从中国的国情出发，结合中国共产党和国家政权建设实际，对权力的制约监督进行了有益的理论探索，形成了马克思主义中国化的政党和国家监督理论。

（一）政党监督理论

毛泽东十分重视政党监督，认为政党监督的意义在于确保党的性质和宗旨、培养合格的共产党员以及克服腐败现象。他认为，要实现有效的党内监督，需要通过党纪监督、制度监督、机构监督、舆论监督四种途径来实现。

其一，党纪监督。毛泽东在《论新阶段》中指出：纪律是执行路线的保证，没有纪律，党就无法率领群众与军队进行胜利的斗争。党的纪律是带有强制性的；但同时，它必须是建立在党员与干部的自觉性上面，绝不是片面的命令主义。毛泽东反复强调："加强纪律性，革命无不胜。"对于不自觉遵守党纪的人，毛泽东主张，轻者批评教育，重者撤职查办，决不姑息，以维护党纪的严肃性和权威性。

其二，制度监督。我们党在长期的革命和建设实践中探索出一套行之有效的规章制度，使党的监督有章可循。主要体现在：一是建立党委集体领导制度。各级党委会

---

[1] 孙辉、袁新华："列宁晚年权力监督思想及其现实启示"，载《安庆师范学院学报（社会科学版）》2001年第3期。

[2]《列宁全集》（第35卷），人民出版社2017年版，第195页。

议的一切重要问题均需交委员会讨论,由到会委员充分发表意见,作出明确决定,然后分别执行。二是建立党员干部民主生活会制度。毛泽东认为必须建立定期召开党内民主生活会制度,充分发挥党内民主以提升党员的积极性。所谓积极性,具体表现在领导机关、干部和党员党内生活的各个方面,譬如领导机关、干部和党员的创造能力,敢于负责的精神,工作的活跃状态,敢于和善于提出问题、发表意见、批评缺点的态度,以及对于领导机关和领导干部的监督作用。三是建立请示报告制度。毛泽东认为,为了克服各级领导事前不请示、事后不报告的不良习惯,必须建立请示报告制度,以克服党内的无纪律无组织状态,减少或避免错误的发生,加强上级对下级的监督。四是建立受理群众来信来访制度。1932年毛泽东在苏维埃临时中央政府中设立控告局,专门受理群众的举报,组织"突击队"及时查清群众检举揭发的问题。1952年8月,中央人民政府政务院提出各地实行人民通讯员制度和建立人民检举接待室,设立举报箱,鼓励群众举报,并对举报有功人员进行奖励。[1]

其三,机构监督。机构监督主要是指纪律检查机关的监督,是政党监督体系的主干部分。1927年党的五大决定在中央设立纪律检查机构,即中央监察委员会,以加强对党的监督。苏维埃临时中央政府成立后,毛泽东亲自领导政府组建了工农检察机构——工农检察部,以加强对各级政府工作的监督。中华人民共和国成立后,以毛泽东为核心的党中央在全国县级以上机关建立了党的各级纪检组织。1955年3月党的全国代表会议决定,将"纪律检查委员会"改为"监察委员会",对监察委员会的权力作了新的规定。各级监察委员会有权检查和处理违反党章党纪和国家法律法令的案件,上级监察委员会有权检察下级监察委员会的工作,审查、批准和改变下级监察委员会对案件所作的决定。这一规定,扩大了党的监察委员会的权力范围,提高了纪律检查和监督的工作效率。

其四,舆论监督。毛泽东继承并发展了列宁关于舆论监督的观点,他认为:舆论监督是党内监督的有效形式,党报党刊是传播党员舆论意志的重要途径;党员反映情况,来信来访表达意见要求,提出批评建议,这种方式能客观地反映民意,具有强大的威力。1953年1月,毛泽东强调:"凡典型的官僚主义、命令主义和违法乱纪的事例,应在报纸上广为揭发",指出要发挥党报党刊"对领导机关和领导干部从爱护的观点出发的监督作用",充分发挥"组织、鼓舞、激励、批判、推动的作用"。[2]

(二) 国家监督理论

中华人民共和国成立后,人民在党的领导下进行社会主义改造和建设,在这一历史进程中毛泽东主张坚决杜绝国家政治生活中的官僚主义、主观主义等错误现象,并提出一套行之有效的国家监督理论,为国家机关全心全意为人民服务提供保障。

其一,人民群众制约监督权力。毛泽东认为,国家的所有权力属于人民、来源于

---

[1] 刘金如:"毛泽东党内监督思想论略",载《湖南科技大学学报(社会科学版)》2004年第1期。
[2] 刘金如:"毛泽东党内监督思想论略",载《湖南科技大学学报(社会科学版)》2004年第1期。

人民，所有权力的赋予和行使都必须接受人民的监督和制约。要发挥人民群众的力量，需要组织人民群众监督党和政府，从而防止腐败的发生。为此，毛泽东在保障人民群众依法通过人民代表大会享有弹劾、罢免、监督、选举等国家机关工作人员权利的基础上，积极发挥妇联、共青团、工会等群众组织的监督作用。

其二，民主党派制约监督权力。毛泽东认为，执政党要倾听民主党派和民主人士的意见建议，接受民主监督。他指出："在一切有愿意和我们合作的民主党派和民主人士存在的地方，共产党员必须采取和他们一道商量问题和一道工作的态度，那种独断专行把同盟者置之不理的态度是不对的。"[1]在1956年毛泽东提出"长期共存，互相监督"方针后，更是明确了党同民主党派的关系。他指出："为什么要让民主党派监督共产党呢？这是因为一个党同一个人一样，耳边很需要听到不同的声音。"[2]

其三，实行民主集中制。毛泽东认为，民主实质上就是"让群众讲话，哪怕是骂自己的话，也要让人家讲"。[3]民主集中制的监督途径主要体现为：一方面是先民主，让大家发表不同的意见和看法；另一方面是民主后的集中讨论集中决策，而不是个人主观武断的决策。其目标是形成"又有集中又有民主，又有纪律又有自由，又有统一意志，又有个人心情舒畅、生动活泼，那样一种政治局面"。[4]

二、改革开放后邓小平、江泽民、胡锦涛关于政党和国家监督的理论

改革开放后，以邓小平同志为核心的党和国家领导人继承和发展了毛泽东关于执政党和国家监督的理论，并在实践中有力推动了政党和国家监督制度的发展。

（一）邓小平关于政党和国家监督的理论

邓小平反复强调权力监督的重要性。他曾较为深刻地阐述了权力绝对化是导致十年"文革"发生的深层原因。为避免这一重大错误，邓小平提出一系列新思想新战略，比如，要完善法制以消除集权现象，健全民主以加强权力监督，以及限制领导人权力，这些思想实现了对马克思主义政党和国家监督理论的新发展。

其一，避免领导人的权力过分集中。邓小平明确提出"权力不宜过分集中"的观点，[5]并认为，"要使人民有更多的民主权利，特别是要给基层、企业、乡村中的农民和其他居民以更多的自主权"。[6]针对狭隘的地方利益与全局性的中央利益之间的矛盾，以及"地方保护主义"等现象，邓小平强调适度分权，在职权上应当明确划分中央和地方政府的权力范围，从而确保各级政府合理地行使权力。

其二，法制是制约权力的关键。邓小平指出："如果一个党、一个国家把希望寄

---

[1]《毛泽东选集》（第2卷），人民出版社1991年版，第526页。
[2]《毛泽东著作选读》（下册），人民出版社1986年版，第790页。
[3]《毛泽东文集》（第8卷），人民出版社1993年版，第291页。
[4]《毛泽东文集》（第8卷），人民出版社1993年版，第293页。
[5]《邓小平文选》（第2卷），人民出版社1994年版，第327页。
[6]《邓小平文选》（第3卷），人民出版社1994年版，第210页。

在一两个人的威望上,并不很健康。"[1]在"党的组织和党员实行严格的监督"这一问题上,邓小平坚持标本兼治,注重制度建设。[2]邓小平指出,要把反腐败斗争纳入法制轨道,建立健全具有中国特色的社会主义法律制度体系,严格依法办事。他说:"制度好可以使坏人无法任意横行、制度不好可以使好人无法充分做好事。"[3]

其三,建立全方位、多层次的监督机制。在监督机制的构建上,邓小平认为应实现多种监督方式相结合:一是党内监督。邓小平指出要使党的代表大会"成为党的充分有效的最高决策机关和最高监督机关"[4],要求"党必须认真地有系统地研究国家机关工作的情况和问题,以便对于国家工作提出正确的、切实的和具体的主张,或者根据实践及时地修正自己的主张,并且对于国家机关工作进行经常的监督"[5]。二是民主党派监督。邓小平强调"党外的民主人士,能够对于我们党提供一种单靠党员所不容易提供的监督,能够发现我们工作中的一些我们所没有发现的错误和缺点"[6]。三是群众监督。邓小平认为在加强权力机关自我监督、自我约束的同时,要有群众监督制度,让群众和党员监督干部,特别是领导干部。

(二) 江泽民关于政党和国家监督的理论

1997年党的十五大对政党和国家监督提出了新的要求,在以江泽民为核心的党中央集体领导下,政党和国家监督制度得到进一步完善,制度运行机制的可操作性、实践性有所增强,政党和国家监督思想实现进一步发展。江泽民指出我国监督机制制度中的根本性问题是:"还没有完全形成有效的监督管理制度和机制,越是高级干部越缺少有力的监督和管理。"在党的十五大报告上,他更是明确提出"监督是关键"的思想,十分明确地强调了监督制约的重要作用。在他的"三个代表"重要思想、社会主义民主法制建设等重要论述中,包含了丰富的制约监督思想。

其一,以德监督权力。即通过学习和教育的方法使政府官员对统治阶级的要求演变为他们的道德信仰,指导他们树立符合统治阶级的权力思想,培养他们为人民服务的意识和品质,使他们能够自觉地以良好的道德力量抵制外来的各种诱惑,自觉而严格地要求自己,行使好手中的权力,而不滥用权力。江泽民认为:"我们在建设有中国特色社会主义市场经济的过程中,要坚持法制建设,依法治国,同时也要坚持道德建设,以德治国。""把依法治国与以德治国紧密结合起来",[7]"为保持良好的秩序和风

---

[1] 《邓小平文选》(第3卷),人民出版社1994年版,第272页。
[2] 《邓小平文选》(第1卷),人民出版社1994年版,第215页。
[3] 《邓小平文选》(第3卷),人民出版社1994年版,第208页。
[4] 《邓小平文选》(第1卷),人民出版社1994年版,第233页。
[5] 《邓小平文选》(第1卷),人民出版社1994年版,第237页。
[6] 《邓小平文选》(第1卷),人民出版社1994年版,第225页。
[7] 中共中央文献研究室编:《江泽民论有中国特色社会主义(专题摘编)》,中央文献出版社2002年版,第221页。

尚营造高尚的思想基础。"[1]以德监督权力实质上是以德治权，通过学习和教育的方式，促使领导干部把外在规范要求转化为内在道德信仰，以道德修养来警示自己，以道德规范来约束监督自己，自觉而严格地要求自己，行使好手中的权力，不滥用权力。

其二，依法制约权力。江泽民在党的十五大上首次提出了"法治国家"的概念。所谓的依法治国，实质上"就是广大人民群众在党的领导下，依照宪法和法律规定，通过各种途径和形式管理国家事务，经济文化事业，管理社会事务，保证国家各项工作都依法进行，逐步实现社会主义民主的制度化、法律化，使这种制度和法律不因领导人的改变而改变，不因领导人的看法和注意力的改变而改变"[2]。依法制约权力要求遵循法律至上原则，主要包含以下两层含义：一是社会主义民主制度化法律化。决策不因领导人的改变而改变，从而对领导行使权力形成有效的监督制约。二是法律面前人人平等。一切权力拥有者必须按照法律法规办事，他们行使权力必然受到法律的制约与监督。

其三，以制度制约权力。针对监督法律法规及相关制度不够健全的问题，江泽民强调："我们的各项民主制度和法律制度，都需要继续完善和发展，以保证党和国家的政策和工作能够充分体现人民的利益，保证各级干部置于人民群众的有效监督之下。"[3]这就要求加强制度建设以监督权力，并作为"根本性、全局性、稳定性和长期性"的重要工作。[4]具体而言，应推动民主监督制度建设，不断健全党内民主生活，加强民主监督，防止少数人说了算或个人专断现象出现。

其四，党内监督。党内监督是党内部的自我约束监督制度。江泽民把党内监督的重要性提到相当高度："越是改革开放，越要加强和健全党内监督；越是领导机关、领导干部，越要有严格的党内监督。"[5]在如何完善党内监督上，江泽民指出："切实加强各级党、人民群众、各民主党派和无党派人士对我们党的监督，建立健全党内和党外监督制度，是开展反腐败斗争的重要保证。"[6]因此，党内监督首先是对领导干部的监督；其次，党内监督的途径包括党员监督、制度监督、党内舆论监督等；最后，要将党内外监督统一起来，构建全社会的监督体系。对此，江泽民说："要进一步拓宽民主监督的渠道，充分发挥党内监督、法律监督、群众监督和舆论监督的作用，真正把选人用人的权力置于有效的监督之下。"[7]

---

[1] 中共中央文献研究室编：《江泽民论有中国特色社会主义（专题摘编）》，中央文献出版社2002年版，第221页。
[2] 《江泽民文选》（第2卷），人民出版社2006年版，第28页。
[3] 《江泽民文选》（第1卷），人民出版社2006年版，第68页。
[4] 《江泽民文选》（第3卷），人民出版社2006年版，第280页。
[5] 江泽民：《高举邓小平理论伟大旗帜　把建设有中国特色社会主义事业全面推向二十一世纪——在中国共产党第十五次全国代表大会上的报告》，人民出版社1997年版，第53页。
[6] 《江泽民文选》（第1卷），人民出版社2006年版，第319页。
[7] 江泽民：《江泽民论加强和改进执政党的建设（专题摘编）》，中央文献出版社、研究出版社2004年版，第262页。

（三）胡锦涛关于政党和国家监督的理论

党的十六大以来，我国社会主义民主政治建设渐进发展，与之相匹配的权力监督制约机制建设不断推进。随着党风廉政建设和反腐败斗争不断加强，以胡锦涛同志为核心的领导集体进一步发展了政党和国家监督思想，其主要体现在加强监督制约及反腐败的部署上。

其一，加强道德和廉政文化建设。胡锦涛指出，要加强思想道德教育和纪律教育，夯实拒腐防变的思想防线，并强调要进一步加大预防腐败的工作力度，必须继续在加强教育上下功夫，使领导干部自觉拒腐防变，带头廉洁自律。随后，中央发布一系列法律法规和政策性文件，对反腐倡廉教育作了明确的安排。2007年1月，胡锦涛在中央纪律委员会第七次全会上的讲话再次强调，反腐倡廉工作必须从思想道德教育这个基础抓起。

其二，构建惩治和预防腐败体系。胡锦涛多次指出，制度不完善、监督不得力，是腐败现象滋生蔓延的重要原因。党的十六届三中全会明确强调："加强廉政法制建设，完善监督制约机制，建立健全与社会主义市场经济体制相适应的教育、制度、监督并重的惩治和预防腐败体系。"[1]随着反腐败斗争实践的发展，相应的制度建设也有了更为高标准的要求，强调要"加强廉政法制建设，真正形成用制度规范从政行为、按制度办事、靠制度管人的有效机制、保证领导干部廉洁从政"。[2]在党的十七大报告中，制度建设对反腐倡廉的根本作用被突出到了前所未有的高度，强调要坚持用制度管权、管事、管人，建立健全决策权、执行权、监督权既相互制约又相互协调的权力结构和运行机制。

其三，提升监督主体的整体效能。发挥各种制约监督主体的积极作用，并加强制约监督的体系化、制度化建设，从而形成制约监督的合力，逐渐成为国家治理的重要环节。2005年12月，胡锦涛在中共中央政治局集体学习时强调，要"完善人大、政协、司法机关、人民群众、舆论依法监督的机制"。党的十七大报告再次指出："落实党内监督条例，加强民主监督、发挥好舆论监督作用，增强监督合力和实效。"[3]这就要求综合运用多种监督形式，努力形成结构合理、配置科学、程序严密、制约有效的权力运作机制。

第三节　习近平新时代监察法治理论

党的十八大之后，以习近平同志为核心的党中央高度重视国家监察工作，在推进

---

[1]《中共中央关于完善社会主义市场经济体制若干问题的决定》，载中华人民共和国中央人民政府网，http://www.gov.cn/gongbao/content/2003/content_62494.htm，2022年4月10日访问。

[2]《中共中央关于加强党的执政能力建设的决定》，载中华人民共和国中央人民政府网，http://www.gov.cn/test/2008-08/20/content_1075279.htm，2022年4月10日访问。

[3] 胡锦涛：《高举中国特色社会主义伟大旗帜　为夺取全面建设小康社会新胜利而奋斗——在中国共产党第十七次全国代表大会上的报告》，人民出版社2007年版，第35页。

国家监察体制改革中,紧紧围绕新时代为什么要坚持党对国家监察工作的领导、为什么要推进监察全覆盖、怎样完善国家监察工作、如何建设纪检监察工作队伍等重大问题,形成了习近平新时代监察法治理论。

一、坚持党对国家监察工作的领导

国家监察体制改革是事关全局的重大政治体制改革,国家监察制度的顶层设计和改革实践都是在党的领导下完成的。习近平总书记强调,要坚持党对党风廉政建设和反腐败工作的统一领导,扩大监察范围,整合监察力量,健全国家监察组织架构,形成全面覆盖国家机关及其公务员的国家监察体系。这一重要讲话深刻揭示了加强党的领导是国家监察体制改革的重要战略考量,国家监察体制改革的根本出发点和落脚点,就是加强党的领导。

(一)健全全过程的领导体制

在北京市、山西省、浙江省开展国家监察体制改革试点期间,三省市从决策程序、职能定位、组织形式三个方面将党对反腐败工作的统一领导予以具体化和制度化,由国家监察体制改革前的侧重"结果领导"转变为国家监察体制改革后的"全过程领导",把党的领导体现在反腐败的日常工作中。党委书记定期研判问题线索、分析反腐形势、把握政治生态,第一时间听取职务违法职务犯罪重大案件情况报告,认真审核把关初核、立案、采取留置措施、作出处置决定等关键环节,随时听取重要事项汇报,牢牢把握党对反腐败工作的集中统一领导。[1]

(二)推动党领导监察工作的制度化、法治化

《监察法》第2条明确规定"坚持中国共产党对国家监察工作的领导",从法律文本上将党对反腐败工作的领导制度化、法律化。监察委员会是党统一领导下的具有中国特色的国家反腐败工作机构。监察委员会作为行使国家监察职能的专责机关,接受党的领导,忠实履行法治反腐的工作职责。中国共产党能否充分发挥对监察委员会的领导作用,最终要通过监察委员会贯彻落实党的路线、方针、政策等情况进行检验。[2]

(三)实现党对监察工作的集中统一领导

国家监察体制之下,监察委员会与党的纪律检查机关合署办公,对党委负责,接受党委的领导和监督,充分保障了党对反腐败工作的集中统一领导。监察委员会将行政监察、检察反腐、党内监督等多种反腐败力量拧成"一股绳",构建了集中统一、权威高效、全面覆盖的反腐败工作体系。在党的领导下,监察委员会积极深入开展反腐

---

[1] 据统计2017年1至8月,北京市、山西省、浙江省分别召开36次、25次、29次省(市)党委常委会会议研究管党治党、反腐败工作;省(市)党委书记批准谈话函询、立案审查、采取留置措施等事项分别达到90人次、44人次、22人次。"积极探索实践 形成宝贵经验 国家监察体制改革试点取得实效——国家监察体制改革试点工作综述",载《人民日报》2017年11月6日。

[2] 彭新林:"国家监察体制改革:动因、要义与方略",载《学术界》2018年第10期。

败斗争，极大地增强了党自我监督和自我净化的能力，使党和国家在人民群众心中的威信大大增强，厚植了党的执政基础，使党的领导地位和执政地位更加稳固。国家监察体制改革后的成功实践充分证明，必须坚持中国共产党对国家监察工作的领导，使监察委员会成为党领导下的反腐败专门机构，从而才能根除腐败顽疾。[1]

二、推进国家监察全覆盖

国家监察体制改革前，党内监督已经实现行政监察全覆盖。而依照《行政监察法》（已失效）的规定，行政监察对象主要是行政机关及其工作人员，并未对所有行使公权力的公职人员实现全覆盖，存在党内监督和国家监察不同步、部分行使公权力的人员未受监督覆盖等问题。

（一）坚持公权全覆盖

坚持将一切公权力都纳入监察范围，是习近平监察法治思想的主要内容。为实现依规治党与依法治国、党内监督与国家监察的有机统一，习近平强调要推进国家监察全覆盖："深化国家监察体制改革的初心，就是要把增强对公权力和公职人员的监督全覆盖、有效性作为着力点，推进公权力运行法治化，消除权力监督的真空地带，压缩权力行使的任性空间，建立完善的监督管理机制、有效的权力制约机制、严肃的责任追究机制。"[2]

（二）坚持对象全覆盖

坚持将所有行使公权力、履行公职的人员都纳入监察对象之范围，是习近平监察法治思想的重要组成部分。只有将所有行使公权力、履行公职的人员都纳入监察对象的范围，不留死角，才能充分发挥国家监察的效能，规范和约束公权力。[3]党的领导是中国特色社会主义最本质的特征。党的意志要转化为法律的意志，必须通过法定程序，将党的理论、纲领、路线、方针和政策上升为法律，实现对党和国家的领导。无论是人大、政协，还是"一府一委两院"，都要坚决执行党的决策部署，都要始终坚持以人民为中心的立场，为人民用权、对人民负责、受人民监督。因此，所有行使公权力的公职人员都应当受到监督。[4]

（三）坚持过程全覆盖

将公权力运行的所有环节都纳入监察范围，是习近平监察法治思想的理论创见。习近平总书记指出："国家之权乃是'神器'，是个神圣的东西。公权力姓公，也必须为公。只要公权力存在，就必须有制约和监督。不关进笼子，公权力就会被滥用。"[5]各类监察对象分别都行使着重要的公权力。比如，公务员承担着管理国家和社会事务

---

[1] 彭新林："国家监察体制改革：动因、要义与方略"，载《学术界》2018年第10期。
[2] 习近平："在新的起点上深化国家监察体制改革"，载《小康》2019年第9期。
[3] 姚文胜：《国家监察体制改革研究》，中国社会科学出版社2019年版，第90页。
[4] 袁曙宏："深化国家监察体制改革的四重意义"，载《中国纪检监察》2018年第5期。
[5] 习近平："在新的起点上深化国家监察体制改革"，载《小康》2019年第9期。

的重要职责,国有企业管理人员行使国有资产保值增值的重要公权力,等等。因此,必须把权力监督作为推动监察全覆盖的核心环节,以规范和约束公权力为重点,加大监督力度。

三、构建集中统一、权威高效的国家监察体系

当前反腐败斗争形势依然严峻复杂,与推进党风廉政建设和反腐败斗争的要求相比,我国的监察体制机制存在着明显不适应的问题。为解决这一问题,党中央指出要"构建集中统一、权威高效的国家监察体系"。

(一)集中统一的监察体系

所谓集中统一,即整合反腐败资源力量,由监察委员会集中统一行使反腐败国家监察职能,具体意涵有二:一是权力的集中,即整合行政监察、预防腐败和检察机关查处贪污贿赂、失职渎职以及预防职务犯罪等职权,集中由监察委员会专责行使;二是机构的统一,即成立独立的监察委员会,各级监察委员会由各级人民代表大会产生,在组织机构上独立于"一府两院",形成"一府一委两院"("一委"即监察委员会)的国家机构新格局。

(二)高效权威的监察体系

所谓权威高效,即保证国家监察委员会的权威地位和独立品格,确保其能高效履行国家监察职能。具体意涵有三:一是国家监察委员会具有较高的法律地位。国家监察委员会由全国人民代表大会产生,地方各级监察委员会由地方各级人民代表大会产生,其在法律地位上与"一府两院"平行,不再是政府机关的一个内设部门;二是监察委员会集中统一行使监察职权。监察委员会整合了政府内部的监察机关、预防腐败部门和政府外部的人民检察院的反贪污贿赂部门、反渎职部门,以及检察院内部的预防腐败局的职能,集中统一行使对所有公权力部门及其工作人员监察的职权;三是监察委员会实行垂直领导体制。其垂直领导的特征直接体现在监察委员会在人员选用和监察工作上。监察委员会接受上级监察委员会的领导,同时接受产生它的人民代表大会的监督,同级党委不得干涉监察委员会的工作。以此确保监察委员会的独立性和权威性,能够对同级党政机关、司法机关及其公职人员,尤其是对公职人员中"关键少数"领导干部进行监督。[1]

四、从严从实加强纪检监察队伍建设

在历次中央纪委全会上,习近平总书记都会就纪检监察机关加强自身建设提出明确要求,可以将其概括为:秉持政治过硬、本领高强之原则,打造忠诚坚定、担当尽责、遵纪守法、清正廉洁的纪检监察铁军。[2]

---

[1] 江国华、彭超:"国家监察立法的六个基本问题",载《江汉论坛》2017年第2期。
[2] 张弛:"落实政治过硬本领高强要求 从严从实加强纪检监察队伍建设",载《中国纪检监察报》2019年2月12日。

(一) 政治建设

坚持以政治建设为统领,带头践行"两个维护"。纪检监察机关是国家机关的重要组成部分,是党内监督和国家监察专责机关,旗帜鲜明讲政治是第一位的要求。习近平强调,纪检监察机关要带头加强党的政治建设,继承对党绝对忠诚的光荣传统,做忠诚干净担当、敢于善于斗争的战士。一方面,各级纪检监察机关要以理论上的清醒强化政治上的坚定,强调以党的政治建设为统领、为灵魂,另一方面,领导干部要带头加强机关党的建设,增强"四个意识"、坚定"四个自信"、做到"两个维护"。

(二) 能力建设

坚持不断提升干部队伍政治素质和业务能力。十九届中央纪委四次全会工作报告提出,适应新时代新任务新要求,推进干部队伍专业化建设,加强学习调研培训,强化实战练兵,提升政治素质、业务能力。对此,习近平强调各级纪检监察机关要突出政治训练和业务培训,加强统筹谋划,在分级分类开展全员培训的基础上,有针对性地补短板、强弱项,把全员培训作为建设高素质队伍、助力高质量发展的重要抓手。[1]

(三) 制度建设

坚持健全内控机制,扎紧制度笼子。完善自身权力运行机制和管理监督制约体系是发挥纪检监察机关职责作用的应有之义。习近平强调,党中央制定监督执纪工作规则、批准监督执法工作规定,就是给纪检监察机关定制度、立规矩,必须不折不扣执行到位。纪检监察机关要在强化自我监督、自我约束上作表率,牢固树立法治意识、程序意识、证据意识,严格按照权限、规则、程序开展工作。

(四) 作风建设

加强作风和纪律建设,坚决防止"灯下黑"。习近平指出,纪检监察机关要在强化自我监督、自我约束上作表率。保持惩处这一手,任何时候都不能放松。要坚持刀刃向内,严肃查处纪检监察干部执纪违纪、执法违法等行为,将违反政治纪律和政治规矩、以案谋私、跑风漏气、执纪违纪问题作为查处重点,及时打扫庭院、清理门户,防止违法违纪的现象发生。

---

[1] 王少伟:"建设高素质专业化纪检监察干部队伍",载《中国纪检监察报》2020年3月16日。

第三章
监察法的基本原则

监察法的基本原则是指人们在制定和实施监察法的过程中必须遵循的最基本准则，它贯穿于监察法制定、实施活动的全过程，反映了监察权的属性、功能以及监察制度的运行机理，[1]其在监察法中居于基础地位，体现了监察法律的基本精神和根本价值，具有指导监察活动，确保监察活动的高效化、有序化与法治化的重要功能。[2]依据《监察法》总则第4条至第6条的规定，可将其归纳为党的全面领导原则、依法独立行使监察权原则、相互配合和相互制约原则、依法协助原则、依宪依法监察原则、惩罚与教育相结合和宽严相济原则、以事实为根据以法律为准绳原则、法律平等原则和保障当事人的合法权益原则等。

第一节 领导原则

领导是管理学上的一个概念，兼具动名双性。作为"名词"，领导意指领导者；作为"动词"，领导则是指领导活动，是领导者向其下属施加影响力的一种行为或行为过程。概而言之，所谓领导，意指领导者为实现组织的目标而运用权力，对被领导者进行统御和指引的行为过程。政治领导人必须真诚地致力于最大限度地减少他们国家的腐败。政治意愿是"最重要的先决条件，因为如果没有一个国家的政治领导层支持，全面的反腐败战略就会失败"。[3]"一个好的、廉洁的政府管理一个好的、廉洁的制度，要比一个好的反腐机构清理一个腐败的政府和一个歪曲的制度要容易得多。"[4]现有的国外研究也认为，领导原则是反腐败工作最重要的原则。

作为监察法基本原则的领导原则有两重意思：一是指监察机关及其工作必须遵循的领导体制，在这个意义上，监察法的领导原则包括党的领导、人大领导和上级领导三项子原则，其中，党的领导属于政治性领导，人大领导属于监督性领导，上级领导属于业务性领导；二是指领导者领导监察机关工作所必须遵循的规律和规范，是领导

---

[1] 马怀德主编：《监察法学》，人民出版社2019年版，第96页。
[2] 马怀德主编：《监察法学》，人民出版社2019年版，第96页。
[3] Quah J., "National Integrity System: Transparency International Regional Overview Report: East and Southeast Asia 2006", *Transparency International*, 2007.
[4] Iyer N, Samociuk M., "Fraud and Corruption", *Ashgate USA*, 2006.

活动过程中领导主体必须坚持和自觉遵循的领导行为规范。

一、党的领导

中国共产党是最高政治领导力量,中国共产党的领导是中国特色社会主义最本质的特征,是中国特色社会主义制度的最大优势。坚持党的领导是发展社会主义民主政治和全面进行社会主义现代化建设的先决条件与根本保证。[1]国家监察委员会作为反腐败工作的专责机关,在开展监察工作中,最首要的原则即是要坚持党的领导原则。[2]

(一) 党对国家监察工作的领导是绝对领导

《监察法》第2条旗帜鲜明地宣示党的领导,党的领导是国家监察体制实现和改革的根本保证,是坚持国家监察工作的首要原则。深化国家监察体制的目的,就是加强党对反腐败工作的统一领导。[3]从我国反腐败斗争的态势以及经验方面来看,把党对反腐败工作的集中统一领导机制固定下来,着力强化不敢腐的震慑,扎牢不能腐的笼子,增强不想腐的自觉,为反腐败工作提供坚强法治保证。[4]

(二) 党对国家监察工作的领导是全方位、全过程领导

在我国,党的机关、人大机关、行政机关、司法机关、监察机关等国家机关以及政协机关等,都在党中央统一领导下行使公权力。[5]坚持党全面领导是正确行使监察权的根本政治保证,而监察委员会是行使国家监察权的权力机关和政治机关,必须坚持正确的政治方向,坚持党的全面领导,使监察制度在法治的轨道上运行。党对国家监察工作的领导贯穿监察工作的各个阶段、各个方面,在以党委反腐败小组统一思想和行动的基础上,"在纪法贯通,法法衔接等方方面面都体现了党的集中统一领导"。[6]监察工作的展开以坚持正确的政治方向为原则,严格遵循党中央确定的指导思想、基本原则和改革要求,把坚持和加强党对反腐败工作的集中统一领导作为根本政治原则贯穿监察工作的全过程和各方面。

(三) 党必须在宪法和法律的范围内活动

党的十八届六中全会通过的《关于新形势下党内政治生活的若干准则》(以下简称《准则》)明确提出:"党的各级组织和领导干部必须在宪法法律范围内活动,增强法治意识、弘扬法治精神,自觉按法定权限、规则、程序办事,决不能以言代法、以权

---

[1] 莫纪宏:"坚持党的领导与依法治国",载《法学研究》2014年第6期。
[2] 江国华:《国家监察权力运行及其监督机制研究》,中国政法大学出版社2020年版,第72页。
[3] 中共中央纪律检查委员会、中华人民共和国国家监察委员会法规室编写:《〈中华人民共和国监察法〉释义》,中国方正出版社2018年版,第58页。
[4] 中共中央纪律检查委员会、中华人民共和国国家监察委员会法规室编写:《〈中华人民共和国监察法〉释义》,中国方正出版社2018年版,第58页。
[5] 中共中央纪律检查委员会、中华人民共和国国家监察委员会法规室编写:《〈中华人民共和国监察法〉释义》,中国方正出版社2018年版,第33页。
[6] 江国华:《国家监察权力运行及其监督机制研究》,中国政法大学出版社2020年版,第228页。

压法、徇私枉法，决不能违规干预司法。"这是对党章中"党必须在宪法和法律的范围内活动"原则的进一步明确和重申，是党领导监察工作必须遵循的基本准则。基于这一原则，党领导监察工作必须做到：其一，决不能以言代法、以权压法、徇私枉法；其二，决不能违规干预司法，决不能以党委决定改变、代替监察决定，更不能包办、代替监察机关对具体案件作出处理；其三，必须认真落实防止领导干部干预过问监察活动的制度规定，建立防止干预监察活动的"防火墙"和"隔离带"；其四，坚决支持和保护监察人员依法独立行使职权，支持监察人员敢于担当、不徇私情、忠于法律，构建反腐败的坚强防线。

二、人大领导

在中国的法律语境中，党的领导和党的监督是融为一体的——党的监督权是党的领导权的不可分割的组成部分，党的监督是实现党的领导的重要方式。同理，人大的监督权和人大的领导权是融为一体的，人大行使监督权的过程，就是人大领导权的实现过程。

其一，人大的领导权源自人民代表大会制度的根本地位。人民代表大会制度是我国根本政治制度，全国人民代表大会是最高国家权力机关，地方各级人民代表大会是地方各级国家权力机关。十三届全国人大一次会议通过的宪法修正案以国家根本法形式规定了人大与监委之间的关系，明确监察委员会由人大产生，对其负责，受其监督；人大有权选举、罢免本级监委主任。

其二，人大的领导权集中表现为监督权。监督权是宪法和法律赋予人大及其常委会的一项十分重要的职权，是党和国家监督体系的重要组成部分，监察机关在自觉接受党委监督的同时，也应当依法自觉接受权力机关的监督。监察法规定监察机关接受本级人大及其常委会的监督；各级人大常委会听取和审议本级监察机关的专项工作报告，组织执法检查；监察机关应当就监察工作中的有关问题，接受人大代表或者常委会组成人员提出的询问或者质询。

其三，人大监督机制即其领导权的实现机制。《各级人民代表大会常务委员会监督法》是各级人大常委会开展监督工作的主要法律依据。《各级人民代表大会常务委员会监督法》对全国人大和地方各级人大常委会监督工作的基本原则、主要内容、监督形式和具体程序等问题作了明确规定。据此，人大领导权的实现机制包括听取和审议专项工作报告、组织执法检查、备案审查、特定问题调查等具体形式。

三、上级领导

上级领导属于监察委员会内部的业务性领导。《监察法》规定，国家监察委员会在党中央领导下开展工作。地方各级监察委员会在同级党委和上级监察委员会双重领导下工作，监督执法调查工作以上级监察委员会领导为主，线索处置和案件查办在向同级党委报告的同时应当一并向上一级监察委员会报告。

其一，上级监察委员会应当加强对下级监察委员会的领导。下级监察委员会对上级监察委员会的决定必须执行，认为决定不当的，应当在执行的同时向上级监察委员会反映。上级监察委员会对下级监察委员会作出的错误决定，应当按程序予以纠正，或者要求下级监察委员会予以纠正。

其二，上级监察委员会可以依法统一调用所辖各级监察机关的监察人员办理监察事项。调用决定应当以书面形式作出。监察机关办理监察事项应当加强互相协作和配合，对于重要、复杂事项可以提请上级监察机关予以协调。

其三，各级监察委员会依法向本级中国共产党机关、国家机关、法律法规授权或者受委托管理公共事务的组织和单位以及所管辖的国有企业事业单位等派驻或者派出监察机构、监察专员。省级和设区的市级监察委员会依法向地区、盟、开发区等不设置人民代表大会的区域派出监察机构或者监察专员。县级监察委员会和直辖市所辖区（县）监察委员会可以向街道、乡镇等区域派出监察机构或者监察专员。

其四，监察机构、监察专员开展监察工作，受派出机关领导。派驻或者派出的监察机构、监察专员根据派出机关授权，按照管理权限依法对派驻或者派出监督单位、区域等的公职人员开展监督，对职务违法和职务犯罪进行调查、处置。监察机构、监察专员可以按规定与地方监察委员会联合调查严重职务违法、职务犯罪，或者移交地方监察委员会调查。未被授予职务犯罪调查权的监察机构、监察专员发现监察对象涉嫌职务犯罪线索的，应当及时向派出机关报告，由派出机关调查或者依法移交有关地方监察委员会调查。

第二节　组织原则

一般而言，所谓组织原则是指为建立一个完善的管理组织系统，在组织设计中必须遵循的一些基本原则。监察法的组织原则包括监察机关独立行使监察职权、监察机关与其他国家机关相互配合、相互制约以及监察协助等。

一、监察机关独立行使监察权原则

宪法和法律规定监察机关依照法律规定独立行使监察权，以保障监察权的公正性，排除行政机关、社会团体和个人对监察机关的非法干扰。监察委员会作为行使国家监察职能的专责机关独立行使监察权，必须遵守社会主义法治原则的基本要求，严格依照法律进行活动。[1]

独立行使监察权原则是监察工作制度化的重要保障，国外监察机构的实践表明，坚持独立性是维护监察工作绩效的关键。国外很多研究已经证实监察机构缺乏独立性会导致监察制度失灵。例如，尼日利亚反腐运动进程的减缓是由于总统不当干预导致的，制度化淡薄而政治化色彩浓厚削弱了反腐败机构独立行动的能力，具体表现为反

---

〔1〕　中共中央纪律检查委员会、中华人民共和国国家监察委员会法规室编写：《〈中华人民共和国监察法〉释义》，中国方正出版社2018年版，第65页。

贪机构有选择性地起诉那些与总统关系不那么紧密的人。[1]还有学者对比新加坡反贪机构（CPIB）、泰国反贪机构（NCCC）、韩国反贪机构（KICAC）的反腐败能力，结果表明 KICAC 是四个反贪机构（ACA）中表现最差的，因为它缺少调查权并且调查案件受政治干预的程度较大。[2]ACA 必须具有独立的调查权。KICAC 的经验清楚地表明，如果缺乏独立的调查权，ACA 将无法有效履行其职能。如果政府的真诚意图是尽量减少腐败，那么建立没有调查权的反腐败机构是徒劳的。

（一）独立行使监察权之法理

我国监察体制改革前监察权从属于行政权，以致监察效率较低，监督力度较弱，没有发挥监察权应有的作用。[3]我国监察立法实现了从行政权中剥离监察权的重大创新，将其设置为与司法权、行政权同等地位的独立权力，在人大体制下具有独立于立法权、司法权和行政权的属性。[4]从立法以及权力分立的视角看，监察权并非政治性权力，其具有腐败治理的实体与程序处分的双重功能，与行政、司法权平行且具有独立性，[5]该独立性是组织化权力的独立性，而非人格化的独立权力。[6]具有相对的独立性是我国监察制度发展过程中一以贯之的重要传统[7]。

我国宪法规定，人民代表大会制度决定了监察委员会是独立行使监察权的专门机关，具有政治上和法律上的正当性。[8]由于监察权具有强大威慑力的同时亦具有高度的政治性和敏感性，[9]为了避免其在运作过程中偏离法治轨道而导致出现严重后果，监察机关必须严格依照法律的规定独立行使监察权，以维护监察委员会的权威和公信力。监察体制改革后的国家监察机关是党领导下的反腐机构，其行使的监察权相对独立于行政权、审判权、检察权，而监察委员会的独立性和监察权的独立性大大提高了反腐工作的力度和效果。[10]此外，我国宪法和法律规定执法机关独立原则，以保障执法的公正性以及权威性，而我国《监察法》中明确规定监察机关的性质和职权，表明

---

[1] Nwozor A, Olanrewaju J S, Oshewolo S, et al., "Is Nigeria really fighting to win the anti-corruption war?: Presidential body language, 'string-puppetting' and selective prosecutions", *Journal of Financial Crime*, 2020.

[2] Quah J., "Defying institutional failure: learning from the experiences of anti-corruption agencies in four Asian countries", *Crime, Law and Social Change*, 2010, 53（1）：23~54.

[3] 马怀德主编：《监察法学》，人民出版社 2019 年版，第 108~109 页；秦前红等：《国家监察制度改革研究》，法律出版社 2018 年版，第 276 页。

[4] 马怀德主编：《监察法学》，人民出版社 2019 年版，第 109 页。

[5] 马怀德主编：《监察法学》，人民出版社 2019 年版，第 110 页。

[6] 汪江连："论监察机关依法独立行使监察权"，载《法治研究》2018 年第 6 期。

[7] 朱福惠："国家监察体制之宪法史观察——兼论监察委员会制度的时代特征"，载《武汉大学学报（哲学社会科学版）》2017 年第 3 期。

[8] 张云霄：《监察法学新论》，中国政法大学出版社 2020 年版，第 92 页。

[9] 张云霄：《监察法学新论》，中国政法大学出版社 2020 年版，第 92 页。

[10] 雷思远："如何理解监委依法独立行使监察权——准确把握依法、独立、配合、制约四个关键词"，载《中国纪检监察》2018 年第 9 期。

其是具有执法性质的机构,因此,应当遵循依法独立行使监察权的原则。[1]

(二)"依照法律规定"之前提

监察委员会行使监察权必须于法有据,"依法"是监察机关独立行使监察权的前提。监察机关及其工作人员的一切行为,必须遵守法律、执行法律,切实做到依法执法、依法监察。[2]"依法"行使监察权是法治理念的体现,监察职权法定源自"公共权力法定"的法治原则,"包括依实体法和依程序法:既要按实体法规定的权限、条件、标准、责任范围、限度和从重从轻规则办案,又要依程序法规定的过程、步骤、方式、时限及管辖规则等办案"。[3]该原则"以公平正义为价值取向,以民主政治为基础,以宪法至上为前提,以严格依法办事为核心,以确保权力正当运行为重点,以执法为民为本质要求,以服务大局为重要使命,是人类政治文明进步的重要标志"。[4]

(三)"不受干涉"之意涵

"干涉"主要指行政机关、社会团体和个人利用职权、地位或者采取其他不正当手段干扰、影响监察人员依法行使职权的行为,是"非法"的介入。[5]监察权的独立行使应既确保其本身不受非法干涉,不代替其他国家机关行使其他国家权力,不超越法定权限采取非法定手段、措施,而且应该要求依法积极主动独立行使监察权而不能不作为。[6]《监察法》虽然规定监察机关独立行使监察权,但"不受干涉"之独立并非绝对"独立",也并非监察官个人独立,而是指监察委员会作为监察机关,整体独立行使监察权。依法独立行使监察权并非不受任何约束和监督,监察机关在党的集中统一领导和监督下展开工作。此外,监察机关还应依法接受民主监督、社会监督、舆论监督等。[7]

二、相互配合、相互制约原则

监察机关与其他国家机关在监察活动中承担着不同的法定职责。《宪法》第127条规定,监察机关办理职务违法和职务犯罪案件,应当与审判机关、检察机关、执法部门相互配合,互相制约。其目的在于进一步排除行政机关、社会团体和个人对监察机关的非法干扰,并明确监察机关、检察机关、执法部门在办理职务违法犯罪过程中的关系。[8]从其他国家的反贪实践来看,由于反贪执法机构各自的法律依据不同,与其

---

[1] 褚宸舸主编:《监察法学》,中国政法大学出版社2020年版,第22页。
[2] 姜明安:"论监察法的立法目的与基本原则",载《行政法学研究》2018年第4期。
[3] 姜明安:"论监察法的立法目的与基本原则",载《行政法学研究》2018年第4期。
[4] 褚宸舸主编:《监察法学》,中国政法大学出版社2020年版,第23页。
[5] 汪江连:"论监察机关依法独立行使监察权",载《法治研究》2018年第6期。
[6] 姜明安:"论监察法的立法目的与基本原则",载《行政法学研究》2018年第4期。
[7] 中共中央纪律检查委员会、中华人民共和国国家监察委员会法规室编写:《〈中华人民共和国监察法〉释义》,中国方正出版社2018年版,第67页。
[8] 中共中央纪律检查委员会、中华人民共和国国家监察委员会法规室编写:《〈中华人民共和国监察法〉释义》,中国方正出版社2018年版,第65页。

他合作机构之间出现了不和谐的现象。具体表现为各机构各自为政各自以本机构为中心，这不利于保护嫌疑人的权利和维护人权。反贪机构必须能够协调所有参与反腐调查的机构，以避免机构之间的冲突。[1]

（一）"相互配合、相互制约"之法理

权力受监督和制约是现代民主法治建设的必然要求，监察权作为一项新的国家权力，本身具有滥用权力的风险，必须对监察权予以有效的监督和制约。监察权与行政权、司法权相分离的分权制度，为其相互配合、相互制约奠定组织基础，但当监察权超越其法定界限，则会有损于其他权力。

《监察法》第4条第1款规定，监察委员会依法独立行使监察权，不受行政机关、社会团体和个人的干涉。但"独立"并非"孤立"，监察机关依照法律规定独立行使监察权之原则，并不排除监察机关与司法机关、执法机关的相互配合。再者，"监察权与司法权、行政权具有平等地位，监察机关不仅需要其他权力机关的协助、配合，更需要其他权力机关的监督制约，以确保监察权行使的正当性，避免权力滥用的风险"。[2]

"相互配合"与"相互制约"须统筹兼顾。配合和制约的目的都是全面、正确和有效实现国家设置监察制度的目的，即通过深入推进反腐败和廉政建设，真正把权力（包括监督对象的权力和监督者本身的权力）关进制度的笼子里。[3]一方面，监察机关与审判机关、检察机关以及执法部门之间在办理职务违法和职务犯罪案件时应当相互配合和互相制约；另一方面，监察机关内部的职能部门之间也存在互相配合和互相制约的关系。在实践中，"相互配合、相互制约"原则的适用范围通常限定为"办理职务违法和职务犯罪案件"，而不包括一般违法违纪案件。

（二）"相互配合"之意涵

概言之，"相互配合"是指监察机关在办理职务违法和职务犯罪的过程中，与司法、执法部门在办理职务违法犯罪案件方面，要按照法律规定，在正确履行各自职责的基础上，互相支持，而不能违反法律规定，各行其是，互不同期，甚至互相扯皮。[4]其中，"执法部门"不限于公安机关，有时可能还会涉及国家安全机关、工商、海关、税务等执法部门，其与监察机关主要是配合关系；但监察机关与检察机关、审判机关之间的关系则既存在配合关系，又存在相互制约关系。"人民法院、人民检察院和公安机关办理刑事案件，依照刑事诉讼法的规定可以相互制约，是以制约为主，配合为辅的

---

[1] Latupeirissa J E, Akub M S, Karim M S, et al. , "Specialty Investigation Against Corruption Crime by the Corruption Eradication Commission", 2019.
[2] 马怀德主编：《监察法学》，人民出版社2019年版，第112页。
[3] 张云霄：《监察法学新论》，中国政法大学出版社2020年版，第94页。
[4] 中共中央纪律检查委员会、中华人民共和国国家监察委员会法规室编写：《〈中华人民共和国监察法〉释义》，中国方正出版社2018年版，第66页。

法律关系。"[1]具体而言，相互配合主要是指其他国家机关协助监察机关履行监督、调查与处置职责。监察机关工作过程中，遇到超出监察机关职权范围或者其他紧急、特殊情况，有权要求公安、司法、行政、审计、税务等部门予以协助。监察机关依法提出的协助要求，有关机关和单位应当在其职权范围内予以配合，否则需要承担《监察法》中所规定的法律责任。

（三）"相互制约"之意涵

制约为监察委员会行使监察权确立了必要界限。[2]"互相制约"意味着监察机关与审判机关、检察机关以及执法部门在查办涉嫌职务违法和职务犯罪案件时，应当各自依法正确履职，通过程序上的制约，防止和及时纠正错误，切实保障程序公正和结果公正，切实保障案件质量。[3]其中，检察机关对监察机关的制约包括审查起诉，退回补充侦查和不起诉等，人民法院对监察机关的制约包括依法审查证据以及退回补充侦查的建议等。反之，监察机关通过监督上述机关依法依纪行使公权力从而实现机关之间相互制约。

三、工作协助原则

《监察法》第4条第3款规定了有关机关和单位对监察机关进行职务违法和职务犯罪案件的协助义务。监察机关在工作中需要协助的，有关机关和单位应当根据监察机关的要求依法予以协助，简称为监察协助。

（一）"行政"协助监察之法理

监察机关在处理职务违法和职务犯罪案件中可能涉及具体行政领域的相关问题的判断，且行政领域的具体问题范围广泛、数量众多、体系庞大、职权交叉，不可能由监察机关单独完成。虽然监察权独立于行政权，但国务院规定的行政措施、行政法规在实践中可以成为监察委员会调查职务犯罪的依据。《监察法》第11条规定的"有关法律规定"中包括国务院制定的行政法规，监察机关对玩忽职守、权力寻租、徇私舞弊、浪费国家资源等职务违法行为和职务犯罪行为进行调查时，需要参考和依照国务院制定的行政法规，因此需要"行政"予以协助。

（二）"有关机关和单位"之范围

"有关机关和单位"范围较为广泛，且较为模糊。从协助义务的角度出发，其应当涉及多个领域的机关和单位。比如，监察机关进行搜查时，可以根据工作需要提请公安机关配合，公安机关应当依法予以协助；监察机关采取留置措施，可以根据工作需要提请公安机关配合，公安机关应当依法予以协助；监察机关决定通缉的，由公安机

---

[1] 秦前红主编：《监察法学教程》，法律出版社2019年版，第88页。
[2] 雷思远："如何理解监委依法独立行使监察权——准确把握依法、独立、配合、制约四个关键词"，载《中国纪检监察》2018年第9期。
[3] 张云霄：《监察法学新论》，中国政法大学出版社2020年版，第95页。

关发布通缉令,追捕归案。[1]

(三)"依法予以协助"之意涵

《监察法》第4条第3款规定的"依法予以协助"是原则性规定,虽然有关机关和单位有予以协助的义务,但履行该义务是基于法律的规定,依照法律规定的权限和程序对监察工作予以协助,既相互配合,又尊重监察机关,使其独立行使监察权。《监察法》具体条文中规定了其他机关对监察工作予以"配合",其实质内涵为协助,如《监察法》第34条第2款规定:"被调查人既涉嫌严重职务违法或者职务犯罪,又涉嫌其他违法犯罪的,一般应当由监察机关为主调查,其他机关予以协助。"通过该条款,可知"依法予以协助"中监察机关是主导调查的机关,其他机关处于辅助地位。

◇【法条链接】

一、《中华人民共和国宪法》(2018年)

第一百二十七条 监察委员会依照法律规定独立行使监察权,不受行政机关、社会团体和个人的干涉。

监察机关办理职务违法和职务犯罪案件,应当与审判机关、检察机关、执法部门互相配合,互相制约。

【释义】本条款指明,监察委员会既应独立行使监察权,又应与其他国家机关在工作中相互配合、相互制约。

二、《中华人民共和国监察法》(2018年)

第四条 监察委员会依照法律规定独立行使监察权,不受行政机关、社会团体和个人的干涉。

监察机关办理职务违法和职务犯罪案件,应当与审判机关、检察机关、执法部门互相配合,互相制约。

监察机关在工作中需要协助的,有关机关和单位应当根据监察机关的要求依法予以协助。

【释义】本条款规定了监察机关的工作原则。

本条主要规定了三方面内容:一是独立原则;二是相互配合、相互制约原则;三是协助原则。

第三十四条 人民法院、人民检察院、公安机关、审计机关等国家机关在工作中发现公职人员涉嫌贪污贿赂、失职渎职等职务违法或者职务犯罪的问题线索,应当移送监察机关,由监察机关依法调查处置。

被调查人既涉嫌严重职务违法或者职务犯罪,又涉嫌其他违法犯罪的,一般应当

---

[1] 中共中央纪律检查委员会、中华人民共和国国家监察委员会法规室编写:《〈中华人民共和国监察法〉释义》,中国方正出版社2018年版,第67页。

由监察机关为主调查，其他机关予以协助。

【释义】 本条规定了监察案件移送制度和互涉案件管辖制度，表明有关机关和单位在监察机关调查职务违法和职务犯罪案件时具有协助义务。

第三节 办案原则

所谓办案原则，意指为保证监察机关在监察工作中严格依照法定程序办案，正确履行职权，实现惩治腐败与保障人权的统一。《监察法》所归纳的办案原则包含三个子原则。

一、"惩戒与教育相结合、宽严相济"原则

惩罚与教育相结合，宽严相济是监察委员会开展工作的重要遵循，其主要适用于违纪违法的公职人员，是《监察法》人权保障功能的集中体现，也是实现"不想腐"这一根本任务的重要方式。

（一）"惩戒与教育相结合、宽严相济"之法理

根据现代法治原则，对违纪违法公职人员的惩戒，不能单纯为惩戒而惩戒，而应坚持惩戒与教育相结合。惩戒的目的在于将教育贯穿始终，立足于教育、挽救和防范，抓早抓小、防微杜渐。《监察法》规定各级监察委员会的第一项职责即是"对公职人员开展廉政教育，对其依法履职、秉公用权、廉洁从政从业以及道德操守情况进行监督检察"，充分体现了惩戒与教育相结合原则。其中，"教育"不仅指包括通过对违纪违法公职人员的特定教育达到惩戒功能，也包括对其他公职人员的一般教育实现预防功能。[1]

（二）"惩戒与教育相结合"之意涵

惩戒与教育相结合原则主要包含两方面含义：一是监察机关必须依法对职务违法和职务犯罪行为予以严厉惩戒；与此同时，其目的在于结合以"教育人、挽救人"，促使涉嫌职务违法和职务犯罪人员内心悔改；二是监察机关应当加强对监察对象的日常教育，在教育中要将办过的案例适当向监察对象进行介绍，充分发挥教育的重要预防功能，最大限度地预防职务违法和职务犯罪的发生，促使公权力依法合规运行。惩戒与教育是辩证统一的关系，惩戒主要起到反腐败"治标"的功效，惩戒中蕴涵教育的目的；教育主要起到反腐败"治本"的功效和预防的作用，教育中体现着惩戒的威力，从而共同实现反腐败标本兼治之目标。

（三）"宽严相济"之意涵

"宽严相济"是"惩前毖后、治病救人"方针在纪检监察工作中的具体体现。根据《中国共产党纪律处分条例》规定，党的纪律处分工作要坚持"惩前毖后、治病救人"原则，处理违反党纪的党组织和党员，应当实行惩戒与教育相结合，做到宽严相

---

[1] 姜明安："论监察法的立法目的与基本原则"，载《行政法学研究》2018年第4期。

济。这是我们党从丰富实践经验和深刻历史教训中总结出来的，只有始终秉持这个科学态度和正确方法，才能达到既严明纪律又团结同志的目的。

宽严相济作为我国的基本刑事政策之一，要求应根据犯罪的具体情况，实行区别对待，该严则严，宽严相济。这一原则贯穿于刑事立法、刑事司法和刑罚执行的全过程之中，在我国《监察法》中也有所体现。这就要求监察机关在依法履职过程中，要综合考虑监察对象违纪、违法和犯罪行为的性质、目的、手段、动机以及社会危害程度，还有监察对象的悔过认罪态度、有无自首或者立功表现等各种因素，既要严肃查处监察对象的违纪行为，还要立足于教育，把惩处与防范、治标与治本有机地结合起来。

二、"以事实为根据、以法律为准绳"原则

"以事实为根据、以法律为准绳"原则不仅是监察法规定的监察机关行使监察权的基本原则，同时也是法院行使审判权、检察院行使检察权的基本原则。其基于辩证唯物主义哲学观，背后体现了对客观、合法、公正价值的追求。

（一）"以事实为根据、以法律为准绳"之法理

"以事实为根据，以法律为准绳"原则是对法律决策者裁判案件提出的要求，即必须以事实和法律作为前提，推导出案件的解决方案。以事实为根据，以法律为准绳，是从事实层面与法律层面正确开展监察工作的必然要求，是保障无罪的人不受刑事追究的重要原则。

事实是前提、基础和根据，法律是标准、尺度，二者相互联系，缺一不可。其中，事实是"外部世界中已经发生的事态"，"以事实为根据"的目标在于追求真相，还原案件的客观事实，防止冤假错案的发生。"事实"不依赖于监察机关及其工作人员的意志而独立存在，具有客观性、确定性、具体性。法律层面的事实即根据所认定的案件事实，通过收集、审查和判断证据将案件客观事实正确转化为法律事实。无论是作为客观的案件事实本身的"事实"，还是法律推理前提的裁判事实，抑或根据证据链条所构建的证明事实，均应是客观的外部世界的已发生的事态。当我们"用事实说话"的时候，实际上就是在论证命题的真。我们说真就是符合事实，也是在这个意义上说的。一旦我们放弃这种客观事实的概念以及其背后的符合论，语句或命题的真似乎是难以保证的。[1]

（二）"以事实为根据"之意涵

"以事实为根据"是指公职人员是否违法犯罪，罪轻还是罪重，都要以事实为根据，对事实情况不宜夸大，也不宜缩小。[2] 它要求监察机关在开展工作，特别是在查

---

[1] 舒国滢、宋旭光："以证据为根据还是以事实为根据？——与陈波教授商榷"，载《政法论丛》2018年第1期。

[2] 中共中央纪律检查委员会、中华人民共和国国家监察委员会法规室编写：《〈中华人民共和国监察法〉释义》，中国方正出版社2018年版，第68~69页。

处违纪案件中，必须从实际出发，尊重客观事实，以客观存在的真实情况作为判断是非、正确处理问题的基础，而不能先入为主，主观臆断或以其他任何事实或法外的东西作为依据。要做到尊重客观事实，一切从实际出发，就必须进行深入细致地调查研究，广泛、充分地了解、收集有关的材料和证据，并且经过认真分析，反复验证，去粗取精，去伪存真，以揭示事物间的内部联系，这样才能做出符合实际的判断，做出正确的处理。

这一原则主要有以下两点要求：其一，要求监察人员要树立正确的思想路线。一切从实际出发是马克思主义的思想路线和科学的思想方法、工作方法，这也是我们党在长期革命实践中形成的优良传统和作风。监察人员必须遵循这条思想路线，对于客观存在着的事实既不夸张更不允许虚构，警惕克服工作中的主观性、片面性、表面性和官僚主义作风。其二，重证据、重调查研究是实事求是的基础环节。监察机关要对检察、调查的事项真实情况进行全面了解，其唯一途径来源于细致的证据收集、调查研究。在监督和调查中只有全面客观地收集证据材料，加以去伪存真、由表及里地分析研究，才能为正确判断和形成监察决定或监察建议提供真实的、客观的依据。相反，如果违背这个原则，先入为主，以偏概全，形而上学地认识和处理问题，就会作出违背客观实际，甚至错误的监察决定或监察建议，从而给党和国家的事业造成损失。

（三）"以法律为准绳"之意涵

"准绳"是指衡量是非曲直的标准和尺度。"以法律为准绳"要求严格依照法律，分清罪与非罪的界限，凡是法律不认为是犯罪的事实，就不能作为定案的根据。[1]为此，监察机关及其工作人员必须严格依照法律规定的程序办理职务违法和职务犯罪案件，在清楚地查明事实的基础上，"严格'法律适用关'，排除一切不正当因素的干扰，从而公正处理案件"。[2]宪法是党和人民意志的集中体现，是制定其他一切法律的依据。因此，树立法律权威首当树立宪法权威，确保法律的合宪性。[3]宪法至上原则为建设中国特色社会主义法治国家奠定了思想与制度基础。同时，基于中国共产党执政党的特殊地位，党章总纲中也明确指出，"党必须在宪法和法律的范围内活动"。这些规定是建设中国特色社会主义监察法治体系必须深刻把握的内涵。因此，制定《监察法》，加强国家监察工作，就应当充分尊重宪法和法律。

三、在适用法律上一律平等，保障当事人的合法权益原则

"中华人民共和国公民在法律面前一律平等"是一项宪法原则。宪法规定，"适用法律平等原则是宪法平等原则对监察活动与监察行为的必然要求"。[4]《监察法》第5

---

[1] 马振明："以事实为根据、以法律为准绳是刑事诉讼的基本原则"，载《北京大学学报（哲学社会科学版）》1980年第3期。

[2] 张云霄：《监察法学新论》，中国政法大学出版社2020年版，第98页。

[3] 江国华："司法立宪主义与中国司法改革"，载《法制与社会发展》2016年第1期。

[4] 姜明安："论监察法的立法目的与基本原则"，载《行政法学研究》2018年第4期。

条规定法律适用上一律平等原则是这一宪法原则的具体体现,直接关系公民切实利益和监察权是否依法规范行使,也关系监察结论是否公正准确,更关系到监察权公信能否有效建立。[1]

(一)"在适用法律上一律平等,保障当事人的合法权益"之法理

保障当事人权益即权力保障,也可称之为人权保证。这一宪法上的基本原则,在民法、刑法以及刑事诉讼法等各部门法之中均有充分的体现,成为各部门法中的一项重要任务。[2]尊重和保障人权是现代法治社会的普遍追求,我国《宪法》规定"国家尊重和保障人权","国家各项立法、行政、监察、审判和检察机关都必须切实履行尊重和保障人权的义务,并以此作为其履行职能的准则"。[3]由于监察权及其具体措施具有一定的强制性,可能对监察对象及其涉案人员的人身自由权、财产权等有一定的限制,其中涉及人身权的留置措施和涉及财产权的查封、扣押等强制措施一旦滥用,将严重损害当事人权利。因此,监察机关必须严格遵循相关法律规定,不得违法侵犯公民、法人和其他组织的合法权益。这里的"当事人",既包括被调查人,也包括其他涉案人员。

(二)"在适用法律上一律平等"之意涵

"在适用法律上一律平等"是指监察机关对所有监察对象都应一律平等地适用法律。任何人不论民族、职业、出身、性别、教育程度都不允许有任何特权。具体而言:其一,任何监察对象的合法权益都平等地受法律的保护;其二,任何监察对象都必须遵守法律和纪律,不得有超越法律和纪律的特权;其三,一切违反法律和纪律的行为都必须受到追究。这一原则要求,监察机关必须依法保护一切监察对象的合法权益,对一切违反法律和纪律的行为都必须根据事实和情节,按照法律、法规和纪律的规定,在职权范围内作出处理,绝不能因监察对象的地位、身份、职务等的不同而有所区别,应切实做到秉公办事,执纪公平。

(三)"保障当事人的合法权益"之意涵

《宪法》第33条第3款规定"国家尊重和保障人权"。《监察法》第5条规定,国家监察工作中必须保障当事人的合法权益,其旨在强调监察机关在依法行使监察权对公民的人身、财产等权益予以限制或者剥夺时,必须重视相对人的权利保障,以达到惩治腐败和保障人权的平衡。监察过程中具体对尊重和保障人权原则的践行主要体现在保障被调查人的人身自由权、人格尊严和财产权,以及保障被调查人的刑事诉讼基本权利和复审、申诉权,保证涉案人在更加合情、合法、合理的环境下接受调查与处置,以实现程序正义和实体正义的统一。[4]人权保障原则体现在监察工作的全过程之

---

[1] 张云霄:《监察法学新论》,中国政法大学出版社2020年版,第99页。
[2] 马怀德主编:《监察法学》,人民出版社2019年版,第117页。
[3] 褚宸舸主编:《监察法学》,中国政法大学出版社2020年版,第23页。
[4] 褚宸舸主编:《监察法学》,中国政法大学出版社2020年版,第24页。

中。如《监察法》第40条规定"严禁以威胁、引诱、欺骗以及其他非法方法收集证据，严禁侮辱、打骂、虐待、体罚或者变相体罚被调查人和涉案人员"。

◇【法条链接】

《中华人民共和国监察法》（2018年）

第五条 国家监察工作严格遵照宪法和法律，以事实为根据，以法律为准绳；在适用法律上一律平等，保障当事人的合法权益；权责对等，严格监督；惩戒与教育相结合，宽严相济。

【释义】本条款规定监察机关的工作原则。

本条主要规定了四方面内容：一是以事实为依据、以法律为准绳原则；二是适用平等、保护利益原则；三是监督原则；四是宽严相济原则。

第六条 国家监察工作坚持标本兼治、综合治理，强化监督问责，严厉惩治腐败；深化改革、健全法治，有效制约和监督权力；加强法治教育和道德教育，弘扬中华优秀传统文化，构建不敢腐、不能腐、不想腐的长效机制。

【释义】本条款规定了监察机关的工作方针。

第四十条 监察机关对职务违法和职务犯罪案件，应当进行调查，收集被调查人有无违法犯罪以及情节轻重的证据，查明违法犯罪事实，形成相互印证、完整稳定的证据链。

严禁以威胁、引诱、欺骗及其他非法方式收集证据，严禁侮辱、打骂、虐待、体罚或者变相体罚被调查人和涉案人员。

【释义】本条款是规定了监察机关调查时的相关程序，旨在准确查明案件相关事实，确保证据收集的方式符合法定程序的要求，体现对当事人合法权益的切实保障。

第二编

监察机关与监察对象

　　监察机关和监察对象是最重要的监察法律关系主体。其中，监察机关即行使监察职能、履行监察职责的主体，在监察法律关系中居于主导地位；监察对象即接受监察监督、调查、处置的个人或组织，在监察法律关系中居于被动地位。

　　根据《宪法》第123条之规定，中华人民共和国各级监察委员会是国家的监察机关。据此，《监察法》第二章规定，在四级国家政权中分别设立监察委员会。其中，国家监察委员会在全国监察体系中处于最高地位，主管全国的监察工作；县级以上地方各级监察委员会负责本行政区域内的监察工作。根据工作需要，监察委员会可以向本级中国共产党机关、国家机关、法律法规授权或委托管理公共事务的组织和单位以及所管辖的行政区域、国有企业等派驻或者派出监察机构、监察专员。

　　根据《监察法》第14条之规定，国家实行监察官制度，依法确定监察官的等级设置、任免、考评和晋升等制度。为此，2021年国家出台《监察官法》，对监察官的范围、监察官的职责和义务以及权利、条件和选用、任免、管理、考核和奖励、监督和惩戒、职业保障等做了全面规定。

　　基于监察"全覆盖"之原则，一切行使公权力的人都属于监察之对象。为此，《监察法》第15条以"列举+兜底"的形式规定了监察对象之范围。在实践中，围绕监察对象的甄别工作，形成了"五项原则""三项制度"和"五公基准"等颇有价值的理论成果。

第四章 监察机关

根据《宪法》和《监察法》，我国共设国家监察委员会、省级监察委员会、市（地）级监察委员会、县级监察委员会四级监察委员会，其均为国家的监察机关，共同构成我国的监察机关体系。其中，国家监察委员会是最高监察机关，各级监察委员会是行使国家监察职能的专责机关，负责对所有行使公权力的公职人员进行监察，调查职务违法和职务犯罪，开展廉政建设和反腐败工作，维护宪法和法律的尊严。监察机关的独特定位决定了其在国家权力运行体系中的特殊角色，也彰显了其在国家治理中承担的重要使命。

第一节 监察委员会产生及其领导体制

一方面，监察机关由权力机关产生，即监察委员会主任由本级人大选举，副主任、委员由本级人大常委会任免。监察机关对权力机关负责，权力机关监督监察机关，这种"一体两面"的关系鲜明地体现了监察权配置的人民性。另一方面，监察委员会实行双重领导体制，除了接受党的统一领导以外，上下级监察委员会之间也存在领导与被领导的关系，此种体制有利于规范和制约监察权的行使，使党和人民的意志更为充分地贯彻于监察工作之中。

一、监察委员会的产生与组成

我国各级监察委员会采取的是委员会制的组织形式，均由主任、副主任若干人、委员若干人组成。监察委员会主任由同级人大选举产生，监察委员会主任每届任期同本级人民代表大会每届任期相同，但对地方监察委员会主任没有连任限制。监察委员会副主任、委员由监察委员会主任提请同级人大常委会任免。这体现出监察权来自人民、为了人民，既符合人民民主专政的国体，也符合人民代表大会制度所体现的民主集中制原则，突显了人民意志在国家治理中的根本地位，有利于保障监察体制的良好、规范运行。

（一）国家监察委员会

依据《宪法》，国家行政机关、监察机关、审判机关、检察机关都由人民代表大会产生，对它负责，受它监督。作为与"一府两院"地位平行的新型国家机构，国家监察委员会负责全国监察工作，是最高监察机关，统一领导地方各级监察机关工作。在人员构成上,国家监察委员会由主任一人、副主任和委员若干人组成。关于副主任和委员的职数,《监察法》未作具体规定。在产生方式方面,国家监察委员会主任由全国人民代表大会选举产生,副主任、委员由国家监察委员会主任提请全国人民代表大会常务委员会任免,与最高人民法院、最高人民检察院相关领导人员产生方式一致。

国家监察委员会由全国人大产生,任期与全国人大每届任期相同。任期届满,要重新经过全国人大选举新的国家监察委员会主任。《监察法》没有规定监察委员会副主任、委员每届任期同全国人大每届任期相同,是为了保证国家监察机关职权行使的连续性。在国家监察委员会每届任期内当选的监察委员会主任,其任期以本届人大剩余的任期为限。《监察法》第8条规定,国家监察委员会主任连续任职不得超过两届,与宪法关于最高人民法院院长、最高人民检察院检察长连续任职届数的规定相一致。宪法和法律对最高人民法院副院长、最高人民检察院副检察长和地方各级人民法院院长、副院长、各级人民检察院检察长、副检察长连续任职期限,未作规定。为保持一致,《监察法》也未对监察委员会副主任、委员连续任职期限作出规定。

根据《监察法》第8条,国家监察委员会对全国人大及其常委会负责,并接受其监督。主要体现在以下三个方面:其一,国家监察委员会的组成人员由全国人大及其常委会选举、任免;其二,全国人民代表大会有权罢免国家监察委员会主任;其三,国家监察委员会向全国人大常委会作专项工作报告,接受执法检查,接受人大代表和常务委员会组成人员就监察工作中的有关问题提出的询问和质询。同时,全国人大还可以对国家监察委员会运用一些对"一府两院"共同适用的监督方式,包括规范性文件备案审查和成立特别调查委员会进行特别调查。[1]

(二) 地方各级监察委员会

在中央层面,国家监察委员会由全国人民代表大会产生;在地方层面,地方各级监察委员会由本级人民代表大会产生。同时,县级以上地方各级监察委员会负责本行政区域内的监察工作,接受国家监察委员会的统一领导,是整个国家监察体系的有机组成部分。

地方各级监察委员会的组成和人员产生方式与国家监察委员会相同,由主任、副主任若干人、委员若干人组成。主任由本级人民代表大会选举,副主任、委员由监察委员会主任提请本级人民代表大会常务委员会任免。另外,地方各级监察委员会主任的任期规定与国家监察委员会主任一致,每届任期与本级人大每届任期相同。每届地方各级监察委员会主任行使职权至新的监察委员会主任产生为止。但是,不同于国家监察委员会主任的任期限制,《监察法》对地方各级监察委员会组成人员的连选连任没有作限制性规定。在组织关系上,地方各级监察委员会对本级人大及其常委会和上一级监察委员会负责,并接受其监督。

---

[1] 董茂云:"监察委员会独立性地位的三个认识维度",载《东方法学》2020年第3期。

二、监察委员会的领导体制

监察机关的双重领导体制不仅存在监察机关内部的纵向领导关系，也存在党对监察机关的全面领导。这既符合监察机关的政治机关定位，又保证了监察系统的相对独立性，有利于监察工作的顺利开展。

（一）党对监察机关的领导体制

党政军民学，东西南北中，党领导一切。监察机关也必然接受党的领导。监察机关作为政治机关，固然要求其必须以贯彻落实党的路线、方针、政策为首要责任，直接为维护党的领导、巩固党的执政地位服务。因此，党对监察机关的领导更为直接、更为全面、更为彻底。[1]

其一，党的领导体现在监察机关和纪检机关的关系上。纪委与监委合署办公，二者共用一套工作机构。作为党的纪律检查机关，党对纪委的领导和要求必定投射到监委，因此合署办公体制本身就是对党领导监察工作的一项保证。《中国共产党纪律检查机关监督执纪工作规则》第6条明确规定："……中央纪委和地方各级纪委贯彻党中央关于国家监察工作的决策部署，审议决定监委依法履职中的重要事项，把执纪和执法贯通起来，实现党内监督和国家监察的有机统一。"该规定更是赋予纪委对监委工作的审议决定权，使得纪委与监委的工作程序相互衔接，实现了二者的深度融合。[2]

其二，党的领导体现在国家监察委员会与党中央、地方各级监察委员会与同级党委的关系上。除了通过纪委间接地与党中央及地方各级党委产生联系外，监委还受到党中央和地方各级党委的直接领导、管理和监督，监委应执行严格的请示报告制度，监委作出立案审查及调查决定、给予党纪政务处分等重要事项，均应当向同级党委请示汇报。党委则应当定期听取并审议监委的工作报告。因此，党委能够及时有效地知悉同级监委的工作动向，并对其进行实质性的监管和指导，从而保证党的意志贯彻到监察工作的全过程。[3]

其三，党的领导还体现在监察委员会内部的党政建设上，包括日常的政治建设、思想建设、组织建设，[4]如《中国共产党纪律检查机关监督执纪工作规则》第62条特别规定，有正式党员3人以上的审查调查组应当建立临时党支部，加强对审查调查组成员的教育、管理、监督，开展政策理论学习，做好思想政治工作。在监察委员会内部开展深入的党政建设为党的全面领导奠定了微观基础，使党得以更加扎实、充分地开展对监察工作的领导工作。

（二）监察机关内部的纵向领导体制

监察机关内部采取纵向领导体制：一是，国家监察委员会领导地方各级监察委员

---

[1] 黄建达："双重属性视角下监察委员会与人民代表大会的关系"，载《北京社会科学》2019年第2期。
[2] 中共中央纪律检查委员会、中华人民共和国国家监察委员会法规室编写：《〈中华人民共和国监察法〉学习问答》，中国方正出版社2018年版，第6页。
[3] 付启章："新时代纪检监察机关自身接受监督问题探析"，载《理论视野》2019年第9期。
[4] 杜治洲："中国特色国家监察的制度创新与运行机制"，载《河南社会科学》2019年第1期。

会的工作。国家监察委员会在整个监察体系中处于最高地位，主管全国的监察工作，引领所属各内设机构及地方各级监察委员会的工作，一切监察机关都必须服从它的领导。这样的领导关系，能够保证全国监察机关接受集中统一领导，形成统一工作步调，统一依法履职。二是，上级监察委员会领导下级监察委员会的工作。地方各级监察委员会除了依法履行自身的监督、调查、处置职责外，还需对本行政区域内下级监察委员会的工作实行监督和业务领导。[1]

监察机关内部的纵向领导体制与其他国家机关存在显著差异。依据《人民检察院组织法》规定，人民检察院上下级之间属于领导关系；依据《人民法院组织法》规定，下级人民法院的审判工作受上级人民法院监督，二者属于监督关系；依据《地方各级人民代表大会和地方各级人民政府组织法》规定，地方各级人民政府对上一级国家行政机关负责并报告工作，并统一服从于国务院，属于一种较为严密的领导关系。从性质上来说，国家监察机关内部的纵向关系更接近上述《地方各级人民代表大会和地方各级人民政府组织法》对"政府系统"的规定。[2]

确立监察机关纵向领导关系，有利于地方各级监察委员会在实际工作中减少各类干扰，依法行使职权。因为监察工作通常牵涉各方利益，地方各级监察委员会在查办案件或办理其他监察事项过程中，可能会遇到地方保护主义等因素的干扰。因此，规定上级监察委员会领导下级监察委员会的工作，一方面，有利于加强对下级监察委员会履职情况的监督，上级监察委员会还可通过检查工作、受理复核申请等方式，对其中发现的问题予以纠正，进一步保障下级监察委员会严格依法办事，公正履行职责；另一方面，当下级监察委员会遇到阻力时，上级监察委员会还可给予其必要支持，帮助其排除干扰，依法高效履职。[3]

◇【法条链接】

一、《中华人民共和国监察法》（2018年）

第七条 中华人民共和国国家监察委员会是最高监察机关。

省、自治区、直辖市、自治州、县、自治县、市、市辖区设立监察委员会。

【释义】本条是关于各级监察委员会的机构设置的规定。

本条旨在明确国家监察委员会的定位和地方各级监察委员会的机构设置。

第八条 国家监察委员会由全国人民代表大会产生，负责全国监察工作。

国家监察委员会由主任、副主任若干人、委员若干人组成，主任由全国人民代表大

---

[1] 中共中央纪律检查委员会、中华人民共和国国家监察委员会法规室编写：《〈中华人民共和国监察法〉释义》，中国方正出版社2018年版，第85页。

[2] 李志强："监察委员会的职能定位及其类型化构造"，载《山东社会科学》2021年第1期。

[3] 覃春娥："如何把握好监察机关上下级领导关系——加强上级监委对下级监委的领导"，载《中国纪检监察》2018年第10期。

会选举，副主任、委员由国家监察委员会主任提请全国人民代表大会常务委员会任免。

国家监察委员会主任每届任期同全国人民代表大会每届任期相同，连续任职不得超过两届。

国家监察委员会对全国人民代表大会及其常务委员会负责，并接受其监督。

【释义】本条是关于国家监察委员会的产生和组成人员的规定。

本条主要规定了四方面内容：一是国家监察委员会的产生和职责；二是国家监察委员会的组成；三是国家监察委员会主任的任职期限；四是国家监察委员会对全国人大及其常委会负责并接受其监督。

第九条 地方各级监察委员会由本级人民代表大会产生，负责本行政区域内的监察工作。

地方各级监察委员会由主任、副主任若干人、委员若干人组成，主任由本级人民代表大会选举，副主任、委员由监察委员会主任提请本级人民代表大会常务委员会任免。

地方各级监察委员会主任每届任期同本级人民代表大会每届任期相同。

地方各级监察委员会对本级人民代表大会及其常务委员会和上一级监察委员会负责，并接受其监督。

【释义】本条是关于地方各级监察委员会的产生、职责、组成人员以及和权力机关、上级监察委员会关系的规定。

第十条 国家监察委员会领导地方各级监察委员会的工作，上级监察委员会领导下级监察委员会的工作。

【释义】本条是关于监察机关上下级领导关系的规定。

本条旨在明确监察机关系统内上下级之间的领导体制，用法律形式把这种国家监察体制的组织创新固定下来。

二、《中华人民共和国宪法》（2018年）

第一百二十三条 中华人民共和国各级监察委员会是国家的监察机关。

【释义】本条规定了监察委员会的法律地位，即国家监察机关。

第一百二十四条 中华人民共和国设立国家监察委员会和地方各级监察委员会。

监察委员会由下列人员组成：

主任，

副主任若干人，

委员若干人。

监察委员会主任每届任期同本级人民代表大会每届任期相同。国家监察委员会主任连续任职不得超过两届。

监察委员会的组织和职权由法律规定。

【释义】本条规定了监察委员会的机构设置、人员组成、任期、组织、职权。

第一百二十五条 中华人民共和国国家监察委员会是最高监察机关。

国家监察委员会领导地方各级监察委员会的工作，上级监察委员会领导下级监察委员会的工作。

【释义】本条规定了监察机关的上下级领导关系。

第一百二十六条 国家监察委员会对全国人民代表大会和全国人民代表大会常务委员会负责。地方各级监察委员会对产生它的国家权力机关和上一级监察委员会负责。

【释义】本条规定了监察委员会的负责对象。

第二节　监察委员会的内设机构

为了有序履行监察职责，监察委员会分设职能不同的内设机构。《中国共产党纪律检查机关监督执纪工作规则》第11条规定，"纪检监察机关应当建立监督检查、审查调查、案件监督管理、案件审理相互协调、相互制约的工作机制……"明确了监察委员会的内部核心结构形式。概言之，监察委员会的内设机构分为两类，即直接参与监察工作的业务类内设机构和处理其他事务的支持类内设机构。二者体现出流程导向的组织设计思路，通过按照工作流程划分不同职能部门、确定其具体分工并赋予其相应的职权，形成了各个业务环节之间既相互制约又相互衔接的组织运行体制。[1]

一、业务类内设机构

为保证监察职能的有效行使，各级监察委员会内部设置了案件管理部门、执纪监督部门、执纪审查调查部门、案件审理部门等业务类机构。

（一）案件管理部门

案件管理部门是监察机关承办职务违法和职务犯罪行为的内设机构，其职能的行使贯穿于监察案件查办的全过程。通过对问题线索的综合管理以及对案件处理过程中各部门工作的协调、监督和管理，监察工作的各环节彼此衔接、有机结合，从而使得执纪监督、审查调查、案件审理流程在统一管理之下更加顺畅。

具体而言，案件管理部门负责接收巡视巡察工作机构、执法机关、司法机关等单位移送的涉嫌违纪或者职务违法、职务犯罪问题的线索；同时负责接收执纪监督部门、执纪审查调查部门和干部监督部门发现的相关问题线索，或对其直接受理的案件进行备案。案件管理部门接收问题线索后，对问题线索实行集中管理、动态更新，提出分办意见，并在报请主要负责人批准后移送承办部门进行后续处理。移送之后，案件管理部门定期汇总和核对案件线索及其处置情况，核对检查、定期汇总重要审查调查措施使用情况和取证工作记录资料，并履行相应报告和通报职责。对于涉嫌职务犯罪的被审查调查人，案件管理部门协调办理移送司法机关相关事宜，并跟踪了解和及时报告相关处理情况。此外，案件管理部门还负责对审查调查安全进行检查和抽查，确保落实安全责任制。

---

〔1〕 杜倩博："监察委员会内部机构设置与运行机制：流程导向的组织变革"，载《中共中央党校学报》2018年第4期。

(二) 执纪监督部门

执纪监督部门是监察机关内部承担监督、调查职能的机构之一，其从监督中发现和处置问题线索，负责监察程序中基础性、前置性的工作，具体职责包括联系地区和部门、单位的日常监督检查并指导、督促派驻、派出工作，并处置涉嫌一般违纪的问题线索。除此之外，执纪监督部门也在具体案件的初步处理中发挥作用。当案件管理部门受理相关线索后，如果需要进一步了解情况，则交由执纪监督部门承办，由执纪监督部门对相关人员进行谈话函询，并据此提出线索处置意见。由此可见，执纪监督部门的工作具有日常性和初步性的特征，虽然对涉嫌一般违纪问题线索有一定的处置权，但仍主要侧重于了解相关情况，并不深入参与具体案件的审查调查。

(三) 执纪审查调查部门

执纪审查调查部门是监察机关对问题线索初步核实后开展审查调查工作的具体承办部门。该部门主要负责对涉嫌严重违纪或者职务违法、职务犯罪的问题线索进行初步核实和立案审查调查。在案件管理部门或执纪监督部门对问题线索进行受理和了解之后，由执纪审查调查部门对线索进行初步核实，并据核实结果提出谈话提醒、暂存待查、予以了结、立案审查等处置意见，交由领导审批。对于应当立案审查的，由执纪审查调查部门报请纪检监察机关主要负责人审批后予以立案，依据审查方案实施具体审查调查工作。与执纪监督部门相比，执纪审查调查部门的工作更具有针对性，其不联系具体的单位和地区，而是在特定问题处置中发挥其审查调查职能。

(四) 案件审理部门

案件审理部门是监察机关内负责案件审核把关的部门。监察机关对涉及需要给予党纪政务处分的案件，负有"审理"之责。这是因为公职人员的职务违法犯罪行为同时可能触犯党的纪律，因此需要受到《公职人员政务处分法》的规制，属于纪检部门的职责范畴。因此，当审查调查阶段结束之后，案件审理部门根据获得的证据依法依规对案件进行审理，提出审理结果建议并报领导审批。此外，案件审理部门还负责处理不服处分决定人员的申诉和复查工作。[1]

二、支持类内设机构

支持类内设机构是监察机关内部推动其组织结构正常运转的部门，其职责为处理不直接涉及监察工作核心流程的各项日常事务，主要包括办公厅（室）、组织部、宣传部、政策法规研究室、机关党委等。上述机构之间实行横向分工，它们各司其职、各尽其责，共同促进监察体制的正常运转。

其一，办公厅（室）负责机关日常运作工作，同时负责重要会议、活动的筹备组织和相关文件文稿的组织起草，并督促检查有关工作部署落实情况。

其二，组织部管理监察机关的组织、人事工作，负责纪检监察系统领导班子建设、干部队伍建设和组织建设的综合规划、政策研究、制度建设和业务指导，承办管理权

---

[1] 刘畅："国家监察体系结构调适与功能优化分析"，载《学习与探索》2020年第11期。

限内的有关干部人事工作，组织和指导纪检监察系统干部教育培训工作，并归口管理机关承担纪检监察系统干部教育培训职责的单位。

其三，宣传部负责对内宣传和对外宣传工作，组织协调全面从严治党、党风廉政建设和反腐败宣传教育以及廉洁文化建设，管理机关的新闻事务和有关网络信息工作，并归口管理机关承担宣传教育职责的单位。

其四，政策法规研究室负责综合分析全面从严治党、党风廉政建设和反腐败工作情况，开展政策理论及重大课题研究调查，并提出纪检监察法规制度建设规划、计划和立法立规建议，起草、修改纪检监察法规制度，同时负责纪检监察制度规定的咨询答复、解释指导、立法立规后评估、备案审查、清理、编纂等工作。

其五，机关党委负责机关、派驻机构及直属单位党的建设和群团工作。

第三节　监察机关派驻或派出机构

基于监察工作的现实需要，监察机关设置派驻、派出机构，以保证监察委员会能够经常、及时、准确地了解不同机关、组织和单位的情况，履职更加高效与便捷。[1]

一、监察机构、专员派驻或派出范围

《监察法》第12条明确规定，监察机构、专员的派驻、派出范围包括："本级中国共产党机关、国家机关、法律法规授权或者委托管理公共事务的组织和单位以及所管辖的行政区域、国有企业等。"向这些单位派驻或派出监察机构、监察人员，能够方便监察机关对于监察对象进行及时、灵活监督。通过具体列举式的模式呈现将该范围明确化、具体化，有利于推动国家监察向基层延伸，实现监察权对公职人员的全面化、有针对性地覆盖。[2]在此基础上，《关于深化中央纪委国家监委派驻机构改革的意见》（以下简称《派驻机构改革意见》）明确，要分类施策推进将中管企业、中管金融企业、党委书记和校长列入中央管理的高校纪检监察范围，此举有利于促进国家监察的全面开展、落地生根，进而实现纪律监督、监察监督、派驻监督、巡视监督四个全覆盖的权力监督格局。

二、监察机构、监察专员的派驻或者派出形式

派驻或者派出的组织形式为设置监察机构或者监察专员。设置派驻、派出监察机构还是监察专员，应遵循实际需要，根据监察对象数量多少、监察任务量多少、监察工作开展难易程度而定。一般来说，监察对象数量少、任务量小、监察工作较为容易的案件，可采取派出监察机构、监察专员的形式。反之，若需要面对较为庞杂与繁重的监察工作，则应采取派驻监察机构的形式。[3]例如，地区、盟等地方的监察机构，

---

[1] 吴建雄主编：《监督、调查、处置法律规范研究》，人民出版社2018年版，第71页。

[2] 王冠、任建明："纪检监察派驻制度的演进、逻辑与改革建议"，载《科学社会主义》2019年第6期。

[3] 黄晓辉、傅丹丹："地方各级纪委监委'派驻机构'改革思考"，载《广西社会科学》2019年第7期。

可以采取派出监察机构的形式；对于街道、乡镇，可以采取派出监察专员的形式；而中国共产党机关、国家机关等的监察机构，可以采取派驻监察机构的形式。按需进行派驻、派出的原则，能够最大程度保障监察机构与人员的运作处于高效状态，同时，节省监察资源，防止监察资源分配不均。

三、派驻、派出监察机构、监察专员领导体制

监察机构、监察专员对派驻或者派出它的监察机关负责，不受"驻地"部门领导，可独立开展工作。易言之，其相对于"驻地"部门而言，在人事、编制、经费、物资等方面具有独立性，即将监察机关从行政机关剥离，实现由"同体监督"转向"异体监督"。[1]《派驻机构改革意见》更是指出，要建立中央纪委常委会统一领导、中央纪委国家监委统一管理，中央纪委副书记（常委）、国家监委副主任（委员）分管，相关职能部门分工负责、协调配合的派驻工作领导体制，强调了派驻机构相对于驻地部门的独立性。这一领导体制的意义在于保障监察机关经常、及时、准确地了解分散在不同机关、组织和单位等的监察情况，派驻、派出的机构及专员应当及时了解驻地机关的实际情况和具体问题，定期向派出机关汇报工作，以整体提升监察的效率与质量。同时，通过向上级机关"借力"，派出、派驻的监察机构、监察专员的监督实质上成为一种上级监督，在具有相对独立性的同时也获得充分的权威性，从而保障监察工作政治功能的实现。[2]

四、派驻、派出监察机构、监察专员的权限

派驻或派出的监察机构、监察专员职能的履行，以监察职责为基准，以法律授权为依据，通过充分发挥"派驻""派出"的优势，在派驻与派出地切实履行监委会职责。具体而言，派驻或派出的监察机构、监察专员的职责可划分为两部分：一是根据授权进行监督，提出监察建议；二是根据授权依法进行调查、处置。

在规范意义方面，派驻或者派出的监察机构、监察专员的设置、具体职责和职权，由相关监察法规作出明确规定，并根据授权开展相关工作。实践中，由于监察对象数量庞大，监察机关的大量实际工作都需要通过派出机构完成，所以派出机构的数量也相应较多，监察机关的工作成效在很大程度上取决于派出机构的成效。从监察对象而言，派驻、派出的监察机构、监察专员行使监察权的对象为《监察法》第15条规定的所有公职人员，其中重点监察对象为领导人员。《监察法》施行后，随着国家监察体制改革的不断深化，派驻或者派出的监察机构、监察专员的监督重点还需要根据实践的发展不断总结提炼、规范完善。[3]

---

〔1〕 朱建磊："十八大以来纪检监察派驻机构建设的基本经验"，载《中共济南市委党校学报》2017年第4期。

〔2〕 桂梦美、王思涵："治理视域下纪检监察派驻机构改革：原则、职责和评估"，载《河北法学》2021年第4期。

〔3〕 中共中央纪律检查委员会、中华人民共和国国家监察委员会法规室编写：《〈中华人民共和国监察法〉释义》，中国方正出版社2018年版，第100~101页。

在职能履行方面，派驻或派出的监察机构、监察专员的调查、处置职能应当根据《监察法》对于监察委员会职权的规定进行划定。从实践情况看，派驻或者派出的监察机构、监察专员可以根据授权，对有关公职人员涉嫌贪污贿赂、滥用职权、玩忽职守、权力寻租、利益输送、徇私舞弊以及浪费国家资财等职务违法进行调查，并根据调查结果，对违法的公职人员依照法定程序作出警告、记过、记大过、降级、撤职、开除等政务处分决定。但应当注意，派驻或派出的监察机构、监察专员调查、处置对象不包括派驻或者派出它的监察委员会直接负责调查、处置的公职人员。比如，国家监察委员会派驻的监察机构，可以依法调查、处置驻地机关、部门的司局级及以下干部，但是对于驻地机关、部门的中管干部，则只能由国家监察委员会来进行调查、处置。

◇【法条链接】

一、《中华人民共和国监察法》（2018年）

第十二条 各级监察委员会可以向本级中国共产党机关、国家机关、法律法规授权或者委托管理公共事务的组织和单位以及所管辖的行政区域、国有企业等派驻或者派出监察机构、监察专员。

监察机构、监察专员对派驻或者派出它的监察委员会负责。

第十三条 派驻或者派出的监察机构、监察专员根据授权，按照管理权限依法对公职人员进行监督，提出监察建议，依法对公职人员进行调查、处置。

【释义】以上两条是关于监察机关派驻或派出机构的规定。第十二条为监察委员会派驻或者派出监察机构、监察专员的设置和领导关系的规定；第十三条则是对监察机关派驻或者派出的监察机构、监察专员的职责和权限的规定。

二、《中国共产党工作机关条例（试行）》（2017年）

第二条 党的工作机关是党实施政治、思想和组织领导的政治机关，是落实党中央和地方各级党委决策部署，实施党的领导、加强党的建设、推进党的事业的执行机关，主要包括办公厅（室）、职能部门、办事机构和派出机关。

【释义】本条是对党的工作机关性质和形式的规定。

第五条 党的工作机关的设立，应当适应加强党的领导和党的建设的需要，遵循精简、统一、效能原则，实行总量控制和限额管理。

根据工作需要，党的工作机关可以与职责相近的国家机关等合并设立或者合署办公。合并设立或者合署办公仍由党委主管。

严格控制议事协调机构常设办事机构的设立。议事协调机构负责的事项，可以交由现有工作机关牵头协调或者建立协调配合机制解决的，不另设常设办事机构。

【释义】本条是对党的工作机关设立和工作原则的规定。

三、《中国共产党党内监督条例》（2016年）

第二十八条 纪委派驻纪检组对派出机关负责，加强对被监督单位领导班子及其成员、其他领导干部的监督，发现问题应当及时向派出机关和被监督单位党组织报告，认真负责调查处置，对需要问责的提出建议。

派出机关应当加强对派驻纪检组工作的领导，定期约谈被监督单位党组织主要负责人、派驻纪检组组长，督促其落实管党治党责任。

派驻纪检组应当带着实际情况和具体问题，定期向派出机关汇报工作，至少每半年会同被监督单位党组织专题研究 1 次党风廉政建设和反腐败工作。对能发现的问题没有发现是失职，发现问题不报告、不处置是渎职，都必须严肃问责。

【释义】本条是对纪委派驻纪检组的规定。

四、《中共中央纪律检查委员会关于中央纪委派驻纪检组和各部门党组纪检组（纪委）若干问题的规定（试行）》（2014 年）

一、领导体制和工作关系

1. 中央纪委派驻纪检组、各部门党组纪检组（纪委）受中央纪委和所在部门党组（党委）的双重领导。

2. 派驻纪检组和党组纪检组指导所在部门及所属系统党的纪律检查机关的工作。对所属系统实行高度集中统一领导的国家工作部门的派驻纪检组、党组纪检组和部门纪委，领导所在部门及所属系统党的纪律检查机关的工作。

中央纪委派驻金融系统纪检组受中央纪委委托，会同各专业银行党组、中国人民保险公司党组，对各专业银行和中国人民保险公司的党组纪检组实行双重领导。

3. 派驻纪检组组长和党组纪检组（纪委）组长（书记）应参加所在部门的党组（党委），尚不是党组（党委）成员的，列席所在部门的党组（党委）会议。

二、任务和职责范围

1. 检察所在部门及所属系统的党组织和党员领导干部执行党的路线、方针、政策和决议的情况。对所在部门党组（党委）及其成员和其他党员领导干部实行党章规定范围内的监督。

2. 检察所在部门党员领导干部违犯党纪的案件以及所属系统重要的违纪案件。派驻纪检组和党组纪检组根据有关规定，对所检察的案件提出处理意见；部门纪委按照党的隶属关系和干部管理权限，对所检察的案件中的党员作出处分或撤销处分的决定。

3. 协助所在部门党组（党委）管好党风，加强廉政建设，纠正行业不正之风。配合有关部门对党员特别是党员领导干部进行党风党纪教育。

4. 指导（领导）所在部门及所属系统党的纪律检查工作。

5. 受理所在部门及所属系统党员的控告和申诉。

6. 完成中央纪委和所在部门党组（党委）交办的其他事项。

三、机构、职务设置和干部管理

1. 派驻纪检组和党组纪检组设组长（中央国家机关各部委为副部长级，国务院直属局为正司局长级）1 人，副组长（中央国家机关各部委为正司局长级，国务院直属局为副司局长级）1至2人。

部门党的纪律检查委员会，一般由5至7人组成，设书记（部纪委为副部长级，国务院直属局纪委为正司局长级）1人，副书记（部纪委为正司局长级，国务院直属局纪委为副司局长级）1至2人。

派驻纪检组和党组纪检组（纪委）根据工作需要，可设正副局级、正副处级检察员。

2. 派驻纪检组和党组纪检组（纪委）可根据工作需要和本部门的具体情况，设立必要的办事机构，办事机构统称室。室主任配备条件参照中央纪委、中央组织部1988年颁发的《关于党的各级纪委内部机构和干部职务设置的若干规定》精神执行。

3. 派驻纪检组组长、副组长、局级检察员和副司局级室主任，由中央纪委商所在部门党组提出人选，组长由中央纪委报中央任免；副组长、局级检察员和副司局级室主任由中央纪委任免。其他工作人员委托所在部门任免。

党组纪检组（纪委）组长（书记）由所在部门党组（党委）或由中央纪委商所在部门党组（党委）提出人选，经中央纪委考察同意后，由所在部门党组（党委）报中央任免；副组长（副书记）由所在部门党组（党委）征得中央纪委同意后任免；局级检察员、部门纪委委员和副司局级室主任由各部门党组（党委）任免后报中央纪委备案。

各专业银行和中国人民保险公司党组纪检组副组长，由所在部门党组征得中央纪委驻金融系统纪检组同意后任免。

四、工作制度

1. 认真贯彻执行中央纪委和所在部门党组（党委）的指示、决议和规定。根据中央纪委和所在部门党组（党委）的部署，结合本部门党风党纪的实际情况，制定年度工作计划。年度工作计划和工作总结向中央纪委和党组（党委）报告。

2. 及时完成中央纪委和所在部门党组（党委）交办的各项工作任务。工作进度情况及主要问题，每半年向中央纪委和党组（党委）书面报告一次。

3. 所在部门及所属系统党风党纪方面的倾向性或重大问题，要随时向党组（党委）请示、报告，同时抄报中央纪委。特殊情况和问题可随时向中央纪委请示、报告。

4. 派驻纪检组、党组纪检组（纪委）同中央纪委的日常工作联系，一般通过中央纪委有关纪律检查室。重要问题可直接向中央纪委常委请示、报告。

第五章 监察官

徒善不足以为政，徒法不足以自行。为确保国家监察权属性，使之运行不偏离法治轨道，不仅需要完备的法律规范制度，还需要高效的法治实施体系。而法治实施的核心在于作为主体的"人"，在于执行监察法律规定的具体监察主体——监察官，即监察机构中从事专门反腐败工作的人员。

《监察法》第14条明确规定我国实行监察官制度，并依法确定监察官的等级设置、任免、考评和晋升等制度。为国家深化监察体制改革中加强反腐败队伍的专业化建设、构建具有中国特色的监察官制度提供了良好契机。2019年1月，在第十九届中央纪委三次全会上，习近平总书记对新时代纪检监察队伍提出高质量发展的要求。2020年1月，在十九届中央纪委四次全会上，中央纪委工作报告提出2020年要推动研究制定监察官法，建设忠诚干净担当的高素质监察官队伍；2021年4月26日，《中华人民共和国监察官法（草案二次审议稿）》提请十三届全国人大常委会会议第二次审议。2021年8月20日，第十三届全国人民代表大会常务委员会第三十次会议正式通过《监察官法》，对监察官的范围、监察官的职责和义务以及权利、条件和选用、任免、管理、考核和奖励、监督和惩戒、职业保障等作了全面规定。与上述中央精神和立法实践相一致，我国法学界绝大多数学者亦认为，与监察体制改革相适应，提高监察官的素质，加强对监察官的管理，保障各级监察委员会依法对行使国家公权力的公职人员实施监察，尤为必要。[1]

第一节 《监察官法》的地位和意义

《监察官法》深入贯彻习近平新时代中国特色社会主义思想，认真落实党的十九大和十九届二中、三中、四中、五中全会精神，落实党中央深化国家监察体制改革的重大决策部署，以宪法和监察法为依据，坚持党管干部原则，坚持"责任法"的定位，秉持全心全意为人民服务宗旨，坚持以人民为中心的发展思想，构建中国特色监察官制度，是不敢腐、不能腐、不想腐一体推进的又一重要制度性成果，进一步丰富了国

---

[1] 丁方旭、任进："国家监察体制改革视域下中国特色监察官制度的构建"，载《行政管理改革》2021年第1期。

家反腐败立法。[1]

一、《监察官法》的意义

《监察官法》是国家实行监察官制度的基本依据，是监察法体系的重要组成部分，是实现党对监察工作绝对领导的必然要求，是建设高素质监察官队伍的内在需要。

其一，《监察官法》是坚持和加强党对监察工作领导的必然要求。中国共产党的领导是中国特色社会主义的最本质特征，是中国特色社会主义制度的最大优势。推进各方面制度建设、推动各项事业发展、加强和改进各方面工作，都必须坚持党的领导，自觉贯彻党总揽全局、协调各方的根本要求。反腐败斗争是严肃的政治任务，必须在党中央集中统一领导下进行。监察机关作为反腐败工作机构，坚持和加强党的领导，不仅体现在履行监督、调查、处置等职责中，也要落实到监察队伍的建设上。制定《监察官法》，强调对于监察官的管理和监督坚持党的领导，坚持党管干部原则，将党的领导融入监察官职责履行、选用任免、管理监督等各方面，有利于推动监察官增强"四个意识"、坚定"四个自信"、做到"两个维护"，牢固树立责任意识，建设忠诚干净担当的监察官队伍。[2]

其二，制定《监察官法》是建设高素质专业化监察官队伍的现实需要。实现新时代纪检监察工作高质量发展，关键是建设高素质专业化的纪检监察干部队伍。党的十八大以来，习近平总书记和党中央高度重视纪检监察干部队伍建设，要求纪检监察干部加强思想淬炼、政治历练、实践锻炼、专业训练，增强法治意识、程序意识、证据意识，做到政治过硬、本领高强。《监察官法》全面贯彻落实党中央要求，以法律形式明确监察官的职责义务，强调严格准入、择优选用，要求强化对监察官的培训、提高专业化能力，有利于为建设高素质专业化监察官队伍提供更充分的法律保障。[3]

二、《监察官法》的主要内容

《监察官法》共9章68条，可以分为三个版块。第一版块为第一章总则，主要规定了立法目的和依据、指导思想、监察官的范围，以及对监察官的总体要求；第二版块为第二章至第八章，是主体部分，明确了监察官的职责、义务和权利，监察官的条件和选用，监察官的任免，监察官的管理，监察官的考核和奖励，监察官的监督和惩戒，监察官的职业保障等内容；第三版块为第九章附则，规定了衔接条款及施行日期等。

（一）坚持责任法定位，促进监察官履职尽责

权力就是责任，责任就要担当。监察官依法行使国家监察权，肩负党和人民的重托，承担着庄严神圣的使命，就必须具有责任担当和使命情怀。习近平总书记强调，

---

[1] 为了让学生准确理解《监察官法》的性质、地位和核心内容，本章的第一、二节内容直接援引了中央纪委、国家监委法规室主任邹开红等同志《〈中华人民共和国监察官法〉解读》一文中的权威解读。特此说明。

[2] 周磊、焦利："构建中国特色国家监察官制度：背景与建议"，载《北京行政学院学报》2019年第3期。

[3] 邹开红等："《中华人民共和国监察官法》解读"，载《中国纪检监察》2021年第17期。

纪检监察队伍执纪执法权力很大、责任很重，广大纪检监察干部要敢于担当、敢于监督、敢于负责，牢固树立忠诚于党、忠诚于纪检监察事业的政治信念。《监察官法》坚持责任法定位，着重规范监察官依法履职。一是在总则部分对监察官履职提出原则要求。强调监察官应当忠诚坚定、担当尽责、清正廉洁；以事实为根据，以法律为准绳，客观公正地履行职责，保障当事人的合法权益；严格按照规定的权限和程序履行职责，坚持民主集中制，重大事项集体研究。二是对监察官的法定职责作出明确规定。将《监察法》规定的监察机关职责予以细化、具体化，并强调监察官在职权范围内对所办理的监察事项负责，确保监察机关的各项职责落实、落地。三是对监察官应当履行的义务作出针对性规定。立足纪委监委合署办公的实际，将"严格执行中国共产党和国家的路线方针政策、重大决策部署""勇于担当、敢于监督，坚决同腐败现象作斗争""忠于职守，勤勉尽责，努力提高工作质量和效率"等明确为监察官的法定义务。义务就是责任，监察官法突出强调了实现权力、责任、义务、担当相统一。四是对严格责任追究作出规定，具体列明了应当追究监察官责任的情形，规定了暂停履职、终身追责问责等制度。

（二）突出政治过硬、本领高强，打造高素质专业化监察官队伍

《监察官法》全面落实政治过硬、本领高强要求，对监察官的条件、选用、考核、培训等作出规定，为建设高素质专业化监察官队伍提供了法律保障。一是设置了高标准的监察官遴选条件。在任职条件和选用标准上，坚持德才兼备、以德为先，突出政治标准；在能力素养上，要求熟悉法律、法规、政策，具备相应的专业知识和能力，具备高等学校本科以上学历等；在选用方式上，拓宽选拔人才的渠道，力求好中选优、优中选强；在任职限制上，设定更为严格的底线，如规定曾经受到党纪、政务重处分的不得担任监察官，确保队伍过硬。二是规定了严格的监察官考核机制。要求按照全面、客观、公正的标准，采取平时考核、专项考核和年度考核相结合的方式，重点考核政治素质、工作实绩和廉洁自律情况。三是明确了教育培训的基础作用。《监察官法》着眼形势任务需要，立足打基础、利长远，规定了职前培训制度，并要求对监察官有计划地进行政治、理论和业务培训，明确培训机构，突出培训重点，落实培训责任。四是鼓励加强监察学科建设。监察工作的高质量发展离不开理论的支撑与指导。《监察官法》第32条规定："国家加强监察学科建设，鼓励具备条件的普通高等学校设置监察专业或者开设监察课程，培养德才兼备的高素质监察官后备人才，提高监察官的专业能力。"加强监察学科建设，能够推动高校的研究资源与监察工作实际相结合，开展更加系统务实的研究，强化理论提升和规律总结，更好指导监察实践，提升监察工作质量水平。

（三）立足监察工作实际，设定监察官范围

《监察官法》是深化国家监察体制改革的重要制度成果。设定监察官的范围，必须依据法律规定，坚持实事求是、勇于创新，总结吸收监察体制改革、党和国家机构改革后纪检监察干部队伍建设的新经验新成果，充分考虑监察工作的特点，有利于监察

工作的有效开展。从决策机制看，监察工作坚持党的领导，实行民主集中制，对重大事项集体决策、严格审批，监察处置要经过监察机关领导人员集体审议、履行请示报告程序。从法定职责看，监察机关依法履行监督调查处置职责，其中监督是第一职责、首要职责。案件调查是监察工作的重要内容，但并不是全部内容。监察机关开展经常性廉政教育、作出维护和执行法律的决定、推进廉洁文化建设，通过加强教育、日常监督、专项整治、督办整改等多种方式实施监督检查，对涉嫌职务违法和职务犯罪问题进行调查处理，开展监察问责，提出监察建议等，都是行使监察权、履行监察职责的表现。

监察工作的特点是团队协作、集体作战，日常工作和专项工作相结合，监察人员依据职责分工和组织安排开展工作。只要承担具体监察职责，监察人员不论在哪个岗位都应当依法接受管理和监督。因此，《监察官法》并未对监察官实行员额制管理，而是在第3条中以列举的方式规定监察官包括下列人员：①各级监察委员会的主任、副主任、委员；②各级监察委员会机关中的监察人员；③各级监察委员会派驻或者派出到中国共产党机关、国家机关、法律法规授权或者委托管理公共事务的组织和单位以及所管辖的行政区域等的监察机构中的监察人员、监察专员；④其他依法行使监察权的监察机构中的监察人员。同时，考虑到派驻国有企业的监察机构工作人员、监察专员，以及国有企业中其他依法行使监察权的监察机构工作人员为企业人员身份，《监察官法》对这些人员履行职责和监督管理等，参照执行《监察官法》有关规定，以一体贯彻落实党中央对强化纪检监察干部队伍建设的统一要求。

（四）体现监察工作特色，建立监察官等级制度

设立监察官等级制度是监察法的明确要求。《监察官法》参考借鉴相关法规制度，把握推进全面依法治国、加强队伍建设的共性要求，同时体现监察工作和监察人员管理特点，在第25条至第28条中规定了监察官的等级、称谓以及等级的确定和晋升等内容，建立起科学合理的监察官等级制度架构。一是关于监察官等级的性质。设置监察官等级，并不是要对监察官实行单独职务序列管理，纪检监察干部依然沿用现有干部管理序列。监察官等级是在职务职级之外增加的一个职业称号，目的是加强监察官队伍的正规化、专业化建设，增强监察官的使命感、责任感、荣誉感。同时，监察官制度意味着责任担当，等级越高、要求越高、责任越大，规范设置监察官等级也为压实监察官责任、强化监察官监督和管理提供了有力抓手。二是关于监察官的等级设置和称谓。《监察官法》借鉴各种衔级等级划分和称谓的规定，将监察官等级设置为13级。这一制度设计既与现行公务员职务职级基本对应，又考虑了与事业单位人员岗位等级的对应衔接，体现精简、高效的队伍建设要求，并将资源适当向基层倾斜，为基层监察官拓展成长空间。三是关于监察官等级的确定和晋升。第27条明确了监察官等级确定的依据，包括职务职级、德才表现、业务水平、工作实绩和工作年限等五个方面，实行按期晋升和择优选升相结合的方式，并对提前选升作出规定。同时，考虑到监察官等级的确定和晋升工作专业性较强，参考其他等级衔级制度的通行做法，第28条规

定监察官的等级设置、确定和晋升的具体办法，由国家另行规定。

（五）严之又严强化监督，坚决防止"灯下黑"

打铁必须自身硬。防止"灯下黑"、提高自身免疫力，是纪检监察干部队伍建设的重大课题。强化对监察官的严格监督是监察官法的重中之重。《监察官法》充分总结提炼现行有关党内法规、国家法律中对纪检监察干部的监督要求，吸收纪检监察体制改革成功经验，通篇强调对监察官的严格监督。一是坚持中国共产党的领导、管理和监督。在对监察官的所有监督中，第一位的是党组织的监督。《监察官法》第2条规定，监察官的管理和监督坚持中国共产党的领导、坚持党管干部原则。党的领导、党管干部，本身就包含着监督。监察官必须在党的领导下开展工作，自觉接受党组织的管理和监督，按照规定请示报告重大事项，确保工作的正确方向。二是在总则中强调监察官应当严格自我约束、接受各方面监督。把加强对监察官的管理和监督明确为重要立法目的，要求监察官做严格自律、作风优良、拒腐防变的表率，自觉接受组织监督和民主监督、社会监督、舆论监督。三是在义务、条件和选用、任免、考核等各章中，将自觉接受监督作为监察官的法定义务，严格任职条件和选用标准，明确依法免职的具体情形，规定实行地域回避、任职回避，强化对监察官的考核等，这些都鲜明体现了强化监督的理念。四是以专章规定"监察官的监督和惩戒"。这是《监察官法》的一个特点，强调监察机关应当规范工作流程，加强内部监督制约机制建设，依法处理对监察官的检举、控告，及时调查处理审判机关、检察机关、执法部门等移送的监察官违纪违法履行职责的问题线索，充分发挥特约监察员的监督作用；规定了打听案情、过问案件、说情干预登记备案和工作回避、保密、离任回避、规范亲属从业等具体监督措施；具体规定了监察官违纪违法应当承担的法律责任。通过这些制度规定，从法律上构筑起对监察官的监督制约体系，促进监察官提高自身免疫力，习惯在受监督约束的环境中工作生活。[1]

三、《监察官法》的地位

《监察官法》的出台是深化国家监察体制改革的重要举措，是建立中国特色监察官制度的基本途径，是促进监察官依法履行职责的重要保障。

（一）《监察官法》是深化国家监察体制改革的重要举措

党的十八大以来，党中央谋划、部署、推进纪检监察体制改革。党的十九大站在新的历史起点上，对深化国家监察体制改革作出进一步部署。经过一段时间努力，改革已经显示出多方面成效，加强了党对反腐败工作的集中统一领导，实现了对所有行使公权力的公职人员监察全覆盖，保持和强化了惩治腐败高压态势，进一步健全了党和国家监督体系。实践充分证明，党中央决策部署是完全正确的。习近平总书记要求，在新起点上持续推进改革，配套法规要跟上，要制定同监察法配套的法律法规，将监察法中原则性、概括性的规定具体化，形成系统完备、科学规范、运行有效的法规体

---

[1] 邹开红等："《中华人民共和国监察官法》解读"，载《中国纪检监察》2021年第17期。

系。制定《监察官法》，从队伍建设上总结提炼监察体制改革成果，推进监察官职责法定，强化对履职全过程的监督，有利于促进纪检监察工作高质量发展。[1]

（二）《监察官法》是促进监察官依法履行职责的重要保障

党的十八大以来，习近平总书记多次谈到"谁来监督纪委监委"的问题，强调广大纪检监察干部要做到忠诚坚定、担当尽责、遵纪守法、清正廉洁，确保党和人民赋予的权力不被滥用、惩恶扬善的利剑永不蒙尘；强调纪检监察机关不是天然的保险箱，监察权也要关进制度的笼子，严格依规依纪依法行使权力；强调监督别人的人首先要监管好自己，"打铁还须自身硬"，要做遵纪守法的标杆，要以更高的标准、更严的纪律要求纪检监察干部。[2]《监察官法》坚决贯彻落实党中央要求，完整规范监察官的责任和法定义务，强调贯彻人民至上的理念，要求纪检监察干部对党忠诚、对人民负责，将监察官履职要求具体化、制度化、法律化，把严格监督作为重中之重，明确权力边界、严格内控机制，强化自我约束、加强外部监督，把制度的笼子扎得更紧更牢，有利于促进监察官依法履行职责、正确行使监察权。

（三）《监察官法》的实施是建立中国特色监察官制度的基本途径

制度制定很重要，制度执行更重要。《监察官法》规定的各项制度措施最终落实落地，必须紧紧依靠各级党委的领导和有关部门的支持，依靠各级纪检监察机关的严格贯彻执行，依靠广大纪检监察干部的自觉行动。党和国家赋予监察官以身份和荣誉，监察官要倍加珍惜、担当负责。一是坚持依规依纪依法履行职责。依规依纪依法，是新时代纪检监察工作的鲜明特征和内在要求。各级纪检监察机关要自觉践行这一原则，全面推进纪检监察机构、职能、权限、程序、责任法定化，严格按照《监察官法》的要求，以法治思维法治方式推进监督、防治腐败，确保执纪执法权规范正确行使。二是推进高素质专业化队伍建设。各级纪检监察机关要在同级党委的领导下，将习近平总书记和党中央关于强化纪检监察干部队伍建设的要求，以及《监察官法》对监察官选用、管理的具体规定，自觉落实到队伍建设的全过程各方面，体现在选拔任用、考核管理、全员培训、实战训练等各项工作中，不断提高纪检监察干部的政治判断力、政治领悟力、政治执行力，提升专业化监督执纪执法水平，做政治过硬、本领高强的党和人民忠诚卫士。三是加强对纪检监察干部的监督。各级纪检监察机关和人员既要自觉接受党的领导和监督，依法接受各方面监督，确保权力受到严格约束，又要认真、自觉检视"灯下黑"问题，做实做细严管严治、自我净化工作，有针对性强化内部监督制约，不断提高自身免疫力，努力做遵纪守法的标杆。四是及时制定完善配套制度。深化国家监察体制改革的工作才起步不久，大量工作还在探索过程中，监察官法的贯彻实践成果也是不断丰富完善的。在一些具体问题上，由于实践尚不充分，还没有作出详细规定，但为后续制定完善配套制度预留了接口。比如，监察官等级确定和升降

---

[1] 张元星："构建科学规范的监察官制度"，载《学习时报》2018年8月6日。

[2] 陈伟："监察官法制订的现实必要、原则构建及实践问题"，载《学术界》2020年第1期。

的具体办法,《监察官法》施行前的监察人员因不具备规定的学历条件接受培训考核的办法,等等。这些都需要依据《监察官法》的规定,结合监察工作实际情况,及时配套完善,保证法律的顺利实施。[1]

第二节 监察官的职责与权利

"监察官"是一个法定的职业,其范围由《监察官法》明文规定。同时,作为一种"公职",其义务、职责和权利均须遵循《监察官法》之规定。

一、监察官的范围

《监察官法》贯彻国家监察体制改革、党和国家机构改革新要求,立足监察工作实际,明确规定了监察官的范围,为切实推进高素质专业化监察官队伍建设奠定了基础。准确理解和把握监察官的范围,是贯彻落实好《监察官法》的前提。

(一)设定监察官范围需要考量的因素

《监察法》第14条规定:"国家实行监察官制度,依法确定监察官的等级设置、任免、考评和晋升等制度。"实行监察官制度,首先需要依法界定监察官的范围,而设定监察官范围,则必须依据宪法、监察法等法律规定,体现监察工作特点,有利于监察工作的有效开展。在此原则下,主要考虑三方面因素:第一,从决策机制看,监察工作坚持党的领导,实行民主集中制,重大事项要集体决策、严格履行审批程序。第二,从法定职责看,监察机关依法履行监督调查处置的职责,其中监督是第一职责、首要职责。监察机关要通过加强教育、日常监督、专项整治等多种方式实施监督检查,对职务违法犯罪问题进行调查处理,开展监察问责,提出监察建议等,从事这些工作都是在行使监察权、履行监察职责。第三,监察工作的特点是团队协作、集体作战,日常工作和专项工作相结合,监察人员依据职责分工和组织的安排开展工作。不论在哪个岗位,只要承担具体监察职责,都应当依法接受管理和监督。[2]

设定监察官的范围,同时需要厘清监察官与监察机关工作人员、监察人员的关系。首先,监察人员不同于监察机关工作人员。基于监察官职业化的需要,监察机关工作人员既包括监察官和监察人员,也应包括监察官助理、人民监察员、监察机关行政人员等;其次,监察官不能等同于监察人员。监察人员是依法行使监察职能,承担监督、调查、处置职权,有权采取监察措施的监察机关工作人员,《监察法》第55、56、57、58、59、61、64条对监察人员的责任、监督和职业保障作了明确规定。但根据《监察官法》第15条之规定,"监察官采用考试、考核的办法,从符合监察官条件的人员中择优选用",据此,监察人员并不必然地具备监察官资格,只有通过专业考试,并取得监察官资格之后的监察人员才是监察官。

---

[1] 徐航:"监察官法:构建中国特色监察官制度",载《中国人大》2021年第17期。
[2] 周玉华:"监察官法重点难点释析",载《人民检察》2021年第18期。

(二) 应当纳入监察官范围的四类人员

《监察官法》没有对监察官实行员额制管理，而是在第3条中以列举的方式规定了应当纳入监察官范围的四类人员：各级监委组成人员，监委机关中的监察人员，派驻或者派出到相应监察机构中的监察人员、监察专员，其他依法行使监察权的监察机构中的监察人员。

其一，各级监察委员会的主任、副主任、委员。《监察法》规定，国家监察委员会、地方各级监察委员会由主任、副主任若干人、委员若干人组成。作为监察委员会的组成人员，其依法领导监察委员会的工作、履行相应监察职责，是监察官队伍的领导人员。基于发展的考虑，未来，各级监察委员会的主任、副主任、委员应当从监察官中选任。

其二，各级监察委员会机关中的监察人员。各级监察委员会机关中的监察人员是监察工作的具体承担者，根据分工具体承担监督、调查、处置的监察职责，代表机关对外行使监察职能。但是，在纪委监委合署办公的体制下，地方纪委监委中不兼任监委委员的纪委常委，同样肩负着领导纪检监察工作的责任，并从事相应监察工作，这些人员应当依照"监察委员会机关中的监察人员"的规定纳入监察官范围。[1]

其三，派驻或者派出到相应监察机构中的监察人员、监察专员。《监察官法》第3条第1款第3项明确，各级监察委员会派驻或者派出到中国共产党机关、国家机关、法律法规授权或者委托管理公共事务的组织和单位以及所管辖的行政区域等的监察机构中的监察人员、监察专员，属于监察官范围。上述派驻或者派出监察机构，本质上是监察委员会的延伸，是各级监察委员会的重要组成部分。这部分监察人员、监察专员根据授权依法对驻在组织和单位公职人员进行监督调查处置，提出监察建议等，代表派驻或者派出监察机构依法行使相应的监察权，是监察力量的重要组成部分，应当依法将其纳入监察官范围。

其四，其他依法行使监察权的监察机构中的监察人员。在监察工作实践中，监委组成人员、监委机关中的监察人员以及派驻或者派出到相应监察机构中的监察人员、监察专员并不能完全涵盖依法行使监察权的所有情况，因此，需要设计一个兜底条款，以增强涵盖性，体现了《监察官法》立法的周延性。同时，考虑到党和国家纪检监察体制改革仍在深化过程中，对于派驻、派出的形式以及其他授权行使监察权的形式，将来随着改革的深化还可能不断发展和创新，因此这一设计可以为将来解决有关具体问题预留空间和制度接口，体现了《监察官法》立法的前瞻性。

(三) 参照《监察官法》管理的人员

考虑到派驻国有企业的监察机构工作人员、监察专员，以及国有企业中其他依法行使监察权的监察机构工作人员为企业人员身份，《监察官法》对这些人员履行职责和监督管理等，规定参照执行《监察官法》有关规定，以一体贯彻落实党中央对强化纪

---

[1] 邹开红等："《中华人民共和国监察官法》解读"，载《中国纪检监察》2021年第17期。

检监察干部队伍建设的统一要求——但对此项规定需要注意三点：一是国有企业监察机构工作人员、监察专员不纳入监察官范围。鉴于国有企业监察机构人员的企业人员身份，其在编制、人事管理等方面与纳入监察官范围的人员存在较大差异，在充分考虑国有企业监察工作实际和各方意见的基础上，《监察官法》作出了不将其纳入监察官范围的规定；二是对国有企业监察机构中的工作人员、监察专员的监督管理，应当参照执行监察官法有关规定；三是基于上述一二两条，《监察官法》第七章"监察官的监督和惩戒"的规定，也应当参照执行；其他章的内容凡是符合加强监督、严格管理要求的，也要参照执行；但涉及等级制度等方面的条文不能参照。

二、监察官的职责、义务和权利

监察官属于公务员之范畴，因此，监察官应当适用《公务员法》的规定。监察官的遴选需要具备公务员的各项条件，并享有公务员的权利、承担公务员的义务，遵守公务员的各项管理。我国《公务员法》对公务员的义务、权利和管理作了详细的规定，包括公务员的职务、职级与级别等。除法律有特别规定以外，这些都同样适用于监察官。[1]但是，监察官又不同于一般的公务员，具有区别于普通公务员的特殊性。为保证监察工作的高效和公正，有必要建立适应监察工作实际的监察官责任制，通过列明监察官所拥有的职责义务，突出其在监察权行使中的主体地位，明确监察机关内部案件流转中的权责界限，避免由于多层审批和过程冗长造成责任相互推诿的现象。[2]

（一）监察官的职责

《监察官法》明确规定了监察官的职责范围及其行使条件。根据《监察官法》之规定，监察职责具有独立性和专业性等特点。

其一，监察官的职责范围。根据《监察官法》第9条之规定，监察官之职责主要包括如下内容：①对公职人员开展廉政教育。将廉政教育置于监察官职责之首，可见其重要性。加强廉政教育的常规化，有助于强化监察官的职责意识，从源头上防止不依法履职的现象发生。②对公职人员依法履职、秉公用权、廉洁从政从业以及道德操守情况进行监督检查。监察官的监督权，系依法对所有行使公权力的工作人员进行监督，实现监察的全覆盖，弥补之前监督范围过窄的缺陷，监督主要包括其是否依法履职、秉公用权、廉洁从政从业以及道德操守情况。如果察觉问题，则监察官有权向相关机构及其工作人员提出建议或意见，并督促他们及时修正。③对依法律规定由监察机关管辖的职务违法和职务犯罪案件进行调查。《监察法》虽未明确规定监察官的调查职责，但在第61条中规定了监察人员调查工作严重失误时的责任。因此，监察官的调查职责应谨慎行使、依法行使。如在调查中发现需要对被调查人员采取进一步措施时，需要经过所在单位同意，并严格履行调查程序。监察官履行调查职责是保障其监督职责的需要，亦是对其监督职责负责任和对被调查人负责任的表现。④根据监督、调查

---

[1] 马怀德主编：《监察法学》，人民出版社2019年版，第135页。
[2] 江国华编著：《国家监察立法研究》，中国政法大学出版社2018年版，第232页。

的结果,对办理的监察事项提出处置意见。监察官行使监督权、调查权后,应行使处置权,而处置方式既包括对违法的公职人员依法作出政务处分决定;也包含对履行职责不力、失职失责的领导人员进行问责;对涉嫌职务犯罪的,将调查结果移送人民检察院依法审查、提起公诉;向监察对象所在单位提出监察建议。处置权的行使过程中监察委员会与行政机关、司法机关等多个机关需要做好衔接工作,以保证监察官职权的顺利行使。⑤开展反腐败国际合作方面的工作。配合反腐败国际合作是我国《监察法》的特色和重要内容之一,也是监察官不同于其他国家工作人员之处。监察官配合反腐败国际合作表明了国家反腐败的决心和意志,同时,监察官也应具有配合工作的觉悟与意识。⑥法律规定的其他职责。监察官在职权范围内对所办理的监察事项负责。〔1〕

其二,监察官的职责特征。为了确保监察权能够在法治轨道上有效运行,监察官履行职责总体应当具备如下两个特点:〔2〕①独立性。独立性为监察官开展反腐败工作的基本保障,依法独立行使监察职能,是一项宪法原则。与行政系统内的行政决策和行政管理不同,监察官专司行使的监察权,是一种事后的、专门对公权力行使合法合规性进行监督、调查和处置的权力。为了保证监察权的公正行使,就必然要求监察官能够在履职过程中保持独立性,不为强权所用、不为利益俘获,切实履行监察职责、实现主体的独立性和获得一定的超然地位。②专业性。监察机关是反腐败的专责机关,专业性是监察官职业的重要特征。根据《监察法》的规定,监察官专门对公职人员的依法履职、秉公用权、廉洁从业以及道德操守情况进行监督检查,依法对职务违法和职务犯罪行为开展调查,并作出处置决定。由此可见,监察官与法官、检察官一样,有较高的专业性要求。监察官既要成为党的执纪监督者,又要成为国家的执法监督者,因此,监察官应当是具有较强的、系统性的有关党纪国法方面专业知识和素养,又具备勤勉工作态度与扎实业务能力的专业人员。同时,监察官在职业准入、职业技能、职业方式、职业形象、职业道德等方面应当与普通公务员不同,即监察官应当遵循与监察官职业特点相适应、与监察权行使相匹配的职业规律、职业逻辑,按照职业范式在监察工作中行使监察权。依据权责统一原则,监察官在行使监察权时首先就是要明确自身的职责范围,在行使监督监察权力的同时也要履行相应的义务,加强自律,既要落实惩治和预防腐败的相关工作,又要协助党委进行党风廉政建设,这样才能确保其更好地发挥对权力运行的监督与制约作用。

(二) 监察官的义务

根据《监察官法》之规定,监察官的义务可以分为政治义务、法律义务和伦理义务三大类型。

其一,监察官的政治义务。监察机关是国家的政治机关,反腐败是具有高度政治

---

〔1〕 姜永斌:"明确法定责任 确保依法履职",载《中国纪检监察报》2021年8月25日。
〔2〕 马怀德主编:《中华人民共和国监察法理解与适用》,中国法制出版社2018年版,第53页。

性的工作，因此，《监察官法》明确规定了监察官的政治义务，即自觉坚持中国共产党领导，严格执行中国共产党和国家的路线方针政策、重大决策部署。在政治素养方面，监察官必须政治坚定、拥护中国共产党领导和中国特色社会主义制度。

其二，监察官的法律义务。基于监察机关的性质以及监察官所承担的法定职责，监察官必须承担一定的法定义务。《监察法》第56条规定了监察人员基本的职责和义务。而《监察官法》第10条则对《监察法》进行了细化。其具体内容包括：①模范遵守宪法和法律。监察官要模范尊重宪法法律权威，严格按照宪法、法律、党内法规的规定秉公行使监察权，坚守程序公正。②维护国家和人民利益，秉公执法，勇于担当、敢于监督，坚决同腐败现象作斗争。从监察官承担反腐败专责工作、履行监督职责的要求看，较之其他公职人员，监察官的任职条件中更加突出对廉洁自律的要求。[1]③依法保障监察对象及有关人员的合法权益。监察工作内容复杂、涉及面广、专业性强，要求监察官必须具备较强的业务能力，既要对监察对象进行监督，也要依法保护监察对象的合法权益不受侵犯。④忠于职守，勤勉尽责，努力提高工作质量和效率。纪检监察合署办公的机制要求监察官在履职过程中应具备纪法衔接的能力，既要符合纪委对党员及党组织违纪行为监督检查的及时性和有效性要求，又要满足监委对职务违法和职务犯罪行为调查处置的专业性要求。因而，纪检监察干部不仅仅是党规党纪的执行者，也是国家法律的执行者，监察官具有执纪执法的双重职责，客观上要求其忠于职守、勤勉尽责。从执行党规党纪要求看，强调监察官的政治素养和责任担当；从执行国法的要求看，监察官应具备同其工作要求相适应的能力，以努力提高工作质量和效率。⑤保守国家秘密和监察工作秘密，对履行职责中知悉的商业秘密和个人隐私、个人信息予以保密。"保密就是要求特定的人员在一定的期限和范围内以一定的手段保守特定信息和资讯，不公之于众"，[2]监察官能否很好地遵守保密规则，事关监察工作能否顺利开展。保密规则可以分为两方面，一是保守与案件直接相关的秘密，监察官不得以任何形式故意或过失泄露案件直接相关的秘密，如涉案人员的相关信息、涉案金额、案件具体情节等。二是保守与案件没有直接相关的其他秘密，如果监察官在履职过程中获悉了他人的秘密和隐私，应当严格履行保密义务，否则就应当承担泄密的相关责任。我国《监察法》对监察官离职后的保密义务也做了具体规定，"监察机关涉密人员离岗离职后，应当遵守脱密期管理规定，严格履行保密义务，不得泄露相关秘密"。⑥将权力关进制度的笼子，自觉接受监督。监督者自觉接受监督是《监察官法》的一项基本制度，行使监察监督职能的监察官必须依法同时接受上级机关、其他国家机关以及社会各界人士的监督。

其三，监察官的伦理义务。法律义务是对监察官提出的最低要求，是监察工作的底线和红线。而监察官的职业素养直接关系到其能否高效履行职责，因此应重视监察

---

[1] 褚宸舸主编：《监察法学》，中国政法大学出版社2020年版，第70页。
[2] 李本森主编：《法律职业道德概论》（第2版），高等教育出版社2015年版，第56页。

官的伦理义务,对监察官提出更高的要求、制定更高的标准,加强职业伦理规范和职业伦理素养的培养。[1]监察官依法对行使国家公权力的公职人员进行监察,其地位不言而喻,监察官的职业良知程度直接影响国家监察体制能否良好运行,影响监察的质量和效率。"没有对基本准则的神圣遵循,就不存在行为非常值得信赖的人"[2],监察官职业伦理是指监察官在履行监察职责过程中所应遵守的职务范围内外的伦理规范和道德准则。因此,《监察官法》第10条规定监察官必须"严守纪律,恪守职业道德,模范遵守社会公德、家庭美德"。监察官作为国家工作人员,代表了国家机关的形象,监察官的行为对我国监察体制的风气有着直接且重大的影响,因此,监察官应以身作则,树立严明公正、清正廉洁的形象,自觉以社会主义核心价值观指导自身行为。《监察官法》第14条规定,监察官的选用,坚持德才兼备、以德为先、任人唯贤、事业为上、公道正派、突出政治标准的原则。

监察机关代表国家公权力,监察官则被赋予维护国家公共利益伦理主体的身份。监察官的监察价值和监察理念,深刻影响着监察机关的形象塑造。对此,可以借鉴日本《公务员职业伦理法》和加拿大《政府监察官法》关于监察伦理的相关规定,结合我国实际的监察国情,制定符合我国监察官队伍建设的相关职业伦理规范。[3]主要有四种职业伦理:一是政治伦理,即监察官要忠诚于党、忠诚于国家;二是准司法伦理,监察官履行监察职能不受外来因素的干涉,遵守正当的法律程序并树立监察公正的信念;三是政务伦理,监察官要做到忠于职守、行为高效;四是监督伦理,具体包括清正廉洁、刚正不阿、秉公执法。监察官职责设置的重点就在于反腐倡廉,如果监察官做不到自身清廉,不仅不忠诚于党、国家和人民,也做不到公正地履行监察职能,便与监察权本身的初衷相违背。[4]

(三) 监察官的权利

《监察法》没有明确罗列我国监察官的权利,但是也有一些相关规定,如明确规定监察官的职责以及监察范围。[5]据此,在进行监察活动时,监察官有权依法向相关国家机关及其工作人员了解具体情况,并收集、调取证据,相关国家机关及其工作人员应当如实提供相关证据;监察官在调查涉嫌贪污贿赂、失职渎职等严重职务违法或者职务犯罪时,可根据工作需要,依法查询、冻结涉案单位和个人的存款、汇款、债券、股票、基金份额等财产。[6]

《监察官法》第11条对此进行了系统性规定。一是,监察官应享有为履行监察官职责所应当具有的职权和工作条件。为了更充分履行监察官的这些职责,国家应为其

---

[1] 陈光斌:"监察官职业伦理:概念、渊源和内容",载《法学评论》2020年第5期。
[2] 中共中央文献研究室编:《习近平关于全面依法治国论述摘编》,中央文献出版社2015年版,第97页。
[3] 叶青、王小光:"域外监察制度发展评述",载《法律科学(西北政法大学学报)》2017年第6期。
[4] 陈光斌:"监察官职业伦理:概念、渊源和内容",载《法学评论》2020年第5期。
[5] 《监察法》第11条及第15条之规定。
[6] 《监察法》第18、19、20、21条之规定。

配备履职时应享有的权利，使其履职有法可依，权利受法保护。同时，监察官的工作条件也应有所保障，关于其工作的软硬件设施、物质装备管理、无形服务和工作环境等工作条件应当为其享有并与其职责相配。保障监察官应享有的权利和工作条件能够促使监察官更加充分地履职。二是，履行监察官职责应当享有的职业保障和福利待遇。三是，监察官的人身、财产和住所安全受法律保护。四是，有权提出申诉或者控告。五是，《公务员法》等法律规定的其他权利。

◇【法条链接】

一、《中华人民共和国监察官法》（2021年）

第三条 监察官包括下列人员：

（一）各级监察委员会的主任、副主任、委员；

（二）各级监察委员会机关中的监察人员；

（三）各级监察委员会派驻或者派出到中国共产党机关、国家机关、法律法规授权或者委托管理公共事务的组织和单位以及所管辖的行政区域等的监察机构中的监察人员、监察专员；

（四）其他依法行使监察权的监察机构中的监察人员。

对各级监察委员会派驻到国有企业的监察机构工作人员、监察专员，以及国有企业中其他依法行使监察权的监察机构工作人员的监督管理，参照执行本法有关规定。

【释义】本条是对监察官范围的界定。

第九条 监察官依法履行下列职责：

（一）对公职人员开展廉政教育；

（二）对公职人员依法履职、秉公用权、廉洁从政从业以及道德操守情况进行监督检查；

（三）对法律规定由监察机关管辖的职务违法和职务犯罪进行调查；

（四）根据监督、调查的结果，对办理的监察事项提出处置意见；

（五）开展反腐败国际合作方面的工作；

（六）法律规定的其他职责。

监察官在职权范围内对所办理的监察事项负责。

【释义】本条是关于监察官法定职责的规定。

第十条 监察官应当履行下列义务：

（一）自觉坚持中国共产党领导，严格执行中国共产党和国家的路线方针政策、重大决策部署；

（二）模范遵守宪法和法律；

（三）维护国家和人民利益，秉公执法，勇于担当、敢于监督，坚决同腐败现象作斗争；

（四）依法保障监察对象及有关人员的合法权益；

（五）忠于职守，勤勉尽责，努力提高工作质量和效率；

（六）保守国家秘密和监察工作秘密，对履行职责中知悉的商业秘密和个人隐私、个人信息予以保密；

（七）严守纪律，恪守职业道德，模范遵守社会公德、家庭美德；

（八）自觉接受监督；

（九）法律规定的其他义务。

【释义】本条是关于监察官法定义务的规定。

第十一条 监察官享有下列权利：

（一）履行监察官职责应当具有的职权和工作条件；

（二）履行监察官职责应当享有的职业保障和福利待遇；

（三）人身、财产和住所安全受法律保护；

（四）提出申诉或者控告；

（五）《中华人民共和国公务员法》等法律规定的其他权利。

【释义】本条是关于监察官享有法定权利的规定。

二、《中华人民共和国监察法》（2018年）

第十一条 监察委员会依照本法和有关法律规定履行监督、调查、处置职责：

（一）对公职人员开展廉政教育，对其依法履职、秉公用权、廉洁从政从业以及道德操守情况进行监督检查；

（二）对涉嫌贪污贿赂、滥用职权、玩忽职守、权力寻租、利益输送、徇私舞弊以及浪费国家资财等职务违法和职务犯罪进行调查；

（三）对违法的公职人员依法作出政务处分决定；对履行职责不力、失职失责的领导人员进行问责；对涉嫌职务犯罪的，将调查结果移送人民检察院依法审查、提起公诉；向监察对象所在单位提出监察建议。

【释义】本条是关于监察委员会法定职责的规定。

《宪法》第124条第4款规定，"监察委员会的组织和职权由法律规定"，为《监察法》赋予监察委员会职责权限提供了宪法授权。规定本条的主要目的是说明监察委员会的法定职责主要包括三个方面：监督、调查和处置。

第十三条 派驻或者派出的监察机构、监察专员根据授权，按照管理权限依法对公职人员进行监督，提出监察建议，依法对公职人员进行调查、处置。

【释义】本条是关于派驻或者派出监察机构、监察专员职责的规定。

第十四条 国家实行监察官制度，依法确定监察官的等级设置、任免、考评和晋升等制度。

【释义】本条是关于监察官制度的规定。

国家实行监察官制度是构建具有中国特色的国家监察体系的重要举措。本条规定为建立监察官的等级设置、任免、考评和晋升等具体制度赋予法律依据。

第五十六条 监察人员必须模范遵守宪法和法律，忠于职守、秉公执法，清正廉洁、保守秘密；必须具有良好的政治素质，熟悉监察业务，具备运用法律、法规、政策和调查取证等能力，自觉接受监督。

【释义】本条是关于监察人员义务和能力的规定。这包含对监察人员的纪律要求及政治、业务素质要求。

其一，监察人员必须模范遵守宪法和法律，忠于职守、秉公执法，清正廉洁、保守秘密，这是对监察人员的基本纪律要求。"模范遵守宪法和法律"，主要是指监察人员作为执法人员要做遵守宪法和法律的标杆。监察人员作为肩负重任的监察机关工作人员、监察权力的行使者，应当负有积极认同与维护宪法秩序的责任，不仅是在态度上的认同，更重要的是对宪法完全的、全身心的赞成和拥护，在大是大非问题上绝不同宪法相违背。在行动上，监察人员应当反对并且远离任何反对宪法、违反法律的活动和群体，誓死捍卫宪法和法律的尊严和权威。"忠于职守"，是指监察人员应当牢记自己的使命与职责，认真履行职责，坚守工作岗位，恪尽职守。"秉公执法"，主要是指监察人员在履行职责过程中应实事求是，正确运用权力，客观、公正地执行国家法律。"清正廉洁"，该要求是习近平总书记提出的五条干部标准之一，也是党一贯的政治本色。不贪图名利、不追求个人特权和私利，是清雅高尚的品格。"保守秘密"，主要是指监察人员必须牢固树立保守党和国家秘密的观念，严格遵守保密法律和纪律，严守有关保密工作的规定。

其二，必须具有良好的政治素质，熟悉监察业务，具备运用法律、法规、政策和调查取证等能力，自觉接受监督，这是对监察人员政治、业务素质和履职能力的要求，着力建设政治过硬、本领高强、履职有力的监察队伍。"具有良好的政治素质"，主要是指监察人员要增强"四个意识"，提高政治觉悟、严守政治纪律，与党中央保持高度一致，坚决维护党中央权威。"熟悉监察业务"，是指监察人员必须掌握专业知识及相关业务知识。"具备运用法律、法规、政策和调查取证等能力"，主要指监察人员必须掌握相关法律、法规、政策知识，并善于在调查取证等工作中加以运用。"自觉接受监督"，主要指监察人员要认真落实全面从严治党要求，牢固树立用权受监督的思想意识，坦然面对来自上级与下级的监督、党内与党外的监督、组织与群众的监督、社会与媒体的监督，把自觉接受监督养成习惯，绝不凌驾于组织和群众之上，绝不游离于党组织和群众的监督之外，防止发生腐败现象。

第六十一条 对调查工作结束后发现立案依据不充分或者失实，案件处置出现重大失误，监察人员严重违法的，应当追究负有责任的领导人员和直接责任人员的责任。

【释义】本条是关于监察人员责任追究的规定。

三、《中华人民共和国公务员法》(2018年)

第十五条 公务员享有下列权利：

(一) 获得履行职责应当具有的工作条件；

(二) 非因法定事由、非经法定程序，不被免职、降职、辞退或者处分；

(三) 获得工资报酬，享受福利、保险待遇；

（四）参加培训；

（五）对机关工作和领导人员提出批评和建议；

（六）提出申诉和控告；

（七）申请辞职；

（八）法律规定的其他权利。

【释义】本条是关于公务员权利的规定。

权利是指法律规定的，权利人自己或者要求他人为或者不为一定行为的能力或者资格。所谓公务员的权利，是指国家法律对公务员在履行职责、行使职权、执行公务的过程中，可以做出某种行为，要求他人为或者不为某种行为的能力和资格。其含义：一是公务员的权利以其身份为前提；二是国家规定公务员的权利，是为了公务员有效地行使职权，执行公务；三是公务员权利的具体内容是由国家明文规定，并且公务员权利的行使是由国家法律加以保障的。

【案例链接】纪检监察干部违纪违法典型案例[1]

案例1：私自留存、违规处置问题线索

2018年8月29日，L省D市纪委监委召开全市纪检监察系统警示教育大会，P区委原常委、区纪委原书记G某成为警示教育片中的主角。查阅G某的违纪情况通报，"私自留存信访举报信件"赫然在列。

2018年5月31日，据A省纪委监委消息，A省H集团有限公司原党委副书记、纪委书记Z某受到开除党籍、开除公职处分，其违纪行为包括"不正确履行信访核查职责"。

案例2：泄露审查调查信息

2018年9月，Q省H州纪委原副书记、州监委原副主任Z某受到开除党籍、开除公职处分的消息公布。据通报，Z某在案件办理期间，私自会见初核对象，将党组织纪律审查中尚未公开的事项透露给初核对象。

案例3：接受请托，说情关照

2018年8月，X兵团纪委原副书记L某被判处有期徒刑9年，并处罚金100万元。"受托求情"是L某违纪违法行为的一个关键词。2009年8月，某兵团某团原团长H某被"两规"，其妻为让组织从轻处理H某，通过一位商人联络到兵团时任纪委常委的L某，并送给他40万元。

此外，L省纪委原副书记、省监委原副主任Y某在监督执纪工作中不正确履行职责，接受请托对被审查人给予关照，将监督执纪权变为送人情、谋私利的工具。Y某受到撤销党内职务处分、政务撤职处分，降为副厅级非领导职务。

---

[1] "关权入笼 严防'灯下黑'——从纪检监察干部违纪违法典型案例看《工作规则》相关规定"，载《中国纪检监察》2019年第3期。

案例4：违规干预、插手审查调查

2018年1月20日，中央纪委网站发布了H省6名厅级党员领导干部严重违纪被开除党籍的消息，其中，2名纪检监察干部格外引人关注。据通报，H省纪委原副书记L某、省纪委原纪检监察四室主任C某均存在插手和干预执纪审查工作等问题。L某受到开除党籍、开除公职处分，C某被开除党籍，取消退休费待遇。

案例5：谋取私利，权钱交易

2018年12月20日，中央纪委国家监委网站通报，J省纪委原副书记、省监委原副主任Q某严重违纪违法被开除党籍和公职。经查，Q某执纪违纪、执法犯法，将监督执纪权变为谋取私利的工具，与商人老板勾肩搭背，大搞权钱交易。

存在这一问题的，还有C市纪委驻市环保局原纪检组组长T某某、A省纪委驻原省卫生厅纪检组组长W某某。T某某把市纪委干部的身份当作结交私营企业主的"名片"，把组织赋予的权力当成谋取私利的工具；W某某利用担任省纪委纪检监察一室副主任、执法监察一室副主任、副厅级纪律检查员、驻原省卫生厅纪检组组长等职务上的便利或者职权形成的便利条件，索取他人财物，单独或通过其妻子Z某某非法收受他人财物，为他人在工程招投标、药品销售、子女工作、药品提价、申诉处理等方面谋取利益，索取、非法收受他人财物合计价值151万余元。

案例6：违规处置涉案财物

据中央纪委网站2017年6月5日消息，H省纪委原常委S某严重违纪被开除党籍、开除公职。他的违纪行为中有一项：违规处置涉案款物。

第三节　监察官的选用与任免

监察官属于国家公务员的范畴，因此，监察官的选用与任免应当遵循《公务员法》的一般性规定。但鉴于监察官所具备的、不同于其他类型公务员的特殊性，《监察官法》对监察官的选用与任免作了专门规定。

《监察官法》坚持落实好干部标准，根据纪检监察机关的性质和监察工作的特点，设置了较高的担任监察官的条件，把好政治关、入口关。一是突出政治要求，二是强调能力素养，三是严格任职限制。习近平总书记强调，不拒众流、方为江海，要打开视野、不拘一格，选拔优秀人才。为贯彻党的组织路线，《监察官法》在第15条至第18条设计了多种选用监察官的途径，规定了选用的程序和要求。[1]

一、监察官的任职条件

监察机关是在党的集中统一领导下的反腐败专门机构，具有高度的政治性和专业性，监察官任职资格必须严格，也必须包含政治条件。监察机关在选任监察官时，既

---

[1] 邹开红等："《中华人民共和国监察官法》解读"，载《中国纪检监察》2021年第17期。

要严把准入关口,又要综合考虑不同地区、不同层级的监察队伍素质和能力,合理设置监察官条件。[1]目前,就监察官的任职条件,已经达成的普遍共识是:监察官必须具有中国国籍;拥护宪法法律,具有良好的政治、业务和职业伦理水平;应当具有相应法律专业知识。《监察官法》第12条详细明确地规定了监察官的任职条件,解答了理论界对于监察官是否必须为中国共产党党员、是否应当具有法学教育背景且通过法律职业资格考试,以及受过纪律处罚而无犯罪记录的人员是否可以被选任为监察官等问题。[2]

其一,关于中共党员身份限制的必要性争论。《监察官法》对于监察官政治面貌的要求,首先应当以宪法的规定为依据。《宪法》第33条第2款规定:"中华人民共和国公民在法律面前一律平等。"若将中共党员的身份作为监察委员会的基本准入要求,则不合理地限制了非党员的就业权。我国《宪法》确认了党对国家的领导,《公务员法》将"党管干部"的原则确认为公务员制度建立和运行的基本政治准则,但在《公务员法》以及其他法律中没有任何关于报考公务员政治面貌的限制。监察官所行使的监察权属于国家权力,为加强民主监督,还应当考虑由一定比例的优秀党外人士担任监察官。[3]因此,《监察官法》取消了对政治面貌的身份限制,不搞"一刀切"地规定初任监察官必须具备中国共产党党员(或预备党员)的身份,适度放宽政治面貌的任职限制。但对党员身份有特殊要求的监察官职位,可以在招考过程中作为具体个例实施,而不宜在法律当中作一般性的规定。

其二,关于学历要件设置的可行性。公务员条件的适用,除了要保证基本条件之外,同时还要注重具体种类,结合具体岗位的需要来具体分析。在《公务员法》第3条、第16条以及《公务员职务、职级与级别管理办法》第21条分别对公务员的基本条件作出宏观表述,上述法律规定实际给《监察官法》留出了细化规定的空间。监察官作为对岗位有专业性要求的国家公职人员,其任职条件的具体要求应当以《公务员法》的规定为基础,同时可借鉴《法官法》《检察官法》《人民警察法》的规定,结合纪检监察工作的实际需要进行设置和调整。因此,要实现监察全覆盖,在监察体制改革初期不宜对学历等条件作出过分严苛的规定。

其三,关于资格要件规制的现实性。为确保监察官能够规范行使监察权,需要提高对监察官法律意识、法律素养的要求,明确监察官的法律职业资格要件。是否需要将法律职业资格作为衡量监察官法律专业能力的标准在学界存在争议。有学者认为,监察官应当具备法律职业资格。监察机关监察权中包括原检察官行使的职务犯罪的侦

---

[1] 宋振策:"我国监察官制度设计初探——以监察官法的制定为视角",载《廉政文化研究》2020年第3期。

[2] 江国华、何盼盼:"中国特色监察法治体系论纲",载《新疆师范大学学报(哲学社会科学版)》2018年第5期。

[3] 秦前红:"《监察法》理解和适用的若干重要问题——根据秦前红教授讲座录音整理",载《东南法学》2019年第1期。

查权，而不是普通犯罪的侦查权，理应成为法律职业群体中的一员，其职业准入门槛就不应低于法官、检察官，具备法律职业资格能保障监察队伍的职业化。[1]因此，不应当放宽监察官任职的身份限制。[2]也有学者认为，从监察机关的反腐败职能以及现实的人员结构来看，目前不宜制定过高的准入标准[3]。监察官对于腐败案件的侦查，与人民警察对普通刑事案件的侦查，本质上都是调查、收集证据。人民警察并没有要求具有法律职业资格，因此监察官也不必以此作为必要条件；监察权本质上是一种监督权，监察官并不需要特定的职业教育和工作经验，监察官不必走职业化发展之路。[4]现阶段不宜将取得法律职业资格作为对监察官的硬性要求。原因在于，监察体制改革之前，纪委干部履职依据以党纪党规为主，其专业性主要体现在执行党规党纪的能力，多数不具有法律专业背景，短时间内也难以通过国家统一法律职业资格考试，"一刀切"地要求监察官必须取得法律职业资格，会造成监察官队伍的人才短缺。监察官的法律专业素养具体应达到何种程度，还需充分考虑监察工作实际需求和当前纪检监察人员的现状。虽然监察官的选拔不以通过法律职业资格考试为硬性条件，但从长远来看，具备较高程度的法律技能是监察官职业发展的必然选择，也是促进监察官队伍高质量发展的重要保障。监察官必须熟悉实体法和程序法，了解最高人民法院和最高人民检察院有关职务犯罪的定罪量刑、证据认定方面的司法解释等。

其四，监察官任职条件的限制性规定。《监察官法》第13条对不得担任监察官的具体情形作出了规定，这其中既对监察官本人作出了一般性的限制规定，同时还对其配偶和子女等近亲属作出了严格的限制性规定。将监察官任职的禁止性条件与《公务员法》《法官法》《检察官法》进行对比，可以看出基于监察机关的特殊性和敏感性，监察官是监察活动的执行主体，对监察官的限制规定突出其政治站位高、对党忠诚的政治需要，设置严格的底线明确用人标准，保证监察官队伍的专业化。

二、监察官的选用方式

监察官肩负责任重大，其素质高低也直接关系到监察权力的运行，监察官的考核应依据严格的制度，并侧重考察监察官的综合素质。[5]为此，《监察官法》第15条至第18条规定了监察官选用的途径、程序和要求。

其一，监察官的选用原则。监察官制度既是深化监察体制改革的实践需要，也是党和国家监督体系的重要组成部分，同时是落实中央关于监察官专业化发展蓝图，实现纪检监察工作规范化、法治化的制度载体。建设高素质专业化队伍，是履行纪检监察职责使命的内在需要，确立监察官选用原则和选用方法至关重要。《监察官法》第14

---

[1] 曹志瑜："法律资格考试有助监察队伍职业化"，载《法制日报》2017年8月10日。
[2] 褚宸舸、王阳："我国监察官制度的立法构建——对监察官范围和任职条件的建议"，载《浙江工商大学学报》2020年第4期。
[3] 周磊："中国监察官制度的构建及路径研究"，载《国家行政学院学报》2018年第4期。
[4] 刘练军："监察官立法三问：资格要件、制度设计与实施空间"，载《浙江社会科学》2019年第3期。
[5] 江国华：《国家监察权力运行及其监督机制研究》，中国政法大学出版社2020年版，第269页。

条规定:"监察官的选用,坚持德才兼备、以德为先,坚持五湖四海、任人唯贤,坚持事业为上、公道正派,突出政治标准,注重工作实绩。"由此,一方面,强调德行的重要性。监察官肩负职责重大,其德行素质高低直接关系到监察权的运行,无论是选拔还是考核都应考察其德行水平。另一方面,专业化监察队伍的构建,即行使监察权的监察官应当具有监察专业知识和能力,突出专业能力和工作绩效的重要标准。总的来说,监察官手握重权,能否依法依规行使权力,实现反腐败的宪法重托,是考核监察官的首要和核心标准。

其二,监察官的选用途径与方法。一是规定依照法律和国家有关规定,采取公开考试、严格考察、平等竞争、择优录取的办法录用监察官。二是规定从党的机关、国家机关、事业单位、国有企业等机关、单位从事公务的人员中,选择符合任职条件的人员担任监察官。根据这一规定,相关机关、单位的人员可以通过调任、转任的方式担任监察官。三是规定在从事与监察机关职能职责相关的职业或者教学、研究的人员中,选拔或者聘任符合任职条件的人员担任监察官。同时规定,选用监察官"采用考试、考核的办法,从符合监察官条件的人员中择优选用"。[1]

其三,监察官选用的考试。根据《监察官法》规定,监察官选用坚持"凡进必考",通过严格考试、考核的方式,引进党建、法律、财政、金融、审计、信息化、外事等各方面人才,好中选优、优中选强,确保监察官队伍来源广泛、精干优良。[2]《监察官法》关于考试制度的规定,是对建设高素质专业化监察官队伍的法律保障。应借鉴当前我国公安机关人民警察招录中的经验,即报考公安机关人民警察岗位的,除了要参加作为公共科目的行测和申论考试外,还应额外参加作为专业科目的公安专业知识考试。行测、申论、公安专业知识分别按照40%、30%、30%合成笔试成绩。其中公共科目试题由国家公务员局命制,专业科目试题由公安部命制。循此例,报考监察官的考试笔试内容,笔试科目由行测、申论和监察专业知识三部分构成,最终成绩按照40%、30%、30%的比例合成笔试总成绩,其中行政职业能力测验和申论由国家公务员局命制,监察专业知识由国家监察委员会命制。除了以考试的形式选用监察官外,还可通过多种途径吸收优秀监察官后备人才。《监察官法》第17、18条规定,监察委员会可以从其他单位和组织获得新鲜力量,补充和完善监察官队伍。

其四,关于是否采用"员额制"的争论。对于监察官是否应该实行"员额制"改革,以徐汉明教授为代表的专家主张实行监察官"员额制",只要对监察官相关的晋升、绩效、薪酬待遇制度设计合理,员额制并不影响监察官的整体协作。[3]通过建立系统的监察人员分类管理体系,推进监察官素质以及执法执纪水平的提升。力求监察

---

[1] 邹开红等:"《中华人民共和国监察官法》解读",载《中国纪检监察》2021年第17期。
[2] 邹开红等:"《中华人民共和国监察官法》解读",载《中国纪检监察》2021年第17期。
[3] 徐汉明:"国家监察权的属性探究",载《法学评论》2018年第1期。

官朝着专业化、精英化和职业化的方向发展，促进纪检监察机关正规化、专业化反腐。[1]与此相反，以周磊为代表的学者则认为司法工作和监察工作存在本质的差异，监察官不适合实行"员额制"。一方面，司法工作强调法官、检察官个人的能力，讲究个体精英化。监察官在从事监察工作的过程中讲求团结协作、整体负责，对公职人员的任何处置都应建立在监察官集体讨论、决策的基础之上；另一方面，司法工作具有被动性，一个地区在同一段时间内的受案量往往是可以衡量的，然而监察工作则强调主动性，出于贪腐行为的隐蔽性、危险性等价值考量，在任一地方出任监察官的人数难以精准估量。由此急于实行监察官"员额制"，必然影响到地方监察系统的运行。[2]概言之，基于监察体制改革之需要，结合监察工作之特征，在短期内不宜在监察机关内部全面推行员额制，但这并不影响在其中推行员额制的部分有益内容。随着未来监察官制度的不断发展，员额制可以通过试点的方式逐步探索推行。

三、监察官的任免

监察官的任免，应当依据宪法和法律规定的任免权限和程序办理。《监察法》第8条、《监察官法》第19、21、34、35条对监察官的任免制度做了全面规定。

（一）各类监察官的任免

根据《监察官法》之规定，各级监察委员会的组成人员当然属于监察官之范围，但根据《宪法》和《监察法》之规定，监察委员会组成人员的任免方式有所差异，一般监察官的任免也有别于监察委员会组成人员之任免程序。

其一，监察委员会主任的选举与罢免。根据《监察法》第8条和《监察官法》第19条之规定，国家监察委员会主任由全国人民代表大会选举和罢免；地方各级监察委员会主任由本级人民代表大会选举和罢免。根据《监察法》第8、9条之规定，国家监察委员会主任每届任期同全国人民代表大会每届任期相同，连续任职不得超过两届；地方各级监察委员会主任每届任期同本级人民代表大会每届任期相同，但对其组成人员的任期不作限制，适度强化其相对于任免机关的独立性。

其二，监察委员会组成人员的"提请任免"。根据《监察法》第8条和《监察官法》第19条之规定，国家监察委员会副主任、委员由国家监察委员会主任提请全国人民代表大会常务委员会任免；地方各级监察委员会副主任、委员由监察委员会主任提请本级人民代表大会常务委员会任免。新疆生产建设兵团各级监察委员会主任、副主任、委员，由新疆维吾尔自治区监察委员会主任提请自治区人民代表大会常务委员会任免。《监察法》和《监察官法》有关各级监察委员会主任对本级监察委员会组成人员的"提请任免"规定，使得主任由选举产生所蕴含的政治性要素经由主任的提名任免权而传递至国家监察委员会内部，确立了主任在监察权行使中居于核心位置。[3]这

---

[1] 陈翠玉、杜强："监察官法制定的现实必要、争议及具体设想"，载《廉政文化研究》2020年第5期。

[2] 周磊："中国监察官制度的构建及路径研究"，载《国家行政学院学报》2018年第4期。

[3] 秦前红主编：《监察法学教程》，法律出版社2019年版，第192页。

是监察官制度的显著特色,它强化了国家监察委员会主任的人事权力,进而强化了以其为代表的国家监察委员会的整体性和行动一致性。

其三,其他监察官的任免,按照管理权限和规定的程序办理。《监察官法》第21、34、35条对监察官的退出机制方面进行规定,分为免职、辞职和辞退。一是免职。根据《监察官法》第21条之规定:"监察官有下列情形之一的,应当免去其监察官职务:(一)丧失中华人民共和国国籍的;(二)职务变动不需要保留监察官职务的;(三)退休的;(四)辞职或者依法应当予以辞退的;(五)因违纪违法被调离或者开除的;(六)法律规定的其他情形。"二是辞职。根据《监察官法》第34条之规定,监察官申请辞职,应当由本人书面提出,按照管理权限批准后,依照规定的程序免去其职务。三是辞退。根据《监察官法》第35条之规定,监察官有依法应当予以辞退情形的,依照规定的程序免去其职务。辞退监察官应当按照管理权限决定。辞退决定应当以书面形式通知被辞退的监察官,并列明作出决定的理由和依据。

(二)宪法宣誓

宪法宣誓是国家治理、社会秩序整合和公众行为约束的重要法律制度。一方面,宣誓的承诺成为宣誓者权力运行的一种自我约束力量,同时经历宪法宣誓程序而实践的承诺又成为权力运行法律约束的重要内容和依据;另一方面,宪法宣誓行为所包含的权力运行相关承诺又成为全社会公众判断、评价并对掌权者进行监督的强有力依据。[1] 我国《宪法》规定,国家工作人员作为宪法宣誓的主体在其就职之时应当实施宣誓。《监察官法》第20条亦需要强调监察官就职时应当依照法律规定进行宪法宣誓,将道德层面的制约因素植入宪法及法律的强制性规定之中,用道德对宪法宣誓者的行为进行有效地约束,使得该宣誓主体在因"宣誓行为"受到法律强制约束的同时,也因"宣誓承诺"而激活属于社会道德评价体系中良好德行范畴的"践行承诺"的意识,有助于规范监察官的基本职务行为。

(三)任职回避

监察官回避制度是保障监察公正的重要手段,主要分为地域回避和任职回避两种。在处理监察回避问题上,至少有以下七个要点值得关注:一是受理本案的监察官不得与被监察人员存在直系血亲和三代以内旁系血亲关系;二是受理本案的监察官不得与被监察人员存在利益关系;三是受理本案的监察官不得具有本案证人的身份;四是应当予以回避的监察官不得担任本案监委会的主任、副主任、委员、监察员、助理监察员以及从事监察工作的辅助人员;五是应当予以回避的监察官不得担任与本案上下相邻两级监察机构的监委会主任、副主任和委员;六是离任之后的监察官涉嫌贪腐的,不得由其离任前所任职的监察机构调查、处置;七是为保守监察机密,离任之后的监察官三年内(或者终生)不得在其(曾经的)监察对象的竞争单位从业。

目前,《监察官法》第24条规定,监察官之间有夫妻关系、直系血亲关系、三代

---

[1] 温泽彬、陈小鲁:"宪法宣誓制度功效探析",载《重庆社会科学》2021年第2期。

以内旁系血亲以及近姻亲关系的,应当遵循任职回避制度。在回避程序上,《监察官法》第47条规定以监察官主动申请回避为前提,监察机关依法决定回避为补充的工作回避方式。对于回避的决定,《监察法实施条例》第264条第2款则规定:"监察机关主要负责人的回避,由上级监察机关主要负责人决定;其他监察人员的回避,由本级监察机关主要负责人决定。"

◇【法条链接】

《中华人民共和国监察官法》(2021年)

第十二条 担任监察官应当具备下列条件:
(一)具有中华人民共和国国籍;
(二)忠于宪法,坚持中国共产党领导和社会主义制度;
(三)具有良好的政治素质、道德品行和廉洁作风;
(四)熟悉法律、法规、政策,具有履行监督、调查、处置等职责的专业知识和能力;
(五)具有正常履行职责的身体条件和心理素质;
(六)具备高等学校本科及以上学历;
(七)法律规定的其他条件。

本法施行前的监察人员不具备前款第六项规定的学历条件的,应当接受培训和考核,具体办法由国家监察委员会制定。

【释义】本条是对监察官基本条件的规定。

第十三条 有下列情形之一的,不得担任监察官:
(一)因犯罪受过刑事处罚,以及因犯罪情节轻微被人民检察院依法作出不起诉决定或者被人民法院依法免予刑事处罚的;
(二)被撤销中国共产党党内职务、留党察看、开除党籍的;
(三)被撤职或者开除公职的;
(四)被依法列为失信联合惩戒对象的;
(五)配偶已移居国(境)外,或者没有配偶但是子女均已移居国(境)外的;
(六)法律规定的其他情形。

【释义】本条是对监察官选用消极条件的规定。

第十四条 监察官的选用,坚持德才兼备、以德为先,坚持五湖四海、任人唯贤,坚持事业为上、公道正派,突出政治标准,注重工作实绩。

【释义】本条是对监察官选用原则的规定。

第十五条 监察官采用考试、考核的办法,从符合监察官条件的人员中择优选用。

【释义】本条是对监察官选用方法的规定。

第十六条 录用监察官,应当依照法律和国家有关规定采取公开考试、严格考察、平等竞争、择优录取的办法。

【释义】本条是对监察官录用方法的规定。

第十七条　监察委员会可以根据监察工作需要，依照法律和国家有关规定从中国共产党机关、国家机关、事业单位、国有企业等机关、单位从事公务的人员中选择符合任职条件的人员担任监察官。

【释义】本条是对监察官其他选用方法的规定。

第十八条　监察委员会可以根据监察工作需要，依照法律和国家有关规定在从事与监察机关职能职责相关的职业或者教学、研究的人员中选拔或者聘任符合任职条件的人员担任监察官。

【释义】本条是对监察官其他选用方法的规定。

第十九条　国家监察委员会主任由全国人民代表大会选举和罢免，副主任、委员由国家监察委员会主任提请全国人民代表大会常务委员会任免。

地方各级监察委员会主任由本级人民代表大会选举和罢免，副主任、委员由监察委员会主任提请本级人民代表大会常务委员会任免。

新疆生产建设兵团各级监察委员会主任、副主任、委员，由新疆维吾尔自治区监察委员会主任提请自治区人民代表大会常务委员会任免。

其他监察官的任免，按照管理权限和规定的程序办理。

【释义】本条是关于各级监察委员会的产生和组成人员的规定。

第二十条　监察官就职时应当依照法律规定进行宪法宣誓。

【释义】本条是关于监察官就职时宪法宣誓的规定。

第二十一条　监察官有下列情形之一的，应当免去其监察官职务：

（一）丧失中华人民共和国国籍的；

（二）职务变动不需要保留监察官职务的；

（三）退休的；

（四）辞职或者依法应当予以辞退的；

（五）因违纪违法被调离或者开除的；

（六）法律规定的其他情形。

【释义】本条是关于监察官退出机制中免职情形的规定。

第二十二条　监察官不得兼任人民代表大会常务委员会的组成人员，不得兼任行政机关、审判机关、检察机关的职务，不得兼任企业或者其他营利性组织、事业单位的职务，不得兼任人民陪审员、人民监督员、执业律师、仲裁员和公证员。

监察官因工作需要兼职的，应当按照管理权限批准，但是不得领取兼职报酬。

【释义】本条是关于监察官不得兼职的规定。

第二十三条　监察官担任县级、设区的市级监察委员会主任的，应当按照有关规定实行地域回避。

【释义】本条是关于监察官地域回避的规定。

第二十四条　监察官之间有夫妻关系、直系血亲关系、三代以内旁系血亲以及近姻亲关系的，不得同时担任下列职务：

（一）同一监察委员会的主任、副主任、委员，上述人员和其他监察官；

（二）监察委员会机关同一部门的监察官；

（三）同一派驻机构、派出机构或者其他监察机构的监察官；

（四）上下相邻两级监察委员会的主任、副主任、委员。

【释义】本条是关于监察官任职回避的规定。

第四节　监察官的管理

根据《监察法》第14条规定，国家实行监察官制度，依法确定监察官的等级设置、任免、考评和晋升等制度。这为制定《监察官法》、设立监察官等级制度提供了重要依据。《监察官法》落实《监察法》要求，紧密结合监察工作实际，创制具有中国特色的监察官称谓和等级，明确监察官等级设置、确定、晋升方式等，科学设立监察官等级制度。准确理解监察官等级制度要求，规范监察官等级管理，是贯彻落实好监察官法的重要内容。

一、坚持和加强党对监察官队伍的领导

中国共产党领导是中国特色社会主义最本质的特征和最大的制度优势。坚持和加强党的领导，既是深化国家监察体制改革的根本目的、根本保证，也是实行监察官制度必须坚持的首要原则。《监察官法》坚持以习近平新时代中国特色社会主义思想为指导，将坚持和加强党的领导落实到监察官履职尽责、选用任免、管理监督等各方面，保证监察官在党的领导下依法履行职责，规范和正确行使国家监察权，做政治过硬、本领高强的党和人民忠诚卫士。[1]

（一）要旗帜鲜明坚持和加强党的领导

十三届全国人大一次会议通过的《宪法修正案》明确将"中国共产党领导是中国特色社会主义最本质的特征"写入《宪法》总纲，以国家根本法的形式对党的领导核心地位作了进一步确认。《监察法》作为一部在国家监察工作中起统领性和基础性作用的法律，明确将"坚持中国共产党对国家监察工作的领导"写入总则，鲜明体现了国家监察工作自觉接受党的领导的政治自觉。制定《监察官法》，落实党中央关于构建中国特色监察官制度的要求，使党的主张通过法定程序成为国家意志，是坚持和加强党对监察工作领导，推动党的领导入法入规的又一生动实践。党中央高度重视《监察官法》立法工作，习近平总书记提出明确要求，中央政治局常委会将其列入年度工作要点并听取工作情况汇报。《监察官法》旗帜鲜明强调"监察官的管理和监督坚持中国共产党领导""坚持党管干部原则"，注重把党的领导贯彻到监察官队伍建设的全过程各方面，将有力推动监察官增强"四个意识"、坚定"四个自信"、做到"两个维护"，

---

[1] 邹开红等："《中华人民共和国监察官法》解读"，载《中国纪检监察》2021年第17期。

牢固树立责任意识，建设忠诚干净担当的监察官队伍。[1]

（二）要将党的领导融入监察官选用管理监督各方面

坚持中国共产党的领导，是一条贯穿于《监察官法》始终的主线，具体体现在制度规定中，落实到监察官选用、管理、监督等各方面。一是坚持和加强党的领导、管理和监督。在对监察官的所有监督中，党组织的监督是第一位的。《监察官法》第2条规定，监察官的管理和监督坚持中国共产党领导。党的领导本身包含着监督。监察官必须在党的领导下开展工作，自觉接受党组织的管理和监督，按照规定请示报告重大事项，确保工作的正确方向。二是明确党管干部原则。党管干部是坚持和加强党的领导的重要原则，是一个重大的、不可动摇的组织原则。《监察官法》坚持党管干部原则，全面落实政治过硬、本领高强要求，结合监察官队伍特点，高标准设定监察官条件，严把准入关口，力求将党的组织路线和好干部标准更好地落实到监察官制度中。三是突出政治标准。纪检监察机关是担负着"两个维护"特殊使命和重大责任的政治机关，纪检监察工作是严肃的政治工作。《监察官法》突出政治标准、严格政治责任，明确规定监察官应当忠诚坚定、担当尽责、清正廉洁，做严格自律、作风优良、拒腐防变的表率；要求监察官自觉坚持中国共产党领导，严格执行中国共产党和国家的路线方针政策、重大决策部署，维护国家和人民利益，秉公执法、勇于担当、敢于监督，坚决同腐败现象作斗争；将坚持中国共产党领导和社会主义制度，具有良好的政治素质、道德品行和廉洁作风明确作为担任监察官的法定条件；规定选用监察官坚持德才兼备、以德为先；对监察官的考核强调政治素质，对监察官的培训强调政治培训和突出政治机关特色，等等。四是强调干部管理权限。《监察官法》有6处条文作出关于"按照管理权限"的规定，强调应当按照干部管理权限对监察官进行管理，涉及任免、兼职、考核、惩戒等多个方面。

（三）监察官应当牢固树立党的意识，将党的领导贯穿履行职责始终

深化国家监察体制改革的根本目的是加强党对反腐败工作的集中统一领导。监察体制改革实施以来，在党的领导下，各级纪委监委合署办公，履行党的纪律检查和国家监察两项职责，代表党和国家行使纪律检查权和监察权，实现对所有行使公权力的公职人员的监督全覆盖，取得多方面成效。制定监察官法既是对监察体制改革成果的总结提炼，也是在新的起点上进一步做好纪检监察工作，强化纪检监察干部的政治意识、责任意识的宣言书和动员令。各级纪检监察机关要从党的工作全局出发，提高政治站位，加强对监察官法实施的组织落实，抓好学习宣传，把加强党的领导贯穿纪检监察干部队伍建设的全过程和各方面，促进制度优势更好地转化为推动新时代纪检监察工作高质量发展的效能，一体推进不敢腐、不能腐、不想腐。广大纪检监察干部必须牢固树立党的意识，加强思想淬炼、政治历练、实践锻炼、专业训练，不断提高政

---

[1] 李斌雄、廖凯："构建中国特色监察官制度的必要性、原则及基本思路"，载《廉政文化研究》2020年第5期。

治判断力、政治领悟力、政治执行力，坚决听党话、跟党走，在任何时候任何情况下，都保持忠诚可靠的政治本色。

二、监察官等级管理

明确监察官的等级以明确监察官的称谓为前提，参考古今中外的监察官称谓，根据我国现有公务员管理制度以及相关法律职业称谓，可创制具有中国特色的监察官等级称谓。传承历史并不意味着盲目类比和创新，需与国家监察体制相符。[1]但也不应与普通公务员序列称谓相同，应考虑与转隶监察官身份相衔接。监察官的等级设置是监察官任免、考评和晋升的基础，既要层次合理，又要力求扁平化，体现出监察队伍的精简、高效。因此，《监察官法》第25条规定监察官的等级为十三级，在保持公务员职级相对等的基础上，照顾监察官选任来源的多元化，兼顾其他单位、组织的人员岗位职级的衔接，满足高效管理和精细化对接的需要，为监察官的成长提供空间。

（一）设立监察官等级制度的必要性

设立等级制度，是专业队伍建设和管理的惯常方法。在我国，《法官法》专门设立了法官等级制度，《检察官法》专门设立了检察官等级制度。因此，《监察官法》设立监察官等级制度是有先例可循的，也是现实必要的。

其一，设立监察官等级制度，有利于促进监察官队伍正规化、专业化建设。监察官等级本身是一种评价制度，背后体现的是对监察官能力、资历、水平、培训等方面的管理要求，设立监察官等级制度，为加强监察官队伍建设提供了有力抓手。

其二，设立监察官等级制度，有助于增强监察官的使命感、责任感、荣誉感。监察官队伍是一个有着共同使命、履行共同职责的群体。监察官等级代表着党和国家对监察官工作能力和贡献等方面的确认与肯定，客观上承载并彰显了监察官的荣誉。设立监察官等级制度，有助于进一步增强监察官对党和国家赋予使命的感知和认同，增强主动承担责任的自觉性。

其三，设立监察官等级制度有助于推动监察官更好履职尽责。通过设立监察官等级制度，一定程度上拓展了监察官特别是基层监察官的成长空间，有助于促进监察官立足本职安心工作，激励监察官依法依规履行职责，积极担当作为。[2]同时，监察官等级也意味着责任担当，等级越高、要求越高、责任越大，监察官唯有更加担当尽责，才能不辜负这份荣誉，不辜负组织的信任。

（二）科学设计监察官等级和称谓

设置监察官等级，并不是要对监察官实行单独职务序列管理，监察官依然沿用现有干部管理序列。监察官等级是在职务职级之外增加的一个职业称号，以监察官担任

---

[1] 朱力宇、袁钢："欧盟监察专员制度的产生及运作"，载《欧洲研究》2007年第1期。

[2] 常利娟、袁依依："基层纪检监察干部队伍建设研究——在监察体制改革背景下"，载《陕西行政学院学报》2019年第1期。

的职务职级为重要确定依据,与职务职级有着明确的对应衔接关系。监察官制度意味着责任担当,等级越高、要求越高、责任越大,规范设置监察官等级为压实监察官责任、规范对监察官的管理提供了有力抓手。《监察官法》明确监察官等级分为十三级,依次为总监察官、一级副总监察官、二级副总监察官、一级高级监察官、二级高级监察官、三级高级监察官、四级高级监察官、一级监察官、二级监察官、三级监察官、四级监察官、五级监察官、六级监察官。十三级的等级设计充分考虑了与监察官担任的职务职级的衔接对应,层次设计合理,能够满足对监察官队伍实行科学管理的需求,体现了精简、高效的监察官队伍建设要求。同时,在监察官等级称谓方面,既充分参考法官、检察官、人民警察警衔等关于等级称谓设计的理念,体现共性要求;又立足监察工作强调坚持民主集中制,重大事项集体研究、集体决策的实际,使用能更好体现总负责概念的"总""副总"的称谓,彰显了监察工作特点。

(三) 明确监察官等级确定依据

《监察官法》第 27 条第 1 款明确了监察官等级确定的依据,即以监察官担任的职务职级、德才表现、业务水平、工作实绩和工作年限等为依据。其中,监察官担任的职务职级,主要是指根据《公务员法》《事业单位人事管理条例》等法律法规的规定,按照干部管理权限任命的职务职级或者岗位等级,体现了监察官等级与担任的职务职级、岗位等级是内在衔接的。德才表现,"德"主要是指监察官的政治品质和道德品行,"才"主要是指监察官在日常工作中表现出来的理论专业水平、实际工作才能等。党章明确党按照德才兼备、以德为先的原则选拔干部;《公务员法》规定公务员的任用,坚持德才兼备、以德为先。可见我们党选拔任用干部,德才表现是重要的考量因素。《监察官法》坚持党管干部原则,将德才表现明确列为监察官确定等级的重要依据。业务水平,主要是指监察官开展监察工作的业务水平,是体现监察官能力素养的重要指标。工作实绩,主要是指监察官依规依纪依法履行职责,取得的监察工作方面的实际成绩,是体现监察官对监察工作贡献的重要衡量标准。上述德才表现、业务水平、工作实绩,同时也是监察官年度考核的重要内容,因此《监察官法》第 38 条进一步明确,监察官年度考核结果作为调整监察官等级等方面的重要依据。工作年限,主要是指按照规定方法计算得出的监察官工作的时间,体现了监察官工作经验的积累和资历的成长,是确定监察官等级的重要依据。[1]

(四) 规范设定监察官等级的晋升方式

《监察官法》第 27 条规定:"监察官等级的确定,以监察官职务职级、德才表现、业务水平、工作实绩和工作年限等为依据。监察官等级晋升采取按期晋升和择优选升相结合的方式,特别优秀或者作出特别贡献的,可以提前选升。"按年限晋升和择优选升相结合的制度设计旨在将资源向基层倾斜,拓宽监察官职业发展空间。基层和一线监察官只要认真履行职责,即使不担任领导职务,也能按照任职年限逐级晋升到较高

---

[1] 邹开红等:"《中华人民共和国监察官法》解读",载《中国纪检监察》2021 年第 17 期。

等级，较大幅度提高择优选升的等级比例。[1]也有学者建议新增通过监察机关的执纪执法资格等级考试来作为晋升的重要依据，激励监察官不断提高业务水平，凭借自身专业能力在职业生涯中获得成就感，从而保证监察官队伍的专业性。

此外，参考其他等级衔级制度的通行做法，《监察官法》第28条规定："监察官的等级设置、确定和晋升的具体办法，由国家另行规定。"由此，应进一步配套制定实行相应职级晋升或者降级的办法，同时强化监察官退出机制，完善监察官职业伦理规范，细化违法违规处分办法。[2]

三、监察官的培训、考核和奖励

监察官的培训、考核和奖励是监察官管理制度不可或缺的组成部分。《监察官法》对监察官的培训、考核和奖励作了专门规定。

（一）监察官的培训制度

监察官的培训应具有针对性，《监察官法》第29条规定："初任监察官实行职前培训制度。"培训分政治、理论、业务三方面的内容，培训应当突出政治机关特色，坚持理论联系实际、按需施教、讲求实效，提高专业能力。具体来说，初任监察官培训应当较为基础，侧重技能上的培训；[3]对于新晋升的人员，则要根据其将要从事的工作进行培训，以便能够使其胜任新的职位；对于级别较高的人员，可加入管理学、领导技巧等方面的课程。

在制度内容上，需要注意以下几个方面：其一，培训主体要具有足够的专业性。可根据培训内容选择专业的培训主体。《监察官法》第31条明确，监察官培训机构按照有关规定承担培训监察官的任务。在调查方面，可以成立专业技能培训小组，由监察委员会内部级别较高、经验丰富的调查人员进行培训。其二，在培训内容方面，应当具有针对性。不同职系的监察官在实际工作中所需的技能是不同的，培训内容也应当因"岗"而异。可将一般培训和专业培训分开进行。对于有关政治理论、法律法规等方面一般性培训可采用集中轮训的方式。针对不同专业职系的专业监察官设置的培训可单独进行。其三，在时间上，专业培训应当贯穿监察官的整个职业生涯，实行分级培训。其四，培训情况应作为监察官考核的内容和任职、等级晋升的依据之一。

（二）监察官的考核

考核是对监察官工作情况具体推进效果的重要衡量标准，对监察官进行考评，有助于强化和细化责任，明确内部监督控制的措施，加强对监察官的监督管理。因此，

---

[1] 任建明、杨梦婕："国家监察体制改革：总体方案、分析评论与对策建议"，载《河南社会科学》2017年第6期。

[2] 周磊："中国监察官制度的构建及路径研究"，载《国家行政学院学报》2018年第4期。

[3] 薛彤彤、任建明："法官员额制改革及其对国家监察官制度的启示"，载《河南社会科学》2021年第1期。

必须充分认识监察执法办案考评工作的重要性、必要性和科学性，全面准确科学地制定考评办法，确定不同人员的监察任务，提出量化质效考评标准，明确考核标准、考核方式、考核程序以及考核结果等相关内容。[1]

《监察官法》第36、37、38、39条对监察官考核形式、考核标准、考核结果进行了明确规定：其一，考核形式方面，对监察官的考核，应当全面、客观、公正，将平时考核、专项考核和年度考核相结合；其二，考核主体方面，监察官的考核应该由监察委员会进行组织和评定；考核内容方面，应涵盖监察官德、能、勤、绩、廉的全面能力；其三，考核结果方面，分为优秀、称职、基本称职以及不称职四个等级，而且最终考核结果将会作为监察官调整等级、工资、奖惩、免职、降职、辞退的依据。年度考核结果以书面形式通知监察官本人，若有异议，可以申请复核。

监察官具备不同于检察官、法官、公务员的特性，因此监察官的考核重点也有所不同，应特别注重道德方面的考察。一方面，《监察官法》第37条规定了监察官考核的全面性与独特性相结合的原则，由于监察官工作的复杂性和专业性，对其考核不能仅仅停留在这五个方面，也要根据监察官具体负责的相关领域来制定相关的专业考核内容，坚持办案数量与办案质量并重、办案过程与办案效果并重，这样才能确保对监察官的专业化、职业化以及道德方面的全面考察。[2]另一方面，要秉承全面、客观、公正的原则，设置考核机构、划分考核等级、畅通权利保障和救济渠道。考评委员会组成人员应为奇数，考评结果应当以书面形式通知监察官本人，如对考核结果有异议，可以申请复核。[3]

（三）监察官的奖励

对监察官的奖励既包括精神上的鼓励又包括物质上的满足，具体可以分为嘉奖，记三等功、二等功、一等功，授予荣誉称号等，并根据等级发放一定的物质奖励。[4]概言之，对监察官奖励的认定主要考量六个方面：一是监察官平时工作的认真程度；二是发现了巨大腐败问题，并保护国家资产免受私人侵占；三是具有重大的制度创新并被采纳；四是维护了监察权威；五是同腐败、黑恶势力勇敢斗争；六是严格保守国家秘密，守护了国家利益。在对监察官奖励等级的具体认定过程中，还应当综合考虑其对社会的影响力、对国家利益的维护程度等因素，保障监察官对监察职业的归属感、认同感，对监察工作的从业积极性。正如《监察官法》第41条所述，对监察官的奖励以"显著"和"突出"为关键，把握监察官的工作效果，一方面能激励监察官的工作，提高工作能力和工作意识；另一方面有助于案件的查处，维护国家安全和国家利益。

---

[1] 吴建雄主编：《读懂〈监察法〉》，人民出版社2018年版，第82页。

[2] 薛彤彤、牛朝辉："建立专业化导向的国家监察官制度"，载《河南社会科学》2017年第6期。

[3] 褚宸舸主编：《监察法学》，中国政法大学出版社2020年版，第81页。

[4] 陈翠玉、杜强："监察官法制定的现实必要、争议及具体设想"，载《廉政文化研究》2020年第5期。

四、监察官的监督和惩戒

纪检监察机关是党内监督和国家监察专责机关,肩负着党和人民的重托,承担着庄严神圣的使命。打铁必须自身硬,律人者必先律己。《监察官法》总结监察体制改革成果,建立健全监督制度和机制,明确具体监督措施,强化责任追究,确保权力受到严格约束,坚决防止"灯下黑",为加强对监察官的监督、确保监察权在法治轨道上正确运行提供了重要法律保障。《监察法》第七章是对监察机关和监察人员的监督规定,明确了监察机关和监察人员应受到谁的监督、应当受到怎样的监督、应当怎样进行自我监督,以及如何对监察机关提出申诉等内容。《监察官法》第七章在此基础上对监察官的监督体制进行了细化规定,主要包括内部监督、社会监督、监察事项报告备案制度、回避制度方面。

(一)将严格监督的要求贯穿《监察官法》始终

强化对监察官的严格监督,是制定《监察官法》的重中之重。《监察官法》总则部分8个条文中的5条涉及对监察官的监督,对监察官强化自我约束、自觉接受各方监督提出总体要求,凸显了强化监督的导向。《监察官法》开篇第1条将加强对监察官的管理和监督明确为重要立法目的,强调监察官的管理和监督坚持中国共产党领导,要求监察官要做严格自律、作风优良、拒腐防变的表率,规定监察官严格按照规定的权限和程序履行职责,坚持民主集中制,重大事项集体研究,自觉接受组织监督和民主监督、社会监督、舆论监督,等等。在义务、条件和选用、任免、考核等各章中将"自觉接受监督"明确为监察官的法定义务,严格任职条件和选用标准,明确依法免职的具体情形,规定实行地域回避、任职回避,强化对监察官的考核。特别是第七章专设一章规定"监察官的监督和惩戒",对如何监督作出细化规定。这些规定与总则的相关内容前后呼应,使严格监督成为一条贯穿监察官法始终的主线。[1]

(二)建立健全监督制约机制

《监察官法》从法律角度明确了一系列监督制度和机制,确保监察官行使权力受到严格约束。一是坚持中国共产党的领导、管理和监督。第2条规定,监察官的管理和监督坚持中国共产党领导、坚持党管干部原则。这是必须牢牢把握的一项基本原则。在对监察官的所有监督中,第一位的是党组织的监督。监察官开展监督调查处置工作,必须牢固树立党的意识,时时事事自觉接受党的领导、管理和监督,按照规定请示报告重大事项,确保工作的正确方向。二是自觉接受组织监督和民主监督、社会监督、舆论监督。组织监督的内涵非常丰富,一方面是对第2条"监察官的管理和监督坚持中国共产党领导"的具体落实,组织监督首先是党中央和各级党委的监督;另一方面也包括纪检监察机关以及内设专门监督机构、监察官所在部门、审查调查组临时党支部的监督,等等。民主监督、社会监督、舆论监督主要是指外部监督,与组织监督一起构成完整的监督体系,形成发现问题、纠正偏差的有效机制,切实把监察权关进制

---

[1] 邹开红等:"《中华人民共和国监察官法》解读",载《中国纪检监察》2021年第17期。

度的笼子。三是自觉接受监察机关内部的监督制约。《监察官法》第42条规定，监察机关应当规范工作流程，加强内部监督制约机制建设，强化对监察官执行职务和遵守法律情况的监督。[1]《中国共产党纪律检查机关监督执纪工作规则》《监察机关监督执法工作规定》规定了层级监督、业务监督、纪律监督等监督制约制度，形成了相互监督、相互制约的工作流程和机制。《监察官法》在此基础上，总结提炼监察体制改革新经验新成果，以法律的形式作出进一步规定和完善。四是自觉接受审判机关、检察机关和执法部门的监督。《监察官法》第44条规定，对于审判机关、检察机关、执法部门等移送的监察官违纪违法履行职责的问题线索，监察机关应当及时调查处理。审判工作、检察工作、执法工作与监察工作存在大量交集，既互相配合，又互相制约。审判机关、检察机关、执法部门在工作中对监察官履行职责的监督，是构筑起对监察官严密监督体系的重要一环。

（三）细化明确各项具体监督制度和措施

《监察官法》第七章专章规定了"监察官的监督和惩戒"。这一章共13个条文，内容最多、篇幅最长，详细规定了各项具体监督制度和措施，以及监察官违纪违法应当承担的法律责任。一是严禁打听案情、过问案件、说情干预。在规定禁止性行为的同时，明确了发生相关行为应当如何处理。作此规定，有利于加强监察人员之间的互相监督，保证监察权的正确行使。二是严格实行工作回避。监察官法从保障监察工作客观、公正、合法的角度，对监察官工作回避作出明确规定。规定了自行回避、依申请回避、指令回避等三种回避方式，并列明了需要回避的四种情形。三是严格执行保密制度。监察工作高度敏感、重要，一旦出现失密、泄密问题，就会影响监察工作的顺利开展。《监察官法》第48条对监察官严格执行保密制度、脱密期管理等作出明确规定，防止出现泄密问题。四是严格从业限制。为了避免监察官在职期间利用手中权力为他人谋取利益换取离任后的回报，或在离任后利用自己在原单位的影响力谋取不当利益，规定监察官在离任3年内，不得从事与监察和司法工作相关联且可能发生利益冲突的职业；离任后，不得担任原任职监察机关办理案件的诉讼代理人或者辩护人等。五是严格规范监察官亲属从业。对监察官亲属的从业行为作出限制性规定，避免出现监察官的亲属利用监察官影响力获取不正当利益的问题。六是详细列明了应当追究监察官责任的违纪违法情形及如何处理。监察官法综合相关法律法规的规定，详细列明了监察官在监督、调查、处置工作中可能出现的十个方面的职务违法犯罪行为，并规定了暂停履职、终身追责问责等制度。[2]

（四）多措并举，构建监督制度体系

为加强对监察官的监督，《监察官法》规定了多种监督机制，构筑了完整的监察官监督制度体系。

---

[1] 张云霄："国家监察体制改革法治化进程初探"，载《法学杂志》2018年第5期。

[2] 邹开红等："《中华人民共和国监察官法》解读"，载《中国纪检监察》2021年第17期。

其一，内部监督制约机制建设。加强内部监督有利于从源头预防执纪权的滥用，应当成为监督的主要方式。[1]一方面，监察机关应当规范工作流程，在依法行使监察权的过程中应当廉洁高效，采用适当的工作方法，保证全过程监督。首先，在组织机构和领导班子分工上，可以规定由信访室统一管理信访举报案件，以此筛选甄别有关官员的履职情况以及案件来源；其次，设立案件监督管理室负责对问题线索实行集中管理、动态更新、全程监控，将线索和情报集中起来也便于归纳整理，实现信息的高效利用，提高办事效率；再次，在职务犯罪调查的工作程序中，应当加强对调查、处置工作全过程的监督管理，明确调查程序，在调查、处置过程中由具体人员承担对监察官的监督工作。另一方面，加强内部监督制约机制建设，从强化对监察官执行职务和遵守法律情况的监督两方面着手。首先，监督监察官执行职务方面，应实行监督部门和调查部门分设，分别履行日常监督和依法调查工作职责。而内部监督部门不固定负责某一地区或某一部门，由此避免内部监督部门的工作人员权力过分集中，实现监察机关内部的权力制衡。[2]根据《监察官法》第45条规定，监察委员会聘请特约监察员等监督人员，对监察官履行职责情况进行监督，提出加强和改进监察工作的意见、建议；其次，加强对监察官遵守法律情况的监督。模范遵守宪法和法律是监察官应履行的义务。如果监察官未能树立自身良好的守法形象，对监察队伍整体都将产生极大的负面影响，由此，无论是执纪工作还是日常生活，监察官均必须遵守国家法律法规。

其二，加强外部监督机制建设。外部监督具体可分为民主监督、社会监督、舆论监督，都是由外部力量对监察官及其公务行为进行监督的方式。外部监督对于监察官制度而言是不可或缺的，能够突破监察委员会自身的利益，从而进行有效监督。《监察法》第54条从原则上规定监察机关应当接受社会监督。《监察官法》第43条规定任何单位和个人对监察官的违纪违法行为，有权检举、控告，是在内部监督的基础上，引入社会力量参与监督，这是现代国家反腐败的一种创新模式。[3]《监察法》第34条要求监察机关及时调查处理由审判机关、检察机关、执法部门等移送的监察官违纪违法履行职责的问题线索。

其三，建立监察事项报告备案制度。《监察法》第57条规定，对于监察人员试图干预监察机关办理案件的应当予以记录和处理；在严格防范监察人员干预与自己无关的监察事项之外，对于办理监察事项的监察人员也应该严格管理。《监察官法》第46条基本与《监察法》第57条内容一致，重申监察事项报告备案制度，明确禁止监察官打听案情、过问案件、说情干预。登记备案只是一种手段，其目的在于对干预监察事项办理、接触相关人员的监察官进行批评教育，给予相应处分并追究责任，构成犯罪

---

[1] 曹亘平："对监察委的监督制约严密而有效——多把'连环锁'确保监察权良性运行"，载《人民论坛》2018年第1期。

[2] 宋振策："我国监察官制度设计初探——以监察官法的制定为视角"，载《廉政文化研究》2020年第11期。

[3] 吴海红："反腐倡廉建设中的社会监督机制研究"，载《中共福建省委党校学报》2012年第2期。

的,依据《监察官法》第52条追究刑事责任,从而告诫和教育全体监察官,绝不能逾越纪律半步。

其四,严格责任追究制度。《监察法》第61条规定了监察人员失职失责行为的追责制度,第65条规定了监察机关及监察人员九种违法违纪行为及其所应当承担的责任。在《监察法》第65条的基础上,《监察官法》严格规制监察官行使监察权的具体行为,明确规定对滥用职权、失职失责造成严重后果的监察官终身追究责任或者进行问责,并追究负有责任的领导人员和直接责任人员的责任。

五、监察官的职业保障

各级监察机关是反腐败的专责机关。在实际工作中,监察官的履职往往会受到多种复杂因素的左右,因此,为了确保反腐败目标的实现,必须在政治统一的基础上为监察官业务独立性提供制度保障。[1]《监察官法》贯彻落实党中央关于坚持严管和厚爱结合、激励和约束并重的要求,在总则中明确了"维护监察官合法权益"的立法目的,强调"监察官依法履行职责受法律保护,不受行政机关、社会团体和个人的干涉",并借鉴《法官法》《检察官法》等立法经验和通行做法,设置第八章"监察官的职业保障",以专章的形式科学系统设计监察官职业保障制度,在监察官的职务保障、履职保障、人身保护、工资福利、权利救济等多个方面作出规定,加强对敢担当、善作为干部的激励保护。以国家法律的形式对监察官的职业保障作出规定,明确了职务保障、履职保障、人身保护、工资福利、权利救济等内容,支持依法履职、敢于同腐败行为作斗争的纪检监察干部。[2]

(一)职务保障

《监察官法》通过设置具有中国特色的监察官称谓和等级,增强监察官的使命感、责任感、荣誉感,而且明确监察官的职业尊严受法律保护,进一步强化和维护监察官的使命感、责任感、荣誉感。并明确规定非经法定事由不得将监察官调离岗位——根据《监察官法》第55条之规定,除因任职回避、任职交流、因机构或编制调整需要调整工作、违纪违法不适合继续从事监察工作等法定情形外,不得将监察官调离工作岗位。

(二)履职保障

根据《监察官法》第56条之规定,任何单位或者个人不得要求监察官从事超出法定职责范围的事务;对任何干涉监察官依法履职的行为,监察官有权拒绝并予以全面如实记录和报告;有违纪违法情形的,由有关机关根据情节轻重追究有关人员的责任,为保证监察官集中精力依法履职提供法律依据和制度支撑。

履职保障是一个系统化的工程,大体可以分为五大部分。其一,完善监察官职务序列,通过公平竞争的方式晋升职级;其二,细化监察官的人事任免制度,严格规范

---

[1] 于安:"反腐败是构建新国家监察体制的主基调",载《中国法律评论》2017年第2期。
[2] 邹开红等:"《中华人民共和国监察官法》解读",载《中国纪检监察》2021年第17期。

监察官的晋升、调任、免职的条件和程序；其三，对于符合任职资格并通过严格选拔出任监察官的人员，在没有法定事由并经由法定程序认可的前提下，不得被免职、撤职、调职或者处分；[1]其四，当监察人员不服监察机关作出的处分决定时，保障其进行申诉和控告的权利；并且，为了防止人事处理决定错误影响监察队伍的运行，《监察官法》第65条以由轻到重的次序规定了及时有效的纠正机制，保障当事人的合法权益，免受不当的损失和损害。其五，保障监察官独立行使监察权。监察官独立行使权利是监察权得以实施的重要保障，是实现监察权公正运行的法律保障，能够保障监察官得以客观公正地履行其职责。[2]

（三）人身安全和职业尊严保障

对监察官及其近亲属实施报复陷害、侮辱诽谤、暴力侵害、威胁恐吓、滋事骚扰等违法犯罪行为的，应当依法从严惩治。监察官因依法履行职责遭受不实举报、诬告陷害、侮辱诽谤，致使名誉受到损害的，监察机关应当会同有关部门及时澄清事实，消除不良影响，并依法追究相关单位或者个人的责任。监察官因依法履行职责，本人及其近亲属人身安全面临危险的，监察机关、公安机关应当对监察官及其近亲属采取人身保护、禁止特定人员接触等必要保护措施。监察官在查处职务犯罪等贪腐行为时，因调查对象多为权势较大的国家公职人员，所以监察官的人身安全问题需要受到格外的关注。人身保障需要从以下三个方面进行。

其一，强调监察官自身修养的提升，监察官在工作过程中必须要重视自身形象的维护，在公众中建立起信任感，使得公众能够接受并认可监察官的工作。[3]

其二，确定监察官的职业尊严和人身安全受法律保护的基本原则。《监察官法》第57条规定："监察官的职业尊严和人身安全受法律保护。任何单位和个人不得对监察官及其近亲属打击报复。对监察官及其近亲属实施报复陷害、侮辱诽谤、暴力侵害、威胁恐吓、滋事骚扰等违法犯罪行为的，应当依法从严惩治。"因此，应当加强对监察官人身安全的制度保障，若监察官遭受不实举报、诬告陷害、侮辱诽谤，被侵犯名誉权等人格权的不法侵害时，监察机关应当及时澄清并消除不良影响，减少对监察官队伍形象的负面作用，并依法追究相关单位或者个人的责任。

其三，加强对监察官人身安全的警务保障力度，避免他人对监察官造成直接人身侵害。仅通过加强警务保障力度也是不够的，还应加强对监察官及其近亲属的安全意识教育，提高其应对人身安全威胁时的应变、应急处置和生存能力。如《监察官法》第59条规定："监察官因依法履行职责，本人及其近亲属人身安全面临危险的，监察机关、公安机关应当对监察官及其近亲属采取人身保护、禁止特定人员接触等必要保护措施。"此外，对监察官群体的安全保护还应涉及监察官工作环境和工作内容的方方

---

[1] 王建国、谷耿耿："监察权独立行使的法治逻辑"，载《宁夏社会科学》2020年第6期。
[2] 舒绍福："域外监察官制度变迁及其镜鉴"，载《行政管理改革》2022年第3期。
[3] 周磊："中国监察官制度的构建及路径研究"，载《国家行政学院学报》2018年第4期。

面面，如设立登记拜访制度等安全制度，对于监察官个人资料要做好严格的保密工作等。

（四）工资福利保障

稳定体面的工资待遇和福利水平，是监察官保持职业操行的物质基础。建立与监察官职业特点相一致的工资制度和福利待遇，使监察官的待遇与其工作性质、社会地位、承担的政治责任相符合。因此，监察官工资待遇要坚持权责对等原则，突出责任和担当，参考有关专业干部队伍的待遇标准，综合考虑国家财政负担能力等因素。[1]

监察官的工资福利保障有以下四个方面需要注意：其一，根据监察官的等级确定基本工资，结合监察官的工作绩效与任职年限，合理确定监察官的各类福利待遇。根据当前经济的发展水平，合理确立监察官的工资增长机制；[2]其二，建立健全监察官的社会福利制度，根据经济发展水平，合理地确定各地区监察官的医疗、保险、社会优抚等保障标准，满足监察职业的特殊需要，缓解监察官从业的后顾之忧；其三，采取阶梯式工资体系，降低同一岗位不同级别的工薪差距，探索建立以较大幅度提高等级为依托的监察官薪酬制度，以"基本工资+津贴补贴+绩效奖金"三部分共同确定监察官薪酬，提高监察官工资收入水平。绩效奖金发放不与监察官等级挂钩，主要依据监察官办案数量和办案质量综合确定，进一步加大对一线办案人员的工资倾斜力度；[3]其四，实施高于一般公务员的奖励机制。并结合各地区的财政状况做好政策的保障工作。

（五）其他保障

除了上述保障机制外，《监察官法》还规定了监察官权利救济和辞职、辞退、退休等方面的保障机制。

（六）权利救济

监察官对于侵犯其权利的行为，有权提出控告。监察官对涉及本人的政务处分、处分和人事处理不服的，可以依照规定的程序申请复审、复核，提出申诉，等等。

（七）辞职、辞退和退休方面的保障

辞职、辞退与退休是监察官退出机制的重要内容，良好、合理的监察官退出机制具体包括三个方面：一是灵活有效的监察官辞职制度；二是合理的监察官退休待遇；三是加强对被辞退监察官的社会保障。例如，《监察官法》第61条规定："监察官因公致残的，享受国家规定的伤残待遇。监察官因公牺牲或者病故的，其亲属享受国家规定的抚恤和优待。"第62条规定："监察官退休后，享受国家规定的养老金和其他待遇。"如此，有效保障了监察官的合法权益，有利于监察队伍的"新陈代谢"和提升反

---

[1] 中共中央纪律检查委员会、中华人民共和国国家监察委员会法规室编写：《〈中华人民共和国监察法〉释义》，中国方正出版社2018年版，第104页。

[2] 李斌雄、廖凯："构建中国特色监察官制度的必要性、原则及基本思路"，载《廉政文化研究》2020年第5期。

[3] 袁钢："构建中国特色监察官制度：意义、原则与任务"，载《武汉科技大学学报（社会科学版）》2020年第5期。

腐败工作效能。

◇【法条链接】

一、《中华人民共和国监察官法》(2021年)

第八条 监察官依法履行职责受法律保护，不受行政机关、社会团体和个人的干涉。

【释义】本条是关于监察官履行职务，受法律保护的规定。

第二十五条 监察官等级分为十三级，依次为总监察官、一级副总监察官、二级副总监察官，一级高级监察官、二级高级监察官、三级高级监察官、四级高级监察官，一级监察官、二级监察官、三级监察官、四级监察官、五级监察官、六级监察官。

【释义】本条是关于监察官等级的规定，为压实监察官责任、规范对监察官的管理提供了有力抓手。

第二十七条 监察官等级的确定，以监察官担任的职务职级、德才表现、业务水平、工作实绩和工作年限等为依据。

监察官等级晋升采取按期晋升和择优选升相结合的方式，特别优秀或者做出特别贡献的，可以提前选升。

【释义】本条是对监察官等级确定的依据进行规定。

第三十条 对监察官应当有计划地进行政治、理论和业务培训。

培训应当突出政治机关特色，坚持理论联系实际、按需施教、讲求实效，提高专业能力。

监察官培训情况，作为监察官考核的内容和任职、等级晋升的依据之一。

【释义】本条是关于监察官培训及其要求的规定。

第三十六条 对监察官的考核，应当全面、客观、公正，实行平时考核、专项考核和年度考核相结合。

【释义】本条是关于监察官考核原则和形式的规定。

第三十七条 监察官的考核应当按照管理权限，全面考核监察官的德、能、勤、绩、廉，重点考核政治素质、工作实绩和廉洁自律情况。

【释义】本条是关于监察官考核内容的规定。

第三十八条 年度考核结果分为优秀、称职、基本称职和不称职四个等次。

考核结果作为调整监察官等级、工资以及监察官奖惩、免职、降职、辞退的依据。

【释义】本条是关于监察官考核结果及其影响的规定。

第三十九条 年度考核结果以书面形式通知监察官本人。监察官对考核结果如果有异议，可以申请复核。

【释义】本条是关于监察官考核结果通知和复核的规定。

第四十一条 监察官有下列表现之一的，给予奖励：

(一) 履行监督职责，成效显著的；

（二）在调查、处置职务违法和职务犯罪工作中，做出显著成绩和贡献的；

（三）提出有价值的监察建议，对防止和消除重大风险隐患效果显著的；

（四）研究监察理论、总结监察实践经验成果突出，对监察工作有指导作用的；

（五）有其他功绩的。

监察官的奖励按照有关规定办理。

【释义】本条是关于监察官奖励的规定。

第四十二条　监察机关应当规范工作流程，加强内部监督制约机制建设，强化对监察官执行职务和遵守法律情况的监督。

【释义】本条是关于监察官监督原则的规定。主要监督的内容包括监察官执行职务和遵守法律情况两个方面。

第四十三条　任何单位和个人对监察官的违纪违法行为，有权检举、控告。受理检举、控告的机关应当及时调查处理，并将结果告知检举人、控告人。

对依法检举、控告的单位和个人，任何人不得压制和打击报复。

【释义】本条是关于监察官受到外部监督的规定，以提高监察官接受监督的自觉性和实效性。

第四十五条　监察委员会根据工作需要，按照规定从各方面代表中聘请特约监察员等监督人员，对监察官履行职责情况进行监督，提出加强和改进监察工作的意见、建议。

【释义】本条是监察官受到内部监督的规定，由特约监察员等监督人员对监察官进行监督，具有常态化、专门性的特征，以规范监察权的行使。

第五十二条　监察官有下列行为之一的，依法给予处理；构成犯罪的，依法追究刑事责任：

（一）贪污贿赂的；

（二）不履行或者不正确履行监督职责，应当发现的问题没有发现，或者发现问题不报告、不处置，造成恶劣影响的；

（三）未经批准、授权处置问题线索，发现重大案情隐瞒不报，或者私自留存、处理涉案材料的；

（四）利用职权或者职务上的影响干预调查工作、以案谋私的；

（五）窃取、泄露调查工作信息，或者泄露举报事项、举报受理情况以及举报人信息的；

（六）隐瞒、伪造、变造、故意损毁证据、案件材料的；

（七）对被调查人或者涉案人员逼供、诱供，或者侮辱、打骂、虐待、体罚、变相体罚的；

（八）违反规定采取调查措施或者处置涉案财物的；

（九）违反规定发生办案安全事故，或者发生安全事故后隐瞒不报、报告失实、处置不当的；

（十）其他职务违法犯罪行为。

监察官有其他违纪违法行为，影响监察官队伍形象，损害国家和人民利益的，依法追究相应责任。

【释义】本条是监察官追究刑事责任情形的规定。

第五十五条 除下列情形外，不得将监察官调离：

（一）按规定需要任职回避的；

（二）按规定实行任职交流的；

（三）因机构、编制调整需要调整工作的；

（四）因违纪违法不适合继续从事监察工作的；

（五）法律规定的其他情形。

【释义】本条是关于监察官基本履职保障的规定，非因法定事由，不得调离监察官。

第五十七条 监察官的职业尊严和人身安全受法律保护。

任何单位和个人不得对监察官及其近亲属打击报复。

对监察官及其近亲属实施报复陷害、侮辱诽谤、暴力侵害、威胁恐吓、滋事骚扰等违法犯罪行为的，应当依法从严惩治。

【释义】本条是关于监察官人身保障和职业尊严保障的规定。

第五十八条 监察官因依法履行职责遭受不实举报、诬告陷害、侮辱诽谤，致使名誉受到损害的，监察机关应当会同有关部门及时澄清事实，消除不良影响，并依法追究相关单位或者个人的责任。

【释义】本条是关于监察官名誉权保护的规定。

第五十九条 监察官因依法履行职责，本人及其近亲属人身安全面临危险的，监察机关、公安机关应当对监察官及其近亲属采取人身保护、禁止特定人员接触等必要保护措施。

【释义】本条是关于监察官近亲属受到必要保护的规定。

第六十条 监察官实行国家规定的工资制度，享受监察官等级津贴和其他津贴、补贴、奖金、保险、福利待遇。监察官的工资及等级津贴制度，由国家另行规定。

【释义】本条是关于监察官基本工资保障的规定。

第六十一条 监察官因公致残的，享受国家规定的伤残待遇。监察官因公牺牲或者病故的，其亲属享受国家规定的抚恤和优待。

【释义】本条是关于监察官因公伤残待遇的规定。

二、《中华人民共和国监察法》（2018年）

第六十一条 对调查工作结束后发现立案依据不充分或者失实，案件处置出现重大失误，监察人员严重违法的，应当追究负有责任的领导人员和直接责任人员的责任。

【释义】本条是为了督促监察人员在立案审查前做细初步核实等基础工作，在立案审查后严格依法处置，严格自律。

第六十四条 监察对象对控告人、检举人、证人或者监察人员进行报复陷害的;控告人、检举人、证人捏造事实诬告陷害监察对象的,依法给予处理。

【释义】本条是关于处理报复陷害和诬告陷害的规定。

第六十五条 监察机关及其工作人员有下列行为之一的,对负有责任的领导人员和直接责任人员依法给予处理:

(一)未经批准、授权处置问题线索,发现重大案情隐瞒不报,或者私自留存、处理涉案材料的;

(二)利用职权或者职务上的影响干预调查工作、以案谋私的;

(三)违法窃取、泄露调查工作信息,或者泄露举报事项、举报受理情况以及举报人信息的;

(四)对被调查人或者涉案人员逼供、诱供,或者侮辱、打骂、虐待、体罚或者变相体罚的;

(五)违反规定处置查封、扣押、冻结的财物的;

(六)违反规定发生办案安全事故,或者发生安全事故后隐瞒不报、报告失实、处置不当的;

(七)违反规定采取留置措施的;

(八)违反规定限制他人出境,或者不按规定解除出境限制的;

(九)其他滥用职权、玩忽职守、徇私舞弊的行为。

【释义】本条是关于对监察机关及其工作人员违法行使职权的责任追究的规定。

第六十六条 违反本法规定,构成犯罪的,依法追究刑事责任。

【释义】本条是关于构成犯罪追究刑事责任的规定。

违反本法规定,可能构成犯罪应依法追究刑事责任的,主要包括以下四种情形:一是监察对象及有关人员违反本法第63条规定,构成犯罪的;二是监察对象违反本法第64条规定,构成犯罪的;三是控告人、检举人、证人违反本法第64条规定,构成犯罪的;四是监察机关及其工作人员违反本法第65条规定,构成犯罪的。

三、《中华人民共和国公务员法》(2018年)

第十条 公务员依法履行职责的行为,受法律保护。

【释义】本条是关于公务员履行职务,受法律保护的规定。

第三十五条 公务员的考核应当按照管理权限,全面考核公务员的德、能、勤、绩、廉,重点考核政治素质和工作实绩。考核指标根据不同职位类别、不同层级机关分别设置。

【释义】本条是关于考核内容的规定。

第五十三条 奖励分为:嘉奖、记三等功、记二等功、记一等功、授予称号。

对受奖励的公务员或者公务员集体予以表彰,并对受奖励的个人给予一次性奖金或者其他待遇。

【释义】本条是关于公务员奖励种类的规定。

第六十二条 处分分为：警告、记过、记大过、降级、撤职、开除。

【释义】本条是有关处分种类的规定。

第八十条 公务员工资包括基本工资、津贴、补贴和奖金。

公务员按照国家规定享受地区附加津贴、艰苦边远地区津贴、岗位津贴等津贴。

公务员按照国家规定享受住房、医疗等补贴、补助。

公务员在定期考核中被确定为优秀、称职的，按照国家规定享受年终奖金。

公务员工资应当按时足额发放。

【释义】本条是关于公务员工资构成的规定。

第六章
监察对象

监察对象是接受监察机关监察的行使公权力的公职人员和有关人员。监察对象的范围界定是一个十分重要而审慎的问题。[1]这决定了监察工作如何开始和向前推进，体现监察权与其他国家权力之间的相互关系，更与监察对象的权利保障密切相关。国家监察体制改革之前，党内监督已经实现全覆盖。但原有的行政监察体制无法对所有行使公权力的人员实现全覆盖，也缺乏统一的监督体系。此时，监察权是行政监督权的一部分，侧重对行政机关及其公职人员违法失职行为，遵守党纪政纪的监督。[2]监察体制改革之后，监察权成了一种与行政权相互平行的国家权力。为了满足新时代反腐工作需要，必须扩展监察范围。

《监察法》第 1 条明确将"监察全覆盖"作为立法目标，为了实现这一目标，《监察法》专门规定了监察对象的范围。其中，《监察法》第 3 条为统摄性规定，概括地将所有行使公权力的公职人员都纳入监察范围。在此基础上，第 15 条对监察对象的主要类型及外延进行了规定。以监察对象实际行使公权力为判断标准，而非仅按职位划分监察范围，是监察对象判断的核心标准。值得注意的是，虽然此处未提及对公权力组织的监督，但实际上通过对公职人员的监督，也达到了对公权力组织进行监督的效果。[3]

第一节 监察对象的范围

监察对象既规定着监察权的作为空间，也规定着监察权的作用限度。科学界定监察对象之范围是保障监察机关依法行使监察职能的基础之所在。界定过窄，有违"全覆盖"之原则；界定过宽，则有监察权泛化之嫌，均不利于监察权力的有效运行。根据《监察法》第 15 条之规定，我国监察对象之范围主要包括六类人：

一、公务员和参公管理人员

《监察法》第 15 条将公务员和参公管理人员纳入监察范围，其为监察对象中的关

---

[1] 姚文胜："国家监察体制改革有关问题的思考"，载《环球法律评论》2017 年第 2 期。

[2] 朱福惠："国家监察体制之宪法史观察——兼论监察委员会制度的时代特征"，载《武汉大学学报（哲学社会科学版）》2017 年第 3 期。

[3] 马怀德："国家监察体制改革的重要意义和主要任务"，载《国家行政学院学报》2016 年第 6 期。

键和重点。我国公务员和参公管理人员数量众多，明确其范围和分类标准具有重要意义，也是亟待解决的重要问题。

（一）公务员

《监察法》对公务员及参公管理人员的分类主要以《公务员法》的分类为标准。但后者在制定过程中，立法人员对于分类管理的想法并不清晰。[1]纵观世界各国，公务员的范围是公务员法立法过程中争论最多也是最激烈的问题之一。一方面，世界各国迄今为止没有形成统一的、公认的公务员定义，各国普遍采用范围描述法以揭示公务员的内涵；另一方面，世界各国对公务员范围的界定亦存在很大差异。[2]我国在立法层面对公务员的范围界定也发生过几次变化，目前采用了最为广义的公务员概念，即公务员是指依法履行公职、纳入国家行政编制、由国家财政负担工资福利的工作人员。主要包括以下几类：

其一，中国共产党机关公务员。包括：①中央和地方各级党委、纪律检查委员会的领导人员；②中央和地方各级党委工作部门、办事机构和派出机构的工作人员；③中央和地方各级纪律检查委员会机关和派出机构的工作人员；④街道、乡、镇党委机关的工作人员。有学者认为不宜将党务机关工作人员视作公务员，"政党和社会团体不是由人大产生、向人大负责、接受人大监督的机关，也不是法律、法规授权的组织，其工作人员不能直接行使国家公职"。[3]但由于我国长期以来实施党政一体的制度模式，各级党委实际履行了大量的公共治理职能，党务机关工作人员的公务员身份已经逐渐被接受，且出于监察全覆盖的考虑，应当将其作为国家机关工作人员并予以监督。[4]

其二，人民代表大会及其常务委员会机关公务员。包括：①县级以上各级人民代表大会常务委员会领导人员，乡、镇人民代表大会主席、副主席；②县级以上各级人民代表大会常务委员会工作机构和办事机构的工作人员；③各级人民代表大会专门委员会办事机构的工作人员。"公务员法关于公务员管理原则、条件、义务和权利、职务与级别等的一系列规定，对人大机关干部有很强的针对性和实用性。"[5]在实践中，有部分基层人民代表大会常务委员的工资、编制关系不在人大机关，其在人大机关工作属于兼职性质，这些人员在性质上不宜被完全纳入公务员体系。[6]但在其履行人大职权时，会参照《公务员法》进行管理，因此这部分人员也属于适当的监察对象。人大

---

[1] 侯建良：《公务员制度发展纪实》，中国人事出版社2007年版，第193页。
[2] 倪洪涛："论我国公务员范围的拓展"，载《河北法学》2007年第1期。
[3] 姜明安："重视制度设计，保障《公务员法》立法目的的实现"，载《华东政法大学学报》2005年第2期。
[4] 谭宗泽："论国家监察对象的识别标准"，载《政治与法律》2019年第2期。
[5] 许安标："人大机关干部是公务员队伍的有机组成部分"，载《中国人大》2005年第24期。
[6] 秦前红："国家监察法实施中的一个重大难点：人大代表能否成为监察对象"，载《武汉大学学报（哲学社会科学版）》2018年第6期。

代表有时具有多重身份,但无论具有何种身份,在其担任代表期间,与代表职务相关的行为都应被视为行使公权力的行为,监察机关可对其履职行为进行监察。

其三,人民政府公务员。包括:①各级人民政府的领导人员;②县级以上各级人民政府工作部门和派出机构的工作人员;③乡、镇人民政府机关的工作人员。行政系统拥有最为庞大的公务员队伍,各级政府公务员是公权力的行使者,原本就属于行政监察的对象,现在自然也属于国家监察委员会的监察对象。

其四,监察委员会公务员。包括:①各级监察委员会的组成人员;②各级监察委员会内设机构和派出监察机构的工作人员,派出的监察专员等。各级监察委员会是监察体制改革后新成立的国家监察机关,其工作人员是行使国家监察职能的人,依法属于公务员序列。因此,将监察机关工作人员纳入监察对象范围是"监察全覆盖"的必然要求,仍属于一种体制内部监督制约机制,即国家和政府自己发现问题、缺点、错误,自我解决问题、纠正缺点、错误的一种自我查弊和纠错机制。[1]从层级制的角度来看,其既包含上一级监察机关对下一级监察机关的领导和监督,也包含各级监察机关对其所属的职能部门的监督。

其五,人民法院、人民检察院公务员。包括:①最高人民法院和地方各级人民法院的法官、审判辅助人员;②最高人民法院和地方各级人民法院的司法行政人员等;③最高人民检察院和地方各级人民检察院的检察官、检察辅助人员;④最高人民检察院和地方各级人民检察院的司法行政人员等。全面预防和惩治司法腐败是监察委员会的重要职责之一,监察机关与司法机关之间是一种监察与被监察的关系、互相配合的协作关系和互相制约的监督关系。[2]但监察机关对法官、检察官的监察应恪守司法独立的基本原则,监察工作是对行使公权力的人员的监督而非直接对工作的监督,因此仅能对法官、检察官个人的行为失范进行监察,不得介入司法权运行的"核心领域",不能直接介入正常的司法工作。

其六,中国人民政治协商会议各级委员会机关公务员。包括:①中国人民政治协商会议各级委员会的领导;②中国人民政治协商会议各级委员会工作机构的工作人员。尽管人民政协并非典型的国家公权力机关,但在我国的政治架构之下,人民政协机关工作人员实际上行使一部分国家公权力,因此也属于监察对象。[3]

其七,民主党派机关和工商业联合会机关公务员。包括中国国民党革命委员会中央和地方各级委员会的公务员,中国民主同盟中央和地方各级委员会的公务员,中国民主建国会中央和地方各级委员会的公务员,中国民主促进会中央和地方各级委员会的公务员,中国农工民主党中央和地方各级委员会的公务员,中国致公党中央和地方

---

[1] 侯志山:"国家监察:中国特色监督的创举",载《中国党政干部论坛》2018年第4期。

[2] 江国华、何盼盼:"中国特色监察法治体系论纲",载《新疆师范大学学报(哲学社会科学版)》2018年第5期。

[3] 蔡乐渭:"国家监察机关的监察对象",载《环球法律评论》2017年第2期。

各级委员会的公务员,九三学社中央和地方各级委员会的公务员,台湾民主自治同盟中央和地方各级委员会的公务员,以及中华全国工商业联合会和地方各级工商联等单位的公务员。《公务员法》把中国共产党及民主党派机关工作人员均规定为公务员,赋予其平等的法律地位,一再表明法律一直关注构建共产党与各民主党派之间的民主、平等关系。[1]在实践中,民主党派工作人员薪资由国家财政负担,并且承担了一部分公共职能,也可能出现腐败问题,因此必须被纳入监察对象的范围之内。

(二)参公管理人员

《监察法实施条例》第38条规定,《监察法》第15条第1项所称参照《公务员法》管理的人员,是指法律、法规授权的具有公共事务管理职能的事业单位中经批准参照公务员法进行管理的工作人员。比如,中国证券监督管理委员会,就是参照公务员法管理的事业单位。列入参照公务员法管理范围,应当严格按照规定的条件、程序和权限进行审批。

二、授权或者受委托从事公务的人员

《监察法》第15条第2项将"法律、法规授权或者受国家机关依法委托管理公共事务的组织中从事公务的人员"纳入了监察范围。《监察法实施条例》第39条对此进行了细化,明确《监察法》第15条第2项所称法律、法规授权或者受国家机关依法委托管理公共事务的组织中从事公务的人员,是指在上述组织中,除参照《公务员法》管理的人员外,对公共事务履行组织、领导、管理、监督等职责的人员,包括具有公共事务管理职能的行业协会等组织中从事公务的人员,以及法定检验检测、检疫等机构中从事公务的人员。

法律、法规授权或者受国家机关依法委托管理公共事务的组织中从事公务的人员,主要是指除参公管理以外的其他管理公共事务的事业单位中的工作人员。其中,"事业单位"指由政府利用国有资产设立的,从事教育、科技、文化、卫生等活动的社会服务组织,它是提供公共产品和公共服务的主要载体,是我国特有的社会组织形式。政府虽然是传统的公共产品与服务的提供者,但随着社会治理的兴起与公共行政的转型,政府将大量公共事务转交给其他组织负责,事业单位则成了政府部分公共职能的承担者,由于事业单位主要附属于政府机关,因此政府能够通过行政手段对其进行直接管控。[2]

在我国,事业单位人数多、分布广,法律、法规授权或者受国家机关依法委托管理公共事务的事业单位工作人员的数量甚至大于公务员的数量。据统计:近年来,我

---

[1] 董正奇:"公务员法视阈下构建和谐党际、党政、党群关系的思考",载《理论研究》2007年第2期。
[2] 易丽丽:"我国行政类事业单位改革探索——基于对三个试点省(市)的调研思考",载《中国行政管理》2012年第9期。

国政府机关人员和事业单位人员分别占政府公务人员总规模的28%和72%。[1]我国的事业单位基本上均由国家财政统一拨给各项事业经费，这是传统事业管理体制的又一个基本特征。随着事业单位体制改革的深化和发展，事业单位的经费来源日趋呈现多元化的态势，但来自国家的财政拨款在事业单位的经费中仍然占主导地位。除却经费来源问题，事业单位所从事的事业多是政府职能所派生出来的具体事务。因此，综合事业单位的上述特征，为实现国家监察全覆盖，有必要将其工作人员纳入监察对象范围，由监察机关对其进行监督、调查、处置。

三、国有企业管理人员

《监察法》第15条第3项将"国有企业管理人员"纳入了监察范围。作为监察对象的国有企业管理人员，主要是国有独资企业、国有控股企业（含国有独资金融企业和国有控股金融企业）及其分支机构的领导班子成员，包括设董事会的企业中由国有股权代表出任的董事长、副董事长、董事，总经理、副总经理、党委书记、党委副书记、纪委书记、工会主席等；未设董事会的企业的总经理（总裁）、副总经理（副总裁）、党委书记、党委副书记、纪委书记、工会主席等。此外，对国有资产负有经营管理责任的国有企业中层和基层管理人员，包括部门经理、部门副经理、总监、副总监、车间负责人等；在管理、监督国有财产等重要岗位上工作的人员，包括会计、出纳人员等；国有企业所属事业单位领导人员，国有资本参股企业和金融机构中对国有资产负有经营管理责任的人员，也应当被理解为国有企业管理人员，其涉嫌职务违法和职务犯罪的，监察机关可以依法调查。

国有企业是国民经济的命脉。作为一种生产经营组织形式，国有企业同时具有商业性和公益性的特点，其商业性体现在追求国有资产的保值和增值上，其公益性体现在国有企业的设立通常是为了实现国家调节经济的目标，起着调和国民经济各方面发展的作用上。因此，国有企业也同样承担了一定的公共服务职能和行政属性。[2]国有企业腐败在给国家造成巨大经济损失的同时，还会破坏国有企业的廉洁性，损害国有企业声誉，威胁国有企业经营、管理、改革、发展，严重破坏正常的市场经济秩序，侵蚀和动摇国民经济的坚强柱石，甚至与党政权力相互缠绕、互相交织，破坏政治生态与经济生态。因此，在国有企业反腐问题上，实践领域的管理者也开始逐渐抛弃"润滑剂"或者"效率金钱"的观点，对国有企业腐败问题日益重视。[3]此外，国有企业管理人员的身份也具有特殊性。"国企的所有制结构决定了国企领导有别于其他企业领导，他既应该是一个企业的决策者和管理者，也同样应该是国有资产的经营者和

---

[1] 李帆、樊轶侠："中国政府公务人员规模与结构研究：基于国际比较视角"，载《国家行政学院学报》2017年第6期。

[2] 蔡金荣："'国家监察全面覆盖'的规范结构探析"，载《求实》2019年第1期。

[3] 胡于凝、刘金程："国有企业反腐败与纪检监察研究综述"，载《天津行政学院学报》2013年第6期。

监管者。"[1]综上,虽然国有企业的监察工作要在企业以经营中心任务的前提下进行,要平衡经营与反腐两项工作的资源分配,但其作为国家公权力的行使者,无疑应被纳入国家监察的对象范围。[2]

四、公办教育、科研、文化、医疗卫生、体育等单位中从事管理工作的人员

《监察法》第15条第4项将"公办教科文卫体单位管理人员"纳入了监察范围。其主要是指上述单位及其分支机构的领导班子成员,以及上述单位及其分支机构的国家工作人员。比如,公办学校的校长、副校长,科研院所的院长、所长,公立医院的院长、副院长等。公办教育、科研文化、医疗卫生、体育等单位及其分支机构中层和基层管理人员,包括管理岗六级以上职员,从事与职权相联系的管理事务的其他职员;在管理、监督国有财产等重要岗位上工作的人员(包括会计、出纳人员,采购基建部门人员)涉嫌职务违法和职务犯罪,监察机关可以依法调查。此外,临时从事与职权相联系的管理事务,包括依法组建的评标委员会、竞争性谈判采购中的谈判小组、询价采购中的询价小组的组成人员,在招标、政府采购等事项的评标或者采购活动中,利用职权实施的职务违法和职务犯罪行为,监察机关也可以依法调查。

教育、科研、文化、医疗卫生和体育事业具有一定的公共事业属性,分配和利用了部分国家资源。但上述单位中从事管理的人员在概念界定上相对模糊。如大学的学位委员会委员以授予学位行为作为国家教育行政权的实施方式,其能否成为监察对象?承担国家科研任务、使用国家科研经费的非管理人员能否成为监察对象?公立科研机构或公立医院的名誉院长是否属于监察对象?公立医院中院长、副院长之外的非业务部门负责人是否属于从事管理的人员?一系列问题都还有待进一步厘清。笔者认为,获取、使用、监管"公共财物"的相关人员应当属于监察对象。例如,使用国家科研经费的高等院校、科研机构研究人员应当属于监察对象,而使用企业法人或者个人资助的科研经费的相关人员则不属于监察对象。必须注意的是,监察对象范围的拓展应有一定的限度,防止因立法及法律解释的开放性导致监察权泛化。[3]

五、基层群众性自治组织中从事管理的人员

《监察法》第15条第5项将"基层群众性自治组织中从事管理的人员"纳入监察范围之中。作为监察对象的基层群众性自治组织中从事管理的人员,包括村民委员会、居民委员会的主任、副主任和委员,以及其他受委托从事管理的人员。根据有关法律和立法解释,这里的"从事管理",主要是指:①救灾、抢险、防汛、优抚、扶贫、移民、救济款物的管理;②社会捐助公益事业款物的管理;③国有土地的经营和管理;

---

[1] 黄小彤、曾慧华:"当下我国国有企业经营者去行政化改革的路径建构——规范行政者行为还是解除公务员身份",载《理论探讨》2015年第2期。
[2] 柏维春、李红权:"国有企业腐败的发生机理与治理对策",载《河南社会科学》2013年第5期。
[3] 秦前红、石泽华:"我国高校监察制度的性质、功能与改革愿景",载《武汉大学学报(哲学社会科学版)》2020年第4期。

④土地征用补偿费用的管理；⑤代征、代缴税款；⑥有关计划生育、户籍、征兵工作；⑦协助人民政府等国家机关在基层群众性自治组织中从事的其他管理工作。

基层群众性自治组织是根据我国宪法及有关法律规定而成立、存在并发挥职能作用的社会组织。基层群众性自治组织虽然不是一级政府，不具备行使行政职权的资格与能力，但其具备的基层性、群众性及自治性特征却能在群众工作中发挥出不可替代的作用，并通过对基层政府工作的支持与配合而使攸关群众的诸多问题得到有效解决。[1]基层自治组织的管理人员是政府与基层群众之间的重要纽带，是公权力行使的末端环节，其一旦出现腐败问题会严重动摇社会治理的根基。所以，有必要将其纳入国家监察的对象范围。

六、其他依法履行公职的人员

《监察法》第15条第6项还将"其他依法履行公职的人员"纳入了监察范围。这一规定属于"兜底条款"，其目的是防止出现列举不全、挂一漏万的情况。国家监察的对象是全体公职人员，判断一个人是不是公职人员，关键看他是不是行使公权力、履行公务，而不是看他是否有公职。

《监察法》出台后，关于监察对象范围的讨论一直在持续。由于立法及其司法解释对该问题持开放性态度，部分学者对监察权泛化问题有所担忧。有学者认为，按照对监察法的整体解释，从理论逻辑而言，每个中国公民甚至外国人都可能成为监察对象。[2]对监察对象范围的精确厘定是监察法解释的重要任务之一。在立法和法律解释层面不能无限制地把不应该属于监察对象的人员也纳入监察范围，即监察全覆盖须有必要限度。[3]必须对焦行使公权力这个根本，对于"其他依法履行公职的人员"不能作无限制的扩大解释，判断一个"履行公职的人员"是否属于监察对象，应主要考察其是否行使公权力，所涉嫌的职务违法或者职务犯罪是否损害了公权力的廉洁性。2021年9月20日，《监察法实施条例》的出台有助于界定"监察对象"范围，科学、正确地对监察对象范围加以理解。

第二节 监察对象的认定原则与制度

2018年，北京市印发了《关于对监察对象范围认定的意见》（以下简称《意见》），提出了针对监察对象的五项认定原则与识别登记、统计报送、责任追究三项工作制度。该《意见》对于各地方监察对象认定工作具有很高的参考价值；《监察法实施条例》也吸收了《意见》的核心内容。

---

[1] 卫学莉："基层群众性自治组织职能定位与优化"，载《人民论坛》2015年第26期。
[2] 秦前红："监察法理解和适用的若干难点问题"，载《人民法治》2018年第Z1期。
[3] 秦前红等：《国家监察制度改革研究》，法律出版社2018年版，第140页。

一、监察对象认定的五项原则

在实践中,围绕"行使公权力"这一本质特征,总结出了认定监察对象的五项基本原则。

其一,坚持监察对象全覆盖原则,紧紧围绕实现对行使公权力的公职人员监察全覆盖这一改革指导思想,确保实现改革目标。《监察法》在第1条开宗明义地将"加强对所有行使公权力的公职人员的监督,实现国家监察全面覆盖"作为其立法目的之一。同时,第15条分别从六个方面对各领域的公职人员范围作了进一步界定。这些规定以法律的形式将深化国家监察体制改革成果固定下来,为持续深化国家监察体制改革、全面落实监察全覆盖要求提供了坚实的法律依据。[1]

其二,坚持身份与公务、岗位与职责相结合原则,牢牢把握"行使公权力"这一本质特征,不以一定的领导职务或级别作为认定监察对象的前置条件。《监察法实施条例》将深化国家监察体制改革,实现对所有行使公权力的公职人员的监察全覆盖作为界定公职人员范围的出发点和落脚点。在细化监察对象范围方面,严格把握"行使公权力"这一根本标准,科学总结监察实践成果,既坚持贯彻落实深化国家监察体制改革精神,体现中国特色国家监察制度特点,又坚持与相关法律法规相协调,与刑事法律制度相衔接,《监察法实施条例》在第三章第一节第38~43条中用6个条文对6类监察对象范围作了逐一细化,并在第44条明确了对单位违法的处理原则,为有效推进监察全覆盖提供制度支撑,贯彻落实深化国家监察体制改革精神。[2]

其三,坚持审慎稳妥原则,严格限定"管理"概念的内涵和外延,既不随意扩大也不缩小监察对象的范围。对此,《监察法实施条例》做了三方面的规定:一是进一步阐释"管理"的内涵,细化相关公职人员的认定依据。根据"行使公权力"的标准,将相关单位中从事管理工作的人员进一步具体化为履行组织、领导、管理、监督等职责的人员,或者从事组织、领导、管理、监督等工作的人员;二是贯彻"坚持党对一切工作的领导"要求,进一步明确党组织委派人员的公职人员身份。比如,第40条第2项规定,国有企业管理人员包括,经党组织提名、推荐、任命、批准等,在国有控股、参股公司及其分支机构中履行组织、领导、管理、监督等职责的人员。又如,第43条第3项将党组织委派到集体经济组织等单位、组织中从事公务的人员,明确纳入"其他依法履行公职的人员";三是强化集体事务监督和集体经济保护,厘清相关领域的公职人员范围。第42条将从事集体事务和公益事业管理,或者从事集体资金、资产、资源管理的人员纳入了"基层群众性自治组织中从事管理的人员"范围;第43条第3项进一步明晰了集体经济组织中公职人员范围。

其四,坚持"法法"无隙衔接之原则。一是坚持与刑事法律紧密衔接,确保将刑事法律中有关国家工作人员职务犯罪的主体全部纳入监察对象的范围,应划尽划,避

---

[1] "读懂监察法里的'中国话语'",载《中国纪检监察》2018年第6期。
[2] "《中华人民共和国监察法实施条例》解读",载《中国纪检监察》2021年第19期。

免缺漏。根据《监察法》第11条之规定，监察机关对涉嫌职务犯罪的，将调查结果移送人民检察院依法审查、提起公诉。监察程序与刑事司法程序上的衔接，需以实体依据上的衔接为保障。《监察法实施条例》在厘清公职人员范围时，与《刑法》中有关犯罪主体的规定作了细致比对。一方面进一步明确《刑法》上的"国家工作人员"全部属于公职人员。比如，第40条规定的"国有企业管理人员"范围，与相关企业中的"国家工作人员"的认定范围保持基本一致。又如，根据2000年全国人大常委会《关于〈中华人民共和国刑法〉第93条第2款的解释》，将基层群众性自治组织中"协助人民政府从事行政管理工作的人员"纳入第42条规定的"基层群众性自治组织中从事管理的人员"。再如，第43条在细化"其他依法履行公职的人员"范围时，与《刑法》规定的国有单位委派到非国有单位从事公务的人员以及司法解释中所列举的"其他依照法律从事公务的人员"作了衔接。另一方面，借鉴刑法及司法解释的规定，根据不同情形将委派主体明确为党组织或者国家机关，国有独资、全资公司、企业，国家出资企业中负有管理、监督国有和集体资产职责的组织，事业单位等，将委派方式明确为"提名、推荐、任命、批准等"。二是坚持与《公务员法》《公职人员政务处分法》等相关法律法规相协调。为推动监察工作规范开展，《监察法实施条例》在单位概念、人员范围等方面与有关法律法规进行了有效衔接。一方面，《监察法实施条例》在公职人员范围的界定等方面实现了与《公务员法》等法律法规的无隙对接。比如，第38条规定，公务员范围依据《公务员法》确定；第41条将"公办的教育、科研、文化、医疗卫生、体育等单位"概念与《事业单位登记管理暂行条例》中的"事业单位"概念保持一致。另一方面，《监察法实施条例》实现了与《公职人员政务处分法》相协调，重申了单位违法的责任追究机制。根据监察法的规定，监察对象为公职人员，不包括单位。关于单位违法的法律责任如何追究，《公职人员政务处分法》第10条明确，应当"对负有责任的领导人员和直接责任人员中的公职人员依法给予政务处分"。《监察法实施条例》第44条对此作了重申和强调。

其五，坚持动态识别原则，对监察对象范围的认定应当随着有关人员身份与履职情况的变化以及实践的发展而不断调整完善，逐步构建一套科学、系统的动态识别管理机制，有效增强监察工作的精准性和针对性。在监察实践中，如何准确把握监察对象，需要我们对其加深认识和理解。根据《监察法》的规定，监察对象是一个动态、有弹性的范畴，绝不能机械理解，不能把监察对象等同于有编制或财政供养的人员。判断一个"履行公职的人员"是不是监察对象，必须聚焦"行使公权力"这个关键，观察其是否行使公权力，用公权力谋取私利。

二、监察对象认定工作的三项制度

《监察法》颁布实施以来，各级监察机关全面准确执行《监察法》，不断深化监察工作实践，依法加强对各领域公职人员的监督，为细化《监察法》关于监察对象的相关规定、进一步完善关于监察对象的认定工作制度提供了丰富的素材。比如，北京市监委出台的意见，就明确要求进一步完善工作机制，并创设了监察对象认定工作的三项制度。

其一,建立监察对象的动态识别与登记制度,建立监察对象台账,及时开展对本级、本地区、本系统、本单位、本部门监察对象的甄别与认定,将有关人员的身份性质、岗位职责权限、工作履职情况和被调查处分等情况全部纳入台账登记范围。同时,加强对监察对象的日常教育和管理,遇人员调入调出、工作岗位调整、受到调查及奖惩等情况变动时应及时更新台账,做到反应快速、数据准确、登记全面。

其二,建立监察对象的动态统计与报送制度,要充分利用市纪委、市监委统筹协调,区纪委、区监委和派驻纪检监察组具体落实的组织体系,分别对各单位的监察对象进行统计,人员变动和更新情况也应于变动事由发生后的当年年底前一并报送。市纪委、市监委将建立全市监察对象信息库,实行信息化管理。

其三,建立责任追究制度,全市各地区、各系统、各单位、各部门要紧紧围绕"行使公权力"这一本质特征对监察对象的范围进行把握,不断提升精准识别的能力。各单位开展监察对象范围认定工作的情况,也将作为北京市全面从严治党主体责任考核的一项重要内容,严肃追究工作不严、不细、不实的有关人员责任。

第三节 监察对象的识别基准

任何形式的法都属于"行为规范"之范畴,因为法本质上就是行为的规范与准绳。立法之目的正在于通过规范和约束人的行为实现其对"由行为而产生的社会关系"施以调整和规范。《监察法》当然地具有"行为规范"之属性,是行使公权力、履行公职、从事公务和运用公共财物等行为之规范和准绳。为确保"全覆盖"、不留死角,监察对象的识别基准呈现交叠互涉之特性。

一、行使公权力之行为

"公权"即国家公权力,公权行为即行使或者利用公权力各种行为之统称。其中,行使公权力的主体通常是公职人员,但利用公权力的主体可以是公职人员以外的其他人员,此即非公职人员行贿罪被纳入监察管辖的理据。

其一,公权力行使的合法性。公权力"姓法",一切公权力都是法定的权利,一切行使公权力的人都必须依法用权。所谓"无规矩不成方圆",实乃世间万物皆须遵循之铁律,法治就是公权力行驶的规矩和方圆,是任何形式的公权力行使都不能脱离的轨道。确保公权力在法治轨道上运行,乃监察机关的基本职责。因此,一切违法行使公权力的公职人员都属于监察对象的范围。根据《监察法实施条例》第26至31条之规定,对于涉及非法批准征收征用或占用土地、非法低价出让国有土地使用权、非法转让倒卖土地使用权、非法经营同类营业、违法提供出口退税凭证、违法运用资金、违法发放贷款、违法发放林木采伐许可证、非法剥夺公民宗教信仰自由、枉法仲裁以及司法工作人员以外的公职人员利用职权实施非法拘禁、虐待被监管人、非法搜查等职务违法犯罪行为的公职人员,监察机关均有调查处置之权力。

其二，公权力行使的合目的性。公权力"姓公"，公权力的行使必须符合国家利益和公共目的。所谓"大道至简，有权不可任性"。任何公权力的行使都必须合乎公共性之目的；[1]一切享有权利的人都必须秉公用权，禁止公权私用，禁止权力寻租、利益输送和徇私舞弊。确保公权力行使为国为民之目的是监察机关的法定职责。因此，一切滥用职权和徇私舞弊的公职人员都属于监察对象之范围。根据《监察法实施条例》第27至31条之规定，对于滥用职权、故意泄露国家秘密、阻碍解救被拐卖绑架妇女儿童、帮助犯罪分子逃避处罚、办理偷越国（边）境人员出入境证件、放行偷越国（边）境人员、挪用特定款物、侵犯少数民族风俗习惯，以及报复陷害会计、统计人员等职务违法犯罪行为，监察机关均享有调查处置之权力。

其三，公权力行使的廉洁性。公权力有"洁癖"，容不得半点污秽。一切享有公权力的公职人员都必须廉洁用权，确保公权力行使的廉洁性；一切侵犯公权力廉洁性的人员都属于监察对象之范围。2015年中共中央专门制定了《中国共产党党员领导干部廉洁从政若干准则》（下称《廉政准则》），在禁止"利用职权和职务上的影响谋取不正当利益"等8个方面对党员领导干部提出了52个"不准"，规范了党员领导干部的廉洁从政行为。根据《监察法实施条例》第26条之规定，对于贪污、受贿、行贿、挪用公款或资金、私分国有资产或罚没财物等职务违法犯罪行为，监察机关均享有调查处置之权力。

其四，公权力行使的审慎性。权力与责任相统一，权力越大，责任越大。因此，一切公权力的行使都必须遵循审慎性之原则，一切享有公权力的人都应当负责任地行使权力，避免给国家和人民造成损失。根据《监察法实施条例》第30条之规定，对于公职人员在行使公权力过程中涉及的重大责任事故犯罪，监察机关享有调查和处置之权力。据此，凡涉嫌重大责任事故、教育设施重大安全事故、消防责任事故、重大劳动安全事故、强令或组织他人违章冒险作业、危险作业、不报或谎报安全事故、铁路运营安全事故、重大飞行事故、大型群众性活动重大安全事故、危险物品肇事和工程重大安全事故等职务违法犯罪行为之人员，均属于监察对象。

二、履行公职之行为

公职，即公共职务，指在国家各级党政机关、国有企事业单位、人民团体和基层自治组织中的职位。因此，公职与公权密切相关。履行公职的行为就是代表享有公权力的机关、组织、单位及企业行使公权力的行为。

其一，公职的勤勉性。公职人员是国家的勤务员，是人民的公仆。一切公职人员都应当勤奋工作，恪尽职守，全心全意为人民服务。确保公职的勤勉性是监察机关的当然职责，一切履行工作的人员（包括基于公共职能的延展性和特殊性所衍生的诸如协警、协管、巡逻人员、安保人员等，以及基于公共服务社会化而衍生的政府购买公共服务项目承担者等）均属于监察对象之范围。根据《监察法实施条例》第28条之规

---

[1] 蔡乐渭："论国家监察视野下公权力的内涵、类别与范围"，载《河南社会科学》2018年第8期。

定，对于玩忽职守、失职（包括签订、履行合同失职被骗，国家机关工作人员签订、履行合同失职被骗，环境监管失职，传染病防治失职，商检失职，动植物检疫失职，失职造成珍贵文物损毁、流失等）、不解救被拐卖绑架妇女儿童、过失泄露国家秘密等行为，国家监察机关均享有调查处置之权力。

其二，公职的清廉性。清廉就是清白廉洁。清白是一种职业操守，廉洁是一种从政美德。公职的清廉性要求公职人员光明磊落、清白履职，不损公肥私、不营私贪污。确保公职的清廉性乃监察机关的法定职责，一切有损公职清廉性的人员均属于监察对象之范围。根据《监察法实施条例》第26条之规定，对于贪污、单位受贿、利用影响力受贿、对有影响力的人行贿、对单位行贿，介绍贿赂、单位行贿、巨额财产来源不明、隐瞒境外存款，以及非国家工作人员受贿和相关联的对非国家工作人员行贿等职务违法犯罪行为，监察机关均享有调查处置之权力。

其三，公职的公共性。国家公职是为了公共目的而设置的，履行公职的过程就是保障公共秩序、实现公共利益、提供公共服务的过程。因此，"克己奉公"是一切公职的最大公约数。确保公职的公共性是监察机关的法定职责，一切作出有损公职公共性之行为的人员均属于监察对象之范围。根据《监察法实施条例》第29条之规定，对于徇私舞弊之行为，包括徇私舞弊低价折股、出售国有资产，为亲友非法牟利，徇私舞弊发售发票、抵扣税款、出口退税，商检徇私舞弊，动植物检疫徇私舞弊，放纵走私，放纵制售伪劣商品犯罪行为，招收公务员、学生徇私舞弊，徇私舞弊不移交刑事案件，徇私舞弊不征、少征税款等职务违法犯罪行为，监察机关均享有调查处置之权力。

三、从事公务之行为

"公务"即国家事务、公共事务、人民群众事务。公务与公职密切相关，从某种意义上说，公务乃履行公职的一种表现形式，但公务不等于公职，其外延大于公职，比如参加学术会议可以被认定为公务活动，但通常不宜被认定为履行公职之行为；公务与公权密切相关，从某种意义上说，公务乃行使公权力的一种表现形式，但并非所有的公务都属于行使公权力之范畴，比如教授上课、从事学术调研等，可以被认定为公务活动，但不宜被认定为行使公权力之行为。

其一，公务的组织性。一般而言，公务是一种组织行为而非个体行为。从事公务的行为就是代表国家机关、执政党、民主党派、人民团体、基层群众自治组织以及国有企业和事业单位等履行组织、领导、监督、管理等职责的各类活动的总称。确保公务活动的廉洁性是监察机关的法定职责，因此一切承担实际公共事务主体，包括国家机关、执政党、民主党派、人民团体、国有企业、事业单位、基层群众自治组织以及基于上述主体授权、委托、委外等方式而实际承担公共事务职能的法人或其他组织等均属于监察对象之范围。相应地，代表这些主体从事公共事务的人员，也当然地属于监察对象之范围。另外，受上述主体委派到非国有单位从事公务的人员也属于监察对象。

其二，公务的公益性。公务就是为了实现公共利益（Public Interest）所从事的事务，它是公共利益的外在体现，[1]是一种为了直接或间接增进社会成员的物质利益或非物质利益而采取的行动或处理措施等。公共事务的表现形式是公共物品与公共服务，受益对象是一定范围的社会公众。据此，下列事项均属于"公务"之范围：①国防、军事设施建设和国家安全的保障；②社会治安和公共秩序的维护；③法律法规的制定和实施；④社会公用设施建设及相关的教育、科学、文化、卫生、体育等事业的兴办；⑤道路、河川、公路、铁路、桥梁、港口、机场等交通建设；⑥国家机关或公立机构办公场地和设施建设；⑦电力、通讯、供水、墓地、废水废物处理场所等社会公用事业建设；⑧环境保护、古文物和遗址保护；⑨矿产等自然资源的保护和开发；⑩发电站、水库、防汛等能源、水利国家基础设施建设；⑪救灾、防灾、救济贫困等社会救助、社会保障和福利事业；等等。确保公务活动的公益性乃监察机关的法定职责，因此对于一切从事上述公务活动的人员，无论其是否具有公职人员身份，监察机关均享有调查处置之权力。

其三，公务的民主性。民主是人类的共同价值。但民主制度却不是在书斋里设计出来的，而是在实践中长成的。在现代社会，民主已经由政治领域扩大到所有公共事务领域。相应地，公共事务也由以国家权力为单一中心的"管理"模式转变为由国家权力和社会力量共同参与和决定的"治理"模式。基于公务之民主性，以各种形式参与公务活动，实际承担公务职能的非政府组织、企业（包括私营企业）和公民个人，但凡存在侵犯公务之廉洁性、公共性和安全性之行为，均属于监察对象之范围。目前，我国已经形成了党委领导、政府主导、社会参与的多中心、多层次的公共事务治理结构和形态。①政府与非政府组织合作。政府为非政府组织的活动提供制度和政策保障，非政府组织在公共事务上与政府展开积极的合作，其合作方式主要包括公共服务社区化[2]、通过招投标与政府签订承包合同[3]、特许经营、接受政府资助[4]或享受免税待遇等优惠政策、承接由相关政府部门转移的行政管理职能[5]等类型。②政府与企业合作。主要表现为城市建设与管理内容的民营化及私营企业以市场机制参与公共服

---

[1] 在行政法上，公共利益也被称为公共福祉（Public Welfare）、公共需要（Public Need）、公共使用（Public Use）或公共目的（Public Purpose）。

[2] 社区社会组织采取"同类合并""联合共营"等方式，整合社会资源，结成服务实体，在养老、医疗、教育、文化、维权等众多公共服务领域参与社区公共服务，形成了社会组织与社区互动发展的基层公共服务供给模式。

[3] 比如，地方政府根据《关于政府购买社会组织服务的指导意见》，在公共卫生、公共就业、法律服务、教育服务、公共文化体育服务、养老服务、公共交通服务等领域向社会组织购买服务。

[4] 比如，对社团类社会组织，采取项目委托、协助管理等方式，根据工作实绩给予资金补助；对社区文体健身类社会组织，按活动次数、投入情况、居民满意度进行适当补贴；对承接社会管理和公共服务的事务类、服务类组织，采取事前委托或招标、事中监管、事后验收的方式给予资金支持。

[5] 比如，社团组织，特别是行业协会对于转移政府部分职能和协助政府管理经济社会工作具有重要的支持作用。例如，经授权，经贸等系统的行业协会已经在行业统计分析、发布行业信息、参与制订行业规划、参与行业生产和经营许可证发放、参与行业标准制订管理和资质审查、维护行业公平竞争等方面承担起大量原来由政府行使的职权。

务的生产与输送。具体地说，就是政府部门通过签约外包、业务分担、共同生产、解除管制等方式，将部分职能业务交由私营企业承担，但政府仍须负财政筹措、业务监督以及业绩成败之责任。其合作方式主要包括合同承包、特许经营、政府补助和政府凭单等基本类型。[1]③政府与公民合作。主要表现为政府为公民广泛且实质性地参与公共生活尤其是为公共政策制定、实施和监督提供有力保障。事实上，任何一项公共政策只有在政府与公民的通力合作、互动博弈中才能找到符合公共利益与可执行性的契合点，其合作方式除了包括不断推进政务信息公开外，主要包括"满意单位不满意单位"评选制度、"12345"市长公开电话、民意民情调查网、人民意见征集制度、市民免费电子邮箱等五种机制。此外，还包括重要立法规划事先向社会公示，征集人民群众的意见和建议，坚持把重要公共工程或与人民关系密切的公共服务设施的设计方案和实施计划向全社会公布，听取社会各界的意见，并以此作为决策的依据，实行"开放式决策"，将政务的事后公开变为事前、事中、事后的全过程公开等。④政府、非政府组织、企业、公民多方合作。比如，在"官、产、学相结合"模式下，政府负责为研究机构提供资金，以支持后者研究某种技术，再由企业生产成具体的产品供消费者享用；又如，公民通过非政府组织为社会提供志愿服务——具体分为三种情况：一是社区服务型志愿服务，相当于学雷锋做好事；二是专业服务型志愿服务，包括为广大市民和游客提供义诊、义务消防、翻译、导游、讲解等专业服务；三是管理服务型志愿服务。例如，每年"五一""十一"黄金周期间，都会有大量志愿者参与到城市管理之中，为维护社会秩序、保证游客安全提供服务。

四、管理与使用公财之行为

公财即公共财物之简称。根据《刑法》第91条之规定，公共财产的范围包括下列财产：①国有财产；②劳动群众集体所有的财产；③用于扶贫和其他公益事业的社会捐助或者专项基金的财产。在国家机关、国有公司、企业、集体企业和人民团体管理、使用或者运输中的私人财产，以公共财产论。

其一，公财的合规性。公共财产的管理和使用必须符合财经纪律和规范。在保管和使用公共财产方面，一切涉嫌违反财经纪律和规范行为之人员均属于监察对象之范围。所谓违反财经纪律之行为，意指违反《预算法》《税收征收管理法》《会计法》《财政违法行为处罚处分条例》等一系列国家有关财经管理的法律法规，破坏国家财经管理秩序之行为。据此，但凡涉嫌违反国家财政收入管理规定，违反国家财政收入上缴规定，违反国家有关上解下拨财政资金规定，违反规定、使用、骗取财政资金，违

---

[1] 合同承包即政府与企业签订关于公共物品和服务的合同。例如，政府向企业购买市政服务；特许经营，即政府特许企业在特定领域提供服务，例如政府特许企业在一定时间内投资、建设、经营有关城市基础设施；政府补助，即政府补助特定的生产者为特定的消费者提供服务，例如政府补贴医疗、基础教育、房地产商，以便其价格更亲民；政府凭单，即政府补助特定的消费者向竞争性的生产者购买服务，例如政府通过食品券、教育券、住房券等形式补助低收入的消费者。比如，①实行教育券制度，主要用于资助困难家庭的学生；②民间资本参与城市基础设施建设和市政公用事业投资经营，民间资本进入教育、公共文化、医疗、养老等公共服务领域。

反国家有关预算管理规定,违反国有资产管理规定,擅自占用使用处置国有资产,违反国家有关投资建设项目规定,违反规定擅自提供担保,违反国家账户管理规定,违反规定使用骗取政府承贷或者担保的外国政府贷款或国际金融组织贷款,违反财政收入票据管理规定、违反财务管理的规定,私存私放财政资金或者其他公款以及会计方面的违法等行为,监察机关对其均享有调查处置之权力。

其二,公财的廉洁性。公共财物的管理和使用必须遵循廉洁性之原则,禁止挥霍浪费。为此,《监察法》明确将"浪费国家资财"纳入了监察范围。所谓挥霍浪费国家资财的行为,是指违反国家财务管理制度,讲排场、比阔气、挥霍公款、铺张浪费之行为。据此,但凡涉嫌违反规定配备和使用小汽车,违反规定用公款为个人购房和装修房屋,违反规定包租和占用客房供个人使用,未经批准擅自购买、新建、扩建、改建办公楼或培训中心等行为之人员,均属于监察对象之范围。

其三,公财的合目的性。公共财物的管理和使用必须遵循预设的目的,禁止假公济私、化公为私或者张冠李戴、挪作他用。但凡涉嫌利用职务上的便利,侵吞、窃取、骗取或者以其他手段非法占有公共财物之行为,均属于《监察法实施条例》第26条所规定的贪污罪之范畴。涉嫌公共财物不当使用则可能构成《监察法实施条例》第26条所规定的挪用公款罪、挪用资金罪以及公职人员在行使公权力过程中实施的职务侵占罪等。据此,涉嫌上述职务违法犯罪行为之人员,均属于监察对象。另外,根据《廉政准则》之规定,对于涉嫌用公款报销或者支付应由个人负担费用,违反规定借用公款、公物或者将公款、公物借给他人,私存私放公款,用公款旅游或者变相用公款旅游,用公款参与高消费娱乐、健身活动和获取各种形式的俱乐部会员资格,违反规定用公款购买商业保险,缴纳住房公积金,滥发津贴、补贴、奖金等的,非法占有公共财物,或者以象征性地支付钱款等方式非法占有公共财物,挪用或者拆借社会保障基金、住房公积金等公共资金或者其他财政资金等行为之人员,也属于监察对象。

◇【法条链接】

一、《中华人民共和国监察法》(2018年)

第十五条 监察机关对下列公职人员和有关人员进行监察:

(一)中国共产党的机关、人民代表大会及其常务委员会机关、人民政府、监察委员会、人民法院、人民检察院、中国人民政治协商会议各级委员会机关、民主党派机关和工商业联合会机关的公务员,以及参照《中华人民共和国公务员法》管理的人员;

(二)法律、法规授权或者受国家机关依法委托管理公共事务的组织中从事公务的人员;

(三)国有企业管理人员;

(四)公办的教育、科研、文化、医疗卫生、体育等单位中从事管理的人员;

(五)基层群众性自治组织中从事管理的人员;

(六)其他依法履行公职的人员。

【释义】该条是关于监察委员会的监察对象与范围的规定。

二、《中华人民共和国公务员法》(2018年)

第二条 本法所称公务员,是指依法履行公职、纳入国家行政编制、由国家财政负担工资福利的工作人员。

公务员是干部队伍的重要组成部分,是社会主义事业的中坚力量,是人民的公仆。

【释义】本条规定了公务员的定义,主要强调了其三大主要特征,即依法履行公职、被纳入国家行政编制、由国家财政负担工资福利。①公务员是依法履行公职的工作人员,即从事公务活动的人员,它区别于为私人企业或组织工作、提供服务的人员,是依法为国家和社会实施公务活动的人员。②公务员是被纳入国家行政编制的工作人员。关于"行政编制",中央编办给出的解释是:行政编制工作人员的工资和日常办公费,由行政经费开支,执行国家职能及政治体系管理职能的国家权力机关、国家行政机关、国家审判机关、国家检察机关、党派机关、政协机关、人民团体所使用的人员编制,列为国家行政编制。行政编制是人员编制中最基本、最重要的类别之一。③公务员是由国家财政负担工资福利的工作人员,即由国家财政负担工资福利和保险。同时具备以上三个条件的人员就是我国的国家公务员。

公务员一定是从事公务的人,但从事公务的人不一定都是公务员。比如,在我国,同一单位既有行政编制也有事业编制,事业编制的人员虽然从事的也是公务,但却不是公务员。又如,由国家财政负担的人员并不都是公务员,比如,科研单位和学校的工资中就有由国家财政负担的开支,但他们不属于公务员。[1]

三、《中华人民共和国监察法实施条例》(2021年)

第三十七条 监察机关依法对所有行使公权力的公职人员和有关人员进行监察,实现国家监察全面覆盖。

第三十八条 监察法第十五条第一项所称公务员范围,依据《中华人民共和国公务员法》(以下简称公务员法)确定。

监察法第十五条第一项所称参照公务员法管理的人员,是指有关单位中经批准参照公务员法进行管理的工作人员。

第三十九条 监察法第十五条第二项所称法律、法规授权或者受国家机关依法委托管理公共事务的组织中从事公务的人员,是指在上述组织中,除参照公务员法管理的人员外,对公共事务履行组织、领导、管理、监督等职责的人员,包括具有公共事务管理职能的行业协会等组织中从事公务的人员,以及法定检验检测、检疫等机构中从事公务的人员。

第四十条 监察法第十五条第三项所称国有企业管理人员,是指国家出资企业中的下列人员:

---

[1] 应松年主编:《公务员法》,法律出版社2010年版,第4页。

（一）在国有独资、全资公司、企业中履行组织、领导、管理、监督等职责的人员；

（二）经党组织或者国家机关，国有独资、全资公司、企业，事业单位提名、推荐、任命、批准等，在国有控股、参股公司及其分支机构中履行组织、领导、管理、监督等职责的人员；

（三）经国家出资企业中负有管理、监督国有资产职责的组织批准或者研究决定，代表其在国有控股、参股公司及其分支机构中从事组织、领导、管理、监督等工作的人员。

第四十一条 监察法第十五条第四项所称公办的教育、科研、文化、医疗卫生、体育等单位中从事管理的人员，是指国家为了社会公益目的，由国家机关举办或者其他组织利用国有资产举办的教育、科研、文化、医疗卫生、体育等事业单位中，从事组织、领导、管理、监督等工作的人员。

第四十二条 监察法第十五条第五项所称基层群众性自治组织中从事管理的人员，是指该组织中的下列人员：

（一）从事集体事务和公益事业管理的人员；

（二）从事集体资金、资产、资源管理的人员；

（三）协助人民政府从事行政管理工作的人员，包括从事救灾、防疫、抢险、防汛、优抚、帮扶、移民、救济款物的管理，社会捐助公益事业款物的管理，国有土地的经营和管理，土地征收、征用补偿费用的管理，代征、代缴税款，有关计划生育、户籍、征兵工作，协助人民政府等国家机关在基层群众性自治组织中从事的其他管理工作。

第四十三条 下列人员属于监察法第十五条第六项所称其他依法履行公职的人员：

（一）履行人民代表大会职责的各级人民代表大会代表，履行公职的中国人民政治协商会议各级委员会委员、人民陪审员、人民监督员；

（二）虽未列入党政机关人员编制，但在党政机关中从事公务的人员；

（三）在集体经济组织等单位、组织中，由党组织或者国家机关，国有独资、全资公司、企业，国家出资企业中负有管理监督国有和集体资产职责的组织，事业单位提名、推荐、任命、批准等，从事组织、领导、管理、监督等工作的人员；

（四）在依法组建的评标、谈判、询价等组织中代表国家机关，国有独资、全资公司、企业，事业单位，人民团体临时履行公共事务组织、领导、管理、监督等职责的人员；

（五）其他依法行使公权力的人员。

第四十四条 有关机关、单位、组织集体作出的决定违法或者实施违法行为的，监察机关应当对负有责任的领导人员和直接责任人员中的公职人员依法追究法律责任。

【释义】 以上条文是关于监察对象与范围的细化规定。

四、《事业单位人事管理条例》（2014年）

第二条 事业单位人事管理，坚持党管干部、党管人才原则，全面准确贯彻民主、公开、竞争、择优方针。

国家对事业单位工作人员实行分级分类管理。

【释义】 本条规定了事业单位人事管理的原则、方针，并要求实施分类管理。

五、《事业单位工作人员处分暂行规定》(2012年)

第二条 事业单位工作人员违法违纪，应当承担纪律责任的，依照本规定给予处分。

对法律、法规授权的具有公共事务管理职能的事业单位中经批准参照《中华人民共和国公务员法》管理的工作人员给予处分，参照《行政机关公务员处分条例》的有关规定办理。

对行政机关任命的事业单位工作人员，法律、法规授权的具有公共事务管理职能的事业单位中不参照《中华人民共和国公务员法》管理的工作人员，国家行政机关依法委托从事公共事务管理活动的事业单位工作人员给予处分，适用本规定；但监察机关对上述人员违法违纪行为进行调查处理的程序和作出处分决定的权限，以及作为监察对象的事业单位工作人员对处分决定不服向监察机关提出申诉的，依照《中华人民共和国行政监察法》及其实施条例办理。

【释义】 本条规定了事业单位工作人员的纪律处分责任，并按照分类管理的原则对其参照相关法律进行处分。其中，对于法律、法规授权的事业单位中参照公务员管理的人员，应按照《行政机关公务员处分条例》的有关规定办理，这是由其管理模式决定的。同样，行政机关任命的事业单位工作人员和法律、法规授权的事业单位中不参照公务员管理的人员则属于本条的规制范围。需要注意的是，随着《监察法》的出台，《行政监察法》业已废止，但对处分决定不服的，仍可按照《监察法》的相关条文进行申诉。

【案例链接】涉嫌不同监察对象的案例

一、有关司法工作人员被监察的案例

2018年3月26日到5月11日，短短不到2个月的时间里便有7位法院院领导（6名院长）、3位检察长、1位政法委书记被查。

（一）法院

案例1：S省L县法院副院长H某某案[1]

H某某，男，曾任L县法院执行局局长。2014年至2018年，任临L县法院副院长。2017年，L县法院审理的一起合同纠纷案，由H某某担任审判长。

2018年4月25日，L县警方发布《L县公安局关于检举揭发以H某某为首的涉嫌

---

〔1〕 马金凤、郭琳琳："警方破获团伙犯罪案件 为首者系法院副院长"，载http://www.xinhuanet.com/legal/2018-04/28/c_1122755969.htm，2022年4月8日访问。

犯罪团伙案件的通告》。通告显示，根据群众举报，经过缜密侦查，警方于4月24日破获了以H某某为首的涉嫌犯罪团伙案件。

警方在通告中称，为进一步查明该犯罪团伙的相关犯罪事实，希望社会各界和广大人民群众积极检举揭发，提供违法犯罪线索和证据。同时，正告涉嫌该犯罪团伙的成员认清形势，必须自通告发布之日起15日内主动到公安机关投案自首，争取从宽处理。对逾期不投案自首或继续从事违法犯罪活动的，将依法从严惩处，绝不姑息。

案例2：W市中级人民法院党组书记、院长、审判委员会委员W某案

W某，男，J省人，1985年11月加入中国共产党，1987年7月参加工作。1992年12月至2002年4月，先后任H省高级人民法院刑三庭副庭长、刑二庭副庭长、研究室主任、刑一庭庭长（1999年7月任H省高级人民法院审判委员会委员）；2002年4月至2004年2月，任H市中级人民法院党组书记、院长；2011年1月至2011年2月，任W市中级人民法院副院长、代理院长。2011年2月至今，任W市中级人民法院党组书记、院长、审判委员会委员。W市第十四届人大代表，中共W市第十三届市委委员。

2018年5月，根据H省纪委监委发布的消息：W市中级人民法院党组书记、院长、审判委员会委员W某涉嫌严重违纪和职务违法，接受纪律审查和监察调查，并被采取留置措施。

案例3：S市中级人民法院审判委员会委员、副县级审判员C某某案

2018年4月29日，S市中级人民法院审判委员会委员、副县级审判员C某某因涉嫌严重违纪违法接受纪律审查和监察调查。经查，C某某违反政治纪律，对抗组织审查；违反中央八项规定精神，违规收受红包、礼金、礼品；违反组织纪律，不如实报告个人有关事项，利用职权违规为他人在录用、晋升等方面谋取利益，未经批准出入国（边）境；违反廉洁纪律，默许配偶利用其职权谋取私利，违规经商办企业；违反工作纪律，违规干预司法活动；违反生活纪律，生活奢靡、贪图享乐，包养情妇；违反国家法律法规规定，违规建私房并获取拆迁补偿，利用职务便利和职权、地位形成的便利条件，为他人谋取利益并收受他人财物，涉嫌受贿犯罪。

C某某身为司法机关领导干部、国家公职人员，本应带头遵纪守法，带头捍卫法律尊严，却理想信念丧失、心无敬畏、目无法纪、底线尽失，严重违反党的纪律和国家法律法规规定，严重践踏了司法的公平正义。长期亦官亦商，既想当官又想发财，且在党的十八大后仍不收手、不收敛，性质恶劣，情节严重。

根据《中国共产党纪律处分条例》（2015年）、《行政机关公务员处分条例》（2007年）和《监察法》等相关规定，经市纪委常委会研究并报市委批准，给予C某某开除党籍处分；由市监委给予其开除公职处分；收缴其违纪违法所得；其涉嫌犯罪的调查结果已移送检察机关依法审查、提起公诉，并随案移送其涉嫌犯罪所得的财物。

(二) 检察院

案例 1：Z 市人民检察院检察长 G 某某案

G 某某，男，H 省人。1986 年 3 月加入中国共产党，1983 年 8 月参加工作。2015 年 4 月起任 Z 市人民检察院检察长。

2018 年 5 月 5 日，Z 市人民检察院检察长 G 某某（副厅级）涉嫌严重违纪违法。2018 年 12 月 26 日，H 省 H 市 H 区人民法院对其公开宣判：对被告人 G 某某以贪污罪判处有期徒刑 9 个月，并处罚金 10 万元；以受贿罪判处有期徒刑 5 年，并处罚金 70 万元，数罪并罚，决定执行有期徒刑 5 年 3 个月，并处罚金 80 万元。被告人 G 某某贪污赃款 9.55 万元、受贿赃款 191.926 万元予以没收，由扣押机关上缴国库。

案例 2：S 市人民检察院原党组书记、检察长 C 某案

C 某，男，汉族，S 市人，1971 年 7 月参加工作，1974 年 12 月加入中国共产党。2017 年 5 月，经中共中央批准，中共中央纪委对 S 市人民检察院原党组书记、检察长 C 某严重违纪问题进行了立案审查。

经查，C 某严重违反政治纪律和政治规矩，作为党组织主要负责人，履行全面从严治党主体责任不力，违规干预和插手司法活动，大搞以案谋私，严重损害司法公信力，对抗组织审查，长期搞迷信活动；违反中央八项规定精神，违规出入私人会所，参与他人安排的旅游和高尔夫球活动；违反组织纪律，在组织函询时不如实说明问题；违反廉洁纪律，收受礼品、礼金，利用职务上的便利为他人谋取利益，亲属收受财物，违规从事营利活动；违反生活纪律。利用职务上的便利或影响为他人谋取利益并收受巨额财物，涉嫌受贿犯罪。

C 某身为党的高级领导干部，理想信念丧失、纪律底线失守，严重违反党的纪律，并涉嫌违法犯罪，严重损害司法公信力和社会公平正义，性质恶劣、影响极坏，系党的十八大后仍不收敛、不收手的典型。依据《中国共产党纪律处分条例》等有关规定，2017 年 5 月 25 日，经中央纪委常委会会议研究并报中共中央批准，决定给予 C 某开除党籍处分，取消其退休待遇；收缴其违纪所得；将其涉嫌犯罪问题、线索及所涉款物移送司法机关依法处理。

案例 3：Y 省人民检察院反贪污贿赂局大要案指挥中心办公室副主任 Z 某某案

Z 某某，男，汉族，1979 年 10 月生，2003 年 7 月参加工作，曾任 Y 省人民检察院反贪局大要案指挥中心办公室副主任（副处级）。

2017 年 8 月 30 日，根据省委省直机关纪工委发布的消息：Y 省人民检察院反贪污贿赂局大要案指挥中心办公室副主任 Z 某某涉嫌严重违纪，接受组织审查。

2017 年 9 月 15 日，根据 Y 省委省直机关纪工委发布的消息：经查，2010 年至 2017 年，Z 某某违反政治纪律，对抗组织审查；违反组织纪律，不向组织请示报告重大问题、重要事项；违反廉洁纪律，向司法案件涉案人借款；违反工作纪律，个人保管司法案件涉案款物；违反生活纪律，与他人发生不正当性关系；违反国家法律法规规定，利用职务便利，索取、非法收受他人财物共计人民币134万元、美元2万元，为他人谋取利益，涉嫌犯罪。

依据《中国共产党纪律处分条例》（2015年）的有关规定，经中共Y省委省直机关纪律检查工作委员会研究并报中共Y省委省直机关工作委员会批准，决定给予Z某某开除党籍处分。其涉嫌犯罪问题及线索移送司法机关依法处理。

2017年9月18日，根据Y省人民检察院发布的消息：经审查，2013年以来，Z某某在工作期间违反政治纪律、组织纪律、廉洁纪律、办案纪律、生活纪律。Z某某严重违纪，并涉嫌犯罪，根据《检察人员纪律处分条例》的规定，经Y省人民检察院检察长办公会议研究决定：给予Z某某开除处分。涉嫌犯罪事实，依法移交司法机关处理。

（三）政法委

案例：G省Q市委原常委、政法委书记Q某案

Q某，男，汉族，1960年4月生，S省人，1978年12月参加工作，1986年7月加入中国共产党。2016年11月至2016年12月任Q市市委常委、政法委书记、副市长；2016年12月至2017年4月任Q市市委常委、政法委书记；2017年4月起任Q市副地级干部。

2018年5月10日，根据G省纪委监委发布的消息：G省Q市委原常委、政法委书记Q某涉嫌严重违纪违法，目前正接受G省纪委监委纪律审查和监察调查。

二、其他编外人员监察案例

案例1：G市B区T镇城管人员贪腐案——G市留置第一案[1]

2018年1月7日，刚成立不久的G市B区监委信访室收到了关于举报T镇城管人员贪腐问题的信访件。信里反映了T镇城管辅助执法队组长Y某某的一些问题线索，包括在查控S村某栋无牌无证的违法建筑时收取10万元贿赂等。

违建在G市一些地方是个突出问题，超高超宽的违法建筑对周边群众住宅的采光、通风、环境等都造成了影响，群众对此反映强烈。而一些执法人员放纵违建，从中谋取利益，让基层群众对政府公信力产生怀疑。凡是群众反映强烈的问题都要严肃、认真对待。Y某某的身份有些"特殊"，他作为T镇城管辅助执法人员，既不是公务员，也非中共党员。监委成立后，像他这样的"蝇贪"也被纳入了监委的监察范围。B区监委立即就Y某某的问题线索展开初核，很快初步掌握Y某某部分违法事实：Y某某作为一线执法人员，执法不公，跟他疏通关系的可以违法乱建，严重扰乱了基层社会建房的正常秩序，群众怨声载道。

"我们要向社会清晰传递一个信号——过去不是监察对象的公职人员和有关人员，监察体制改革后也已纳入监察范围，从而把监察体制改革的政治效果和震慑作用充分

---

[1] "留置第一案"，载https://www.ccdi.gov.cn/gzdt/jctzgg/201803/t20180319_166725.html，2022年5月6日访问。

展示出来。"B区监委的工作人员介绍道。

2018年2月3日，B区监委经研究并报G市监委批准，对Y某某采取留置措施。调查发现，Y某某利用负责巡查、管控违章建筑的职务便利，为违建人逃避城管执法提供帮助，收受违建人"好处费"人民币共计57.4万元。其涉嫌严重违法并触犯受贿罪的事实清楚、证据确实充分，已具备移送司法机关的法定条件。2月9日，B区监委将Y某某案移送B区人民检察院审查起诉。3月22日，B区人民法院判处Y某某有期徒刑2年6个月。

案例2：Z省"编外人员"被监察留置第一案：不分编内外[1]

"我原以为自己既不是党员，也不是正式工作人员，只是一个'临时'的协管员，私下截留点钱花……今天这样的结果，我很后悔。"L县S乡国土站24岁的协管员W某某在接受监察调查时，对自己的无知和错误懊悔不已。

经查，W某某利用职务上的便利，未经审批程序，私自截留农户超面积罚款或对分管片区农户超面积建房行为进行处罚，共收取农户缴纳现金102 122元，并予以侵吞供个人消费。

2017年11月2日，L县人民法院以贪污罪判处W某某有期徒刑1年3个月，缓刑1年6个月，并处罚金10万元。

---

[1] "首起对编外人员使用监察留置措施案件"，载 http://politics.people.com.cn/n1/2018/0316/c1001-29872812.html，2022年5月6日访问。

第三编

监察权限与管辖

监察权是一项复合性权力。这种复合性主要体现在四个方面：一是权力生成上的复合性——监察权是由党的纪律检查权、行政监察权、检察机关职务犯罪侦查权融合而生成的新型权力形态；二是权力构造上的复合性——监察权由监督、调查、处置三权构成；三是权力功能上的复合性——监察权兼具执法执纪双重功能；四是权力属性上的复合性——监察权兼具政治性和法律性双重属性。

监察权的复合性即其特殊性。正是基于这种特殊性，《监察法》在对监察权的表述上，与《人民法院组织法》《人民检察院组织法》《国务院组织法》存在明显差异。其他组织法都是用"职权"，而在《监察法》中，仅在第4条用的是"监察权"，在第18条和第27条用的是"职权"，在其他条款用的都是"职能""职责""权限"。就其本意而言，职权意指职务范围内的权力；职能意指职责和功能，职责意指职务上应尽的责任，权限则指为了保证职责的有效履行，任职者必须具备的，对某事项进行决策的范围和程度。在这个意义上，监察权的重心在于"责"，而不是"权"。所以，《监察法》第3条对各级国家监察委员会的定位用的是"行使国家监察职能的专责机关"；第11条规定将监督、调查、处置明确界定为"职责"；第四章标题用的是"监察权限"。

"职责"强调的是责任和担当，"权限"强调的是边界和限度。从这个意义上说，尽管《监察法》也有授权条款，但在总体属性上，堪称典型的控权法——作为一门独立部门法的监察法，其要旨有二：一是确保监察机关积极、全面履行职责，禁止渎职、懈怠和推诿；二是确保监察机关依法、正当行使职权，禁止越权、恣意和专横。

第七章
监察职责

监察机关依法履行监察监督职责,对公职人员的政治品行、行使公权力和道德操守情况进行监督检查,督促有关机关、单位加强对所属公职人员的教育、管理、监督。依照法律规定,监察机关享有监督、调查、处置三项主要职责。其中,监督职责是首要的、基础性的;调查职责是经常性的;处置职责则是对调查结果的一种回应。三项职责的运用涵盖了事前预防和事后矫正的全过程,在监察过程中相辅相成。

国家廉洁体系理论(National Integrity System Theory,NIS)主张通过反腐败机构(Anti-Corruption Agencies,ACA)对高管和其他政府机构进行监督,这有利于维持政府的廉洁性。许多国家通过采取各种反腐败政策和法律将ACA的制度同构应用于预防腐败。[1]当今世界上有超过一半的国家在其国家权力系统中加入了反腐败机构。[2] ACA被誉为一种新型的"廉洁卫士"(Integrity Warrior),[3]它最重要的特点是独立于政府的其他部门,并且行使着巨大的权力。由于其具有法定权力和独立性,廉洁理论经常将ACA视为政府权力的第四个分支。[4]世界各地的ACA虽然名称不同,但是通常承担相同的职能:调查和执法;预防腐败;腐败抑制和教育。三项职能均起源于1952年成立的新加坡腐败行为调查处(Corrupt Practices Investigation Branch,CPIB)和1974年成立的我国香港地区廉政公署(Independent Anti-corruption Commission,ICAC)。[5]

国际社会普遍认为我国香港地区和新加坡是世界反腐败的成功典范。我国香港地区ICAC的成功在于其具有确定性,其打击腐败的所有步骤均已经为法律制度所确认,使公众可以期待政府惩处腐败分子。而制度化的关键在于明确管辖权:一方面,需要

---

[1] A. Graycar, T. Prenzler, *Understanding and Preventing Corruption*, Palgrave Macmillan UK, 2013.

[2] D. M. Branduse, "Anti-corruption Agencies, Multiple Principals, and the Institutional Framework", State University of New York at Binghamton, 2016.

[3] Luís de Sousa, "Anti-corruption Agencies: between Empowerment and Irrelevance", *Crime Law & Social Change*, 2010, 53 (1): 5~22.

[4] A. J. Brown, M. Bruerton, "Sufficient, Stable and Secure? An Exploratory Comparative Analysis of Integrity Agency Financial Resourcing", *Crime Law & Social Change*, 2017, 68 (3): 1~18.

[5] A. Doig, D. Watt, R. Williams, "Hands-on or Hands-off? Anti-Corruption Agencies in Action, Donor Expectations, and a Good Enough Reality", *Public Administration and Development*, 2006, 26 (2): 163~172.

ICAC 在行使权力时具有独立性；另一方面，需要 ICAC 具有明确的管辖权。[1]法律授予了我国香港地区 ICAC 广泛的调查和逮捕的权力。虽然有些民众会担心 ICAC 由于权力过大而有滥用公民自由的可能性，但公众支持的程度表明大多数公民均愿意为确保一个没有腐败的社会付出代价。

第一节　监督职责

监察机关应当坚决维护宪法确立的国家指导思想，加强对公职人员特别是领导人员在坚持党的领导、坚持中国特色社会主义制度，贯彻落实党和国家路线方针政策、重大决策部署，履行从严管理监督职责，依法行使公权力等方面的监督。《监察法》第11条将监督解释为："对公职人员开展廉政教育，对其依法履职、秉公用权、廉洁从政以及道德操守进行监督检查。"根据上述规定，可以将监察机关的监督内容划分为三个维度：一是合法性，二是合理性，三是廉洁性。监督是监察委员会的首要职责。监察委员会代表党和国家，依照宪法、监察法和有关法律法规，监督所有公职人员行使公权力的行为是否正确，以确保权力不被滥用、保障权力在阳光下运行。只有使监督职责成为反腐败第一生产力，中国的腐败治理才能真正走出困局。[2]监察机关开展监察监督，应当与纪律监督、派驻监督、巡视监督统筹衔接，与人大监督、民主监督、行政监督、司法监督、审计监督、财会监督、统计监督、群众监督和舆论监督等贯通协调，健全信息、资源、成果共享等机制，形成监督合力。同时，监察委员会履行监督职责应重视党内监督和国家监察的内在联系，在日常监督中将纪委监督与监委监督融会贯通，并灵活运用廉政教育和监督检查的方式积极履行监督职责。

一、日常监督

党的十八大以来，面对严峻、复杂的反腐败斗争形势，党的十八届六中全会通过了《中国共产党党内监督条例》，明确规定了党内监督的原则、任务、主要内容和重点对象，针对不同主体明确监督职责，规定具体监督措施，等等。

据此，党内监督的主要内容有是否遵守党章党规、维护党中央集中统一领导、坚持民主集中制、落实全面从严治党责任、落实中央八项规定精神、加强作风建设、坚持党的干部标准、廉洁自律以及秉公用权、完成党中央和上级党组织部署的任务。党内监督的方式多种多样，包括党委（党组）的日常管理监督、巡视监督、组织生活制度、党内谈话制度、干部考察考核制度等。

---

[1] Scott Ian, "The Challenge of Preserving Hong Kong's Successful Anti-corruption System", *Asian Education and Development Studies*, 2017, 6 (3): 227~237.

[2] 刘艳红："中国反腐败立法的战略转型及其体系化构建"，载《中国法学》2016年第4期。

中国特色权力监督系统由党内监督与国家监督二元子系统组成[1]，二者具有高度的内在一致性，而国家监察是对公权力最直接、最有效的监督。纪委、监委合署办公，党内监督的方式（尤其是日常监督）应当适用于监委的监督，纪委的党内监督和监委的监督职责相辅相成，要落实它们的双重职责。

监察机关应当结合公职人员的职责，加强日常监督，通过听取群众反映、座谈走访、查阅资料、召集或者列席会议、听取工作汇报和述责述廉等方式开展监督检查，促进公职人员依法用权、秉公用权、廉洁用权。

二、廉政教育

廉政教育是监察机关履行监督职责的方式之一，其根本目的是通过加强理想信念教育，使公职人员树立正确的三观，特别是矫正权力观和利益观，使其时刻保持一个公职人员应具备的思想自觉性。廉政教育的内容主要有三个方面：一是加强公职人员的理想信念；二是提高公职人员的道德品质；三是教育公职人员遵纪守法。

监察机关应当加强开展对公职人员的理想教育、为人民服务教育、宪法法律法规教育、优秀传统文化教育，弘扬社会主义核心价值观，深入开展警示教育，教育引导公职人员树立正确的权力观、责任观、利益观，保持为民务实、清廉本色。

监察机关可以与公职人员进行谈心谈话，发现政治品行、行使公权力和道德操守方面有苗头性、倾向性问题的，及时进行教育提醒。

三、监督检查

监督检查也是监察机关履行职责的方式之一，其根本目的是通过对公职人员行使公权的合法性、合理性、合纪性进行日常监督来检查公职人员是否依法履职、秉公用权、廉洁从政从业以及遵守道德操守。正如前文所述，纪委、监委合署办公，纪委监督检查的方式同样可以被运用于监察监督之中。

监察机关对于发现的系统性、行业性的突出问题，以及群众反映强烈的问题，可以通过专项检查进行深入了解，督促有关机关、单位强化治理，促进公职人员履职尽责。

监察机关应当以办案促进整改、以监督促进治理，在查清问题、依法处置的同时，剖析问题发生的原因，发现制度建设、权力配置、监督机制等方面存在的问题，向有关机关、单位提出改进工作的意见或者监察建议，促进完善制度，提高治理效能。

第二节 调查职责

"调查"一词的语义解释为，"为了了解情况进行考察（多指到现场）"[2]。调

---

[1] 魏昌东："监督职能是国家监察委员会的第一职能：理论逻辑与实现路径——兼论中国特色监察监督系统的规范性创建"，载《法学论坛》2019年第1期。

[2] 中国社会科学院语言研究所词典编辑室编：《现代汉语词典》（第5版），商务印书馆2005年版，第314页。

查是有效监察的前提。[1]监察机关依法履行监察调查职责,依据《监察法》《公职人员政务处分法》和《刑法》等规定对职务违法和职务犯罪进行调查。

《监察法》第11条涵盖了公职人员7类主要的职务违法和职务犯罪行为。在监察委员会所拥有的各项职责中,"监督"是从"正面"呈现的法定职责,具有范围宽、原则性强等特征。对此,《监察法》采取了概括式的规定模式;不同于监督,"调查"职责采用了具体列举式模式,即将上述7类职务违法和职务犯罪规定为调查范围,以增强调查职责的针对性、实效性。

其中,"玩忽职守"主要是指公职人员严重不负责任,不履行或者不认真、不正确履行职责,致使公共财产、国家和人民利益遭受损失的行为。"徇私舞弊"主要是指为了私利而采用欺骗、包庇等方式从事违法的行为。有的行为与刑法规定的罪名和有关法律法规规定的违法行为不完全一一对应,但实质上却是一致的。比如,"权力寻租"主要是指公职人员利用手中的权力,违反或者规避法律法规,谋取或者维护私利的行为。"利益输送"主要是指公职人员利用职权或者职务影响,以违反或者规避法律法规的手段,将公共财产等利益不正当授受给有关组织、个人的行为。"浪费国家资财"主要是指公职人员违反规定,挥霍公款、铺张浪费的行为。[2]

一、违纪调查

我们党一直推动把纪律和规矩挺在前面,进一步发扬纪律严明这一党的光荣传统和独特优势。加强对违纪行为的调查是全面从严治党的重要手段。虽然《监察法》没有强调监委的违纪调查职能,但是在监委纪委合署办公的体制下,纪委的违纪调查职责和手段应同样适用于监察委员会。

二、违法调查

职务违法是指行使公权力的公职人员利用职务之便实施的违反国家宪法、法律的行为,且这种行为尚未达到职务犯罪的程度。《监察法》第11条列举了公职人员7类主要的职务违法和职务犯罪行为,而并未严格区分职务违法和职务犯罪。在多数情况下,职务违法和职务犯罪适用同一监察程序。

监察机关负责调查的职务违法是指公职人员实施的与其职务相关联,虽不构成犯罪但依法应当承担法律责任的下列违法行为:①利用职权实施的违法行为;②利用职务上的影响实施的违法行为;③履行职责不力、失职失责的违法行为;④其他违反与公职人员职务相关的特定义务的违法行为。

监察机关发现公职人员存在其他违法行为,具有下列情形之一的,可以依法进行调查、处置:①超过行政违法追究时效,或者超过犯罪追诉时效、未追究刑事责任,但需要依法给予政务处分的;②被追究行政法律责任,需要依法给予政务处分的;③监

---

[1] 刘艳红:"监察委员会调查权运作的双重困境及其法治路径",载《法学论坛》2017年第6期。
[2] 中共中央纪律检查委员会、中华人民共和国国家监察委员会法规室编写:《〈中华人民共和国监察法〉释义》,中国方正出版社2018年版,第91~93页。

察机关调查职务违法或者职务犯罪时,对被调查人实施的事实简单、清楚,需要依法给予政务处分的其他违法行为一并查核的。监察机关发现公职人员成为监察对象前有前款规定的违法行为的,依照前款规定办理。

三、犯罪调查

职务犯罪是指行使公权力的公职人员利用职权实施的依照刑法应当承担刑事责任、予以刑事处罚的行为。简言之,职务违法行为一旦触犯刑法就构成了职务犯罪。监察机关对公职人员可能利用公权力触犯刑法的行为承担调查职责。纪检监察机关所享有的对职务犯罪案件的调查权,本质上是为案件进入司法程序而服务的,其目的在于查明犯罪事实并追究被调查人的刑事责任。[1]监察机关依法对《监察法》第11条第2项规定的涉嫌贪污贿赂、滥用职权、玩忽职守等职务犯罪进行调查。监察机关发现依法由其他机关管辖的违法犯罪线索,应当及时移送有管辖权的机关。监察机关调查结束后,对于应当给予被调查人或者涉案人员行政处罚等其他处理的,依法移送有关机关。

其一,贪污贿赂犯罪包括贪污罪,挪用公款罪,受贿罪,单位受贿罪,利用影响力受贿罪,行贿罪,对有影响力的人行贿罪,对单位行贿罪,介绍贿赂罪,单位行贿罪,巨额财产来源不明罪,隐瞒境外存款罪,私分国有资产罪,私分罚没财物罪,以及公职人员在行使公权力过程中实施的职务侵占罪,挪用资金罪,对外国公职人员、国际公共组织官员行贿罪,非国家工作人员受贿罪和相关联的对非国家工作人员行贿罪;

其二,滥用职权犯罪包括滥用职权罪,国有公司、企业、事业单位人员滥用职权罪,滥用管理公司、证券职权罪,食品、药品监管渎职罪,故意泄露国家秘密罪,报复陷害罪,阻碍解救被拐卖、绑架妇女、儿童罪,帮助犯罪分子逃避处罚罪,违法发放林木采伐许可证罪,办理偷越国(边)境人员出入境证件罪,放行偷越国(边)境人员罪,挪用特定款物罪,非法剥夺公民宗教信仰自由罪,侵犯少数民族风俗习惯罪,打击报复会计、统计人员罪,以及司法工作人员以外的公职人员利用职权实施的非法拘禁罪、虐待被监管人罪、非法搜查罪。

其三,玩忽职守犯罪包括玩忽职守罪,国有公司、企业、事业单位人员失职罪,签订、履行合同失职被骗罪,国家机关工作人员签订、履行合同失职被骗罪,环境监管失职罪,传染病防治失职罪,商检失职罪,动植物检疫失职罪,不解救被拐卖、绑架妇女、儿童罪,失职造成珍贵文物损毁、流失罪,过失泄露国家秘密罪。

其四,徇私舞弊犯罪包括徇私舞弊低价折股、出售国有资产罪,非法批准征收、征用、占用土地罪,非法低价出让国有土地使用权罪,非法经营同类营业罪,为亲友非法牟利罪,枉法仲裁罪,徇私舞弊发售发票、抵扣税款、出口退税罪,商检徇私舞弊罪,动植物检疫徇私舞弊罪,放纵走私罪,放纵制售伪劣商品犯罪行为罪,招收公务员、学生徇私舞弊罪,徇私舞弊不移交刑事案件罪,违法提供出口退税凭证罪,徇

---

[1] 汪海燕:"监察制度与《刑事诉讼法》的衔接",载《政法论坛》2017年第6期。

私舞弊不征、少征税款罪等。

其五，重大责任事故犯罪包括重大责任事故罪，教育设施重大安全事故罪，消防责任事故罪，重大劳动安全事故罪，强令、组织他人违章冒险作业罪，危险作业罪，不报、谎报安全事故罪，铁路运营安全事故罪，重大飞行事故罪，大型群众性活动重大安全事故罪，危险物品肇事罪，工程重大安全事故罪等。

其六，其他犯罪包括破坏选举罪，背信损害上市公司利益罪，金融工作人员购买假币、以假币换取货币罪，利用未公开信息交易罪，诱骗投资者买卖证券、期货合约罪，背信运用受托财产罪，违法运用资金罪，违法发放贷款罪，吸收客户资金不入账罪，违规出具金融票证罪，对违法票据承兑、付款、保证罪，非法转让、倒卖土地使用权罪，私自开拆、隐匿、毁弃邮件、电报罪，故意延误投递邮件罪，泄露不应公开的案件信息罪，披露、报道不应公开的案件信息罪，接送不合格兵员罪等。

第三节 处置职责

处置职责是《监察法》赋予的监察机关三项职责之一，是前两项职责履行的落脚点，被称作监察机关"开展工作的有力抓手"[1]。只有处置环节得到落实，监督和调查的实效才能最终得以显现。《监察法》第 11 条对该项职责作出了规定。其主要包括政务处分、领导问责、移送起诉和监察建议四方面的内容。

一、政务处分

监察委员会根据监督、调查结果，对违法的公职人员依照法定程序作出警告、记过、记大过、降级、撤职、开除等政务处分决定。2020 年 7 月 1 日《公职人员政务处分法》正式实施，具体规定了监察机关对违法的公职人员给予政务处分的种类、适用情形、程序、法律责任等相关制度。

二、领导问责

监察机关在追究违法公职人员直接责任的同时，依法对履行职责不力、失职失责，造成严重后果或者恶劣影响的领导人员予以问责。监察机关应当组成调查组依法开展问责调查。调查结束后经集体讨论形成调查报告，需要进行问责的按照管理权限作出问责决定，或者向有权作出问责决定的机关、单位书面提出问责建议。

对履行职责不力、失职失责的领导人员进行问责。这里所谓的"问责"，是指监察委员会根据问责的有关规定，对不履行或者不正确履行职责的，按照管理权限对负有管理责任的领导人员作出问责决定，或者向有权作出问责决定的机关提出问责建议。问责的对象是公职人员中的领导人员，主要是指中国共产党机关、人大机关、行政机

---

[1] 余哲西："述评之二 监督、调查、处置一体推进——保证监察全覆盖的质量和效果"，载《中国纪检监察》2018 年第 13 期。

关、监察机关、审判机关、检察机关、政协机关、民主党派和工商联机关中担任各级领导职务和副调研员以上非领导职务的人员；参照公务员法管理的单位中担任各级领导职务和副调研员以上非领导职务的人员；大型、特大型国有和国有控股企业中层以上领导人员，中型以下国有和国有控股企业领导班子成员，以及上述企业中其他相当于县处级以上层次的人员；事业单位领导班子成员及其他六级以上管理岗位人员。

三、移送起诉

监察机关对涉嫌职务犯罪的人员，经调查认为犯罪事实清楚，证据确实、充分，需要追究刑事责任的，依法移送人民检察院审查起诉。

对涉嫌职务犯罪的，将调查结果移送同级人民检察院依法审查、提起公诉。移送的主体是有管辖权的监察机关，包括接受指定管辖的监察机关；移送的对象是涉嫌职务犯罪的被调查人，以及监察机关制作的起诉意见书、案卷材料、证据等；移送的条件是经调查认为犯罪事实清楚、证据确实充分；接受移送的主体是检察机关。对监察机关移送的案件，应由检察机关作为公诉机关直接依法审查、提起公诉，具体工作由公诉部门负责，不需要检察机关再进行立案。

四、监察建议

监察建议，是指我国监察机关根据监督、调查结果，在监察职权范围内向有关单位提出的一种无正当理由必须履行其内容，否则即须承担相应法律责任的建议性职权措施。[1] 监察机关根据监督、调查结果发现监察对象所在单位在廉政建设、权力制约、监督管理、制度执行以及履行职责等方面存在问题需要整改纠正的，依法提出监察建议。监察机关应当跟踪了解监察建议的采纳情况，指导、督促有关单位限期整改，推动监察建议落实到位。

监察建议的提出对象是监察对象所在的机关单位。监察机关提起监察建议在形式上是多样的，有"建议""整改""督办"和"提醒"等。[2] 监察建议的提出符合一定的程序条件，监察委员会依照法定职权，根据监督、调查结果，对监察对象所在单位提出。值得注意的是，监察建议不同于一般的工作建议，其具有法律效力[3]。被提出建议的有关单位无正当理由不得拒绝履行监察建议要求其履行的义务，否则，就必须承担法律责任。一般来说，监察机关遇到下列情形时，可以提出监察建议：拒不执行法律、法规或者国家政策，应当予以纠正或者撤销的；给国家和公民个人利益造成损害的；录用、任免、奖惩决定明显不适当，应予以纠正的；依照有关法律、法规的规定，应当给予处罚的；需要完善廉政建设制度的；其他依法可以提出监察建议的情形。

---

[1] 秦前红、石泽华："基于监察机关法定职权的监察建议：功能、定位及其法治化"，载《行政法学研究》2019年第2期。

[2] 谭家超："《监察法》实施过程中监察建议的制度建构"，载《法学》2019年第7期。

[3] 中共中央纪律检查委员会、中华人民共和国国家监察委员会法规室编写：《〈中华人民共和国监察法〉释义》，中国方正出版社2018年版，第94页。

◇【法条链接】

《中华人民共和国监察法》（2018年）

第十一条 监察委员会依照本法和有关法律规定履行监督、调查、处置职责：

（一）对公职人员开展廉政教育，对其依法履职、秉公用权、廉洁从政从业以及道德操守情况进行监督检查；

（二）对涉嫌贪污贿赂、滥用职权、玩忽职守、权力寻租、利益输送、徇私舞弊以及浪费国家资财等职务违法和职务犯罪进行调查；

（三）对违法的公职人员依法作出政务处分决定；对履行职责不力、失职失责的领导人员进行问责；对涉嫌职务犯罪的，将调查结果移送人民检察院依法审查、提起公诉；向监察对象所在单位提出监察建议。

【释义】本条是关于监察委员会的具体职责的规定。

本条的立法宗旨为将监察委员会的职能以法律的形式予以明确，使监察委员会履职尽责于法有据。

【案例链接】

J省对建档立卡低收入户比对存疑信息调查核实案

2018年2月，一批建档立卡低收入户比对存疑信息，被转到了J省C市X区纪委监委手中。工作人员发现，这些信息中的许多内容，依常理推断都觉得"不对劲"。调查核实工作迅速展开。X区纪委监委工作人员通过进村入户走访当事人、调取房产信息等方式，很快摸清了相关情况。

原来，C镇H社区有2位同名同姓的C某某，只有1人属于低收入人群，在建档立卡工作中，该社区工作人员J某误把非贫困户C某某录到了扶贫系统中；X社区C某某户，其儿子儿媳已单独立户，并长期在外地工作、生活，出现此情形系该社区会计L某等人在信息采集中不够负责，未认真走访及审核户籍信息……"经过调查，这些问题是因为个别村（社区）主任、会计等人对建档立卡工作不重视，实地走访、入户调查流于形式，导致个别建档立卡低收入户资料中家庭成员、人均年收入等信息存在错误。"X区纪委监委党风政风监督室副主任M某某介绍道，相关问题共涉及11名村（社区）工作人员，且均非党员。

鉴于未产生实际后果，未对扶贫款项造成损失，X区监委坚持"惩戒与教育相结合、宽严相济"原则，对相关责任人进行诚勉谈话或批评教育，并将发现的问题及时向业务主管部门反馈，督促其加强日常监管。

"刚受到处理的时候，有的工作人员还觉得委屈，觉得自己出发点都是好的，只是不小心才犯了错误。"一位参与调查的纪检监察干部坦言，个别人还不理解地问："监委不是查贪官的么？为什么盯住这种'小事'不放？"监察委员会绝不是单纯的办案机构。监察法规定，监察委员会是行使国家监察职能的专责机关，职责是监督、调查、处置。日常监督，是监察委员会的基本职责、第一职责。

X区监委干部Z某对此感触颇深。作为一名检察院转隶干部，Z某来到监委工作只有4个月。时间虽然不长，但"监督"二字的分量已然铭刻在他的心里："以前我们都觉得自己像'重案组成员'，每天除了办案就是办案"，朱某介绍说，来到监委后自己被安排到党风政风监督部门，工作之一便是梳理一些问题线索。正是在线索梳理中，他发现，基层的很多问题其实都构不成职务犯罪或职务违法。

日常监督不仅是惩前毖后、治病救人，还能推动工作的落实。"就拿那11名工作人员来说，他们以前对精准扶贫没有太清晰的认识，以为还是像前些年那样统计填表。经过这次以后，他们在认识上态度上都转变很大，对于当地脱贫攻坚工作的推动将会起到更加积极的作用。"M某某说。

纪委监委作为党内监督、国家监察的专责机关，不仅仅是调查违纪违法犯罪行为，更要把监督作为首要职责，要做大量日常"拉拉袖子"、提个醒的工作，抓早抓小、防微杜渐，管住党员干部和公职人员从"好同志"到"阶下囚"之间的广阔领域，有效填补监督空白，防止党员干部和公职人员从小错误发展成大错，确保人民赋予的权力不被滥用。

第八章
监察权限与监察措施

监察职责的切实、有效履行需要得到相应的权限配备以及具体的措施设置。监察权限是监察职责的保障,没有监察权限,监察机关就无法对公职人员的违法犯罪行为进行查证,监察工作便难以推进,打击腐败的目的更难以实现。同时,目前规定的12种调查措施,基本与监察机关承担的职责任务相匹配,有利于监察工作的规范化、法治化。

具体而言,监察机关在初步核实程序中可以依法采取谈话、询问、查询、调取、勘验检查、鉴定措施;立案后可以采取讯问、留置、冻结、搜查、查封、扣押、通缉措施。需要采取技术调查、限制出境措施的,应当按照规定交有关机关依法执行。设区的市级以下监察机关在初步核实中不得采取技术调查措施。开展问责调查,根据具体情况可以依法采取相关监察措施。

监察机关应当加强监督执法调查工作规范化建设,严格按规定对监察措施进行审批和监管,依照法定的范围、程序和期限采取相关措施,出具、送达法律文书。

第一节 监察权限

"监察机关要有权力、有手段。没有权力和手段,这项工作做不好。"[1]这是国务院层面就监察机关所达成的共识。根据《监察法》第四章的规定,监察措施手段措施多种多样。从各国的实践来看,赋予反腐败机构充分的调查手段是国际通行做法。当然,监察委员会在行使监察权限时要强化自我监督,与审判机关、检察机关、执法部门互相配合、互相制约,防止出现"灯下黑"。

开展讯问、搜查、查封、扣押以及重要的谈话、询问等调查取证工作,应当全程同步录音录像,并保持录音录像资料的完整性。其功能在于使执纪审查人员的审查、调查活动处于监控之下,主要体现在对被审查、调查人的自由表达权、休息权等人身权利、民主权利的充分保障上,避免其被非法取证行为伤害。[2]录音录像资料应当妥善保管、及时归档,留存备查。人民检察院、人民法院需要调取同步录音录像的,监

---

[1] "李鹏同志会见苏联人民监察委员会代表团时的谈话(1989年10月21日)",载中华人民共和国监察部编:《中国监察年鉴(1987—1991)》,中国政法大学出版社1993年版,第16页。

[2] 王连敏:"如何做好执纪审查期间录音录像工作",载《中国纪检监察报》2017年12月20日。

察机关应当予以配合，经审批依法提供。

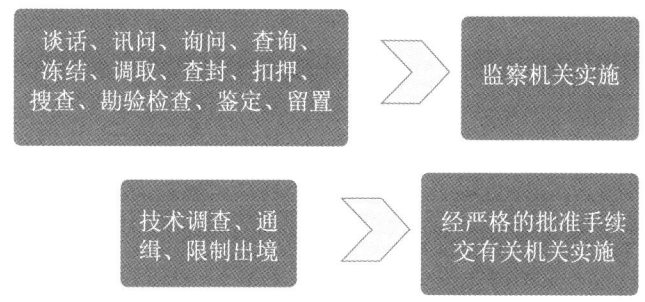

图 8-1　《监察法》规定的监察权限

一、监察权限与监察职责

监察职责，即监察机关为行使监察职能所具有的职权和责任。监察权限，即监察机关为履行职能所行使的权力和限度。监察职责是监察权限的前提和基础，而监察权限则是监察职责的具体和保障。

从功能而言，监察权限是根据监察职责的实际需要，针对不同情况相应设置的。其一，监督是首要职权，监督的对象主要是违纪行为，类似于纪委所进行的执纪监督活动。[1]主要是指对公职人员开展廉政教育，对其依法履职、秉公用权、廉洁从政从业以及道德操守情况进行监督检查。其二，调查是核心，主要是指对涉嫌贪污贿赂、滥用职权、玩忽职守、权力寻租、利益输送、徇私舞弊以及浪费国家资财等职务违法和职务犯罪进行调查核实。调查是为了获取真相，目的是为判断公职人员是否依法履职提供基础。[2]其三，处置是保障，即通过处分和制裁违法犯罪行为以保障监察机关的职权行之有效与威慑作用。为保证监察机关有效履职，《监察法》赋予了监察委员会必要的监察权限和调查手段。

从实践来看，《监察法》赋予监察机关的监察权限主要来源有四：一是对《行政监察法》所规定的措施进行调整，进而形成了《监察法》中所规定的查询、冻结等措施；二是将从反腐实践中提炼出的问询技巧纳入法定权限；[3]三是对纪委反腐所使用的"两规"进行法治化改造，形成符合法治反腐内在要求的留置措施；四是将涉及公安机关职权范围的技术调查、通缉、限制出境等措施，经审批后，交由公安机关执行，严守权力边界。就此而言，《监察法》赋予监察机关的监察权限都是实践中正在使用、比较成熟的做法，没有超出以往反腐所使用的权限，甚至更为规范。

---

[1] 叶青："监察机关调查犯罪程序的流转与衔接"，载《华东政法大学学报》2018 年第 3 期。
[2] 郑贤君："试论监察委员会之调查权"，载《中国法律评论》2017 年第 4 期。
[3] 李庚："为什么要赋予监察机关相应的监察权限——确保惩治腐败的有效性和威慑力"，载《中国纪检监察》2018 年第 6 期。

二、行使监察权限收集证据的一般原则

《监察法》第18条是关于监察机关行使监察权限收集证据的一般原则。其主要目的是从原则上确保监察机关依法行使监督、调查、处置职权，明确有关单位和个人有如实提供证据的义务。具体内容包括：

（一）收集、调取证据的权利与义务

所谓证据，是指可以用于证明案件事实的材料[1]，其是判断一个人是否违法乱纪、违法乱纪程度轻重的重要依据。证据是法律程序的灵魂，离开证据的证明作用，任何设计精巧的法律程序都将变得毫无意义。[2]作为法律程序整体所必不可少的一部分，监察程序与司法程序一样，都在证据的作用下发挥其功能。监察机关采取监察措施收集的证据材料是处置职务违法犯罪的依据。[3]因此，赋予监察机关收集、调取证据的权力对于确保其履行对职务违法和职务犯罪行为的调查职责具有重要意义。

其一，参照《刑事诉讼法》的相关规定，《监察法》所涉证据具体包括以下几种：一是物证，即能够证明案件事实和被监察对象情况的实物或者痕迹；二是书证，即证明案件事实的文字等资料，如受贿行为中监察对象与行贿人之间来往的书信等；三是证人证言，即了解案件事实的人就其了解的案件事实所作的陈述；四是被害人陈述，即直接受违纪、违法、犯罪行为侵害的人，就案件事实所作的陈述；五是被调查人供述和辩解，即调查对象就其涉嫌职务违法犯罪和案件有关情况而向监察机关所作的陈述；六是鉴定意见，即专门人员对案件中的专门性问题进行鉴定后提出的书面意见；七是勘验、检查、辨认、调查实验等笔录；八是视听资料、电子证据。

其二，监察机关有权依法向有关单位和个人了解情况，收集、调取证据。这是基于依法查明职务违法和职务犯罪事实，深入开展反腐败工作的需要。除法律另有规定以外，任何单位和个人都不得行使这一职权，而且监察机关及其工作人员除可以向有关单位和个人收集、调取证据以外，还可以向其了解情况。易言之，即使有关单位和个人掌握的资料并不足以证明案件事实，但只要与案件事实有关或者于监察机关行使调查职权有益，监察机关就可以依法要求其予以提供。关于监察机关及其工作人员在监督、调查过程中了解情况、收集证据、调取证据的具体程序和规范，《监察法》于监察权限和监察程序的有关章节中做了规定。

其三，有关单位和个人应当如实提供所了解的情况和证据。这就要求有关单位和个人在监察机关依法向其了解情况，收集、调取证据时，向监察机关客观地、真实地说明其了解的情况与提供证据。如实提供所了解的情况和证据就是要实事求是，不能隐瞒案件真相，不能拒绝提供证据，也不能伪造证据等。

---

[1] "证据"是一个中性词语，不带有真假善恶之价值倾向。何家弘：《从应然到实然——证据法学探究》，中国法制出版社2008年版，第134页。

[2] 徐继敏：《行政证据学基本问题研究》，四川大学出版社2010年版，第23页。

[3] 陆国栋："贯彻落实法治理念 严格规范监察措施适用"，载《中国纪检监察》2021年第19期。

其四，需要商请其他监察机关协助收集证据材料的，应当依法出具《委托调查函》；商请其他监察机关对采取措施提供一般性协助的，应当依法出具《商请协助采取措施函》。商请协助事项涉及协助地监察机关管辖的监察对象的，应当由协助地监察机关按照所涉人员的管理权限报批。协助地监察机关对于协助请求，应当依法予以协助配合。

（二）保守秘密与告知通知的义务

《监察法》第18条第2款是关于对涉及国家秘密、商业秘密、个人隐私的证据应当保密的规定。该款主要是对监察机关及其工作人员提出的要求。保密义务的核心问题是关于国家秘密、商业秘密、个人隐私的界定问题。如果这三个概念的内涵和外延不能得到明确界定，该义务也将受到实质性的抑制。[1]

采取监察措施需要告知、通知相关人员的，应当依法办理。告知包括口头、书面两种方式，通知应当采取书面方式。采取口头方式告知的，应当将相关情况制作成工作记录；采取书面方式告知、通知的，可以通过直接送交、邮寄、转交等途径送达，并将有关回执或者凭证附卷。无法告知、通知，或者相关人员拒绝接收的，调查人员应当在工作记录或者有关文书上记明。

（三）不得伪造、隐匿、毁灭证据

证据是认定违法、违纪事实的依据，其对于监察机关及其办案人员查明案件事实，依法正确行使监督、调查、处置职权具有十分重要的意义。因此，对于监察案件中的相关证据，不得予以伪造、隐匿、毁灭。

伪造证据可能会使监察机关及其工作人员对案件事实的认识产生偏差，从而对应当受到追究的人不予制裁，对不应当受到追究的人予以追究。

毁灭证据同样会使应当被追究责任的行为人逃避监督、调查和处置，或者造成冤假错案，使无辜的人身、财产等受到侵害。因此，为确保监察机关依法公正履行职责，任何单位和个人都不得伪造、隐匿或者毁灭证据。其中，"任何单位和个人"既包括违法乱纪的行为人，也包括行使监督、调查、处置职权的监察机关及其工作人员，还包括除此之外的其他公民、法人和社会组织。

◇ **【法条链接】**

一、《中华人民共和国国家监察法》（2018年）

第十八条 监察机关行使监督、调查职权，有权依法向有关单位和个人了解情况，收集、调取证据。有关单位和个人应当如实提供。

监察机关及其工作人员对监督、调查过程中知悉的国家秘密、商业秘密、个人隐私，应当保密。

任何单位和个人不得伪造、隐匿或者毁灭证据。

---

[1] 王锡锌："政府信息公开语境中的'国家秘密'探讨"，载《政治与法律》2009年第3期。

【释义】该条是关于监察机关行使监察权限收集证据的一般原则。

二、《中华人民共和国保守国家秘密法》(2010年)

第九条 下列涉及国家安全和利益的事项，泄露后可能损害国家在政治、经济、国防、外交等领域的安全和利益的，应当确定为国家秘密：

（一）国家事务重大决策中的秘密事项；

（二）国防建设和武装力量活动中的秘密事项；

（三）外交和外事活动中的秘密事项以及对外承担保密义务的秘密事项；

（四）国民经济和社会发展中的秘密事项；

（五）科学技术中的秘密事项；

（六）维护国家安全活动和追查刑事犯罪中的秘密事项；

（七）经国家保密行政管理部门确定的其他秘密事项。

政党的秘密事项中符合前款规定的，属于国家秘密。

【释义】本条具体规定了国家秘密的具体事项，其均符合涉及国家安全和利益的特征，涵盖政治、经济、国防、外交等各个领域。

【案例链接】检察机关收集证据的调查权

J省G某挪用公款案

2017年12月，J省W市纪委派驻第六纪检监察组在日常监督检查中发现了W市交通运输局财务处出纳会计G某挪用公款的问题线索。这个涉案金额达到数百万元的案子，日后成了J省的留置"第一案"。该案最大的一个特点就是调查全程受到严格监督，W市纪委监委用"集体会商+领导签批""部门制约+负责到人"等方式，堵住各种风险点，让调查权在制度的笼子里充分施展威力。

收到G某的问题线索，W市纪委监委决定采用初核的方式处置。在初核中，核查组严格按照审批程序，采用了查询、调取、询问、谈话4种核查手段，发现2015年5月7日至2017年10月15日期间，G某通过单位公务卡零余额账户、库存现金等，先后30余次从单位账户挪用公款700余万元。核查组经过内部集体通案，撰写形成初核报告，提出拟立案调查的处置意见，并按照完善后的"立案前会商机制"，由市纪委监委分管领导召集案管、审理、承办部门对是否符合立案条件进行审议，形成一致意见后提交市纪委监委集体研究决定，并由市纪委监委主要领导签批。

进入调查阶段，也就进入了"深水区"，很多风险点展露在眼前——非法取证、跑风漏气、权钱交易、权益保障、留置安全问题……既要充分利用调查权把案子办漂亮，还要把权力的漏洞防范住。调查一开始，专案组所有办案人员签订《保密协议》，每天在专案组组长的统一指挥安排下开展工作，专案组所有成员未经批准不得接触被调查人、涉案人员及其特定关系人，遇有打听案情、过问案情的，必须及时报告备案。整个调查过程，专案组使用了12项调查措施——谈话7次，讯问11次，询问15次，查询 31 次,冻结银行账户 3 个,调取账册和档案资料 30 余本,查封电脑 1 台,扣押银行卡、借条等相关物证,搜查办公场所和住所,对手机进行勘验检察,对 20 余本账册凭证进行了司法会计鉴定,留置 1 人,还协调公安机关使用了通缉、技术调查、限制出境等 3 种措施。

每一项调查措施都有严格的审批程序和执行办法。以查询措施为例,调查人员到银行、证券等单位查询相关信息,要按照"一查一报批"的要求,将具体调查人员和调查内容报案件监督管理室,经分管领导同意后开具查询单并登记备案;查询时必须由 2 名监委工作人员出示工作证和查询单才能进行。

大量审批手续都要报纪委监委领导签批,是否会影响办案效率?对此,工作人员回答:"我们采取繁简分流方法,按调查措施性质分类设置不同层次审批手续。既确保了审批程序严格规范,又提高了效率。"

留置期间,W 市纪委监委采取了一系列保障被调查人权益的制度和做法。比如,调查人员必须根据《被谈话(讯问)人权利义务告知书》及时告知留置对象权利义务;十分注重人性化管理,除夕夜调查人员陪同被调查人 G 某一起吃年夜饭、看央视春晚,并允许被调查人 G 某与父母通话。为了防范留置安全风险,坚持留置看护、监督、保障队伍专业化。邀请检察机关介入案情,对证据收集、法律适用以及是否符合逮捕条件等进行审查。

在整个办案过程中,案件监督管理部门、案件审理部门既积极协作配合,又是监督制约的"安全带"。案件监督管理室的监督贯穿办案全过程——立案调查前参与会商,立案后办理相关调查手续,现场监督,解除留置前了解依纪依法办案情况等。调查终结后,则由案件审理室对证据与事实认定进行审核把关。除了部门之间严丝合缝的监督,还有两个制度让办案人员感觉到"很有压力"。一个是"办案质量主办人负责制",本案明确有关纪检监察室负责人为主办人、派驻纪检监察机构负责人为协办人,对办案质量负责。另一个是"错案责任倒查问责制",如果在调查过程中出现立案依据不充分或失实、发生刑讯逼供、案件处置重大失误等情形,将严肃追究相关人员的责任。2018 年 4 月 3 日,W 市 B 区人民法院对 G 某挪用公款案当庭宣判,标志着 J 省"留置第一案"顺利办结。

第二节 语谈性监察措施

加强党内监督是马克思主义政党的一贯要求,党章也把监督执纪"四种形态"[1]

---

[1] 监督执纪"四种形态"作为党监督的一项基本制度,最早为《中国共产党党内监督条例》所确立。该条例第 7 条规定:"党内监督必须把纪律挺在前面,运用监督执纪'四种形态',经常开展批评和自我批评、约谈函询,让'红红脸、出出汗'成为常态;党纪轻处分、组织调整成为违纪处理的大多数;党纪重处分、重大职务调整的成为少数;严重违纪涉嫌违法立案审查的成为极少数。"付大峰、巢永乐:"监督执纪'四种形态'运用的规范化研究",载《党内法规理论研究》2020 年第 2 期。

作为党的纪律的重要内容。对监察机关谈话措施的规定，使监察工作与党内监督执纪"四种形态"的第一种形态相匹配，并使该形态成为法律手段，走向规范化和制度化。可见，在"全面从严治党"的语境下，谈话成了贯彻落实监督执纪"四种形态"工作要求的重要手段。同时，为保障监察机关履行好调查职务违法犯罪的职责，《监察法》还规定监察机关可采取询问和讯问措施。

一、谈话措施

监察谈话是一个以衔接党内监督执纪四种形态为主要目的，履行"教育感化、预防惩戒"政治职能的权力运行体。[1]监察机关在问题线索处置、初步核实和立案调查过程中，可以依法对涉嫌职务违法的监察对象进行谈话，要求其如实说明情况或者作出陈述。《监察法》第19条是对监察机关行使谈话措施的规定，这一规定实现了反腐实践中普遍使用的"约谈""谈话"等措施的规范化、法治化，体现了国家法治反腐的决心。其具体内容包括以下几点：

（一）谈话措施的构成要素

谈话措施在案件的整个调查过程中都是必不可少的。但谈话并非简单的对话，它关系到整个案件调查的走向与成败。因此，掌握谈话的构成，以达到谈话的良好效果和目的，在监察工作中具有重要意义。[2]

其一，为何"谈"——谈话的目的。对一般性问题线索的处置，可以采取谈话方式进行，对监察对象给予警示、批评、教育。谈话措施最早出现在1994年《中国共产党纪律检查机关案件检查工作条例》第25条，意图在于宣布立案决定和纪律，要求其正确对待组织调查，调查中应认真听取被调查人的陈述和意见，做好思想教育工作。根据该条规定可知，谈话的主要目的是端正被调查人的态度，对其进行思想教育，使其配合纪委的调查工作。[3]参照"监察工作要在运用第一种形态上多下功夫，让'红红脸、出出汗'成为常态，使监督工作有锋芒和针对性"[4]的要求，将谈话这一措施写入《监察法》，其主要目的是使监察工作与党内监督执纪"四种形态"中的第一种形态相匹配，使谈话成为一种法律手段[5]。

其二，与谁"谈"——谈话的对象。谈话的对象当然是监察对象。监察机关要履行好监督、调查、处置职责，必须从小处抓起、从日常抓起。对有可能发生职务违法的监察对象，一定要尽早依法进行谈话或者要求其说明情况，避免其步入职务违法犯罪的深渊。这既是监察机关的职责所在，又是对监察对象的爱护，同时也是监察工作惩戒与教育相结合原则的体现。

---

[1] 曾哲、丁俊文："基于法定职权的监察谈话：政治属性与法治路径"，载《时代法学》2019年第6期。

[2] 金成波、张航："国家监察视阈下谈话制度的运用与完善"，载《长白学刊》2020年第2期。

[3] 刘玫："论监察委员会的调查措施"，载《学习与探索》2018年第1期。

[4] 中共中央纪律检查委员会、中华人民共和国国家监察委员会法规室编写：《〈中华人民共和国监察法〉释义》，中国方正出版社2018年版，第126页。

[5] 吴建雄主编：《监督、调查、处置法律规范研究》，人民出版社2018年版，第114页。

其三,"谈"什么——谈话的内容。监察机关谈话应当形成谈话笔录或者记录。谈话结束后,可以根据需要要求被谈话人在 15 个工作日以内作出书面说明。被谈话人应当在书面说明每页签名,修改的地方也应当签名。监察人员要紧紧围绕违法违纪的"四个构成要件"取证,重点记录谈话对象违纪违法问题发生的背景、违纪违法问题发生的全过程(何时、何地、何人、何事、何因、何果等)、谈话对象交代的其他违法违纪事实等内容。

其四,怎么"谈"——谈话的方式。谈话应当个别进行,负责谈话的人员不得少于 2 人。谈话应当在工作地点等场所进行,明确告知谈话事项,注重谈清问题、取得教育效果。采取谈话方式处置问题线索的,经审批可以由监察人员或者委托被谈话人所在单位主要负责人等进行谈话。委托谈话的,受委托人应当在收到委托函后的 15 个工作日以内进行谈话。谈话结束后及时形成谈话情况材料,报送监察机关,必要时附被谈话人的书面说明。

(二)谈话措施的特点

根据《监察法》第 19 条之规定,对可能发生职务违法的监察对象,监察机关按照管理权限,可以直接或者委托有关机关、人员进行谈话或者要求说明情况。监察机关按照监督权限进行谈话或者要求说明情况的,要按程序报批。谈话由监察机关相关负责人或者承办部门主要负责人进行的,可以由被谈话人所在机关、组织、企业等单位党委(党组)或者纪委(纪检组)主要负责人陪同。所谓"委托有关机关、人员"是指委托被谈话人所在机关、组织、企业等单位党委(党组)主要负责人。据此,监察机关的谈话措施有以下特点:

其一,谈话措施适用时间为监察机关正在办理职务违法案件时。所谓可能发生职务违法的监察对象,是指有可靠线索和证据表明其职务行为存在违反国家法律规定的情形,但尚未得到最后证实和处理的监察对象。

其二,监察机关采取的谈话措施具有命令性,而非一般的调查行为,其是对监察对象具有一定约束力的措施。就其方式而言,通常通过直接或者委托有关机关、人员进行谈话或者要求说明情况的方式进行。如果监察对象存在拒绝或拖延谈话与说明情况、不按要求提供有关材料、提供虚假情况、掩盖事实真相、串供或者伪造、隐匿、毁灭证据等行为,其所在单位、主管部门、上级机关或者监察机关可以责令其改正;构成犯罪的,应当依法追究其刑事责任。

其三,"被监察者权利的保障与监察者权力的运用具有同等重要性,两者在实践上应当协调实现,不应片面强调其中一方而牺牲另一方"。[1]监察机关采取谈话措施对涉嫌职务违法与犯罪的监察对象的影响极为明显。因此,监察机关在采取谈话措施时应当严格遵照法律规定的条件和程序进行。

其四,监察机关开展初步核实工作,一般不与被核查人接触;确需与被核查人谈

---

[1] 童之伟:"对监察委员会自身的监督制约何以强化",载《法学评论》2017 年第 1 期。

话的,应当按规定报批。监察机关对涉嫌职务违法的被调查人立案后,可以依法进行谈话。但与被调查人首次谈话时,应当出示《被调查人权利义务告知书》,由其签名、捺指印。被调查人拒绝签名、捺指印的,调查人员应当在文书上记明。与被调查人进行谈话,应当合理安排时间、控制时长,保证其饮食和必要的休息时间。

其五,对于被调查人未被限制人身自由的,应当在首次谈话时出具《谈话通知书》。与涉嫌严重职务违法的被调查人进行谈话的,应当全程同步录音录像,并告知被调查人。告知情况应当在录音录像中予以反映,并在笔录中记明。立案后,与未被限制人身自由的被调查人谈话的,应当在具备安全保障条件的场所进行。调查人员按规定通知被调查人所在单位派员或者被调查人家属陪同被调查人到指定场所的,应当与陪同人员办理交接手续,填写《陪送交接单》。

其六,调查人员与被留置的被调查人谈话的,按照法定程序在留置场所进行。与在押的犯罪嫌疑人、被告人谈话的,应当持以监察机关名义出具的介绍信、工作证件,商请有关案件主管机关依法协助办理。与在看守所、监狱服刑的人员谈话的,应当持以监察机关名义出具的介绍信、工作证件办理。

其七,谈话笔录应当在谈话现场制作。笔录应当详细、具体,如实反映谈话情况。笔录制作完成后,应当交给被调查人核对。被调查人没有阅读能力的,应当向其宣读。笔录记载有遗漏或者差错的,应当补充或者更正,由被调查人在补充或者更正处捺指印。被调查人核对无误后,应当在笔录中逐页签名、捺指印。被调查人拒绝签名、捺指印的,调查人员应当在笔录中记明。调查人员也应当在笔录上签名。

其八,被调查人请求自行书写说明材料的,应当准许。必要时,调查人员可以要求被调查人自行书写说明材料。被调查人应当在说明材料上逐页签名、捺指印,在末页写明日期。对说明材料有修改的,在修改之处应当捺指印。说明材料应当由2名调查人员接收,在首页记明接收的日期并签名。

(三)关于监察机关采取委托方式进行谈话的情形

根据办案需要,监察机关通过法定程序,可以采取委托方式进行谈话。

其一,委托的范围。就其地位而言,监察机关与其他国家机关并列,具有独立性,专司国家监察职能。以委托方式进行谈话时,监察机关必须在其管理权限内予以委托,不得越权委托。

其二,委托的事项。监察机关的委托事项是与监察对象进行谈话或者要求说明情况。谈话是以往各级纪委常用的工作方式,具体包括教育提醒谈话、诫勉谈话、任前廉政谈话、信访谈话、谈话函询以及组织调查谈话等六种。其中,教育提醒谈话是指监察机关针对被监察对象思想上的不良倾向,工作生活中的违纪违法苗头,党性、党风、党纪、政纪等方面的轻微问题进行谈话。信访谈话是指要求被监察对象对群众举报反映的问题当面向监察机关解释清楚,监察机关根据情况进行适当教育。诫勉谈话是指在谈话中听取谈话对象对有关问题的解释和说明,并通过谈话进行告诫、劝勉,向其郑重指出存在的问题,促使其在规定的期限内改正错误。谈话函询是指监察机关在接到对公职人员或有关人员的职务违法行为的举报或是反映后,应当及时与该人员进行谈话,核实有关情况。组织调查谈话是指要求被监察对象在规定的时间、规定的地点配合监察机关调查,谈清楚相关问题。监察机关经过调查、立案等程序,认为监察对象确有职务违法、犯罪行为的,可以依法追究相应责任。

其三,委托书的具体要求。首先,监察机关委托有关机关、人员进行谈话或者要求说明情况,应当出具相应的委托书,说明职务违法案件的简要情况、委托的事项以及委托的内容、方式、措施等。参照1992年颁布的《监察机关在调查处理政纪案件中相互协作配合的规定》,监察机关委托有关机关、人员调查时首先必须出具委托书。委托书应注明委托事项的内容,涉及的单位、人员,目的和要求及委托单位的负责人、承办人等。委托书须以机要信函、电传等方式送达。其次,受委托机关、人员应当在收到委托书次日起1个月内将委托调查事项办理完毕,并将办理结果回复委托监察机关;因故确实不能办理或者延期办理的,应向委托监察机关说明理由。

二、讯问措施

《监察法》针对不同的案件类型对监察措施进行了分类安排,突出表现为对职务违法和职务犯罪的调查区分适用不同的措施,某些表现出典型强制属性的措施只能在职务犯罪案件调查中适用,而不能适用于调查职务违法,讯问措施即属此类。[1]监察机关对涉嫌职务犯罪的被调查人,可以依法进行讯问,要求其如实供述涉嫌犯罪的情况。《监察法》第20、21条具体规定了讯问措施的条件和内容:在调查过程中,可以要求被调查人作出陈述,必要时向被调查人出具书面通知。第21条规定:在调查过程中,监察机关可以询问证人等人员。这两条是关于国家监察机关在调查过程中行使询问、讯问措施的规定。

(一)调查过程

《监察法》第20、21条所称的调查过程,是指监察机关依法对国家公职人员和有关人员违反相关法律法规、党纪政纪以及道德操守规范等行为,经过立案程序,查清事实、收集证据,证实其违法违纪,提出追究其相应责任或移交检察机关依法提起公诉的一项监察活动。监察机关行使的调查权不同于刑事侦查权,也不能与司法机关的强制措施相等同。因为监察机关是国家权力机关设立的专责反腐败工作机构,反腐败针对的职务犯罪不同于一般的刑事犯罪,因此监察机关对于职务犯罪的调查手段也不同于一般刑事犯罪的侦查权。除此之外,监察机关作为反腐败工作机构,不仅仅对职务犯罪予以调查,还可以对职务违法行为、违纪行为以及道德操守行为予以调查,[2]其所管辖的范围远大于一般刑事犯罪,因此其所适用的调查措施也就不同于一般刑事侦查措施。

---

[1] 梁坤:"纪检监察措施分类适用的法规范解读",载《法学》2019年第3期。
[2] 汪海燕:"监察制度与《刑事诉讼法》的衔接",载《政法论坛》2017年第6期。

(二) 收集被调查人陈述

《监察法》第 20 条所称的陈述，是指被调查人就职务违法案件的事实经过、涉嫌违法行为以及本人对错误的认识态度等，向监察机关案件调查人员所做的口头或书面的交代或说明。要求被调查人作出陈述主要是出于两方面考虑：其一，其陈述可以为监察机关调查该职务违法案件提供线索，发现新的违法问题和人员，避免片面地收集证据。其二，从整个反腐败案件的办案流程考虑，我国目前的反腐败侦查手段相对比较简单，在很大程度上还依赖犯罪嫌疑人和被告的口供。[1]没有违法者本人的陈述，调查人员很难明确案件事实，甚至在某些情况下仅根据物证、书证等证据来判断案情，可能会把查案引入歧途。这对于查清案情是十分不利的，因此必须要重视对被调查人陈述的收集，其陈述有利于尽量避免事实虚假性。[2]

为了便于监察机关收集被调查人陈述，《监察法》第 20 条还规定监察机关在"必要时向被调查人出具书面通知"。即要求其在指定的时间、地点就调查事项涉及的问题作出陈述的通知。这种书面通知一般是带有强制性的，因此只能由监察机关依法行使，任何企业、事业单位内部设立的监察机构在履行职责的过程中都无权采取这项措施。与此同时，监察机关在行使此项权限时也应注意一定事项。具体包括：其一，监察机关只能在调查职务违法案件时采取这项措施，即被出具书面通知的人员必须是监察机关的监察对象。此外，该人员必须有职务违法的嫌疑，对于了解案件情况的知情人、证人或者非监察对象，均不得向其出具要求作出陈述的书面通知。其二，监察机关只能在"必要时"采取这项措施。"必要时"通常是指出现有职务违法嫌疑的监察对象拒绝或者有意拖延接受监察机关的调查或者其他有可能影响监察机关查办案件的情况。

(三) 对被调查人供述的收集

《监察法》第 20 条所称的陈述，是指被调查人就其涉嫌职务犯罪案件的情况所作的陈述，包括承认有罪的供认和检举同案其他人犯罪的陈述。为方便理解，有必要将其与供述进行区分。具言之，陈述与供述主要存在以下区别：其一，主体不同。陈述的主体是涉嫌职务违法的被调查人，而供述的主体是涉嫌贪污贿赂、失职渎职等职务犯罪的被调查人。其二，客体不同。陈述的客体主要是被调查人涉嫌职务违法的行为，而供述的客体主要是被调查人涉嫌职务犯罪的情况。其三，产生场域不同。被调查人

---

[1] 杨宇冠主编：《我国反腐败机制完善与联合国反腐败措施》，中国人民公安大学出版社 2007 年版，第 54 页。

[2] 重视对被调查人陈述的收集，并非意味着"非口供就不算破案"。从我国刑事侦查实践来看，在很长一段时间内，侦查人员将嫌疑人的陈述看得尤其重要，获得嫌疑人的陈述几乎成了侦查讯问的唯一目的，为了获取嫌疑人的陈述，甚至可以不择手段，造成嫌疑人人身伤亡的恶性事件。当然，《刑事诉讼法》的修改对这方面进行了完善，尤其是非法证据排除规则的建立更是极大地避免了此类事件的再次发生。因此，监察机关在收集被调查人陈述时，应当严守法律边界，不得"刑讯逼供"。吴宏耀："侦查讯问制度研究"，载《中国刑事法杂志》2001 年第 5 期。

的陈述主要产生于监察机关对被调查人所采取的谈话、询问等调查措施当中,而供述则主要产生于监察机关对被调查人的讯问当中。由于谈话、询问等调查措施相较于讯问措施强制力较低,一般仅适用于涉嫌职务违法的被调查人,而对于涉嫌职务犯罪的被调查人,则要适用讯问的调查措施。

(四) 讯问的程序

基于正当程序原则之拘束,作为监察措施的讯问必须遵循法定程序。

其一,讯问被留置的被调查人,应当在留置场所进行。调查人员的提问应当与调查的案件相关,被讯问人对调查人员的提问应当如实回答。需要注意的是,讯问笔录是检察机关审查起诉、人民法院刑事审判的重要证据,必须符合以审判为中心的诉讼制度改革关于证据的要求。[1]因而调查人员对被讯问人的辩解,应当如实记录,认真查核;讯问时,应当告知被讯问人将进行全程同步录音录像,告知情况应当在录音录像中予以反映,并在笔录中记明。

其二,讯问应当个别进行,调查人员不得少于 2 人。首次讯问时,应当向被讯问人出示《被调查人权利义务告知书》,由其签名、捺指印。被讯问人拒绝签名、捺指印的,调查人员应当在文书上记明。被讯问人未被限制人身自由的,应当在首次讯问时向其出具《讯问通知书》。

其三,讯问一般按照下列顺序进行:①核实被讯问人的基本情况,包括姓名、曾用名、出生年月日、户籍地、身份证件号码、民族、职业、政治面貌、文化程度、工作单位及职务、住所、家庭情况、社会经历,是否属于党代会代表、人大代表、政协委员,是否受到过党纪政务处分,是否受到过刑事处罚等;②告知被讯问人如实供述自己罪行可以依法从宽处理和认罪认罚的法律规定;③讯问被讯问人是否有犯罪行为,让其陈述有罪的事实或者无罪的辩解,应当允许其连贯陈述。

三、询问措施

监察机关按规定报批后,可以依法对证人、被害人等人员进行询问,了解核实有关问题或者案件情况。询问是收集证据的重要手段。询问与另两项语谈性监察措施的差异主要体现在适用对象上:对初核对象、被调查对象适用监察谈话,对初核对象、被调查对象之外的所有了解或知悉案件事实的知情人则适用询问措施。[2]询问与讯问最本质的区别就在于,讯问针对的对象是立案后涉嫌职务犯罪的被调查人,而询问所针对的对象是证人、被害人及其他有关人员等。《监察法实施条例》对询问证人作了明确规定,并明确询问被害人,适用询问证人的规定。

(一) 询问证人的必要性

证人是指知道案件事实情况并有义务向监察机关及其工作人员提供证言的人。在

---

[1] 王中胜:"谈话、讯问、询问三项措施有何不同",载《中国纪检监察》2018 年第 12 期。
[2] 安仲伟:"法治视域下纪检监察谈话制度的完善",载《中共青岛市委党校 青岛行政学院学报》2021 年第 4 期。

我国,除因生理上、精神上有缺陷或者年幼而不能辨别是非、不能正确表达意志的人以外,凡是知道案件情况的人都有作证的义务。[1]证人证言是认定行为人违法违纪的一种重要证据,其对于查清案件事实具有重要作用。在职务违法、职务犯罪以及违纪案件中,一般较少会出现书面证据,案件调查多依靠言词证据,因此对于案件相关人员的询问则显得至关重要。如在贪污贿赂案件中,由于贿赂行为涉及双方,贿赂事实的认定必须要有双方的言词证据作为支撑,因而监察机关对相关人员依法运用询问措施十分必要。

(二) 询问证人的程序

虽然监察机关出于侦破案件的需要可以对证人等人员采取询问措施,但是其必须遵循法定程序。具体包括:

其一,负责询问的调查人员应当秉持依法、全面、客观之原则,并依法表明身份;询问证人等人员还应当执行内部审批程序。如询问同级党委管理的干部,必须层报监委主任批准,询问普通涉案人员,必须层报分管副主任审批。

其二,负责询问的调查人员不得少于2人。首次询问时,应当向证人出示《证人权利义务告知书》,由其签名、捺指印。证人拒绝签名、捺指印的,调查人员应当在文书上记明。证人未被限制人身自由的,应当在首次询问时向其出具《询问通知书》。

其三,询问证人等人员应当个别进行,如果证人等人员要求对原证作部分或者全部更改,可允许在注明更改原因的情况下另行说明,但不退还原证;询问证人等人员不得超过当日24时。

其四,询问可以在证人或者有关人员所在单位、住处或者其提出的地点进行,必要时也可以通知证人等人员到监察机关提供证言。证人未被限制人身自由的,可以在其工作地点、住所或者其提出的地点进行询问,也可以通知其到指定地点接受询问。到证人提出的地点或者调查人员指定的地点进行询问的,应当在笔录中记明。调查人员认为有必要或者证人提出需要由所在单位派员或者其家属陪同到询问地点的,应当办理交接手续并填写《陪送交接单》。询问时,应当核实证人身份,问明证人的基本情况,告知证人应当如实提供证据、证言,以及作伪证或者隐匿证据应当承担的法律责任。不得向证人泄露案情,不得采用非法方法获取证言。询问重大或者有社会影响案件的重要证人,应当对询问过程全程同步录音录像,并告知证人。告知情况应当在录音录像中予以反映,并在笔录中记明。

其五,询问未成年人,应当通知其法定代理人到场。无法通知或者法定代理人不能到场的,应当通知未成年人的其他成年亲属或者所在学校、居住地基层组织的代表等有关人员到场。询问结束后,由法定代理人或者有关人员在笔录中签名。调查人员应当将到场情况记录在案。询问聋、哑人,应当有通晓聋、哑手势的人员参加。调查人员应当在笔录中记明证人的聋、哑情况,以及翻译人员的姓名、工作单位和职业。

---

[1] 陈瑞华:"论证人证言规则",载《苏州大学学报(哲学社会科学版)》2012年第2期。

询问不通晓当地通用语言、文字的证人，应当有翻译人员在场。询问结束后，由翻译人员在笔录中签名。

（三）义务和权利保障

《监察法实施条例》规定了证人等"都有如实作证的义务"，同时规定了证人等相关权利的保障机制。

其一，凡是知道案件情况的人，都有如实作证的义务。对故意提供虚假证言的证人，应当依法追究法律责任。证人或者其他任何人不得帮助被调查人隐匿、毁灭、伪造证据或者串供，不得实施其他干扰调查活动的行为。

其二，证人、鉴定人、被害人因作证，本人或者近亲属人身安全面临危险，向监察机关请求保护的，监察机关应当受理并及时进行审查；对于确实存在人身安全危险的，监察机关应当采取必要的保护措施。监察机关发现存在上述情形的，应当主动采取保护措施。监察机关可以采取下列一项或者多项保护措施：①不公开真实姓名、住址和工作单位等个人信息；②禁止特定的人员接触证人、鉴定人、被害人及其近亲属；③对人身和住宅采取专门性保护措施；④其他必要的保护措施。

其三，依法决定不公开证人、鉴定人、被害人的真实姓名、住址和工作单位等个人信息的，可以在询问笔录等法律文书、证据材料中使用化名。但是，应当另行书面说明使用化名的情况并标明密级，单独成卷。

◇【法条链接】

《中华人民共和国监察法》（2018年）

第十九条 对可能发生职务违法的监察对象，监察机关按照管理权限，可以直接或者委托有关机关、人员进行谈话或者要求说明情况。

【释义】该条是关于监察机关运用谈话措施对可能发生职务违法的监察对象进行处理的规定。

第二十条 在调查过程中，对涉嫌职务违法的被调查人，监察机关可以要求其就涉嫌违法行为作出陈述，必要时向被调查人出具书面通知。

对涉嫌贪污贿赂、失职渎职等职务犯罪的被调查人，监察机关可以进行讯问，要求其如实供述涉嫌犯罪的情况。

【释义】该条是关于监察机关在调查过程中行使讯问措施的规定。

第二十一条 在调查过程中，监察机关可以询问证人等人员。

【释义】该条是关于监察机关在调查过程中行使询问措施的规定。

【案例链接】

案例1：某煤炭企业党委书记、董事长G某涉嫌贪污贿赂和失职渎职案

S省纪委监委接到举报，某煤炭企业党委书记、董事长G某涉嫌贪污贿赂和失职渎职，纪委监委进行了初核后，按程序报批，对 G 某进行讯问。

G 某刚被带进留置点时心情沉重，铁了心"死不开口"。

调查人员并没有咄咄逼人，一直娓娓道来，对他很尊重，并且设身处地地帮他分析出路，合理安排讯问时间和时长，提讯时该吃饭就吃饭，该休息就休息，不搞疲劳提审、熬夜提审，时刻关注他的身体和情绪，还赴外地为 G 某购买治疗心脏的特效药物。

几天的讯问下来，G 某的心理防线动摇，开始交代自己的问题，不仅交代了收受 D 某名表、字画和翡翠挂件等贵重物品的细节，还主动交代了组织不掌握的他在违规提拔任用干部、承揽工程项目等方面收受多人钱款的事实。

调查人员按图索骥，收集相关书证物证，很快就形成了相互印证、完整稳定的证据链。调查期间，G 某结合自身违纪违法事实撰写了一万多字的忏悔录，深刻反省自己走上违法犯罪道路的原因。

讯问是调查人员为了获取涉嫌职务犯罪的被调查人的陈述，依照法定程序通过言词等方式进行提问并加以固定的一种调查措施。只有涉嫌贪污贿赂等职务犯罪，且被监委立案、留置之后才能对被调查人进行讯问。本案例中的 G 某就是因为涉嫌贪污贿赂和失职渎职等职务犯罪问题才被带进留置点进行讯问的。这里面的关键是把握罪与非罪的界限，对非职务犯罪的对象不能进行讯问，对涉嫌职务犯罪的被调查人也不能以谈话代替讯问。同时，监察机关的讯问不同于司法机关的讯问，监察机关面对的被调查人不等于犯罪嫌疑人，询问首先是组织同个人之间的一种交流方式，体现的是对公权力的监督。换句话说，监察机关和被调查人之间是一对辩证的"矛盾"关系，虽然表面上是对立的，但实际上却为了维护公权力的廉洁，通过监察机关讯问这种形式，查清问题，帮助被调查对象改正、改错和改造，是一种对立统一的辩证关系。这就必须坚持以人为本、实事求是，本着对党、国家、人民高度负责的态度，对工作对象、对自己高度负责的态度，严、实、深、细做好讯问工作，特别是避免为取得口供、撬开嘴巴而不择手段的倾向，把严管厚爱、治病救人融于其中，守住不发生重大安全事故的底线和红线。

案例2：某社区原书记 Z 某涉嫌受贿案

H 市 J 区纪委监委在调查该区某社区原书记 Z 某涉嫌受贿案时发现，Z 某持有 A 公司 10% 的股份。虽然在讯问过程中 Z 某一再强调这些股份是自己实际出资所得，但从已掌握的信息来看，这 10% 的股份很可能是 Z 某所收受的干股，是其以领取分红之名行受贿之实。

经区纪委监委相关负责人批准，调查组迅速对该公司股东 S 某、W 某、C 某三名知情人展开询问，针对每个人不同的特点及时调整策略、各个击破。

后来调查得知，Z 某与 S 某、W 某、C 某三人曾定下"攻守同盟"，在 Z 某被留置后的第二天，S 某等三人就专门开了会，约定按照事前商议的口径对向 Z 某行贿的事实予以掩盖。在调查人员的强大攻势下，S 某还提供了公司向 Z 某分红的"小账"。

面对大量的不可辩驳的事实和证据，Z 某的心理防线被彻底击破，如实向调查组交代了其收受 A 公司 10%干股并获得分红款 120 万元的事实。同时，S 某、W 某、C 某因向组织坦白交代相关问题，如实提供证人证言，得到了从轻处理。

在行贿、受贿类案件中，由于贿赂行为是涉及双方的，因此贿赂事实的认定必须要有双方的言词证据。贿赂行为较少会产生书面证据，即使有网络转账、银行转账等书面证据，要证明这笔钱属于什么性质的钱，是经济往来还是贿赂款项，也是需要双方的言词证据的。

本案例中，Z 某收受干股属于受贿行为。S 某、W 某、C 某涉嫌行贿并隐匿证据。在调查过程中，S 某、W 某、C 某及时纠正了错误行为，向组织坦白交代相关问题，提供了真实的证人证言和相关证据，最后获得了从轻处理。值得注意的是，不同于被调查人，相关人员在接受询问前掌握的信息相对丰富，甚至存在串供、作伪证的可能。因此，从某种程度上讲，对相关人员的询问考验着调查人员的谈话水平和掌握证据的扎实程度。这就需要调查人员在询问相关人员之前，对他们身份、性格、行为、动机等情况做出精准的分析，对可能出现的各种情况做好充分预案。

第三节　技术性监察措施

监察机关按规定报批后，可以依法对与违法犯罪有关的场所、物品、人身、尸体、电子数据等进行勘验检查。勘验检查与鉴定均为技术性监察措施。其中，勘验检查是一种运用科学方法和专门知识对案情进行查明的手段，有助于提高调查效率及调查准确程度。鉴定解决的是案件中的专门性问题，可以对案件实施作出科学性的判断，帮助准确查明案情。勘验检查和鉴定这两种措施都依赖于专门人士的专业知识，填补监察人员在某些专门领域的不足。技术调查措施针对的是涉嫌重大贪污贿赂等职务犯罪，须经过严格的批准手续才可以采取。这种措施依托现代科学技术和设备，能有效应对腐败行为隐蔽性强、证据稀缺等难题。

一、勘验检查

勘验检查是监察机关常用的一种调查手段，主要用于对与案件事实可能有关联的血迹、指纹、足迹、字迹、毛发、体液、人体组织等痕迹和物品的鉴别、提取和检查。[1]这项调查活动对于及时发现和固定证据具有重要意义。作为一种调查措施，勘验检查必须严格遵守法律关于其使用主体、范围等程序性的规定，以保护公民的合法权益不受侵犯。

（一）勘验检查的主体

根据《监察法实施条例》第 137 条之规定，依法需要勘验检查的，应当制作《勘验检查证》；需要委托勘验检查的，应当出具《委托勘验检查书》，送具有专门知识、

---

[1]　孔令勇："刑事人身物证同一认定鉴定意见审查判断规则研究"，载《中国司法鉴定》2015 年第 2 期。

勘验检查资格的单位（人员）办理。因此，勘验检查主体分两类：第一类调查人员是监察机关的工作人员，即切实履行监督、调查和处置职责的工作人员，其作出的勘验检察行为是基于监察机关的职务授权。调查人员在整个监督、调查和处置过程中必须坚持遵守国家宪法和法律，保持清正廉洁、秉公执法，忠于职守，保守国家秘密。第二类是监察机关指派、聘请的具有专门知识、资格的人员。在某些情况下，采用一般的侦查措施可能难以得出正确结论，必须借用一定科学方法和专门知识才能查明案件情况。因此，允许具有专门知识的人参与到勘验、检查活动有助于查明案情，保证勘验检查结果的可靠性和科学性。此类人员本身并不具备国家公职人员身份。

（二）勘验检查的具体措施

《监察法》第26条只是笼统地规定了监察机关可以进行勘验检查，但并没有明确勘验检查的具体措施。根据《刑事诉讼法》以及相关法律法规的规定，勘验检查的具体措施包括：现场勘验、尸体检验、物证和书证检验、人身检查等。

其一，"现场勘验"是指监察人员或者监察机关指派、聘请的具有专门知识、资格的人员在监察人员的主持下对案发场所、地点和其他可能留存有违法、犯罪痕迹与物品的场所进行的专门性调查。参照《刑事诉讼法》第129条的规定，为了保证现场勘验、检查的顺利进行，防止现场被破坏和证据的灭失，必须及时保护现场。故规定任何单位和个人都有保护违法、犯罪现场的义务。

其二，"尸体检验"即尸检，是指监察人员或者监察机关指派、聘请的具有专门知识、资格的人员在监察人员的主持下对已经死亡的有机体进行解剖查验以确定真正死亡原因的一种手段或活动。其是法医学检验中的重要过程和程序，目的是确定有机体死亡原因，分析其死亡性质，为判断案件性质、监察调查程序乃至审判程序提供科学依据和证据支持。主要包括一般的尸体外表检察、尸体解剖检察、特殊情况下的尸体检验、机械性窒息死的尸体检验、急死的尸体检验、无名尸体检验、取样、化验等。尸体检验必须及时进行。对于死因不明的尸体的检验，从理论上讲，监察机关有权决定进行解剖，但是同时需要死者家属到场。[1]

其三，"物证、书证检验"是指监察人员或者监察机关指派、聘请的具有专门知识、资格的人员在监察人员的主持下对监察调查过程中获得的物品、痕迹和书证进行检察、验证。

其四，"人身检查"是指为了确定被害人或被调查人的某些特征、伤害情况或者生理状态，由监察人员或者监察机关指派、聘请的具有专门知识、资格的人员在监察人员的主持下对其人身进行检查的一种活动。必要时可以聘请法医或者医师进行人身检查。检查女性身体，应当由女性工作人员或者医师进行。被调查人拒绝检查的，可以依法强制检查。"人身检查"与"尸体检验"不同，其针对的是活人的身体，主要包括职务违法或职务犯罪的被调查人或犯罪嫌疑人，以及受害人或被害人。人身检查不

---

[1] 王泓杰："对交通肇事案中的死者进行'全面尸检'的必要性及措施"，载《犯罪研究》2014年第4期。

得采用损害被检查人生命、健康或者贬低其名誉、人格的方法。对人身检查过程中知悉的个人隐私,应当严格保密。"人身搜查"和"人身检查"也是有区别的:①目的不同。监察机关或者其指派、聘请的具有专门知识、资格的人进行人身检查是为了确定被调查人或者犯罪嫌疑人的某些生理特征或状态。[1]而人身搜查是为了收集可能被隐匿的涉及被调查人或者犯罪嫌疑人的证据。②主体不同。人身检查可由监察机关或者受其指派、聘请的具有专门知识、资格的人进行,而搜查只能由监察人员进行。③是否需要令状不同。《监察法》第24条第1款规定:"在搜查时,应当出具搜查证件。"而对于人身检查是否需要令状并没有作出规定。值得注意的是,对妇女身体的检查应当由女性工作人员或者医师来进行。这一规定体现了国家对妇女的特殊保护[2],也能够防止在监察检查过程中发生不必要的误解,保证监察检查活动的有序、合法进行。

(三) 勘验检查笔录

勘验检查应当由两名以上调查人员主持,邀请与案件无关的见证人在场。勘验检查情况应当制作笔录。《监察法》第26条规定:"……勘验检查的情况应当制作笔录,由参加勘验检查的人员和见证人签名或者盖章。"此规定有以下要义:

其一,勘验检查应当制作笔录,[3]即勘验检查人员应当将有关勘验检查的情况写成笔录。"勘验检查情况"包括勘验、检查的主体、时间、地点、对象、程序、经过、结果、使用的科学方法和工具、计算程式等。现场勘验笔录应当记录以下主要信息:现场地点、方位、周围环境、保护情况;勘验、检查的起止时间,现场组织指挥人员,天气、光线条件;与犯罪有关的痕迹和物品的名称、部位、数量、形状、分布等情况;尸体的位置、衣着、姿势、损伤、血迹分布、形状和数量;提取痕迹,物证,扣押物品的情况;制图、照相、录像、录音的数量和时间。尸体检验笔录由进行检验的法医或医师制作,反映尸体检查、提取检材情况和结果,对于无名尸体,还应记载其相貌特征,生理、病理特征,携带物品等特征,以便日后确认其身份。人体检查笔录应当写明检查过程和结果。勘验检查笔录应当坚持实事求是,针对上述项目做出详细记录以待备案查询。

其二,勘验检查笔录必须由参加勘验检查的人员和见证人签名或者盖章。其中"勘验检查的人员"包括监察机关的工作人员和受监察机关指派、聘请的具有专门知识、资格的人员。勘验检查人员和见证人都需要在笔录上签字或盖章。见证制度是对监察措施进行外部监督的体现。[4]如此规定,既是为了使勘验检查笔录具有证明力,

---

[1] 杨开湘、余蓝:"人身检查概念之检讨",载《时代法学》2010年第1期。
[2] 高崇慧、刘博:"男女平等与保护妇女合法权益探析",载《云南大学学报(法学版)》2006年第1期。
[3] 陈刚:"刑事勘验、检查笔录的科学定义及分类",载《中国人民公安大学学报(社会科学版)》2016年第1期。
[4] 梁坤:"纪检监察措施分类适用的法规范解读",载《法学》2019年第3期。

又是为了监督和规范勘验检查行为,防止伪造、串造、涂改勘验检查结果,以确保正确、合法、合规地处理案件。

其三,签名和盖章具有同等的法律效力,即签名和盖章取其一即可。但在监察实务中,一般会采取签名加盖章的方式以确保其严肃性和准确性。

其四,勘验检查现场、拆封电子数据存储介质应当全程同步录音录像。对现场情况应当拍摄现场照片、制作现场图,并由勘验检查人员签名。

(四) 调查实验与组织辨认

基于查明案件事实的需要,在特定情形下,监察机关可以采取调查试验和组织辩论措施。

其一,调查实验。为查明案情,在必要的时候,经审批可以依法进行调查实验。调查实验,可以聘请有关专业人员参加,也可以要求被调查人、被害人、证人参加。进行调查实验,应当全程同步录音录像,制作调查实验笔录,由参加实验的人签名。进行调查实验,禁止一切足以造成危险、侮辱人格的行为。

其二,组织辨认。调查人员在必要时,可以依法让被害人、证人和被调查人对与违法犯罪有关的物品、文件、尸体或者场所进行辨认;也可以让被害人、证人对被调查人进行辨认,或者让被调查人对涉案人员进行辨认。具体要求有四:①辨认工作应当由2名以上调查人员主持进行。在辨认前,应当向辨认人详细询问辨认对象的具体特征,避免辨认人见到辨认对象,并告知辨认人作虚假辨认应当承担的法律责任。几名辨认人对同一辨认对象进行辨认时,应当由辨认人个别进行。辨认应当形成笔录,并由调查人员、辨认人签名。②辨认人员时,被辨认的人数不得少于7人,照片不得少于10张。辨认人不愿公开进行辨认时,应当在不暴露辨认人的情况下进行辨认,并为其保守秘密。③组织辨认物品时一般应当辨认实物。被辨认的物品系名贵字画等贵重物品或者存在不便搬运等情况的,可以对实物照片进行辨认。辨认人进行辨认时,应当在辨认出的实物照片与附纸骑缝上捺指印予以确认,在附纸上写明该实物涉案情况并签名、捺指印。辨认物品时,同类物品不得少于5件,照片不得少于5张。对于难以找到相似物品的特定物,可以将该物品照片交由辨认人进行确认后,在照片与附纸骑缝上捺指印,在附纸上写明该物品涉案情况并签名、捺指印。在辨认人确认前,应当向其详细询问物品的具体特征,并就确认过程和结果形成笔录。④辨认笔录具有下列情形之一的,不得作为认定案件的依据:一是辨认开始前使辨认人见到辨认对象的;二是辨认活动没有个别进行的;三是辨认对象没有混杂在具有类似特征的其他对象中,或者供辨认的对象数量不符合规定的,但特定辨认对象除外;四是辨认中给辨认人明显暗示或者存有明显指认嫌疑的;五是辨认不是在调查人员主持下进行的;六是违反有关规定,不能确定辨认笔录真实性的其他情形;七是辨认笔录存在其他瑕疵的,应当结合全案证据审查其真实性和关联性,作出综合判断。

二、鉴定

《监察法》第27条规定:"监察机关在调查过程中,对于案件中的专门性问题,可以指派、聘请有专门知识的人进行鉴定。鉴定人进行鉴定后，应当写出鉴定意见，并且签名。"鉴定时应当出具《委托鉴定书》，由 2 名以上调查人员送交具有鉴定资格的鉴定机构、鉴定人进行鉴定。

（一）鉴定目的

鉴定是为了查明和解决案件中的专门性问题。运用鉴定措施首先要坚持目标导向，紧紧围绕调查取证这一目的来开展。[1] 根据法律规定，鉴定通常包括以下种类：法医类鉴定、精神病鉴定、刑事技术鉴定、会计鉴定、技术鉴定、价格鉴定、文物鉴定、珍稀动植物及其制品鉴定、违禁品和危险品鉴定和电子数据鉴定等。其中，法医类鉴定、物证类鉴定和声像资料鉴定等是最为常见的鉴定。在监察实务中，某些案件常常会遇到一些专门性问题，为了准确把握案情，进而合法合规地处置案件，就必须运用专门知识、技术和经验对案件的某些事实作出合乎科学与法律的判断。

（二）鉴定主体

鉴定主体也被称作鉴定人，是具有专门知识且经过监察机关指派或者聘请的就专门性事实问题进行鉴别的人。其中"专门知识"尤指法医学、生物指纹、枪体弹道等某一专门性研究领域的理论和经验。鉴定措施需有专业技术支持，从目前试点地区的实践情况来看，鉴定措施主要以相关机关协助执行为主，而非由监察委自身建立专业部门执行。[2]

其一，监察鉴定与司法鉴定不同，二者既有区别也有联系。其相同点是，二者具有相同或者相近的鉴定种类、鉴定方法、鉴定程序等等；而区别在于鉴定人的指派、聘请机关不同，鉴定人作出的鉴定意见的法律效力具有差异。[3]

其二，关于监察鉴定人的主体资格问题，可以参照和比对司法鉴定人资格加以掌握和理解。依据《全国人民代表大会常务委员会关于司法鉴定管理问题的决定》第 4 条的规定，司法鉴定人需要具备下列条件之一：一是具有与所申请从事的司法鉴定业务相关的高级专业技术职称；二是具有与所申请从事的司法鉴定业务相关的专业执业资格或者高等院校相关专业本科以上学历，从事相关工作 5 年以上；三是具有与所申请从事的司法鉴定业务相关工作 10 年以上经历，具有较强的专业技能。此外，因故意犯罪或者职务过失犯罪受过刑事处罚的，受过开除公职处分的以及被撤销鉴定人登记的人员，不得从事司法鉴定业务。

其三，在监察实务中，具有专门知识的人只能就案件中的专门性事实问题作出鉴定，而不能就法律适用问题作出"鉴定"；监察人员也不能对鉴定人进行科学技术上的干预和误导，更不能使用暴力、胁迫或者其他违法方法强迫、暗示鉴定人或其所属机

---

[1] 张元星："监察调查中运用鉴定措施应注意的问题"，载《中国纪检监察》2020 年第 14 期。

[2] 王连昭、杜志淳："国家监察体制改革进程中司法鉴定管理改革探究"，载《中国司法鉴定》2019 年第 1 期。

[3] 陈敏、刘鑫："我国司法鉴定标准体系研究"，载《昆明理工大学学报（社会科学版）》2013 年第 3 期。

构做出某种不真实的、可能影响案件处置的鉴定意见；鉴定人在法定情形下应当根据规定实行回避。鉴定人故意作虚假鉴定的，应当依法追究法律责任。

其四，监察机关应当为鉴定提供必要条件，向鉴定人送交有关检材和对比样本等原始材料，介绍与鉴定有关的情况。监察机关应当做好检材的保管和送检工作，记明检材送检环节的责任人，确保检材在流转环节的同一性和不被污染。监察机关对于法庭审理过程中依法决定鉴定人出庭作证的，应当予以协调。

其五，因无鉴定机构，或者根据法律法规等规定监察机关可以指派、聘请具有专门知识的人就案件的专门性问题出具报告。

（三）鉴定对象

监察机关可以依法开展下列鉴定：①对笔迹、印刷文件、污损文件、制成时间不明的文件和以其他形式表现的文件等进行鉴定；②对案件中涉及的财务会计资料及相关财物进行会计鉴定；③对被调查人、证人的行为能力进行精神病鉴定；④对人体造成的损害或者死因进行人身伤亡医学鉴定；⑤对录音录像资料进行鉴定；⑥对因电子信息技术应用而出现的材料及其派生物进行电子证据鉴定；⑦其他可以依法进行的专业鉴定。

（四）鉴定意见

《监察法》第27条规定："鉴定人进行鉴定后，应当写出鉴定意见，并且签名。"对此，可以从以下方面加以把握：首先，鉴定人应当写出鉴定意见。作为整个鉴定活动的结果，鉴定意见对于查清案件事实和合法合规处置案件至关重要。其次，鉴定意见应当以书面形式作出。[1]根据《监察法》第33条第1款之规定，在后续的案件处置过程中，鉴定意见可以转化为刑事诉讼证据材料。再次，鉴定人应当在鉴定意见上签名。鉴定人签名是证明鉴定人具有鉴定资格的一种反映，也是为了保证鉴定意见的合法性和证明力，更是为了确认鉴定人相应的责任，以便使得鉴定人能够客观公正、不偏不倚，不先入为主、带有歧视地进行鉴定；[2]没有鉴定人签名的鉴定意见不具证明力，在后续的案件处置中不能作为证据使用。最后，鉴定人只能是公民个人，而不能是单位。在有多名鉴定人的情况下，应当分别签名。对有多名鉴定人的，如果意见一致应当写出共同的鉴定意见；如果意见不一致，可以分别提出不同的鉴定意见，且分别签名。[3]

（五）补充鉴定和重新鉴定

调查人员应当对鉴定意见进行审查。对于经审查作为证据使用的鉴定意见，应当告知被调查人及相关单位、人员，送达《鉴定意见告知书》。被调查人或者相关单位、

---

[1] 张斌："论我国刑事鉴定意见的科学性保证"，载《南京大学法律评论》2015年第2期。

[2] 赵剑海："试论司法鉴定人签名备案制度的构建"，载《中国司法鉴定》2014年第2期。

[3] 《法国刑事诉讼法典》第166条规定："如果被指定鉴定的是多人，而彼此意见不同，或者他们对制作共同结论有保留，可以各人分别表示意见，或者做出附理由的保留。"

人员提出补充鉴定或者重新鉴定申请，经审查符合法定要求的，应当按规定报批，进行补充鉴定或者重新鉴定。对鉴定意见告知情况可以制作笔录，载明告知内容和被告知人的意见等。

其一，经审查具有下列情形之一的，应当补充鉴定：①鉴定内容有明显遗漏的；②发现新的有鉴定意义的证物的；③对鉴定证物有新的鉴定要求的；④鉴定意见不完整，委托事项无法确定的；⑤其他需要补充鉴定的情形。

其二，经审查具有下列情形之一的，应当重新鉴定：①鉴定程序违法或者违反相关专业技术要求的；②鉴定机构、鉴定人不具备鉴定资质和条件的；③鉴定人故意作出虚假鉴定或者违反回避规定的；④鉴定意见依据明显不足的；⑤检材虚假或者被损坏的；⑥其他应当重新鉴定的情形。决定重新鉴定的，应当另行确定鉴定机构和鉴定人。

三、技术调查措施

所谓技术调查措施，意指监察机关在查获特定的职务犯罪中，依据国家赋予的特殊侦查权力，运用各种专门的技术侦查手段和秘密侦查力量收集证据、查明案情的专门、特殊的侦查手段。[1] 监察机关根据调查涉嫌重大贪污贿赂等职务犯罪的需要，依照规定的权限和程序报经批准，可以依法采取技术调查措施，按照规定交公安机关或者国家有关执法机关依法执行。

（一）适用范围和适用条件

技术调查措施的适用必须遵循"重罪大案原则"。因此，监察机关采取技术调查措施也应当遵循这一原则。其要义包括：

其一，"贪污贿赂等职务犯罪"主要包括以下几类：一是《刑法》第八章规定的贪污贿赂罪；二是《刑法》第九章规定的"渎职罪"，主要包括滥用职权罪、玩忽职守罪、徇私枉法罪等；三是监察机关利用职权侵害公民人身权利、民主权利的其他犯罪。如故意泄露国家秘密罪、过失泄露国家秘密罪等。

其二，必须涉嫌重大犯罪。此处的"重大"是指职务犯罪行为具有巨大的社会危害性，严重危及社会安全、危及大众民生，一般也指代数额巨大、造成的社会影响恶劣。在监察实践中，对于具体哪些职务犯罪属于"重大"，可以参考《刑事诉讼法》等相关法律规范，将其理解为：一是案情重大复杂，涉及国家利益或者重大公共利益的；二是被调查人可能被判处十年以上有期徒刑、无期徒刑或者死刑的；三是案件在全国或者本省、自治区、直辖市范围内有较大影响的。

其三，理解《监察法》第28条，需要注重把握"等"字的含义。一般来讲，法律规范中的"等"字的含义有"等内等"和"等外等"两种。具体到该条中，此处的"等"字应该理解为"等外等"，意即采取技术调查措施的犯罪应当是重大职务犯罪，

---

[1] 孙启亮、金颖晔："论技术侦查措施在我国职务犯罪侦查中的适用"，载《华东政法大学学报》2011年第1期。

而在条款中"贪污贿赂"仅仅是一种列举式明示。还需要注意的是，从法律解释的角度看，"等"字也暗含了同类解释的规则，意即只有对在性质上、危害性上同"重大贪污贿赂"相同或者相近的职务犯罪才能采取技术调查措施。对一般性的职务犯罪不能随意采用。

（二）批准程序

技术调查措施是一把"双刃剑"：一方面，技术调查措施能够有效应对层出不穷、不断更新的贪污贿赂犯罪，改变贪污贿赂犯罪案件的侦查模式，转变证明方法[1]，故而其确实是调查、侦查犯罪的强有力的手段和方法；另一方面，这些措施极容易侵害公民的基本权利，是调查、侦查需要的"现实必要性"和侵害人权的"现实危险性"之间的两难选择。[2]若技术调查措施被滥用，其危害甚巨。"在充分授权的同时加以限权，防止擅自扩大范围、侵害公民基本权利"，[3]所以采取技术调查措施必须经过严格的批准手续，至少应包含以下要求：其一，批准采用技术调查措施的程序要严格。即对于不同种类的技术调查措施在何种情形下、何种范围内、经过什么样的程序、经过哪些人批准才能采用等问题，必须严格遵循相关法律规定，从而使得监察机关及其工作人员在监察调查实务中杜绝滥用、控权为民。其二，批准采取技术调查措施要严格。技术调查措施的采用必须履行严格的批准手续，有权批准的工作人员在批准与否问题上要严格控制、认真审核、严格把关。具体而言，首先要审查报批的案件是否属于《监察法》第28条第1款规定的可以采取技术调查措施的案件范围。更为重要的是，要审查技术侦查措施之采用是否是调查案件所必需。对那些可以采取技术侦查措施，又可以通过其他的调查途径解决问题的，应当采取其他的调查途径解决，以严格控制技术调查措施的滥用、乱用。

（三）实施程序

技术调查是一项特殊的调查措施，其具有秘密性，监察人员能够在当事人毫无感知的情况下进入其私生活领域，获取个人信息，故而技术调查措施会使人们的行为完全暴露于公权力之下。[4]鉴于其对公民基本权利的潜在威胁，《监察法实施条例》规定了严格的技术调查实施程序。

其一，依法采取技术调查措施的，监察机关应当出具《采取技术调查措施委托函》《采取技术调查措施决定书》和《采取技术调查措施适用对象情况表》，送交有关机关执行。其中，设区的市级以下监察机关委托有关执行机关采取技术调查措施，还应当提供《立案决定书》。

其二，技术调查措施的期限按照《监察法》的规定执行，期限届满前未办理延期

---

[1] 廖斌等：《技术侦查规范化研究》，法律出版社2015年版，第7页。
[2] 兰跃军："比较法视野中的技术侦查措施"，载《中国刑事法杂志》2013年第1期。
[3] 沈叶："立案审查的规矩与红线"，载《中国纪检监察》2017年第9期。
[4] 黄俞欣："论监察法中的技术调查措施——以《监察法》第二十八条为视角"，载《中国卫生法制》2020年第4期。

手续的,到期自动解除。对于不需要继续采取技术调查措施的,监察机关应当按规定及时报批,将《解除技术调查措施决定书》送交有关机关执行。需要依法变更技术调查措施种类或者增加适用对象的,监察机关应当重新办理报批和委托手续,依法送交有关机关执行。

其三,对于采取技术调查措施收集的信息和材料,依法需要作为刑事诉讼证据使用的,监察机关应当按规定报批,出具《调取技术调查证据材料通知书》向有关执行机关调取。对于采取技术调查措施收集的物证、书证及其他证据材料,监察机关应当制作书面说明,写明获取证据的时间、地点、数量、特征以及采取技术调查措施的批准机关、种类等。调查人员应当在书面说明上签名。对于采取技术调查措施获取的证据材料,如果使用该证据材料可能危及有关人员的人身安全,或者可能产生其他严重后果,应当采取不暴露有关人员身份、技术方法等保护措施。必要时,可以建议由审判人员在庭外进行核实。

(四)限制条件

技术调查措施的限制条件是指在技术调查开始前,必须对被调查对象已经存有合理怀疑。换言之,应当有相当证据证明被调查对象已经实施了犯罪,技术调查的条件已经成熟,并在申请审批时提供"合理的依据"。[1]对技术调查措施的采用必须遵循必要性条件,[2]只有在无法使用常规侦查手段或常规侦查手段无法达到侦查效果时才能考虑动用技术调查,也即最后手段原则。[3]采用技术调查措施还应当遵循比例原则,也即在行使国家权力保护公共利益与保护公民个人利益之间保持适度的平衡,监察人员必须根据案件情况及技术对公民权利的侵犯强度,按照比例原则选择适用。[4]尤其是在涉及被调查人的基本权利时,还应当将干预的强度控制在适当性、必要性的限度之内。[5]因此,若使用常规调查手段能够达到查获、控制犯罪的目的,便不能采用技术调查措施,这是采取技术侦查措施的一个重要条件。

其一,《监察法》第28条第2款规定了采取技术调查措施的种类和适用对象,对此必须根据需要在批准决定中予以明确。据此,在监察实务中,批准决定应当明确采取哪一种或者哪几种具体的调查手段,而不能仅仅笼统、含糊地批准可以采取技术调查措施,也不能不加区分地将所有的技术调查措施累加采用。此外,还要明确技术调查措施的适用对象。"适用对象"指代人,应当根据需要具体明确对案件中的哪一人或

---

[1] 秦卫东、任海新:"检察机关配置技术侦查权研究",载《中国刑事法杂志》2009年第6期。
[2] 王彬:"比较法视野下的技术侦查制度研究及其启示",载《武汉大学学报(哲学社会科学版)》2010年第5期。
[3] 闫利国、徐光华:"技术侦查在刑事诉讼中的运用——以监听为视角",载《华中科技大学学报(社会科学版)》2010年第2期。
[4] 任学强、蒋云国:"技术侦查在职务犯罪中限制适用的再思考",载《中国刑事法杂志》2009年第12期。
[5] 秦策:"监察调查程序的法治化构建",载《理论视野》2018年第2期。

者哪些人采取,而不能笼统地批准对哪个案件可以采取技术调查措施,也不能笼统地、不假思索地对全部涉案人员采取技术调查措施,更不能对与案件无关无涉的人员采取技术调查措施。

其二,监察技术调查措施的有效期限是3个月,从批准决定签发之日起开始计算。考虑到监察实务中可能会出现因时限较短而不能完成任务的情况,所以对那些复杂、疑难案件,如果期限届满仍然有必要继续采取技术调查措施,在履行相关的批准手续之后,可以延长采取技术调查措施的有效期限,但是每一次延长不能超过3个月。对此规定可以从以下几个方面把握:一是并非所有的复杂、疑难案件都要延长有效期,只有确实存在因为时限较短而不能完成任务的情形,才可以按照法定程序申请延长技术调查措施的有效期限。二是延长采取技术调查措施的条件包括案件性质条件、必要性条件、程序条件和限度条件。具体而言,案件性质条件是指,适用技术调查措施的案件必须是复杂、疑难案件,不得随意扩张其适用范围。必要性条件是指,经上一次有效期限届满仍有必要继续采取的,在满足其他条件的情况下才能延长。程序条件是指,每一次延长采取技术调查措施的有效期限都必须要经过批准手续,不可忽略。限度条件是指,每一次延长采取技术调查措施的有效期都不能超过3个月。三是对于不需要继续采取技术调查措施的,无论是在原定的3个月有效期限内还是在延长的有效期限内,执行机关都应当及时解除。这样规定有利于加强对犯罪嫌疑人权益的保护,也是"国家尊重和保障人权"这一宪法规范在监察调查程序中的涵摄和表现。

其三,关于技术调查措施的执行,《监察法》第28条第1款规定"按照规定交有关机关执行"。该条款虽然没有明确规定监察技术调查措施的具体执行机关,但在应然层面,有权具体执行监察机关报经批准的技术调查措施决定的机关必须依照有关"规定"来确定。参仿《刑事诉讼法》之规定,结合《监察法实施条例》之精神,应将监察机关技术调查一分为二来看——把监察机关技术调查的决定权和执行权相分离[1],监察技术调查措施的具体执行机关应当是公安机关或国家有关执法机关。理由有三:一是技术调查措施具有专业性,其具体实施更具有一定程度的危险性,而对于非经训练的检察机关工作人员而言,其显然不具备具体执行的能力;二是对于技术调查措施,"制定权—申请权—批准权—执行权—监督权"相互分离的格局更加符合现代法治对权力监督与控制的要求,也是对保障公民权利的要求;三是公安机关具体执行监察技术调查措施能够更好地减轻监察机关压力,也是监察机关与其他司法机关相互配合、相互制约原则的体现。

其四,关于采取技术调查措施所收集的材料的使用,理论上,技术调查措施是对公民基本权利的克减,对技术调查措施的不当扩张适用或者滥用都会造成对私权的侵害。世界各国对技术调查措施或技术侦查措施的态度虽然有所差异,但基本形成了如下共识:一是监察调查人员负有保密义务。即对监察调查人员在调查活动中知悉的国

---

[1] 孙世超:"监察技术调查一体化机制的实践困境与制度构想",载《中国发展》2021年第5期。

家秘密、商业秘密和个人隐私应当采取保密措施,程序的启动和实施的过程也需要严格保密。[1]非经案件处置之需要不得使用,更不得不正当使用。二是对于那些在监察调查活动中收集获得的与案件无关的材料,应当予以销毁,不得保存,对销毁情况应当制作记录,由调查人员签名。三是严格限制技术调查证据的使用。采取技术调查措施获取的证据、线索及其他有关材料,只能用于对违法犯罪的调查、起诉和审判,不得用于其他用途。原则上,未经说话者同意的非法监听不得作为证据使用。[2]《刑事诉讼法》第152条对技术侦查措施的限制作出了类似规定,较好地平衡了采取技术侦查措施和保障人权的关系。对采取技术调查措施获取的与案件无关的材料,应当经审批及时销毁。

◇【法条链接】

一、《中华人民共和国监察法》(2018年)

第二十六条 监察机关在调查过程中,可以直接或者指派、聘请具有专门知识、资格的人员在调查人员主持下进行勘验检察。勘验检查情况应当制作笔录,由参加勘验检查的人员和见证人签名或者盖章。

【释义】本条是关于勘验检查和制作勘验检查笔录的规定。

第二十七条 监察机关在调查过程中,对于案件中的专门性问题,可以指派、聘请有专门知识的人进行鉴定。鉴定人进行鉴定后,应当出具鉴定意见,并且签名。

【释义】该条是关于鉴定目的、鉴定主体和鉴定意见的规定。

第二十八条 监察机关调查涉嫌重大贪污贿赂等职务犯罪,根据需要,经过严格的批准手续,可以采取技术调查措施,按照规定交有关机关执行。

批准决定应当明确采取技术调查措施的种类和适用对象,自签发之日起三个月以内有效;对于复杂、疑难案件,期限届满仍有必要继续采取技术调查措施的,经过批准,有效期可以延长,每次不得超过三个月。对于不需要继续采取技术调查措施的,应当及时解除。

【释义】该条是关于技术调查措施的条件、适用期限、执行的规定。

二、《中华人民共和国刑事诉讼法》(2018年)

第一百二十八条 侦查人员对于与犯罪有关的场所、物品、人身、尸体应当进行勘验或者检察。在必要的时候,可以指派或者聘请具有专门知识的人,在侦查人员的主持下进行勘验、检察。

【释义】本条是对勘验检查主体和对象的规定。勘验、检查是侦查机关的专门调查活动之一。勘验、检查适用的对象为与犯罪有关的场所、物品、人身和尸体。勘验的

---

[1] 詹建红:"理论共识与规则细化:技术侦查措施的司法适用",载《法商研究》2013年第3期。
[2] 闫利国、徐光华:"技术侦查在刑事诉讼中的运用——以监听为视角",载《华中科技大学学报(社会科学版)》2010年第2期。

对象为无生命客体,如场所、物品、尸体等;检查的对象为有生命客体,如人身。有些勘验、检查工作,侦查人员即可进行,但是有些勘验检查活动,比较复杂,或者需要更强的专业知识,因此,在必要的时候,侦查机关可以指派或者聘请有专门知识的人进行勘验或者检查。但是,为了确保勘验检查工作的有序性,以及能够适应整体侦查工作的需要,勘验、检查工作仍需要在侦查人员的主持和组织之下进行。

第一百二十九条 任何单位和个人,都有义务保护犯罪现场,并且立即通知公安机关派员勘验。

【释义】本条是对现场保护的规定。

第一百三十条 侦查人员执行勘验、检查,必须持有人民检察院或者公安机关的证明文件。

【释义】本条是对持证勘验、检查的规定。

第一百三十一条 对于死因不明的尸体,公安机关有权决定解剖,并且通知死者家属到场。

【释义】本条是对尸体解剖的规定。尸体解剖是尸体检验的一种方式。公安机关对于死因不明的尸体有决定解剖的权力。该权力的行使并不以取得死者家属同意为前提,即不管死者家属是否同意,只要公安机关认为有必要都可以决定进行尸体解剖。但是,公安机关也有义务将尸体解剖的决定告知死者家属,并且在解剖时通知死者家属到场。死者家属无正当理由拒不到场或者拒绝签名、盖章的,不影响解剖,但是应当在笔录中注明。对于重大、疑难、复杂的案件,可能引起争议的案件,为确保取得良好的社会效果,公安机关在进行尸体解剖、开棺检验、死因鉴定时,应当进行全程录音录像,商请检察机关派员到场,并邀请与案件无关的第三方或者死者家属聘请的律师到场见证。

第一百三十二条 为了确定被害人、犯罪嫌疑人的某些特征、伤害情况或者生理状态,可以对人身进行检查,可以提取指纹信息,采集血液、尿液等生物样本。

犯罪嫌疑人如果拒绝检查,侦查人员认为必要的时候,可以强制检查。

检查妇女的身体,应当由女工作人员或者医师进行。

【释义】本条是对于人身检查的规定。本条第2款特别规定了强制检查。强制检查是人身检查的一种特例,是侦查机关的一项权力。强制检察的对象仅为犯罪嫌疑人,但并非对所有的犯罪嫌疑人都需要强制检查。适用强制检查需要同时满足以下两个条件:第一,犯罪嫌疑人拒绝侦查人员进行人身检查;第二,侦查人员认为有必要对犯罪嫌疑人进行人身检查。

第一百三十三条 勘验、检查的情况应当写成笔录,由参加勘验、检查的人和见证人签名或者盖章。

【释义】本条是对勘验、检查笔录的规定。

第一百三十四条 人民检察院审查案件的时候,对公安机关的勘验、检查,认为需要复验、复查时,可以要求公安机关复验、复查,并且可以派检察人员参加。

【释义】本条是对复检、复查的规定。

第一百三十五条 为了查明案情，在必要的时候，经公安机关负责人批准，可以进行侦查实验。

侦查实验的情况应当写成笔录，由参加实验的人签名或者盖章。

侦查实验，禁止一切足以造成危险、侮辱人格或者有伤风化的行为。

【释义】本条是对侦查实验的规定，共分三款。

第1款是关于进行侦查实验的条件及审批程序的规定。根据本款规定，在侦查中，为了查明案情，在必要的时候，经公安机关负责人批准，可以进行侦查实验。进行侦查实验应当做到以下几点：①实验的条件应当与事件发生时的条件尽量相同，尽可能在事件发生的原地，使用原来的工具、物品等进行，注意查明重点事项。②注意采用科学、合理的方法进行，必要时，在侦查人员的主持下，可以邀请具有专门知识的人参与实验。③应当履行法律手续，进行侦查实验必须经公安机关负责人批准。本条中的"必要的时候"是指与案件有关的重要情节，非经侦查实验难以证明，或者对案件是否发生及如何发生难以确定的时候。

第2款是关于侦查实验笔录的规定。侦查实验应当制作笔录，记明侦查实验的条件、经过和结果，并由参加实验人员签名或者盖章。这样才能够作为证据使用。

第3款是关于侦查实验禁止事项的规定。进行侦查实验，禁止一切足以造成危险、侮辱人格或者有伤风化的行为。侦查实验的目的是查明案情，同时在实验过程中仍须注意保护当事人及其他公民的合法权益，防止因侦查实验造成损失和伤害。进行侦查实验采取的手段、方法必须合理规范，不得违背客观规律，违反操作规程，给实验人员和其他相关人员的生命、财产造成危险。同时，禁止任何带有人身侮辱性，损害当事人及其他人的人格尊严，或者有伤当地善良民俗的行为。[1]

第一百四十六条 为了查明案情，需要解决案件中某些专门性问题的时候，应当指派、聘请有专门知识的人进行鉴定。

【释义】本条是对鉴定的一般规定。在刑事诉讼中，鉴定主要用于解决跟案件有关的专门性问题，以便帮助侦查人员对某些证据材料进行更加科学和客观的认识。

鉴定需要由专业人员进行。根据《全国人民代表大会常务委员会关于司法鉴定管理问题的决定》第4条第1款的规定，具备下列条件之一的人员，可以申请登记：具有与所申请从事的司法鉴定业务相关的高级专业技术职称；具有与所申请从事的司法鉴定业务相关的专业执业资格或者高等院校相关专业本科以上学历，从事相关工作5年以上；具有与所申请从事的司法鉴定业务相关工作10年以上经历，具有较强的专业技能。

第一百四十七条 鉴定人进行鉴定后，应当写出鉴定意见，并且签名。

鉴定人故意作虚假鉴定的，应当承担法律责任。

---

[1] 全国人大常委会法制工作委员会刑法室编著：《〈中华人民共和国刑事诉讼法〉释义及实用指南》，中国民主法制出版社2012年版，第284~285页。

【释义】本条是对鉴定的程序及要求规定。

第一百四十八条 侦查机关应当将用作证据的鉴定意见告知犯罪嫌疑人、被害人。如果犯罪嫌疑人、被害人提出申请，可以补充鉴定或者重新鉴定。

【释义】本条是对鉴定意见的告知及异议规定。

第一百五十条 公安机关在立案后，对于危害国家安全犯罪、恐怖活动犯罪、黑社会性质的组织犯罪、重大毒品犯罪或者其他严重危害社会的犯罪案件，根据侦查犯罪的需要，经过严格的批准手续，可以采取技术侦查措施。

人民检察院在立案后，对于利用职权实施的严重侵犯公民人身权利的重大犯罪案件，根据侦查犯罪的需要，经过严格的批准手续，可以采取技术侦查措施，按照规定交有关机关执行。

追捕被通缉或者批准、决定逮捕的在逃的犯罪嫌疑人、被告人，经过批准，可以采取追捕所必需的技术侦查措施。

【释义】本条是关于采取技术侦查措施的案件范围、程序及执行主体的规定，共分三款。

第1款是关于公安机关采取技术侦查措施的案件范围及程序的规定。

第2款是关于检察机关可以采取技术侦查措施的案件范围及程序的规定。本款规定的"贪污、贿赂犯罪案件"只是限于贪污罪、受贿罪、行贿罪，并且是"重大的贪污、贿赂犯罪案件"。这里规定的"利用职权实施的严重侵犯公民人身权利的重大犯罪案件"是指本法第18条规定的国家机关工作人员利用职权实施的非法拘禁、刑讯逼供、报复陷害、非法搜查的侵犯公民人身权利的严重犯罪。对本款规定的案件采取技术措施，要按照规定交有关机关执行，检察机关不能自己执行。

第3款是关于追捕在逃的犯罪嫌疑人、被告人采取技术侦查措施的程序的规定。根据追捕在逃的犯罪嫌疑人、被告人的需要，本款没有对犯罪种类作出限定，由于追捕在逃犯主要是确定在逃人位置，以便抓捕，与在侦查取证中采取技术侦查措施的情况不同，因此只规定要经过批准。这一技术侦查措施的执行主体也是公安机关。[1]

第一百五十一条 批准决定应当根据侦查犯罪的需要，确定采取技术侦查措施的种类和适用对象。批准决定自签发之日起三个月以内有效。对于不需要继续采取技术侦查措施的，应当及时解除；对于复杂、疑难案件，期限届满仍有必要继续采取技术侦查措施的，经过批准，有效期可以延长，每次不得超过三个月。

【释义】本条是对技术侦查措施和期限的规定。

第一百五十二条 采取技术侦查措施，必须严格按照批准的措施种类、适用对象和期限执行。

侦查人员对采取技术侦查措施过程中知悉的国家秘密、商业秘密和个人隐私，应当保密；对采取技术侦查措施获取的与案件无关的材料，必须及时销毁。

---

〔1〕中国法制出版社编：《刑事诉讼法新解读》，中国法制出版社2017年版，第168~169页。

采取技术侦查措施获取的材料，只能用于对犯罪的侦查、起诉和审判，不得用于其他用途。

公安机关依法采取技术侦查措施，有关单位和个人应当配合，并对有关情况予以保密。

【释义】本条是对严格执行和保密义务的规定。本条第1款是关于严格执行技术侦查措施的规定。本条第2款是关于侦查人员保密义务的规定。本条第3款是关于采用技术侦查手段获取材料使用范围的规定。技术侦查措施是刑事侦查程序中的专门调查方法，运用该种侦查方法是为了查明案件情况的需要。因此，对于采用该种方式而获取的相关资料，只能用于刑事追诉，即对犯罪的侦查、起诉和审判，而严禁用于其他诸如行政管理、民事纠纷调处解决、商业事务等用途。本条第4款是关于有关单位和个人的配合及保密义务的规定。虽然技术侦查措施是侦查中的专门调查方法，但是这些方法的运用往往需要有相关的专门行业、领域和个人进行配合才能实施，如电话运营商、网络服务商等。相关单位和个人负有配合义务。同时，他们对于在配合侦查机关过程中知悉的一些情况，也要负责保密，否则将影响技术侦查措施采用的效果，进而影响证据的取得和犯罪的追诉。

第一百五十三条 为了查明案情，在必要的时候，经公安机关负责人决定，可以由有关人员隐匿其身份实施侦查。但是，不得诱使他人犯罪，不得采用可能危害公共安全或者发生重大人身危险的方法。

对涉及给付毒品等违禁品或者财物的犯罪活动，公安机关根据侦查犯罪的需要，可以依照规定实施控制下交付。

【释义】本条是对秘密侦查、控制下交付的规定。

第一百五十四条 依照本节规定采取侦查措施收集的材料在刑事诉讼中可以作为证据使用。如果使用该证据可能危及有关人员的人身安全，或者可能产生其他严重后果的，应当采取不暴露有关人员身份、技术方法等保护措施，必要的时候，可以由审判人员在庭外对证据进行核实。

【释义】本条是对证据转化的规定。技术侦查措施是法定的侦查手段，因此依法采用技术侦查措施收集的材料能够在刑事诉讼中作为证据使用。但是，由于技术侦查措施本身具有隐秘性的特征，采用该种手段所获得的证据一般是通过其他公开途径不易获得或者不能获得的材料。

三、《最高人民检察院关于指派、聘请有专门知识的人参与办案若干问题的规定（试行）》(2018年)

第二条 本规定所称"有专门知识的人"，是指运用专门知识参与人民检察院的办案活动，协助解决专门性问题或者提出意见的人，但不包括以鉴定人身份参与办案的人。

本规定所称"专门知识"，是指特定领域内的人员理解和掌握的、具有专业技术性的认识和经验等。

【释义】本条是对"有专门知识的人"和"专门知识"含义的规定。

四、《公安机关办理刑事案件程序规定》(2020年)

第二百一十三条 侦查人员对于与犯罪有关的场所、物品、人身、尸体应当进行勘验或者检查，及时提取、采集与案件有关的痕迹、物证、生物样本等。在必要的时候，可以指派或者聘请具有专门知识的人，在侦查人员的主持下进行勘验、检查。

【释义】本条是对公安机关侦查人员进行勘验、检查权力的规定。

第二百一十四条 发案地派出所、巡警等部门应当妥善保护犯罪现场和证据，控制犯罪嫌疑人，并立即报告公安机关主管部门。

执行勘查的侦查人员接到通知后，应当立即赶赴现场；勘查现场，应当持有刑事犯罪现场勘查证。

【释义】本条是对勘查现场的规定。

第二百一十五条 公安机关对案件现场进行勘查，侦查人员不得少于二人。

【释义】本条是对勘查现场程序的规定。

第二百一十六条 勘查现场，应当拍摄现场照片、绘制现场图，制作笔录，由参加勘查的人和见证人签名。对重大案件的现场勘查，应当录音录像。

【释义】本条是对勘查现场程序的规定。

第二百一十七条 为了确定被害人、犯罪嫌疑人的某些特征、伤害情况或者生理状态，可以对人身进行检查，依法提取、采集肖像、指纹等人体生物识别信息，采集血液、尿液等生物样本。被害人死亡的，应当通过被害人近亲属辨认、提取生物样本鉴定等方式确定被害人身份。

犯罪嫌疑人拒绝检查、提取、采集的，侦查人员认为必要的时候，经办案部门负责人批准，可以强制检查、提取、采集。

检查妇女的身体，应当由女工作人员或者医师进行。

检查的情况应当制作笔录，由参加检查的侦查人员、检查人员、被检查人员和见证人签名。被检查人员拒绝签名的，侦查人员应当在笔录中注明。

【释义】本条是对人身检查的规定。

第二百一十八条 为了确定死因，经县级以上公安机关负责人批准，可以解剖尸体，并且通知死者家属到场，让其在解剖尸体通知书上签名。

死者家属无正当理由拒不到场或者拒绝签名的，侦查人员应当在解剖尸体通知书上注明。对身份不明的尸体，无法通知死者家属的，应当在笔录中注明。

【释义】本条是对解剖尸体的规定。

第二百一十九条 对已查明死因，没有继续保存必要的尸体，应当通知家属领回处理，对于无法通知或者通知后家属拒绝领回的，经县级以上公安机关负责人批准，可以及时处理。

【释义】本条是对领回尸体的规定。

第二百二十条 公安机关进行勘验、检查后，人民检察院要求复验、复查的，公安机关应当进行复验、复查，并可以通知人民检察院派员参加。

【释义】本条是对复验、复查的规定。

第二百二十一条 为了查明案情，在必要的时候，经县级以上公安机关负责人批准，可以进行侦查实验。

进行侦查实验，应当全程录音录像，并制作侦查实验笔录，由参加实验的人签名。

进行侦查实验，禁止一切足以造成危险、侮辱人格或者有伤风化的行为。

【释义】本条是对侦查实验的规定。

第四节 强制性监察措施

强制性监察措施也可以简称为监察强制，意指监察机关为了预防或制止正在发生或可能发生的职务违法犯罪行为，或者为了保全证据、确保案件查处工作的顺利进行而对监察对象的人身、行为和财产予以强行调查的一种具体监察行为。其中，比较典型的监察强制措施包括留置、冻结存汇款、搜查等。

一、留置措施

留置措施取代"两规"措施作为国家反腐败的重要调查措施，因其关涉人身自由而备受学界关注。[1]在《监察法》规定的调查措施中，有11项措施都是从原有的行政调查、刑事侦查和党纪检查中转化而来，唯有留置措施不在原有的法律体系和党的纪律规范之中。[2]所以，"监察体制改革是否具有正当性，能否坚持和发展监察法治，在很大程度上取决于留置措施的合法性和正当性"[3]。监察法中的留置措施包含两种，即决定立案时的留置与调查过程中的留置。主要区别在于适用阶段的不同。[4]监察机关在使用留置措施的过程中都应当严格依照法律规定的条件和程序进行。

（一）留置措施的条件

监察机关调查严重职务违法或者职务犯罪，对于符合《监察法》第22条第1款规定的，经依法审批，可以对被调查人采取留置措施。基于人权保障的视角，"嫌疑人和被告人在审判以前的等待过程中不被长时间的剥夺人身自由，应当是一种原则，而审判前的羁押只是万不得已情况下才采取的例外措施，并且主要的目的是为了保证嫌疑人和被告人于审判时到庭受审"。[5]而留置措施关涉监察对象的人身自由，甚至

---

[1] 梁三利："留置取代'两规'措施的法治化路径"，载《天津行政学院学报》2018年第1期。

[2] 张翔、赖伟能："基本权利作为国家权力配置的消极规范——以监察制度改革试点中的留置措施为例"，载《法律科学（西北政法大学学报）》2017年第6期。

[3] 陈越峰："监察措施的合法性研究"，载《环球法律评论》2017年第2期。

[4] 王飞跃："监察留置适用中的程序问题"，载《法学杂志》2018年第5期。

[5] 孙长永：《侦查程序与人权——比较法考察》，中国方正出版社2000年版，第193页。

"留置对人身自由严格限制的强度接近于监禁"[1]，故只有具备相应条件的监察机关才能使用留置措施。具体来说，主要包括事实条件、程序条件和情节条件。

其一，事实条件。在赋予监察机关调查职责的基础上，《监察法》第22条规定了留置措施的事实条件，即根据监察机关已经掌握的事实及证据，被调查人涉嫌的职务违法行为情节严重，可能被给予撤职以上政务处分。重要问题，是指对被调查人涉嫌的职务违法或者职务犯罪，在定性处置、定罪量刑等方面有重要影响的事实、情节及证据。具体而言：①留置的事实发生条件是有证据证明发生了违法、犯罪事实，且该事实涉嫌贪污贿赂、失职渎职，属于监察机关依法进行监察的行为。②留置的事实情节条件是有证据证明该项违法犯罪事实是被调查人所为，且要证明该被调查人所涉嫌的情节已经达到严重违法或犯罪的程度。因此，留置的适用对象必须是涉嫌严重职务违法[2]或者职务犯罪的被调查人和涉案人员[3]。③留置的事实证据条件是证明被调查人实施违法、犯罪行为的证据已查证属实。依据2001年最高人民检察院、公安部颁布的《关于依法适用逮捕措施有关问题的规定》第1条第1款第2段之规定，"有证据证明有犯罪事实，并不要求查清全部犯罪事实。其中'犯罪事实'既可以是单一犯罪行为的事实，也可以是数个犯罪行为中任何一个犯罪行为的事实"。因此，在腐败案件中，一个被调查人通常可能会涉及数个违法犯罪行为，只要有证据证明其中一个违法行为的构成要件符合"贪污贿赂、失职渎职等严重职务违法或者职务犯罪"即可。④此外，《监察法》第22条规定的"仍有重要问题需要进一步调查"也是采取留置措施的事实条件。这意味着，监察机关在调查过程中，基于已掌握的证据，可以推断被调查人还可能存在其他严重的违法、犯罪事实，但现有证据不足以证明该事实的存在，仍须进一步调查的，只要满足本条规定，经检察机关依法审批后方可采取留置措施。

其二，程序条件：经监察机关依法审批。监察机关采取留置措施是监察机关在案件调查过程中采取的较为严厉的强制性调查取证措施。因此，《监察法》第22条将留置措施的程序条件规定为"经监察机关依法审批"。而关于审批主体的内容，则具体规定在第43条，其中对不同层级的监察机关采取留置措施的审批主体作了区分。首先，需要本级监察机关领导人员根据被调查对象与案件实际情况集体讨论并请示研究其是否符合留置的必要条件；其次，设区的市以下监察机关，须经上一级监察机关批准方可采用，即市级监察机关需要上报省级监察机关；最后，省一级监察机关仅须报国家监察委员会备案而无须进行批准。

其三，情节条件：有留置之必要。《监察法》第22条列举的四项情形可被解读为"有留置之必要"，即只有满足本条所列情形时，才能对被调查人采取留置措施。这些

---

[1] 陈光中、邵俊："我国监察体制改革若干问题思考"，载《中国法学》2017年第4期。

[2] 宋英辉："职务犯罪侦查中强制措施的立法完善"，载《中国法学》2007年第5期。

[3] 张咏涛："留置措施的基本内涵与规范运行"，载《新疆师范大学学报（哲学社会科学版）》2018年第2期。

情形的设置体现了留置措施在预防被调查人逃避和破坏调查,保障调查程序的顺利进行方面的功能。[1]具体而言:①涉及案情重大、复杂。"涉及案情重大、复杂"是一个较为模糊的概念。如果不能解决这一问题,容易造成留置措施的滥用。因此,监察法治建设应当在监察体制改革过程中结合监察机关履职的特殊性,将"涉及案情重大、复杂"予以细化。此外,还应当注意留置措施与《刑事诉讼法》第156条中侦查终结措施之间的差异性,不宜将其完全引用。具言之,仅其中第4款"犯罪涉及面广,取证复杂困难的重大复杂案件"应当在此处援引,被认为属重大、复杂案件的情形之一。同时,该条第3款"重大的犯罪集团案件"可被参照援引,即参与人数较多的案件视情形可被认为属于重大、复杂案件。另外,考虑到监察机关调查对象的特殊性,几乎所有案件均涉及财产或其他利益,故应当将涉及金额极高的案件视为重大、复杂案件。②可能逃跑、自杀。"可能逃跑"较易确定,譬如被调查对象实施了购买机票、车票、办理护照等行为。在被调查人具有逃跑倾向时及时将其留置,能够保证调查活动的顺利进行,节约办案成本,同时使确实违法、犯罪的被调查对象得到应有的惩罚。与之相比,"可能自杀"这一条件则不易界定。由于职务违法与职务犯罪案件通常不是单独发生,其涉及人数往往较多,被调查人自杀可能给案件调查带来较多的不利因素,涉案人员的死亡可能导致相关案件重要线索的断裂,故监察机关在调查过程中应当密切注意被调查人员的动向,必要时可引入心理方面的评估,尽量确保被调查人在出现自杀倾向时能够及时被留置。总体来看,被调查人具有下列情形之一的,可以认定为具有"可能逃跑、自杀"之情节:一是着手准备自杀、自残或者逃跑的;二是曾经有自杀、自残或者逃跑行为的;三是有自杀、自残或者逃跑的意图的;四是其他可能逃跑、自杀的情形。③可能串供或者伪造、销毁、转移、隐匿证据。这些行为均属于被调查人妨碍取证的情形。职务违法与职务犯罪案件的被调查人通常具有一定的社会地位与影响力,且职务违法与职务犯罪案件具有较强的隐蔽性,案件取证难度极高,相关犯罪证据容易灭失。而对违法与犯罪行为熟知的人大多是同案犯、行贿人或被调查人的亲友,出于惧怕打击报复或维护亲友的心理,这些人与被调查人实施串供、销毁、转移、隐匿证据行为的可能性极高,导致案件的调查陷入僵局。因此,在调查工作开始后,监察机关应当尽力防止被调查对象接触同案犯、证人以及相关证据,发现被调查人有此类倾向时,及时将其留置方能保证案件调查工作的顺利进行。总体来看,被调查人具有下列情形之一的,可以认定为具有"可能串供或者伪造、销毁、转移、隐匿证据"之情节:一是曾经或者企图伪造、隐匿、毁灭、转移证据的;二是曾经或者企图威逼、恐吓、利诱、收买证人,干扰证人作证的;三是有同案人或者与其存在密切关联违法犯罪的涉案人员在逃,重要证据尚未收集完成的;四是其他可能串供或者伪造、隐匿、毁灭证据的情形。④可能有其他妨碍调查的行为。此项属于兜底的条件,

---

[1] 何静:"监察留置措施的功能定位与规范续造",载《华侨大学学报(哲学社会科学版)》2021年第2期。

给予监察机关在采取留置措施时一定的自由裁量空间，监察机关可根据案件调查情况灵活决定是否采取留置措施。这一点可参照2001年最高人民检察院、公安部颁布的《关于依法适用逮捕措施有关问题的规定》关于"有逮捕必要"的规定。首先，除非是监察机关为了进一步获取证据而允许被调查人在监察机关监视之下继续实施违法、犯罪行为，否则有继续实施职务违法、犯罪行为可能的被调查人应当被留置；其次，对同案犯、证人实施威胁恐吓、打击报复的被调查人，应当被采取留置措施以防止其他犯罪行为的发生。总体来看，被调查人具有下列情形之一的，可以认定为具有"可能有其他妨碍调查行为"之情节：一是可能继续实施违法犯罪行为的；二是有危害国家安全、公共安全等现实危险的；三是可能对举报人、控告人、被害人、证人实施打击报复的；四是在逃的；五是无正当理由拒不到案，严重影响调查的；六是存在其他可能妨碍调查的行为。

其四，豁免条件：不得留置情形。基于人道主义原则，对下列人员不得采取留置措施：①患有严重疾病、生活不能自理的；②怀孕或者正在哺乳自己婴儿的妇女；③系生活不能自理的人的唯一扶养人。实践中，有的地方监察机关对上述三类人员没有采取留置，而是以谈话措施代之。[1]但上述情形消除后，根据调查需要可以对相关人员采取留置措施。

（二）留置措施的延长

留置时间不得超过3个月，自向被留置人员宣布之日起算。具有下列情形之一的，经审批可以延长一次，延长时间不得超过3个月：一是案情重大，严重危害国家利益或者公共利益的；二是案情复杂，涉案人员多、金额巨大，涉及范围广的；三是重要证据尚未收集完成，重要涉案人员尚未到案，导致违法犯罪的主要事实仍须继续清查的；四是其他需要延长留置时间的情形。可见，即使在特殊情况下，留置措施的最长时间也不得超越6个月。北京监察体制改革试点工作首次对涉嫌利用职务便利将公款转入个人股票账户用于股票交易的李某采取了留置措施，前后历经28天。[2]在延长程序上，省级以下监察机关采取留置措施的，延长留置时间应当报上一级监察机关批准。但《监察法》并未规定省级监察机关在延长留置措施时是否需要上报国家监察委员会批准或备案。

延长留置时间的，应当在留置期满前向被留置人员宣布延长留置时间的决定，要求其在《延长留置时间决定书》上签名、捺指印。被留置人员拒绝签名、捺指印的，调查人员应当在文书上记明。延长留置时间的，应当通知被留置人员家属。

（三）公安机关的协助义务

监察机关在调查、处理涉嫌职务违法犯罪案件的过程中，对被调查对象采取留置

---

[1] 阳平："'两规'到留置的演进历程、逻辑及启示"，载《法学杂志》2021年第5期。

[2] 王少伟："以首善标准完成监察体制改革试点任务——北京开展国家监察体制改革试点工作纪实（上）"，载《中国纪检监察报》2017年6月1日。

措施时，遇到有超出监察机关职权范围的紧急、特殊情况，确需公安机关协助的，可以根据工作需要提请公安机关予以协助。县级以上监察机关需要提请公安机关协助采取留置措施的，应当按规定报批，请同级公安机关依法予以协助。提请协助时，应当出具《提请协助采取留置措施函》，列明提请协助的具体事项和建议，协助采取措施的时间、地点等内容，附《留置决定书》复印件。

关于公安机关的协助义务，需要注意的是，《监察法》第43条第3款之规定是建立在监察机关对职务违法犯罪案件独立展开调查工作的基础上的，公安机关仅提供协助而非直接进行侦查。根据《刑事诉讼法》第19条的规定，刑事案件的侦查由公安机关进行，法律另有规定的除外。监察机关依法独立对职务违法犯罪开展调查，是对监察权的整合，进一步明确了监察机关的主体地位，有利于避免遭遇多主体同时调查的情形。

基于保密需要，不适合在采取留置措施前向公安机关告知留置对象姓名的，可以作出说明，进行保密处理。

需要提请异地公安机关协助采取留置措施的，应当按规定报批，向协作地同级监察机关出具协作函件和相关文书，由协作地监察机关提请当地公安机关依法协助。

(四) 留置措施的通知制度

留置措施有涉及范围广、留置时间长等特点，[1]参照我国相关的法律规定和试点地区的实践，通知的期限应以24小时之内为宜，[2]采取留置措施后，应当在24小时以内通知被留置人员所在单位和家属。当面通知的，由有关人员在《留置通知书》上签名。无法当面通知的，可以先以电话等方式通知，并通过邮寄、转交等方式送达《留置通知书》，要求有关人员在《留置通知书》上签名。

同时，监察机关可以要求其配合调查、提供证据。但监察对象在被监察机关采取留置措施后，如采取故意妨碍调查的行为或者出现伪造证据，干扰证人作证或者串供等有碍调查的客观原因，扭曲事实真相，致使案件证据有破坏、灭失等风险的，应当按规定报批，记录在案，可以延期通知其单位或家属，直到妨碍调查的情形消失为止。这里的妨碍调查行为具体包含：隐瞒事实真相、出具伪证或者隐匿、转移、篡改、毁灭证据的；故意拖延或者拒绝提供与监察事项有关的文件、资料、财务账目及其他有关材料和其他必要情况的；在调查期间变卖、转移涉嫌财务的；拒绝就监察机关所提问题作出解释和说明的；拒不执行监察决定或者无正当理由拒不采纳监察建议等。

《监察法》对传统"两规"措施[3]作出了调整。传统的"两规"措施并未规定采

---

[1] 张咏涛："留置措施的基本内涵与规范运行"，载《新疆师范大学学报（哲学社会科学版）》2018年第2期。

[2] 《刑事诉讼法》强制措施的相关规定。

[3] 作为一项调查措施，"两规"最早见于1990年12月9日国务院颁布的《行政监察条例》，1994年颁布的《中国共产党纪律检查机关案件检查工作条例》第4章第28条第3款"要求有关人员在规定的时间、地点就案件所涉及的问题作出说明"被视为对"两规"的规范界定。

取措施后要通知被调查对象的家属与单位,仅规定了将立案决定通知被调查人所在单位党组织。《监察法》突出强调了在24小时内通知被调查人家属与单位,是监察机关采取留置措施前的一项常规化程序,以严重有碍调查情形出现为例外。这从立法的角度充分体现出了对调查对象权利的尊重,也便于更为全面地掌握案件证据,尽快推进案件的调查工作。

(五) 被留置人员的保障措施

被留置人员的保障涉及对其基本权利与自由的保护,必须予以详细规定。《监察法》借鉴了"两规"制度中有关限权的经验做法,更好地规范了监委的调查取证行为、保障被留置人的合法权益,成功消解了"两规"措施的合宪合法性争议,可以视为是对"两规"的法治化改造。[1]其主要措施有:

其一,监察机关在留置中应当保障被留置人员的饮食、休息和安全,并提供医疗服务。其中医疗服务不仅包含对监察对象的必要健康体检措施,也包含对监察对象罹患疾病的治疗措施。留置措施是调查过程中较为严厉的一种强制措施,是对被调查人员依法予以人身限制,将其隔离于社会环境之外,讯问调查相关内容,推进调查进度的一种手段。留置持续时间一般较长,而且从期限和批准程序来看,试点中的留置措施比逮捕对人身自由的限制还要严厉,[2]必然会给被留置对象的身体与精神带来一定的负担。因此,必须保障被留置对象的基本身体健康,降低留置措施给其造成的人身风险。

其二,监察机关不得采取疲劳战术,不得一次讯问时间过长或多次连续讯问,以确保被讯问人处于正常的身体与精神状态。

其三,讯问笔录应由被讯问人阅看后签名。讯问笔录的内容必须要经过被讯问人本人的核对与认可,以防止歪曲其真实意图或者强加于人的主观臆断甚至捏造事实等情况发生。如果犯罪嫌疑人因身体残疾、疾病或文化水平不足等原因而无阅读能力,监察人员应当向他宣读,并对询问笔录和宣读过程进行录音录像,留存备查。

其四,对被留置人员不需要继续采取留置措施的,应当按规定报批,及时解除留置。调查人员应当向被留置人员宣布解除留置措施的决定,由其在《解除留置决定书》上签名、捺指印。被留置人员拒绝签名、捺指印的,调查人员应当在文书上记明。解除留置措施的,应当及时通知被留置人员所在单位或者家属。调查人员应当与交接人办理交接手续,并由其在《解除留置通知书》上签名。无法通知或者有关人员拒绝签名的,调查人员应当在文书上记明。案件依法移送人民检察院审查起诉的,留置措施

---

[1] 中共中央纪律检查委员会、中华人民共和国国家监察委员会法规室编写:《〈中华人民共和国监察法〉释义》,中国方正出版社2018年版,第134页。

[2] 尽管留置措施的最长期限180天稍短于逮捕的最长期限7个月,但是逮捕的最长期限是"2+1+2+2"的模式,中间需要经历3次不同条件的批准才能获得7个月的期间,程序设置比较严格。而留置措施的最长期限是"90+90"的模式,第一次批准的期限就长达90天,中间仅需一次批准即可延长到最长期限。艾明:"刑事诉讼法中的侦查概括条款",载《法学研究》2017年第4期。

自犯罪嫌疑人被执行拘留时自动解除，不再办理解除法律手续。

其五，留置场所应当建立健全保密、消防、医疗、餐饮及安保等安全工作责任制，制定紧急突发事件处置预案，采取安全防范措施。留置期间发生被留置人员死亡、伤残、脱逃等办案安全事故、事件的，应当及时做好处置工作。相关情况应当立即报告监察机关主要负责人，并在24小时以内逐级上报至国家监察委员会。

（六）留置折抵刑期制度

对留置措施折抵管制、拘役和有期徒刑作出规定，主要是考虑，留置作为保障调查工作顺利进行而采取的剥夺或者限制监察对象人身自由的措施，本身不属于刑罚处罚。留置措施与逮捕虽处于案件侦查的不同阶段，但在性质和内容上却具有极高的相似性。[1] 主要体现在二者都是对人身自由的剥夺，属于羁押性的措施。[2]

就折抵规则而言，留置1日折抵刑期1日，这与逮捕、拘留等羁押性强制措施一致。而在被留置人员涉嫌犯罪移送司法机关后，被依法判处管制、拘役和有期徒刑的，留置1日折抵管制2日，折抵拘役、有期徒刑1日。留置措施限制和剥夺有职务犯罪嫌疑的监察对象人身自由的方式、程度与管制、拘役、有期徒刑不同，在强制措施执行中的处遇也不同。从与刑罚的比较来看，留置与拘役、有期徒刑的强度相似，但明显高于管制，因此应当规定不同的折抵标准。另外，虽然《监察法》没有明确规定，但在实践中应根据有关法律规定折抵的计算方法。

（七）留置与其他相关法律措施的区分

留置措施是一种新型的调查手段，是最为严厉的监察强制措施，其不同于公安留置与刑事强制措施，尽管刑事拘留和逮捕比其严厉，但由于其是一种限制人身自由的强制措施，因此必须受到正当程序原则的严格约束。

其一，监察留置与公安留置的区分。公安留置与监察留置之间存在本质区别。从执行主体方面来看，监察留置由监察机关执行，仅在必要时可以提请公安机关予以协助，而公安留置由公安机关执行，无其他机关予以协助的问题；从留置措施的决定机关方面来看，监察留置措施由设区的市级以上监察委员会决定，而公安留置措施的决定机关是继续留置盘问的公安机关；从留置对象方面来看，监察机关留置的对象不仅要求符合留置条件，而且身份比较特殊——涉嫌职务违法与职务犯罪的相关人员，而公安机关留置的对象为符合继续盘问条件的违法犯罪嫌疑人员；从留置的期限方面来看，监察留置的期限比公安留置的期限更长，在一般情况下监察留置的期限不超过3个月，特殊情况下可延长3个月，而公安留置的期限一般不超过24小时，在特殊情况下可延长48小时；从留置的决定作出后的通知义务方面来看，监察留置除可能毁灭、伪造证据的情况外，应通知被留置人员的单位和家属，而公安留置在被留置人员继续

---

[1] 张翔、赖伟能："基本权利作为国家权力配置的消极规范———以监察制度改革试点中的留置措施为例"，载《法律科学（西北政法大学学报）》2017年第6期。

[2] 陈瑞华："审前羁押的法律控制———比较法角度的分析"，载《政法论坛》2001年第4期。

盘问的情况下，应通知被留置人员的单位和家属。[1]

其二，监察留置与刑事强制措施的区分。刑事强制措施是《刑事诉讼法》的概念，《监察法》将留置定性为调查措施，列于讯问、询问、搜查、冻结等调查措施间。留置未见于《刑事诉讼法》，并非刑事强制措施。[2]监察留置与刑事强制措施均以限制相关人员人身自由为目的，但二者在适用程序、审批机关、期限等方面具有差别。监察留置措施仅含有留置这一种形式，而刑事强制措施包括拘传、取保候审、监视居住、拘留、逮捕五种形式。[3]刑事强制措施是进入司法程序的象征，而监察程序和司法程序的承接变换根据应该是检察院作出强制措施的决定，而非监察委员会作出移送司法机关的决定，进入司法程序后留置自动解除。[4]司法程序期间不涉及任何监察措施且不受监察机关影响，监察程序期间不与司法程序产生任何交集，同时法律监督机关、司法审判机关也无法对其施加影响。[5]

◇【法条链接】

一、《中华人民共和国监察法》（2018年）

第二十二条 被调查人涉嫌贪污贿赂、失职渎职等严重职务违法或者职务犯罪，监察机关已经掌握其部分违法犯罪事实及证据，仍有重要问题需要进一步调查，并有下列情形之一的，经监察机关依法审批，可以将其留置在特定场所：

（一）涉及案情重大、复杂的；

（二）可能逃跑、自杀的；

（三）可能串供或者伪造、隐匿、毁灭证据的；

（四）可能有其他妨碍调查行为的。

对涉嫌行贿犯罪或者共同职务犯罪的涉案人员，监察机关可以依照前款规定采取留置措施。

留置场所的设置、管理和监督依照国家有关规定执行。

【释义】本条规定采取留置措施的条件。

第四十三条 监察机关采取留置措施，应当由监察机关领导人员集体研究决定。设区的市级以下监察机关采取留置措施，应当报上一级监察机关批准。省级监察机关采取留置措施，应当报国家监察委员会备案。

留置时间不得超过三个月。在特殊情况下，可以延长一次，延长时间不得超过三个月。省级以下监察机关采取留置措施的，延长留置时间应当报上一级监察机关

---

[1] 马怀德主编：《监察法学》，人民出版社2019年版，第278~279页。

[2] 李玉长："聚焦监察法草案⑦：留置调查措施不是刑事强制措施"，载《中国纪检监察报》2018年3月15日。

[3] 马怀德主编：《监察法学》，人民出版社2019年版，第279页。

[4] 秦前红主编：《监察法学教程》，法律出版社2019年版，第349页。

[5] 秦前红主编：《监察法学教程》，法律出版社2019年版，第348页。

批准。监察机关发现采取留置措施不当的,应当及时解除。

监察机关采取留置措施,可以根据工作需要提请公安机关配合。公安机关应当依法予以协助。

【释义】本条是对监察机关采取留置措施的程序规定,其目的在于确立留置措施的启动条件、执行时间与协助要求,促进留置措施启动符合调查人员的集体决策和上级监察机关的意志,使留置时间规范化,并且以公安机关的辅助力量加强留置的效力与执行力。

第四十四条 对被调查人采取留置措施后,应当在二十四小时以内,通知被留置人员所在单位和家属,但有可能毁灭、伪造证据,干扰证人作证或者串供等有碍调查情形的除外。有碍调查的情形消失后,应当立即通知被留置人员所在单位和家属。

监察机关应当保障被留置人员的饮食、休息和安全,提供医疗服务。讯问被留置人员应当合理安排讯问时间和时长,讯问笔录由被讯问人阅看后签名。

被留置人员涉嫌犯罪移送司法机关后,被依法判处管制、拘役和有期徒刑的,留置一日折抵管制二日,折抵拘役、有期徒刑一日。

【释义】本款是留置措施中对被留置人员的权利保障程序,旨在确保被留置人员基本人权,明确留置措施与依法被判处管制、拘役和有期徒刑之间的折抵关系,从而使留置措施符合中国特色社会主义法治文明的要求。

二、《中国共产党纪律检查机关案件检查工作条例》(1994年)

第二十八条 凡是知道案件情况的组织和个人都有提供证据的义务。调查组有权按照规定程序,采取以下措施调查取证,有关组织和个人必须如实提供证据,不得拒绝和阻挠。

(一)查阅、复制与案件有关的文件、资料、账册、单据、会议记录、工作笔记等书面材料;

(二)要求有关组织提供与案件有关的文件、资料等书面材料以及其他必要的情况;

(三)要求有关人员在规定的时间、地点就案件所涉及的问题作出说明;

(四)必要时可以对与案件有关的人员和事项,进行录音、拍照、摄像;

(五)对案件所涉及的专门性问题,提请有关的专门机构或人员作出鉴定结论;

(六)经县级以上(含县级)纪检机关负责人批准,暂予扣留、封存可以证明违纪行为的文件、资料、账册、单据、物品和非法所得;

(七)经县级以上(含县级)纪检机关负责人批准,可以对被调查对象在银行或其他金融机构的存款进行查核,并可以通知银行或其他金融机构暂停支付;

(八)收集其他能够证明案件真实情况的一切证据。

【释义】本条是纪检机关调查取证的具体情形,其规定具有强制性,有关组织和个人必须如实提供证据,不得拒绝和阻挠。

三、《中华人民共和国刑法》(2020年)

第四十七条 有期徒刑的刑期,从判决执行之日起计算;判决执行以前先行羁押的，羁押一日折抵刑期一日。

【释义】本条是对于有期徒刑刑期起算点与羁押和有期徒刑折抵计算方法的规定。

四、《中华人民共和国刑事诉讼法》(2018年)

第七十六条 指定居所监视居住的期限应当折抵刑期。被判处管制的，监视居住一日折抵刑期一日；被判处拘役、有期徒刑的，监视居住二日折抵刑期一日。

【释义】本条是对监视居住期限折抵的规定。

本条可以从以下几个方面加以理解：

一是对指定居所监视居住的期限折抵刑期做了明确规定。我国刑法对拘留、逮捕的期限折抵管制、拘役、有期徒刑的刑期做了规定，主要是考虑，拘留、逮捕作为保障诉讼顺利进行而采取的剥夺或者限制人身自由的措施，本身不属于刑罚处罚，因此，在判处刑罚之前对罪犯人身自由的先期剥夺或者限制应当在其承担的刑罚中予以折抵。刑事诉讼法修改，考虑到指定居所监视居住虽然不属于羁押措施，但对公民人身自由的限制和剥夺的程度比一般的监视居住和取保候审更强，为了更好地保护当事人的合法权益，这次修改规定了这一内容。

二是明确了折抵的标准。根据本条的规定，指定居所监视居住1日折抵管制1日，指定居所监视居住2日折抵拘役、有期徒刑1日。这样规定，主要是考虑本条指定居所监视居住限制和剥夺犯罪嫌疑人、被告人人身自由的方式、程度与拘留、逮捕等羁押措施不同，在强制措施执行中的处遇也不同。从与刑罚的比较来看，指定居所监视居住与管制的强度相似，但明显低于拘役、有期徒刑。因此对指定居所监视居住的，在折抵标准上应当低于羁押措施，规定不同的折抵标准。[1]

第八十条 逮捕犯罪嫌疑人、被告人，必须经过人民检察院批准或者人民法院决定，由公安机关执行。

【释义】本条是对逮捕权限划分的规定。

依据本条精神，有权决定或批准逮捕的国家机关是人民法院和人民检察院。公安机关在侦查过程中认为需要对犯罪嫌疑人、被告人进行逮捕的，必须由县级以上公安机关负责人签署《提请批准逮捕书》，连同案卷材料和证据一并移送同级人民检察院审查，经批准后才能由公安机关执行。各级人民检察院对自侦案件认为有必要逮捕犯罪嫌疑人、被告人的，应当直接作出《决定逮捕通知书》；人民法院在审判过程中，对没有被逮捕的被告人，认为需要逮捕的，可作出逮捕的决定，并由本院院长批准。

公安机关是有权执行逮捕的国家机关。无论是人民检察院批准逮捕，还是人民检察院、人民法院各自决定的逮捕，都必须交由公安机关执行。另外，根据国家法律的授权，国家安全机关也有权执行逮捕。

需要注意的是，为保证人大代表正常行使人民赋予的各项职权，各级人大代表需

---

[1] 全国人大常委会法制工作委员会刑法室编著：《〈中华人民共和国刑事诉讼法〉释义及实用指南》，中国民主法制出版社2012年版，第179~180页。

要逮捕时，人民法院人民检察院无权直接决定，必须报请同级人大或常委会获准许可。另外，在涉外案件的批捕程序中，还要报上级人民检察院备案并抄报外事部门或外交部等相关部门。除了人民法院、人民检察院、公安机关国家安全机关外，其他任何国家机关、团体、个人都无权批准决定和执行逮捕。对于违法实施拘禁行为构成犯罪的，应依法追究其刑事责任。[1]

第八十一条 对有证据证明有犯罪事实，可能判处徒刑以上刑罚的犯罪嫌疑人、被告人，采取取保候审尚不足以防止发生下列社会危险性的，应当予以逮捕：

（一）可能实施新的犯罪的；

（二）有危害国家安全、公共安全或者社会秩序的现实危险的；

（三）可能毁灭、伪造证据，干扰证人作证或者串供的；

（四）可能对被害人、举报人、控告人实施打击报复的；

（五）企图自杀或者逃跑的。

批准或者决定逮捕，应当将犯罪嫌疑人、被告人涉嫌犯罪的性质、情节，认罪认罚等情况，作为是否可能发生社会危险性的考虑因素。

对有证据证明有犯罪事实，可能判处十年有期徒刑以上刑罚的，或者有证据证明有犯罪事实，可能判处徒刑以上刑罚，曾经故意犯罪或者身份不明的，应当予以逮捕。

被取保候审、监视居住的犯罪嫌疑人、被告人违反取保候审、监视居住规定，情节严重的，可以予以逮捕。

【释义】 本条是对逮捕条件的规定。逮捕是公安机关、人民检察院对犯罪嫌疑人、被告人实行羁押，暂时剥夺其人身自由的一种最为严厉的强制措施。针对司法实践中因原条文适用逮捕的法定标准太过抽象，对逮捕条件理解不一致，致使逮捕条件缺少可操作性，不利于司法机关准确掌握适用尺度的问题，2012年修改将原条文关于逮捕条件中"发生社会危险性，而有逮捕必要"的规定具体细化为：可能实施新的犯罪；有危害国家安全、公共安全或者社会秩序的现实危险；可能毁灭、伪造证据，干扰证人作证或者串供；可能对被害人、举报人、控告人实施打击报复；企图自杀或者逃跑。同时还明确规定，对有证据证明有犯罪事实，可能判处十年有期徒刑以上刑罚的，或者可能判处徒刑以上刑罚，曾经故意犯罪或者身份不明的犯罪嫌疑人、被告人，应当予以逮捕。

本条第3款是关于逮捕与其他强制措施衔接的规定。刑事诉讼中的强制措施有五种，作为这个体系中最严厉的强制措施，逮捕可以在适用其他强制措施不足以防范对刑事诉讼活动造成的影响的情况下适用。据此，当被取保候审、监视居住的犯罪嫌疑人、被告人严重违反相关规定时，决定机关可以对其予以逮捕。2014年全国人大常委会作出解释，强调对于被取保候审、监视居住的可能判处徒刑以下刑罚的，违反规定

---

[1] 夏红、毛淑玲、单丽雪编著：《中华人民共和国刑事诉讼法配套解读与实例》，法律出版社2019年版，第114页。

严重影响诉讼活动正常进行的，也可以予以逮捕。[1]

第一百一十九条 对不需要逮捕、拘留的犯罪嫌疑人，可以传唤到犯罪嫌疑人所在市、县内的指定地点或者到他的住处进行讯问，但是应当出示人民检察院或者公安机关的证明文件。对在现场发现的犯罪嫌疑人，经出示工作证件，可以口头传唤，但应当在讯问笔录中注明。

传唤、拘传持续的时间不得超过十二小时；案情特别重大、复杂，需要采取拘留、逮捕措施的，传唤、拘传持续的时间不得超过二十四小时。

不得以连续传唤、拘传的形式变相拘禁犯罪嫌疑人。传唤、拘传犯罪嫌疑人，应当保证犯罪嫌疑人的饮食和必要的休息时间。

【释义】 本条是对讯问时间、地点的规定。传唤是司法机关通知犯罪嫌疑人、被告人于指定的时间、地点到案的一种措施。传唤必须使用"传票"，传票应先期送达被传唤人。受传唤人应按传唤要求准时到案。无正当理由拒绝到案的，要承担法律责任。对经依法传唤而拒绝到案的犯罪嫌疑人，侦查机关可以依法采取拘传措施，强制犯罪嫌疑人到案。需要拘留或者逮捕犯罪嫌疑人的，也可以在拘传后变更强制措施。

根据本条第1款的规定，传唤的适用对象为不需要拘留或者逮捕的犯罪嫌疑人。传唤的主要目的在于要求其到指定地点接受讯问。使用传唤方式讯问犯罪嫌疑人，讯问的地点可以是犯罪嫌疑人所在市县内的指定地点或者其住处。讯问时，侦查人员需要向被讯问人（即被传唤人）表明身份，出示人民检察院或者公安机关的证明文件。

侦查机关的传唤除了书面形式，还可以采用口头形式。口头传唤时，讯问人必须出示工作证件，表明身份，并且讯问也要符合其他讯问程序的相关规则。采用口头方式传唤的应当在询问笔录中注明。本条第2款规定了传唤和拘传的时限。在一般情况下，从犯罪嫌疑人到案时开始计算，传唤或者拘传的时间最长为12小时。需要注意的是，本条款中特别延长了特殊情况下传唤和拘传的时限。特殊情况主要是指案情特别重大、复杂，需要采取拘留或者逮捕强制措施的，传唤和拘传的持续时间最长可以延长至24小时。

传唤和拘传都是为了进行讯问，因此只要是犯罪嫌疑人到案接受了讯问，传唤或者拘传的目的就达到了。连续传唤或者拘传不仅有悖于传唤和拘传的初衷，也侵犯了被传唤或拘传人的合法权益。所以，根据本条第3款的规定，任何形式的变相拘禁都应当禁止。侦查机关有义务保障在此期间被传唤或者拘传人的基本权益。根据人的正常生理和心理需要，饮食和休息都是必需的。在国际上，疲劳审讯也被认为是一种刑讯。为此，本条款特别增加了关于保证犯罪嫌疑人饮食和必要的休息时间的规定。[2]

---

[1] 法律出版社法规中心编：《中华人民共和国刑事诉讼法注释本》，法律出版社2018年版，第56页。

[2] 夏红、毛淑玲、单丽雪编著：《中华人民共和国刑事诉讼法配套解读与实例》，法律出版社2019年版，第169~170页。

第一百五十八条 下列案件在本法第一百五十六条规定的期限届满不能侦查终结的，经省、自治区、直辖市人民检察院批准或者决定，可以延长二个月：

（一）交通十分不便的边远地区的重大复杂案件；

（二）重大的犯罪集团案件；

（三）流窜作案的重大复杂案件；

（四）犯罪涉及面广，取证困难的重大复杂案件。

【释义】本条是对重大复杂案件侦查羁押期限延长的规定。《刑事诉讼法》第156条规定，在一般情况下，对犯罪嫌疑人逮捕后的侦查羁押期限不得超过2个月。但是案情复杂、期限届满不能终结的案件，可以经上一级人民检察院批准延长1个月，此乃第一次延长侦查羁押期限。但是在实践中，有些刑事案件错综复杂，当遇有交通十分不便的边远地区的重大复杂案件，重大的犯罪集团案件、流窜作案的重大复杂案件犯罪，犯罪涉及面广、取证困难的重大复杂的案件时，侦查机关可以再次申请延长逮捕后的侦查羁押期限。

"交通十分不便的边远地区的重大复杂案件"主要是针对我国新疆、西藏、青海等省区，由于交通不发达，给办理案件带来不便而规定的。根据该项申请延长，需要同时满足"交通十分不便的边远地区"和"案件重大复杂"的两个条件。

"重大的犯罪集团案件"主要是针对一些严重危害公共安全、民愤极大而又不易侦破的集团作案的案件而规定的。

"流窜作案的重大复杂案件"是指犯罪嫌疑人流动性大，作案地点不固定的重大复杂案件。"犯罪涉及面广，取证困难的重大复杂案件"是指犯罪涉及多个省区，取证人员众多、取证地区范围大，甚至要到境外取证的案件。

案件中的多种因素叠加在一起，不仅给侦查人员调查取证、查明案情带来了困难，同时也往往会耗费较大的时间成本。因此对于具有上述情形之一的案件，逮捕后的侦查羁押期限需要适当延长。

对于第二次延长侦查羁押期限有审批权的是省、自治区、直辖市人民检察院，再次延长的期限最长为2个月。[1]

【案例链接】有关留置措施的案例

H省留置第一案——留置行贿人，推动受贿行贿一起查

2018年1月11日，经H省P市委主要领导审批，并报H省纪委监委批准，P市纪委监委对X区人民法院原党组书记、院长Y某实施留置措施。该案是H省留置第一案。与以往的受贿案件不同，Y某有着数十年的法院工作经历，任法院院长十年有余。在此案中，"围猎"他的大多是"知法懂法"之人，他们想尽办法订立攻守同盟，对抗调查。

---

[1] 法律出版社法规中心编：《中华人民共和国刑事诉讼法配套解读》，法律出版社2012年版，第275~276页。

其中，较为典型的是W某、H某两名行贿人。他们虽然随叫随到，但一直不愿交代实情，一直坚持说"真没有这回事"，每天和调查组耗时间。加之此二人在当地影响力较大，这也使得其他行贿人纷纷效仿，不愿如实交代问题，为案件查办工作增加了困难。

在这种情况下，P市纪委监委果断采取措施，决定对行贿人W某、H某实施留置。2018年1月17日，P市J县纪委监委依法对W某采取留置措施，2018年1月31日，P市Z区纪委监委依法对H某采取留置措施。

面对调查组宣布的留置决定书，W某和H某感到十分惊讶。但留置伊始，他们依旧不愿承认，坚称和Y某没有任何经济往来。W某甚至故作镇定地把事先串供的话抛出来："车是我的车，过户到W某某（Y某侄子）名下是因为我官司太多怕执行，所以放到他名下。"H某则态度强硬地表示："你们可以在P市地商业圈打听打听我，我是个正经生意人。我不可能给Y某送一分钱，我认识的领导多了，Y某算老几？我凭啥给他送钱？"在留置措施下，攻守同盟似乎依旧坚不可摧。

随着调查的深入，事情渐渐出现转机，留置行贿人的威力很快显现。Y某得知行贿人被留置后，首先交代了犯罪事实：E某、H某分别向自己行贿汽车一台，让自己利用职务上的便利，干预、插手司法活动，向有关部门打招呼，为其牟利，影响案件判决。为规避调查，车辆过户在自己侄子的名下，并提前串通好了应付调查的一套说辞。E某在得知Y某已经交代后，心理防线崩溃，很快便如实交代了自己的行贿事实。这对Y某案件的快速突破、证据固定起到了重要作用。

对行贿人采取留置措施，有利于更加方便地收集、固定物证、书证、证人证言等证据，以形成稳定的证据链。"H某在被留置前，调查人员到其企业调取证据，在其授意下，下属员工总是以'材料找不到''当初的经办人员已经离职'等原因搪塞。H某被留置后，面对调查人员开具的调取证据清单，公司员工也开始积极配合调查。"负责Y某案的P市纪委监委第一审查调查室主任Z某某说道："为了减少留置可能带来的影响，保证生意正常运转，不影响涉及的项目、工作进度，H某自己也很快摆正态度，主动交代了行贿事实。"

《监察法》规定："对涉嫌行贿犯罪或者共同职务犯罪的涉案人员，监察机关可以依照前款规定采取留置措施。"随着国家监察体制改革的全面深化，各级纪委监委正在有效运用留置行贿人的措施，推动受贿行贿一起查。留置行贿人同时给受贿人、行贿人以巨大震慑，能有效防止当事人订立攻守同盟、互相串供、隐匿销毁证据、转移赃款赃物等，在推动反腐败斗争向纵深发展、推动监察体制改革的制度优势转化为治理效能方面发挥了重要作用。

二、查询、冻结、搜查、调取、查封与扣押

从党的十八大以来的反腐败斗争实践来看，涉嫌贪污贿赂、失职渎职等严重职务违法或职务犯罪的案件大多涉及单位和个人的存款、汇款、债券、股票、基金份额等财产。为了及时、有效地收集和固定证据，查清犯罪事实，《监察法》赋予了监察机关

查询、冻结的权限。另外，搜查、调取、查封、扣押也是监察机关调查职务违法犯罪案件时收集、固定证据的重要措施。

（一）查询与冻结

拥有采取查询与冻结措施的权力对监察机关而言十分必要，因"在迅速行动成为问题的关键所在时，反腐败机构应当能够在得到法院命令之前冻结财产。没有这种权力，银行家可以在几分钟之内通过电子手段就将钱财转移"[1]。根据《监察法》第23条之规定，监察机关有权查询、冻结涉案单位或个人的存款、汇款、债券、股票、基金份额等财产。这一规定不仅有助于监察机关查明职务违法或犯罪，保护国家、集体、公民的利益，还有利于防止证据转移、赃款转移。

其一，《监察法》第23条共分2款。第1款是关于查询、冻结涉案单位和个人存款、汇款、债券、股票、基金份额等财产的规定。《监察法》第23条第2款是关于冻结解冻的规定。其中，查询，指查询电讯、银行、证券、邮政等掌握违法违纪嫌疑人某种电讯联系、银行存款、证券交易、邮政联系等信息的部门，以获取相应信息。[2] 冻结，指冻结银行存款、邮政汇款、证券交易等，以防止违法违纪嫌疑人转移涉案资金、款项。这是监察机关在办案过程中采取的一种强制措施。根据该款规定，查询、冻结涉案单位和个人的财产必须是为了"工作的需要"，也就是"调查涉嫌贪污贿赂、失职渎职等严重职务违法或者职务犯罪"的需要，冻结被明确规定为只能适用于严重职务违法或职务犯罪，相比于同属财产保全性质的查封、扣押措施而言，冻结措施的适用案件层次较高。[3] 此处，"需要"具体是指：首先，所要查询、冻结的存款、汇款、债券、股票、基金份额等财产必须与被调查的涉嫌贪污贿赂、失职渎职等严重职务违法或者职务犯罪案件相关，即属于被调查人或者与案件有牵连的单位和个人的财产；其次，通过查询、冻结存款、汇款、债券、股票、基金份额等财产，可以帮助查明案情，查清被调查人涉嫌违法犯罪的事实，并防止赃款转移，挽回和减少损失；最后，通过查询、冻结存款、汇款、债券、股票、基金份额等财产，发现新的线索，扩大调查范围。

其二，参照公安机关以及检察机关的相关规定，并结合《监察法实施条例》之相关规定，监察机关行使查询、冻结财产权应当经过以下程序：首先，向金融机构等单位查询涉案单位和个人的存款、汇款、债券、股票、基金份额等财产，应当经县级以上监察机关负责人批准，制作《协助查询财产通知书》，通知金融机构等单位执行；其次，需要冻结犯罪嫌疑人在金融机构等单位的存款、汇款、债券、股票、基金份额等财产的，应当经县级以上监察机关负责人批准，制作《协助冻结财产通知书》，通知金

---

[1] [新西兰]杰瑞米·波普：《制约腐败——建构国家廉政体系》，清华大学公共管理学院廉政研究室译，中国方正出版社2003年版，第148页。

[2] 姜明安："国家监察法立法的若干问题探讨"，载《法学杂志》2017年第3期。

[3] 梁坤："纪检监察措施分类适用的法规范解读"，载《法学》2019年第3期。

融机构等单位执行;最后,扣押、冻结债券、股票、基金份额等财产,应当书面告知当事人或者其法定代理人、委托代理人有权申请出售。对于被扣押、冻结的债券、股票、基金份额等财产,在扣押、冻结期间权利人申请出售,经审查认为不损害国家利益、不影响调查正常进行的,以及扣押、冻结的汇票、本票、支票的有效期即将届满的,经监察机关负责人批准,可以在案件办结前依法出售或者变现,所得价款由监察机关指定专门的银行账户保管,并及时告知当事人或者其近亲属。

其三,查询、冻结存款、汇款、债券、股票、基金份额等财产是监察机关调查职务违法或犯罪的重要措施,因此,《监察法》第23条第1款还规定,有关单位和个人应当予以配合,并严格保密。这是法律对有关单位和个人设定的义务,当监察机关依照规定采取查询、冻结措施时,有关单位和个人应当予以配合。这里的"配合"主要是指应当为查询、冻结工作提供方便,提供协助,履行查询、冻结手续,不得以保密为由进行阻碍。

其四,查询、冻结财产时,调查人员不得少于2人。调查人员应当出具《协助查询财产通知书》或者《协助冻结财产通知书》,送交银行或者其他金融机构、邮政部门等单位执行。其中,查询财产应当在《协助查询财产通知书》中填写查询账号、查询内容等信息。没有具体账号的,应当填写足以确定账户或者权利人的自然人姓名、身份证件号码或者企业法人名称、统一社会信用代码等信息;冻结财产应当在《协助冻结财产通知书》中填写冻结账户名称、冻结账号、冻结数额、冻结期限起止时间等信息。冻结数额应当具体、明确,暂时无法确定具体数额的,应当在《协助冻结财产通知书》上明确写明"只收不付"。冻结证券和交易结算资金时,应当明确冻结的范围是否及于孳息。冻结财产,应当为被调查人及其所扶养的亲属保留必需的生活费用。

其五,调查人员可以根据需要对查询结果进行打印、抄录、复制、拍照,要求相关单位在有关材料上加盖证明印章。对查询结果有疑问的,可以要求相关单位进行书面解释并加盖印章。监察机关对查询信息应当加强管理,规范信息交接、调阅、使用程序和手续,防止滥用和泄露,但调查人员不得查询与案件调查工作无关的信息。

其六,冻结财产的期限不得超过6个月。冻结期限到期未办理续冻手续的,冻结自动解除。有特殊原因需要延长冻结期限的,应当在到期前按原程序报批,办理续冻手续。每次续冻期限不得超过6个月。已被冻结的财产可以轮候冻结,不得重复冻结。轮候冻结的,监察机关应当要求有关银行或者其他金融机构等单位在解除冻结或者作出处理前予以通知。监察机关接受司法机关、其他监察机关等国家机关移送的涉案财物后,该国家机关采取的冻结期限届满,监察机关续行冻结的顺位与该国家机关冻结的顺位相同。

其七,冻结财产应当通知权利人或者其法定代理人、委托代理人,要求其在《冻结财产告知书》上签名。冻结股票、债券、基金份额等财产,应当告知权利人或者其法定代理人、委托代理人有权申请出售。对于被冻结的股票、债券、基金份额等财产,权利人或者其法定代理人、委托代理人申请出售,不损害国家利益、被害人利益,不影响调查正常进行的,经审批可以在案件办结前由相关机构依法出售或者变现。对于被冻结的汇票、本票、支票即将到期的,经审批可以在案件办结前由相关机构依法出售或者变现。出售上述财产的,应当出具《许可出售冻结财产通知书》。出售或者变现所得价款应当被继续冻结在其对应的银行账户中;没有对应的银行账户的,应当存入监察机关指定的专用账户保管,并将存款凭证送监察机关登记。监察机关应当及时向权利人或者其法定代理人、委托代理人出具《出售冻结财产通知书》,并要求其签名。拒绝签名的,调查人员应当在文书上记明。

其八,对于冻结的财产,应当及时核查。经查明与案件无关的,经审批,应当在查明后3日以内将《解除冻结财产通知书》送交有关单位执行。解除情况应当告知被冻结财产的权利人或者其法定代理人、委托代理人。

(二) 搜查

监察机关调查职务犯罪案件,为了收集犯罪证据、查获被调查人,[1]按规定报批后,可以依法对被调查人以及可能隐藏被调查人或者犯罪证据的人的身体、物品、住处、工作地点和其他有关地方进行搜查。

搜查是一种强制性调查措施,可能给被调查人及其他人员的人身、财产及隐私权造成侵害。搜查是指为了收集犯罪证据、查获犯罪嫌疑人而对人的身体、物品、住处及其他处所开展的搜索和检查,由此可见搜查措施的严肃和严厉程度。[2]然而,依据我国《宪法》的规定,非法的搜查是被禁止的,因此搜查必须严格依照法律规定的程序进行。

其一,搜查的主体和对象。搜查可能会对被搜查人的人身、财产和隐私权造成侵害。因此,搜查只能由法律规定的主体进行,其他任何单位或个人都无权进行搜查。根据《监察法》第24条第1款之规定,在职务犯罪案件中,搜查只能由监察机关进行,其他任何机关、单位和个人都无权对公民人身和住宅进行搜查。搜查的对象主要包括以下三个方面:一是被调查人的身体、物品和住处;二是"可能隐藏被调查人或者犯罪证据的人的身体、物品、住处",即可能窝藏被调查人或者窝藏罪证的人身、物品和住处;三是"其他有关的地方",是指其他可能与涉嫌职务犯罪的被调查人相关的地方。总之,这些地方必须是与所调查的案件相关的。监察机关可以对人身进行搜查,也可以对被搜查人的住处、物品和其他有关场所进行搜查。

其二,搜查的程序和要求。搜查是一种具有强制性的侦查措施,涉及当事人的合法权益和切身利益。因此,必须在程序上加以严格限制,在执行中依法进行。①持证搜查可以有效证明搜查行为的合法性,防止非法搜查,保证公民的人身、财产权利和

---

[1] 监察机关调查职务犯罪适用搜查的目的是收集犯罪证据、查获涉嫌职务犯罪的被调查人。中共中央纪律检查委员会、中华人民共和国国家监察委员会法规室编写:《〈中华人民共和国监察法〉释义》,中国方正出版社2018年版,第26页。

[2] 戴涛:"监察体制改革背景下调查权与侦查权研究",载《国家行政学院学报》2018年第1期。

住宅不受侵犯。监察机关工作人员搜查时，必须向被搜查人出示搜查证，否则被搜查人有权拒绝搜查。首先，搜查应当在调查人员的主持下进行，调查人员不得少于2人；其次，搜查女性的身体，由女性工作人员进行；最后，搜查时，调查人员应当向被搜查人或者其家属、见证人出示《搜查证》，要求其签名。但《监察法》未要求以被搜查人或者其家属在笔录签名或盖章作为搜查合法的条件[1]，故而被搜查人或者其家属不在场或者拒绝签名的，调查人员应当在文书上记明。搜查证应当写明被搜查人的姓名、性别、职业、住址、搜查的处所和搜查的目的、搜查机关、执行人员以及搜查日期等内容。监察机关的搜查证，要由县级以上监察机关负责人签发。②监察机关工作人员搜查时，应当有被搜查人或者其家属、其所在单位工作人员或者其他见证人在场。监察人员不得作为见证人。搜查时，应当要求在场人员予以配合，不得进行阻碍。对以暴力、威胁等方法阻碍搜查的，应当依法制止。对阻碍搜查构成违法犯罪的，依法追究法律责任。③搜查时，应当避免未成年人或者其他不适宜在搜查现场的人在场。搜查人员应当服从指挥、文明执法，不得擅自变更搜查对象和扩大搜查范围。搜查的具体时间、方法在实施前应当严格保密。在搜查过程中查封、扣押财物和文件的，按照查封、扣押的有关规定办理。④搜查是监察机关在调查中查获被调查人犯罪证据的重要手段，如何证明搜查的活动合法、如何证明搜查所获取的证据材料与被调查人有关联，并将上述活动及内容通过规范的形式固定下来，是关系搜查获取材料是否可作为证据使用以及证明力的重要问题。因此，对搜查取证工作，应当全程同步录音录像，并制作《搜查笔录》。对搜查情况应按照搜查顺序如实地记录下来，制成笔录，写明搜查的时间、地点、过程，发现的证据，提取和扣押证据的名称、数量、特征及其他有关犯罪线索等，并由调查人员和被搜查人或者其家属、见证人签名。被搜查人或者其家属不在场，或者拒绝签名的，调查人员应当在笔录中记明。对于查获的重要物证、书证、视听资料、电子数据及其放置、存储位置应当拍照，并在《搜查笔录》中作出文字说明。

其三，公安机关的协助义务。由于客观条件的限制，监察机关到本辖区以外的地方进行搜查时，监察机关可能需要其他机关的帮助或配合才能完成搜查。因此，监察机关进行搜查时，基于工作需要，可以提请公安机关配合搜查。即为了排除阻却监察机关搜查职权顺利运行的法律因素（如法律规定的以暴力、威胁等方法阻碍搜查的），或者事实因素（如缺乏完成搜查任务所必需的技能或设备）之障碍，监察机关可以提出配合搜查请求。[2]公安机关在接到监察机关的请求后应当依法予以协助，不得无故拖延或者拒绝。这是《宪法》对监察机关与公安机关相互配合、相互制约关系的具体

---

[1] 中共中央纪律检查委员会、中华人民共和国国家监察委员会法规室编写：《〈中华人民共和国监察法〉释义》，中国方正出版社2018年版，第35页。

[2] 王占洲、林苇："监察机关提请公安机关配合搜查中'工作需要'的范围界定"，载《中国人民公安大学学报（社会科学版）》2021年第2期。

表现。具体而言，县级以上监察机关需要提请公安机关依法协助采取搜查措施的，应当按规定报批，请同级公安机关予以协助。提请协助时，应当出具《提请协助采取搜查措施函》，列明提请协助的具体事项和建议，搜查时间、地点、目的等内容，附《搜查证》复印件。需要提请异地公安机关协助采取搜查措施的，应当按规定报批，向协作的同级监察机关出具协作函件和相关文书，由协作的监察机关提请当地公安机关予以协助。但应当特别注意的是，从法律施行的角度来看，配合和制约的实现必然包含着分工负责的逻辑前提[1]，互相配合的协作关系应当首先建立在权力分工的基础上，即对于其他国家机关的法定权力，监察机关既不能侵入也不能越权代替。同样，公安机关应在法律范围内依法予以协助，不能超越法定职权、违反法定程序进行协助。[2]只有在此前提下才能谈具体工作上的配合与协作问题。否则，权力一旦混同就无分工协作的可能和必要了。

（三）调取、查封、扣押

调取是监察机关对涉案的财产进行查实，以待后续监察行为作出后再行处理的强制措施；查封是指监察机关对涉案的财产进行封存，以待后续监察行为作出后再行处理的强制措施，一般是对不动产查封。[3]由此可知，调取、查封、扣押是监察机关在进行调查活动时对涉案款物、信息采取的强制性措施，其在保全证据、保障监察机关调查活动顺利进行、确保刑罚执行、预防新的违法犯罪等方面都发挥着重要的作用。然而，行使这一权力必然会"侵害"到相对方的权利。因此，监察机关在实施调取、查封与扣押的过程中应当严格依照法律规定的程序进行。

其一，调取。监察机关按规定报批后，可以依法向有关单位和个人调取用以证明案件事实的证据材料。具体而言：①调取证据材料时，调查人员不得少于2人。调查人员应当依法出具《调取证据通知书》，必要时附《调取证据清单》。有关单位和个人配合监察机关调取证据，应当严格保密。②调取物证应当调取原物。原物不便搬运、保存，或者依法应当返还，或者因保密工作需要不能调取原物的，可以将原物封存，并拍照、录像。对原物进行拍照或者录像时，应当足以反映原物的外形、内容。调取书证、视听资料应当调取原件。取得原件确有困难或者因保密工作需要不能调取原件的，可以调取副本或者复制件。调取物证的照片、录像和书证、视听资料的副本、复制件的，应当书面记明不能调取原物、原件的原因，原物、原件存放地点，制作过程，是否与原物、原件相符，并由调查人员和物证、书证、视听资料原持有人签名或者盖章。持有人无法签名、盖章或者拒绝签名、盖章的，应当在笔录中记明，由见证人签名。调取外文材料作为证据使用的，应当交由具有资质的机构和人员出具中文译本。

---

[1] 陈辉、汪进元："论'监、检、审'三机关间的分工、配合与制约关系"，载《南京社会科学》2018年第5期。

[2] 马怀德主编：《中华人民共和国监察法理解与适用》，中国法制出版社2018年版，第18页。

[3] 蒋山花、舒小亮："论行政扣押行为的执法困境与化解思路"，载《法治论坛》2010年第3期。

中文译本应当加盖翻译机构公章。③收集、提取电子数据，能够扣押原始存储介质的，应当予以扣押、封存并在笔录中记录封存状态。无法扣押原始存储介质的，可以提取电子数据，但应当在笔录中记明不能扣押的原因、原始存储介质的存放地点或者电子数据的来源等情况。由于客观原因无法或者不宜采取上述规定方式收集、提取电子数据的，可以采取打印、拍照或者录像等方式固定相关证据，并在笔录中说明原因。收集、提取的电子数据，足以保证完整性，无删除、修改、增加等情形的，可以作为证据使用。收集、提取电子数据，应当制作笔录，记录案由、对象、内容、收集、提取电子数据的时间、地点、方法、过程，并附电子数据清单，注明类别、文件格式、完整性校验值等，由调查人员、电子数据持有人（提供人）签名或者盖章；电子数据持有人（提供人）无法签名或者拒绝签名的，应当在笔录中记明，由见证人签名或者盖章。有条件的，应当对相关活动进行录像。④调取的物证、书证、视听资料等原件，经查明与案件无关的，经审批，应当在查明后3日以内退还，并办理交接手续。

其二，查封、扣押。监察机关按规定报批后，可以依法查封、扣押用以证明被调查人涉嫌违法犯罪以及情节轻重的财物、文件、电子数据等证据材料。

首先，查封、扣押必须遵循正当法律程序。①查封、扣押时，应当出具《查封/扣押通知书》，调查人员不得少于2人。②调查人员对于查封、扣押的财物和文件，应当会同在场见证人和被查封、扣押财物持有人进行清点核对，开列《查封/扣押财物、文件清单》，由调查人员、见证人和持有人签名或者盖章。持有人不在场或者拒绝签名、盖章的，调查人员应当在清单上记明；对于被调查人到案时随身携带的物品，以及被调查人或者其他相关人员主动上交的财物和文件，依法需要扣押的，依照上述规定办理。③持有人拒绝交出应当查封、扣押的财物和文件的，可以依法强制查封、扣押。查封、扣押不动产和置于该不动产上不宜移动的设施、家具和其他相关财物，以及车辆、船舶、航空器和大型机械、设备等财物，必要时可以依法扣押其权利证书，经拍照或者录像后原地封存。调查人员应当在查封清单上记明相关财物的所在地址和特征、已经拍照或者录像及其权利证书被扣押的情况，由调查人员、见证人和持有人签名或者盖章。持有人不在场或者拒绝签名、盖章的，调查人员应当在清单上记明，必要时可以将被查封财物交给持有人或者其近亲属保管。调查人员应当告知保管人妥善保管，不得对被查封财物进行转移、变卖、毁损、抵押、赠予等处理。调查人员应当将《查封/扣押通知书》送达不动产、生产设备或者车辆、船舶、航空器等财物的登记、管理部门，告知其在查封期间禁止办理抵押、转让、出售等权属关系变更、转移登记手续。相关情况应当在查封清单上记明。被查封、扣押的财物已经办理抵押登记的，监察机关在执行没收、追缴、责令退赔等决定时应当及时通知抵押权人。

其次，查封、扣押的财物和文件应当依法保管。对于查封、扣押的财物、文件，监察机关应当妥善保管或封存。①查封、扣押涉案财物，应当按规定将涉案财物详细信息、《查封/扣押财物、文件清单》录入并上传监察机关涉案财物信息管理系统；对于涉案款项，应当在采取措施后15日以内存入监察机关指定的专用账户。对于涉案物品，应当在采取措施后 30 日以内移交涉案财物保管部门保管。因特殊原因不能按时存入专用账户或者移交保管的，应当按规定报批，将保管情况录入涉案财物信息管理系统，在原因消除后及时存入或者移交。②对容易损坏的财物，应当采取拍照、录像、绘图等方法加以固定和保全，待结案后送交有关主管部门或者按照有关规定处理。监察机关在交接和调取相关财物和文件时，应当严格依照相应的手续进行。③监察机关工作人员应当定期查验被查封、扣押的财物和文件，一一对账核实，防止财物和文件被损毁或挪作他用。对于价值不明的物品，监察机关应当交由专业的鉴定部门进行鉴定，明确其价值，并将该物品专门封存保管。"封存"主要是指被查封、扣押的财物为大型物品或数量较多，在拍照并登记后就地封存或异地封存。封存应当盖有监察机关印章的封条，以备查核。任何单位和个人都不得以任何借口使用、调换被查封、扣押的财物、文件，也不得将其损毁或者自行处理，要保证被查封、扣押的财物、文件完好无损。

再次，查封、扣押特定物品的处理应符合法律规定。①查封、扣押外币、金银珠宝、文物、名贵字画以及其他不易辨别真伪的贵重物品，具备当场密封条件的，应当当场密封，由 2 名以上调查人员在密封材料上签名并记明密封时间。不具备当场密封条件的，应当在笔录中记明，以拍照、录像等方法加以保全后进行封存。查封、扣押的贵重物品需要鉴定的，应当及时鉴定。②查封、扣押存折、银行卡、有价证券等支付凭证和具有一定特征能够证明案情的现金，应当记明特征、编号、种类、面值、张数、金额等，当场密封，由 2 名以上调查人员在密封材料上签名并记明密封时间。③查封、扣押易损毁、灭失、变质等不宜长期保存的物品以及有消费期限的卡、券，应当在笔录中记明，以拍照、录像等方法加以保全后进行封存，或者经审批委托有关机构变卖、拍卖。变卖、拍卖的价款存入专用账户保管，待调查终结后一并处理。④对于可以作为证据使用的录音录像、电子数据存储介质，应当记明案由、对象、内容，录制、复制的时间、地点、规格、类别、应用长度、文件格式及长度等，制作清单。具备查封、扣押条件的电子设备、存储介质应当密封保存。必要时，可以请有关机关协助。⑤对被调查人使用违法犯罪所得与合法收入共同购置的不可分割的财产，可以先行查封、扣押。对无法分割退还的财产，涉及违法的，可以在结案后委托有关单位拍卖、变卖，退还不属于违法所得的部分及孳息；涉及职务犯罪的，依法移送司法机关处置。⑥查封、扣押危险品、违禁品，应当及时送交有关部门，或者根据工作需要严格封存保管。

最后，查封、扣押财物和文件启封、调用、解除和退还。①对于需要启封的财物和文件，应当由 2 名以上调查人员共同办理。重新密封时，由 2 名以上调查人员在密封材料上签名、记明时间。②对于已移交涉案财物保管部门保管的涉案财物，根据调查工作需要，经审批可以临时调用，并应当确保完好。调用结束后，应当及时归还。调用和归还时，调查人员、保管人员应当当面清点查验。保管部门应当对调用和归还情况进行登记，全程录像并上传到涉案财物信息管理系统。③侦查人员对查封、扣押的财物、文件,应当及时认真进行审查。经审查后,凡是与案件无关的,应当在查明情况后 3 日以内解除查封、扣押,予以退回。[1]"与案件无关"主要是指:被调查人没有违法行为;查封、扣押的场所、设施或者财物与违法行为无关;监察机关对违法犯罪行为已经作出处理决定,不再需要查封、扣押;查封、扣押期限已经届满;其他不再需要采取调查、查封、扣押措施的情形等。在上述情形下,监察机关应当及时作出解除查封、扣押决定,减少公民的损失,保障公民的合法权利。解除查封、扣押的,应当向有关单位、原持有人或者近亲属送达《解除查封/扣押通知书》,附《解除查封/扣押财物、文件清单》,要求其签名或者盖章。④查封、扣押不得包括公民个人及其所扶养家属的生活必需品,[2]对于该类生活必需品实施查封、扣押的,应当适时返回。这是因为调取、查封、扣押的目的是获取监察案件的调查线索与证据或对涉嫌职务违法犯罪的财务与信息进行合理处置,留存备查。因此,监察人员在采取调取、查封、扣押措施时,必须严格按照与案件相关的规定,不得随意扩大其范围,不得对与案件无关的材料进行查封、扣押,更不得对公民的合法财物与信息采取调取、查封、扣押。⑤调取、查封、扣押对于被调查人随身携带的与案件无关的个人用品,应当逐件登记,随案移交或者退还。

◇【法条链接】

一、《中华人民共和国监察法》(2018 年)

第二十三条 监察机关调查涉嫌贪污贿赂、失职渎职等严重职务违法或者职务犯罪,根据工作需要,可以依照规定查询、冻结涉案单位和个人的存款、汇款、债券、股票、基金份额等财产。有关单位和个人应当配合。

冻结的财产经查明与案件无关的,应当在查明后三日内解除冻结,予以退还。

【释义】该条是关于监察机关的查询和冻结财产权的规定。

第二十四条 监察机关可以对涉嫌职务犯罪的被调查人以及可能隐藏被调查人或者犯罪证据的人的身体、物品、住处和其他有关地方进行搜查。在搜查时,应当出示搜查证,并有被搜查人或者其家属等见证人在场。

搜查女性身体,应当由女性工作人员进行。

监察机关进行搜查时,可以根据工作需要提请公安机关配合。公安机关应当依法予以协助。

【释义】本条是有关监察机关进行搜查的程序性规定

第二十五条 监察机关在调查过程中,可以调取、查封、扣押用以证明被调查人涉嫌违法犯罪的财物、文件和电子数据等信息。采取调取、查封、扣押措施,应当收集原物原件,会同持有人或者保管人、见证人,当面逐一拍照、登记、编号,开列清

---

[1] 邱景辉:"罚金刑执行与监督若干问题研究",载《人民检察》2004 年第 2 期。
[2] 李宝记:"'查封、扣押'的行政法律适用",载《武汉公安干部学院学报》2015 年第 2 期。

单，由在场人员当场核对、签名，并将清单副本交财物、文件的持有人或者保管人。

对调取、查封、扣押的财物、文件，监察机关应当设立专用账户、专门场所，确定专门人员妥善保管，严格履行交接、调取手续，定期对账核实，不得毁损或者用于其他目的。对价值不明物品应当及时鉴定，专门封存保管。

查封、扣押的财物、文件经查明与案件无关的，应当在查明后三日内解除查封、扣押，予以退还。

【释义】本条是有关监察机关进行调取、查封、扣押的程序性规定。

二、《中华人民共和国刑事诉讼法》(2018 年)

第一百三十六条 为了收集犯罪证据、查获犯罪人，侦查人员可以对犯罪嫌疑人以及可能隐藏罪犯或者犯罪证据的人的身体、物品、住处和其他有关的地方进行搜查。

【释义】本条是对搜查对象的规定。根据本条规定，搜查的目的是收集犯罪证据、查获犯罪人。侦查人员只有出于获取罪证、查获犯罪人的目的才能对犯罪嫌疑人及可能隐藏罪犯、罪证的地方进行搜查。同时，搜查必须由侦查人员进行，其他任何单位和个人都无权进行搜查。搜查的范围主要包括三个方面：一是犯罪嫌疑人的身体、物品和住处。二是"可能隐藏罪犯或者犯罪证据的人的身体、物品、住处"，即可能窝藏罪犯或者窝藏罪证的人身、物品和住处。三是"其他有关的地方"，是指其他罪犯可能藏身或者隐匿犯罪证据的地方。总之，这些地方必须是与所侦查的案件有关。

侦查人员执行搜查任务时，必须严格依法进行，不得滥用搜查权，确保公民的合法权利不受侵犯。对侦查人员搜查行为的合法性，人民检察院可以行使监督权，发现有违法搜查行为的，应当及时进行纠正。[1]

第一百三十七条 任何单位和个人，有义务按照人民检察院和公安机关的要求，交出可以证明犯罪嫌疑人有罪或者无罪的物证、书证、视听资料等证据。

【释义】本条是对交出持有证据义务的规定。

根据本条规定，任何单位和个人，在人民检察院或者公安机关要求其交出能够证明犯罪嫌疑人有罪或者无罪、罪轻或者罪重的物证、书证、视听资料、电子证据等证据时，有义务予以配合，不得拒不交出。

人民检察院、公安机关侦查犯罪、收集调取证据，是代表国家行使刑事侦查权，行使刑事侦查权的目的也是有效地惩治犯罪，保护国家利益、集体利益和社会利益，保护公民、法人或者其他组织的合法权益。因此，有关单位和个人，对侦查机关代表国家查办犯罪的活动有责任予以服从，对维护国家秩序、保护自身权益的行为更有义务予以配合。[2]

第一百三十八条 进行搜查，必须向被搜查人出示搜查证。

在执行逮捕、拘留的时候，遇有紧急情况，不另用搜查证也可以进行搜查。

---

[1] 中国法制出版社编：《刑事诉讼法新解读》，中国法制出版社 2017 年版，第 157~158 页。
[2] 陈国庆主编：《中华人民共和国刑事诉讼法最新释义》，中国人民公安大学出版社 2012 年版，第 166 页。

【释义】本条是对于使用搜查证的规定。

第一百三十九条 在搜查的时候，应当有被搜查人或者他的家属，邻居或者其他见证人在场。

搜查妇女的身体，应当由女工作人员进行。

【释义】本条是关于搜查见证以及搜查妇女身体的规定。

本条第1款是关于搜查中见证的规定。搜查是对特定地点或者人身的搜索和检查，为了确保搜查程序和结果的客观性，需要有见证人在场。这既是一种必要的监督方式，同时也是增加搜查公信力必不可少的环节。搜查中的见证人要么是被搜查人信任的人，要么是与案件无牵连的中立的第三方。为此，本条第1款规定，被搜查人或者他的家属，邻居或者其他人可以作为见证人，在侦查机关搜查的时候在场。

本条第2款是关于女性身体搜查的特别规定。

第一百四十条 搜查的情况应当写成笔录，由侦查人员和被搜查人或者他的家属，邻居或者其他见证人签名或者盖章。如果被搜查人或者他的家属在逃或者拒绝签名、盖章，应当在笔录上注明。

【释义】本条是对搜查笔录的规定。

第一百四十一条 在侦查活动中发现的可用以证明犯罪嫌疑人有罪或者无罪的各种财物、文件，应当查封、扣押；与案件无关的财物、文件，不得查封、扣押。

对查封、扣押的财物、文件，要妥善保管或者封存，不得使用、调换或者损毁。

【释义】本条是关于查封、扣押财物、文件的一般性规定。

查封、扣押财物和文件是刑事诉讼的侦查措施。其并不必然附属于勘验和搜查行为，因而本条在表述的时候，将该种侦查行为的使用时间进一步扩展为"在侦查活动中"。查封、扣押财物和文件是侦查机关依法强制封存、扣留与案件有关的财物、文件的侦查行为。只要是在侦查活动中发现的，对于案件有证明作用的财物和文件，都属于该种侦查行为的适用对象。因此，本条款在表述查封扣押对象时将原来的"物品和文件"改为"财物和文件"，即在原来的基础上将财产纳入该种侦查行为的适用范围。

侦查机关查封、扣押财物和文件的基本原则是"与案件有关"，并不局限于有罪证据，能够证明犯罪嫌疑人无罪、罪轻、从轻、减轻或者免除处罚的财物和文件也属于"与案件有关"的范围。对于不能立即查明是否与案件有关的可疑的文件资料和其他物品也可以扣押，但是应当及时审查。经查明确实与案件无关的，应当及时退还。另外，对于在侦查活动中发现的违禁品，不管是否与案件有关，侦查机关均有权查封、扣押。

查封、扣押财物和文件作为一种侦查行为，其必然是以国家强制力为后盾的。因此，当遇到财物和文件持有人拒绝交出时，侦查机关有权强制查封和扣押。侦查机关查封、扣押的财物和文件是重要的案件证据材料，往往需要随案移送或者备查。对于属于其他合法持有人的财物和文件，还涉及返还等问题。由于查封、扣押的财物和文件从法理的角度上而言属于特定物，而非种类物，因此一旦灭失或者损毁将无法弥补。

另外，侦查机关的查封、扣押措施对于特定财物和文件而言只是一种暂时性的保全和固定方式。因此，使用、调换或者毁损都是对法定物权的侵害。妥善保管或者封存，严禁使用调换或者毁损查封、扣押的财物和文件是侦查机关的法定义务。[1]

第一百四十二条 对查封、扣押的财物、文件，应当会同在场见证人和被查封、扣押财物、文件持有人查点清楚，当场开列清单一式二份，由侦查人员、见证人和持有人签名或者盖章，一份交给持有人，另一份附卷备查。

【释义】本条规定了查封、扣押财物的四个步骤。一是查点；二是开列清单；三是签名、盖章；四是留存，查封、扣押清单一份交给持有人或者其家属，另一份由侦查机关附卷备查。[2]

第一百四十三条 侦查人员认为需要扣押犯罪嫌疑人的邮件、电报的时候，经公安机关或者人民检察院批准，即可通知邮电机关将有关的邮件、电报检交扣押。

不需要继续扣押的时候，应即通知邮电机关。

【释义】本条是对扣押邮件电报的规定。

第一百四十四条 人民检察院、公安机关根据侦查犯罪的需要，可以依照规定查询、冻结犯罪嫌疑人的存款、汇款、债券、股票、基金份额等财产。有关单位和个人应当配合。

犯罪嫌疑人的存款、汇款、债券、股票、基金份额等财产已被冻结的，不得重复冻结。

【释义】本条是对查询、冻结财产的规定。查询、冻结是侦查机关查明犯罪嫌疑人财产的一种手段。查询和冻结是侦查机关职权中的一部分，是一种侦查措施。但是仅仅侦查机关单方面的努力是难以完成任务的，侦查机关需要有关单位和个人的配合。因此，本条特别新增加了有关单位和个人对侦查机关实施查询和冻结等侦查行为的配合义务。有关单位包括银行、其他金融机构有关机关等。犯罪嫌疑人的存款、汇款、债券、股票、基金份额等财产已被冻结的，不得重复冻结。

第一百四十五条 对查封、扣押的财物、文件、邮件、电报或者冻结的存款、汇款、债券、股票、基金份额等财产，经查明确实与案件无关的，应当在三日以内解除查封、扣押、冻结，予以退还。

【释义】本条是对查封、扣押、冻结解除的规定。

三、《人民检察院刑事诉讼规则》（2019年）

第二百一十二条第一款 人民检察院根据侦查犯罪的需要，可以依照规定查询、冻结犯罪嫌疑人的存款、汇款、债券、股票、基金份额等财产，并可以要求有关单位和个人配合。

【释义】本款是关于人民检察院采用查询、冻结措施时要求有关单位和人员配合的

---

[1] 夏红、毛淑玲、单丽雪编著：《中华人民共和国刑事诉讼法配套解读与实例》，法律出版社2019年版，第206~207页。

[2] 臧铁伟主编：《中华人民共和国刑事诉讼法解读》，中国法制出版社2012年版，第316页。

规定。

第二百一十二条第二款 查询、冻结前款规定的财产,应当制作查询、冻结财产通知书,通知银行或者其他金融机构、邮政部门执行。冻结财产的,应当经检察长批准。

【释义】本款是对查询、冻结程序的规定。

第二百一十三条 犯罪嫌疑人的存款、汇款、债券、股票、基金份额等财产已冻结的,人民检察院不得重复冻结,可以轮候冻结。人民检察院应当要求有关银行或者其他金融机构、邮政部门在解除冻结或者作出处理前通知人民检察院。

【释义】本条是对人民检察院重复冻结的禁止性规定。

第二百一十四条 扣押、冻结债券、股票、基金份额等财产,应当书面告知当事人或者其法定代理人、委托代理人有权申请出售。

对于被扣押、冻结的债券、股票、基金份额等财产,在扣押、冻结期间权利人申请出售,经审查认为不损害国家利益、被害人利益,不影响诉讼正常进行的,以及扣押、冻结的汇票、本票、支票的有效期即将届满的,经检察长批准,可以在案件办结前依法出售或者变现,所得价款由人民检察院指定的银行账户保管,并及时告知当事人或者其近亲属。

【释义】本条是关于扣押、冻结债券、股票、基金份额等财产的程序规定。

第二百一十五条 对于冻结的存款、汇款、债券、股票、基金份额等财产,经查明确实与案件无关的,应当在三日以内解除冻结,并通知财产所有人。

【释义】本条是关于扣押、冻结债券、股票、基金份额等财产的解除规定。

第二百一十六条 查询、冻结与案件有关的单位的存款、汇款、债券、股票、基金份额等财产的办法适用本规则第二百一十二条至第二百一十五条的规定。

【释义】本条是对查询、冻结与案件有关的单位财产的适用法条规定。

四、《公安机关办理刑事案件程序规定》(2020年)

第二百二十二条 为了收集犯罪证据、查获犯罪人,经县级以上公安机关负责人批准,侦查人员可以对犯罪嫌疑人以及可能隐藏罪犯或者犯罪证据的人的身体、物品、住处和其他有关的地方进行搜查。

【释义】本条是对公安机关搜查权力的规定。

第二百二十三条 进行搜查,必须向被搜查人出示搜查证,执行搜查的侦查人员不得少于二人。

【释义】本条是对搜查出示搜查证和侦查人员数量的规定。

第二百二十四条 执行拘留、逮捕的时候,遇有下列紧急情况之一的,不用搜查证也可以进行搜查:

(一)可能随身携带凶器的;

(二)可能隐藏爆炸、剧毒等危险物品的;

(三)可能隐匿、毁弃、转移犯罪证据的;

(四) 可能隐匿其他犯罪嫌疑人的;

(五) 其他突然发生的紧急情况。

【释义】 本条是对不使用搜查证例外情形的规定。

第二百二十五条 进行搜查时,应当有被搜查人或者他的家属、邻居或者其他见证人在场。

公安机关可以要求有关单位和个人交出可以证明犯罪嫌疑人有罪或者无罪的物证、书证、视听资料等证据。遇到阻碍搜查的,侦查人员可以强制搜查。

搜查妇女的身体,应当由女工作人员进行。

【释义】 本条是对搜查对象权利保障的规定。

第二百二十六条 搜查的情况应当制作笔录,由侦查人员和被搜查人或者他的家属、邻居或者其他见证人签名。

如果被搜查人拒绝签名,或者被搜查人在逃,他的家属拒绝签名或者不在场的,侦查人员应当在笔录中注明。

【释义】 本条是对搜查笔录的规定。

三、通缉与限制出境

通缉与限制出境是两种重要的调查保障措施。通缉的目的是及时抓捕在逃犯罪嫌疑人,以保障调查程序的顺利进行。限制出境是监察机关为防止被调查人和相关人员逃匿境外采取的措施,以此确保能查清、掌握违法犯罪的事实和证据。

(一) 通缉

通缉是指监察机关对依法应当留置的在逃被调查人作出决定,并由有管辖权的公安机关发布通缉令,从而缉拿在逃被调查人归案的一种紧急侦查措施。[1]对于及时防止被调查人逃脱甚至违法犯案,及早抓获被调查人,保证监察调查工作的顺利进行具有重要意义。具体来说,通缉这一措施涵盖了以下内容:

其一,监察机关的通缉对象。根据《监察法》第29条的规定,各级监察机关在各自所在行政区域内具有通缉决定权,相应的公安机关具有通缉令的发布权和通缉执行权。通缉对象必须是依法应当留置而在逃的被调查人或已经被留置而脱逃的被调查人,[2]即应满足三个条件:一是通缉的对象必须是被调查人。没有被调查或没有启动调查程序的,不得适用通缉措施。二是被调查人符合留置条件。三是被调查人在逃。"在逃"是指被调查人因逃避调查、逃避法律责任和政务处分而脱离监察机关的控制和管理,处于下落不明状态。

其二,监察机关的通缉决定权。《监察法》第7条第2款规定:"省、自治区、直辖市、自治州、县、自治县、市、市辖区设立监察委员会。"据此,我国各级监察机关按照行政区划设立,各级监察机关在所属行政区域内具有通缉决定权,其他任何国家

---

[1] 刘明光:"关于通缉的几个问题",载《公安研究》2002年第4期。
[2] 王秋杰:"困境与完善:论我国通缉制度",载《法学杂志》2012年第11期。

机关、任何组织或者单位、个人均不具有监察通缉决定权。可见，监察调查权具有专属性特点，故关于各级监察机关决定通缉的范围，可从以下两个方面理解：①除监察机关外，其他任何国家机关、任何组织或者单位、个人均不具有监察通缉决定权。②我国各级监察机关按照行政区划设立，各级监察机关在所辖属行政区域内具有通缉决定权，当通缉范围超出各级监察机关所属管辖时，应当报请有决定权的上级监察机关发布。"有权决定的上级监察机关"是指根据各级监察机关的内部职权归属和管辖划分，有权决定、调整下级监察机关管辖事宜的上级监察机关。③县级以上监察机关依法决定在本行政区域内通缉的，应当按规定报批，送交同级公安机关执行。送交执行时，应当出具《通缉决定书》，附《留置决定书》等法律文书和被通缉人员信息，以及承办单位、承办人员等有关情况。通缉范围超出本行政区域的，应当报有决定权的上级监察机关出具《通缉决定书》，并附《留置决定书》及相关材料，送交同级公安机关执行。

其三，公安机关的通缉令发布权和通缉执行权。在程序上，由监察机关作出通缉决定之后，监察机关本身不能发布通缉令，而应该由公安机关发布。国家监察委员会依法需要提请公安部对在逃人员发布公安部通缉令的，应当先提请公安部采取网上追逃措施。如情况紧急，可以向公安部同时出具《通缉决定书》和《提请采取网上追逃措施函》。省级以下监察机关报请国家监察委员会提请公安部发布公安部通缉令的，应当先提请本地公安机关采取网上追逃措施。①"通缉令"是指公安机关依据监察机关通缉决定制作并依法发布的缉捕在逃的被调查人的书面命令。当被调查人被缉拿归案之后，公安机关应当撤销通缉令。发布通缉令之后公安机关或监察机关又发现新情况的，可以由公安机关补发通报。通缉令可以通过广播、电视、报刊、计算机网络等新媒体形式发布。②根据相关法律规定，公安机关具有通缉令的发布权和通缉执行权。因为究其本质，通缉令的发布权也是对监察机关通缉决定的执行权，而根据决定权与执行权相互分离的立法旨趣，由公安机关发布通缉令并执行，不仅符合法理，也符合监察机关与国家司法机关相互配合、相互制约的原则。各级公安机关应当积极组织力量、作出充分部署，积极开展动员和稽查工作，其他任何国家机关、组织或者单位、公民个人都应当积极协助公安机关查获被调查人。发现被调查人（被通缉人）的，应当及时将相关的信息和情况告知监察机关或公安机关，或者直接将被通缉人扭送到监察机关、公安机关或者其他国家机关、单位，这是法律赋予公民的一项义务。同时，在通缉过程中，各机关应理清路径，把通缉、预警信息的采集核实作为工作的主攻方向，同时应多方着手，会同有关部门分力合作，力避误缉、误捕等侵害公民的事件出现。[1]

其四，交接规定。一方面，监察机关接到公安机关抓获被通缉人员的通知后，应当立即核实被抓获人员身份，并在接到通知后24小时以内派员办理交接手续。边远或

---

[1] 王彦学："论网上通缉误认"，载《中国人民公安大学学报（社会科学版）》2010年第6期。

者交通不便地区，至迟不得超过 3 日。公安机关在移交前，将被抓获人员送往当地监察机关留置场所临时看管的，当地监察机关应当接收，并保障临时看管期间的安全，对工作信息严格保密；另一方面，监察机关需要提请公安机关协助将被抓获人员带回的，应当按规定报批，请本地同级公安机关依法予以协助。提请协助时，应当出具《提请协助采取留置措施函》，附《留置决定书》复印件及相关材料。另外，对于存在被通缉人员已经归案、死亡，或者依法撤销留置决定以及发现有其他不需要继续采取通缉措施情形的，监察机关应当经审批出具《撤销通缉通知书》，送交协助采取原措施的公安机关执行。

（二）限制出境

限制出境措施是指各级监察机关基于防止被调查人逃匿到境外的目的，经过一定的批准程序而对被调查人及相关人员采取的禁止其离开国土（国境）的制度。出境权和出境自由是国际公认的公民基本权利。但是，任何权利和自由都是有边界的，权利和义务是相互统一的，出境权和出境自由也不例外。监察程序中的限制出境是一种排除性的强制措施，具有保障性和辅助性。[1] 在我国的限制出境制度立法体系中，有作为行政处罚的限制出境、作为行政强制措施的限制出境、作为刑事诉讼强制措施的限制出境和作为民事诉讼强制措施的限制出境之分。作为监察措施的限制出境措施，具体涵括了以下内容：

其一，限制出境措施的实施条件。自由出入境是公民的权利，公民应有居住、迁徙的自由。[2] 限制出境作为对公民出境权的限制，是对公民基本权利的克减。在该制度下，个人的自由权和司法程序的完整性、生效裁判的执行力这两种价值是相互冲突的。因此，必须慎重地选择更需要保护的价值，并通过程序的规范来保障。[3] 具体来说，限制出境须严格满足以下条件：①限制出境措施的决定主体。根据《监察法》第 30 条的规定，能够决定对被调查人及相关人员采取限制出境措施的监察机关为省级以上监察机关。"以上"包含本数，故而具有限制出境措施决定权的主体共有两个——省级监察机关和国家监察机关。②限制出境措施的对象。限制出境的对象是被调查人及相关人员。根据《监察法》第 39 条第 1 款的规定："经过初步核实，对涉嫌职务违法犯罪，需要追究法律责任的，监察机关应当按照规定的权限和程序办理立案手续。"据此可知，"被调查人"是指监察机关经过核实，根据法定程序在满足立案条件的情况下予以立案调查的人。从程序上而言，当监察机关接受相关报案或者举报，并按照有关规定处理、提出处置意见的时候，被报案人或者被举报人不属于被调查人。只有在监察机关正式立案之后才能对其采取限制出境措施。"相关人员"是指可能隐匿、包庇被

---

[1] 朱建朝、金香平、姜金良："限制出境（边控）措施的法律适用"，载《人民司法》2012 年第 18 期。
[2] 汪进元："人身自由的构成与限制"，载《华东政法大学学报》2011 年第 2 期。
[3] 刘志欣、董礼洁："诉讼程序中限制出境措施的完善与救济——对公民出境自由的限制与救济"，载《法律适用》2013 年第 11 期。

调查人，或与被调查人在被调查事项上具有某种关联的人。③限制出境措施的目的。监察机关决定采取限制出境措施的主要目的是防止被调查人及相关人员逃匿境外，防止影响监察调查活动的顺利进行，防止影响案件后续处置工作的开展。要准确理解"限制出境"之意涵，须注意"境外"的含义。所谓"境外"，是指中国大陆地区以外的国家或者地区，即包括我国台湾、香港和澳门地区。需要注意的是，在国际社会中，一般情况下出国和出境是在同一个含义上来使用的，二者不存在实质上的差别。但在我国，出国和出境的含义则有所差异。如果离开本国国境而前往其他国家的，为出国。离开本国国境而前往我国港、澳、台地区的，为出境。

其二，限制出境措施的程序。①限制出境必须遵循统一审查原则，妥善适用限制出境措施。[1]限制出境的申请由省级以上监察机关批准，下级监察机关不得享有限制出境措施的决定权。在监察实务中，若省级以下（不含省级）监察机关拟对某一个或者某一些被调查人员及相关人员采取限制出境措施，应层报省级以上监察机关批准决定，在得到准予采取限制出境措施的决定之后，再交付公安机关予以执行。采取限制出境措施的申请批准权、批准决定权和具体执行权的分离体现了对于监察机关采取限制出境措施的制衡和内部监督，有利于加强对被调查人及相关人员合法权益的保障。②监察机关采取限制出境措施应当出具有关函件，与《采取限制出境措施决定书》一并送交移民管理机构执行。其中，采取边控措施的，应当附《边控对象通知书》；采取法定不批准出境措施的，应当附《法定不准出境人员报备表》。③县级以上监察机关在重要、紧急情况下，经审批可以依法直接向口岸所在地设置的口岸移民管理机构提请办理临时限制出境措施。

其三，限制出境措施的执行。根据《监察法》的规定，限制出境的具体执行权由公安机关享有，其他任何机关均不得非法执行。从时间先后顺序看，被调查人及相关人员的离境行为必然是一种相互连续的行为，可将其分作两个部分：离境人员申请出境证件的行为和其取得证件之后实施的具体离境行为。如此，限制出境措施便可以通过两个方面的两种途径来实现。①当被调查人员及相关人员申请相关出入境证件时，不予签发护照、通行证或其他出入境证件。②在被调查人员及相关人员即将离开边境口岸时，边防检查机关可依照省级以上监察机关的限制出境决定阻止其离境。综上，公安机关出入境管理部门和边防出入境检查部门都是我国行使出入境管理权的主管部门，二者相互配合、相互衔接。③监察机关在接到口岸移民管理机构查获被决定采取留置措施的边控对象的通知后，应当于24小时以内到达口岸办理移交手续。无法及时到达的，应当委托当地监察机关及时前往口岸办理移交手续。当地监察机关应当予以协助。

其四，限制出境措施的解除。由于限制出境措施直接作用于人身，因此必须平衡有关机关与限制出境对象双方的权益，且必须考虑对司法、监察资源的合理利用。[2]

---

[1] 杜以星："民事诉讼中限制出境措施的若干实务问题"，载《法律适用》2012年第4期。

[2] 胡晓东、熊燕："对限制被执行人出境之申请的审查"，载《人民司法》2010年第10期。

①限制出境措施有效期不超过 3 个月，到期自动解除。到期后仍有必要继续采取措施的，应当按原程序报批。承办部门应当出具有关函件，在到期前与《延长限制出境措施期限决定书》一并送交移民管理机构执行。延长期限每次不得超过 3 个月。②对于尚未立案调查的、立案之后又撤销案件的、被调查人及相关人员死亡的或有其他不可能离开国境的情形，不需要继续采取限制出境措施的，应当予以及时解除。承办部门应当出具有关函件，与《解除限制出境措施决定书》一并送交移民管理机构执行。

◇【法条链接】

一、《中华人民共和国监察法》(2018 年)

第二十九条　依法应当留置的被调查人如果在逃，监察机关可以决定在本行政区域内通缉，由公安机关发布通缉令，追捕归案。通缉范围超出本行政区域的，应当报请有权决定的上级监察机关决定。

【释义】该条是关于通缉的规定。

第三十条　监察机关为防止被调查人及相关人员逃匿境外，经省级以上监察机关批准，可以对被调查人及相关人员采取限制出境措施，由公安机关依法执行。对于不需要继续采取限制出境措施的，应当及时解除。

【释义】该条是关于限制出境措施的规定。

二、《中华人民共和国刑事诉讼法》(2018 年)

第一百五十五条　应当逮捕的犯罪嫌疑人如果在逃，公安机关可以发布通缉令，采取有效措施，追捕归案。

各级公安机关在自己管辖的地区以内，可以直接发布通缉令；超出自己管辖的地区，应当报请有权决定的上级机关发布。

【释义】本条是关于通缉的规定。通缉适用于应当逮捕的犯罪嫌疑人在逃的，以及越狱逃跑的犯罪嫌疑人、被告人或者罪犯。有权发布通缉令的机关为县级以上的公安机关，其他任何机关、团体、单位、组织和个人都无权发布。人民检察院在办理自侦案件过程中，需要追捕在逃的犯罪嫌疑人时，经检察长批准，有权作出通缉决定，但仍需交由公安机关发布通缉令。有权发布通缉令的机关只能在自己管辖的区域范围内直接发布通缉令，一旦超出自己管辖的地区，则应当报请有权决定的上级机关发布。

三、《中华人民共和国出境入境管理法》(2012 年)

第十二条　中国公民有下列情形之一的，不准出境：

(一) 未持有效出境入境证件或者拒绝、逃避接受边防检察的；

(二) 被判处刑罚尚未执行完毕或者属于刑事案件被告人、犯罪嫌疑人的；

(三) 有未了结的民事案件，人民法院决定不准出境的；

(四) 因妨害国（边）境管理受到刑事处罚或者因非法出境、非法居留、非法就业被其他国家或者地区遣返，未满不准出境规定年限的；

(五) 可能危害国家安全和利益，国务院有关主管部门决定不准出境的；

(六) 法律、行政法规规定不准出境的其他情形。

【释义】 本条是对限制出境情形的规定。

第七十五条 中国公民出境后非法前往其他国家或者地区被遣返的，出入境边防检查机关应当收缴其出境入境证件，出境入境证件签发机关自其被遣返之日起六个月至三年以内不予签发出境入境证件。

【释义】 本条是关于遣返的规定。

四、《中华人民共和国税收征收管理法》(2015年)

第四十四条 欠缴税款的纳税人或者他的法定代表人需要出境的，应当在出境前向税务机关结清应纳税款、滞纳金或者提供担保。未结清税款、滞纳金，又不提供担保的，税务机关可以通知出境管理机关阻止其出境。

【释义】 本条是对欠缴税款的出境限制规定。

五、《中华人民税收征收管理法实施细则》(2016年)

第七十四条 欠缴税款的纳税人或者其法定代表人在出境前未按照规定结清应纳税款、滞纳金或者提供纳税担保的，税务机关可以通知出入境管理机关阻止其出境。阻止出境的具体办法，由国家税务总局会同公安部制定。

【释义】 本条是对欠缴税款的出境限制规定。

六、《中华人民共和国民事诉讼法》(2021年)

第二百六十二条 被执行人不履行法律文书确定的义务的，人民法院可以对其采取或者通知有关单位协助采取限制出境，在征信系统记录、通过媒体公布不履行义务信息以及法律规定的其他措施。

【释义】 本条是对被执行人的限制措施。被执行人应当履行法律文书确定的义务，被执行人有履行能力而不履行法律文书确定的义务的，人民法院可以对其采取或者通知有关单位协助采取限制出境，在征信系统记录、通过媒体公布不履行义务信息以及法律规定的其他措施。限制出境的对象是被申请执行人，包括自然人和法人及其他组织。被执行人为单位的，可以对其法定代表人、主要负责人或者影响债务履行的直接责任人员实施限制出境。被执行人为无民事行为能力人或者限制民事行为能力人的，可以对其法定代理人实施限制出境。法律将不履行法律文书确定的义务的行为记录在征信系统中，主要指记录在人民银行征信局的信贷征信系统和人民法院记录拒不履行生效法律文书的被申请执行人的征信系统中。通过媒体公布不履行义务信息是指将被执行人不履行法律文书确定义务的信息，通过报纸、广播、电视、互联网等媒体公布。[1]

---

[1] 法律出版社法规中心编：《中华人民共和国民事诉讼法注释本》，法律出版社2017年版，第215页。

七、《最高人民法院关于适用〈中华人民共和国刑事诉讼法〉的解释》(2021年)

第四百八十七条 对涉外刑事案件的被告人,可以决定限制出境;对开庭审理案件时必须到庭的证人,可以要求暂缓出境。限制外国人出境的,应当通报同级人民政府外事主管部门和当事人国籍国驻华使领馆。

人民法院决定限制外国人和中国公民出境的,应当书面通知被限制出境的人在案件审理终结前不得离境,并可以采取扣留护照或者其他出入境证件的办法限制其出境;扣留证件的,应当履行必要手续,并发给本人扣留证件的证明。

需要对外国人和中国公民在口岸采取边控措施的,受理案件的人民法院应当按照规定制作边控对象通知书,并附有关法律文书,层报高级人民法院办理交控手续。紧急情况下,需要采取临时边控措施的,受理案件的人民法院可以先向有关口岸所在地出入境边防检查机关交控,但应当在七日以内按照规定层报高级人民法院办理手续。

【释义】本条是对限制出境条件及程序的规定。

【案例链接】有关通缉的案件

X林业大学校长J某某受贿潜逃被通缉案

J某某,1964年9月生,Y省人。2016年2月,任X林业大学党委副书记、校长。2018年4月25至27日,省委第八巡视组进驻X林业大学开展巡视,X林业大学校长J某某是在巡视组进驻巡视期间逃跑的。而就在4天前,这位逃跑的校长还在安静地集中学习。

2018年5月11日,Y省公安厅发布A级通缉令,X林业大学党委副书记、校长J某某潜逃被通缉。由监察委员会决定通缉,公安机关发布通缉令的,这是全国第一份。

2018年5月30日,据中央纪委国家监委网站消息称,在中央追逃办协调指导下,Y省追逃办经多方努力将潜逃人员J某某抓获。

第九章 监察管辖

监察体制改革赋予了国家监察委员会调查公职人员职务犯罪与职务违法案件的职权,并由此形成了在原刑事诉讼管辖制度之外的一套独立的监察管辖制度。在规范层面,《监察法》第 16 条、第 17 条首先对监察管辖作出了概括性规定。2018 年出台的《国家监察委员会管辖规定(试行)》(以下简称《管辖规定》)进一步明确了监察管辖的概念、监察机关的管辖对象、管辖案件类型与范围、各监委之间的管辖分工与协调等。据此形成了一套包括监察管辖的一般规定、职能管辖以及监察关联案件、互涉案件的管辖规则在内的监察管辖制度。在此基础上,《监察法实施条例》第三章"监察范围和管辖"细化完善了该项制度。

第一节 监察管辖一般规定

管辖原本是诉讼法上的概念,是指公安机关、人民检察院和人民法院等国家机关依照法律规定立案受理刑事案件及人民法院一审刑事案件的分工。[1]管辖是启动案件处理程序的基础,监察权、侦查权、审判权等公权力均需通过管辖来获得运行的合法性。[2]监察管辖权是指对某个监察对象或者某些特定监察事项确定由哪一级或者哪一个监察机关进行管辖的法律制度。在司法活动中,管辖制度不仅是法院对案件数量变化保持相应灵活性的关键,也是司法廉洁的重要环节。[3]因此,明确监察机关的管辖范围,可以有效避免监察机关之间发生争执或推诿。

一、一般管辖原则

监察委员会实行级别管辖与地域管辖相结合的原则,各级监察委员会按照干部管理权限对本辖区内的监察对象依法进行监察。所谓干部管理权限,即监察对象的组织人事管理权限。监察对象的组织人事关系由哪一级组织人事部门管理,其所涉及的监察事项则由相对应的监察委员会管辖。比如,国家监察委员会管辖中央干部所涉监察事项,省级监察委员会管辖本省省管干部所涉监察事项等。对于组织人事关系不属于

---

[1] 胡铭:《刑事诉讼法学》,法律出版社 2016 年版,第 96 页。
[2] 叶青、王小光:"监察委员会案件管辖模式研究",载《北方法学》2019 年第 4 期。
[3] [荷]兰布克、[意]法布瑞编:《法院案件管辖与案件分配:奥英意荷挪葡加七国的比较》,范明志等译,法律出版社 2007 年版,译序。

本级组织人事部门管理的被监察对象，则不具有管辖权。"管理权限"确定级别管辖的层级，这与原行政监察制度的分级管辖原则相类似。[1]

《监察法》第16条中的"本辖区"是指本级监察委员会所在的省（自治区）、盟市、旗县区的行政管辖区域，各级监察委员会只能管辖本行政辖区范围内的被监察对象及其所涉及的监察事项。"本辖区"确定地域管辖的范围。监察机关的属地管辖原则来源于各级党的纪律检查委员会对党员干部的属地管辖权。根据党管干部的原则，党的纪律检查委员会对党员干部的管辖主要是属人管辖而非属地管辖，即各级党委管理其所属及下属的干部，但对其上级党委或同级其他党委所属而驻在其行政区域范围之内的干部并没有管理权限。故《监察法》规定的监察管辖权仍是以级别管辖为主、属地管辖为辅的管辖模式。

简言之，《监察法》第16条不仅明确了监察机关的级别管辖即"按照管理权限"和地域管辖即"本辖区"，而且明确了级别管辖优先原则，即先按干部管理权限确定级别管辖，然后再按辖区确定地域管辖。实践中，监察机关一般采取以"被调查人工作单位所在地"确定地域管辖的方法，原因在于职务犯罪是以单位工作人员的身份进行的犯罪活动，而犯罪主体的身份依附于单位。[2]另外，对于《监察法》第15条第5项规定的"基层群众性自治组织中从事管理的人员"，其所涉监察事项由其所在的县级监察委员会管辖，县级监察委员会向其所在街道、乡镇派出监察机构、监察专员的，派出的监察机构、监察专员可以直接管辖。

二、提级管辖

提级管辖是对级别管辖规定的变通处置方法。报请提级管辖，是指监察机关因法定事由可以报请上级监察机关管辖原本属于自己管辖的监察事项。[3]

《监察法》中规定的提级管辖主要是出于对监察工作的高机动性的考虑。监察机关在正常情况下应当按照一般管辖的分工，尽全力管好自己管辖范围内的监察事项。但是，当监察机关考虑到所在地方的实际情况，以及本机关的地位、能力，认为所管辖的监察事项实属重大、复杂，而尽自己力量不能或者不适宜管辖的，可以报请上级监察机关管辖。从实践来看，适用提级管辖的情形主要包括以下几种：①监察机关认为有重大影响、由上级监察机关办理更为适宜的监察事项；②监察机关不便办理的重大、复杂监察事项，以及自己办理可能会影响公正处理的监察事项；③因其他原因需要由上级监察机关管辖的重大、复杂监察事项。

上级监察机关在必要时也可以办理所辖各级监察机关管辖范围内的监察事项。一般情况下，上级监察机关只能办理下级监察机关管辖范围内的监察事项，而不能办理

---

[1] 钱晓萍主编：《行政监察法概论》，中国政法大学出版社2016年版，第60页。
[2] 杨宇冠：《监察法与刑事诉讼法衔接问题研究》，中国政法大学出版社2018年版，第47页。
[3] 付洪林、窦家应："行政诉讼提级管辖改革的探索与实践——以广东法院提级管辖改革为样本"，载《法律适用》2014年第5期。

再下一级监察机关管辖范围内的监察事项。例如，国家监察委员会一般不办理地级市、地区、自治州、盟监察机关管辖范围内的监察事项，省、自治区、直辖市监察机关一般不办理市辖区、县级市、县、自治县、旗、自治旗监察机关管辖范围内的监察事项。但在特定情形下，上级监察机关在必要时也可以办理所辖各级监察机关管辖范围内的监察事项。所谓有必要，主要是指某级监察机关及其上一级监察机关由于受到各种主客观因素的影响，而不适宜或者无法办理其管辖范围内的监察事项，此时可由其上一级，甚至由国家监察委员会直接办理。

提级管辖的规定是对级别管辖制度的补充。这样规定的主要原因是：首先，这是由我国监察体制决定的；其次，有利于上级监察机关加强对下级监察机关履行职责情况的监督和工作指导，尤其是在遇到由下级监察机关直接办理可能影响公正处理的监察事项时，上级监察机关直接予以办理，可以保证国家法律、法规、政策和政纪的统一、正确实施；最后，有利于下级监察机关在工作中遇到特殊困难和阻力时，可以得到上级监察机关及时、有力的支持、帮助和指导，提高效率和质量。但这并不是说，属于下级监察机关立案管辖范围内的政纪案件统统可以由上级监察机关代为查办。

三、指定管辖

指定管辖是由上级监察机关的指定而确定监察事项管辖机关的制度。[1]指定管辖调整了法律确定的办案主体，是一种因案件特殊性而采取个案调整的方式，是人为影响案件管辖秩序的做法。指定管辖包括两种情况：管辖不明案件的指定管辖；管辖权明确，但因某种原因不适于原管辖单位管辖而由上级单位指定移送其他单位管辖，即改变管辖。[2]在司法活动中，存在着广义的指定管辖和狭义的指定管辖。狭义指定的管辖指对个案的指定管辖，而广义的指定管辖一般指类案的指定管辖。[3]由于监察体制改革仍处于建设发展的阶段，对管辖制度的探索程度相对有限，随着监察制度逐渐成熟，管辖制度可能会向着更加精细化的方向发展。

《监察法》第17条第1款规定了上级监察机关主动改变管辖制度。根据该款规定，指定管辖可以跨多个层级，即可以指定任意下级监察委员会管辖相关监察事项。如省级监察委员会对于自己管辖的监察事项既可以指定市级监察委员会管辖，也可以指定旗县级监察委员会管辖；省级监察委员会既有权将市级监察委员会管辖的监察事项指定旗县级监察委员会管辖，也有权将旗县级监察委员会管辖的监察事项指定市级监察委员会管辖。

---

〔1〕 中共中央纪律检查委员会、中华人民共和国国家监察委员会法规室编写：《〈中华人民共和国监察法〉释义》，中国方正出版社2018年版，第119页。

〔2〕 龙宗智："刑事诉讼指定管辖制度之完善"，载《法学研究》2012年第4期。

〔3〕 郭晓光：《民事诉讼管辖实证研究》，中国政法大学出版社2016年版，第162页。

四、管辖权争议

管辖权的冲突问题在大部分国家都存在。[1]《监察法》第 16 条第 3 款规定了管辖权争议导致的级别管辖例外。发生管辖争议,即对同一监察事项,有两个或者两个以上的监察机关都认为自己具有或者不具有管辖权而发生的争议。这一规定的基础是行政隶属关系。如同一省的两个地级市监察机关的共同上一级监察机关就是该省人民政府的监察机关;不同省、自治区、直辖市监察机关的共同上一级监察机关是国家监察委员会。具体情形有以下两种:第一,监察对象因职务调整、工作调动而产生管理权限、工作地区变化,导致不同的监察委员会对其所涉及的监察事项均有管辖权;第二,在共同职务违法、职务犯罪案件中,相关涉案人员或所涉及的违法犯罪事实因归属不同的监察机关管辖,而产生管辖争议。

对管辖权争议的处理须注意以下几点:①"共同的上级监察机关"是共同的上一级监察机关。因此,必须注意这里的"上一级"机关和"上级"机关是有所不同的,"上一级"机关仅要求高一个层级。当然,依据法律规定共同的上一级监察机关对于具体的有管辖权争议的机关来说可能不是仅仅高一个层级的问题。如一省的两个市行政监察机关就管辖发生争议时,其共同的上一级监察机关是该省监察委员会;不同省的两个市行政监察机关发生管辖争议的,其共同的上一级监察机关是国家监察委员会。②以先立案的监察机关管辖为原则,以主要犯罪地的监察机关管辖为补充。《管辖规定》第 20 条第 1 款对省级监察机关之间的管辖权争议进行了详尽的规定,即几个省级监察机关都有管辖权的案件,由最初受理的监察机关管辖。必要时,可以由主要犯罪地的监察机关管辖。③两个或两个以上监察机关对同一监察事项的管辖权发生争议时,报请他们共同的上一级监察机关指定管辖。上一级监察机关指定管辖行为的做出,必须遵循合法与适当的原则。省级监察机关之间发生管辖权争议的,必要时国家监察机关可以决定并案调查。④指定管辖行为在法律上具有确定无疑的效力,即一经指定,负有管辖职责的监察机关即被确定,被指定的监察机关无权改变这一指定或将管辖权移交其他监察机关。

◇【法条链接】

一、《中华人民共和国监察法》(2018 年)

第十六条 各级监察机关按照管理权限管辖本辖区内本法第十五条规定的人员所涉监察事项。

上级监察机关可以办理下一级监察机关管辖范围内的监察事项,必要时也可以办理所辖各级监察机关管辖范围内的监察事项。

---

[1] 在部分国家的司法活动中,一审法院可以管辖所有案件,故不存在管辖权冲突问题。除此之外,只要存在管辖制度,就可能存在管辖冲突的情况。[荷]兰布克、[意]法布瑞编:《法院案件管辖与案件分配:奥英意荷挪葡加七国的比较》,范明志等译,法律出版社 2007 年版,第 21 页。

监察机关之间对监察事项的管辖有争议的,由其共同的上级监察机关确定。

第十七条 上级监察机关可以将其所管辖的监察事项指定下级监察机关管辖,也可以将下级监察机关有管辖权的监察事项指定给其他监察机关管辖。

监察机关认为所管辖的监察事项重大、复杂,需要由上级监察机关管辖的,可以报请上级监察机关管辖。

【释义】这两条是关于指定管辖和报请提级管辖原则的规定。

二、《中华人民共和国监察法实施条例》(2021年)

第四十五条 监察机关开展监督、调查、处置,按照管理权限与属地管辖相结合的原则,实行分级负责制。

【释义】本条属于总括性条款,规定了监察管辖应当遵循级别管辖和属地管辖相结合的原则。

第四十六条 设区的市级以上监察委员会按照管理权限,依法管辖同级党委管理的公职人员涉嫌职务违法和职务犯罪案件。

县级监察委员会和直辖市所辖区(县)监察委员会按照管理权限,依法管辖本辖区内公职人员涉嫌职务违法和职务犯罪案件。

地方各级监察委员会按照本条例第十三条、第四十九条规定,可以依法管辖工作单位在本辖区内的有关公职人员涉嫌职务违法和职务犯罪案件。

监察机关调查公职人员涉嫌职务犯罪案件,可以依法对涉嫌行贿犯罪、介绍贿赂犯罪或者共同职务犯罪的涉案人员中的非公职人员一并管辖。非公职人员涉嫌利用影响力受贿罪的,按照其所利用的公职人员的管理权限确定管辖。

【释义】本条规定了地方各级监察机关对于公职人员涉嫌职务违法和职务犯罪案件的管辖制度。为了实现监察全覆盖,本条第4款还规定了监察机关对于非公职人员应如何确定管辖权。

第四十七条 上级监察机关对于下一级监察机关管辖范围内的职务违法和职务犯罪案件,具有下列情形之一的,可以依法提级管辖:

(一)在本辖区有重大影响的;

(二)涉及多个下级监察机关管辖的监察对象,调查难度大的;

(三)其他需要提级管辖的重大、复杂案件。

上级监察机关对于所辖各级监察机关管辖范围内有重大影响的案件,必要时可以依法直接调查或者组织、指挥、参与调查。

地方各级监察机关所管辖的职务违法和职务犯罪案件,具有第一款规定情形的,可以依法报请上一级监察机关管辖。

【释义】本条是关于提级管辖制度的相关规定。

第四十八条 上级监察机关可以依法将其所管辖的案件指定下级监察机关管辖。

设区的市级监察委员会将同级党委管理的公职人员涉嫌职务违法或者职务犯罪案件指定下级监察委员会管辖的,应当报省级监察委员会批准;省级监察委员会将同级党委管理的公职人员涉嫌职务违法或者职务犯罪案件指定下级监察委员会管辖的,应当报国家监察委员会相关监督检查部门备案。

上级监察机关对于下级监察机关管辖的职务违法和职务犯罪案件,具有下列情形之一,认为由其他下级监察机关管辖更为适宜的,可以依法指定给其他下级监察机关管辖:

(一) 管辖有争议的;
(二) 指定管辖有利于案件公正处理的;
(三) 下级监察机关报请指定管辖的;
(四) 其他有必要指定管辖的。

被指定的下级监察机关未经指定管辖的监察机关批准,不得将案件再行指定管辖。发现新的职务违法或者职务犯罪线索,以及其他重要情况、重大问题,应当及时向指定管辖的监察机关请示报告。

【释义】本条是关于指定管辖制度的相关规定。

三、《中华人民共和国刑事诉讼法》(2018年)

第二十七条 上级人民法院可以指定下级人民法院审判管辖不明的案件,也可以指定下级人民法院将案件移送其他人民法院审判。

【释义】指定管辖,是指上级人民法院依职权指定下级人民法院对案件行使管辖权。

本条规定的指定管辖有两种适用情形:

一是有管辖权的人民法院由于特殊原因不能行使管辖权的,报请上级人民法院指定管辖。法律上的原因,是指由于某些法定事实使有管辖权的人民法院在法律上不能审理或继续审理,如当事人申请回避,该人民法院不宜进行审理等。事实上的原因,是指有管辖权的人民法院因不可抗力或者其他障碍不能或者难以行使管辖权,例如自然灾害、战争、意外事故等。

二是两个以上人民法院对管辖权发生争议时,协商不成的,报请共同的上级人民法院指定管辖。

【案例链接】指定管辖案例

S市:首次采取指定管辖方式实施留置案件

据A省纪检监察网2018年4月12日报道:"近期,S市纪委监委对S市公安局交警支队高速大队原会计Q某某有关问题进行了核查,发现其涉嫌严重违纪违法。"日前,依据《监察法》等有关规定,S市纪委监委采取指定管辖方式,指定S县纪委监委对Q某某进行立案审查调查,并对其采取留置措施。该案是S市首例采取指定管辖方式实施的留置案件。

为严格依法办理该案,S市纪委监委相关纪检监察室对审批程序、保密安全、取证方向、调查重点等进行具体指导,市纪委监委领导现场办公,及时协调推进工作。S县纪委监委在办理该起留置案件过程中,高效履职尽责,严格履行工作程序,确保案件办理依法、严谨、无差错。市、县两级纪委监委密切协同配合,严格依法履职,合力推动案件办理工作。

第二节 职务犯罪的监察管辖

《监察法》与修正的《刑事诉讼法》,共同设计了一套符合当前国家机构组织构造的管辖制度,解决了不同层级、不同地域以及不同权属国家机关之间的案件受理分工问题。《管辖规定》的出台则在《监察法》与《刑事诉讼法》所设计的管辖制度上,进一步完善了监察机关的职务犯罪管辖范围及有关监察机关内部管辖上的分工与协调。

一、职务犯罪案件管辖范围

监察体制改革前,我国刑事诉讼管辖专指公检法三机关的法定立案受理刑事案件与审理一审刑事案件的分工制度,[1]监察体制改革将部分原由人民检察院与公安机关侦查的犯罪案件的管辖权赋予国家监察机关,并在管辖分工上融合了过去行政监察管辖和司法管辖的某些特质要素,形成了自身独特的职务犯罪监察管辖构造。[2]公职人员职务犯罪案件属于监察机关法定管辖范围,这是国家反腐资源重新配置后监察机关的职能管辖内涵所在。

监察机关职能管辖是指国家监察委员会与其他有权国家机关在受理犯罪案件上的分工。[3]《监察法》第11条与《管辖规定》第11条限定了监察机关职能管辖的具体内涵,主要有"人"和"行为"两个方面的要义:[4]其一,作为管辖对象的"人"为行使公权力的公职人员,这里主要指《监察法》第15条所规定的六类依法履行公职的人员。其二,作为管辖对象的"行为"主要为职务犯罪行为。根据《监察法》第11条的规定,监察机关主要管辖贪污贿赂、滥用职权、玩忽职守、权力寻租、利益输送、徇私舞弊以及浪费国家资财等职务犯罪案件。

但需要注意的是,《监察法》第11条与第15条并没有规定监察机关所管辖的几类职务犯罪的罪名,其所管辖的"公职人员"也并不完全与《刑事诉讼法》中的"国家工作人员""国家机关工作人员"相对应。这些人不仅可能收受贿赂,也可能索取贿赂,这将威胁到国有资财的安全,其所涉嫌的非国家工作人员受贿罪等也属于监察机关的职能管辖范围。但这些罪名并不属于我国《刑事诉讼法》意义上的职务犯罪,其

---

[1] 陈光中主编:《刑事诉讼法》,北京大学出版社、高等教育出版社2005年版,第107页。侯明编著:《刑事追诉专题论》,厦门大学出版社2017年版,第115页。

[2] 江国华、龚雄艳:"职务犯罪监察管辖冲突及其解决机制",载《江汉学术》2021年第5期。

[3] 钱小平:"监察管辖制度的适用问题及完善对策",载《南京师大学报(社会科学版)》2020年第1期。

[4] 王一超:"论《监察法》与《刑事诉讼法》适用中的程序衔接",载《法治研究》2018年第6期。

原属于公安机关立案侦查范围。正因为此,《管辖规定》第 12 条至第 18 条以列举的形式对《监察法》第 11 条所规定的属于监察机关管辖范围的贪污贿赂、滥用职权、玩忽职守、权力寻租等职务犯罪案件的具体罪名进行了细致的规定。[1] 对于这些职务犯罪案件,《管辖规定》第 18 条规定根据具体情况适用受贿罪、行贿罪、为亲友非法牟利罪、贪污罪、徇私舞弊低价折股出售国有资产罪等规定。

除了要准确把握《监察法》意义上的公职人员职务犯罪案件类型外,应当厘清监察机关与人民检察院、公安机关之间的管辖界限。①以检察机关立案管辖为原则的监检均具管辖权的案件。基于及时发现、监督犯罪行为的需要,人民检察院仍保留了部分公职人员职务犯罪案件的自侦权。[2]《管辖规定》第 21 条规定,司法工作人员利用职权实施的侵犯公民权利、损害司法公正的犯罪,可以由监察机关管辖,但由检察机关管辖更为适宜的,应当由检察机关管辖。此类案件监察机关与检察机关都具有管辖权,但根据法律规定,监察机关只是"可以"管辖,而检察机关管辖更为适宜的,检察机关是"应当"管辖,因此一般应当以检察机关管辖为原则,以监察机关管辖为例外。根据《刑事诉讼法》第 19 条与《人民检察院刑事诉讼规则》第 13 条以及《管辖规定》第 21 条的规定:这类犯罪主要包括,徇私枉法罪,民事行政枉法裁判罪,执行判决、裁定失职罪,执行判决、裁定滥用职权罪,私放在押人员罪,失职致使在押人员逃脱罪,徇私舞弊减刑,假释,暂予监外执行,以及司法工作人员利用职权实施的非法拘禁、刑讯逼供、非法搜查等侵犯公民权利、损害司法公正的犯罪。其中根据《监察法》第 15 条属于监察机关管辖范围的枉法仲裁罪应当被排除在外。②公安机关管辖的案件。除上述属于监察机关与检察机关管辖的公职人员职务犯罪案件之外的非公职人员所触犯的刑事案件则应当属于公安机关的管辖范围。

二、管辖分工和协调

监察体制改革赋予了监察委员会调查职务犯罪案件的职权,《监察法》《刑事诉讼法》《管辖规定》为监察机关与其他国家机关之间的职能管辖范围界定提供了法律依据,基本形成了呈现监、检、公三分格局的犯罪案件立案管辖制度。

(一)监察管辖的分工

构建科学完善的领导体制是监察体制改革的重要内容,[3] 而监察管辖的内部分工正是国家监察体制领导体制的具体表现。一方面应当厘清各级监察委员会所管辖的案件范围;另一方面应当准确把握各级监察委员会之间的分工原则。

其一,各级监委管辖分工。根据《管辖规定》第 22 条之规定,国家监察委员会管辖两类案件:①从"人"方面来看,国家监察委员会管理中管干部;从"行为"方面看,国家监察委员会主要管辖中管干部的职务违法与职务犯罪案件;②有全国性影响

---

[1] 阳平:"我国监察管辖制度体系的构成及完善",载《法治研究》2020 年第 6 期。
[2] 陈国庆:"刑事诉讼法修改与刑事检察工作的新发展",载《国家检察官学院学报》2019 年第 1 期。
[3] 王希鹏:"完善国家监察领导体制及推进纪检监察一体的思考",载《湖南社会科学》2018 年第 2 期。

的其他重大职务违法和职务犯罪案件。这一案件类型不再限于"中管干部",但必须是职务违法与职务犯罪案件,且具有全国性影响。

其二,准确把握分工原则。我国监察机关实行双重领导体制。[1]正因为此,上级监委有权办理下一级监察机关管辖范围内的监察事项,必要时也可以办理所辖各级监察机关管辖范围内的监察事项,可以将其有管辖权的案件指定下级监委管辖,也可以将下级监委有管辖权的案件指定给其他监察机关管辖,同时下级监委也可以提请上级监委管辖。但应当遵循以下几个分工原则:①各级监委原则上仅在必要时才办理下级监委管辖的案件。由于上级监察机关有权领导下级监察机关的工作,因此各级监察委员会对应当由下一级监察委员会管辖的案件有管辖权,但一般不直接办理所辖地方各级监察机关管辖的案件,仅在必要时才办理。②指定管辖中被指定管辖的监委应当加强与上级监委的沟通联系。下级地方监察机关在办理上级监察机关指定管辖的案件过程中,发现新的涉嫌职务违法或者职务犯罪线索,或对案件涉及的重要情况、重大问题,应当及时请示报告。这是上级监察机关及时、准确把握案件进度、案件新情况的要求所决定的。③提请管辖必须要满足特定条件。下级监察机关认为案件事项重大、复杂,或有不便办理的情形的,可以寻求上级监察机关的帮助,提请上级监察机关办理。其中,省级监察委员会认为案件重大、复杂的,可以报请移送国家监察委员会管辖,提请国家监察委员会办理的案件,应当符合《管辖规定》第22条规定的"有全国性影响的"要件。

(二) 监察管辖的协调

监察机关职能管辖以级别管辖为主,属地管辖为辅的管辖模式下衍生的指定管辖,下级提请上级管辖,以及派驻监察机构等管辖制度,都决定了监察管辖之间需要加强协调沟通。加强派驻地监察机关与派驻监察机构之间的管辖协调,畅通指定异地管辖案件监察机关移送审查起诉、人民检察院移送起诉管辖制度,是监察体制改革的重要内容。

其一,派驻监察机关与地方监察机关之间的协调。派驻监察机构是解决"按照管理权限"管辖与地域管辖不一致情况下管辖问题的重要途径。按照派出机关和派驻纪检监察组之间的组织关系,派驻纪检监察组受派出纪委、监察委直接领导,向派出纪委、监察委负责并请示报告工作,派驻纪检监察组协助和配合派出纪委、监察委各职能部门履行相关监督职责。[2]由于"按照管理权限"管辖与地域管辖地不重叠,导致派驻监察机构与当地监委之间需要开展协调与合作。①工作地点在地方、干部管理权限在主管部门的公职人员原则上由派驻监察机构进行管辖,这是监察机构优先按照干部管理权限确定级别管辖的原则的具体体现。但基于工作需要,由当地监察机关管辖

---

[1] 监察机关双重领导的内涵包括:其一,监察机关接受同级党委的领导;其二,下级监委接受其上级监委的领导。

[2] 史嘉扣:"派驻纪检组要处理好几个关系",载《中国纪检监察报》2017年8月30日。

更有利的,派驻机构应当与派驻单位所在地的监察机关协商确定由当地监察机关管辖,并应当履行相应的审批手续。②国家监察委员会派驻纪检监察组以负责调查被监督单位非中央管理的局级以下公职人员的职务违法和职务犯罪案件的,应当协调与北京市监察委员会的关系。一方面,原则上此类案件由派驻机构调查;另一方面,在特殊情况下,经过协商认为由北京市监察委员会调查更为合适的,经过必要的审批手续,应当交由北京市监察委员会调查,作出不予立案调查或者撤销案件等决定的,还应当征求派驻纪检监察组的意见。所有有关案件情况派驻机构均应当上报国家监察委员会。当然,北京市监察委员会在调查过程中应当受到国家监察委派驻机构的监督,如若存在北京市监察委员会不宜调查的情形,应当由派驻机构上报国家监察委指定其他地方监察委员会调查。

其二,理顺指定异地管辖案件移送审查起诉、人民检察院移送起诉管辖制度。指定管辖、提请上级管辖是监察一体化的必然要求,上下管辖联动是促进监察一体化的重要依托。[1]因此,国家监察委指定异地管辖的,调查终结移送审查起诉前,被指定监察机关应当积极与人民检察院、人民法院就异地起诉、异地审判等事项进行协商,确保监察机关调查终结的案件顺利进入审查起诉、审判阶段。

◇ **【法条链接】**

一、《中华人民共和国监察法》(2018年)

第四条 监察委员会依照法律规定独立行使监察权,不受行政机关、社会团体和个人的干涉。

监察机关办理职务违法和职务犯罪案件,应当与审判机关、检察机关、执法部门互相配合,互相制约。

监察机关在工作中需要协助的,有关机关和单位应当根据监察机关的要求依法予以协助。

【释义】 本条是对监察机关独立行使监察权和要求监察协助的规定。

第十三条 派驻或者派出的监察机构、监察专员根据授权,按照管理权限依法对公职人员进行监督,提出监察建议,依法对公职人员进行调查、处置。

【释义】 本条是对派驻或者派出的监察机构、监察专员监察权限的规定。

第十五条 监察机关对下列公职人员和有关人员进行监察:

(一)中国共产党机关、人民代表大会及其常务委员会机关、人民政府、监察委员会、人民法院、人民检察院、中国人民政治协商会议各级委员会机关、民主党派机关和工商业联合会机关的公务员,以及参照《中华人民共和国公务员法》管理的人员;

(二)法律、法规授权或者受国家机关依法委托管理公共事务的组织中从事公务的人员;

---

[1] 李海峰、杨玉华:"监察一体化模式下指定管辖的意蕴与规制",载《廉政文化研究》2020年第4期。

（三）国有企业管理人员；

（四）公办的教育、科研、文化、医疗卫生、体育等单位中从事管理的人员；

（五）基层群众性自治组织中从事管理的人员；

（六）其他依法履行公职的人员。

【释义】本条是对监察对象的规定。当监察对象可能存在职务犯罪行为时，其可能成为监察机关的管辖对象。

第十六条 各级监察机关按照管理权限管辖本辖区内本法第十五条规定的人员所涉监察事项。

上级监察机关可以办理下一级监察机关管辖范围内的监察事项，必要时也可以办理所辖各级监察机关管辖范围内的监察事项。

监察机关之间对监察事项的管辖有争议的，由其共同的上级监察机关确定。

【释义】本条是对各级监察机关管辖权的规定。

第十七条 上级监察机关可以将其所管辖的监察事项指定下级监察机关管辖，也可以将下级监察机关有管辖权的监察事项指定给其他监察机关管辖。

监察机关认为所管辖的监察事项重大、复杂，需要由上级监察机关管辖的，可以报请上级监察机关管辖。

【释义】本条是对指定监察机关管辖和报请管辖的规定。

二、《国家监察委员会管辖规定（试行）》（2018年）

第十一条 国家监察委员会负责调查行使公权力的公职人员涉嫌贪污贿赂、滥用职权、玩忽职守、权力寻租、利益输送、徇私舞弊以及浪费国家资财等职务犯罪案件。

【释义】本条明确了国家监察委员会对公职人员职务范围行为的监察权力。本条的职务犯罪案件，包括贪污贿赂、滥用职权、玩忽职守、权力寻租、利益输送、徇私舞弊以及浪费国家资财等行为，这类案件以前由人民检察院立案调查，现在由国家监察委员会专门调查。

第十二条 贪污贿赂犯罪案件，包括贪污罪；挪用公款罪；受贿罪；单位受贿罪；利用影响力受贿罪；行贿罪；对有影响力的人行贿罪；对单位行贿罪；介绍行贿罪；单位行贿罪；巨额财产来源不明罪；隐瞒境外存款罪；私分国有资产罪；私分罚没财物罪；非国家工作人员受贿罪；对非国家工作人员行贿罪；对外国公职人员、国际公共组织官员行贿罪。

【释义】本条明确了国家监察委员会有权调查的贪污贿赂案件的类型。包括《刑法》第八章规定的全部罪名以及非国家工作人员受贿罪、对非国家工作人员行贿罪、对外国公职人员、国际公共组织官员行贿罪等。首先，《刑法》第八章规定的贪污贿赂犯罪的严重后果危害《刑法》所保护的公职人员的廉洁性，将之纳入监察事项理所当然。再者，之所以在《刑法》第八章之外加上后三种类型，主要是因为《刑法》规定的国家工作人员与《监察法》规定的公职人员范围不同，一些国家出资企业中的非《刑法》规定的国家工作人员也是《监察法》规定的监察对象。这些人不仅会接受贿赂，也可能成为行贿的对象，这将威胁到国有资财的安全。另外，监察对象完全有可能对外国公职人员和国际公共组织官员行贿，这也将影响其廉洁性，故应纳入监察事项范围内。

第十三条 滥用职权犯罪案件，包括滥用职权罪；国有公司、企业、事业单位人员滥用职权罪；滥用管理公司、证券职权罪；食品监管渎职罪；故意泄露国家秘密罪；报复陷害罪；阻碍解救被拐卖、绑架妇女、儿童罪；帮助犯罪分子逃避处罚罪；违法发放林木采伐许可证罪；办理偷越国（边）境人员出入境证件罪；放行偷越国（边）境人员罪；挪用特定款物罪；非法剥夺公民宗教信仰自由罪；侵犯少数民族风俗习惯罪；打击报复会计、统计人员罪。

【释义】在《刑法》上，渎职罪是指国家机关工作人员在公务活动中滥用职权、玩忽职守、徇私舞弊，妨害国家管理活动，致使公共财产或者国家与人民的利益遭受重大损失的行为。本条规定的是第一种类型即滥用职权犯罪，在《监察法》上，滥用职权是指国家机关工作人员和其他公职人员超越职权，违法决定、处理其无权决定的事项，或者违反规定处理公务，致使公共财产、国家和人民利益遭受重大损失的行为。它不仅包括《刑法》第九章的部分内容，如滥用职权罪、滥用管理公司、证券职权罪、故意泄露国家秘密罪、阻碍解救被拐卖、绑架妇女、儿童罪、帮助犯罪分子逃避处罚罪、违法发放林木采伐许可证罪、办理偷越国（边）境人员出入境证件罪，也包括《刑法》其他章节的挪用特定款物罪、非法剥夺公民宗教信仰自由罪，侵犯少数民族风俗习惯罪，打击报复会计、统计人员罪，国有公司、企业、事业单位人员滥用职权罪。纳入后面几种罪名的理由与前条是一样的。

第十四条 玩忽职守犯罪案件，包括玩忽职守罪；国有公司、企业、事业单位人员失职罪；签订、履行合同失职被骗罪；国家机关工作人员签订、履行合同失职被骗罪；环境监管失职罪；传染病防治失职罪；商检失职罪；动植物检疫失职罪；不解救被拐卖、绑架妇女、儿童罪；失职造成珍贵文物损毁、流失罪；过失泄露国家秘密罪。

【释义】本条规定了监察事项中的玩忽职守犯罪的类型。玩忽职守罪，是指国家公职人员严重不负责任，不履行或者不认真履行职责，致使公共财产、国家和人民利益遭受重大损失的行为。该罪与滥用职权罪的区别在于，该罪是过失犯罪。本条除了《刑法》第九章针对国家机关工作人员身份的部分内容，还包括国有公司、企业、事业单位人员失职罪和签订、履行合同失职被骗罪。

第十五条 徇私舞弊犯罪案件，包括徇私舞弊低价折股、出售国有资产罪；非法批准征收、征用、占用土地罪；非法低价出让国有土地使用权罪；非法经营同类营业罪；为亲友非法牟利罪；枉法仲裁罪；徇私舞弊发售发票、抵扣税款、出口退税罪；商检徇私舞弊罪；动植物检疫徇私舞弊罪；放纵走私罪；放纵制售伪劣商品犯罪行为罪；招收公务员、学生徇私舞弊罪；徇私舞弊不移交刑事案件罪；违法提供出口退税凭证罪；徇私舞弊不征、少征税款罪。

【释义】本条规定的是监察事项中的徇私舞弊犯罪的类型。徇私舞弊，是指工商行政管理、税务、监察等行政执法人员，徇私舞弊，对依法应当移交司法机关追究刑事责任的案件不移交，情节严重的行为。本罪是情节犯，公职人员的违法行为须达到一定程度才构成本罪，否则应按照本规定第三章处理。

第十六条 公职人员在行使公权力过程中发生的重大责任事故犯罪案件，包括重大责任事故罪；教育设施重大安全事故罪；消防责任事故罪；重大劳动安全事故罪；强令违章冒险作业罪；不报、谎报安全事故罪；铁路运营安全事故罪；重大飞行事故罪；大型群众性活动重大安全事故罪；危险物品肇事罪；工程重大安全事故罪。

【释义】本条规定了公职人员在行使权力的过程中发生的重大责任事故属于监察事项的范围。

第十七条 公职人员在行使公权力过程中发生的其他犯罪案件，包括破坏选举罪；背信损害上市公司利益罪；金融工作人员购买假币、以假币换取货币罪；利用未公开信息交易罪，诱骗投资者买卖证券、期货合约罪；背信运用受托财产罪；违法运用资金罪；违法发放贷款罪；吸收客户资金不入账罪；违规出具金融票证罪；对违法票据承兑、付款、保证罪；非法转让、倒卖土地使用权罪；私自开拆、隐匿、毁弃邮件、电报罪；职务侵占罪；挪用资金罪；故意延误投递邮件罪；泄露不应公开的案件信息罪；披露、报道不应公开的案件信息罪；接送不合格兵员罪。

【释义】本条规定了公权力行使过程中可能发生的其他犯罪行为，这些犯罪行为不能被前述几条涵盖，故专辟一条加以规定。

第十八条 公职人员在行使公权力的过程中，违反职务廉洁等规定进行权力寻租，或者为谋取政治、经济等方面的特定利益进行利益输送，构成犯罪的，适用受贿罪、行贿罪、为亲友非法牟利罪等规定。

公职人员违反科学决策、民主决策、依法决策程序，违反财经制度，浪费国家资财构成犯罪的，适用贪污罪、徇私舞弊低价折股出售国有资产罪等规定。

【释义】本条以公职人员违法行使公权力所侵犯的法益为准，将监察事项分为两种：一是违反廉洁规定的行为；二是违反决策规定的行为。前者适用贿赂类犯罪的刑法规定，后者适用贪污犯罪的刑法规定。

第二十一条 在诉讼监督活动中发现的司法工作人员利用职权实施的侵犯公民权利、损害司法公正的犯罪，由人民检察院管辖更为适宜的可以由人民检察院管辖。

公职人员以外的其他人员涉嫌第十六条、第十七条所列犯罪和非国家工作人员受贿罪，对非国家工作人员行贿罪，对外国公职人员、国际公共组织官员行贿罪的，由公安机关管辖。

【释义】本条规定了由人民检察院和公安机关管辖的公职人员犯罪案件类型。首先，上述犯罪可以由监察机关管辖，但由检察机关管辖更为适宜的，应当由检察机关管辖。这类犯罪包括：徇私枉法罪，民事行政枉法裁判罪等。但注意，枉法仲裁罪不属于这种类型，因为本规定第15条将之纳入监察机关的管辖权限内。第二，公职人员以外的其他人员涉嫌本规定第16条、第17条以外的犯罪以及非国家工作人员受贿罪、

第九章　监察管辖

对非国家工作人员行贿罪、对外国公职人员、国际公共组织官员行贿罪，由公安机关管辖。需注意，这里的主体必须是公职人员以外的其他人员。

第二十二条　国家监察委员会调查中央管理的公职人员职务违法和职务犯罪案件；有全国性影响的其他重大职务违法和职务犯罪案件。

【释义】本条规定了上级监察机关和下级监察机关、国家监察机关和地方监察机关之间的管辖权关系。第一类是中央管理的公职人员职务违法和职务犯罪案件，其对象包括中央各国家机关及其部委、内设机构、直属机构等单位公职人员；第二类是具有全国性影响的其他重大职务违法和职务犯罪案件。

第二十三条　国家监察委员会可以直接调查或者领导、指挥调查省级监察机关管辖的案件，必要时也可以直接办理地方各级监察机关管辖的案件。

【释义】本条明确了国家监察委员会的提级管辖权。国家监察委员会对应当由省级监察委员会管辖的案件有管辖权，甚至可以直接办理地方各级监察机关管辖的案件。

第二十四条　国家监察委员会可以将其管辖案件指定省级监察机关管辖，也可以将省级监察机关管辖的案件指定给其他省级监察机关管辖。

地方监察机关办理国家监察委员会指定管辖的案件过程中，发现新的涉嫌职务违法或者职务犯罪线索，应当及时报送国家监察委员会。对案件涉及的重要情况、重大问题，应当及时请示报告。

【释义】本条规定了国家监察委员会的指定调查权。其内容包括两个方面：首先，国家监察委员会可以将应当由其管辖的案件指定省级监察机关管辖；其次，国家监察委员会可以将应当由某一个省级监察机关管辖的案件指定给其他省级监察机关管辖。被指定监察机关在办理国家监察委员会指定的案件的过程中，应当随时向国家监察委员会通报案件情况。这一制度安排的原因是，监察工作中常常出现新的线索、发现新的犯罪，有必要让国家监察委员会随时知悉案情的变化，以便国家监察委员会及时作出新的工作决定。

第二十五条　省级监察机关认为所管辖的案件重大、复杂，需要由国家监察委员会管辖的，可以报请移送国家监察委员会管辖。国家监察委受理后，认为需要调查的，可以自行调查，也可以指定省级监察机关办理。

【释义】本条规定了省级监察机关办理案件的移送管辖规则。省级监察机关认为案件重大、复杂属于本规定第22条中的全国性影响的其他重大职务违法和职务犯罪案件的，可以报请移送国家监察委员会管辖。

第二十六条　国家监察委员会在调查中指定异地管辖，需要在异地起诉、审判的，应当在移送审查起诉前与人民检察院、人民法院协商指定管辖等相关事宜。

【释义】本条规定了因国家监察委员会指定异地管辖的情形下，需要异地起诉、审判的，应当与公诉机关和审判机关相协调，以保证监察工作的顺利进行。

第二十七条　中央纪律检查委员会、国家监察委员会派驻纪检监察组负责调查被监督单位非中央管理的局级及以下公职人员的职务违法和职务犯罪案件，派驻纪检监察组可以与北京市监察委员会联合开展调查。

【释义】本条明确了中央纪律检查委员会、国家监察委员会派驻纪检监察组的工作职责是调查被监督单位非中央管理的局级以下公职人员的职务违法和职务犯罪案件。

第二十八条 派驻纪检监察组调查其所管辖的职务犯罪案件，认为由北京市监察委员会调查更为适宜的，应当经驻在单位党组（党委）同意，并向国家监察委员会报备后，移交北京市监察委员会调查。北京市监察委员会根据具体情况决定自行调查或者指定下级监察机关调查。

北京市监察委员会认为有依法需要回避等情形的，应当报请国家监察委员会指定其他监察机关管辖。

北京市监察委员会作出立案调查决定的，对调查过程中的重要情况，应当及时通报派驻纪检监察组；作出不予立案调查或者撤销案件等决定的，应当征求派驻纪检监察组的意见。派驻纪检监察组应当将上述情况及时向国家监察委员会对口联系纪检监察室报备，纪检监察室接报后，应当及时向分管领导同志报告。

【释义】本条规定了派驻纪检监察组和北京市监察委员会的关系。首先，派驻纪检监察组可以将其认为属于北京市监察委员会管辖的案件移交北京市监察委员会管辖，但要经过所驻单位党组批准并向国家监察委员会报备。其次，在前述情形下，如果北京市监察委员会认为存在需要回避的情形，一般是北京市监察委员会内部人员的违法违纪案件，应当报请国家监察委员会指定其他监察机关管辖。最后，如果北京市监察委员会决定立案，则应当受派驻纪检组监督，随时报告案件处理情况。

第二十九条 工作地点在地方、干部管理权限在主管部门的公职人员涉嫌职务违法或者职务犯罪的，由派驻该单位的纪检监察组管辖。派驻纪检监察组认为由其工作所在地监察机关调查更为适宜的，应当及时同其工作所在地有关监察机关协商决定，并履行相应的审批程序。

【释义】本条确定了非境内的中管干部如国有企业和高校中的公职人员的违法违纪行为原则上由派驻纪检监察组管辖，派驻纪检监察组可以基于工作需要与派驻单位所在地的监察机关协商确定由当地监察机关管辖。

三、《中华人民共和国刑事诉讼法》（2018年）

第十九条 刑事案件的侦查由公安机关进行，法律另有规定的除外。

人民检察院在对诉讼活动实行法律监督中发现的司法工作人员利用职权实施的非法拘禁、刑讯逼供、非法搜查等侵犯公民权利、损害司法公正的犯罪，可以由人民检察院立案侦查。对于公安机关管辖的国家机关工作人员利用职权实施的重大犯罪案件，需要由人民检察院直接受理的时候，经省级以上人民检察院决定，可以由人民检察院立案侦查。

自诉案件，由人民法院直接受理。

四、《人民检察院刑事诉讼规则》（2019年）

第十三条 人民检察院在对诉讼活动实行法律监督中发现的司法工作人员利用职

权实施的非法拘禁、刑讯逼供、非法搜查等侵犯公民权利、损害司法公正的犯罪，可以由人民检察院立案侦查。

对于公安机关管辖的国家机关工作人员利用职权实施的重大犯罪案件，需要由人民检察院直接受理的，经省级以上人民检察院决定，可以由人民检察院立案侦查。

【案例链接】 监察机关职能管辖与管辖分工协调案例

案例1：公安机关将公职人员涉嫌职务犯罪的问题线索移送监察机关的典型案例

S省省会城市V市公安机关在一次专项行动中成功破获一起重大入室盗窃案，失主W某与其妻均为公职人员，并在其后的调查后偶然发现失主W某与其妻当前拥有的财产，明显超出其正常收入范围。鉴于该问题可能涉及W某贪污贿赂等职务犯罪，于是公安局将这一问题线索及时移交市纪委监委，并由市纪委监委报送省纪委监委。S省纪委监委遂依法对W某进行了立案审查调查并对其采取了留置措施。本案发现问题线索的公安机关及时将案件移送有管辖权的监察机关，体现了公监两机关对于各自管辖权的准确认知与相互协作，属于公监两机关管辖分工与协作的典型案例。

实践中，审判机关、检察机关、公安机关、审计机关等国家机关均可能发现职务违法与职务犯罪的问题线索，各国家机关及时向监察机关移送问题线索在反腐败斗争中发挥了重要作用。今后，纪检监察机关还要进一步加强与相关机关的协作配合，形成反腐败工作合力。

案例2：W某徇私枉法案

W某为J省Y市T区人民检察院检察人员。2019年3月，W某的亲属Q某因涉嫌刑事犯罪被刑事拘留，Q某父亲私下赠送W某人民币1万元现金向W某寻求"帮助"。在公安机关提请检察院批准逮捕的过程中，W某利用职务便利查阅该案案情后，明知Q某涉嫌犯罪仍向其提供有关信息，让其父亲通过律师V某指使Q某翻供，否认犯罪事实，致使Q某涉嫌聚众斗殴犯罪因事实不清、证据不足未被批准逮捕。

后W某行为被揭发，2019年5月30日，Y市监委将该案线索移送检察机关。同年6月6日，检察机关以W某涉嫌徇私枉法罪立案侦查并查实W某收受Q某父亲钱财并利用职务便利通风报信，教唆Q某作出虚假供述等情况。2019年9月2日，该案侦查终结移送审查起诉。同年12月23日，检察机关依法向人民法院提起公诉。目前正在法院审理之中。

W某收受他人财物并利用职权为他人谋利，属于司法人员职务犯罪行为。本案涉嫌职务犯罪的公职人员为检察人员，由检察机关办理该案件更为适宜，因此Y市监委将该案线索移送检察机关，由检察机关自侦，充分体现了监检两机关就司法人员职务犯罪行为的管辖分工与协作，准确把握了监察机关的职能管辖。

第三节 互涉案件和关联案件的管辖

监察体制改革在原刑事诉讼管辖制度之外形成了独立的监察管辖制度。犯罪行为的复杂性与监察机关、检察机关、公安机关三分格局的犯罪案件管辖制度决定了实践中存在着大量的互涉案件与关联案件。明确互涉案件与关联案件的管辖不仅涉及监察与刑事司法的衔接问题,更是完善监察体制改革的必然要求。

一、互涉案件的管辖

互涉案件意指一人数罪属于不同管辖权范围之案件。[1]不同于以往刑事诉讼中"主罪侦查为主"的原则,[2]监察机关对于互涉案件的管辖应当坚持以监察机关为主调查的原则,特殊情况下应当允许并案调查。根据《监察法》第34条、《管辖规定》第19条的规定,被调查人既涉嫌严重职务违法或者职务犯罪,又涉嫌其他违法犯罪的,一般应当由监察机关为主调查。这体现了我国提升反腐败治理能力,优先行使监察权,优先办理职务违法与职务犯罪案件的反腐理念,要求监察机关在办理互涉案件时发挥引领指导作用。[3]值得注意的是,"以监察机关为主调查"的具体内容需要进一步明确。其要义为发挥监察机关在互涉案件中统筹协调的作用,即公职人员既涉嫌职务犯罪又涉嫌其他性质犯罪的,在各管辖机关自行立案调查、侦查等的基础上,由监察机关负责统筹协调各机关的调查和侦查工作,包括调查和侦查工作部署、协商重要调查和侦查措施使用、委托辩护、案件处置等重要事项,通过实现监察机关与公安机关、司法机关之间的协作,促进共同反腐败工作合力。

在大多数大陆法系国家,就监察机关管辖的职务犯罪与警察机关管辖的一般犯罪案件的互涉案件中,协调管辖权切实有效的做法就是职务犯罪案件的侦查机关对一般犯罪案件的侦查机关享有指挥权。[4]一方面,职务犯罪的"东窗事发"往往牵连一系列串案、窝案,并案管辖能够对此实施更高效的打击措施;另一方面,当前我国《管

---

[1] 陈卫东主编:《模范刑事诉讼法典》,中国人民大学出版社2005年版,第18页。黄硕:"论职务犯罪与牵连案件的侦查管辖权的权力边界",载《云南社会科学》2015年第1期。王霁:"监察机关与其他国家机关互涉案件管辖问题研究",载《重庆理工大学学报(社会科学)》2020年第11期。郭华:"我国检察机关侦查权调整及其互涉案件程序的探讨",载《法治研究》2019年第1期。闫召华:"论检警互涉案件的侦查",载《中国人民公安大学出版社(社会科学版)》2010年第2期。

[2] "主罪侦查为主"原则,是指当贪污贿赂案件与普通刑事案件互涉时,由主罪的侦查机关为主进行侦查,次罪侦查机关予以配合。张曙、阿儒汗:"职务犯罪案件与牵连案件的侦查管辖研究",载《中国刑事法杂志》2012年第9期。

[3] 王霁:"监察机关与其他国家机关互涉案件管辖问题研究",载《重庆理工大学学报(社会科学)》2020年第11期。

[4] 如《德国刑事诉讼法典》规定检察官可以直接对各类刑事案件进行侦查,警察机关及其官员必须执行检察官的委托和命令,并将其收集的证据及时送交检察机关。《日本刑事诉讼法》规定,检察官对司法警察职员的侦查工作享有一定的指示权。

辖规定》第 20 条已经对并案管辖制度作出了初步规定，为一人犯数罪的情况下并案管辖提供了借鉴。[1]因此，考虑查明事实的便利性，与职务犯罪存在内在关联的互涉案件可以由监察机关并案管辖。当然应履行必要的程序，一般来说需要向上一级监察机关报批，并及时通报其他机关，必要时可以请其他机关予以协助。[2]

二、关联案件的管辖

关联案件意指职务犯罪存在因果关系或者协同关系的刑事案件。比如，行贿案件中的行贿与受贿存在因果关系，因此，其属于受贿案件的关联性案件；又如，职务犯罪主体伙同非公职人员从事的职务犯罪，该非公职人员的犯罪行为属于职务犯罪的关联性案件。对于职务犯罪关联案件如何管辖的问题，当前监察法律规范等并未作出明确规定，即原则上应当根据公安机关、检察机关、监察机关三机关之间的职能管辖进行案件办理，同时各机关之间应当加强协作互助与衔接沟通。因此，在非公职人员涉嫌共同职务犯罪、行贿犯罪等关联犯罪案件时，为确保职务犯罪调查和处置的顺利展开，有必要实行关联性案件与职务犯罪案件并案管辖制度。

并案管辖的实质是无管辖权的机关基于并案取得了案件管辖权，因此必须符合一定的条件，一般而言需要满足管辖权的性质必须相同（即并案管辖或者互涉案件的管辖只能是本系统内的并案处理[3]），程序性质必须相同（即程序发生的阶段必须相同等条件）。因为不同类型案件的侦破、调查取证的方式与路径存在差异，作为专职类反腐机构，监察机关的调查资源集中于职务违法犯罪案件，对于其他类型案件的调查能力不足，强制并案会导致全案证据收集产生系列问题，降低案件处理效率。[4]我国司法实践中已出现因取证主体争议而触发非法证据排除规则，最终被判无罪的案例。[5]因此，并案关联案件的并案管辖需要满足特定的并案条件。据此，可以借鉴参照《管辖规定》第 20 条之规定来确定关联案件的并案管辖要件，即职务犯罪与非职务犯罪案件之间只有存在共同犯罪、多人实施的犯罪存在关联，并案处理有利于查明事实等情况的，监察委员会才可以在职责范围内并案调查。由此，监察机关的职务犯罪专属性管辖权实现了"公职人员向非公职人员合乎逻辑地扩张"，在学理上即是监察管辖权的外溢，基于此，监察机关获得了共同职务犯罪、行贿犯罪等关联犯罪案件涵摄性管辖权。[6]

---

[1] 谢小剑："监察委员会刑事调查管辖制度初探"，载《湖湘论坛》2019 年第 5 期。

[2] "监察机关在调查涉嫌职务违法犯罪的被调查人其他违法犯罪案件时，需要检察机关、公安机关等其他机关协助的，其应当给予协助。"中共中央纪律检查委员会、中华人民共和国监察委员会法规室编写：《中华人民共和国监察法释义》，中国方正出版社 2018 年版，第 173 页。

[3] 全国人大常委会法制工作委员会刑法室编著：《关于实施刑事诉讼法若干问题的规定解读》，中国法制出版社 2013 年版，第 17 页。

[4] 董坤："法规范视野下监察与司法程序衔接机制——以《刑事诉讼法》第 170 条切入"，载《国家检察官学院学报》2019 年第 6 期。

[5] 谢小剑："监察委员会刑事调查管辖制度初探"，载《湖湘论坛》2019 年第 5 期。

[6] 钱小平："监察管辖制度的适用问题及完善对策"，载《南京师大学报（社会科学版）》2020 年第 1 期。

◇ **【法条链接】**

一、《中华人民共和国监察法》(2018年)

第三十四条 人民法院、人民检察院、公安机关、审计机关等国家机关在工作中发现公职人员涉嫌贪污贿赂、失职渎职等职务违法或者职务犯罪的问题线索,应当移送监察机关,由监察机关依法调查处置。

被调查人既涉嫌严重职务违法或者职务犯罪,又涉嫌其他违法犯罪的,一般应当由监察机关为主调查,其他机关予以协助。

【释义】 本条规定了监察案件移送制度和互涉案件管辖制度。

二、《中华人民共和国监察法实施条例》(2021年)

第五十一条 公职人员既涉嫌贪污贿赂、失职渎职等严重职务违法和职务犯罪,又涉嫌公安机关、人民检察院等机关管辖的犯罪,依法由监察机关为主调查的,应当由监察机关和其他机关分别依职权立案,监察机关承担组织协调职责,协调调查和侦查工作进度、重要调查和侦查措施使用等重要事项。

【释义】 本条规定了互涉案件中监察机关和其他机关的分工协调制度。

三、《国家监察委员会管辖规定(试行)》(2018年)

第十九条 公职人员既涉嫌严重职务违法或者职务犯罪,又涉嫌其他违法犯罪的案件,由国家监察委员会与最高人民检察院、公安部等机关协商解决管辖问题。一般应当由国家监察委员会为主调查,其他国家机关予以配合。

【释义】 本条确定了国家监察委员会与最高人民检察院、公安部等机关管辖权的协调问题。转隶后,职务违法和职务犯罪案件的调查权归属于监察委员会,但是,如果被调查人还涉及职务违法和职务犯罪之外的违法犯罪案件,则对同一个违法犯罪的公职人员存在多个管辖机关。此时,国家监察委员会可以与最高人民检察院、公安部等机关协调管辖权问题。一般而言,该违法犯罪的公职人员的全部违法犯罪行为都由国家监察委员会为主进行调查,其他国家机关按照国家监察委员会调查案件的需要加以协助、配合。

第二十条 几个省级监察机关都有管辖权的案件,由最初受理的监察机关管辖。必要时,可以由主要犯罪地的监察机关管辖。省级监察机关之间对案件管辖有争议的,应当指请国家监察委员会解决。

具有下列情形之一的,国家监察委员会可以在职责范围内并案调查:

(一)一人犯数罪的;

(二)共同犯罪的;

(三)共同犯罪的公职人员还实施其他犯罪的;

(四)多人实施的犯罪存在关联,并案处理有利于查明事实的。

【释义】 本条确定了不同省级监察机关对案件的管辖权关系。几个省级监察机关对同一案件都有管辖权时，原则上由最初受理此案的监察机关管辖，必要时由主要犯罪地的监察机关管辖。之所以存在几个省级监察机关对同一案件都有管辖权的情形，是因为监察对象往往前后在多地担任公职。本条还规定了在省级监察机关对案件存在管辖争议时，国家监察委员会可以并案调查的情形。

【案例链接】互涉、关联案件管辖案例

案例1：公职人员一人数罪的复杂案件坚持"调查为主"，公安协助的管辖方式

2019年3月，H省Y市公安局人口与出入境管理支队政委H某某涉嫌严重职务违法与职务犯罪，Y市纪委监委在调查过程中前后发现H某某也涉嫌属于公安机关管辖范围的包庇黑社会性质组织犯罪与私藏弹药罪。随即，市纪委监委前后两次均在第一时间与市公安局沟通，为排除办案干扰，协商该案坚持"调查为主"的原则由市纪委监委管辖，市公安局予以协助。该案涉及罪名多、案情重大复杂，且被调查对象具有较强反侦查能力，市纪委监委经协商取得公安、检察协助，案件调查稳步推进，立案调查3个月内顺利移送司法程序。

案例2：一人数罪由国家监察委并案管辖：L某某涉嫌受贿、贪污、重婚案

中国H资产管理股份有限公司原党委书记、董事长L某某涉嫌受贿、贪污、重婚一案，由国家监察委员会立案调查，调查终结后移送最高人民检察院审查起诉，经最高人民检察院依法指定管辖，交由T市人民检察院第二分院审查起诉。2021年1月5日，T市第二中级人民法院公开宣判，对被告人L某某以受贿罪判处死刑，剥夺政治权利终身，并处没收个人全部财产；以贪污罪，判处有期徒刑11年，并处没收个人财产人民币200万元；以重婚罪，判处有期徒刑1年，决定执行死刑，剥夺政治权利终身，并处没收个人全部财产。

本案中L某某既涉嫌职务犯罪又涉嫌其他犯罪，但国家监察委员会基于并案管辖明显有利于查明案件的角度，将L某某所涉嫌的犯罪案件的管辖权归于自己单独处理，在坚持"监察调查为主"的前提下，灵活运用并案管辖制度。

案例3：一人数罪由自治区监察委并案管辖：Z某某涉嫌受贿、单位受贿、巨额财产来源不明、故意伤害、包庇、纵容黑社会性质组织案

2018年8月20日，N自治区广播电视台原党委书记、台长Z某某因涉嫌严重违纪违法问题被自治区纪委监委立案审查调查，并采取留置措施。2019年5月13日，N自治区检察机关依法对Z某某涉嫌受贿、单位受贿、巨额财产来源不明、故意伤害、包庇、纵容黑社会性质组织案提起公诉。Z某某既涉嫌职务犯罪又涉嫌其他犯罪，且相互之间具有紧密联系，N自治区监察委基于有利于查明案件事实真相的角度，并案调查Z某某的各项犯罪行为。

第四编

监察行为

　　监察行为是监察机关及其监察官为完成监察任务、达成监察目标而行使监察职权、履行监察职责的各种活动及其过程的总称。基于不同的分类标准，监察行为可以划分为不同的类型。①基于行为的表现形式不同，监察行为可以分为抽象的监察行为和具体的监察行为。其中，抽象的监察行为的作用对象为不特定的多数人，其表现形式为监察法规或监察规范性文件，在此基础上可进一步划分为监察法规创制行为和监察规范性文件创制行为两类；具体的监察行为的作用对象为特定的个人或组织，其表现形式为监察决定或监察建议。②基于职责的性质不同，具体的监察行为可以分为监督行为、调查行为和处置行为三类。③基于行为的性质不同，具体的监察行为可以分为执纪行为、执法行为、职务犯罪调查和反腐败国家合作等行为。④基于职责的性质不同，行使同一职责的行为也可以分解为不同的类型，比如，履行处置职责的行为就可以分为政务处分、监察问责、移送起诉和监察建议等行为。

第十章
监察法规与监察规范性文件的制定

监察法规与监察规范性文件的制定即立法主体依照法定权限和程序制定、颁布具有法律效力的监察法规与监察规范性文件的活动。持续深化国家监察体制改革、推进反腐败工作法治化规范化,要求"健全完善配套法规,制定同监察法配套的法律法规,形成系统完备、科学规范、运行有效的法规体系"。[1]据此,2018年3月20日,十三届全国人大一次会议表决通过了《监察法》。在此基础上,中央纪委国家监委连续制定并印发了多种规范性文件,包括《监察法实施条例》《管辖规定》《公职人员政务处分暂行规定》《中央纪委国家监委监督检查审查调查措施使用规定(试行)》《中央纪委国家监委立案相关工作程序规定(试行)》等。监察法规以及监察规范性文件的制定应遵循正当法律程序原则。国家监察委员会制定监察法规以及监察规范性文件既不能逾越立法边界,与上位法的授权或规定相抵触,也不能超越司法界限,违背司法权法定的原则。

第一节 监察法规的制定

2019年10月26日,第十三届全国人大常委会第十四次会议通过了《全国人民代表大会常务委员会关于国家监察委员会制定监察法规的决定》(以下简称《决定》),正式授权国家监察委员会制定监察法规。

一、监察法规的概念

监察法规是监察立法的表现形式之一,意指国家监察委员会依据宪法和包括监察法在内的法律,依法定程序制定的具有普遍性法律约束力的规范性文件。其具有以下特征:

其一,监察法规的制定主体是国家监察委员会。为了贯彻实施《宪法》和《监察法》,保障国家监察委员会依法履行最高监察机关职责,根据监察工作实际需要,第十三届全国人民代表大会常务委员会第十四次会议决定授权国家监察委员会根据宪法和法律,制定监察法规。因此,监察法规的制定主体具有唯一性和特定性,除国家监察

---

[1] "习近平主持中共中央政治局第十一次集体学习并讲话",载中华人民共和国中央人民政府网站:http://www.gov.cn/xinwen/2018-12/14/content_5348908.htm,2020年6月20日访问。

委员会以外其他任何国家机关都不能制定监察法规。

其二,监察法规的制定依据是宪法和法律。《决定》明确指出,国家监察委员会根据宪法和法律制定监察法规,从而对国家监察委员会制定监察法规的依据作出说明。但是,目前我国宪法以及包括监察法在内的法律还未对国家监察委员会制定监察法规的权力作出明确规定。学术界普遍认为,监察法规的存在本身具备宪法制度上的合理性,这与我国立法权限分配的宪法惯例相一致。[1]也就是说,从立法机关与其他国家机构的立法权限分配来看,我国《宪法》和《立法法》在事实上认可了部分国家机构的广义立法权,这部分国家机构中包括国家监察委员会。

其三,监察法规的制定程序是监察立法程序。监察法规的制定程序是监察立法过程的核心内容,也是整个监察程序的重要组成部分。[2]虽然当前还没有一部类似于《行政法规制定程序条例》的法规来对监察法规的制定程序进行专门的规定,但无论是出于寻求监察法的独立领域法地位还是力图取得独立部门法地位的考量,一系列与监察立法程序相配套的法律规范皆应尽快出台。[3]而这种程序既要借鉴立法程序,又要结合行政程序,既要保障监察立法的质量,又要灵活、简单和迅速。

其四,监察法规的性质是具有普遍性法律约束力的规范性文件。其具备普遍性、规范性、法律强制性等法的基本特征,是人民法院审理职务违法和职务犯罪案件的法律依据。此外,虽然监察法规具有"法"的效力,但是"法律优先"原则依然适用于监察法律与监察法规之间的上下位关系,即监察法规不得与监察法律相抵触。

二、监察法规的制定权限

根据《决定》,国家监察委员会制定监察法规的权限,主要体现在以下事项:一是,为执行法律的规定需要制定监察法规的事项;二是,为履行领导地方各级监察委员会工作的职责需要制定监察法规的事项。

但是目前并没有相关的规范性文件对以上两项职权作出解释。对此,应当以"法律保留"原则为根本,划清监察规定的制定范围。因此,在监察立法活动中,可参考《立法法》第8条的规定,对只能由法律规定的事项作出明确规定:①关于各级监察委员会的产生、组织和职权的事项;②关于监察法在民族区域自治地区的特别适用的事项;③关于监察法与基层群众自治制度衔接的事项;④关于监察机关处置职权中的实体法相关事项,尤其涉及处理决定(例如政务处分决定、问责决定等)的事项;⑤关于留置措施的事项;⑥关于冻结、扣押、查封等措施的事项;⑦关于监察处置中对非国有财产是否属于"违法取得的财产"和"涉嫌犯罪取得的财物"的认定方式及其具体处置办法的事项;⑧关于反腐败国际合作的事项;⑨关于监察程序与诉讼程序衔接

---

[1] 秦前红、石泽华:"论依法监察与监察立法",载《法学论坛》2019年第5期。

[2] 游钟豪、林来梵:"监察法规立法规制探讨",载《福建师范大学学报(哲学社会科学版)》2020年第6期。

[3] 冯铁拴:"国家监察立法体系化论析",载《西南政法大学学报》2019年第1期。

的事项；⑩必须由全国人民代表大会及其常务委员会制定法律的其他事项。[1]

三、监察法规的制定程序

监察法规的制定程序是国家监察法立法的重要内容。根据《立法法》和《决定》，监察法规的制定必须遵循下列程序：

其一，立项。立项是指将国家监察委员会有关部门报请的监察法规项目列入国家监察委员会年度立法工作计划的过程。国家监察委员会有关部门认为需要制定监察法规的，应当于每年年初编制国家监察委员会年度立法工作计划，并向国家监察委员会报请立项。国家监察委员会有关部门报送的监察法规立项申请，应当说明立法项目所要解决的问题、依据的方针政策和拟确立的主要制度。对于报送的监察法规立项申请，国家监察委员会法制机构应当根据国家总体工作部署汇总研究，突出重点，统筹兼顾，拟订国家监察委员会年度立法工作计划，报国家监察委员会审批。

其二，起草。列入国家监察委员会年度立法工作计划的需要制定的监察法规，由国家监察委员会组织起草，并由国家监察委员会的有关部门负责起草工作。起草是一项重要的立法工作，为了保证监察法规的质量，起草监察法规除了应当遵循《立法法》确定的立法原则并符合宪法和法律的规定，还应当符合精简、统一、效能的原则，同时要体现监察机关权责相统一的原则，在赋予监察机关必要职权的同时，应当规定其行使职权的条件、程序和应当承担的责任。在起草过程中，起草部门应当深入调查研究，总结实践经验，积极听取有关机关、组织和公民的意见。听取意见可以采取座谈会、论证会、听证会等多种形式。

其三，审查。监察法规起草工作完成后，起草单位应当将草案及其说明、各方面对草案主要问题的不同意见或其他建议以及其他相关资料送国家监察委员会法制机构进行审查。国家监察委员会法制机构主要从以下方面对监察法规送稿进行审查：①是否符合《宪法》《监察法》的规定和国家的方针政策；②是否与有关监察法规合法合理衔接；③是否正确合理处理有关机关、组织和公民对送审稿主要问题的不同意见或建议。监察法规的审查必须充分贯彻民主性原则。据此，国家监察委员会法制机构在审查过程中应当做到：一是要广泛征求意见。针对监察法规送审稿及涉及的主要问题，应该向地方各级司法机关、有关组织和专家征求意见。重要的监察法规送审稿，经报国家监察委员会同意，向社会公布，征求意见。同时还应当深入基层进行实地调查研究，认真听取基层监察委员会、组织和公民的意见。监察法规送审稿涉及复杂重大、疑难问题的，应当召开有关单位、组织和专家参加座谈会、论证会，认真听取意见，积极沟通交流，主动论证研究。二是要与有关部门协商一致。国家监察委员会有关部门对监察法规有不同意见的，国家监察委员会应当进行协调，力求达成一致意见。

其四，决定与公布。《决定》规定，监察法规应当经国家监察委员会全体会议决

---

[1] 秦前红、石泽华："监察法规的性质、地位及其法治化"，载《法学论坛》2020年第6期。

定，由国家监察委员会发布公告予以公布。国家监察委员会法制机构对监察法规审查后，形成监察法规草案和草案说明，提请国家监察委员会全体会议审议，国家监察委员会法制机构应当根据全体会议对监察法规的审议意见，对监察法规草案进行修改，形成草案修改稿后，报请国家监察委员会发布公告予以公布。

四、监察法规的制定技术

监察法规的制定技术，是指国家监察委员会制定监察法规所应遵循的技巧和方法的总称，它主要涉及行政法规的名称、结构、内容和用语等方面的技术。

其一，监察法规的名称，即监察法规的具体表现形式。但我国目前还没有《监察法规制定程序条例》对此予以规定。

其二，监察法规的结构，应当包括内部的规范结构和外部的体例结构。内部的规范结构，由"适用条件""行为模式""法律后果"三个部分构成。外部的体例结构或体系结构根据内容需要，可以分为章、节、条、款、项、目，章、节、条的序号用中文依次表述，款不编序号，项的序号用中文数字加括号依次表述，目的序号用阿拉伯数字依次表述。从监察法规所规定的内容来看，一部监察法规应包括如下必要条款：①制定监察法规的目的和根据；②监察法规的适用范围；③监察法规的适用主体；④适用主体享有的权利和承担的职责；⑤法律责任；⑥实施的日期；⑦授权有关机关制定实施细则以及法规的解释机构；⑧废止有关规范性文件的规定等。

其三，在立法语言方面，监察法规应当明确、逻辑严谨、中性庄重、简明凝练，具有可操作性。[1]

五、监察法规的备案审查

根据 2019 年《法规、司法解释备案审查工作办法》之规定，监察法规应当自公布之日起 30 日内报送全国人大常委会备案。报送备案时，应当一并报送备案文件的纸质文本和电子文本。全国人大常委会办公厅应当自收到备案文件之日起 15 日内进行形式审查，对符合法定范围和程序、备案文件齐全、符合格式标准和要求的，予以接收并通过全国人大常委会备案审查信息平台发送电子回执；对不符合法定范围和程序、备案文件不齐全或者不符合格式标准和要求的，以电子指令形式予以退回并说明理由。

经审查，发现监察法规存在违背宪法规定、宪法原则或宪法精神问题的，或者存在与党中央的重大决策部署不相符或者与国家的重大改革方向不一致问题的，应当提出意见。经审查，监察法规违背法律规定，存在违反《立法法》第 8 条法律保留原则的，或者超越权限，违法设定公民、法人和其他组织的权利与义务，或者违法设定国家机关的权力与责任的，或者与法律规定明显不一致，或者与法律的立法目的、原则明显相违背，旨在抵消、改变或者规避法律规定的，以及违反授权决定，超出授权范围的，或者违背法定程序的，应当提出意见。

---

[1] 褚宸舸："论立法语言的语体特点"，载《云南大学学报（法学版）》2009 年第 2 期。

第十章 监察法规与监察规范性文件的制定

◇【法条链接】

一、《全国人民代表大会常务委员会关于国家监察委员会制定监察法规的决定》(2019年)

一、国家监察委员会根据宪法和法律，制定监察法规。

监察法规可以就下列事项作出规定：

（一）为执行法律的规定需要制定监察法规的事项；

（二）为履行领导地方各级监察委员会工作的职责需要制定监察法规的事项。

监察法规不得与宪法、法律相抵触。

二、监察法规应当经国家监察委员会全体会议决定，由国家监察委员会发布公告予以公布。

三、监察法规应当在公布后的三十日内报全国人民代表大会常务委员会备案。

全国人民代表大会常务委员会有权撤销同宪法和法律相抵触的监察法规。

【释义】本条是关于国家监察委员会制定监察法规内容、权限和备案的规定。

二、《中华人民共和国立法法》(2015年)

第八条 下列事项只能制定法律：

（一）国家主权的事项；

（二）各级人民代表大会、人民政府、人民法院和人民检察院的产生、组织和职权；

（三）民族区域自治制度、特别行政区制度、基层群众自治制度；

（四）犯罪和刑罚；

（五）对公民政治权利的剥夺、限制人身自由的强制措施和处罚；

（六）税种的设立、税率的确定和税收征收管理等税收基本制度；

（七）对非国有财产的征收、征用；

（八）民事基本制度；

（九）基本经济制度以及财政、海关、金融和外贸的基本制度；

（十）诉讼和仲裁制度；

（十一）必须由全国人民代表大会及其常务委员会制定法律的其他事项。

【释义】本条是对只能由法律作出规定的事项的列举。

第二节 监察规范性文件的制定

监察规范性文件是指各级纪委监委为规范监察权力运行所制定的具有普遍约束力的各类文件的总称。就其制发主体而言，监察规范性文件可以分为两类：一类是纪委监委联合颁布的；一类是监委独立颁布的。

一、监察规范性文件的概念

监察规范性文件,是指纪检监察机关在履行职责过程中形成的具有普遍约束力、在一定时期内可以反复适用的文件,包括规定、办法、规则、细则、决议、决定、意见、通知等。监察规范性文件具有如下特点:

其一,监察规范性文件的制定主体是特定的纪检监察机关。根据《宪法》《监察法》以及地方纪委监委机关规范性文件制定和管理办法的规定,有权制定监察规范性文件的特定监察机关包括地方省、自治区、直辖市一级的监察委员会,以及设区的市的监察委员会。

其二,监察规范性文件的制定依据是宪法、党内法规和有关组织法的规定。国家监察体制改革后,纪委和监察委合署办公后的新机构形式上仍存在国家权力和党的权力这两种权力体系,但是由于党的领导地位和两者人员上的重叠,两种权力体系的独立仅是形式上的,实质上仍然是党的机关在发挥主要作用。因此,改革后的新机构试图通过党政联合发文或者党内法规的形式对本应属于合署办公中的国家机关职权的国家事务加以规定。[1]基于此,监察规范文件的制定往往都会依据《中国共产党党内法规制定条例》《中国共产党党内法规和规范性文件备案审查规定》等党内法规。

其三,监察规范性文件的内容只限于一定范围。各级监察委员会制定的监察规范性文件必须在本机构权限范围内,对其主管的事务作出规定。从地方纪委监委机关规范性文件制定和管理办法来看,往往没有对监察规范性文件的内容范围作出直接规定,而是罗列出不属于监察规范性文件范围的事项。例如,《开封市纪委监委机关规范性文件制定和管理办法(试行)》第3条第2款规定,下列文件不属于规范性文件范围:①印发领导讲话、年度工作要点、工作总结等内容的文件;②关于人事调整、表彰奖励、处分处理以及机关内部日常管理等事项的文件;③请示、报告、会议活动通知、会议纪要、情况通报等文件;④其他不具有普遍约束力、不可反复适用的文件。

其四,监察规范性文件制定应当符合法定程序。各省市的纪委监委机关规范性文件制定和管理办法都专门规定了监察规范性文件的制定程序。监察规范性文件的制定必须严格遵循这一程序。

其五,监察规范性文件具有法的属性。监察规范性文件与监察法规一样,都由行政机关依法定权限和程序制定。通说认为,监察规范性文件具有法的属性,但并不属于法的范畴。[2]

二、监察规范性文件的制定程序

根据有关法律、《中国共产党党内法规制定条例》以及各省市的纪委监委机关规范性文件制定和管理办法,监察规范性文件的制定必须遵循下列程序:

---

[1] 章志远:"党内法规研究方法论探析",载《法学论坛》2019年第4期。
[2] 江国华:《中国行政法(总论)》(第2版),武汉大学出版社2017年版,第173页。

其一,立项。监察规范性文件的制定应当科学规划、统筹推进,在充分调研论证基础上制定年度立项计划,构建内容科学、程序合法、体系完备、运行有效的制度体系。享有监察规范性文件制定权的监察委员会各部门认为需要制定规范性文件的,应当制定规范性文件立项计划,写明拟制定规范性文件的名称、制定必要性、完成时间、起草部门等内容,报分管领导审批后送交法规室。监察委员会法规室在汇总各部门送交的立项计划后,提出年度计划建议,按程序提请同级纪委常委会会议讨论通过后印发执行。此外,对于重要的规范性文件制定项目,应当按有关程序向上一级纪委监委、市委请示。

其二,起草。监察规范性文件一般由各级监察委员会的法规室起草或牵头起草。其中与部门具体业务有关的规范性文件由机关相关部门负责起草,必要时,法规室可参与起草工作。起草的内容与两个或者两个以上部门具体业务有关的规范性文件,以一个部门为主起草,其他有关部门做好配合。规范性文件草案一般应当包括名称、制定目的和上位法依据、适用范围、具体规范、有权解释的部门、施行日期等内容。监察规范性文件应当政治方向正确,内容明确,逻辑严密,合法合规,表述准确、规范、简洁,不应过分模糊,应具有可操作性。起草规范性文件前应当开展调查研究,全面掌握情况,认真总结经验,充分听取意见。规范性文件草案形成后,应当书面征求意见,或者召开座谈会、论证会、网上征询等多种形式广泛征求意见。涉及公民、组织切身利益的规范性文件草案,应当充分听取群众意见。

其三,审议。监察规范性文件的起草工作完成后,起草单位应当将草案提请同级纪委常委会会议审议。起草的规范性文件在提请同级纪委常委会会议审议前,应当由法规室进行合法合规性审核。未经合法合规性审核或者经审核存在问题的,不得提请审议。起草部门将规范性文件送审稿送法规室审核前,应当报请分管领导批准。分管领导批准后,将规范性文件送审稿及起草说明、制定依据、有关参考资料、征求意见汇总情况等相关材料送法规室。

法规室主要对送审稿的以下内容进行合法合规性审核并提出前置审核意见:①是否符合增强"四个意识"、坚定"四个自信"、做到"两个维护"等政治要求;②是否同党的章程、党的理论和路线方针政策相抵触;③是否同宪法、法律、法规不一致;④是否同党内法规和上位规范性文件相抵触;⑤是否与其他同位规范性文件对同一事项的规定相冲突;⑥是否就涉及的重大问题与有关部门和单位协商;⑦是否存在谋求部门利益和地方保护问题;⑧是否无法律依据作出减损公民、法人和其他组织合法权益或者增加其义务的规定;⑨是否符合制定权限、程序以及规范表述要求;⑩其他应当审核的内容。

法规室审核后,提出书面前置审核意见,经分管法规工作的领导同意后反馈给起草部门。起草部门应当根据前置审核意见对规范性文件草案进行修改。若出现意见分歧,应当先与法规室充分讨论,协商一致后形成会议审议稿,按程序提请市纪委常委会会议审议。法规室负责起草的规范性文件,在广泛征求意见并就不同意见充分沟通并协商达成一致后,依程序提请市纪委常委会会议审议。

其四,决定和公布。与制定监察规范性文件的监察委员会同级的纪委常委会会议审议规范性文件会议审议稿时,由起草部门作说明,法规室列席。有关领导提出意见的,由起草部门负责作出解释,法规室根据需要作出说明。经审议通过的规范性文件会议审议稿,由起草部门按照会议所提意见修改完善后,按程序由办公室核文、法规室核准后报同级纪委监委主要领导或授权的有关领导签发。规范性文件的密级和发布范围应当根据有关规定和实际情况确定。办公室负责规范性文件的发布和归档工作。

三、监察规范性文件的效力与解释

监察规范性文件的效力,遵循"新法优于旧法"以及"特别法优于一般法"的原则,即同一制定主体制定的监察规范性文件,一般规定与特别规定不一致的,特别规定优先于一般规定;旧的规定与新的规定不一致的,新的规定优先于旧的规定。

此外,监察规范性文件本身需要进一步明确具体含义或者作出补充规定的,由负责起草的部门商请法规室解释,并同监察规范性文件具有同等效力。其具体的解释情形包括:①规范性文件的内容需要进一步明确具体含义的;②规范性文件制定后出现新的情况,需要明确适用依据的;③其他需要解释的内容。

四、监察规范性文件的备案审查

基于其制定主体之不同,监察规范性文件的备案审查实行双轨制。其中,纪委监委联合颁发的规范性文件,按照《中国共产党党内法规和规范性文件备案审查规定》进行备案审查;监委独立颁发的规范性文件,纳入本级人大常委会备案审查之范围。

其一,纪委监委联合颁发的监察规范性文件,按照《中国共产党党内法规和规范性文件备案审查规定》实行备案审查。①坚持"三有"审查原则,即有件必备,凡属备案审查范围的都应当及时报备,不得瞒报、漏报、迟报;有备必审,对报备的党内法规和规范性文件应当及时、严格审查,不得备而不审;有错必纠,对审查中发现的问题应当按照规定作出处理,不得打折扣、搞变通;②坚持"全面"审查原则。其中,政治性审查包括是否认真贯彻落实习近平新时代中国特色社会主义思想,是否同党的基本理论、基本路线、基本方略相一致,是否与党中央重大决策部署相符合,是否严守党的政治纪律和政治规矩等;合法合规性审查包括是否同宪法和法律相一致,是否同党章、上位党内法规和规范性文件相抵触,是否与同位党内法规和规范性文件对同一事项的规定相冲突,是否符合制定权限和程序,是否落实精简文件、改进文风要求等;合理性审查包括是否适应形势发展需要,是否可能在社会上造成重大负面影响,是否违反公平公正原则等;规范性审查包括名称使用是否适当,体例格式是否正确,表述是否规范等。

其二,监察机关独立颁布的监察规范性文件纳入本级人大常委会备案审查范围。近年来,各省市纪委监委坚决落实中央纪委国家监委有关要求,将"各级监察委员会制定或者由其会同有关国家机关制定的规范、指导监察工作的规定、办法、细则、意见等规范性文件"纳入地方人大备案审查范围,坚持"有件必备、有备必审、有错必纠"之原则,全面开展纪检监察规范性文件实质性备案审查,有力维护纪检监察法规制度体系的统一性、权威性,进一步提升地方纪检监察工作的规范化和法治化水平。各地修改的《规范性文件备案审查工作条例》对监察法规的报备范围、报备时限、报备形式等内容作了明确规定,要求从"政治性、合法合规性、合理性、规范性"等方面对备案文件进行全方位审查。

第三节 涉纪检监察党内法规的制定

国家监察体制改革后,监察权被纳入国家权力体系,但因监察机关与纪检机关实行合署办公的体制,故监察机关并不完全在国家机构体系中运作,监察权也并非单一形态的国家权力,相反,纪检监察权应具有二元属性,为执政党纪律检查权和国家监察权的有机结合。[1]而执政党的纪律检查权在监察立法领域表现为涉纪检监察的党内法规。

一、涉及纪检监察的党内法规的概念

党内法规是党的中央组织,中央纪律检查委员会以及党中央工作机关和省、自治区、直辖市党委制定的体现党的统一意志、规范党的领导和党的建设活动、依靠党的纪律保证实施的专门规章制度。[2]而涉及纪检监察的党内法规则是党的中央组织,中央纪律检查委员会以及党中央工作机关和省、自治区、直辖市党委制定的领导和规范纪检监察活动的专门规章制度。具言之:

其一,从主体上看,涉及纪检监察的党内法规的制定主体是党的中央组织以及中央纪律检查委员会、中央各部门及省级党委。这一要素明确了并非党内所有主体均能制定涉及纪检监察的党内法规,而将该主体限定在"省级以上(含省级)"的党内主体范围内。"省级以下(不含省级)"的市县党委制定的涉及纪检监察文件,均不能称为"党内法规"。

其二,从性质上看,涉及纪检监察的党内法规对纪委监委的纪检监察活动具有约束力,具有社会法和软法的性质,[3]但是不属于国家法。[4]

其三,从内容上看,涉及纪检监察的党内法规规定的内容主要是有关纪检机关组织和职权的事项。通常而言,宪法和法律应当为政党的组织和活动预留相应的自由空间,而不应作出事无巨细的规定。因此,除依法律保留要求必须由法律调整的事项外,

---

[1] 刘怡达:"论纪检监察权的二元属性及其党规国法共治",载《社会主义研究》2019年第1期。
[2] 《中国共产党党内法规制定条例》第3条第1款。
[3] 姜明安:"论中国共产党党内法规的性质与作用",载《北京大学学报(哲学社会科学版)》2012年第3期。
[4] 朱程斌、李龙:"党内法规地位的法治辨析——从规范的角度分析",载《理论月刊》2018年第1期。

法律不宜规定属于党内事务的事项。依此逻辑,纪检机关的组织和职权属于党内事务,因而不应在国家法律中进行规定,《中国共产党纪律检查机关案件检查工作条例》第3条甚至规定"纪检机关依照党章和本条例行使案件检查权,不受国家机关、社会组织和个人的干涉"。换句话说,具有党员身份的公职人员,行使职权首先受党内法规的监督约束,对其违法行为在依据监察法律处理之前,须先依据党规党纪作出处理。

其四,从形式上看,涉及纪检监察的党内法规是有关纪检监察的准则、条例、规定、办法、规则、细则的总称。根据《中国共产党党内法规制定条例》之规定,凡是准则、条例、规定、办法、规则、细则,都是党内法规的表现形式。

二、涉及纪检监察的党内法规的制定程序

根据《中国共产党党内法规制定条例》,涉及纪检监察的党内法规的制定必须遵循下列程序:

其一,起草。涉及纪检监察的党内法规一般由中央纪律检查委员会以及省、自治区、直辖市纪律检查委员会自行组织起草。起草涉及纪检监察的党内法规,应当深入调查研究,全面掌握实际情况,认真总结历史经验和新的实践经验,充分了解各级党组织和广大党员的意见和建议。必要时,调查研究可以吸收党委及其工作机关法律顾问和有关专家学者的意见,或委托专门机构开展。草案应当包含名称、制定目的和依据、适用范围、具体规范、解释机关、施行日期。草案形成后,应当广泛征求意见。起草部门和单位向审议批准机关报送党内法规草案,应当同时报送草案制定说明。制定说明应当包括制定党内法规的必要性、主要内容、征求意见情况、同有关部门和单位协商情况等。

其二,审批。审议批准机关的相关工作机构收到党内法规草案后应进行前置审核。前置审核主要审核下列内容:①是否符合增强"四个意识"、坚定"四个自信"、做到"两个维护"等政治要求;②是否同党章、党的理论和路线方针政策相抵触;③是否同宪法和法律不一致;④是否同上位党内法规和规范性文件相抵触;⑤是否与其他同位阶党内法规和规范性文件对同一事项的规定相冲突;⑥是否就涉及的重大问题与有关部门和单位协商;⑦是否存在谋求部门利益和地方保护问题;⑧是否符合制定权限、程序以及规范表述要求。在审批主体上,中央纪律检查委员会制定的涉及纪检监察的党内法规草案,由其领导机构会议审议批准。省、自治区、直辖市党委制定的涉及纪检监察的党内法规草案,由党委全体会议或者常委会会议审议批准。

其三,公布。经审议批准的草案,由法规工作机构审核并按照程序报批后发布。中央纪律检查委员会制定的涉及纪检监察的党内法规采用中央纪律检查委员会文件形式发布。省、自治区、直辖市党委会制定的涉及纪检监察的党内法规采用党委文件或者党委办公厅文件形式发布。发布时,党内法规标题应当添加题注,载明制定机关、通过日期、发布日期。

三、涉及纪检监察的党内法规与监察法律的衔接

有关纪检监察工作的党内法规,应与有关国家监察工作的国家法律实现多维衔接。

纪律检查权和国家监察权统一于纪检监察合署办公的体制中，应当分别予以规范，实现互相衔接。

其一，党内法规应与国家法律保持一致，纪检工作中行之有效的规则也应上升为国家法律。例如，《中央党内法规制定工作第二个五年规划（2018—2022年）》提出要制定的《中国共产党纪律检查委员会工作条例》，应在纪检工作和监察工作的共同问题上与《监察法》保持一致。同样地，《监察法》中的大量规定也参照了《中国共产党纪律检查机关监督执纪工作规则（试行）》（已失效）等党内法规。

其二，由于党内法规不得与宪法和法律相抵触，因而规范纪律检查权的党内法规也不能与规范国家监察权的国家法律相冲突。

其三，党内法规中有关纪律检查权的规定，若不违反国家法律亦可适用于国家监察权。比如，实践中便提出"探索把'四种形态'基本原理应用到监察工作中去"。[1]而《监察法》第5条规定的"惩戒与教育相结合，宽严相济"，其实就是"四种形态"在监察工作中的具体体现。

其四，国家法律中有关国家监察权的规定，若不违反党内法规的规定，亦可间接适用于纪律检查权。比如，《监察法》中关于监察程序的规定，便可作为纪律检查权行使的程序指引。

◇【法条链接】

一、《中华人民共和国监察法》(2018年)

第五条 国家监察工作严格遵照宪法和法律，以事实为根据，以法律为准绳；在适用法律上一律平等，保障当事人的合法权益；权责对等，严格监督；惩戒与教育相结合，宽严相济。

【释义】本条是关于国家监察委员会监察工作原则和方法的规定。

二、《中国共产党党内法规制定条例》(2019年)

第三条 党内法规是党的中央组织，中央纪律检查委员会以及党中央工作机关和省、自治区、直辖市党委制定的体现党的统一意志、规范党的领导和党的建设活动、依靠党的纪律保证实施的专门规章制度。

党章是最根本的党内法规，是制定其他党内法规的基础和依据。

【释义】本条是关于涉及纪检监察的党内法规的制定主体的规定。

第十五条 制定党内法规应当统筹进行，科学编制党内法规制定工作五年规划和年度计划，突出重点、整体推进，构建内容科学、程序严密、配套完备、运行有效的党内法规体系。

第十六条 中央党内法规制定工作五年规划，由中央办公厅对中央纪律检查委员

---

[1] 陶治国："用好'两把尺子'充分履行监督职能"，载《中国纪检监察》2018年第9期。

会以及中央各部门和省、自治区、直辖市党委提出的制定建议进行汇总，并广泛征求意见后拟订，经中央书记处办公会议讨论，报党中央审定。

中央党内法规制定工作年度计划，由中央办公厅对中央纪律检查委员会以及中央各部门每年年底前提出的下一年度制定建议进行汇总后拟订，报党中央审批。

第十七条　中央纪律检查委员会以及中央各部门和省、自治区、直辖市党委提出的中央党内法规制定建议，应当包括党内法规名称、制定必要性、报送时间、起草单位等。

第十八条　中央纪律检查委员会以及党中央工作机关和省、自治区、直辖市党委可以根据职权和实际需要，编制本系统、本地区党内法规制定工作规划和计划。

第十九条　党内法规制定工作规划和计划在执行过程中，可以根据实际情况进行调整。

【释义】以上条文是关于党内法规制定程序中规划与计划的规定。

第二十条　中央党内法规按其内容一般由中央纪律检查委员会以及中央有关部门等起草，综合性党内法规由中央办公厅协调中央纪律检查委员会以及中央有关部门等起草或者成立专门起草小组起草。特别重要的中央党内法规由党中央组织起草。

中央纪律检查委员会以及党中央工作机关和省、自治区、直辖市党委制定的党内法规，由其自行组织起草。

第二十一条　党内法规草案一般应当包括下列内容：

（一）名称；

（二）制定目的和依据；

（三）适用范围；

（四）具体规范；

（五）解释机关；

（六）施行日期。

第二十二条　起草党内法规，应当深入调查研究，全面掌握实际情况，认真总结历史经验和新的实践经验，充分了解各级党组织和广大党员的意见和建议。必要时，调查研究可以吸收党委及其工作机关法律顾问和有关专家学者参加，或者委托专门机构开展。

第二十三条　起草党内法规的部门和单位，应当就涉及其他部门和单位工作范围的事项，同有关部门和单位协商一致。经协商未能取得一致意见的，应当在报送党内法规草案时对有关情况作出说明。

第二十四条　起草党内法规，应当与现行党内法规相衔接。对同一事项，如果需要作出与现行党内法规不一致的规定，应当在草案中作出废止或者如何适用现行党内法规的规定，并在报送草案时说明情况和理由。

第二十五条　党内法规草案形成后，应当广泛征求意见。征求意见范围根据党内法规草案的具体内容确定，必要时在全党范围内征求意见。征求意见时应当注意听取党代表大会代表和基层党员、干部以及有关专家学者的意见。与群众切身利益密切相关的党内法规草案，应当充分听取群众意见。

征求意见可以采取书面形式，也可以采取座谈会、论证会、网上征询等形式。

第二十六条 起草部门和单位向审议批准机关报送党内法规草案，应当同时报送草案制定说明。制定说明应当包括制定党内法规的必要性、主要内容、征求意见情况、同有关部门和单位协商情况等。

【释义】以上条文是关于党内法规制定程序中起草的规定。

第二十七条 审议批准机关收到党内法规草案后，交由所属法规工作机构进行前置审核。前置审核主要审核下列内容：

（一）是否符合增强"四个意识"、坚定"四个自信"、做到"两个维护"等政治要求；

（二）是否同党章、党的理论和路线方针政策相抵触；

（三）是否同宪法和法律不一致；

（四）是否同上位党内法规和规范性文件相抵触；

（五）是否与其他同位党内法规和规范性文件对同一事项的规定相冲突；

（六）是否就涉及的重大问题与有关部门和单位协商；

（七）是否存在谋求部门利益和地方保护问题；

（八）是否符合制定权限、程序以及规范表述要求。

对存在问题的党内法规草案，法规工作机构经批准可以向起草部门和单位提出修改意见。如起草部门和单位不采纳修改意见，法规工作机构可以向审议批准机关提出修改、缓办或者退回的建议。

第二十八条 中央党内法规草案的审批，按照下列方式进行：

（一）准则草案一般由中央委员会全体会议审议批准；

（二）条例草案一般由中央政治局会议审议批准；

（三）规定、办法、规则、细则草案一般由中央政治局常委会会议审议批准；

（四）对调整范围单一或者配套性规定、办法、规则、细则草案，可以采取传批方式，由中央办公厅报党中央审批。

中央纪律检查委员会以及党中央工作机关制定的党内法规草案，由其领导机构会议审议批准。

省、自治区、直辖市党委制定的党内法规草案，由党委全体会议或者常委会会议审议批准。

第二十九条 经审议批准的党内法规草案，由法规工作机构审核并按照程序报批后发布。

中央党内法规采用中央文件形式发布。中央纪律检查委员会制定的党内法规采用中央纪律检查委员会文件形式发布。党中央工作机关制定的党内法规采用党中央工作机关文件形式发布。省、自治区、直辖市党委制定的党内法规采用党委文件或者党委办公厅文件形式发布。发布时，党内法规标题应当添加题注，载明制定机关、通过日期、发布日期。

党内法规除涉及党和国家秘密不得公开或者按照有关规定不宜公开外，应当在党报党刊、重点新闻网站、门户网站等党的媒体上公开发布。

第三十条 实际工作迫切需要但还不够成熟的党内法规，可以先试行。试行期限一般不超过 5 年。

【释义】以上条文是关于党内法规制定程序中审批与发布的规定。

第十一章 政务处分

政务处分是监察机关依照法律规定,对违法并应当承担法律责任的公职人员给予处分的一种惩戒行为。《监察法》赋予了监察机关对违法的公职人员依法作出政务处分的权力。为规范政务处分权的运行,2020年国家颁布了《公职人员政务处分法》。《公职人员政务处分法》在结合党的纪律与公务员法等法律处分原则的基础上,通过规范处分的种类、适用规则、应受处分的具体违法行为情形以及相应程序与救济,进一步为我国监察机关行使监察职权提供了更为具体的法律依据,为实现对公权力监督的全覆盖提供了规范保障。

第一节 政务处分的原则

法律原则影响人的思想意识,为法律规则的制定与适用提供价值指导和理论依据。[1]《公职人员政务处分法》第4条规定了政务处分适用的基本原则,基本实现了与党的纪律处分工作的原则衔接,实施政务处分要求将这些原则充分运用到政务处分适用的各个环节。

一、党管干部原则

党管干部是党的领导地位的必然要求,是坚持党的领导的重要保障,也是我国国家机构、组织运行中必须遵守的宪法原则。[2]公职人员是我国最主要的行使公权力的人群,在我国国家治理中占据着重要地位,因此,对公职人员的管理必须坚持党管干部原则,按照干部管理权限履行相应的批准手续。《中国共产党纪律处分条例》第4条第1项明确规定,党的纪律处分工作应当坚持党要管党、全面从严治党,《公职人员政务处分法》第4条规定"给予公职人员政务处分,坚持党管干部原则",在这项原则上实现了与党纪的衔接。

二、集体讨论原则

民主集中制原则是党的根本组织原则,也是我国国家机构所应遵守的宪法原则。因此,对公职人员的处分应当由集体民主决定,避免由个人或少数人拍板决定的情况

---

[1] 魏小强:《法意对话录》,中国法制出版社2013年版,第72页。
[2] 黄韶鹏:"政务处分的基本原则、方针和要求",载《中国纪检监察》2020年第13期。

发生，同时也要注重集体决定的正确、有效施行。《中国共产党纪律处分条例》第4条第4项规定党的纪律处分工作要实行民主集中制，《公职人员政务处分法》第4条则要求给予公职人员政务处分，要坚持集体讨论决定，实现了政务处分与党纪处分在处分原则上的一致性。

三、法律面前一律平等原则

公职人员是我国国家公权力行使主体。在公职人员政务处分调查与最终处罚作出中都必须坚持人人平等，贯彻法律面前人人平等的原则。其要义包含：一是对于享有不同职权的公职人员的调查必须坚持法律面前人人平等原则；二是对于享有相同职权的公职人员的调查必须坚持法律面前人人平等原则。法律面前人人平等，这一原则不仅适用于公民之间，也适用于公权力主体之间，这是现代法治发展的必然要求。

四、"以事实为依据，以法律为准绳"原则

"以事实为依据，以法律为准绳"是我国司法审判的基本原则，兼顾着主观与客观的统一，是结果公正性的保障。[1]对公职人员的政务处分作出前，需要经过严格的调查程序，经过严格查清事实情况，根据事实情况去适用法律，才能最终作出与违法事实、情节相匹配的政务处分处罚。因此，在政务处分决定作出的过程中，必须做到：①正确合法处置问题线索，保障查清事实；②禁止对被调查人逼供、诱供、侮辱、打骂、虐待、体罚或变相体罚；③不得有其他影响查清公职人员违法事实的行为，如收受被调查人或其他相关人员的财物、利益，利用职务上的影响干预调查等滥用职权、徇私舞弊的行为。《中国共产党纪律处分条例》第4条第3项明确规定对党组织和党员违反党犯的行为要根据事实情况适用党纪党规作出处分决定，《公职人员政务处分法》第4条则规定给予公职人员政务处分时要坚持"以事实为根据，以法律为准绳"的处分原则。

五、惩戒与教育相结合，宽严相济原则

无论是对公职人员的政务处分还是对党员的党纪处分，惩罚都不是唯一的目的，甚至不是最重要、最首要的目的。政务处分应当坚持错责相当，宽严相济，既具有严格性，又具有灵活性，既讲究高压震慑，又讲究政策感召。[2]无论是政务处分还是党纪处分的作出，一般而言具有两个方面的意义：一方面，追究违法违纪公职人员的责任，对其违法违纪行为进行相应的惩戒。对于公职人员所享有的职责，其必须依法履行，未依法履行的将必然受到相应的追责。政务处分起到了追究违法违纪的公职人员责任的目的，起到了惩戒作用。另一方面，教育和挽救违法违纪的公职人员。处分决定的作出，其更为重要的目的在于对违法违纪的公职人员进行提醒教育，以达到挽救

---

[1] 蔡昌彤："解读'以事实为依据，以法律为准绳'原则"，载《佳木斯大学社会科学学报》2014年第3期。

[2] 王希鹏："《公职人员政务处分法》的开创意义与核心要义"，载《人民论坛》2020年第19期。

和教育违法公职人员的目的。教育作用的发挥可以从思想上改变公职人员权力行使的方式，使其自觉做到依法履职，而不单纯是依靠法律等手段强制其按照法律规定去行使职权，做到宽严相济，如此才能更好地实现对违法公职人员的引导、教育作用。

◇**【法条链接】**

一、《中华人民共和国公职人员政务处分法》(2020 年)

第四条 给予公职人员政务处分，坚持党管干部原则，集体讨论决定；坚持法律面前一律平等，以事实为根据，以法律为准绳，给予的政务处分与违法行为的性质、情节、危害程度相当；坚持惩戒与教育相结合，宽严相济。

【释义】本条是对政务处分原则的规定。

二、《中国共产党纪律处分条例》(2018 年)

第四条 党的纪律处分工作应当坚持以下原则：

（一）坚持党要管党、全面从严治党。加强对党的各级组织和全体党员的教育、管理和监督，把纪律挺在前面，注重抓早抓小、防微杜渐。

（二）党纪面前一律平等。对违犯党纪的党组织和党员必须严肃、公正执行纪律，党内不允许有任何不受纪律约束的党组织和党员。

（三）实事求是。对党组织和党员违犯党纪的行为，应当以事实为依据，以党章、其他党内法规和国家法律法规为准绳，准确认定违纪性质，区别不同情况，恰当予以处理。

（四）民主集中制。实施党纪处分，应当按照规定程序经党组织集体讨论决定，不允许任何个人或者少数人擅自决定和批准。上级党组织对违犯党纪的党组织和党员作出的处理决定，下级党组织必须执行。

（五）惩前毖后、治病救人。处理违犯党纪的党组织和党员，应当实行惩戒与教育相结合，做到宽严相济。

【释义】本条是对党的纪律处分原则的规定。

【案例链接】政务处分适用原则案例

A 某以非法手段破坏选举案

某市即将召开新一届市人民代表大会第一次会议，选举产生新一届市人大常委会、市人民政府领导人员。按照法定程序，相关候选人的建议人选已经产生，其中不包括自认为工作突出，廉洁且群众口碑较好的该市财政局局长 A 某。对此 A 某十分不满，遂通过电话、短信以及赠送礼品等形式拉票。该市纪委监委发现后，在市委领导下，迅速依纪依法立案审查调查。经审查调查，发现 A 某身为党员领导干部和国家公职人员，通过赠送礼品私下拉票等方式破坏选举，不仅涉嫌刑事犯罪，同时也违反党的组织纪律，构成职务违法。

市委坚持法律面前一律平等、实事求是、公正公平，对 A 某进行全面调查，做到事实清楚、证据确凿、定性准确、处理恰当、程序合法、手续完备，并坚持民主集中制，最终一致决定免去 A 某财政局党组书记、局长职务，经市委批准，市纪委监委依照《中国共产党纪律处分条例》给予 A 某留党察看一年处分。

本案充分体现了监察机关在调查职务违法与职务犯罪案件中所遵循的原则，政务处分原则为政务处分指明了方向，为政务处分决定作出的公正性、合法性保驾护航。

第二节 政务处分的种类和适用

《监察法》第 11 条、第 45 条要求监察机关根据调查结果对违法的公职人员依照法定程序作出政务处分决定，这为监察机关作出政务处分决定设立了基本的条件和原则。在此基础上，《公职人员政务处分法》进一步明确了政务处分种类、适用规则，为监察机关行使政务处分职权提供了明确的法律依据。[1]

一、政务处分的种类

根据《公职人员政务处分法》的规定，政务处分的种类主要有警告、记过、记大过、降级、撤职与开除。政务处分的期间则根据不同的处分种类具有不同的适用期间，其中警告为 6 个月，记过为 12 个月，记大过为 18 个月，降级、撤职为 24 个月，实现了与《公务员法》等相关法律规定的一致性。

二、政务处分的适用规则

在适用规则上，《公职人员政务处分法》不仅详细规定了政务处分的从轻或减轻处分、从重处分、免予或不予处分、开除等适用情形，还进一步明确了财产罚的适用。对于影响恶劣的加重处分以起到警示与教育效果，对于情节轻微的则从轻处分，这有利于引导和促使涉嫌职务违法行为的公职人员真诚认错改错，亦有利于监察机关顺利开展调查工作，节省监察资源，提高调查办案效率。

（一）政务处分的裁量规则

实践中，公职人员的职务违法行为是复杂多样的，必须针对不同的情形作出不同处分决定，做到宽严相济、实事求是、过罚相当。据此，《公职人员政务处分法》第二章对从轻或减轻处分、免予或不予处分、从重处分以及开除的政务处分适用规则作出了详细规定。

其一，从轻、减轻处分。《公职人员政务处分法》在《中国共产党纪律处分条例》第 17 条、第 25 条规定的基础上，充分考虑违法公职人员在共同违法行为中所起的作用，对从轻或减轻处分的行为作出了进一步规定，落实宽严相济原则。从轻或减轻处分的情形包括主动交代本人应当受到政务处分的违法行为的；配合调查，如实说明本

---

[1] 陆国栋："准确把握政务处分种类和适用规则"，载《中国纪检监察》2020 年第 13 期。

人违法事实的；检举他人违纪违法行为，经查证属实的；主动采取措施，有效避免、挽回损失或者消除不良影响的；在共同违法行为中起次要或者辅助作用的；主动上交或者退赔违法所得的，等等。

其二，免予、不予处分。《公职人员政务处分法》第 12 条也对免予、不予处分的情形作出了规定，其主要条件为犯罪情节轻微且具有该法第 11 条规定的情形，同时在此基础上考虑公职人员违法行为作出的非自愿情节，如不明真相被裹挟、受胁迫等情形。

其三，从重处分。《公职人员政务处分法》第 13 条对从重处分行为作出了规定，在《中国共产党纪律处分条例》第 20 条规定的强迫、唆使他人违纪的，拒不上交或退赔违纪所得的，违纪受处分后又因故意违纪应当受到党纪处分的，违纪受到党纪处分后又被发现其受处分前的违纪行为应当受到党纪处分等从重处分的基础上，《公职人员政务处分法》还将阻止他人检举、提供证据，串供或者伪造、隐匿、毁灭证据，包庇同案犯等情形纳入进来。

其四，开除。《公职人员政务处分法》和《中国共产党纪律处分条例》均对开除的情形作出了具体规定，且开除情形基本一致。主要包括：因故意犯罪被判处管制、拘役或有期徒刑以上刑罚的，应当予以开除；因过失犯罪被判处有期徒刑，刑期超过 3 年的，应当予以开除，三年以下的一般应当予以开除，但特殊情况下经上一级机关批准撤职更为适当的，不予开除；因犯罪被单处或并处剥夺政治权利的应当予以开除，被单处罚金或犯罪情节轻微，人民检察院依法不起诉或人民法院依法免予刑事处罚的予以撤职，造成不良影响的应予以开除。

(二) 财产罚的适用规则

《公职人员政务处分法》所规定的政务处分财产罚主要包括不得晋升工资等级，降低薪酬待遇，减发、扣发补贴、奖金，调整退休待遇以及没收、追缴或责令退赔违法所得、违法财物。无论是不得晋升工资、降低薪酬待遇还是扣发补贴奖金，无论是调整退休待遇还是没收、追缴、责令退赔，都有特定的适用情形。

其一，不得晋升工资等级主要适用于公职人员因职务违法行为被记过、记大过、降级的情况。

其二，降低薪酬待遇主要适用于监察对象受到降级、撤职等政务处分的情况。基层群众性自治组织中从事管理的人员、未担任公务员、参照公务员法管理的人员、事业单位工作人员或国有企业人员职务的，因其无职可撤，无级可降，因此实践中这类公职人员虽仅受到警告、记过、记大过等政务处分，但其情节理应受到降级、撤职处分的，此时县乡镇级人民政府或者其所在单位则应该根据具体情况来决定减发、扣发奖金补贴或降低薪酬待遇。

其三，调整退休待遇则主要适用于已退休、离职、死亡的公职人员因在退休前、退休后或者离职前、死亡前的履职期间的违法行为而应受到降级、撤职、开除处分的情况。

其四，没收、追缴或者责令退赔的财产罚适用于所有公职人员因职务违法行为而获得违法所得或者存在用于违法行为的本人财物的情况。

三、政务处分的具体适用

《公职人员政务处分法》充分借鉴《中国共产党纪律处分条例》第二编分则中违反政治纪律行为、违反组织纪律行为、违反廉洁纪律行为、违反群众纪律行为、违反工作纪律行为、违反生活纪律行为的分类规定，在第三章中对职务违法行为进行了全面规定。具体包括：

（一）违反政治纪律要求

政治问题任何时候都是根本性的问题。违反政治要求即违反一个人作为国家一分子的政治义务、政治责任。宪法和法律规定了公民必须履行的对国家和社会的政治责任，其要义在于人们必须忠于国家和忠于党。[1]习近平总书记曾言："我们干事业，不能忘本忘祖、忘记初心。"作为行使国家公权力的公职人员，讲政治、讲信念是合格公职人员所必备的素养。[2]因此，违反政治要求的公职人员必将受到相应的政务处分，具体违法行为方式体现为：①进行或发表反对中国共产党、反对国家指导思想、反对社会主义以及改革开放的行为或言论的；②散布有损宪法权威、党的领导和国家声誉的言论的；③参加反对宪法、党的领导、国家的集会、游行、示威活动的；④拒不执行或变相不执行党和国家的方针、决策的；⑤参加非法组织、非法活动的，参加挑拨民族关系、破坏民族团结的活动等。

对于公职人员违反政治要求的职务违法行为根据情节严重程度分别适用记大过、降级、撤职或开除。①一般情况下予以记大过处分，情节较重的予以降级或开除，情节严重的则应当予以开除；②策划者、组织者、骨干分子应当予以开除处分。对于公开反对宪法确立的国家指导思想，反对党的领导，反对社会主义制度，反对改革开放的，在参加反对宪法、党的领导和国家的集会、游行、示威活动中，参加非法组织、非法活动中，参加挑拨民族关系的活动中，参加破坏民族团结的宗教活动中的策划者、组织者和骨干分子应当予以开除。

（二）违反组织纪律要求

公职人员作为行使国家公权力，推动国家机器运行的重要力量，必须严格遵守组织纪律。在一定的社会组织中，纪律主要通过依靠组织的强制力量，规范组织成员的行为，惩责违反组织要求的成员，达到维护组织稳定和行动统一的目标。[3]而在党的领导下的公职人员组织中，更要求公职人员服从组织纪律，这是党和国家政治建设的首要任务，同时注重运用政务处分制度强化组织要求的刚性约束，对违反政治要求的公职人员进行政务处分。违反组织要求的行为具体体现为：①不按规定报告相关事项，

---

[1] 王邦佐等编写：《政治学辞典》，上海辞书出版社2009年版，第27页。
[2] 本书编写组编著：《怎样做合格党员》，党建读物出版社2016年版，第1~3页。
[3] 余实践：《纪律简说》，天津社会科学出版社2012年版，第16页。

篡改伪造本人档案资料；②违反民主集中制作出决定，改变或拒不执行决定、命令等；③违法出入境或取得外国国籍；④弄虚作假获取职务等；⑤违法打击报复、诬告陷害等。

对于违反组织要求的公职人员应当根据具体违法情节作出相应的政务处分决定。①对于不按规定请示、报告重大事项的以及违反个人事项报告规定隐瞒不报的，情节较重的应当予以警告、记过、记大过处分，对于前者情节严重的应当予以降级或撤职处分；②伪造、篡改本人档案资料的，违反民主集中制作出决定，改变或拒不执行决定、命令，违规出境或办理因私出境证件等的予以记过或记大过，情节严重的予以降级或撤职；③对于违规取得外国国籍或境外永久居留权、长期居留许可的，予以撤职或开除；④对于弄虚作假骗取职务、职级、资格、学历、奖励等利益的，在人事选用、考核等过程中违规操作的，对依法行使监督权的行为进行打击报复的，诬告陷害损害他人名誉或使他人受到责任追究的，以非法手段破坏选举的，则应当予以警告、记过、记大过处分，情节较重的应予以降级或撤职，情节严重的则应当予以开除。

（三）违反廉洁纪律要求

党的十八大强调要坚持中国特色反腐倡廉道路，并开启了监察体制改革之路，体现了我国反腐败的决心。公职人员作为我国反腐倡廉道路中的特殊存在，一方面是反腐败工作中的重点关注对象，另一方面又是反腐败过程中的重要力量，反腐败进程依靠公职人员来推进。因此，公职人员必须提高自身廉洁要求，提高广大公职人员尤其是领导干部廉洁自律的意识与素养。这不仅是监察体制改革的必然要求，亦是法治国家建设的重要保障。《公职人员政务处分法》详细列明了公职人员违反廉洁要求的具体表现：①贪污贿赂，本人或容许他人利用本人职权或职务影响为本人或为他人谋取私利的；②收受财物或向他人赠送财物可能影响公正行使公权力的；③违规消费、发放薪酬待遇的；④公职人员违规从事或参与经营性活动、违规从事领取报酬的兼职活动等。

对于不同情节的违法行为，应当采取不同的处分方式。①对于贪污贿赂，利用职权或纵容他人利用本人职权谋取私利的，收受可能影响公正行使公权力的财物的，公职人员自身违规从事或参与经营性活动、违规从事领取报酬的兼职活动的，应当予以警告、记过、记大过处分，情节较重的予以降级、撤职处分，情节严重的应予以开除；②对于向公职人员或与其具有特定关系的人赠送可能影响公正行使公权力的财物的，违规消费、发放薪酬待遇等，情节较重的予以警告、记过、记大过处分，情节严重的予以降级或撤职处分；③对于拒不按照规定纠正特定关系人违规任职、兼职或者从事经营活动，且不服从职务调整的应当予以撤职处分。

（四）违反群众纪律要求

人民是历史的开创者，我们党与国家始终站在人民群众的立场，既相信人民、依靠人民，又以人民为中心，全心全意为人民服务。[1]公职人员作为国家公权力的行使

---

[1] 余建军："以人民为中心的价值维度"，载《理论建设》2021年第1期。

者，其权力来源于人民，又服务于人民，因此必须坚持群众路线，任何时候都要把人民群众的利益放在第一位，任何违反群众要求的违法行为，都必将受到严厉的惩责。具体包括：①欺压群众、纵容包庇黑恶势力活动；②违规收取费用、服务态度恶劣、侵犯公众知情权等。

公职人员有违反群众要求行为的，应当进行严厉处分：①对于利用宗族或黑恶势力欺压群众，或为黑恶势力作保护伞的，应当予以撤职，情节严重的予以开除；②对于违反规定在管理服务活动中，向管理服务对象收取财物、吃拿卡要等侵犯管理服务对象利益的，情节较重的予以警告、记过、记大过处分，情节严重的予以降级或撤职，情节特别严重的予以开除；③对于在服务管理过程中态度恶劣、不依法公开政府信息等情节较重的予以警告、记过、记大过处分，情节严重的予以降级或撤职。

（五）违反工作纪律要求

公职人员是国家公权力的行使者。严格遵守保密义务，正确行使公权力是对每个公职人员的必然要求。对于违反这些工作要求的公职人员，应当发挥政务处分制度的最大作用，主要包括：①泄露国家、企业、个人秘密的；②滥用职权的；③弄虚作假的；④官僚主义形式主义严重的。

其主要处分方式为：对于公职人员具有违反工作要求等违法行为，造成不良后果或者影响的，应当予以警告、记过、记大过处分，情节较重的予以降级、撤职处分，情节严重的应予以开除。

（六）违反生活纪律要求

公职人员作为国家权力的行使者，更是社会主义道德建设的典范，充分发挥公职人员的榜样力量是精神文明建设的必然要求。因此，对于违反生活纪律要求，存在违反公序良俗行为的公职人员必将严厉惩戒，主要包括：①公职人员参与、组织毒赌黄；②违反家庭美德拒不承担赡养、抚养、扶养义务；③实施家庭暴力，虐待遗弃家庭成员；④违反社会公德、公序良俗，在公共场所有不当行为，造成不良影响；⑤参与或支持迷信活动造成不良影响等。

对于违反生活纪律要求的公职人员应区分不同情形作不同的处理：①对于公职人员违反生活纪律要求，应当予以警告、记过、记大过处分，情节较重的予以降级、撤职处分，情节严重的应予以开除；②对于存在吸食毒品，组织赌博，组织、参与淫乱活动的，应当予以撤职或开除。

由此可见，《公职人员政务处分法》与《中国共产党纪律处分条例》在具体违法行为的分类与适用规则方面相一致，实现了纪法衔接。[1]在对公职人员的具体违法行为进行处分时，应当根据情节轻重作出最终处分决定。

---

〔1〕 王希鹏：" 《公职人员政务处分法》的开创意义与核心要义"，载《人民论坛》2020年第19期。

◇【法条链接】

一、《中华人民共和国公职人员政务处分法》(2020 年)

第七条 政务处分的种类为：

(一) 警告；

(二) 记过；

(三) 记大过；

(四) 降级；

(五) 撤职；

(六) 开除。

【释义】本条是对政务处分种类的规定。

第八条 政务处分的期间为：

(一) 警告，六个月；

(二) 记过，十二个月；

(三) 记大过，十八个月；

(四) 降级、撤职，二十四个月。

政务处分决定自作出之日起生效，政务处分期自政务处分决定生效之日起计算。

【释义】本条是对政务处分期间的规定。

第十一条 公职人员有下列情形之一的，可以从轻或者减轻给予政务处分：

(一) 主动交代本人应当受到政务处分的违法行为的；

(二) 配合调查，如实说明本人违法事实的；

(三) 检举他人违纪违法行为，经查证属实的；

(四) 主动采取措施，有效避免、挽回损失或者消除不良影响的；

(五) 在共同违法行为中起次要或者辅助作用的；

(六) 主动上交或者退赔违法所得的；

(七) 法律、法规规定的其他从轻或者减轻情节。

【释义】本条是对可以从轻或者减轻政务处分情形的规定。

第十二条 公职人员违法行为情节轻微，且具有本法第十一条规定的情形之一的，可以对其进行谈话提醒、批评教育、责令检查或者予以诫勉，免予或者不予政务处分。

公职人员因不明真相被裹挟或者被胁迫参与违法活动，经批评教育后确有悔改表现的，可以减轻、免予或者不予政务处分。

【释义】本条是对公职人员可以减轻、免予或者不予政务处分的具体方式和情形的补充规定。

第十三条 公职人员有下列情形之一的，应当从重给予政务处分：

(一) 在政务处分期内再次故意违法，应当受到政务处分的；

(二) 阻止他人检举、提供证据的；

（三）串供或者伪造、隐匿、毁灭证据的；

（四）包庇同案人员的；

（五）胁迫、唆使他人实施违法行为的；

（六）拒不上交或者退赔违法所得的；

（七）法律、法规规定的其他从重情节。

【释义】 本条是对从重给予政务处分情形的规定。

第十四条 公职人员犯罪，有下列情形之一的，予以开除：

（一）因故意犯罪被判处管制、拘役或者有期徒刑以上刑罚（含宣告缓刑）的；

（二）因过失犯罪被判处有期徒刑，刑期超过三年的；

（三）因犯罪被单处或者并处剥夺政治权利的。

因过失犯罪被判处管制、拘役或者三年以下有期徒刑的，一般应当予以开除；案件情况特殊，予以撤职更为适当的，可以不予开除，但是应当报请上一级机关批准。

公职人员因犯罪被单处罚金，或者犯罪情节轻微，人民检察院依法作出不起诉决定或者人民法院依法免予刑事处罚的，予以撤职；造成不良影响的，予以开除。

【释义】 本条是对公职人员因犯罪情形予以开除的规定。

第十九条 公务员以及参照《中华人民共和国公务员法》管理的人员在政务处分期内，不得晋升职务、职级、衔级和级别；其中，被记过、记大过、降级、撤职的，不得晋升工资档次。被撤职的，按照规定降低职务、职级、衔级和级别，同时降低工资和待遇。

第二十条 法律、法规授权或者受国家机关依法委托管理公共事务的组织中从事公务的人员，以及公办的教育、科研、文化、医疗卫生、体育等单位中从事管理的人员，在政务处分期内，不得晋升职务、岗位和职员等级、职称；其中，被记过、记大过、降级、撤职的，不得晋升薪酬待遇等级。被撤职的，降低职务、岗位或者职员等级，同时降低薪酬待遇。

第二十一条 国有企业管理人员在政务处分期内，不得晋升职务、岗位等级和职称；其中，被记过、记大过、降级、撤职的，不得晋升薪酬待遇等级。被撤职的，降低职务或者岗位等级，同时降低薪酬待遇。

第二十二条 基层群众性自治组织中从事管理的人员有违法行为的，监察机关可以予以警告、记过、记大过。

基层群众性自治组织中从事管理的人员受到政务处分的，应当由县级或者乡镇人民政府根据具体情况减发或者扣发补贴、奖金。

第二十三条 《中华人民共和国监察法》第十五条第六项规定的人员有违法行为的，监察机关可以予以警告、记过、记大过。情节严重的，由所在单位直接给予或者监察机关建议有关机关、单位给予降低薪酬待遇、调离岗位、解除人事关系或者劳动关系等处理。

《中华人民共和国监察法》第十五条第二项规定的人员，未担任公务员、参照《中华人民共和国公务员法》管理的人员、事业单位工作人员或者国有企业人员职务的，对其违法行为依照前款规定处理。

第二十四条 公职人员被开除，或者依照本法第二十三条规定，受到解除人事关系或者劳动关系处理的，不得录用为公务员以及参照《中华人民共和国公务员法》管理的人员。

第二十五条 公职人员违法取得的财物和用于违法行为的本人财物，除依法应当由其他机关没收、追缴或者责令退赔的，由监察机关没收、追缴或者责令退赔；应当退还原所有人或者原持有人的，依法予以退还；属于国家财产或者不应当退还以及无法退还的，上缴国库。

公职人员因违法行为获得的职务、职级、衔级、级别、岗位和职员等级、职称、待遇、资格、学历、学位、荣誉、奖励等其他利益，监察机关应当建议有关机关、单位、组织按规定予以纠正。

第二十六条 公职人员被开除的，自政务处分决定生效之日起，应当解除其与所在机关、单位的人事关系或者劳动关系。

公职人员受到开除以外的政务处分，在政务处分期内有悔改表现，并且没有再发生应当给予政务处分的违法行为的，政务处分期满后自动解除，晋升职务、职级、衔级、级别、岗位和职员等级、职称、薪酬待遇不再受原政务处分影响。但是，解除降级、撤职的，不恢复原职务、职级、衔级、级别、岗位和职员等级、职称、薪酬待遇。

第二十七条 已经退休的公职人员退休前或者退休后有违法行为的，不再给予政务处分，但是可以对其立案调查；依法应当予以降级、撤职、开除的，应当按照规定相应调整其享受的待遇，对其违法取得的财物和用于违法行为的本人财物依照本法第二十五条的规定处理。

已经离职或者死亡的公职人员在履职期间有违法行为的，依照前款规定处理。

【释义】以上条款是对政务处分期间公职人员配套惩处的规定。

第二十八条 有下列行为之一的，予以记过或者记大过；情节较重的，予以降级或者撤职；情节严重的，予以开除：

（一）散布有损宪法权威、中国共产党领导和国家声誉的言论的；

（二）参加旨在反对宪法、中国共产党领导和国家的集会、游行、示威等活动的；

（三）拒不执行或者变相不执行中国共产党和国家的路线方针政策、重大决策部署的；

（四）参加非法组织、非法活动的；

（五）挑拨、破坏民族关系，或者参加民族分裂活动的；

（六）利用宗教活动破坏民族团结和社会稳定的；

（七）在对外交往中损害国家荣誉和利益的。

有前款第二项、第四项、第五项和第六项行为之一的，对策划者、组织者和骨干分子，予以开除。

公开发表反对宪法确立的国家指导思想，反对中国共产党领导，反对社会主义制度，反对改革开放的文章、演说、宣言、声明等的，予以开除。

第二十九条 不按照规定请示、报告重大事项，情节较重的，予以警告、记过或者记大过；情节严重的，予以降级或者撤职。

违反个人有关事项报告规定，隐瞒不报，情节较重的，予以警告、记过或者记大过。

篡改、伪造本人档案资料的，予以记过或者记大过；情节严重的，予以降级或者撤职。

第三十条 有下列行为之一的，予以警告、记过或者记大过；情节严重的，予以降级或者撤职：

（一）违反民主集中制原则，个人或者少数人决定重大事项，或者拒不执行、擅自改变集体作出的重大决定的；

（二）拒不执行或者变相不执行、拖延执行上级依法作出的决定、命令的。

第三十一条 违反规定出境或者办理因私出境证件的，予以记过或者记大过；情节严重的，予以降级或者撤职。

违反规定取得外国国籍或者获取境外永久居留资格、长期居留许可的，予以撤职或者开除。

第三十二条 有下列行为之一的，予以警告、记过或者记大过；情节较重的，予以降级或者撤职；情节严重的，予以开除：

（一）在选拔任用、录用、聘用、考核、晋升、评选等干部人事工作中违反有关规定的；

（二）弄虚作假，骗取职务、职级、衔级、级别、岗位和职员等级、职称、待遇、资格、学历、学位、荣誉、奖励或者其他利益的；

（三）对依法行使批评、申诉、控告、检举等权利的行为进行压制或者打击报复的；

（四）诬告陷害，意图使他人受到名誉损害或者责任追究等不良影响的；

（五）以暴力、威胁、贿赂、欺骗等手段破坏选举的。

第三十三条 有下列行为之一的，予以警告、记过或者记大过；情节较重的，予以降级或者撤职；情节严重的，予以开除：

（一）贪污贿赂的；

（二）利用职权或者职务上的影响为本人或者他人谋取私利的；

（三）纵容、默许特定关系人利用本人职权或者职务上的影响谋取私利的。

拒不按照规定纠正特定关系人违规任职、兼职或者从事经营活动，且不服从职务调整的，予以撤职。

第三十四条 收受可能影响公正行使公权力的礼品、礼金、有价证券等财物的，予以警告、记过或者记大过；情节较重的，予以降级或者撤职；情节严重的，予以开除。

向公职人员及其特定关系人赠送可能影响公正行使公权力的礼品、礼金、有价证券等财物，或者接受、提供可能影响公正行使公权力的宴请、旅游、健身、娱乐等活动安排，情节较重的，予以警告、记过或者记大过；情节严重的，予以降级或者撤职。

第三十五条 有下列行为之一，情节较重的，予以警告、记过或者记大过；情节严重的，予以降级或者撤职：

（一）违反规定设定、发放薪酬或者津贴、补贴、奖金的；

（二）违反规定，在公务接待、公务交通、会议活动、办公用房以及其他工作生活保障等方面超标准、超范围的；

（三）违反规定公款消费的。

第三十六条 违反规定从事或者参与营利性活动，或者违反规定兼任职务、领取报酬的，予以警告、记过或者记大过；情节较重的，予以降级或者撤职；情节严重的，予以开除。

第三十七条 利用宗族或者黑恶势力等欺压群众，或者纵容、包庇黑恶势力活动的，予以撤职；情节严重的，予以开除。

第三十八条 有下列行为之一，情节较重的，予以警告、记过或者记大过；情节严重的，予以降级或者撤职：

（一）违反规定向管理服务对象收取、摊派财物的；

（二）在管理服务活动中故意刁难、吃拿卡要的；

（三）在管理服务活动中态度恶劣粗暴，造成不良后果或者影响的；

（四）不按照规定公开工作信息，侵犯管理服务对象知情权，造成不良后果或者影响的；

（五）其他侵犯管理服务对象利益的行为，造成不良后果或者影响的。

有前款第一项、第二项和第五项行为，情节特别严重的，予以开除。

第三十九条 有下列行为之一，造成不良后果或者影响的，予以警告、记过或者记大过；情节较重的，予以降级或者撤职；情节严重的，予以开除：

（一）滥用职权，危害国家利益、社会公共利益或者侵害公民、法人、其他组织合法权益的；

（二）不履行或者不正确履行职责，玩忽职守，贻误工作的；

（三）工作中有形式主义、官僚主义行为的；

（四）工作中有弄虚作假，误导、欺骗行为的；

（五）泄露国家秘密、工作秘密，或者泄露因履行职责掌握的商业秘密、个人隐私的。

第四十条 有下列行为之一的，予以警告、记过或者记大过；情节较重的，予以降级或者撤职；情节严重的，予以开除：

（一）违背社会公序良俗，在公共场所有不当行为，造成不良影响的；

（二）参与或者支持迷信活动，造成不良影响的；

（三）参与赌博的；

（四）拒不承担赡养、抚养、扶养义务的；

（五）实施家庭暴力，虐待、遗弃家庭成员的；

（六）其他严重违反家庭美德、社会公德的行为。

吸食、注射毒品，组织赌博，组织、支持、参与卖淫、嫖娼、色情淫乱活动的，予以撤职或者开除。

第四十一条 公职人员有其他违法行为，影响公职人员形象，损害国家和人民利益的，可以根据情节轻重给予相应政务处分。

【释义】以上条款是对公职人员予以警告、记过或者记大过，降级或者撤职，开除的具体情形的规定。

二、《中华人民共和国公务员法》（2018年）

第六十二条 处分分为：警告、记过、记大过、降级、撤职、开除。

【释义】本条是对处分类型的规定。

第六十四条 公务员在受处分期间不得晋升职务、职级和级别，其中受记过、记大过、降级、撤职处分的，不得晋升工资档次。

受处分的期间为：警告，六个月；记过，十二个月；记大过，十八个月；降级、撤职，二十四个月。

受撤职处分的，按照规定降低级别。

【释义】本条是对公务员受处分期间惩处措施和期限的规定。

三、《中国共产党纪律处分条例》（2018年）

第十七条 有下列情形之一的，可以从轻或者减轻处分：

（一）主动交代本人应当受到党纪处分的问题的；

（二）在组织核实、立案审查过程中，能够配合核实审查工作，如实说明本人违纪违法事实的；

（三）检举同案人或者其他人应当受到党纪处分或者法律追究的问题，经查证属实的；

（四）主动挽回损失、消除不良影响或者有效阻止危害结果发生的；

（五）主动上交违纪所得的；

（六）有其他立功表现的。

第十八条 根据案件的特殊情况，由中央纪委决定或者经省（部）级纪委（不含副省级市纪委）决定并呈报中央纪委批准，对违纪党员也可以在本条例规定的处分幅度以外减轻处分。

第十九条 对于党员违犯党纪应当给予警告或者严重警告处分，但是具有本条例第十七条规定的情形之一或者本条例分则中另有规定的，可以给予批评教育、责令检查、诫勉或者组织处理,免予党纪处分。对违纪党员免予处分,应当作出书面结论。

【释义】 上述条款是对从轻、减轻或免予处分情形和程序的规定。

第二十条 有下列情形之一的,应当从重或者加重处分:

(一)强迫、唆使他人违纪的;

(二)拒不上交或者退赔违纪所得的;

(三)违纪受处分后又因故意违纪应当受到党纪处分的;

(四)违纪受到党纪处分后,又被发现其受处分前的违纪行为应当受到党纪处分的;

(五)本条例另有规定的。

【释义】 本条是对从重或者加重处分情形的规定。

第二十五条 二人以上(含二人)共同故意违纪的,对为首者,从重处分,本条例另有规定的除外;对其他成员,按照其在共同违纪中所起的作用和应负的责任,分别给予处分。

对于经济方面共同违纪的,按照个人所得数额及其所起作用,分别给予处分。对违纪集团的首要分子,按照集团违纪的总数额处分;对其他共同违纪的为首者,情节严重的,按照共同违纪的总数额处分。

教唆他人违纪的,应当按照其在共同违纪中所起的作用追究党纪责任。

【释义】 本条是对共同违纪给予处分的规定。

四、《中华人民共和国监察法》(2018年)

第十一条 监察委员会依照本法和有关法律规定履行监督、调查、处置职责:

(一)对公职人员开展廉政教育,对其依法履职、秉公用权、廉洁从政从业以及道德操守情况进行监督检查;

(二)对涉嫌贪污贿赂、滥用职权、玩忽职守、权力寻租、利益输送、徇私舞弊以及浪费国家资财等职务违法和职务犯罪进行调查;

(三)对违法的公职人员依法作出政务处分决定;对履行职责不力、失职失责的领导人员进行问责;对涉嫌职务犯罪的,将调查结果移送人民检察院依法审查、提起公诉;向监察对象所在单位提出监察建议。

【释义】 本条是对监察委员会职责的规定。

第四十五条 监察机关根据监督、调查结果,依法作出如下处置:

(一)对有职务违法行为但情节较轻的公职人员,按照管理权限,直接或者委托有关机关、人员,进行谈话提醒、批评教育、责令检查,或者予以诫勉;

(二)对违法的公职人员依照法定程序作出警告、记过、记大过、降级、撤职、开除等政务处分决定;

(三)对不履行或者不正确履行职责负有责任的领导人员,按照管理权限对其直接作出问责决定,或者向有权作出问责决定的机关提出问责建议;

(四)对涉嫌职务犯罪的,监察机关经调查认为犯罪事实清楚,证据确实、充分

的,制作起诉意见书,连同案卷材料、证据一并移送人民检察院依法审查、提起公诉;

(五) 对监察对象所在单位廉政建设和履行职责存在的问题等提出监察建议。

监察机关经调查,对没有证据证明被调查人存在违法犯罪行为的,应当撤销案件,并通知被调查人所在单位。

【释义】本条是对监察机关作出相应处置的规定。

【案例链接】免予、不予处分案例

案例1:T某某未按规定申报个人事项案

T某某,无党派,某区某街道办副主任,违反个人有关事项报告规定,未如实填报其妻子婚前购买的酒店式公寓一套,后被组织部门核查发现。经调查,该房产系其妻子个人单独所有,T某某认为不是夫妻共同财产,所以就觉得没有申报的必要。

T某某作为街道办副主任属于监察对象,T某某的行为根据《公职人员政务处分法》第29条的规定应当给予政务处分。区纪委监委考虑到T某某确实没有欺瞒组织的主观故意,且一贯工作表现良好,在调查期间能够如实说明情况,根据《公职人员政务处分法》有关规定,对其予以诫勉,免予政务处分。

《中国共产党纪律处分条例》明确了充分运用"四种形态"这一政策策略,坚持抓早抓小,让"红红脸、出出汗"成为常态。《公职人员政务处分法》对此进一步强调和细化,强调在给予政务处分时,政务处分应当与违法行为的性质、情节、危害程度相当,要坚持惩戒与教育相结合、宽严相济的处分原则,对于公职人员违法行为情节轻微的,可以依法对其进行谈话提醒、批评教育、责令检查,承载了挽救和教育违法公职人员的功能。本案充分体现了政务处分的轻重与公职人员违法行为的性质、情节、危害程度相匹配,对于公职人员违法行为情节轻微,符合《公职人员政务处分法》第12条规定的,采取谈话、批评等教育方式而免予或不予处分,体现我们党惩前毖后、治病救人的方针。

案例2:T某参与嫖娼案

T某,某国有企业管理人员,中共党员,于2019年5月因嫖娼违法行为被当地治安执法大队抓获。T某作为国有企业管理人员,依规属于监察对象,符合《监察法》第15条第3项规定。T某的行为符合《公职人员政务处分法》第40条的规定,其任免单位根据T某违法情节作出了撤职的政务处分,同时给予开除党籍的党纪处分。

案例3:Z某收受请托为他人谋私案

Z某,某公办学校校长,非中共党员,在任校长期间受人请托违规为T某办理入学手续。根据《监察法》第15条第4项规定,公办学校校长属于监察对象。根据《公职人员政务处分法》第33条第1款第2项,Z某所在单位对其作出了撤职的政务处分。

案例 4：B 市互联网信息办公室原党组成员、副主任 C 某未如实报告个人有关事项案

C 某，B 市互联网信息办公室原党组成员、副主任。2012 年，C 某在担任市网宣办网管处处长期间，以其妻子 Z 某的名义出资购买了一处位于英国的房产，价值人民币 475 万元。该房产由 Z 某的弟弟帮助购买并办理相关手续。但 C 某在填报领导干部个人有关事项报告表时一直瞒报该房产。

"能否做到如实向党组织报告个人有关事项，是检验领导干部是否对党忠诚老实的'试金石'，在这个问题上，轻视不得、糊涂不得、糊弄不得，弄虚作假更要不得。"审查调查人员告诉记者，C 某在向组织报告其个人事项时耍滑头、不老实，搞"缺斤短两"、玩"瞒天过海"，最终沦为反面典型。2018 年 4 月，C 某因涉嫌严重违纪违法接受纪律审查和监察调查，后被开除党籍、开除公职，并被移送检察机关审查起诉。

第三节　政务处分的程序

根据《公职人员政务处分法》的程序设置，政务处分的一般程序包括调查、听证、决定、通报、执行等。此外，公职人员可能被先处以刑罚或行政处罚，且存在特殊身份公职人员的处分问题。因此，必然存在其他机关先行处理后再作出政务处分决定以及对特殊身份公职人员作出政务处分的两类特殊政务处分程序。

一、一般政务处分程序

一般政务处分程序主要包括调查、听证、决定、通报、执行等程序。

（一）调查

调查是政务处分的必要前置程序。在对违法公职人员作出政务处分的决定之前需经依法调查，在此基础上作出符合法治要求的政务处分决定。

其一，对违法公职人员的违法行为调查应该由 2 名以上工作人员进行，如监察机关在调查过程中收集证据、向有关人员了解情况或讯问被调查人的，都应当由 2 名以上监察机关工作人员进行。

其二，证据收集方式应当合法。根据《公职人员政务处分法》第 42 条的规定，严禁以威胁、引诱、欺骗及其他非法方式收集证据。以非法方式收集的证据不得作为给予政务处分的依据。收集证据是调查的重要目的，因此在调查过程中必须严格遵守法定程序，严禁以非法方式收集证据。

其三，调查过程中应当遵循回避规则。参与调查的监察机关工作人员存在《公职人员政务处分法》第 47 条规定情形的应当依法自行回避，被调查人、检举人及其他人员也有权要求其回避。

（二）听证

听证即听取被调查人意见。当前监察机关的监察程序中尚未明确听证程序，但现有法律规范中体现了这一制度的内涵,如《公职人员政务处分法》第43条规定,作出政务处分之前,监察机关应当将调查认定的违法事实及拟给予政务处分的依据告知被调查人,听取被调查人的陈述和申辩。因此,在政务处分调查过程中,监察机关应当听取被调查人的陈述和申辩,并在此基础上,充分查明被调查人陈述的事实、理由和证据后,结合监察机关自身的调查结果作出决定。这有利于监察机关听取各方意见,防止偏听偏信,同时也可以有效吸收和化解被调查人、利害关系人、公众对监察机关执法办案活动的疑虑,提高调查处分结果的可接受度。

(三) 决定

监察机关应当在充分调查的基础上依法作出处分决定。①对于确实存在违法行为的,应当根据法律规定结合情节轻重作出相应的政务处分决定;②对于违法事实不成立的,应当撤销案件;③存在违法行为但符合免予、不予政务处分的,应当结合具体情节作出相应的免予或不予政务处分决定;④被调查人涉嫌其他违法犯罪的,移送有关机关处理;⑤处分决定书应当载明必要的信息,包括被处分人的姓名、工作单位和职务,违法事实和证据,不服政务处分的救济渠道和期限,作出处分决定的机关名称、日期和印章等。

(四) 通报

《公职人员政务处分法》第46条第1款规定,政务处分决定书应当在一定范围内宣布。对被处分公职人员的违法事实与情节在一定范围内公布的主要目的是希望引起一定范围内公职人员与社会公众的重视,从而起到一定的教育与警示作用。但《公职人员政务处分法》并没有明确"一定范围"的具体内容,一般而言应当在违法公职人员所在机关、单位的管辖区域内进行宣布,管辖区域以任免机关、单位所在的行政区域为标准,如县级单位应当在本县范围内宣布,市级单位应当在本市范围内宣布。[1] 同时,根据《公职人员政务处分法》的规定,政务处分作出后,政务处分决定书应当及时送达被处分人和被处分人所在机关、单位。这一程序针对的是违法公职人员的所在机关、单位,这是政务处分得以执行的关键程序。

(五) 执行

政务处分的执行主体主要是违法公职人员的任免机关或单位。根据《公职人员政务处分法》的规定,政务处分决定作出后应根据被处分公职人员的具体身份书面告知相关的任免机关、单位,这是任免机关、单位作出相应处分决定的前提。根据《公职人员政务处分法》第54条的规定,执行单位、机关应当将公职人员政务处分决定书存入其档案,受到降级以上政务处分的,人事部门应当按照管理权限在政务处分决定作出后1个月内办理职务、工资以及其他有关待遇等的变更手续。特殊情况下,经履行特定审批手续可以延长办理期限,但最长不得超过6个月。

---

[1] 陈辉:"论监察委员会政务处分程序的内容构造",载《西部法学评论》2020年第2期。

二、特殊政务处分程序

特殊政务处分程序主要包括其他机关先行处理的政务处分程序以及特殊身份公职人员的政务处分程序两类。

(一) 公职人员被依法追究刑事责任的政务处分程序

根据《公职人员政务处分法》第49条第1款的规定，公职人员依法受到刑事责任追究的，监察机关应当根据司法机关的生效判决、裁定、决定及其认定的事实和情节，依法给予政务处分。

其一，监察机关接到法院的告知后一般不再履行立案程序，不设置立案程序的目的应当在于，对于被追究刑事责任的公职人员而言，大概率是应当受到政务处分的，监察机关不需要经过立案程序来对此进行预判。因此不再设置立案程序是符合高效原则的，节约了监察资源与成本。

其二，由监察机关相关部门依据司法机关的生效判决、裁定及其认定的事实和情节依法给予政务处分。生效刑事裁判文书作为一种公文书，[1]是人民法院代表国家公权力作出的权威性的文书。[2]因而，生效刑事裁判所认定的事实与情节一般推定为真实，除非有相反的证据可以推翻。监察机关可直接依据司法机关生效裁判认定的事实和情节作出政务处分决定，而不必再次进行调查核实。

其三，如果司法机关裁判文书被改变或撤销的，应当通报相应的监察机关更新作出的处分。裁判文书被改变、撤销的原因与其所认定的事实与情节有关的，应当函告相关监察机关。因政务处分作出所依据的是裁判文书中所载明的事实与情节，因此，此种情况下裁判文书被改变、撤销的，必须要及时函告有关监察机关，监察机关据此重新作出相应的处理。

(二) 公职人员依法先受到行政处罚的政务处分程序

根据《公职人员政务处分法》第49条第2款的规定，监察机关应当经过立案审查程序，对行政机关所认定的事实和情节进行核实，并在此基础上作出相应的政务处分。

其一，监察机关应当履行一般的立案程序。受到行政处罚的违法公职人员并不一定会受到政务处分，因此，监察机关有必要通过立案程序来预判违法公职人员是否应受到政务处分。对于不应受到政务处分的公职人员则可以直接不予立案，从源头上节约资源。

其二，对于确有职务违法行为的公职人员在立案后应当经过调查程序，核实行政处罚决定认定的事实和情节后再据此作出最终政务处分决定。虽然行政处罚具有一定的先定力、公定力、确定力、约束力和执行力，[3]行政违法与职务违法的轻重程度不一样，适用的证据证明标准等亦存在本质的区别，因此监察机关应当经立案调查核实

---

[1] 张卫平：《民事证据法》，法律出版社2017年版，第29页。
[2] 曹志勋："文书真伪认定的中国路径"，载《法学研究》2019年第6期。
[3] 周佑勇：《行政法原论》（第2版），中国方正出版社2005年版，第212~218页。

行政处罚所认定的内容再据此依法给予政务处分。

其三，行政机关行政处罚决定被改变、撤销的，应当函告相应的监察机关，监察机关据此重新作出政务处分决定。

(三) 特殊身份公职人员政务处分程序

《公职人员政务处分法》就人大代表、政协委员等具有特殊身份人员的处分程序，作了特别规定。

其一，通报程序。根据《公职人员政务处分法》第50条的规定，对各级人大代表、中国人民政治协商会议各级委员会委员作出处分决定的，无论处分的轻重，都必须通报其所在的人大常委会或中国人民政治协商会议委员会常委会，对乡、民族乡、镇的人民代表大会代表作出政务处分的应当通报其所在的主席团。其要义有三：①通报程序针对的对象为各级人大代表与中国人民政治协商会议各级委员会委员。如若作出处分时被处分人已经不具备相应的特殊身份，则一般不再向其所在的人大常委会、政协常委会通报。②通报程序不区分轻处分、重处分。即只要受到政务处分，监察机关就应当向其所在的人大常委会、政协常委会通报。③通报的形式一般应当以函告的形式进行。

其二，先履行罢免、撤销或者免去其职务的"前置程序"。根据《公职人员政务处分法》第50条的规定，监察机关对各级人民代表大会、县级以上各级人大常委会、中国人民政治协商会议各级委员会全体会议及其常委会选举或决定任命的公职人员作出撤职、开除等政务处分决定的，必须先履行罢免、撤销或者免去其职务这一"前置程序"。[1]适用的主体为各级人民代表大会、县级以上各级人大常委会、中国人民政治协商会议各级委员会全体会议及其常委会选举或决定任命的公职人员。对于此类公职人员设置前置程序的主要原因在于维护我国《宪法》规定的选举权、任免权的完整性。如若不经过其选举、任命机关而直接作出撤职、开除的政务处分，则可能架空我国《宪法》所确定的选举权、任免权，这是缺乏法律依据甚至面临违宪质疑的。在人大体制下，应当充分遵循先政治责任再法律责任，先人大机关处理再监察机关追责的原则。[2]

其三，监察机关依法作出政务处分决定。在履行完必要的通报程序、"前置程序"后，监察机关应当根据公职人员的违法行为作出具体的政务处分决定。

◇【法条链接】

一、《中华人民共和国监察法》(2018年)

第四十条 监察机关对职务违法和职务犯罪案件，应当进行调查，收集被调查人

---

[1] 秦前红主编：《监察法学教程》，法律出版社2019年版，第375页。
[2] 陈辉、汪进元："监察委员会处置权与人大监督权的内在张力及协调"，载《广西社会科学》2019年第6期。

有无违法犯罪以及情节轻重的证据，查明违法犯罪事实，形成相互印证、完整稳定的证据链。

严禁以威胁、引诱、欺骗及其他非法方式收集证据，严禁侮辱、打骂、虐待、体罚或者变相体罚被调查人和涉案人员。

第四十一条 调查人员采取讯问、询问、留置、搜查、调取、查封、扣押、勘验检查等调查措施，均应当依照规定出示证件，出具书面通知，由二人以上进行，形成笔录、报告等书面材料，并由相关人员签名、盖章。

调查人员进行讯问以及搜查、查封、扣押等重要取证工作，应当对全过程进行录音录像，留存备查。

【释义】以上条款是对政务处分作出前调查程序和措施的规定。

第四十五条 监察机关根据监督、调查结果，依法作出如下处置：

（一）对有职务违法行为但情节较轻的公职人员，按照管理权限，直接或者委托有关机关、人员，进行谈话提醒、批评教育、责令检查，或者予以诫勉；

（二）对违法的公职人员依照法定程序作出警告、记过、记大过、降级、撤职、开除等政务处分决定；

（三）对不履行或者不正确履行职责负有责任的领导人员，按照管理权限对其直接作出问责决定，或者向有权作出问责决定的机关提出问责建议；

（四）对涉嫌职务犯罪的，监察机关经调查认为犯罪事实清楚，证据确实、充分的，制作起诉意见书，连同案卷材料、证据一并移送人民检察院依法审查、提起公诉；

（五）对监察对象所在单位廉政建设和履行职责存在的问题等提出监察建议。

监察机关经调查，对没有证据证明被调查人存在违法犯罪行为的，应当撤销案件，并通知被调查人所在单位。

【释义】本条是对处置程序的规定，其中第一款第（二）项涉及政务处分。

二、《中华人民共和国公职人员政务处分法》(2020年)

第四十二条 监察机关对涉嫌违法的公职人员进行调查，应当由二名以上工作人员进行。监察机关进行调查时，有权依法向有关单位和个人了解情况，收集、调取证据。有关单位和个人应当如实提供情况。

严禁以威胁、引诱、欺骗及其他非法方式收集证据。以非法方式收集的证据不得作为给予政务处分的依据。

第四十三条 作出政务处分决定前，监察机关应当将调查认定的违法事实及拟给予政务处分的依据告知被调查人，听取被调查人的陈述和申辩，并对其陈述的事实、理由和证据进行核实，记录在案。被调查人提出的事实、理由和证据成立的，应予采纳。不得因被调查人的申辩而加重政务处分。

【释义】以上条款是对政务处分作出前调查程序和措施的规定。

第四十四条 调查终结后，监察机关应当根据下列不同情况，分别作出处理：

（一）确有应受政务处分的违法行为的，根据情节轻重，按照政务处分决定权限，履行规定的审批手续后，作出政务处分决定；

（二）违法事实不能成立的，撤销案件；

（三）符合免予、不予政务处分条件的，作出免予、不予政务处分决定；

（四）被调查人涉嫌其他违法或者犯罪行为的，依法移送主管机关处理。

【释义】本条是对调查终结后是否给予政务处分情形的规定。

第四十五条 决定给予政务处分的，应当制作政务处分决定书。

政务处分决定书应当载明下列事项：

（一）被处分人的姓名、工作单位和职务；

（二）违法事实和证据；

（三）政务处分的种类和依据；

（四）不服政务处分决定，申请复审、复核的途径和期限；

（五）作出政务处分决定的机关名称和日期。

政务处分决定书应当盖有作出决定的监察机关的印章。

第四十六条 政务处分决定书应当及时送达被处分人和被处分人所在机关、单位，并在一定范围内宣布。

作出政务处分决定后，监察机关应当根据被处分人的具体身份书面告知相关的机关、单位。

【释义】以上条款是对政务处分决定书内容和送达程序的规定。

第四十七条 参与公职人员违法案件调查、处理的人员有下列情形之一的，应当自行回避，被调查人、检举人及其他有关人员也有权要求其回避：

（一）是被调查人或者检举人的近亲属的；

（二）担任过本案的证人的；

（三）本人或者其近亲属与调查的案件有利害关系的；

（四）可能影响案件公正调查、处理的其他情形。

第四十八条 监察机关负责人的回避，由上级监察机关决定；其他参与违法案件调查、处理人员的回避，由监察机关负责人决定。

监察机关或者上级监察机关发现参与违法案件调查、处理人员有应当回避情形的，可以直接决定该人员回避。

【释义】以上条款是对回避程序的规定。

第四十九条 公职人员依法受到刑事责任追究的，监察机关应当根据司法机关的生效判决、裁定、决定及其认定的事实和情节，依照本法规定给予政务处分。

公职人员依法受到行政处罚，应当给予政务处分的，监察机关可以根据行政处罚决定认定的事实和情节，经立案调查核实后，依照本法给予政务处分。

监察机关根据本条第一款、第二款的规定作出政务处分后，司法机关、行政机关依法改变原生效判决、裁定、决定等，对原政务处分决定产生影响的，监察机关应当根据改变后的判决、裁定、决定等重新作出相应处理。

【释义】本条是对公职人员受刑事责任追究或行政处罚之后进行政务处分的规定。

第五十条 监察机关对经各级人民代表大会、县级以上各级人民代表大会常务委员会选举或者决定任命的公职人员予以撤职、开除的，应当先依法罢免、撤销或者免去其职务，再依法作出政务处分决定。

监察机关对经中国人民政治协商会议各级委员会全体会议或者其常务委员会选举或者决定任命的公职人员予以撤职、开除的，应当先依章程免去其职务，再依法作出政务处分决定。

监察机关对各级人民代表大会代表、中国人民政治协商会议各级委员会委员给予政务处分的，应当向有关的人民代表大会常务委员会，乡、民族乡、镇的人民代表大会主席团或者中国人民政治协商会议委员会常务委员会通报。

【释义】本条是对撤职、开除和通报程序的规定。

第五十四条 公职人员受到政务处分的，应当将政务处分决定书存入其本人档案。对于受到降级以上政务处分的，应当由人事部门按照管理权限在作出政务处分决定后一个月内办理职务、工资及其他有关待遇等的变更手续；特殊情况下，经批准可以适当延长办理期限，但是最长不得超过六个月。

【释义】本条是对政务处分决定作出后相关程序的规定。

【案例链接】特殊政务处分程序案例

L 某利用职权为他人谋私案

L 某系 A 市市长，在其任职期间，为使亲戚顺利进入当地名校，利用自己的职权影响向当地名校校长"打招呼"，该校长利用职权帮助 L 某亲戚顺利进入该校，后被该校职工揭发。A 市监委立即对 L 某和该校校长进行调查，发现情况属实，L 某与该校校长确实存在职务违法行为，故依法对二人进行政务处分。在给予 L 某政务处分之前，监察机关根据《公职人员政务处分法》第 50 条的规定，先行通报该市人民代表大会及其常务委员会，先由人民代表大会及其常务委员会依法罢免、撤销或者免去 L 某职务，再由监察机关依法作出处分决定。该案体现了对特殊公职人员作出政务处分需遵守特殊政务处分程序，对于经各级人民代表大会及其常务委员会选举或者决定任命的公职人员给予撤职、开除处分的，比如市长、副市长，区长、副区长，县长、副县长，人民法院院长，人民检察院检察长等，应当先由人民代表大会及其常务委员会依法罢免、撤销或者免去其职务，再由监察机关依法作出处分决定。

第四节 复审、复核与法律责任

政务处分是一种影响被处分人名誉、财产权的处分方式，必须赋予被处分人救济的权利。根据《公职人员政务处分法》的规定，公职人员对自己所受处分不服具有复审、复核两种救济方式：首先可以向作出处分的监察机关提出复审，对复审仍然不服的可以向上一级监察机关提出复核。复审、复核的救济途径有利于保障监察机关正确及时地处理复审和复核案件，保障复审和复核申请人的合法权益，监督监察机关依法行使职权。[1]

一、复审

复审是监察机关在对违法公职人员作出政务处分决定后，被处分公职人员因对监察机关所作出的涉及本人的政务处分决定不服，而依法向作出机关申请复审的救济途径。其要义有六：①复审机关为原政务处分作出机关。被处分人应当向作出决定的监察机关申请复审。②申请期限。被处分人应当在受到处分决定1个月内向原作出决定的监察机关申请复审。③复审期限。复审机关应当在1个月内作出复审决定。④对于原政务处分决定事实清楚，适用法律正确的，复审机关应当维持原政务处分决定。⑤对于原政务处分决定存在事实不清、证据不足，违反法定程序、超越职权、滥用职权等情况的，复审机关应当根据查明的事实重新作出政务处分决定。⑥对于存在适用法律错误，违法行为的情节认定错误，或处分不当的，复审机关应当变更原政务处分决定。

二、复核

复核是被处分人不服复审决定而向上一级监察机关寻求救济的途径，复核也是上一级监察机关介入下级监察机关具体案件处理的主要通道。[2]其要义有五：①复核必须以复审为前置程序，不服政务处分决定的被处分人未经复审程序的，不能提出复核申请。[3]②复核的内容不仅包括原政务处分决定的合法性和适当性，还应当包括复审决定的合法性。③复核申请期限。不服复审决定的被处分人应当在收到复审决定之日起的1个月内向上一级监察机关申请复核。④复核机关审理期限。上一级监察机关在受理被处分人的复核申请后的2个月内应当作出复核决定，具体何种复核决定可参照复审机关作出维持决定、重新作出决定、更改决定的具体情形。⑤无论是复审还是复核，均不停止政务处分的执行，公职人员亦不因为申请复审或复核而被加重政务处分。

三、政务处分变更、撤销中的补救措施

政务处分的错误作出是可能侵犯被处分人合法权益的，对此，《公职人员政务处分法》根据不同的处分不当情况给予了被处分人不同的救济：

其一，政务处分决定被变更的。这里主要是针对处分决定的不当致使原有处分决定过重的，应当根据规定对原有处分决定进行调整，包括对公职人员职务、职级、衔级、级别、岗位、职员等级以及薪酬待遇进行相应的调整。

---

[1] 中共中央纪律检查委员会、中华人民共和国国家监察委员会法规室编写：《〈中华人民共和国监察法〉释义》，中国方正出版社2018年版，第221~222页。

[2] 陈辉："论监察委员会政务处分程序的内容构造"，载《西部法学评论》2020年第2期。

[3] 中共中央纪律检查委员会、中华人民共和国国家监察委员会法规室编写：《〈中华人民共和国监察法〉释义》，中国方正出版社2018年版，第222页。

其二，政务处分决定被撤销的。在不当的政务处分决定被撤销的情况下，根据《公职人员政务处分法》的规定应当恢复该公职人员的级别、薪酬待遇，按照原职务、职级、衔级、岗位和职员等级安排相应的职务、职级、衔级、岗位和职员等级，并在原政务处分决定公布范围内为其恢复名誉。

其三，没收、追缴财物错误的。根据《监察法》的规定，监察机关为行使调查权，有权采取相应的监督、调查措施，对于涉案财产，监察机关可以没收、追缴。根据《公职人员政务处分法》的规定，没收、追缴财物错误的，应当依法予以返还、赔偿。这里的"返还"是指物归原主，将没收、追缴的财物原物返还。但如果没收、追缴的财物已经无法取得原物，此时应当进行赔偿。

其四，政务处分因特殊行为被撤销的。根据《公职人员政务处分法》的规定，公职人员因有本法第57条、第58条规定的情形被撤销政务处分或者减轻政务处分的，应当对其薪酬待遇受到的损失予以补偿。

四、法律责任

一般而言，法律责任与违法行为密切相连。政务处分中的法律责任，主要是指对于违反《监察法》规定，依法应当实施政务处分的单位和个人所应承担的具有强制性的法律上的责任。这一责任的主体与职务违法犯罪案件存在关联性，不仅包含监察活动中的各类主体，还包括任免机关、单位和"有关人员"。

（一）任免机关、单位之责任

根据《监察法》与《公职人员政务处分法》的规定，任免机关、单位及其工作人员主要对其不正确履行监督本机关、单位公职人员行为的职责承担责任，不正确履行职责主要体现为任免机关、单位无正当理由拒不采纳监察建议以及任免机关、单位或其工作人员有违法行为两个方面。

其一，任免机关、单位无正当理由拒不采纳监察建议之责任。根据《监察法》第62条及《公职人员政务处分法》第61条的规定，有关机关、单位无正当理由拒不采纳监察建议的，应当承担相应的法律责任。监察建议作为监察机关行使职权的重要方式之一，是实现监察权对公权力监督的重要保障。[1]基于"一事不再罚"以及公职人员任免机关、单位的优先处分权的制度保障，一般而言，任免机关、单位对于本单位公职人员的违法行为具有优先处分的权限，[2]任免机关、单位作为违法公职人员的日常监管机关亦具有充分、及时发现违法行为的优势。也正因为此，一般情况下，监察机关只能对任免机关、单位管理下的公职人员的违法行为作出监察建议，对于任免机关、单位处分不当或未处分的违法行为提出监察建议，任免机关、单位应当积极反馈。对

---

〔1〕 陈伟："监察建议在坚持全覆盖中的表现形态与规范运行"，载《南京师大学报（社会科学版）》2020年第6期。

〔2〕 王萍："《中华人民共和国公职人员政务处分法》的实践解读与完善建议"，载《西藏发展论坛》2020年第4期。

于无正当理由拒不采纳监察建议的，由任免机关、单位的上级机关、主管部门责令改正并通报批评，对负有责任的领导人员和直接责任人员依法给予处理。

其二，任免机关、单位或其工作人员有违法行为之责任。根据《公职人员政务处分法》第62条的规定，任免机关、单位或其工作人员存在以下违法情形的应当由上级机关、主管部门、任免机关、单位或监察机关责令改正，并依法处理：①拒不执行政务处分决定的；②拒不配合或阻碍调查的；③对检举人、证人或调查人员进行打击报复的；④诬告陷害工作人员的；⑤其他违反本法规定情形的。

（二）监察机关及其工作人员之责任

根据《监察法》第65条及《公职人员政务处分法》第63条之规定，监察机关及其工作人员有下列情形之一的，对负有责任的领导人员和直接责任人员依法给予处理：

其一，违规违法责任。①违反规定处置问题线索的。根据《监察法》的有关规定，监察机关应当在职权范围内行使职权，监察机关未经批准、授权擅自处置问题线索的，发现重大案情隐瞒不报，或者私自留存、处理涉案材料的，均应当对负有责任的领导人员和直接责任人员依法给予处理。②违反规定处置涉案财物的。"不让腐败分子因腐败而获益"是制度反腐的底线法则。对于公职人员职务违法案件的涉案财物，监察机关有权作出没收、追缴或者责令退赔的决定。[1]应严格把握处置涉案财物的合法性、正当性，这是制止违法公职人员从其违法行为中获取利益，保障当事人的合法权益的必然要求。③违反规定采取调查措施的。为及时控制相关涉案财产、保存违法犯罪证据，监察机关在职务违法犯罪调查过程中可以采取查封、扣押、冻结等措施。同时监察机关在特定条件下可以采取留置措施，无论是查封、扣押、冻结还是留置措施，对于当事人的人身权、财产权都产生了巨大影响，故而应当受到法律的约束。④对被调查人或者涉案人员采取非法手段进行调查取证的。随着以审判为中心的诉讼制度改革的推进以及一系列冤假错案的纠正，证据规范建设受到了空前重视。[2]非法证据排除规则是衡量司法公正以及法治建设的标尺。[3]监察机关及其工作人员以非法手段收集证据不仅违背禁止非法取证的原则，破坏司法公正，还严重侵犯了人权，不符合法治国家的要求，必将受到严厉惩戒。⑤违反规定办案发生办案安全事故，或者发生安全事故后隐瞒不报、报告失实、处置不当的。

其二，滥用职权责任。①窃取、泄露调查工作信息，或者泄露检举事项、检举受理情况以及检举人信息的。此举不仅泄露调查工作信息，而且会影响监察机关对案件的进一步调查，同时未能保障检举人的个人权益，甚至可能将检举人置于危险境地，因此必须严格追究此类违法监察机关及其公职人员之责任。②利用职权以权谋私，收取被调查人或涉案人员财物的。监察体制改革体现了我国反腐行动的决心，而建立一

---

[1] 马怀德主编：《中华人民共和国监察法理解与适用》，中国法制出版社2018年版，第177～178页。

[2] 吴洪淇："证据法体系化的法理阐释"，载《法学研究》2019年第5期。

[3] 陈光中："对《严格排除非法证据规定》的几点个人理解"，载《中国刑事法杂志》2017年第4期。

支能力过硬、责任担当的专门监察队伍,为更好发挥监察功能提供了保障。监察机关作为实施监察权、肃整国家腐败领域的中坚力量,必须保证自身清廉。监察机关如若利用自身监察职权,以权谋私,必将严重影响案件的公正调查,影响公权力的公正行使,不符合《监察法》及《公职人员政务处分法》的要求,更不符合监察体制改革的初衷。③利用职权或者职务上的影响干预调查工作、以案谋私的。如前所述,监察机关作为国家反腐败资源的集结者,是肃清国家腐败力量的重要主体。因此,监察机关必须保持廉洁,严禁以权谋私影响案件公正调查的情况发生。

其三,违反正当程序责任。①违反回避程序造成不良影响的。根据《公职人员政务处分法》的规定,监察人员可以自行回避或者由被调查人、检举人及其他有关人员要求回避,同时监察机关或上级监察机关发现存在回避情形的可以直接决定该人员回避。这一制度来源于古老的自然公正法则,即"每个人不能作为自己案件的法官"。回避制度不仅可以保证监察调查结果的公正性,也能够监督监察权的行使。违反回避规则造成不良影响的监察机关及其公职人员必将受到严厉的惩戒。②不依法受理和处理公职人员复审、复核申请的。有权利就有救济,复审复核作为受处分人不服处分决定申请救济的途径,必须得到充分的保障。

(三)监察对象与控告人、检举人、证人之责任

根据《监察法》第64条的规定,一方面,监察对象对控告人、检举人、证人或者监察人员进行打击报复陷害的,应当依法予以处理。另一方面,控告人、检举人、证人捏造事实诬告陷害监察对象的,亦应当依法予以处理。该条的主要目的是保障公民的控告权和检举权,保证监察人员行使职权不受非法侵害。

(四)"有关人员"之责任

此处的"有关人员"主要是指在职务违法行为调查过程中具有以下阻碍监察机关调查之行为的公职人员。当存在下列情形时,应当由其所在的单位、主管部门、上级机关或监察机关责令改正:①不按照要求提供有关材料,拒绝、阻碍调查措施实施等拒不配合监察机关调查的;②提供虚假情况,掩盖事实真相的;③串供或伪造、隐匿、毁灭证据的;④阻止他人揭发检举、提供证据的;⑤其他违反本法规定的行为,情节严重的。

◇【法条链接】

一、《中华人民共和国监察法》(2018年)

第四十九条 监察对象对监察机关作出的涉及本人的处理决定不服的,可以在收到处理决定之日起一个月内,向作出决定的监察机关申请复审,复审机关应当在一个月内作出复审决定;监察对象对复审决定仍不服的,可以在收到复审决定之日起一个月内,向上一级监察机关申请复核,复核机关应当在二个月内作出复核决定。复审、复核期间,不停止原处理决定的执行。复核机关经审查,认定处理决定有错误的,原处理机关应当及时予以纠正。

【释义】本条是对复审和复核程序的规定。

第六十七条 监察机关及其工作人员行使职权，侵犯公民、法人和其他组织的合法权益造成损害的，依法给予国家赔偿。

【释义】本条是对国家赔偿的规定。

二、《中华人民共和国公职人员政务处分法》（2020年）

第五十五条 公职人员对监察机关作出的涉及本人的政务处分决定不服的，可以依法向作出决定的监察机关申请复审；公职人员对复审决定仍不服的，可以向上一级监察机关申请复核。

监察机关发现本机关或者下级监察机关作出的政务处分决定确有错误的，应当及时予以纠正或者责令下级监察机关及时予以纠正。

第五十六条 复审、复核期间，不停止原政务处分决定的执行。

公职人员不因提出复审、复核而被加重政务处分。

【释义】上述条款是对复审和复核程序的规定。

第五十七条 有下列情形之一的，复审、复核机关应当撤销原政务处分决定，重新作出决定或者责令原作出决定的监察机关重新作出决定：

（一）政务处分所依据的违法事实不清或者证据不足的；

（二）违反法定程序，影响案件公正处理的；

（三）超越职权或者滥用职权作出政务处分决定的。

第五十八条 有下列情形之一的，复审、复核机关应当变更原政务处分决定，或者责令原作出决定的监察机关予以变更：

（一）适用法律、法规确有错误的；

（二）对违法行为的情节认定确有错误的；

（三）政务处分不当的。

第五十九条 复审、复核机关认为政务处分决定认定事实清楚，适用法律正确的，应当予以维持。

【释义】上述条款是对复审、复核结果的规定。

第六十条 公职人员的政务处分决定被变更，需要调整该公职人员的职务、职级、衔级、级别、岗位和职员等级或者薪酬待遇等的，应当按照规定予以调整。政务处分决定被撤销的，应当恢复该公职人员的级别、薪酬待遇，按照原职务、职级、衔级、岗位和职员等级安排相应的职务、职级、衔级、岗位和职员等级，并在原政务处分决定公布范围内为其恢复名誉。没收、追缴财物错误的，应当依法予以返还、赔偿。

公职人员因有本法第五十七条、第五十八条规定的情形被撤销政务处分或者减轻政务处分的，应当对其薪酬待遇受到的损失予以补偿。

【释义】本条是对撤销和变更政务处分决定的权利救济措施的规定。

第六十一条 有关机关、单位无正当理由拒不采纳监察建议的，由其上级机关、主管部门责令改正，对该机关、单位给予通报批评，对负有责任的领导人员和直接责任人员依法给予处理。

【释义】 本条是对拒不采纳监察建议行为责任的规定。

第六十二条 有关机关、单位、组织或者人员有下列情形之一的,由其上级机关,主管部门,任免机关、单位或者监察机关责令改正,依法给予处理:

（一）拒不执行政务处分决定的;

（二）拒不配合或者阻碍调查的;

（三）对检举人、证人或者调查人员进行打击报复的;

（四）诬告陷害公职人员的;

（五）其他违反本法规定的情形。

【释义】 本条是对不配合或阻碍监察机关调查行为责任的规定。

第六十三条 监察机关及其工作人员有下列情形之一的,对负有责任的领导人员和直接责任人员依法给予处理:

（一）违反规定处置问题线索的;

（二）窃取、泄露调查工作信息,或者泄露检举事项、检举受理情况以及检举人信息的;

（三）对被调查人或者涉案人员逼供、诱供,或者侮辱、打骂、虐待、体罚或者变相体罚的;

（四）收受被调查人或者涉案人员的财物以及其他利益的;

（五）违反规定处置涉案财物的;

（六）违反规定采取调查措施的;

（七）利用职权或者职务上的影响干预调查工作、以案谋私的;

（八）违反规定发生办案安全事故,或者发生安全事故后隐瞒不报、报告失实、处置不当的;

（九）违反回避等程序规定,造成不良影响的;

（十）不依法受理和处理公职人员复审、复核的;

（十一）其他滥用职权、玩忽职守、徇私舞弊的行为。

【释义】 本条是对监察机关及其工作人员未依法行使调查、处置职权责任的规定。

第十二章
具体监察行为的类型化

国家监察体制改革不仅推动了国家权力结构的变革，也实现了我们党在新时代探索融合党的领导权与国家治理权的一次新尝试。国家监察是执政党治理国家和治理政党的权力机制，监察委员会是执政党领导体系中必不可少的结构化元素。[1]根据党中央关于深化国家监察体制改革的部署，监察委员会与党的纪律检查机关合署办公，代表党和国家行使监督权和监察权，履行纪检、监察两项职责，加强对所有行使公权力的公职人员的监督。[2]监察机关的具体行为是其职责的延伸。纪委作为党内监督的专责机关，与作为行使国家监察职能的专责机关——监察委员会相匹配。《监察法》对监察委员会具体行为的规定，与党章规定纪委的监督、执纪、问责相一致。[3]同时，习近平总书记在十八届中央纪委六次全会上指出，全面从严治党，要把纪律和规矩挺在前面，坚持纪严于法、纪在法前，实行纪法分开。由此，具体监察行为可以分为以纪委为主体的执纪行为，以监察委为主体的执法行为，以及与刑事诉讼相关联的职务犯罪的调查行为。

第一节 执纪行为

执纪行为是对可能违反党的纪律的监察对象的一种调查和处置行为。党纪严于国法，公职人员的职务违法犯罪行为极有可能同时触犯党的纪律，因而需要执纪行为来予以规制。具体而言：

一、谈话函询

谈话函询是谈话与函询的合称。谈话是面对面地了解问题线索，函询是以书面的形式了解问题线索。二者可以分别使用，用单独一种方式解决问题；也可以叠加使用，既谈话又函询；可以重复使用，一次不能解决的复杂问题，可以再次谈话与函询。谈话函询是对问题线索中反映的潜在性、倾向性、一般性问题的处置方式，与一般的函

---

〔1〕 庄德水："监察委员会有效运行的结构化逻辑分析"，载《理论与改革》2019年第1期。

〔2〕 中共中央宣传部编：《习近平新时代中国特色社会主义思想三十讲》，学习出版社2018年版，第322~323页。

〔3〕 中共中央纪律检查委员会、中华人民共和国国家监察委员会法规室编写：《〈中华人民共和国监察法〉释义》，中国方正出版社2018年版，第87~88页。

询有所差别，也不同于一般的任职谈话、廉政谈话、谈心谈话、审查审理谈话等，是一项严肃细致的思想政治工作，目的在于抓早抓小、动辄则咎，体现着党组织对党员干部的关心和爱护。[1]《监督执纪工作规则》第五章对谈话函询进行了规定，包括目的意义、行为程序以及处理方式。从行为过程来看，谈话函询包括谈话函询的准备、谈话函询的进行以及谈话函询的办结。

二、初步核实

从行为的特殊性质来看，立案前的行为尤其是初步核实行为，更重视秘密调查措施的适用。《中国共产党纪律检查机关监督执纪工作规则》规定了谈话函询阶段的两种措施及初核阶段的谈话、询问、查询、调取、勘验检查、鉴定、暂扣、技术调查、限制出境九种措施。这些措施按照公开与否可分为两种方式：与被核查人本人谈话了解情况，乃是公开直接收集言词证据的方式；与其他相关人员谈话、要求相关组织作出说明、调取个人有关事项报告、查阅复制文件账目档案等，就属于在被核查人未知情的情况下收集言词、实物证据的方式。[2]

这些措施在实践中运用的比例并不一致。例如，从北京市监察委员会在试点期间开展的工作来看，查询、调取、谈话作为经常性的手段使用最多。[3]在这其中，特别是查询和调取乃是初核实践中最为重要的两种非公开措施。其原因在于，纪检监察程序涉及的初核对象大多为公职人员，且某些案件中的核查对象在公职机关中担任重要职务，这一方面要求立案必须慎之又慎，另一方面要求许多案件的初步核实行为须以秘密方式进行。查询和调取的秘密开展要求尽可能不接触初核对象，因此谈话、询问、勘验检查、暂扣等导致核查程序对外公开的措施必然会受到限制。与此相对的是，《监察法》第39条规定，立案调查决定不仅应当向被调查人宣布，并通报相关组织，而且涉嫌严重职务违法或者职务犯罪的还应当通知被调查人家属，并向社会公开发布。于是，立案前的初核行为采用非公开方式，立案及立案后的调查则应依法公开，立案成为区分调查是否公开的分界线。[4]

从文本来看，初步核实是纪检机关初步检验和查证问题线索的过程和结果，是执纪审查部门的重要责任，是立案审查的要件之一。《中国共产党纪律检查机关监督执纪工作规则》第六章对初步核实进行了集中规定。从行为过程来看，可以分为初步核实的准备/初步核实的进行以及初核情况的报告三个步骤。

三、审查调查

《中国共产党纪律检查机关监督执纪工作规则》第七章集中对审查调查行为进行了规定。当采取审查调查措施时，意味着已经过初步核实，对存在严重违纪需要追究党

---

[1] 于建荣、何芹主编：《监督执纪工作程序与规范》，红旗出版社2017年版，第88页。
[2] 沈叶："《工作规则》解读之九 怎样把初步核实做实做细"，载《中国纪检监察》2017年第8期。
[3] 曾东锋、刘昆："监察调查走进公众视线"，载《中国纪检监察报》2018年1月5日。
[4] 程雷："'侦查'定义的修改与监察调查权"，载《国家检察官学院学报》2018年第5期。

纪责任的党员采取措施,这是监督执纪工作的核心环节之一。这个环节能否做到公开、公正、合法、合规,直接影响到纪检机关办案。因此,审查调查行为的严厉性、强制性更高,同时,对其程序性规定也更加严格,并需要注意与《监察法》以及《监察法实施条例》等相关法律法规的衔接。

◇【法条链接】

一、《中华人民共和国监察法》(2018年)

第十八条 监察机关行使监督、调查职权,有权依法向有关单位和个人了解情况,收集、调取证据。有关单位和个人应当如实提供。

监察机关及其工作人员对监督、调查过程中知悉的国家秘密、商业秘密、个人隐私,应当保密。

任何单位和个人不得伪造、隐匿或者毁灭证据。

【释义】本条是对监察机关监督、调查职权的规定。

二、《中华人民共和国监察法实施条例》(2021年)

第三条 监察机关与党的纪律检查机关合署办公,坚持法治思维和法治方式,促进执纪执法贯通、有效衔接司法,实现依纪监督和依法监察、适用纪律和适用法律有机融合。

【释义】本条是对监察机关与党的纪律检查机关合署办公的规定。

三、《中国共产党纪律检查机关监督执纪工作规则》(2018年)

第二十七条 纪检监察机关采取谈话函询方式处置问题线索,应当起草谈话函询报批请示,拟订谈话方案和相关工作预案,按程序报批。需要谈话函询下一级党委(党组)主要负责人的,应当报纪检监察机关主要负责人批准,必要时向同级党委主要负责人报告。

【释义】本条是对纪检监察机关谈话函询报批程序的规定。

第二十八条 谈话应当由纪检监察机关相关负责人或者承办部门负责人进行,可以由被谈话人所在党委(党组)、纪委监委(纪检监察组、纪检监察工委)有关负责人陪同;经批准也可以委托被谈话人所在党委(党组)主要负责人进行。

谈话应当在具备安全保障条件的场所进行。由纪检监察机关谈话的,应当制作谈话笔录,谈话后可以视情况由被谈话人写出书面说明。

【释义】本条是对谈话程序的规定。

第二十九条 纪检监察机关进行函询应当以办公厅(室)名义发函给被反映人,并抄送其所在党委(党组)和派驻纪检监察组主要负责人。被函询人应当在收到函件后15个工作日内写出说明材料,由其所在党委(党组)主要负责人签署意见后发函回复。

被函询人为党委(党组)主要负责人的,或者被函询人所作说明涉及党委(党组）主要负责人的，应当直接发函回复纪检监察机关。

【释义】本条是对函询程序的规定。

第三十条 承办部门应当在谈话结束或者收到函询回复后1个月内写出情况报告和处置意见，按程序报批。根据不同情形作出相应处理：

（一）反映不实，或者没有证据证明存在问题的，予以采信了结，并向被函询人发函反馈。

（二）问题轻微，不需要追究纪律责任的，采取谈话提醒、批评教育、责令检查、诫勉谈话等方式处理。

（三）反映问题比较具体，但被反映人予以否认且否认理由不充分具体的，或者说明存在明显问题的，一般应当再次谈话或者函询；发现被反映人涉嫌违纪或者职务违法、职务犯罪问题需要追究纪律和法律责任的，应当提出初步核实的建议。

（四）对诬告陷害者，依规依纪依法予以查处。

必要时可以对被反映人谈话函询的说明情况进行抽查核实。

谈话函询材料应当存入廉政档案。

【释义】本条是对纪检监察机关谈话函询后作出相应处理的规定。

第三十一条 被谈话函询的党员干部应当在民主生活会、组织生活会上就本年度或者上年度谈话函询问题进行说明，讲清组织予以采信了结的情况；存在违纪问题的，应当进行自我批评，作出检讨。

【释义】本条是对被谈话函询的党员干部就谈话函询问题进行说明的规定。

第三十三条 纪检监察机关采取初步核实方式处置问题线索，应当制定工作方案，成立核查组，履行审批程序。被核查人为下一级党委（党组）主要负责人的，纪检监察机关应当报同级党委主要负责人批准。

【释义】本条是对纪检监察机关初步核实审批程序的规定。

第三十四条 核查组经批准可以采取必要措施收集证据，与相关人员谈话了解情况，要求相关组织作出说明，调取个人有关事项报告，查阅复制文件、账目、档案等资料，查核资产情况和有关信息，进行鉴定勘验。对被核查人及相关人员主动上交的财物，核查组应当予以暂扣。

需要采取技术调查或者限制出境等措施的，纪检监察机关应当严格履行审批手续，交有关机关执行。

【释义】本条是对纪检监察机关初步核实权限的规定。

第三十五条 初步核实工作结束后，核查组应当撰写初步核实情况报告，列明被核查人基本情况、反映的主要问题、办理依据以及初步核实结果、存在疑点、处理建议，由核查组全体人员签名备查。

承办部门应当综合分析初步核实情况，按照拟立案审查调查、予以了结、谈话提醒、暂存待查，或者移送有关党组织处理等方式提出处置建议。

初步核实情况报告应当报纪检监察机关主要负责人审批，必要时向同级党委主要负责人报告。

【释义】 本条是对纪检监察机关初步核实情况报告的具体规定。

第四十条 审查调查组可以依照党章党规和监察法，经审批进行谈话、讯问、询问、留置、查询、冻结、搜查、调取、查封、扣押（暂扣、封存）、勘验检查、鉴定，提请有关机关采取技术调查、通缉、限制出境等措施。

承办部门应当建立台账，记录使用措施情况，向案件监督管理部门定期备案。

案件监督管理部门应当核对检查，定期汇总重要措施使用情况并报告纪委监委领导和上一级纪检监察机关，发现违规违纪违法使用措施的，区分不同情况进行处理，防止擅自扩大范围、延长时限。

【释义】 本条是对审查调查措施的规定。

第二节 执法行为

有效实施执法行为是监察委员会实现其价值功能的根本性所在。监察委员会的执法行为，整体上可具体化为调查和处置两项。[1]调查行为是对涉嫌贪污贿赂、滥用职权、玩忽职守、权力寻租、利益输送、徇私舞弊以及浪费国家资财等职务违法进行调查。处置行为包括对违法但情节较轻的人员进行谈话提醒、批评教育、责令检察或予以诫勉，对违法的公职人员依法作出政务处分决定，对履行职责不力、失职失责的领导进行问责，对涉嫌职务犯罪的移送人民检察院依法审查、提起公诉，以及向监察对象所在单位提出监察建议等。

一、调查行为

监察委员会根据调查职权进行调查行为，是其加强对所有行使公权力的公职人员的监督、实现反腐败全覆盖、有效处置腐败案件的关键。根据这种调查的性质和后果，监察委员会的调查行为可以分为三个部分：一是强制性调查行为，也就是通过限制或者剥夺被调查人的财产权所实施的调查活动，包括查询、冻结、调取、查封、扣押、搜查等措施；二是带有限制或剥夺人身自由性质的调查行为，如留置、限制出境、决定发布通缉令等行为；三是一些不带有明显强制性的一般调查行为，包括谈话、询问、勘验检查、鉴定等调查行为。[2]

（一）对物的强制性调查行为

参考刑事诉讼中对"任意侦查"与"强制侦查"的区分，可以根据是否具有强制属性及强制性的大小对行为进行分类。这两种类型的侦查以立案为时间点划分不同侦查措施在不同程序阶段的适用，也即，"立案为强制侦查（调查）提供了法律根据"。[3]按

---

[1] 李志强：“监察委员会的职能定位及其类型化构造”，载《山东社会科学》2021年第1期。
[2] 陈瑞华：“论监察委员会的调查权”，载《中国人民大学学报》2018年第4期。
[3] 龙宗智：“监察与司法协调衔接的法规范分析”，载《政治与法律》2018年第1期。

照熊秋红教授的总结,刑事侦查中可以采取的强制性措施包括三类:第一类为针对人身的强制性措施,如逮捕、拘留、取保候审、监视居住、拘传;第二类为针对物的强制性措施,如搜查、查封、扣押、冻结;第三类为针对隐私的强制性措施,如窃听电话、拦截电子邮件等技术侦查措施。[1]无论属于哪一类强制性措施,都只能在刑事立案之后适用。在监察体制改革之前,检察机关开展的职务犯罪侦查程序也明显地体现出以立案时间为标准而对侦查措施的区分。例如,《人民检察院刑事诉讼规则》第169条规定,在调查核实过程中,可以采取询问、查询、勘验、检查、鉴定、调取证据材料等不限制被调查对象人身、财产权利的措施,而不得对被调查对象采取强制措施,不得查封、扣押、冻结被调查对象的财产,不得采取技术侦查措施。

在监察行为中,理论上同样可以存在"任意调查"与"强制调查"的区分。如冻结、查封、留置、通缉这几种典型的强制性措施只能在立案后采取,立案前不得使用。与此相对的是,询问、勘验检查、鉴定这几种典型的任意性措施的适用则可以贯穿整个案件的办理过程。从这些措施来看,监察行为以立案为标准区分"任意调查"与"强制调查",与过去检察机关以同样标准区分任意侦查与强制侦查并无不同。不过,监察程序在初步核实阶段最为特殊的表现在于可以进行"技术调查、限制出境"。由此可见,纪检监察程序以立案为标准对任意性措施及强制性措施进行区分,从整体角度可以成立,但是并不能完全照搬刑事侦查理论关于任意侦查与强制侦查的差异化适用。[2]

从文本来看,《监察法》第23条第1款规定,监察机关根据工作需要,可以依照规定查询、冻结涉案单位和个人的存款、汇款、债券、股票、基金份额等财产;第25条第1款规定,监察机关可以调取、查封、扣押相关财物、文件和电子数据等信息。这些涉及个人财产权、住宅秘密、通讯秘密、个人隐私的调查权力,直接由监察机构调查人员加以行使。这些调查程序基本上具有一种行政化的构造,即监察机构根据"工作需要"自行授权、自行决定并自行执行的方式。

(二)对人的强制性调查行为

《监察法》规定的限制被调查对象人身自由的相关措施,主要是留置以及为保障调查顺利进行的辅助措施,如通缉、限制出境。

其一,留置措施。《监察法》第22条第1款设定了留置适用的条件,"被调查人涉嫌贪污贿赂、失职渎职等严重职务违法或者职务犯罪,监察机关已经掌握其部分违法犯罪事实及证据,仍有重要问题需要进一步调查",并有法定妨碍调查行为的,可以采取留置措施。同时《监察法实施条例》对《监察法》第22条规定的"严重职务违法"和"重要问题"作出了解释,指出严重职务违法,是指根据监察机关已经掌握的事实及证据,被调查人涉嫌的职务违法行为情节严重,可能被给予撤职以上政务处分;重

---

[1] 熊秋红:"监察体制改革中职务犯罪侦查权比较研究",载《环球法律评论》2017年第2期。
[2] 梁坤:"纪检监察措施分类适用的法规范解读",载《法学》2019年第3期。

要问题，是指对被调查人涉嫌的职务违法或者职务犯罪，在定性处置、定罪量刑等方面有重要影响的事实、情节及证据。《监察法》和《监察法实施条例》第四章第六节对留置作出了详细规定。与强制性调查措施一样，留置也具有行政化的程序构造，由监察机关自行决定、自行审批、自行执行。因此，留置措施必须依法严格适用，慎重使用。

其二，决定通缉。《监察法》第29条和《监察法实施条例》第四章第十四节对通缉的对象、通缉的决定与执行作出了规定，县级以上监察机关对在逃的应当被留置人员，依法决定在本行政区域内通缉的，应当按规定报批，送交同级公安机关执行。决定通缉的对象必须是涉嫌职务违法的被调查人，该被调查人依法应当留置，且该被调查人因逃避调查而下落不明。

其三，限制出境。《监察法》第30条和《监察法实施条例》第四章第十五节规定了监察机关决定采取限制出境措施的适用对象、审批程序、执行主体以及限制出境措施的延长和解除。允许监察机关采取限制出境措施，主要目的是保障调查工作的顺利进行，防止因被调查人及相关人员逃逸藏匿海外，而不能掌握违法事实及证据，导致调查工作停滞。监察机关为防止被调查人及相关人员逃匿境外，按规定报批后，可以依法决定采取限制出境措施，交由移民管理机构执行。

（三）一般调查行为

《监察法》第19条、第20条、第21条、第26条、第27条分别规定了谈话和说明情况、要求陈述、询问、勘验检查以及鉴定等调查行为。同时，《监察法实施条例》对以上行为也作出了具体解释。这要求监察机关及其工作人员必须全面客观地了解情况以及收集、调取证据，查明被调查人有无职务违法行为、法律责任重或者轻的证据都要收集，不得有意遗漏。

其一，谈话和说明情况。《监察法》第19条和《监察法实施条例》第四章第三节规定了谈话的对象和要件以及谈话的主体和方式。谈话的对象是监察对象，要件是其可能发生职务违法行为，这主要是指问题线索处置、初步核实和立案调查等。监察机关按照管理权限进行谈话或者要求说明情况，要按程序报批。谈话可以由监察机关或者委托有关机关、人员进行，负责谈话的人员不得少于2人，可以由被谈话人所在机关、组织、企业等单位党委（党组）或者纪委（纪检组）主要负责人陪同。谈话的主要目的是使监察工作与党内监督执纪"四种形态"的第一种形态相匹配，使谈话成为一种法律手段。[1]

其二，要求陈述。《监察法》第20条第1款和《监察法实施条例》第四章第四节规定了行为对象以及程序。要求作出陈述针对的是发生职务违法行为，但尚不构成职务犯罪的公职人员。为了保障陈述的实施，以应对被调查人不配合的情形，规定监察机关在必要时可以对被要求陈述的被调查人出具书面通知。此处的"书面通知"是具

---

[1] 吴健雄主编：《监督、调查、处置法律规范研究》，人民出版社2018年版，第114页。

有法律效力的文书，主要是针对被调查人不按照监察机关口头要求进行陈述时，由监察机关对其出具书面通知，要求其作出陈述。若仍不作陈述的，则应当追究法律责任。

其三，询问。《监察法》第21条和《监察法实施条例》第四章第五节对询问作出了规定和解释。根据规定，采取询问的对象是证人、被害人等人员。证人有如实作证的义务。对故意提供虚假证言的证人，应当依法追究伪证罪或提供虚假证明文件罪等法律责任。对于询问的地点，《监察法实施条例》规定，证人未被限制人身自由的，可以在其工作地点、住所或者其提出的地点进行询问，也可以通知其到指定地点接受询问。到证人提出的地点或者调查人员指定的地点进行询问的，应当在笔录中记明。同时，《监察法实施条例》也对证人的保护作出了相应规定，证人、鉴定人、被害人因作证，本人或者近亲属人身安全面临危险，向监察机关请求保护的，监察机关应当受理并及时进行审查；对于确实存在人身安全危险的，监察机关应当采取必要的保护措施。监察机关发现存在上述情形的，应当主动采取保护措施。

其四，勘验检查。《监察法》第26条和《监察法实施条例》第四章第十一节规定了勘验检查的程序、对象、实施主体以及勘验笔录。勘验检查的目的是运用一定科学方法和专门知识，准确、快速地查明案情。进行勘验检查，必须经监察机关相关负责人审批，依法需要勘验检查的，应当制作《勘验检查证》；需要委托勘验检查的，应当出具《委托勘验检查书》，送具有专门知识、勘验检查资格的单位（人员）办理。监察机关实施勘验检查的对象是与职务违法行为有关的场所、人身、痕迹、物品、尸体、电子数据等，具体措施包括：现场勘验，物证、书证检验，人身检验等；调查人员是勘验检查的实施主体。勘验检查情况应当制作笔录，并由参加勘验检查人员和见证人签名。主要包括勘验检查的时间、地点、对象、目的、经过和结果等。

其五，鉴定。《监察法》第27条和《监察法实施条例》第四章第十二节规定监察机关可以对案件中的专门性问题进行鉴定。监察机关为解决案件中的专门性问题，按规定报批后，可以依法进行鉴定。监察机关进行鉴定应经相关负责人审批，制作委托鉴定文书。所谓"专门性问题"，主要是指监察机关在调查过程中遇到的必须运用专门的知识和经验作出科学判断的问题，包括对笔迹、印刷文件、污损文件、制成时间不明的文件和以其他形式表现的文件等进行鉴定；对案件中涉及的财务会计资料及相关财物进行会计鉴定；对被调查人、证人的行为能力进行精神病鉴定；对人体造成的损害或者死因进行人身伤亡医学鉴定；对录音录像资料进行鉴定；对因电子信息技术应用而出现的材料及其派生物进行电子证据鉴定；其他可以依法进行的专业鉴定。

二、处置行为

监察机关各项职能的发挥，既有赖于法律赋予权限的充分行使，更在于根据监督、调查的结果而作出最终处置。离开最终的处置，国家监察权的设立初衷就无法实现，监察法的立法目的也将落空。从监察委员会与其他国家机关的关系来看，处置是监察委员会对外发布的监察决定，在法律效果上具有强制力，对监察委员会作出的不涉及职务犯罪的处置决定，相关国家机关应当执行和服从，不应对监察委员会的处置决定进行二次审查和判断。[1]

(一) 职务违法处置行为

《监察法》第45条第1款第1项与第2项分别规定了对有职务违法行为但情节较轻的公职人员的处置以及违法的公职人员的处置。

其一,较轻违法的处置。《中国共产党党内监督条例》第21条规定,发现轻微违纪问题的,上级党组织负责人应当对其诫勉谈话,并由本人作出说明或者检讨,经所在党组织主要负责人签字后报上级纪委和组织部门。本条规定的处置方式主要借鉴了《中国共产党纪律检查机关监督执纪工作规则》关于以采取谈话函询方式处置问题线索以及关于初核后处理等相关规定。根据党内监督必须把纪律挺在前面,运用监督执纪"四种形态"不断净化政治生态的精神,对有职务违法行为但情节较轻的公职人员,可以免予处分,而是代之以谈话提醒、批评教育、责令检查,或者予以诫勉等相对更轻的处理。

其二,政务处分。依据《监察法》相关规定,政务处分已经代替《公务员法》上的行政纪律处分完成了纪律处分体制由分散向集中、由纪律责任向法律责任的转变。[2]《公职人员政务处分法》作为监察体制改革的具体化同样贯彻这一基本原则,具有更强的规范性。[3]监察机关给予公职人员政务处分,应当坚持实事求是和"惩前毖后、治病救人"的原则;应当做到事实清楚、证据确凿、定性准确、处理恰当、程序合法、手续完备;应当使公职人员所受的政务处分与其职务违法行为的性质、情节、危害程度相适应。

(二) 职务犯罪处置行为

《监察法》第45条第1款第4项规定了移送起诉。针对监察机关监督调查后认定的最为严重的情形,即被调查人涉嫌了职务犯罪而将其移送人民检察院依法提起公诉。移送的主体是有管辖权的监察机关,包括接受指定管辖的监察机关。移送的对象是涉嫌职务犯罪的被调查人,以及监察机关制作的起诉意见书、案卷材料、证据等。移送的条件是经调查认为犯罪事实清楚,证据确实充分。按照《刑事诉讼法》的规定,公诉案件中被告人有罪的举证责任由人民检察院承担。侦查终结、提起公诉以及判处被告人有罪的证明标准为"案件(犯罪)事实清楚,证据确实、充分"。《监察法》第47条第2款也规定,对监察机关移送的案件,人民检察院认为犯罪事实已经查清,证据确实、充分,依法应当追究刑事责任的,应当作出起诉决定。由此可见,监察机关经过监督、调查,如果认为被调查人的行为构成职务犯罪且符合起诉条件,则应当移送人民检察院依法提起公诉。接受移送的主体是检察机关。对监察机关移送的案件,应由检察机关作为公诉机关直接依法审查、提起公诉,具体工作由现有公诉部门负责,

---

[1] 陈辉:"论监察委员会处置权的合理配置与规范运行",载《社会主义研究》2019年第6期。

[2] 朱福惠:"国家监察法对公职人员纪律处分体制的重构",载《行政法学研究》2018年第4期。

[3] 刘艳红、刘浩:"政务处分法对监察体制改革的法治化推进",载《南京师大学报(社会科学版)》2020年第1期。

不需要检察机关再进行立案。移送起诉的具体要求还包括制作起诉意见书，并连同案卷材料、证据一并移送。其中起诉意见书，是指监察机关调查终结后认为被调查人构成犯罪，而依法向人民检察院提出的追究被调查人刑事责任的法律文书；案卷材料、证据包括监察机关查办案件所用的各种手续文书和调查获取的证据。这些都是在案件移送后，人民检察院进行审查起诉的对象和内容，因而需要一并移送。

(三) 责任追究处置行为

《监察法》第45条第1款第3项与第5项分别规定了问责与监察建议。

其一，问责。问责即追究政府官员的责任。强化问责，要紧紧抓住落实主体责任这个"牛鼻子"。其处置方式包括两种：一是按照管理权限，对负有责任的领导人员作出的直接问责决定；二是向有权作出问责决定的机关提出问责建议。问责的主体是监察机关或者有权作出问责决定的机关。问责的对象是履行职责不力、失职失责，造成严重后果或者恶劣影响的领导人员，而不是一般工作人员，以突出领导干部这个"关键少数"；也不是有关单位，因为监察对象是行使公权力的公职人员，而不包括其所在单位。问责的情形是领导人员不履行职责或不正确履行职责。问责的方式是，按照管理权限直接作出问责决定，或者向有权作出问责决定的机关、单位书面提出问责建议。

其二，监察建议。监察建议是指监察机关依法根据监督、调查结果，针对监察对象所在单位廉政建设和履行职责存在的问题等，向相关单位和人员就其职责范围内的事项提出的具有一定法律效力的建议。监察建议本质上是监察职能的体现，能够直接产生法律效果。监察机关查办案件的过程，往往不仅能够查出被调查人违法犯罪问题，而且还能发现相关单位廉政建设和履行职责中存在的直接或根本性的弊端。因此，充分发挥并广泛应用监察建议，是监察机关履行"开展廉政建设和反腐败工作"的一项重要手段，对于推动建立反腐败长效机制具有重大的现实意义。

(四) 撤销案件处置行为

《监察法》第45条第2款规定了撤销案件。从实体上看，撤销案件的根据是没有证据证明存在违法犯罪行为，此时因缺乏继续调查处置的事实依据，本着实事求是的原则和客观公允的态度，监察机关应当撤销案件。从程序设计上看，《监察法》在规定一系列监督、调查追究责任的程序中，加上使案件终止的撤销程序，体现出"有进有出"的完备程序体系。监察机关在调查过程中，发现立案依据不准确，或者没有足够证据证明存在违法犯罪行为，不应对被调查人追究法律责任的，应当及时终止调查，决定撤销案件，并将撤销案件的原因和决定通知被调查人及其所在单位，并在一定范围内为被调查人予以澄清。对此作出明确规定，及时终止错误或者不当的调查行为对于保护公职人员合法权利而言是十分必要的。需要注意的是，为保障被调查人的合法权益，一经发现不应追究被调查人的法律责任的，应当撤销案件，而其已经被留置的，监察机关应当立即报告原批准留置的上级监察机关，及时解除对被调查人的留置。撤销案件后又发现新的事实或者证据，认为被调查人有违法犯罪事实需要追究法律责任的，应当重新立案调查。

◇ 【法条链接】

《中华人民共和国监察法》（2018 年）

第十九条　对可能发生职务违法的监察对象，监察机关按照管理权限，可以直接或者委托有关机关、人员进行谈话或者要求说明情况。

第二十条　在调查过程中，对涉嫌职务违法的被调查人，监察机关可以要求其就涉嫌违法行为作出陈述，必要时向被调查人出具书面通知。

对涉嫌贪污贿赂、失职渎职等职务犯罪的被调查人，监察机关可以进行讯问，要求其如实供述涉嫌犯罪的情况。

第二十一条　在调查过程中，监察机关可以询问证人等人员。

第二十六条　监察机关在调查过程中，可以直接或者指派、聘请具有专门知识、资格的人员在调查人员主持下进行勘验检查。勘验检查情况应当制作笔录，由参加勘验检查的人员和见证人签名或者盖章。

第二十七条　监察机关在调查过程中，对于案件中的专门性问题，可以指派、聘请有专门知识的人进行鉴定。鉴定人进行鉴定后，应当出具鉴定意见，并且签名。

【释义】上述条款是关于监察机关采取谈话和说明情况、要求陈述、询问、勘验检查以及鉴定等措施的规定。

第二十二条　被调查人涉嫌贪污贿赂、失职渎职等严重职务违法或者职务犯罪，监察机关已经掌握其部分违法犯罪事实及证据，仍有重要问题需要进一步调查，并有下列情形之一的，经监察机关依法审批，可以将其留置在特定场所：

（一）涉及案情重大、复杂的；

（二）可能逃跑、自杀的；

（三）可能串供或者伪造、隐匿、毁灭证据的；

（四）可能有其他妨碍调查行为的。

对涉嫌行贿犯罪或者共同职务犯罪的涉案人员，监察机关可以依照前款规定采取留置措施。

留置场所的设置、管理和监督依照国家有关规定执行。

【释义】本条是关于监察机关适用留置措施的规定。

第二十三条　监察机关调查涉嫌贪污贿赂、失职渎职等严重职务违法或者职务犯罪，根据工作需要，可以依照规定查询、冻结涉案单位和个人的存款、汇款、债券、股票、基金份额等财产。有关单位和个人应当配合。

冻结的财产经查明与案件无关的，应当在查明后三日内解除冻结，予以退还。

【释义】本条是关于监察机关对于涉案单位和个人财产的查询、冻结措施的规定。

第二十五条　监察机关在调查过程中，可以调取、查封、扣押用以证明被调查人涉嫌违法犯罪的财物、文件和电子数据等信息。采取调取、查封、扣押措施，应当收集原物原件，会同持有人或者保管人、见证人，当面逐一拍照、登记、编号，开列清单，由在场人员当场核对、签名，并将清单副本交财物、文件的持有人或者保管人。

对调取、查封、扣押的财物、文件，监察机关应当设立专用账户、专门场所，确定专门人员妥善保管，严格履行交接、调取手续，定期对账核实，不得毁损或者用于其他目的。对价值不明物品应当及时鉴定，专门封存保管。

查封、扣押的财物、文件经查明与案件无关的，应当在查明后三日内解除查封、扣押，予以退还。

【释义】本条是关于监察机关采取调取、查封、扣押措施的规定。

第二十九条 依法应当留置的被调查人如果在逃，监察机关可以决定在本行政区域内通缉，由公安机关发布通缉令，追捕归案。通缉范围超出本行政区域的，应当报请有权决定的上级监察机关决定。

【释义】本条是关于监察机关采取通缉措施的规定。

第三十条 监察机关为防止被调查人及相关人员逃匿境外，经省级以上监察机关批准，可以对被调查人及相关人员采取限制出境措施，由公安机关依法执行。对于不需要继续采取限制出境措施的，应当及时解除。

【释义】本条是关于监察机关采取限制出境措施的规定。

第四十五条 监察机关根据监督、调查结果，依法作出如下处置：

（一）对有职务违法行为但情节较轻的公职人员，按照管理权限，直接或者委托有关机关、人员，进行谈话提醒、批评教育、责令检查，或者予以诫勉；

（二）对违法的公职人员依照法定程序作出警告、记过、记大过、降级、撤职、开除等政务处分决定；

（三）对不履行或者不正确履行职责负有责任的领导人员，按照管理权限对其直接作出问责决定，或者向有权作出问责决定的机关提出问责建议；

（四）对涉嫌职务犯罪的，监察机关经调查认为犯罪事实清楚，证据确实、充分的，制作起诉意见书，连同案卷材料、证据一并移送人民检察院依法审查、提起公诉；

（五）对监察对象所在单位廉政建设和履行职责存在的问题等提出监察建议。

监察机关经调查，对没有证据证明被调查人存在违法犯罪行为的，应当撤销案件，并通知被调查人所在单位。

【释义】本条是关于监察机关根据监督、调查结果作出相应处置的规定。

第三节 职务犯罪调查行为

监察机关的调查行为具有行政执法和刑事侦查的双重特性。因此，有学者认为，检察机关对职务犯罪的侦查权转移到监察委员会，相关法律规范被暂时调整或实质上暂停适用，使得监察机关拥有了实际上的侦查权。[1]监察机关这种调查权蕴含了前置

---

[1] 戴涛："监察体制改革背景下调查权与侦查权研究"，载《国家行政学院学报》2018年第1期。

性的纪委违纪审查权和违法犯罪调查权,在调查程序中形成"纪行检一体化"的特殊调查权,负责统筹调查违纪、行政违法、职务犯罪行为。[1]

由于职务犯罪调查程序类似于过去的职务犯罪侦查程序,调查活动的性质决定了监察机关有必要采用一些具有强制属性的措施进行调查。但具备典型强制属性的措施只能在职务犯罪案件调查中适用,而不能用于调查职务违法案件。例如,讯问、搜查这两种典型的强制性调查措施只能用于职务犯罪办案程序,而立案之后的技术调查则只能用于"重大贪污、贿赂等职务犯罪"。《监察法》所规定的调查措施,包括同时适用职务违法调查与职务犯罪调查的一般职务犯罪调查措施,如询问、留置、勘验检查等,还有只适用于职务犯罪调查的专门职务犯罪调查措施。除此以外,职务犯罪调查还需要注意与刑事诉讼的关系,包括调查中证据的标准以及与后续刑事诉讼的衔接等。

一、职务犯罪一般调查行为

一般调查行为是指在调查职务违法活动和职务犯罪活动中出现的,《监察法》规定的询问、留置、查询、冻结、调取、查封、扣押、勘验检查、鉴定、通缉、限制出境等调查活动。在职务犯罪中采取这些措施时,除了遵循《监察法》的直接规定,还应当注意,根据《监察法》第33条第2款的规定,监察机关在收集、固定、审查、运用证据时,应当与刑事审判关于证据的要求和标准相一致。

二、职务犯罪专门调查行为

所谓职务犯罪专门调查行为,意指仅出现于职务犯罪调查中的活动,如讯问、搜查、技术调查等。

(一)讯问

《监察法》第20条第2款和《监察法实施条例》规定的是对涉嫌贪污贿赂、失职渎职等职务犯罪的被调查人的讯问。"讯问",是指通过监察机关工作人员提问、被调查人回答的方式,取得印证被调查人有关职务违法犯罪事实的口供及其他证据的过程。监察机关是我国有权对涉嫌贪污贿赂、失职渎职等职务犯罪行使调查权的机关。讯问这些涉嫌职务犯罪的被调查人是调查活动的重要权限之一,讯问笔录也是作出处置、审查起诉和刑事审判的重要证据。调查中的讯问权只能由监察机关工作人员依法行使,不能委托给其他机关、个人行使。讯问活动要符合《监察法》及其他法律法规关于具体程序、要求等的规定。

需要注意的是,《监察法》将讯问与陈述放在同一条中予以规定,因此监察机关调查人员在要求涉嫌职务违法的被调查人作出陈述,以及讯问涉嫌贪污贿赂、失职渎职等职务犯罪的被调查人时,应当首先提问被调查人是否有违法犯罪行为,由其陈述有违法犯罪事实的情节或者作出没有违法犯罪的辩解,然后再向其提出问题。被调查人对调查人员的提问,应当如实回答。对共同违法犯罪的被调查人,应当分别单独讯问,

---

[1] 郭华:《监察制度改革与监察调查权的界限》,经济科学出版社2019年版,第129页。

防止串供或者相互影响。监察机关调查人员应当依法保障被调查人的权利，严禁以威胁、引诱、欺骗及其他非法方式获取口供，严禁侮辱、打骂、虐待、体罚或者变相体罚被调查人。

（二）搜查

《监察法》第24条和《监察法实施条例》第四章第八节规定了监察机关采取搜查措施调查职务犯罪案件。监察机关的搜查行为，是指监察委员会对涉嫌职务犯罪的被调查人以及可能隐藏被调查人或者犯罪证据的人的身体、物品、住处和其他有关地方进行搜索检查的一种调查措施。法律文本从四个方面对搜查进行了规范。

其一，搜查目的。搜查的目的是发现和收集犯罪证据、查获被调查人。监察机关只有基于获取犯罪证据，查获被调查人的目的，才能对被调查人以及可能隐藏被调查人或者犯罪证据的人的身体、物品、住处、工作地点和其他有关的地方进行搜查。由于案件情况和调查对象的不同，搜查所要完成的具体任务也不尽相同。比如，有的案件是搜寻赃款，有的案件是搜集犯罪工具及其他罪证，有的案件是查获被调查人。搜查具有强制性，监察机关的调查人员在执行搜查任务时，必须严格依法进行，不得滥用搜查权，确保公民的合法权利不受侵犯。对调查人员搜查行为的合法性，有必要加以监督，如发现有违法搜查行为的，应当及时进行纠正。

其二，搜查主体。搜查的主体是监察机关的调查人员，也就是说，在调查阶段，只有监察机关工作人员才有搜查权，其他任何机关、团体或个人都无权进行搜查。需要注意的是，由于搜查行为涉及对公民财产权、隐私权等基础性权利的限制，因此，对于具体承担搜查任务人员的范围应当限定为有监察执法权限的工作人员，即经过正式任命的监察人员有权实施搜查行为，并且要求搜查执行人员应当出示《搜查证》。向被搜查人证明身份，并要求其签名。在搜查过程中，应当要求在场人员予以配合，不得进行阻碍。对以暴力、威胁等方法阻碍搜查的，应当依法制止。对阻碍搜查构成违法犯罪的，依法追究法律责任。

其三，搜查对象。监察机关的搜查对象仅限于涉嫌职务犯罪的被调查人以及可能隐藏被调查人或者犯罪证据的人。由此得知，监察机关的搜查对象排除了涉嫌职务违法或涉嫌严重职务违法的人。职务犯罪，是指国家机关、国有公司、企业事业单位、人民团体工作人员利用已有职权，贪污、贿赂、徇私舞弊、滥用职权、玩忽职守，侵犯公民人身权利、民主权利，破坏国家对公务活动的规章规范，依照刑法应当予以刑事处罚的犯罪，包括刑法规定的贪污贿赂罪、渎职罪和国家机关工作人员利用职权实施的侵犯公民人身权利、民主权利的犯罪。将搜查权的行使对象限定在涉嫌职务犯罪，排除职务违法，极大地缩小了搜查权的行使空间，提高了搜查权的行使门槛，体现了对人权保障的重视。

其四，搜查范围。搜查的范围主要包括以下三个方面：一是被调查人的身体、物品、住处、工作地点；二是可能隐藏被调查人或者犯罪证据的人的身体、物品、住处、工作地点，即可能窝藏被调查人或者窝藏罪证的人的身体、物品、住处、工作地点；

三是其他有关的地方,是指其他被调查人有可能藏身的地方以及其他有可能隐匿犯罪证据的地方,这些地方必须与被调查人有关,或是能找到被调查人或是能发现新的证据。因此,凡是可能隐藏被调查人或者犯罪证据的人的身体、物品、住处和其他有关的地方,监察机关都可以进行搜查。但需要注意,搜查应当在调查人员主持下进行,在搜查过程中不得随意扩大搜查范围,对于与案件无关的场所和物品不得随意进行搜查。正确地进行搜查,对于收集证据、查获被调查人,具有十分重要的意义。因此,监察机关在作出搜查决定时,应当在相关文书中明确搜查的范围,执行人员应当严格遵守。

（三）技术调查

《监察法》第28条和《监察法实施条例》第四章第十三节规定了监察机关运用技术调查措施调查职务犯罪案件。针对腐败行为隐秘性强,证据稀缺的难题,技术调查措施被视为一种极为有效的调查措施。由于技术调查措施在执行过程中可能涉及公民个人隐私以及国家利益,因而必须在法律中予以明确规范。从规范上看,技术调查是指监察机关出于调查的需要,运用现代科学技术、方法和设备查找犯罪嫌疑人、获取犯罪证据的各种调查手段的总称。《监察法》第28条用两款对其进行了规定,同时《监察法实施条例》对其进行了解释。

1.《监察法》第28条第1款

《监察法》第28条第1款具体规定了监察机关采取技术调查的案件范围、程序、执行主体,主要包括以下四个方面：

其一,监察机关可以采取技术调查措施的案件范围是涉嫌重大贪污贿赂等职务犯罪案件。"重大贪污贿赂等职务犯罪",一般是指案情重大复杂,涉及国家利益或者重大公共利益的犯罪；被调查人可能被判处10年以上有期徒刑、无期徒刑或者死刑的犯罪；案件在全国或者本省、自治区、直辖市范围内有较大影响的犯罪。此外,对于其他重大职务犯罪案件,如确有必要,监察机关也可以采取技术调查措施。

其二,监察机关对上述案件是否采取技术调查措施要"根据需要"。也就是说,虽然本条规定了监察机关对上述犯罪案件可以采取技术调查措施,但上述犯罪案件并不构成采取技术调查措施的充分条件,而是要采取审慎的原则,根据调查犯罪的实际需要而使用。采取技术调查措施是打击职务犯罪的需要,同时也涉及公民、组织的基本权利。因此,技术调查措施一定是在使用常规的调查手段无法达到调查目的时才能采取的手段。

其三,技术调查要经过严格的批准手续。采取技术调查措施必须依照规定,履行严格的批准手续,在批准与否上全面审查、从严把关。依法采取技术调查措施的,监察机关应当出具《采取技术调查措施委托函》《采取技术调查措施决定书》和《采取技术调查措施适用对象情况表》,送交有关机关执行。其中,设区的市级以下监察机关委托有关执行机关采取技术调查措施的,还应当提供《立案决定书》。在此基础上,还需要再根据具体措施的运用特点,在规范方面进行细化。否则,如果缺乏配套的细化规定,"经过严格的批准手续"作为一项原则性的审批要求,就极其容易在调查程序中被虚置。

其四,监察机关采取技术调查措施的,应当按照规定交公安机关执行,监察机关不能自己执行。需要依法变更技术调查措施种类或者增加适用对象的,监察机关应当重新办理报批和委托手续,送交执行机关执行。

2.《监察法》第28条第2款

《监察法》第28条第2款规定了技术调查批准决定的内容、延长及解除要求,主要包括以下三个方面内容:

其一,根据调查犯罪的需要,在批准决定中明确采取技术调查措施的种类和适用对象。批准决定要明确采取哪一种或哪几种具体的调查手段,而不是笼统地批准可以采取技术调查措施,不加区分地所有技术调查手段一起上。同时,还要具体明确到案件中的个人,而不是仅笼统地批准对哪个案件采取技术调查措施。

其二,采取技术调查措施的期限为3个月,自批准决定签发之日起算。对于复杂、疑难案件期满后,经过批准,可以延长,但每次延长不得超过3个月。

其三,虽然采取技术调查措施的批准决定是3个月内有效,但在3个月有效期内,对于不需要继续采取技术调查措施的,应当及时解除,这是对公民、组织权利的保护。

三、职务犯罪调查与刑事诉讼法

由于监察机关职务违法犯罪调查权与刑事侦查权高度相似,为了确保监察机关调查权能够与检察机关公诉权有效衔接,必须保证监察机关调查权与职务犯罪侦查权在运行机制上的一致性或高度相似性,这就意味着《监察法》中涉及职务犯罪调查的部分需要借鉴《刑事诉讼法》中有关职务犯罪侦查的规定。[1]强调监察机关依法独立行使监察权,绝不意味着监察机关可以不受任何约束和监督,特别是职务犯罪的调查结果仍应接受刑事诉讼程序的审查与裁判。

廉洁理论是关于反腐机构是如何发现和预防腐败并且促进廉政的学说。国外的廉洁理论认为,监督反腐机构的关键在于法院对反腐机构的决定进行司法审查。然而,廉洁理论忽视了对反腐机构作出的决定进行司法审查时的局限性,即依靠法院追究监察反腐机构是具有局限性的。[2]其一,这是由于监察机构运作的机密性而导致的。尽管法律要求监察机构提供决策理由,监察机构可以依据申请人的申请而提供有关信息或依据法院的命令提供有关信息。但是鉴于监察机构立法中的保密规定通常免除了监察机构的这些义务,申请人无法访问此类信息限制了法院监督监察机构决定的能力的有效性。其二,虽然从技术上讲,法院可以针对监察机构的决定采取补救措施,但实际上法院并不具有救济的权力。因为大部分监察机构的决定是一种调查结果和建议,

---

[1] 刘艳红:"监察委员会调查权运作的双重困境及其法治路径",载《法学论坛》2017年第6期。

[2] Howe S W, Haigh Y, "Anticorruption Watchdog Accountability: The Limitations of Judicial Review's Ability to Guard the Guardians", *Australian Journal of Public Administration*, 2016, 75.

并不具备法律效力或后果。因此，法院裁决某些补救措施的能力由于监察机构的决策权的性质而受到限制时，法院追究监察机构责任的能力也受到限制。其三，法院缺乏审查监察机构的机会。法院的管辖权是被动的，而不是主动的。受该决定影响的人不但要承担巨额诉讼成本，并且需要面对监察机构保密规定造成的举证困难，同时还需要面对无效申诉的巨大风险。

（一）调查的证据

《监察法》第 33 条是关于监察机关所收集证据的法律效力，取证的要求和标准，以及非法证据排除规则的规定。本条意在确定和规范监察机关调查取证的合法性，即监察机关依法收集的证据材料，在刑事诉讼中可以作为证据使用；依法收集的证据在监察程序和刑事诉讼程序中流转，要求监察机关取证必须与刑事侦查机关标准一致。规范监察机关收集、固定、审查、运用证据的要求和标准，赋予监察机关收集的证据材料在刑事诉讼中的法律效力，是监察机关实现"法法衔接"的重要方面。这样做既可以减少工作环节，提高反腐败工作效率，又对监察机关职务犯罪调查行为提出了更高的要求。

（二）调查与刑事诉讼程序的衔接

《监察法》第 45 条第 1 款第 4 项规定了移送起诉，即监察机关对于公职人员职务犯罪的调查，最终须移交司法机关，由检察机关审查起诉，由审判机关定罪量刑。习近平总书记强调，要通过改革创新，整合反腐败职能，在法治和制度上形成既相互衔接，又相互制衡的机制。因此，检察机关在进行职务犯罪调查行为时，还需要注意与刑事诉讼以及相关机关的衔接和相互配合。同时，在职务犯罪调查阶段，监察机关主导着调查活动的全过程，检察机关在此过程中主要起到配合监察机关的作用，两者主、次关系分明，监察机关完全能够预判行为的性质，决定是否以职务犯罪移送给检察机关审查起诉。[1]

◇ **【法条链接】**

一、《中华人民共和国监察法》（2018 年）

第二十条 在调查过程中，对涉嫌职务违法的被调查人，监察机关可以要求其就涉嫌违法行为作出陈述，必要时向被调查人出具书面通知。

对涉嫌贪污贿赂、失职渎职等职务犯罪的被调查人，监察机关可以进行讯问，要求其如实供述涉嫌犯罪的情况。

【释义】 本条是关于监察机关对涉嫌职务违法的被调查人要求陈述和讯问的规定。

第二十四条 监察机关可以对涉嫌职务犯罪的被调查人以及可能隐藏被调查人或者犯罪证据的人的身体、物品、住处和其他有关地方进行搜查。在搜查时，应当出示搜查证，并有被搜查人或者其家属等见证人在场。

---

[1] 刘艳红："《监察法》与其他规范衔接的基本问题研究"，载《法学论坛》2019 年第 1 期。

搜查女性身体，应当由女性工作人员进行。

监察机关进行搜查时，可以根据工作需要提请公安机关配合。公安机关应当依法予以协助。

【释义】本条是关于监察机关采取搜查措施的规定。

第二十八条 监察机关调查涉嫌重大贪污贿赂等职务犯罪，根据需要，经过严格的批准手续，可以采取技术调查措施，按照规定交有关机关执行。

批准决定应当明确采取技术调查措施的种类和适用对象，自签发之日起三个月以内有效；对于复杂、疑难案件，期限届满仍有必要继续采取技术调查措施的，经过批准，有效期可以延长，每次不得超过三个月。对于不需要继续采取技术调查措施的，应当及时解除。

【释义】本条是关于监察机关采取技术调查措施的规定。

二、《中华人民共和国监察法实施条例》（2021年）

第八十一条 监察机关对涉嫌职务犯罪的被调查人，可以依法进行讯问，要求其如实供述涉嫌犯罪的情况。

第八十二条 讯问被留置的被调查人，应当在留置场所进行。

第八十三条 讯问应当个别进行，调查人员不得少于二人。

首次讯问时，应当向被讯问人出示《被调查人权利义务告知书》，由其签名、捺指印。被讯问人拒绝签名、捺指印的，调查人员应当在文书上记明。被讯问人未被限制人身自由的，应当在首次讯问时向其出具《讯问通知书》。

讯问一般按照下列顺序进行：

（一）核实被讯问人的基本情况，包括姓名、曾用名、出生年月日、户籍地、身份证件号码、民族、职业、政治面貌、文化程度、工作单位及职务、住所、家庭情况、社会经历，是否属于党代表大会代表、人大代表、政协委员，是否受到过党纪政务处分，是否受到过刑事处罚等；

（二）告知被讯问人如实供述自己罪行可以依法从宽处理和认罪认罚的法律规定；

（三）讯问被讯问人是否有犯罪行为，让其陈述有罪的事实或者无罪的辩解，应当允许其连贯陈述。

调查人员的提问应当与调查的案件相关。被讯问人对调查人员的提问应当如实回答。调查人员对被讯问人的辩解，应当如实记录，认真查核。

讯问时，应当告知被讯问人将进行全程同步录音录像。告知情况应当在录音录像中予以反映，并在笔录中记明。

第八十四条 本条例第七十五条至第七十九条的要求，也适用于讯问。

【释义】上述条款是关于监察机关采取讯问措施的具体解释。

第一百一十二条 监察机关调查职务犯罪案件，为了收集犯罪证据、查获被调查人，按规定报批后，可以依法对被调查人以及可能隐藏被调查人或者犯罪证据的人的身体、物品、住处、工作地点和其他有关地方进行搜查。

第一百一十三条 搜查应当在调查人员主持下进行,调查人员不得少于二人。搜查女性的身体,由女性工作人员进行。

搜查时,应当有被搜查人或者其家属、其所在单位工作人员或者其他见证人在场。监察人员不得作为见证人。调查人员应当向被搜查人或者其家属、见证人出示《搜查证》,要求其签名。被搜查人或者其家属不在场,或者拒绝签名的,调查人员应当在文书上记明。

第一百一十四条 搜查时,应当要求在场人员予以配合,不得进行阻碍。对以暴力、威胁等方法阻碍搜查的,应当依法制止。对阻碍搜查构成违法犯罪的,依法追究法律责任。

第一百一十五条 县级以上监察机关需要提请公安机关依法协助采取搜查措施的,应当按规定报批,请同级公安机关予以协助。提请协助时,应当出具《提请协助采取搜查措施函》,列明提请协助的具体事项和建议,搜查时间、地点、目的等内容,附《搜查证》复印件。

需要提请异地公安机关协助采取搜查措施的,应当按规定报批,向协作地同级监察机关出具协作函件和相关文书,由协作地监察机关提请当地公安机关予以协助。

第一百一十六条 对搜查取证工作,应当全程同步录音录像。

对搜查情况应当制作《搜查笔录》,由调查人员和被搜查人或者其家属、见证人签名。被搜查人或者其家属不在场,或者拒绝签名的,调查人员应当在笔录中记明。

对于查获的重要物证、书证、视听资料、电子数据及其放置、存储位置应当拍照,并在《搜查笔录》中作出文字说明。

第一百一十七条 搜查时,应当避免未成年人或者其他不适宜在搜查现场的人在场。

搜查人员应当服从指挥、文明执法,不得擅自变更搜查对象和扩大搜查范围。搜查的具体时间、方法,在实施前应当严格保密。

第一百一十八条 在搜查过程中查封、扣押财物和文件的,按照查封、扣押的有关规定办理。

【释义】上述条款是关于监察机关采取搜查措施的具体解释。

第一百五十三条 监察机关根据调查重大贪污贿赂等职务犯罪需要,依照规定的权限和程序报经批准,可以依法采取技术调查措施,按照规定交公安机关或者国家有关执法机关依法执行。

前款所称重大贪污贿赂等职务犯罪,是指具有下列情形之一:

(一)案情重大复杂,涉及国家利益或者重大公共利益的;

(二)被调查人可能被判处十年以上有期徒刑、无期徒刑或者死刑的;

(三)案件在全国或者本省、自治区、直辖市范围内有较大影响的。

第一百五十四条 依法采取技术调查措施的,监察机关应当出具《采取技术调查措施委托函》《采取技术调查措施决定书》和《采取技术调查措施适用对象情况表》,

送交有关机关执行。其中，设区的市级以下监察机关委托有关执行机关采取技术调查措施，还应当提供《立案决定书》。

第一百五十五条 技术调查措施的期限按照监察法的规定执行，期限届满前未办理延期手续的，到期自动解除。

对于不需要继续采取技术调查措施的，监察机关应当按规定及时报批，将《解除技术调查措施决定书》送交有关机关执行。

需要依法变更技术调查措施种类或者增加适用对象的，监察机关应当重新办理报批和委托手续，依法送交有关机关执行。

第一百五十六条 对采取技术调查措施收集的信息和材料，依法需要作为刑事诉讼证据使用的，监察机关应当按规定报批，出具《调取技术调查证据材料通知书》向有关执行机关调取。

对于采取技术调查措施收集的物证、书证及其他证据材料，监察机关应当制作书面说明，写明获取证据的时间、地点、数量、特征以及采取技术调查措施的批准机关、种类等。调查人员应当在书面说明上签名。

对于采取技术调查措施获取的证据材料，如果使用该证据可能危及有关人员的人身安全，或者可能产生其他严重后果的，应当采取不暴露有关人员身份、技术方法等保护措施。必要时，可以建议由审判人员在庭外进行核实。

第一百五十七条 调查人员对采取技术调查措施过程中知悉的国家秘密、商业秘密、个人隐私，应当严格保密。

采取技术调查措施获取的证据、线索及其他有关材料，只能用于对违法犯罪的调查、起诉和审判，不得用于其他用途。

对采取技术调查措施获取的与案件无关的材料，应当经审批及时销毁。对销毁情况应当制作记录，由调查人员签名。

【释义】上述条款是关于监察机关采取技术调查措施的具体解释。

第十三章
反腐败国际合作

随着世界经济全球化的发展,腐败犯罪的跨国性特点愈加突出,这种外部环境使国际社会逐渐意识到,有效地预防和打击腐败犯罪,迫切需要世界各国的共同努力。[1]我国自改革开放以来,随着国内经济犯罪的蔓延和官员腐败的日益严重,腐败官员境外潜逃和腐败资产跨境转移问题越来越突出,反腐败国际合作工作的重要性日益凸显。[2]加强反腐败国际合作,有助于形成对我国反腐败工作有利的国际舆论环境,并借鉴国际社会预防腐败的经验,促进国内的反腐倡廉建设。[3]

《监察法》第六章以专章形式对反腐败国际合作作出较详细的规定,明确国家监察委员会作为新时代的反腐中坚力量,在统筹协调反腐败国际交流、国际协作;组织反腐败国际条约实施工作以及组织建立集中统一、高效顺畅的反腐败国际防逃、追逃机制等方面的职责。

第一节 监察委员会在国际反腐败工作中的两项职能

国家监察委员会负责全国监察工作,并代表中华人民共和国对外开展国际反腐败工作。明确国家监察委员会在反腐败国际合作中的职责,有利于解决我国长期以来在反腐败国际合作中负责机构缺失的问题,推进深入开展国际反腐、追逃追赃工作,严厉打击腐败分子的外逃行为。根据《监察法》第50条规定,国家监察委员会在国际反腐败工作中具有以下两种职能:

一、统筹协调反腐败国际交流与合作

国际反腐败交流、合作是指国家监察委员会代表中国的反腐败机关与其他国家、地区和国际组织在工作经验、情报信息等方面互通有无、共享沟通。[4]反腐败国际合作,是国与国之间为了共同打击腐败犯罪,便利刑事诉讼的进行,而缔结双边或多边

---

[1] 储槐植、郭明跃:"联合国反腐败公约与中国反腐败国际合作研究",载《刑法论丛》2007年第1期。
[2] 马军亮:"试析中国反腐败国际追逃追赃长效机制的构建",载《哈尔滨工业大学学报(社会科学版)》2016年第2期。
[3] 陈挥、王关兴:《中国共产党反腐倡廉史》,上海人民出版社2014年版,第449页。
[4] 中共中央纪律检查委员会、中华人民共和国国家监察委员会法规室编写:《〈中华人民共和国监察法〉释义》,中国方正出版社2018年版,第224页。

条约，或基于相互间的互惠协定的基础上，所进行的相互提供便利、信息、证据、引渡犯罪嫌疑人、移交刑事诉讼、移管被判刑人等事项的合作。[1]我国的反腐败国际合作工作主要是加强与国际组织的合作，加强对外信息共享和统筹协调，深化与重点国家的沟通协作，完善执法合作机制。截至2020年8月，我国积极参与联合国、二十国集团、亚太经合组织、金砖国家等多边框架下的反腐败合作，与28个国家新缔结引渡条约、司法协助条约、资产返还与分享协定等43项，国家监察委员会与10个国家反腐败执法机构和国际组织签订合作协议11项，初步构建起覆盖各大洲和重点国家的反腐败执法合作网络。

需要注意的是，对"其他国家、地区"的范围要进行谨慎甄别。国家监察委员会国际反腐败合作的对象十分广泛，包括作为联合国正式成员国的诸多主权国家。在服从具体的政治大局和外交方针的前提下，反腐败合作在对象适用上不受意识形态和其他歧视性因素的影响。但地区不同于主权国家，有多个级别和类型。以中国香港特别行政区为例，香港特别行政区是中华人民共和国不可分割的一部分，香港作为一国两制政策下实行高度自治的特别行政区，又是高度国际化的亚洲金融中心，与内地各省市都有着密切的联系，并且与国外有十分畅通的接触、交流渠道。相当一部分腐败分子认为通过香港出逃是最好的选择，而香港与国外便利的交通也确实为试图外逃的贪腐分子提供了机会。针对这个问题，尽管国家监察委员会在香港没有设置相应的下级机构，但是其可以根据本条规定，与香港廉政公署加强反腐败跨区域交流与合作，共同打击跨境腐败犯罪。把这些经验的应用范围扩大到整个国际反腐合作领域，除了主权问题不同外，在其他操作上的要求有一定借鉴意义。[2]这是对"国家和地区"的基本界定。

"国际组织"是国际反腐合作的重要力量。联合国开发计划署、世界银行、透明国际等许多国际组织在国际反腐败合作领域都起到重要作用。其中，世界银行支持全球反腐败行动的方法包括：帮助协调跨境的反腐败活动和国内反腐败活动之间的关系；致力于在国家、区域和全球层面帮助各国建立有能力、透明和负责任的制度，遏制腐败蔓延；集中在世界银行比较有优势的领域开展反腐败活动；和其他组织建立战略合作关系；在国际上获取和发布与腐败有关的知识；解释和完善银行政策。[3]联合国开发计划署开展的国际反腐合作主要有：推动不同利益主体间的对话与合作，就国际重大问题举办论坛以促进交流；协助各国发展和完善他们的反腐败政策，增强各国的反腐败能力；为实现对腐败的战略干预，在全球、地区、国家等各层次上加强合作。[4]

---

[1] 储槐植、郭明跃："联合国反腐败公约与中国反腐败国际合作研究"，载《刑法论丛》2007年第1期。

[2] 楼伯坤："APEC成员合作反腐司法一体化机制构建"，载《中国法学》2016年第2期。

[3] 丁开杰："国际组织反腐举措（一）世界银行——帮助受援国创造善政环境"，载《中国监察》2003年第9期。

[4] 陈雪莲："国际组织反腐举措（二）联合国开发计划署的反腐败框架"，载《中国监察》2003年第10期。

国际货币基金组织一直向其成员国提供政策建议、金融支持、技术援助，帮助成员国促进包括确保法治、提高公共部门的透明性和责任性以及反腐败在内的善治活动。[1] 国家监察委员会应当在监察工作中统筹协调并与这些国际组织开展国际反腐败合作工作。

二、组织国际反腐败条约实施工作

国际反腐败条约是开展反腐败国际合作的法律基础。为了打击腐败行为，尤其是对外逃腐败分子进行追逃追赃，包括中国在内的众多国家、地区与国际组织间签订了多个反腐败国际条约。除条约外，部分多边或双边协定也是国际反腐败法律文件的重要组成部分。截至2018年2月，我国已与71个国家缔结司法协助条约、资产返还和分享协定、引渡条约和打击"三股势力"协定共138项（116项生效）。具体如下：①民刑事司法协助条约19项（全部生效）；②刑事司法协助条约41项（35项生效）；③资产返还和分享协定1项（尚未生效）；④民商事司法协助条约20项（18项生效）；⑤引渡条约50项（37项生效）；⑥打击"三股势力"协定7项（全部生效）。[2]

为了加强监察工作的国际反腐败合作能力，实现最广泛意义上的"监察全覆盖"，必须对当前我国签订的反腐败国际条约进行落实。国家监察委员会应当切实履行好在各项国际反腐败合作条约中的义务，善于利用相关条约提供的便利和他国给予的配合进行国际追逃追赃活动，打击外逃腐败分子。因此，《监察法》第50条专门规定国家监察委员会组织反腐败国际条约实施工作。在本条规定中，"组织工作"意味着国家监察委员会在反腐败国际合作领域处于组织者、发起者的地位，其依照全国人民代表大会授予和《宪法》确认的职权主动发起相关事项。

第二节 反腐败国际合作六大领域

《监察法》第51条确立了国家监察委员会组织协调有关方面开展国际反腐败合作的依据，这使得我国在参与国际反腐败合作时有法可依。同时，由于腐败分子的贪腐手段层出不穷，难以第一时间发现腐败行为，且反腐败国际合作涉及外事、金融、审计、海关和税务等多个部门，因此需要有关方面通力合作，配合国家监察委员会的部署，以便迅速发现腐败线索和痕迹，有力打击跨境腐败犯罪。因此，应当明确国家监察委员会组织协调反腐败国际合作的具体领域，促进反腐败国际合作工作有序开展。

一、反腐败执法合作

执法合作是国际公约所确认的一种新型的刑事司法国际合作的方式。《联合国反腐

---

[1] 丁开杰："国际组织反腐举措（三）国际货币基金组织——以善治向腐败开战"，载《中国监察》2003年第11期。

[2] 资料来源于外交部官方网站（资料/条约文件）："我国对外缔结司法协助及引渡条约情况"，载http://www.fmprc.gov.cn/web/ziliao_674904/tytj_674911/wgdwdjdsfhzty_674917/t1215630.shtml，2020年4月3日访问。

败公约》第 48 条和《联合国打击跨国有组织犯罪公约》第 27 条均为"执法合作"条款。中央纪委、监察部利用 2014 年任 APEC 反腐败工作组主席的契机，起草了《北京反腐败宣言》，并成立了 APEC 反腐败执法合作网络。根据上述国际公约的规定，执法合作是指缔约国在符合本国法律制度和行政管理制度的情况下，加强各国执法主管机关机构和部门之间的相互密切合作，交换有关犯罪的信息资料、对有关犯罪事项进行调查、加强这些机关之间的协调和人员的交流，以增强打击公约所涵盖的犯罪的执法行动的有效性。[1]《监察法》中规定的反腐败执法合作一般是指我国公安机关、司法行政部门等，与有关国家、地区、国际组织在调查腐败案件、抓捕外逃涉案人员等方面开展的合作。截至 2020 年 6 月底，各省区市监察机关、检察机关、公安机关在"天网行动"中通过与国外境外执法机关合作，依法缉捕 1468 人、遣返 345 人、引渡 50 人。

二、引渡

引渡是指国家把一个当时在本国境内而被他国指控为犯罪或判罪的人，依他国的请求，移交该国审判或处罚的一种制度。[2]反腐败国际合作工作中的引渡是指根据条约或以互惠为基础，向外逃涉案人员所在地国提出请求，将涉嫌犯罪人员移交给国内进行追诉和处罚。引渡作为国际刑事司法合作的一种机制，已成为我国打击严重犯罪、缉拿外逃罪犯的重要手段。虽然我国在建立和完善主动引渡制度上取得了一些成功的经验，但仍然面临从某些国家进行引渡缺乏法律依据等一系列问题。[3]国家监察委员会成立后，由专门国家机关专司腐败案件犯罪嫌疑人引渡事宜，其实践效果更为可期。

三、司法协助

司法协助是指主权国家为了共同打击犯罪，以其签署的国际公约、区域公约或双边条约为依据，在平等互惠的基础上，为其他缔约国代为某些司法行为的活动。[4]《联合国打击跨国有组织犯罪公约》作为联合国在预防和打击有组织犯罪方面着手建立国际协调与合作机制的第一个综合性公约[5]，与《联合国反腐败公约》一同对国际司法协助工作起到了完善和推动作用。国际反腐败合作中的司法协助是维系国家间合作正常运行的基本前提。国家监察委员会作为我国最高监察机关，应当积极与国内司法系统统筹协商，努力创造司法系统协助国际反腐败合作的良好局面。

四、被判刑人移管

被判刑人移管是指外逃人员所在国依据本国法律和我国提供的证据，对我国外逃

---

[1] 陈雷：《反腐败国际合作理论与实务》，中国检察出版社 2012 年版，第 326 页。
[2] 周鲠生：《国际法》（上册），武汉大学出版社 2007 年版，第 261 页。
[3] 黄风："我国主动引渡制度研究：经验、问题和对策"，载《法商研究》2006 年第 4 期。
[4] 李翔：《反腐败国际刑事合作机制研究》，北京大学出版社 2011 年版，第 59 页。
[5] 李蓉："反腐败的国际刑事司法协助——《联合国打击跨国有组织犯罪公约》的刑事司法协助体系"，载《政法论坛》2005 年第 2 期。

人员进行定罪判刑后,将该外逃人员移交我国服刑的一种制度。[1]被判刑人移管与被判刑人引渡是两种不同的国际刑事司法协助制度,它们的区别首先体现在各自的目的上。在被判刑人移管中,判刑国将在本国受到审判的被判刑人移交给另一国是为了使被判刑人在其熟悉的环境中并且在较易获得亲友帮助的条件下服刑,消除在国外服刑遇到的文化和语言障碍以及生活习惯方面的困难,这有助于其接受教育和改造,出狱后尽快重新适应社会生活,也符合人道主义原则。而在被判刑人引渡制度中,将在一国受到审判的被判刑人交还给原判刑国是为协助该国维护自己的司法管辖权和其判决的效力。[2]一定程度上而言,被判刑人的移管是适用外国法具体形式的一种。

五、资产追回

资产追回是指对贪污贿赂等犯罪嫌疑人携款外逃的,通过与有关国家、地区、国际组织的合作,追回犯罪资产。[3]据世界银行初步统计,全世界每年有2万亿美元的腐败资金在进行跨国流动。国际货币基金组织估算,每年洗钱总额相当于全世界所有国家国内总产值的3%~5%,金额介于6000亿美元至1.8万亿美元之间,其中相当一部分涉及腐败所得资金。腐败和非法收入的转移给发展中国家带来了大量的资产流失。[4]资产追回国际法律合作是打击腐败犯罪最重要的环节和手段,包括联合国在内的国际组织制定并通过了一系列的国际公约对其予以规范。其中,《联合国反腐败公约》的有关规定最具有代表性和全面性,详细阐明了刑事和民事两种可供缔约国选择适用的追回途径。[5]

六、信息交流

信息交流是指我国与有关国家、地区或国际组织之间加强共享有关反腐败的专门知识和资料,以及反腐败的具体方法和经验,从而实现优势互补,提高反腐败工作水平与工作效率的一种制度。[6]《联合国反腐败公约》第60条第4款和第61条对腐败信息的收集与利用提出了具体要求,其中第61条主要着重于三个方面:①各缔约国均应当考虑在同专家协商的情况下,分析其领域内腐败方面的趋势以及腐败犯罪实施的环境;②缔约国应当考虑为尽可能拟定共同的定义、标准和方法而相互并通过国际和区域组织发展和共享统计数字、有关腐败的专门知识和资料,以及有关预防和打击腐败的最佳做法的资料;③各缔约国均应当考虑对其反腐败政策和措施进行监测,并评估

---

[1] 中共中央纪律检查委员会、中华人民共和国国家监察委员会法规室编写:《〈中华人民共和国监察法〉释义》,中国方正出版社2018年版,第225页。

[2] 黄风:"国际刑事司法协助中的被判刑人移管",载《比较法研究》1990年第4期。

[3] 中共中央纪律检查委员会、中华人民共和国国家监察委员会法规室编写:《〈中华人民共和国监察法〉释义》,中国方正出版社2018年版,第225页。

[4] 林雪标:"外逃腐败资产的追回",载《国家检察官学院学报》2010年第5期。

[5] 张士金:"对资产追回国际法律合作的现实考量",载《政法论坛》2010年第1期。

[6] 中共中央纪律检查委员会、中华人民共和国国家监察委员会法规室编写:《〈中华人民共和国监察法〉释义》,中国方正出版社2018年版,第226页。

其效力和效率。总的来说,《联合国反腐败公约》要求各国研究分析腐败犯罪的动向与腐败产生的基本原因,并分享反腐败的研究成果和相关资料。[1]《监察法》规定的国际反腐败信息交流合作制度不仅是对《联合国反腐败公约》义务的履行,也是为应对国际反腐败合作发展新形势的举措。

第三节 国际反腐败追逃追赃和防逃工作

国际反腐败合作的另一大主要落脚点是防止腐败人员潜逃国外或对因腐败流失国外的国家资产进行追赃。追逃追赃涉及中外反腐败、外交、警务、检务、司法、反洗钱等不同职能部门,必须发挥多部门的作用,加强统筹。据此,习近平总书记强调:"我们主动提出一系列反腐败国际合作倡议,倡议构建国际反腐新秩序,特别是加大对美国等西方国家在反腐败合作方面的压力,要求他们不要成为腐败分子的'避罪天堂'。"[2]在这一思想的引领下,近年来我国大力加强境外追逃追赃的反腐败国际刑事司法合作,出现了赖昌星遣返案、中国银行开平支行案、胡星劝返案、高山劝返案等一系列成功案例,并追回了大量涉案腐败犯罪资产。[3]因此,必须继续坚持并采取国际合作的方式加强境外追逃追赃的实施力度。为此,中央决定设立中央反腐败协调小组国际追逃追赃工作办公室,日常工作由中央纪委国家监委国际合作局承担。

一、追逃工作

对于掌握证据比较确凿的重大贪污贿赂、失职渎职等职务犯罪案件,被调查人如果逃匿到国(境)外,应通过开展境外追逃工作,将其追捕归案。党的十九大报告指出,坚定不移"打虎""拍蝇""猎狐";不管腐败分子逃到哪里,都要缉拿归案、绳之以法。开展境外追逃行动,有利于进一步扎牢制度的笼子,维护我国司法尊严和法治权威,彰显反腐败无禁区、全覆盖、零容忍的坚决态度,具有重大法律意义和政治意义。

开展国际反腐败追逃的方式主要有:①引渡,即根据条约或以互惠为基础,向外逃涉案人员所在地国提出请求,将涉嫌犯罪人员移交给国内进行追诉和处罚。但是,通过引渡实现境外追逃的效果却非常有限,因为引渡措施会受到引渡基本原则和基本制度的制约。[4]②非法移民遣返,是指由我国向外逃涉案人员所在地国提供其违法犯罪线索和伪造护照等虚假身份情况,让所在地国根据移民法规,剥夺其居留地位并强制遣返至我国或第三国的一种合作方式。将不具有合法居留身份的外国入境者遣送回国,是遣返国为维护本国安全和秩序而单方面作出的决定。通过这种方式,在客观上

---

[1] 陈雷:《反腐败国际合作理论与实务》,中国检察出版社2012年版,第343页。
[2] 转引自赵秉志、张磊:"习近平反腐败追逃追赃思想研究",载《吉林大学社会科学学报》2018年第2期。
[3] 张磊:"腐败犯罪境外追逃追赃的反思与对策",载《当代法学》2015年第3期。
[4] 王强军:"利用遣返实现境外追逃问题研究",载《法学评论》2013年第6期。

造成了与引渡相同的结果。[1]③异地追诉，是指我国将管辖权让渡给外逃涉案人员所在地国，向外逃涉案人员所在地国提供自己掌握的证据材料，支持外逃涉案人员所在地国依据本国法律对逃犯提起诉讼，使逃犯被绳之以法。④劝返，劝返是国家机关在发现地国相关部门的配合或不干涉下，直接或间接地采取劝说沟通的方式，使得刑事外逃人员主动或同意回国归案的一种刑事司法措施。[2]劝返是相对经济、便捷、灵活性高的境外追逃模式。

二、追赃工作

境外追赃工作指向赃款赃物所在国请求查询、冻结、扣押、没收、追缴、返还涉案资产。追赃包括两方面的内容：一是将赃款赃物追回的过程；二是将赃款赃物返还被害人或者依法上缴国库的处理结果。[3]其手段主要有：其一，通过双边刑事司法协助条约或引渡条约进行追赃，即在开展引渡、遣返等追逃合作的同时，附随请求移交赃款赃物；其二，利用赃款赃物所在国犯罪所得追缴法或其他国内法进行追赃；其三，通过境外民事诉讼方式进行追赃；其四，运用刑事政策促使犯罪嫌疑人或其近亲属自行退赃；其五，运用违法所得没收程序进行追赃。

但在反腐败国际合作领域中，长期存在着追赃难于追逃的现象。自2015年3月"天网"行动启动以来，"百名红通人员"迄今已超过1/3归案，但外流的腐败资产却只有一部分返还了我国。反腐败境外追赃的主要难点在于：对腐败资产违法性的证明难度较大。盖因国内外对"没收财产"范围的理解存在较大差异，"违法所得没收程序"的证明标准过高，腐败资产分享尚未制度化、规范化，外国刑事没收裁决的承认和执行制度缺失，追赃可能造成我国与资产流入国经济利益上的冲突。此外，境外追赃成本高昂、追赃经验欠缺、追赃技术落后和对外国法律制度不熟等，也是我国反腐败境外追赃中必须克服的难题。[4]因此，境外追赃问题也可能成为国家监察委员会工作的重点、难点之一。

三、防逃工作

防逃工作是境外追逃工作的"关口前移"，与其事后"追逃"，不如事前做好"防逃"，防微杜渐，堵塞漏洞，把职务犯罪嫌疑人拦在国门之内。[5]《监察法》第52条第3项规定，国家监察委负责督促有关单位查询、监控涉嫌职务犯罪的公职人员及其相关人员进出国（境）和跨境资金流动情况，在调查案件过程中设置防逃程序，其宗旨在于要求监察委应该对涉及职务犯罪的公职人员提前采取手段，掌握他们的出入境

---

[1] 张磊：《国际刑事司法协助热点问题研究》，中国人民公安大学出版社2012年版，第2页。

[2] 薛丰民、黄鹏："中国反腐败境外追逃实践之劝返模式研究"，载《郑州大学学报（哲学社会科学版）》2017年第6期。

[3] 解彬：《境外追赃刑事法律问题研究》，中国政法大学出版社2016年版，第30页。

[4] 彭新林："破解反腐境外追赃难点的对策"，载《人民论坛》2017年第1期。

[5] 庄德水："扎牢防逃追逃追赃的制度笼子"，载《检察日报》2014年9月30日。

和资金跨境流动情况，以便分析他们外逃的风险性。

对此，开展国际反腐败防逃的方法主要有：①在"人"方面，主要清理"裸官"，对配偶子女移居国外的国家工作人员加强管理，严格执行相关的护照管理、出入境审批报备等制度，并做好对个人有关报告事项的抽查核实，协调组织人事部门和公安机关深入开展违规办理和持有因私出国（境）证件问题专项治理，对存在的违规问题，均做出相应处理。把有外逃倾向的干部列为监督重点，对外逃苗头做到早发现、早报告、早处置。强化对公职人员因私出国（境）的审批把关，对存在外逃风险的及时采取措施。②在"钱"方面，主要加强反洗钱和外汇管理工作，健全没收违法所得及其收益方面的法律规定，切断非法资金的外流渠道。③在"证"方面，开展治理违规办理和持有因私出入境证照专项行动，重点加强对领导干部违规办理、持有证照情况进行清查，并对审批、保管环节的相关责任人员进行追责。由于国际反腐败追逃追赃和防逃工作的复杂性，以上三项工作都需要在国家监察委员会的组织协调下开展，各有关单位应通力协作。

◇ **【法条链接】**

一、《中华人民共和国监察法》（2018年）

第五十条 国家监察委员会统筹协调与其他国家、地区、国际组织开展的反腐败国际交流、合作，组织反腐败国际条约实施工作。

【释义】本条是关于国家监察委员会统筹协调反腐败国际合作的规定。

第五十一条 国家监察委员会组织协调有关方面加强与有关国家、地区、国际组织在反腐败执法、引渡、司法协助、被判刑人的移管、资产追回和信息交流等领域的合作。

【释义】本条是关于国家监察委员会组织协调开展反腐败国际合作领域的规定。

第五十二条 国家监察委员会加强对反腐败国际追逃追赃和防逃工作的组织协调，督促有关单位做好相关工作：

（一）对于重大贪污贿赂、失职渎职等职务犯罪案件，被调查人逃匿到国（境）外的，掌握证据比较确凿的，通过开展境外追逃合作，追捕归案；

（二）向赃款赃物所在国请求查询、冻结、扣押、没收、追缴、返还涉案资产。

（三）查询、监控涉嫌职务犯罪的公职人员及其相关人员进出国（境）和跨境资金流动情况，在调查案件过程中设置防逃程序。

【释义】本条是关于国际反腐败追逃追赃和防逃工作的规定。

规定本条的目的是明确国家监察委员会在国际反腐败追逃追赃和防逃工作中组织协调、督促有关单位落实的具体工作内容，促进有关单位积极履行在国际反腐败追逃追赃和防逃工作中的相关职责。

二、《中华人民共和国监察法实施条例》（2021年）

第二百三十四条 国家监察委员会统筹协调与其他国家、地区、国际组织开展反腐败国际交流、合作。

国家监察委员会组织《联合国反腐败公约》等反腐败国际条约的实施以及履约审议等工作，承担《联合国反腐败公约》司法协助中央机关有关工作。

国家监察委员会组织协调有关单位建立集中统一、高效顺畅的反腐败国际追逃追赃和防逃协调机制，统筹协调、督促指导各级监察机关反腐败国际追逃追赃等涉外案件办理工作，具体履行下列职责：

（一）制定反腐败国际追逃追赃和防逃工作计划，研究工作中的重要问题；

（二）组织协调反腐败国际追逃追赃等重大涉外案件办理工作；

（三）办理由国家监察委员会管辖的涉外案件；

（四）指导地方各级监察机关依法开展涉外案件办理工作；

（五）汇总和通报全国职务犯罪外逃案件信息和追逃追赃工作信息；

（六）建立健全反腐败国际追逃追赃和防逃合作网络；

（七）承担监察机关开展国际刑事司法协助的主管机关职责；

（八）承担其他与反腐败国际追逃追赃等涉外案件办理工作相关的职责。

【释义】本条是关于国家监察委员会统筹协调反腐败国际合作具体职责的规定。

第二百三十五条 地方各级监察机关在国家监察委员会领导下，统筹协调、督促指导本地区反腐败国际追逃追赃等涉外案件办理工作，具体履行下列职责：

（一）落实上级监察机关关于反腐败国际追逃追赃和防逃工作部署，制定工作计划；

（二）按照管辖权限或者上级监察机关指定管辖，办理涉外案件；

（三）按照上级监察机关要求，协助配合其他监察机关开展涉外案件办理工作；

（四）汇总和通报本地区职务犯罪外逃案件信息和追逃追赃工作信息；

（五）承担本地区其他与反腐败国际追逃追赃等涉外案件办理工作相关的职责。

省级监察委员会应当会同有关单位，建立健全本地区反腐败国际追逃追赃和防逃协调机制。

国家监察委员会派驻或者派出的监察机构、监察专员统筹协调、督促指导本部门反腐败国际追逃追赃等涉外案件办理工作，参照第一款规定执行。

【释义】本条是关于地方各级监察机关统筹协调本地区反腐败国际追逃追赃等工作具体职责的规定。

第二百三十六条 国家监察委员会国际合作局归口管理监察机关反腐败国际追逃追赃等涉外案件办理工作。地方各级监察委员会应当明确专责部门，归口管理本地区涉外案件办理工作。

国家监察委员会派驻或者派出的监察机构、监察专员和地方各级监察机关办理涉外案件中有关执法司法国际合作事项，应当逐级报送国家监察委员会审批。由国家监察委员会依法直接或者协调有关单位与有关国家（地区）相关机构沟通，以双方认可的方式实施。

第二百三十七条 监察机关应当建立追逃追赃和防逃工作内部联络机制。承办部门在调查过程中，发现被调查人或者重要涉案人员外逃、违法所得及其他涉案财产被转移到境外的，可以请追逃追赃部门提供工作协助。监察机关将案件移送人民检察院审查起诉后，仍有重要涉案人员外逃或者未追缴的违法所得及其他涉案财产的，应当由追逃追赃部门继续办理，或者由追逃追赃部门指定协调有关单位办理。

【释义】上述条款是关于监察机关开展追逃追赃和防逃工作相关程序的规定。

第二百三十八条 监察机关应当将防逃工作纳入日常监督内容，督促相关机关、单位建立健全防逃责任机制。

监察机关在监督、调查工作中，应当根据情况制定对监察对象、重要涉案人员的防逃方案，防范人员外逃和资金外流风险。监察机关应当会同同级组织人事、外事、公安、移民管理等单位健全防逃预警机制，对存在外逃风险的监察对象早发现、早报告、早处置。

【释义】本条是关于监察机关开展防逃工作的规定。

第二百三十九条 监察机关应当加强与同级人民银行、公安等单位的沟通协作，推动预防、打击利用离岸公司和地下钱庄等向境外转移违法所得及其他涉案财产，对涉及职务违法和职务犯罪的行为依法进行调查。

第二百四十条 国家监察委员会派驻或者派出的监察机构、监察专员和地方各级监察委员会发现监察对象出逃、失踪、出走，或者违法所得及其他涉案财产被转移至境外的，应当在二十四小时以内将有关信息逐级报送至国家监察委员会国际合作局，并迅速开展相关工作。

第二百四十一条 监察机关追逃追赃部门统一接收巡视巡察机构、审计机关、行政执法部门、司法机关等单位移交的外逃信息。

监察机关对涉嫌职务违法和职务犯罪的外逃人员，应当明确承办部门，建立案件档案。

第二百四十二条 监察机关应当依法全面收集外逃人员涉嫌职务违法和职务犯罪证据。

第二百四十三条 开展反腐败国际追逃追赃等涉外案件办理工作，应当把思想教育贯穿始终，落实宽严相济刑事政策，依法适用认罪认罚从宽制度，促使外逃人员回国投案或者配合调查、主动退赃。开展相关工作，应当尊重所在国家（地区）的法律规定。

第二百四十四条 外逃人员归案、违法所得及其他涉案财产被追缴后，承办案件的监察机关应当将情况逐级报送国家监察委员会国际合作局。监察机关应当依法对涉案人员和违法所得及其他涉案财产作出处置，或者请有关单位依法处置。对不需要继续采取相关措施的，应当及时解除或者撤销。

【释义】上述条款是关于监察机关开展反腐败国际合作的国（境）内工作的规定。

第二百四十五条 监察机关对依法应当留置或者已经决定留置的外逃人员，需要申请发布国际刑警组织红色通报的,应当逐级报送国家监察委员会审核。国家监察委员会审核后,依法通过公安部向国际刑警组织提出申请。

需要延期、暂停、撤销红色通报的,申请发布红色通报的监察机关应当逐级报送国家监察委员会审核,由国家监察委员会依法通过公安部联系国际刑警组织办理。

第二百四十六条 地方各级监察机关通过引渡方式办理相关涉外案件的,应当按照引渡法、相关双边及多边国际条约等规定准备引渡请求书及相关材料,逐级报送国家监察委员会审核。由国家监察委员会依法通过外交等渠道向外国提出引渡请求。

第二百四十七条 地方各级监察机关通过刑事司法协助方式办理相关涉外案件的,应当按照国际刑事司法协助法、相关双边及多边国际条约等规定准备刑事司法协助请求书及相关材料,逐级报送国家监察委员会审核。由国家监察委员会依法直接或者通过对外联系机关等渠道,向外国提出刑事司法协助请求。

国家监察委员会收到外国提出的刑事司法协助请求书及所附材料,经审查认为符合有关规定的,作出决定并交由省级监察机关执行,或者转交其他有关主管机关。省级监察机关应当立即执行,或者交由下级监察机关执行,并将执行结果或者妨碍执行的情形及时报送国家监察委员会。在执行过程中,需要依法采取查询、调取、查封、扣押、冻结等措施或者需要返还涉案财物的,根据我国法律规定和国家监察委员会的执行决定办理有关法律手续。

第二百四十八条 地方各级监察机关通过执法合作方式办理相关涉外案件的,应当将合作事项及相关材料逐级报送国家监察委员会审核。由国家监察委员会依法直接或者协调有关单位,向有关国家(地区)相关机构提交并开展合作。

第二百四十九条 地方各级监察机关通过境外追诉方式办理相关涉外案件的,应当提供外逃人员相关违法线索和证据,逐级报送国家监察委员会审核。由国家监察委员会依法直接或者协调有关单位向有关国家(地区)相关机构提交,请其依法对外逃人员调查、起诉和审判,并商有关国家(地区)遣返外逃人员。

第二百五十条 监察机关对依法应当追缴的境外违法所得及其他涉案财产,应当责令涉案人员以合法方式退赔。涉案人员拒不退赔的,可以依法通过下列方式追缴:

(一)在开展引渡等追逃合作时,随附请求有关国家(地区)移交相关违法所得及其他涉案财产;

(二)依法启动违法所得没收程序,由人民法院对相关违法所得及其他涉案财产作出冻结、没收裁定,请有关国家(地区)承认和执行,并予以返还;

(三)请有关国家(地区)依法追缴相关违法所得及其他涉案财产,并予以返还;

(四)通过其他合法方式追缴。

【释义】 上述条款是关于监察机关开展反腐败国际合作中对外合作的规定。

【案例链接】防逃相关案例

"红色通缉令"2号嫌犯L某某被遣返回国

在中央反腐败协调小组的统一部署下,潜逃新加坡4年之久的J省B县财政局经济建设股原股长L某某2018年5月9日被遣返回国。这是"天网"行动开展以来职务犯罪国际追逃追赃专项行动取得的重要战果,也是公开曝光百名外逃人员后遣返的重要案犯。

L某某涉嫌贪污公款9400万元,2011年1月潜逃至新加坡。案件发生后,中央反腐败协调小组高度重视,组织检察、外交、公安等部门立即启动了追逃追赃工作。多部门组成工作组先后8次赴新加坡进行磋商。经过不懈努力,中新两国在没有缔结引渡条约的情况下积极开展司法执法合作。中方向新方提出司法协助请求,提供有力证据,由新方冻结了L某某涉案资产,对L某某实行了逮捕、起诉,以"不诚实接受偷窃财产罪"判处其15个月有期徒刑,并在L某某出狱当天将其遣返回国。

L某某案件是中新双方依据《联合国反腐败公约》(2003年)、践行《北京反腐败宣言》(2014年)开展追逃追赃合作的成功案例,也是我国检察机关侦查人员在境外刑事法庭出庭作证、检察机关和人民法院运用违法所得没收程序追缴潜逃境外腐败分子涉案赃款的第一起案例。中央反腐败协调小组国际追逃追赃工作办公室负责人表示,L某某被遣返回国再次证明我们说的"腐败分子即使逃到天涯海角,也要把他们追回来绳之以法"绝不是一句空话。我们将加强与有关国家的司法执法合作,统筹国内外资源,坚决把腐败分子追回来绳之以法。

第五编

监察程序

　　监察程序是监察机关在完成监察职责和行使监察职权时应当恪守的被法律规范化了的时限、步骤、方式及其相关制度规定。[1]《监察法》第五章以专章的形式对监察程序作出了较为详细的规定，主要包括监察案件处理流程、问题线索管理和处置程序、监察立案程序、调查程序、移送审查程序、处置程序等。[2]继而，《监察法实施条例》结合司法实践经验对监察程序进行丰富完善，将其进一步细化为线索处置、初步核实、立案、调查、审理、处置、移送审查起诉七个程序。监察法制度以实现反腐败职能为核心之特点，使得监察程序具有不同于其他公法制度的特征[3]，并充分体现了正当程序原则。[4]

　　为防止监察权力滥用，必须有一套较为完善的程序对其予以规范和约束，监察人员则应以身作则、严守程序底线，确保监察反腐工作的正当性。《监察法》既增设监察反腐的预防性措施，还赋予监察机关采取必要强制措施的权力，规定了相关的监督、调查、处置程序，监督权力运行的整个环节，力争达至"不敢腐、不能腐、不想腐"的状态，关口前移得以实现。[5]从《监察法》的规定来看，监察机关有监督、调查、处置三项职权，以及十二项监察措施。若欲同时满足正当程序和监察效率两项标准，第一步必须明确区分十二项监察措施的性质，并基于其性质的差别，配置不同轻重和疏密的程序性举措，使监察程序的规范性和可控性得到保障。[6]

　　程序是证明犯罪的唯一方法，而证据是证明案件事实的材料，是诉讼之核心。现代法治重视追求程序正义，以规定严格监察程序之方式最大限度避免诉讼中的

---

〔1〕　马怀德主编：《监察法学》，人民出版社2019年版，第216页。
〔2〕　王建国、谷耿耿："监察权独立行使的法治逻辑"，载《宁夏社会科学》2020年第6期。
〔3〕　马怀德主编：《监察法学》，人民出版社2019年版，第217~218页。
〔4〕　"监察法既有监察机关组织法的性质，又有监察程序法的性质。"参见朱福惠、聂辛东："论监察法体系及其宪制基础"，载《江苏行政学院学报》2020年第5期。
〔5〕　马怀德："《国家监察法》的立法思路与立法重点"，载《环球法律评论》2017年第2期。
〔6〕　江国华、何盼盼："中国特色监察法治体系论纲"，载《新疆师范大学学报（哲学社会科学版）》2018年第5期。

偏差与失误，严格执行程序必然无法脱离利用证据证明或证伪事实。故而监察措施的具体实施，离不开监察证据的规范运用。

当前的监察体制改革中，原由人民检察院承担的职务犯罪侦查职能转由监察委员会承接，其必将带来犯罪调查与审查起诉及刑事审判的业务衔接问题。正确解读监察体制改革，尤其应对办案实践中存在的程序流转难点进行正确认识。强化对程序流转的协调与控制，能够助推监察机关同司法机关间建立起积极密切的协作机制，进而推进监察、司法程序的有效衔接。

第十四章
监察案件处理流程

监察机关对于涉嫌违法违纪或犯罪的单位或个人依法采取的程序措施需遵循一定的流程。我国《宪法》及《监察法》规定了监察权力行使所依据的监察程序，使得国家监察权力之行使在程序上既符合法治国家的要求，亦体现了法治思维和法治方式于腐败问题治理中之应用[1]。监察案件处理流程遵循监察程序设立之目的，即通过有效的步骤达到对公权力行使全过程的监督。另外，监察案件处理流程的设置与监察职责、监察内容、监察权限、监察范围等紧密相关。

第一节　问题线索管理与处理程序

问题线索管理与处理是监察机关开展工作的基础和前提。《监察法》规定问题线索处理的具体程序和要求，有利于加强对问题线索处置诸环节的监督和制约[2]，实现对问题线索的有效管控。

一、问题线索的来源

问题线索是监察机关启动监察程序，确定案件管辖和后续调查、处置的前提。[3] 一般说来，问题线索的来源主要包含：①相关人员的报案、举报；②监察机关依照法律规定履行职责过程中发现的有关线索和问题；③除了国家监察机关以外的其他国家机关在履行职责过程中发现的移送给监察机关管辖的线索和案件。例如，公安机关作为国家治安管理部门，其在日常工作中以及与违法犯罪进行斗争的最前线中发现的犯罪线索和事实；④人民检察院在审查批捕、审查起诉过程中发现的犯罪事实与线索；⑤人民法院在行使审判职能时候发现的与案件无关的其他职务违法犯罪线索；⑥有关人员的控告；⑦职务违法、犯罪嫌疑人的自首；⑧来自社会舆论监督、媒体监督等方式发现的问题线索。

---

[1]　褚宸舸主编：《监察法学》，中国政法大学出版社2020年版，第164页。
[2]　中共中央纪律检查委员会、中华人民共和国国家监察委员会法规室编写：《〈中华人民共和国监察法〉释义》，中国方正出版社2018年版，第180页。
[3]　"因为监察调查功能前移至初步核实，使得立案开启监察调查程序的功能丧失，监察机关对监察对象问题线索的处置事实上成为监察调查的开始环节。"邓联荣、高通："赋予监察证据以刑事证据资格研究——以《监察法》第33条第1款为中心"，载《湘潭大学学报（哲学社会科学版）》2021年第1期。

二、对报案、举报的处理

信访举报被称为问题线索的主要来源和"主渠道"。[1]《监察法》第 35 条设置了对报案、举报的处理程序。《监察法实施条例》第五章细化了报案、举报的处理程序。前述"处理"是指对于个人、单位和其他社会组织的举报、报案及其相关材料，监察机关进行接待和收留的活动。其中"报案"是指任何个人、单位或者社会其他组织在发现违法犯罪事实之后，或者被害人对侵犯自己人身、财产权益的犯罪事实，向监察机关报告，请求其进行调查并作出处置的行为。因为报案人有可能是偶然知悉犯罪事实的人，其进行报案并不必然知晓犯罪嫌疑人；报案人也可能就是受害者本身，其进行报案也未必知晓犯罪嫌疑人。[2] 而"举报"是指与监察案件无直接利害关系并知晓案件相关情况的单位或者个人向监察机关检举、揭发犯罪嫌疑人的犯罪事实或者犯罪线索的行为。关乎报案与举报之理解，需要注意以下几点：

其一，报案与举报之间的区别。报案和举报都是监察机关获取问题线索的重要来源，但二者略有不同。报案仅仅是指报告发生了职务违法犯罪，但并不知晓违法人、犯罪嫌疑人是谁。报案人既可以是被害人，也可以是除被害人以外的其他人。当被害人仅仅向监察机关报告发生了职务违法犯罪行为时，就是报案。而被害人及其法定代理人、近亲属以外的其他人为了维护国家利益、社会公共利益和其他公共利益而进行的活动是举报，其举报内容不仅包括职务违法犯罪行为之发生，还包括职务违法犯罪主体。[3] 易言之，举报与报案相比，所提供的问题线索更为具体，其直接指向了职务违法犯罪的相关嫌疑人。

其二，监察机关对报案、举报的处理。监察机关对于报案和举报"应当"予以接受并按照有关规定处理。[4] "监察机关已经建立和形成了由信访举报单位归口受理和问题线索集中管理、分类处置、定期清理的不同部门相互协调和制约的工作架构。"[5] 具体而言包含两点：一是对于任何报案、举报，监察机关都应当接受、必须接受。不同于诉讼管辖中的立案审查制度，就监察程序而言，此时的报案和举报只是监察机关发现、查找和获取问题线索的一种途径，并没有正式进入监察立案程序，若对每一次报案和举报进行审查，即使是形式审查，也恐会打击和挫伤报案人、举报人的积极性，不利于全面、有效地查处职务违法犯罪活动，更有碍国家利益和社会公共利益之保障。二是监察机关对于举报和报案应当根据相应要求来解决。不同的问题线索应当分别解决，若属于本机关管辖的，监察机关应当严格根据法定程序开展调查工作；若需要采

---

[1] 杨晓超："适应深化国家监察体制改革要求推动新时代纪检监察信访举报工作高质量发展"，载《中国纪检监察》2018 年第 10 期。

[2] 兰跃军："被害人报案与控告"，载《刑事法律评论》2014 年第 1 期。

[3] 赵志建："刑事立案若干问题探讨"，载《人民检察》2000 年第 4 期。

[4] 中共中央纪律检查委员会、中华人民共和国国家监察委员会法规室编写：《〈中华人民共和国监察法〉释义》，中国方正出版社 2018 年版。

[5] 马方、任惠华主编：《监察调查程序与方法》，中国方正出版社 2020 年版，第 18 页。

取初步核实的,监察机关理应依法完成审批手续,成立核查组,进行调查处置。[1]对于那些不属于本级监察机关管辖的线索,可以请求移送上级监察机关或者下级监察机关处理,应当在5个工作日内予以转送。监察机关可以向下级监察机关发函交办检举控告,并进行督办,下级监察机关应当按期回复办理结果。

三、问题线索移送和管辖

《监察法》第4条第2款规定:"监察机关办理职务违法和职务犯罪案件,应当与审判机关、检察机关、执法部门互相配合、互相制约。"本条规定内含了监察案件的管辖必须要坚持分工明确、合理之原则。案件监督管理部门在收到其他机关移交的问题线索后,应当结合问题线索的性质以及所涉及的对象、地区、单位等情况认真分析研判,提出具体的处置意见。处置意见应当在收到问题线索之日起30日内提出,杜绝拖延不办、积压案件的情况。[2]

(一)立案管辖之问题

立案管辖是指监察机关和其他国家机关在受理和处置国家公职人员涉嫌职务违法和职务犯罪案件上各自的权限分工问题。管辖涉及各级监察机关内部分工和监察机关与其他国家有权机关的外部分工两个方面,而此处的立案管辖仅仅代指外部分工方面。确立管辖应当坚持分工明确、合理的原则,还要坚持及时、正确处理案件的原则和灵活性原则。[3]至于监察机关负责调查的案件范围,则包括国家公职人员涉嫌贪污贿赂、滥用职权、玩忽职守、权力寻租、利益输送、徇私舞弊以及浪费国家资财等职务犯罪案件。[4]《监察法》第16条明确规定了各级监察机关办理监察事项的职权分工。

其一,监察职权的专属性、排他性和独占性。[5]《监察法》第3条规定了各级监察委员会是肩负监察职能的专责机关。由此可知,监察职权具有专属性和排他性特点。《监察法》第4条规定了监察独立的原则,主要包括监察职权归属上的排他性和职权行使上的独立性。

其二,对立案管辖的理解。在我国,全方位、多层次的公职人员监督体系已经建立。[6]职务违法犯罪的专门负责机关是各级监察委员会,其在依法履行监察职能的同时,对相关的职务违法、职务犯罪进行调查、处置。这意味着,对国家公职人员职务违法和职务犯罪案件的管辖权只能由各级监察机关享有,其他国家机关不能行使。[7]《监察法》第34条即规定了有关国家机关应当将问题线索移送监察机关。

---

[1] 朱福惠:"论检察机关对监察机关职务犯罪调查的制约",载《法学评论》2018年第3期。

[2] 中共中央纪律检查委员会、中华人民共和国国家监察委员会法规室编写:《〈中华人民共和国监察法〉释义》,中国方正出版社2018年版,第180页。

[3] 韩大元:"论国家监察体制改革中的若干宪法问题",载《法学评论》2017年第3期。

[4] 张云霄:《监察法学新论》,中国政法大学出版社2020年版,第150页。

[5] 孟松:"监察法与刑事诉讼法衔接中的监察管辖问题探讨",载《理论探索》2021年第3期。

[6] 李志强:"监察委员会的职能定位及其类型化构造",载《山东社会科学》2021年第1期。

[7] 焦洪昌、叶远涛:"监察委员会的宪法定位",载《国家行政学院学报》2017年第2期。

(二) 管辖权竞合之处理

管辖权竞合主要指数个主管机关的管辖权限竞合，而涉及的对象仅是同一位被调查人。解决管辖权竞合要坚持便利案件处置的原则、主次原则和灵活性原则。《监察法》第 4 条规定了有关机关和单位应当根据监察机关的要求对监察机关的监察工作进行协助。可以看出，在监察实务和司法实务中，监察机关在处置公职人员的职务违法犯罪案件时具有优先地位和主要地位，[1] 其他机关在一般情况下应当协助监察机关的工作，即具有法定的协助义务。故当被调查人涉嫌不同种类的违法犯罪且相互竞合时，应当由各级监察委员会为主导、其他机关为协助进行调查、侦查和处置。同理，对不属于监察机关管辖的案件，监察机关应当将案件移送给有关机关管辖。当然，在特殊情况下也可以由其他有关机关为主导、各级监察机关为辅助进行案件的侦查、调查和处置，但是哪些情形属于特殊情况，法律对此没有做出明确规定。监察机关在办理职务违法案件时，主罪一般应属于监察机关的管辖范围，由监察机关为主展开调查工作。此外，还可以采用并案处理的方式解决管辖权竞合的问题。[2]

四、问题线索处理程序和要求

问题线索处置是监察机关根据问题线索的具体情况，经过综合分析，依照法律规定的标准和程序对其作出处理的过程。[3] 这是职务违法犯罪审查工作的重要基础。其具体的工作流程如下：

(一) 问题线索的处理、审批和分类管理

监察机关对于有关问题线索的举报、报案要切实履行好受理和分流的职责。不属于监察机关管辖的线索和情况应当予以转送，而属于监察机关内部受理的，要作出详细分析研究，对属于上级或者下级监察机关管辖的问题线索，可以报请上级移送或者直接移送给下级监察机关予以办理。对属于检举控告类的问题线索或情况，经过筛选研判，并经机关内部领导批准之后转化为问题线索；对属于批评类的问题或者情况，对举报人反映的廉政建设和监察工作的意见进行梳理并向机关负责人作出报告；对申诉类的问题线索或者情况，按照有关申诉复核的规定予以办理。[4] 值得注意的是，在对问题线索进行分类处理、审批和管理的过程中要做好相关保密工作。

承办部门结合问题线索及其他具体情况，按照谈话函询[5]、初步核实、暂存待查、予以了解四类方式予以处理，其中，①谈话函询适用于较为轻微、能直接核实的

---

[1] 卞建林："检察机关侦查权的部分保留及其规范运行——以国家监察体制改革与《刑事诉讼法》修改为背景"，载《现代法学》2020 年第 2 期。

[2] 王译："监察互涉案件管辖主体配合协助义务之具体化"，载《时代法学》2021 年第 5 期。

[3] 秦前红主编：《监察法学教程》，法律出版社 2019 年版，第 313 页。

[4] 周长军："监察委员会调查职务犯罪的程序构造研究"，载《法学论坛》2018 年第 2 期。

[5] "谈话，是纪检监察机关履行职责的重要措施，也是常用的工作方式""函询，是纪检监察机关履行监督职责，特别是做细做实日常监督的一种常用的重要方式"。孙倩："如何把握《规则》规定谈话函询的谈话与其他谈话的区别？注意区分谈话主体、适用对象及针对的问题等因素"，载《中国纪检监察》2019 年第 13 期。

第十四章　监察案件处理流程

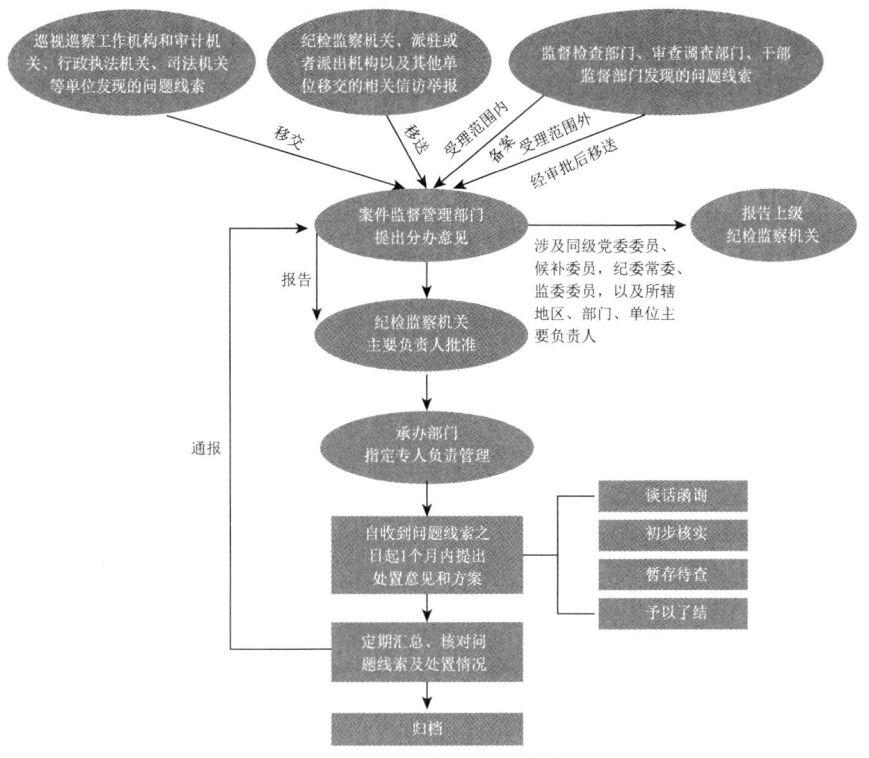

图 14-1　问题线索处理工作流程图

违纪问题线索与违法线问题线索；②涉嫌违纪或职务违法、职务犯罪问题线索需在追究纪律和法律责任的情况下采取初步核实的方式；③若分析线索反映的问题虽具有一定的可查性，但由于时机、现有条件、涉案人一时难以找到等原因暂不具备核查的条件，可存放被查，即暂存待查；④线索反映的问题失实或者没有可能开展核查工作的，采取予以了结的方式处置。处理问题线索时，应当既研究分析被反映公职人员个人情况，还要结合问题线索所涉及地区、部门、单位总体情况，在综合分析的基础上，对个体问题线索提出实事求是的处理意见。[1]

（二）问题线索的定期汇总、通报

从问题线索管理处理流程上看，问题线索具备多种来源途径。首先由监察机关内部的纪检、信访管理部门进行归口管理[2]、统一接收，紧接着通过整理将问题线索区分不同的类别，进而由案件监督管理部门接收。[3]同时，执纪监督部门、执纪审查部

---

[1]　中共中央纪律检查委员会、中华人民共和国国家监察委员会法规室编写：《〈中华人民共和国监察法〉释义》，中国方正出版社 2018 年版，第 181 页。

[2]　"归口管理就是把通过人民群众来信来访、上级组织交办、其他组织移交以及案件办理等途径找到的问题线索统一交给案件监督管理部门管理，并在案件监督管理部门指定线索专管员，由其统一负责问题线索的受理登记、编号录入、处置分流、交办督办、反馈归档等工作。"周义程："一体推进'三不'的内在逻辑与实践进路"，载《南京社会科学》2021 年第 10 期。

[3]　沈叶："问题线索的流转之旅"，载《中国纪检监察》2017 年第 5 期。

门、干部监督部门在履职过程中察觉出问题线索，若不属于本部门受理的，经过本部门领导审批之后移送给案件监督管理部门。此外，巡视工作机构、其他国家机关发现的问题线索也将移交给案件监督管理部门。案件监督管理部门将定期对所有的问题线索进行汇总、核对、报告，提出分办意见之后移交承办部门予以处理。在案件办理和处理过程中，具体承办部门也将会定期汇总问题线索处置情况并加以归档，同时将相关的情况及时通报给案件监督管理部门。建立问题线索处理情况定期汇总、通报制度，有利于理顺监察机关内部各部门间关系，使得问题线索的处置工作能够顺利开展，提高监察效率。[1]同时也要对问题线索的处理情况进行定期检查和抽查，提高监察案件质量。

（三）问题线索的初步核实

初步核实是监察机关解决职务案件过程的第一步。监察机关初步核实的问题线索须具备以下三个条件：①问题线索反映的问题具有存在的可能性和可调查性；②问题线索反映的问题可能构成职务违法或职务犯罪，需要追究相关公职人员的法律责任；③掌握的问题线索应当属于本监察机关的管辖范围。[2]其具体程序流程如下：

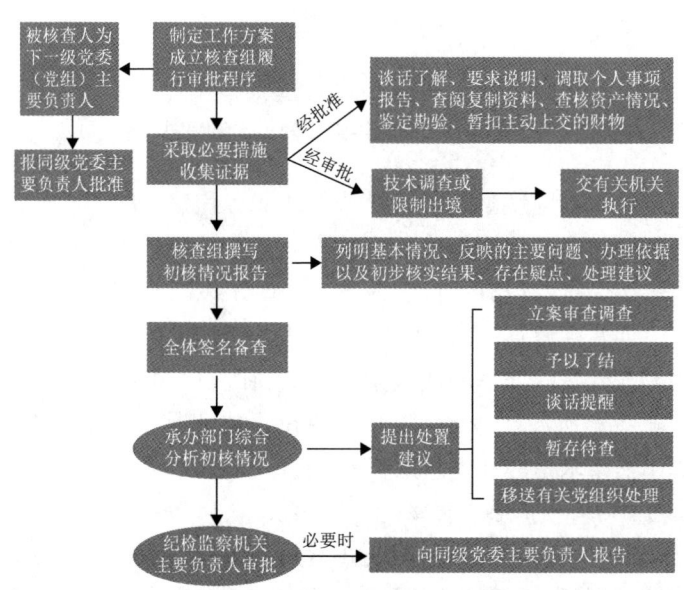

图14-2 初步核实工作流程图

其一，初步核实的执行程序。根据《监察法》第38条及《监察法实施条例》第五章第二节规定，对涉嫌违反《监察法》相应要求的问题线索，监察机关应当遵循下列程序开展初步核实工作：①问题线索的处理满足初步核实条件的，审批程序的完成和

---

〔1〕 陈振："关于纪检监察机关运用函询处置问题线索的思考"，载《广州大学学报（社会科学版）》2016年第12期。

〔2〕 马怀德主编：《监察法学》，人民出版社2019年版，第235页。

核查组的设立须由监察机关依法进行。核查组之成立，乃是监察机关为初步核实工作提供的组织准备，即应当确定初步核实对象、制定工作方案、明确应核实之问题和应采取之措施。核查组的工作人员是监察机关初步核实工作的执行人员，需要依法按照审批程序予以成立。另外，为确保核查工作的质量，核查组应当至少包含1名监察机关负责人；②在完成初步核实后，初核情况报告和处理建议须被核查组完成和举出。核查组根据上述了解的实际情况，联系报告的内容，辨别初步核实的单位与个人是否满足涉嫌职务违法犯罪的条件，列明被核查人基本情况、反映的主要问题、初核结果、处理根据、滞留疑点和处理建议，由核查组全体人员签名备查。承办部门应当综合分析初核情况，按照拟立案审查、予以了结、谈话提醒、暂存待查或者移送有关党组织处理等方式提出处置建议。初核情况报告报监察机关主要负责人审批，必要时向同级党委（党组）主要负责人报告。

其二，初步核实的具体情况处理。初步核实违反职务法律、法规的行为后，监察机关对初步核实的具体情况分别作出以下处理：①存在违反职务法律、法规事实，需要进一步调查的，予以立案。②不存在违反职务法律、法规事实，或者存在违反职务法律、法规事实，但情节轻微的，不予立案。对存在违反职务法律、法规事实，但情节轻微的，可按照《监察法》第64条规定处罚。③经过初步核实，尚无法完全排除问题存在的可能性，但在现有条件下难以进一步开展工作的，按照规定程序报批后予以暂存待查。④发现被核查人存在一定违法问题但不需要给予政务处分，或者虽有违法问题嫌疑但难以核实认定的，可以视情况提出诫勉或者给予组织处理等建议，按照规定报批后，通过移送有关党组织处理等程序办理。[1]

其三，初步核实工作的成果处理。①承办部门应当提出分类处理意见。承办部门必须按照不同的类别处置问题线索，列举对拟立案、初核、谈话函询、暂存和终结所得出的关于初步核查问题线索是否应当予以立案的意见。上述意见，必须要有文件材料的支撑，以证明处理意见的合法性与合理性。再者，因承办部门是监察机关开展初步核实工作的临时办事机构，所以其得出的分类处理意见具有参考性，可以用于补充、完善监察部门的初核报告及处理建议，但不能单独作为初步核实的最终凭据；②初核情况报告和分类处理意见报监察机关主要负责人审批。监察机关的主要负责人，指的是监察机关主持本单位全面工作具有最高决策权并对本单位承担主要责任的单位领导。将初步核查过程中由监察机关及承办单位提出的初核情况报告和分类处理意见报监察机关主要负责人审批，旨在使监察机关主要负责人了解初步核实工作的具体情况，判断监察对象是否有可能存在职务违法犯罪的行为事实，增强立案工作的准确性、合法性、权威性。[2]

其四，初核情况报告和分类处理意见的审批。监察机关负责人在审批时应当注意：

---

[1] 马方、任惠华主编：《监察调查程序与方法》，中国方正出版社2020年版，第28页。
[2] 卞建林："监察机关办案程序初探"，载《法律科学（西北政法大学学报）》2017年第6期。

①初步核实工作是否依法进行。审查初核报告与分类处理意见，首先应判断初步核实本身是否合法，是否有程序上的瑕疵。对于其中的违法行为应予以批评并追究责任；②重点核实相关证据材料，重视证据对问题线索的说明作用，不可仅凭经验、主观臆断来判断；③审批应当具有责任效力。审批意味着监察机关负责人应当对初核结果负责；④审批的结果应当在监察机关内部公开。审批结果除密级限制外，应当对核查组和所在的监察机关内部予以公示；⑤在初核中，若职务违法犯罪行为或者监察机关尚未知悉的其他相应问题线索由被调查人主动交代，可以从轻处分或追究其法律责任。

五、对问题线索处理工作的监督

线索处理是监察程序的初始阶段，加强对线索处理的监督，在整个监察程序中居于基础性地位。

（一）建立相互协调、相互制约的工作机制和协调内部职能分工

《监察法》第36条规定的协调制约原则要求各级监察机关内部要形成执纪监督、线索处理、审查调查、内部监督管理、案件督促、案件审理相互协调、相互制约的工作机制。[1] 具体而言：

其一，在内部建设上，明确职能分工，细化职责履行方式，完善配套制度。各级监察机关要分门别类地设置报案、举报接收部门、问题线索分析处置部门、线索管理部门、监督检查和执纪监督部门、线索调查审查部门等单位，并赋予其相应的职权。

其二，在领导体制上，探索统分结合，实行既分工负责又集体决策的体制。实行"监督、审查、案管、审理"相对分离，执纪监督、审查调查、案件监督管理和案件审理等工作由各级纪委监委主要负责人员各自分管，实行分工处理、分工负责。建立集体决策制度，对监察过程中发现的重大问题必须经集体研究决定，出现集体内部意见不一致时必须经集体研究，协商一致后按程序报批。

其三，在工作机制上，建立既相互协调又相互制约的机制。案件监督管理部门集中统一管理所有反映领导干部的问题线索，实行动态更新、汇总核对、全程监控，对执纪监督、审查调查工作进行综合协调和监督管理；执纪监督部门不承担处理具体案件，而是承担对联系地区和部门的日常监督；对违纪违法行为开展初步核实和审查调查则由审查调查部门承担，开展一次一授权，不固定联系某一地区或者部门，由案件监督管理部门统一调度；审核把关的任务由案件审理部门承担，对事实不清、证据不足的，退回审查调查部门补充证据或重新调查。同时，建立相互支持、协调衔接的工作机制。案件监督管理部门负责对审查调查部门的线索处置、审查调查情况进行跟踪研判，在安全保障、陪护力量协调等方面支持审查调查部门的工作。审查调查部门要将工作进展、线索处置进度以及相关审查调查数据统计情况及时报送案件监督管理部门，便于案件监督管理部门汇总分析。案件审理部门要在制定取证指南、细化证据标准、发布典型案例等方面，对审查调查部门的工作进行指导和支持。

---

[1] 何静："监察留置措施的内部约束与外部制约"，载《湖湘论坛》2021年第1期。

(二) 加强内部监督

监察机关不仅要受到来自外界的监督,如人大的监督、党的监督、人民的监督和社会的监督等,还要受内部体制机制的监督,[1] 具体包括国家监察委员会对地方监察机关工作的监督、上级监察机关对下级监察机关的监督和各级监察机关对自身内部各工作部门的监督。监察机关加强对调查、处置工作的监督管理,一是建立内部监督制度;二是健全工作运行制度;三是完善干部管理制度,注重夯实基础,提升纪检监察干部综合素质;四是创新监督方式,健全内部监督管理机制;五是完善纪检监察工作人员违纪违法问题查处和情况通报制度。

◇【法条链接】

一、《中华人民共和国监察法》(2018年)

第三十四条 人民法院、人民检察院、公安机关、审计机关等国家机关在工作中发现公职人员涉嫌贪污贿赂、失职渎职等职务违法或者职务犯罪的问题线索,应当移送监察机关,由监察机关依法调查处置。

被调查人既涉嫌严重职务违法或者职务犯罪,又涉嫌其他违法犯罪的,一般应当由监察机关为主调查,其他机关予以协助。

【释义】本条是关于职务违法犯罪问题线索移送制度和管辖的规定。

第三十五条 监察机关对于报案或者举报,应当接受并按照有关规定处理。对于不属于本机关管辖的,应当移送主管机关处理。

【释义】本条是关于报案、举报的规定。

第三十六条 监察机关应当严格按照程序开展工作,建立问题线索处置、调查、审理各部门相互协调、相互制约的工作机制。

监察机关应当加强对调查、处置工作全过程的监督管理,设立相应的工作部门履行线索管理、监督检查、督促办理、统计分析等管理协调职能。

【释义】该条是关于监察机关加强监察工作监督管理的规定。

第三十七条 监察机关对监察对象的问题线索,应当按照有关规定提出处置意见,履行审批手续,进行分类办理。线索处置情况应当定期汇总、通报,定期检查、抽查。

【释义】本条是关于问题线索处置程序和要求的规定。

第三十八条 需要采取初步核实方式处置问题线索的,监察机关应当依法履行审批程序,成立核查组。初步核实工作结束后,核查组应当撰写初步核实情况报告,提出处理建议。承办部门应当提出分类处理意见。初步核实情况报告和分类处理意见报监察机关主要负责人审批。

【释义】本条是对监察机关初步核实程序的规定,旨在明确监察机关初步核实工作的组织安排、成果汇报的各项程序,促进初步核实工作的科学化、合理化、精细化,

---

[1] 刘素梅:"国家监察权的监督制约体制研究",载《学术界》2019年第1期。

便于监察机关主要负责人尽可能地掌握所涉问题的核实情况。

二、《中华人民共和国监察法实施条例》(2021年)

第一百六十八条 监察机关应当对问题线索归口受理、集中管理、分类处置、定期清理。

第一百六十九条 监察机关对于报案或者举报应当依法接受。属于本级监察机关管辖的，依法予以受理；属于其他监察机关管辖的，应当在五个工作日以内予以转送。

监察机关可以向下级监察机关发函交办检举控告，并进行督办，下级监察机关应当按期回复办理结果。

第一百七十条 对于涉嫌职务违法或者职务犯罪的公职人员主动投案的，应当依法接待和办理。

第一百七十一条 监察机关对于执法机关、司法机关等其他机关移送的问题线索，应当及时审核，并按照下列方式办理：

（一）本单位有管辖权的，及时研究提出处置意见；

（二）本单位没有管辖权但其他监察机关有管辖权的，在五个工作日以内转送有管辖权的监察机关；

（三）本单位对部分问题线索有管辖权的，对有管辖权的部分提出处置意见，并及时将其他问题线索转送有管辖权的机关；

（四）监察机关没有管辖权的，及时退回移送机关。

第一百七十二条 信访举报部门归口受理本机关管辖监察对象涉嫌职务违法和职务犯罪问题的检举控告，统一接收有关监察机关以及其他单位移送的相关检举控告，移交本机关监督检查部门或者相关部门，并将移交情况通报案件监督管理部门。

案件监督管理部门统一接收巡视巡察机构和审计机关、执法机关、司法机关等其他机关移送的职务违法和职务犯罪问题线索，按程序移交本机关监督检查部门或者相关部门办理。

监督检查部门、调查部门在工作中发现的相关问题线索，属于本部门受理范围的，应当报送案件监督管理部门备案；属于本机关其他部门受理范围的，经审批后移交案件监督管理部门分办。

第一百七十三条 案件监督管理部门应当对问题线索实行集中管理、动态更新，定期汇总、核对问题线索及处置情况，向监察机关主要负责人报告，并向相关部门通报。

问题线索承办部门应当指定专人负责管理线索，逐件编号登记、建立管理台账。线索管理处置各环节应当由经手人员签名，全程登记备查，及时与案件监督管理部门核对。

第一百七十四条 监督检查部门应当结合问题线索所涉及地区、部门、单位总体情况进行综合分析，提出处置意见并制定处置方案，经审批按照谈话、函询、初步核实、暂存待查、予以了结等方式进行处置，或者按照职责移送调查部门处置。

函询应当以监察机关办公厅（室）名义发函给被反映人，并抄送其所在单位和派驻监察机构主要负责人。被函询人应当在收到函件后十五个工作日以内写出说明材料，由其所在单位主要负责人签署意见后发函回复。被函询人为所在单位主要负责人的，或者被函询人所作说明涉及所在单位主要负责人的，应当直接发函回复监察机关。

被函询人已经退休的，按照第二款规定程序办理。

监察机关根据工作需要，经审批可以对谈话、函询情况进行核实。

第一百七十五条 检举控告人使用本人真实姓名或者本单位名称，有电话等具体联系方式的，属于实名检举控告。监察机关对实名检举控告应当优先办理、优先处置，依法给予答复。虽有署名但不是检举控告人真实姓名（单位名称）或者无法验证的检举控告，按照匿名检举控告处理。

信访举报部门对属于本机关受理的实名检举控告，应当在收到检举控告之日起十五个工作日以内按规定告知实名检举控告人受理情况，并做好记录。

调查人员应当将实名检举控告的处理结果在办结之日起十五个工作日以内向检举控告人反馈，并记录反馈情况。对检举控告人提出异议的应当如实记录，并向其进行说明；对提供新证据材料的，应当依法核查处理。

第一百七十六条 监察机关对具有可查性的职务违法和职务犯罪问题线索，应当按规定报批后，依法开展初步核实工作。

第一百七十七条 采取初步核实方式处置问题线索，应当确定初步核实对象，制定工作方案，明确需要核实的问题和采取的措施，成立核查组。

在初步核实中应当注重收集客观性证据，确保真实性和准确性。

第一百七十八条 在初步核实中发现或者受理被核查人新的具有可查性的问题线索的，应当经审批纳入原初核方案开展核查。

第一百七十九条 核查组在初步核实工作结束后应当撰写初步核实情况报告，列明被核查人基本情况、反映的主要问题、办理依据、初步核实结果、存在疑点、处理建议，由全体人员签名。

承办部门应当综合分析初步核实情况，按照拟立案调查、予以了结、谈话提醒、暂存待查，或者移送有关部门、机关处理等方式提出处置建议，按照批准初步核实的程序报批。

第二节 立案、调查与审查程序

立案是监察机关调查职务违法与职务犯罪案件的重要环节，因此必须严格依法进行。[1]需要立案调查的案件应该着实具备掌握部分职务违法和犯罪事实、证据的条件。[2]

---

[1] 秦前红主编：《监察法学教程》，法律出版社2019年版，第320页。
[2] 马方、任惠华主编：《监察调查程序与方法》，中国方正出版社2020年版，第29页。

通过调查程序，对已有证据进行充实和完善，以全面调查问题和获取更充分的事实。

一、立案

立案是指监察机关对需要调查处理的事项经过初步审查，认为存在法律规定的违法行为事实且需要追究法律责任的，依法决定案件成立并进行调查处理的活动。"作为案件调查的开端，立案是监察机关依法履行监督和反腐败职能的前提，是监察机关查办职务违法犯罪案件的必经阶段和程序。"[1]通过立案，对职务违法犯罪行为进行追究，并依靠随后之调查处理行为，发现并证明违反职务法律、法规行为，将应有的惩罚和处理施于行为人上，使国家机关及其国家公务员、国家机关任命的其他人员和参与公共活动的其他人员清正廉明，依法履行职务。在监察机关解决职务违法犯罪行为的过程中，立案是其重要组成部分，并体现出举足轻重的作用。

（一）立案的条件

学界对立案的基本条件存在争议，有"两要件说"和"三要件说"，也有学者认为监察立案基本条件应当包括"四个方面"[2]。①"两要件说"认为监察立案基本条件包括经过初步核实、初步查明存在职务违法或职务犯罪行为和根据法律规定追究法律责任两个方面；[3]②"三要件说"认为监察立案基本条件包括初步核查存在职务违法或职务犯罪、需要追求法律责任以及按照规定的权限和程序办理立案手续三个方面；[4]③"四个方面说"认为，监察立案条件应当包括经过初步核实的前置条件、涉嫌职务违法犯罪的事实条件、需要追求法律责任的追责条件和按照规定权限和程序操作的程序条件等四个方面。[5]虽然不同学者在归纳监察立案基本条件的若干方面存在以上争议，但对监察立案基本条件的本质认识无实质差别。此外，《〈监察法〉释义》指出了立案应该同时具备的三个条件，即监察机关在对问题线索进行初步核实后，对同时具备以下三个条件的案件作出予以立案审查的决定。

其一，调查对象有违反职务法律、法规的事实。所谓违法事实，系监察对象实施违反职务法律、法规行为的时间、地点、手段、动机、目的、行为本身和侵害对象及所造成的危害后果等各种事实的总和。监察机关立案所需的违反职务法律、法规的事实，不要求全部为违反职务法律、法规的事实。调查阶段完毕后，违反职务法律、法规的全部事实才能水落石出。须调查处理的内容经监察机关初核后，认为存在一定的违反职务法律、法规事实即可立案。

其二，需要追究调查对象的法律责任。存在违反职务法律、法规的事实，仅为立案的条件之一，然而并非只要存在该类事实即立案查处，能否立案还要看是否需要追

---

[1] 马怀德主编：《监察法学》，人民出版社2019年版，第234页。
[2] 张云霄：《监察法学新论》，中国政法大学出版社2020年版，第167页。
[3] 秦前红主编：《监察法学教程》，法律出版社2019年版，第320页。
[4] 张云霄：《监察法学新论》，中国政法大学出版社2020年版，第167页。
[5] 张云霄：《监察法学新论》，中国政法大学出版社2020年版，第167~169页。

究法律责任,对存在违反职务法规事实和情节之调查对象,根据《监察法》和《公务员法》只需要给予批评教育、政务处分的则不需要立案。以上两个立案条件应同时具备,才能立案。在实务中,一定要严格、准确地掌握立案的条件,以保证准确、及时地立案。立案应当书写立案呈批报告,递交监察机关负责人审批。重要、复杂型案件,应当报上一级监察机关备案。

其三,按照规定的权限和程序办理立案手续。按照"规定的权限和程序"主要是指《中国共产党纪律检查机关监督执纪工作规则》第26条的规定,[1]即对符合立案条件的,由承办部门起草立案审查呈批报告,经纪检监察机关主要负责人审批后,报同级党委(党组)主要负责人批准,予以立案审查。有关负责人应当严肃认真留意,认为符合立案条件的,批准立案;认为不符合立案条件的,不批准立案,由监察机关作出其他处理;认为需要对某些问题做进一步了解的,退回立案报告,由承办部门做进一步了解。[2]

立案调查前一般要经过初步核实阶段,但在实践中初步核实程序并非必经程序。"比如,根据纪检监察监督执纪相关规定,对依法受到刑事责任追究的党员和监察对象,需要追究纪律责任或者给予政务处分的,原则上可以不再履行立案程序,由相关监督检察部门依据司法机关的生效判决、裁定等法律文书及其掌握的相关人员问题线索提出意见,需要直接作出政务处分的,移送案件审理部门办理;发现其他涉嫌职务违法、职务犯罪问题需要调查的,由该监督检察部门按照规定办理。"[3]

(二)立案过程中的调查准备

在立案阶段,监察机关主要通过专题会议的方式开展调查的准备工作。专题会议由监察机关的主要负责人召开,其确定的调查方案应当至少包含人员分工安排、调查工作的进度安排、调查措施、调查评估标准等内容。专题会议是民主集中制在立案过程中的程序要求,也是确保调查工作的科学性、提高调查工作效率的重要环节。专题会议确立的调查方案与调查措施,应具备较强的稳定性,监察人员非经过法定程序不得任意修改。监察机关的主要负责人应当做好调查的监督工作,切实保障调查严格按照专题会议所确立的调查方案进行。

(三)对立案调查决定的处理

立案调查决定应当告知监察对象,并通报相关组织。[4]这是建立在监察机关通过初步核查确认被监察对象涉嫌职务违法犯罪,对问题线索具有初步的掌握,并予以立案的基础之上。将立案调查决定向被调查人宣布和通报相关组织,体现出对被调查对象知情权的保护与尊重。有利于相关单位知悉下属部门及人员遵纪守法和涉嫌职务违

---

[1] 李学军、刘静:"监察调查中的一体化研究",载《法律适用》2019年第5期。
[2] 中共中央纪律检查委员会、中华人民共和国国家监察委员会法规室编写:《〈中华人民共和国监察法〉释义》,中国方正出版社2018年版,第187页。
[3] 马方、任惠华主编:《监察调查程序与方法》,中国方正出版社2020年版,第30页。
[4] 龙宗智:"监察体制改革中的职务犯罪调查制度完善",载《政治与法律》2018年第1期。

法犯罪的状态，使领导、监督职责之履行更为完善；同时监察机关也能从相关单位获得帮助和便于协作，有利于案件查处工作开展得顺遂有效。

然而，基于监察机关工作实践情况得知，相当一批职务违法犯罪案件触及面大，盘根错节，存在被调查单位的上级主管机关或被调查人所在单位拒绝配合监察机关工作的可能性。在上述不予配合甚至阻挠情形中，监察机关可以将立案决定暂缓通知被调查单位的上级主管机关、被调查人所在单位。另外，立案决定送达被调查人所在单位时，该单位不仅享有知情权，更重要的是应承担必要相关义务。

对涉嫌严重职务违法或者职务犯罪的，应当通知被调查人家属，并向社会公开发布。[1]这是对被调查人采取调查措施前，使被调查人的家属知悉立案调查决定，并要求其积极配合调查措施的必要前提。向社会公布，不仅旨在保护与尊重公众对涉嫌职务违法犯罪案件的知情权，也是为了向全社会征集更多调查证据，完善证据链，以促进调查工作的完成。

二、调查

调查是指监察机关对已经立案的职务违法或者职务犯罪案件应当依法采取监察措施，收集证据查明违法犯罪事实等活动的总称。

（一）调查方案

案件立案后，监察机关应根据不同的立案情形制定相应的调查方案。[2]调查方案应当依照法定程序报监察机关主要负责人批准后执行。[3]监察机关应当组成调查组依法开展调查。调查工作应当严格按照批准的方案执行，不得随意扩大调查范围、变更调查对象和事项，对重要事项应当及时请示报告。调查人员在调查工作期间，未经批准不得单独接触任何涉案人员及其特定关系人，不得擅自采取调查措施。

根据《监察法》第42条之规定，调查人员应当严格执行调查方案，不得随意扩大调查范围、变更调查对象和事项。如违反调查方案执行调查工作，符合《监察法》第60条规定的，被调查人及其近亲属有权向监察机关申诉。如监察人员严重违法，则按照第60条依法处理。严格执行调查方案，有利于保障监察对象的合法权益与基本权利，避免监察机关过度行使其监察职权。对于在调查过程中新发现的调查证据，需要变更调查方案，扩大调查范围或者变更调查对象与事项的，监察机关应当依法重新立案调查，而不能直接修改调查方案或者变更执行调查方案。

对于调查过程中的重要事项应当集体研究进行请示报告。严格落实请示报告制度是监察调查程序的特殊要求[4]，也是民主集中制原则在调查环节的具体体现。具体包

---

[1] 江国华："国家监察体制改革的逻辑与取向"，载《学术论坛》2017年第3期。

[2] 曹鎏："论职务违法调查的理论逻辑、规制路径及证据规则"，载《法学评论》2020年第5期。

[3] 陈辉："监察程序审批机制的双重属性、制度功能及优化路径"，载《华中科技大学学报（社会科学版）》2021年第5期。

[4] 张云霄：《监察法学新论》，中国政法大学出版社2020年版，第172页。

含：调查措施的批准实行、对被调查对象是否具有职务违法犯罪行为事实有较大证明力的证据、调查方案的实质性变更、调查对象的变更、问题线索的新发现、所涉嫌职务违法犯罪的变更等。请示报告之前应当先集体研究，此处"集体"的范围包括所调查案件的调查小组成员、监察机关的相关负责人及监察机关内部监督机构的相关人员。通过对调查过程中重要事项的集体研究，可以增强调查工作的科学性与民主性。将集体研究的结果按程序请示报告，便于监察机关主要负责人与上级监察机关监督调查进度，并及时对下一步的调查工作作出指示。集体研究应由监察机关的相关负责人发起，按照民主集中制的要求，实行少数服从多数的方案，确定调查方案、措施和步骤等重要事项。集体研究成员应当对所决定的事项负责。集体研究应当形成研究报告等书面材料或电子资料，留存备查。

此外，必须注意的是，《宪法》第 37 条、第 40 条与《监察法》中调查措施之规定存在一定冲突，具体表现为：监察机关采取留置等监察措施时需要对被调查对象的人身自由予以限制，但是《宪法》第 37 条第 2 款则明确规定："任何公民，非经人民检察院批准或者决定或者人民法院决定，并由公安机关执行，不受逮捕。"〔1〕此外，监察机关因调查工作需要对被调查对象的通信记录进行监控时，便与《宪法》第 40 条之规定产生冲突："……除因国家安全或者追查刑事犯罪的需要，由公安机关或者检察机关依照法律规定的程序对通信进行检查外，任何组织或者个人不得以任何理由侵犯公民的通信自由和通信秘密。"对于此类冲突情形，监察机关应当充分按照与审判机关、检察机关、执法部门互相配合、互相制约的原则，要求公安机关予以协助。

(二) 调查的程序

《监察法实施条例》对于调查的时限、被调查对象陈述申辩权利的保护以及调查报告的形成等作了明确规定。

其一，调查时限。调查职务违法或者职务犯罪案件，对被调查人没有采取留置措施的，应当在立案后 1 年以内作出处理决定；对被调查人解除留置措施的，应当在解除留置措施后 1 年以内作出处理决定。案情重大复杂的案件，经上一级监察机关批准，可以适当延长，但延长期限不得超过 6 个月。被调查人在监察机关立案调查以后逃匿的，调查期限自被调查人到案之日起重新计算。

其二，被调查对象的陈述申辩权利。调查组应当将调查认定的涉嫌违法犯罪事实形成书面材料，交给被调查人核对，听取其意见。被调查人应当在书面材料上签署意见。被调查人签署不同意见或者拒不签署意见的，调查组应当作出说明或者注明情况。对被调查人提出申辩的事实、理由和证据，调查组应当进行核实，成立的予以采纳。调查组对于立案调查的涉嫌行贿犯罪、介绍贿赂犯罪或者共同职务犯罪的涉案人员，在查明其涉嫌犯罪问题后，依照上述规定办理。

---

〔1〕 此处触及监察留置措施合法性或合宪性的问题。参见朱程斌、李龙："新时代的国家监察委：通过党内法规的政治机关法治化路径初探"，载《广西社会科学》2018 年第 3 期。

其三，调查报告的形成。调查组在调查工作结束后应当进行集体讨论，形成调查报告。调查报告应当列明被调查人基本情况、问题线索来源及调查依据、调查过程，涉嫌的主要职务违法或者职务犯罪事实，被调查人的态度和认识，处置建议及法律依据，并由调查组组长以及有关人员签名。对调查过程中发现的重要问题和形成的意见建议，应当形成专题报告。

其四，移送起诉前的准备。调查组对被调查人涉嫌职务犯罪拟依法移送人民检察院审查起诉的，应当起草《起诉建议书》。《起诉建议书》应当载明被调查人基本情况，调查简况，认罪认罚情况，采取留置措施的时间，涉嫌职务犯罪事实以及证据，对被调查人从重、从轻、减轻或者免除处罚等情节，提出对被调查人移送起诉的理由和法律依据，采取强制措施的建议，并注明移送案卷数及涉案财物等内容。调查组应当形成被调查人到案经过及量刑情节方面的材料，包括案件来源、到案经过，自动投案、如实供述、立功等量刑情节，认罪悔罪态度、退赃、避免和减少损害结果发生等方面的情况说明及相关材料。被检举揭发的问题已被立案、侦破，被检举揭发人已被采取调查措施或者刑事强制措施、起诉或者审判的，还应当附相关法律文书。经调查认为被调查人构成职务违法或者职务犯罪的，应当区分不同情况提出相应处理意见，经审批将调查报告、职务违法或者职务犯罪事实材料、涉案财物报告、涉案人员处理意见等材料，连同全部证据和文书手续移送审理。对涉嫌职务犯罪的案件材料应当按照刑事诉讼要求单独立卷，与《起诉建议书》、涉案财物报告、同步录音录像资料及其自查报告等材料一并移送审理。调查全过程形成的材料应当案结卷成、事毕归档。

三、审理

案件审理部门收到移送审理的案件后，应当审核材料是否齐全、手续是否完备。对被调查人涉嫌职务犯罪的，还应当审核相关案卷材料是否符合职务犯罪案件立卷要求，是否在调查报告中单独表述已查明的涉嫌犯罪问题，是否形成《起诉建议书》。经审核符合移送条件的，应当予以受理；不符合移送条件的，经审批可以暂缓受理或者不予受理，并要求调查部门补充完善材料。

其一，案件审理部门受理案件后，应当成立由2人以上组成的审理组，全面审理案卷材料。案件审理部门对于受理的案件，应当以《监察法》《公职人员政务处分法》《刑法》《刑事诉讼法》等法律法规为准绳，对案件事实证据、性质认定、程序手续、涉案财物等进行全面审理。案件审理部门应当强化监督制约职能，对案件严格审核把关，坚持实事求是、独立审理，依法提出审理意见。坚持调查与审理相分离的原则，案件调查人员不得参与审理。

其二，审理工作应当坚持民主集中制原则，经集体审议形成审理意见。审理工作应当在受理之日起1个月以内完成，重大复杂案件经批准可以适当延长。

其三，案件审理部门根据案件审理情况，经审批可以与被调查人谈话，告知其在审理阶段的权利义务，核对涉嫌违法犯罪事实，听取其辩解意见，了解有关情况。与被调查人谈话时，案件审理人员不得少于2人。具有下列情形之一的，一般应当与被调查人谈话：①对被调查人采取留置措施，拟移送起诉的；②可能存在以非法方法收集证据情形的；③被调查人对涉嫌违法犯罪事实材料签署不同意见或者拒不签署意见的；④被调查人要求向案件审理人员当面陈述的；⑤其他有必要与被调查人进行谈话的情形。

其四，经审理认为主要违法犯罪事实不清、证据不足的，应当经审批将案件退回承办部门重新调查。有下列情形之一，需要补充完善证据的，经审批可以退回补充调查：①部分事实不清、证据不足的；②遗漏违法犯罪事实的；③其他需要进一步查清案件事实的情形。案件审理部门将案件退回重新调查或者补充调查的，应当出具审核意见，写明调查事项、理由、调查方向、需要补充收集的证据及其证明作用等，连同案卷材料一并送交承办部门。承办部门补充调查结束后，应当经审批将补证情况报告及相关证据材料，连同案卷材料一并移送案件审理部门；对确实无法查明的事项或者无法补充的证据，应当作出书面说明。重新调查终结后，应当重新形成调查报告，依法移送审理。重新调查完毕移送审理的，审理期限重新计算。补充调查期间不计入审理期限。

其五，审理工作结束后应当形成审理报告，载明被调查人基本情况、调查简况、涉嫌违法或者犯罪事实、被调查人态度和认识、涉案财物处置、承办部门意见、审理意见等内容，提请监察机关集体审议。对被调查人涉嫌职务犯罪需要追究刑事责任的，应当形成《起诉意见书》，作为审理报告附件。《起诉意见书》应当忠实于事实真相，载明被调查人基本情况，调查简况，采取留置措施的时间，依法查明的犯罪事实和证据，从重、从轻、减轻或者免除处罚等情节，涉案财物情况，涉嫌罪名和法律依据，采取强制措施的建议，以及其他需要说明的情况。案件审理部门经审理认为现有证据不足以证明被调查人存在违法犯罪行为，且通过退回补充调查仍无法达到证明标准的，应当提出撤销案件的建议。

其六，上级监察机关办理下级监察机关管辖案件的，可以经审理后按程序直接进行处置，也可以经审理形成处置意见后，交由下级监察机关办理。被指定管辖的监察机关在调查结束后应当将案件移送审理，提请监察机关集体审议。上级监察机关将其所管辖的案件指定管辖的，被指定管辖的下级监察机关应当按照前款规定办理后，将案件报上级监察机关依法作出政务处分决定。上级监察机关在作出决定前，应当进行审理。上级监察机关将下级监察机关管辖的案件指定其他下级监察机关管辖的，被指定管辖的监察机关应当按照第一款规定办理后，将案件送交有管理权限的监察机关依法作出政务处分决定。有管理权限的监察机关应当进行审理，审理意见与被指定管辖的监察机关意见不一致的，双方应当进行沟通；经沟通不能取得一致意见的，报请有权决定的上级监察机关决定。经协商有管理权限的监察机关可以在被指定管辖的监察机关审理阶段提前阅卷、沟通和了解情况。对于上述规定的重大、复杂案件，被指定管辖的监察机关经集体审议后将处理意见报有权决定的上级监察机关审核同意的，有管理权限的监察机关可以经集体审议后依法处置。

◇【法条链接】

一、《中华人民共和国监察法》(2018年)

第三十九条 经过初步核实,对监察对象涉嫌职务违法犯罪,需要追究法律责任的,监察机关应当按照规定的权限和程序办理立案手续。

监察机关主要负责人依法批准立案后,应当主持召开专题会议,研究确定调查方案,决定需要采取的调查措施。

立案调查决定应当向被调查人宣布,并通报相关组织。涉嫌严重职务违法或者职务犯罪的,应当通知被调查人家属,并向社会公开发布。

【释义】本条是对监察机关立案程序的规定,旨在明确监察机关立案工作的确立标准、处理方法与公布措施,为立案调查工作作出必要准备。

第四十二条 调查人员应当严格执行调查方案,不得随意扩大调查范围、变更调查对象和事项。

对调查过程中的重要事项,应当集体研究后按程序请示报告。

【释义】本条是对调查人员调查对象、范围与请示报告的规定,旨在确保调查人员严格按照调查方案执行调查工作,提高调查的精度与效率,并确保重要事项决策的科学性与民主性。

第四十八条 监察机关在调查贪污贿赂、失职渎职等职务犯罪案件过程中,被调查人逃匿或者死亡,有必要继续调查的,经省级以上监察机关批准,应当继续调查并作出结论。被调查人逃匿,在通缉一年后不能到案,或者死亡的,由监察机关提请人民检察院依照法定程序,向人民法院提出没收违法所得的申请。

【释义】本条是对监察机关调查特殊程序的规定,旨在解决因被调查对象发生特殊状况,从而妨碍调查进一步推进或者阻碍违法所得没收工作的情形。

本法对于监察机关调查的特殊程序,主要包含以下两种情形:第一种是监察机关在调查贪污贿赂、失职渎职等职务犯罪案件过程中,被调查人逃匿或者死亡,有必要继续调查的;第二种是被调查人逃匿,在通缉一年后不能到案,或者死亡的。对于第一种情形,应当依据案件实际情况,判断是否需要继续调查。如需继续调查的,经省级以上监察机关批准,继续调查并得出结论。对于第二种情形,监察机关需要对调查所得的违法财物提请人民检察院依照法定程序,向人民法院提出予以没收的申请。

(一)继续调查的程序

所谓需要继续调查,即因为被调查对象死亡、失踪、逃匿等特殊原因,阻断监察机关调查工作,但案件社会危害性特别巨大、影响特别深远,且仍有调查可能性存在的情况下,监察机关认为有必要继续调查以得出调查结果的情形。

就一般刑事案件而言,基于司法成本的考虑,遇到严重阻碍侦查的特殊事由,往往终止侦查。依照我国现行《刑事诉讼法》规定,犯罪嫌疑人、被告人死亡的案件,应当不追究刑事责任,已经追究的,应当撤销案件,或者不起诉,或者终止审理,或者宣告无罪。并未要求继续调查得出结论。但监察机关调查的贪污贿赂、失职渎职等职务犯罪案件，其覆盖面广，所涉金额数值巨大，社会影响力强。其中某些案件有必要得出最终结论以追究犯罪与保护受害者与无辜者，运用较多的监察资源，是必要的。

但从另一方面来看，监察机关在调查过程中运用了采取讯问、询问、留置、搜查、调取、查封、扣押、勘验、检察等调查措施，基本事实往往已经调查得较为充分。[1] 其中留置措施的最长时间长达3个月，且可以特殊延长一次，总达6个月之久。不仅给监察对象造成了较大身体与精神负担，且耗费了较多的监察资源。[2] 出于成本考虑、现实需要和人权要求，基本无需对被阻却的调查继续展开。因此由省级以上监察机关批准，监察机关才可继续调查。由此也可以看出，需要继续调查的案件往往是跨省或者全国性的职务犯罪案件，或者是所涉金额特别巨大的职务犯罪案件。

（二）特殊调查程序中的财物处理程序

对于本条所涉的第二种情形，即特殊调查程序中的财物处理程序，基本同我国现行《刑事诉讼法》规定相同。其主要区别在于，增加了监察机关对调查所得违法财物的提请程序。即我国现行《刑事诉讼法》仅规定了人民检察院可以向人民法院提出没收违法所得的申请，而本法则规定由监察机关提请人民检察院依照法定程序，向人民法院提出没收违法所得的申请。增加监察机关的介入，是监察机关行使其法定职权的应有之义，也是将调查材料移交的必要程序。因为人民法院对于案件违法所得的了解，是建立在调查材料与证据的基础上的，监察机关作为调查的主体，直接收集相关证据，对案件事实认识最为深刻。在提请没收职务犯罪案件所涉违法财物的过程中，应当将案件材料一并移送人民检察院，再由人民检察院提出没收申请并移交案件材料。而人民检察院作为我国的法律监督机关，有必要对监察机关的调查材料作出审查，审查无误后再移交人民法院。如发现案件违法所得相关材料不足的，可以要求退回监察机关补充侦查或者自行补充侦查。[3]

以上两种处理程序可以单独适用，也可以合并适用。

二、《中华人民共和国监察法实施条例》（2021年）

第一百八十条 监察机关经过初步核实，对于已经掌握监察对象涉嫌职务违法或者职务犯罪的部分事实和证据，认为需要追究其法律责任的，应当按规定报批后，依法立案调查。

第一百八十一条 监察机关立案调查职务违法或者职务犯罪案件，需要对涉嫌行贿犯罪、介绍贿赂犯罪或者共同职务犯罪的涉案人员立案调查的，应当一并办理立案手续。需要交由下级监察机关立案的，经审批交由下级监察机关办理立案手续。

---

[1] 戴涛："监察体制改革背景下调查权与侦查权研究"，载《国家行政学院学报》2018年第1期。

[2] 秦前红、石泽华："论监察权的独立行使及其外部衔接"，载《法治现代化研究》2017年第6期。

[3] 万毅："法典化时代的刑事诉讼法变革"，载《东方法学》2021年第6期。

对单位涉嫌受贿、行贿等职务犯罪，需要追究法律责任的，依法对该单位办理立案调查手续。对事故（事件）中存在职务违法或者职务犯罪问题，需要追究法律责任，但相关责任人员尚不明确的，可以以事立案。对单位立案或者以事立案后，经调查确定相关责任人员的，按照管理权限报批确定被调查人。

监察机关根据人民法院生效刑事判决、裁定和人民检察院不起诉决定认定的事实，需要对监察对象给予政务处分的，可以由相关监督检查部门依据司法机关的生效判决、裁定、决定及其认定的事实、性质和情节，提出给予政务处分的意见，按程序移送审理。对依法被追究行政法律责任的监察对象，需要给予政务处分的，应当依法办理立案手续。

第一百八十二条 对案情简单、经过初步核实已查清主要职务违法事实，应当追究监察对象法律责任，不再需要开展调查的，立案和移送审理可以一并报批，履行立案程序后再移送审理。

第一百八十三条 上级监察机关需要指定下级监察机关立案调查的，应当按规定报批，向被指定管辖的监察机关出具《指定管辖决定书》，由其办理立案手续。

第一百八十四条 批准立案后，应当由二名以上调查人员出示证件，向被调查人宣布立案决定。宣布立案决定后，应当及时向被调查人所在单位等相关组织送达《立案通知书》，并向被调查人所在单位主要负责人通报。

对涉嫌严重职务违法或者职务犯罪的公职人员立案调查并采取留置措施的，应当按规定通知被调查人家属，并向社会公开发布。

三、《中华人民共和国刑事诉讼法》（2018年）

第一百零九条 公安机关或者人民检察院发现犯罪事实或者犯罪嫌疑人，应当按照管辖范围，立案侦查。

【释义】 本条是对立案侦查机关的规定。

立案是刑事诉讼活动的开端，标志着刑事诉讼程序正式启动。立案也是法律赋予公安司法机关的权利和职责，其他任何机关和个人都无权立案。公诉案件的立案侦查机关主要为公安机关和人民检察院，二者在职能管辖的范围上有所分工。依据本法第18条的规定，贪污贿赂犯罪，国家工作人员的渎职犯罪，国家机关工作人员利用职权实施的非法拘禁、刑讯逼供、报复陷害、非法搜查的侵犯公民人身权利的犯罪以及侵犯公民民主权利的犯罪，由人民检察院立案侦查。对于国家机关工作人员利用职权实施的其他重大的犯罪案件，需要由人民检察院直接受理的时候，经省级以上人民检察院决定，可以由人民检察院立案侦查。除法律另有规定的以外，其他刑事案件由公安机关立案侦查。[1]

第一百一十条 任何单位和个人发现有犯罪事实或者犯罪嫌疑人，有权利也有义

---

[1] 法律出版社法规中心编：《中华人民共和国刑事诉讼法配套解读》，法律出版社2012年版，第176~177页。

务向公安机关、人民检察院或者人民法院报案或者举报。

被害人对侵犯其人身、财产权利的犯罪事实或者犯罪嫌疑人，有权向公安机关、人民检察院或者人民法院报案或者控告。

公安机关、人民检察院或者人民法院对于报案、控告、举报，都应当接受。对于不属于自己管辖的，应当移送主管机关处理，并且通知报案人、控告人、举报人；对于不属于自己管辖而又必须采取紧急措施的，应当先采取紧急措施，然后移送主管机关。

犯罪人向公安机关、人民检察院或者人民法院自首的，适用第三款规定。

【释义】本条是对接受立案材料的规定。

第一百一十一条 报案、控告、举报可以用书面或者口头提出。接受口头报案、控告、举报的工作人员，应当写成笔录，经宣读无误后，由报案人、控告人、举报人签名或者盖章。

接受控告、举报的工作人员，应当向控告人、举报人说明诬告应负的法律责任。但是，只要不是捏造事实，伪造证据，即使控告、举报的事实有出入，甚至是错告的，也要和诬告严格加以区别。

公安机关、人民检察院或者人民法院应当保障报案人、控告人、举报人及其近亲属的安全。报案人、控告人、举报人如果不愿公开自己的姓名和报案、控告、举报的行为，应当为他保守秘密。

【释义】本条是对报案、控告、举报的形式、要求及保护措施的规定。

第一百一十二条 人民法院、人民检察院或者公安机关对于报案、控告、举报和自首的材料，应当按照管辖范围，迅速进行审查，认为有犯罪事实需要追究刑事责任的时候，应当立案；认为没有犯罪事实，或者犯罪事实显著轻微，不需要追究刑事责任的时候，不予立案，并且将不立案的原因通知控告人。控告人如果不服，可以申请复议。

【释义】本条是关于立案条件和程序的规定。

根据本条规定，人民法院、人民检察院或者公安机关对于报案、控告、举报和自首的材料，应当按照管辖范围迅速进行审查，通过审查决定是否立案。决定立案的条件是：①有犯罪事实，即已有的材料能够说明存在危害社会的犯罪行为，包括预备犯罪、正在实施犯罪、犯罪未遂、既遂或终止，这是立案的首要条件；②依照刑法及其他有关法律的规定，对所存在的犯罪事实需要追究刑事责任。对于同时具备以上两个条件的，应当决定立案。

经审查，有下列情形之一的，不予立案：①没有犯罪事实，即没有任何危害社会的犯罪行为和后果，或者有危害后果而并非犯罪行为所致；②虽有危害社会的行为，但情节显著轻微危害不大，不认为是犯罪的。遇有本法第15条规定的犯罪已超过追诉时效的，经特赦令免除刑罚的，依照刑法规定告诉才处理的犯罪而没有告诉或撤回告诉的，犯罪嫌疑人、被告人死亡或者其他法律规定免予追究刑事责任的情形的，也不予立案。

控告是被害人向司法机关报告犯罪嫌疑人及犯罪事实,要求追究刑事责任的行为,立案与否与被害人的权益有重大关系。为了防止司法实践中出现一些公安司法机关有案不立,被害人告状无门,放任犯罪分子逍遥法外,影响社会安定,正义无法伸张的情况,本条规定,对于不予立案的,应当将不立案的原因通知控告人,即对控告人的控告,要依法及时回复,不能不闻不问;认为不应当立案的,要说明理由。此外,为加强对控告人权利的救济,本条还规定,控告人对司法机关不予立案的通知不服的,可以申请复议。[1]

第一百一十三条 人民检察院认为公安机关对应当立案侦查的案件而不立案侦查的,或者被害人认为公安机关对应当立案侦查的案件而不立案侦查,向人民检察院提出的,人民检察院应当要求公安机关说明不立案的理由。人民检察院认为公安机关不立案理由不能成立的,应当通知公安机关立案,公安机关接到通知后应当立案。

【释义】 本条规定了人民检察院对公安机关应当立案而不立案的监督。

根据本条规定,人民检察院对公安机关的不立案决定进行监督有两种情况:一种情况是人民检察院在执法办案活动以及其他工作中自行发现公安机关对应当立案侦查的案件而不立案侦查的,应当要求公安机关说明不立案的理由;另一种情况是被害人认为公安机关对应当立案侦查的案件而不立案侦查,向人民检察院提出的,人民检察院也应当要求公安机关说明不立案的理由。人民检察院经审查有关材料后,认为公安机关的不立案理由不能成立的,应当通知公安机关立案,公安机关接到通知后应当立案。

本条所称的"应当立案侦查的案件",是指案件符合本法第110条规定的"有犯罪事实需要追究刑事责任"的立案条件。"不立案理由不能成立",是指公安机关提出的不立案理由与本法第10条规定的"没有犯罪事实,或者犯罪事实显著轻微,不需要追究刑事责任"的不立案条件不一致,不能作为不立案的理由。为了保证及时、准确地打击犯罪,及时、有效地保护公民的合法权益,本条专门规定了人民检察院对公安机关的不立案活动实施监督。[2]

四、《中国共产党纪律处分条例》(2018年)

第三十八条 本条例所称主动交代,是指涉嫌违纪的党员在组织初核前向有关组织交代自己的问题,或者在初核和立案审查其问题期间交代组织未掌握的问题。

【释义】 本条是对主动交代的规定。主动交代既可以在初核前,也可以在初核和立案调查中,既可以是自己的问题,也可以是其他违纪行为人的问题。既可以是组织未掌握的问题,也可以是组织已掌握的问题。而坦白只能是组织已掌握的本人违纪事实。

---

[1] 臧铁伟主编:《中华人民共和国刑事诉讼法解读》,中国法制出版社2012年版,第261~262页。
[2] 陈国庆主编:《中华人民共和国刑事诉讼法最新释义》,中国人民公安大学出版社2012年版,第146~147页。

从该条来看，主动交代的时间与内容范围较广，但未规定是否可以对其从轻处分。

第三节 处置程序

职务违法犯罪案件的处置是监察机关查办职务违法犯罪案件的重要环节。在充分监督和认真调查的基础上，对职务违法犯罪案件作出合法、公正、实事求是的处理，以惩戒或保护监察对象，从而达到维护国家法的尊严，保证政令畅通和政府廉洁高效的目的。监察机关根据监督、调查结果，依据《监察法》《公职人员政务处分法》等规定，再结合案件的具体情况，可以依法对被调查对象单独或合并采取谈话提醒、予以诫勉、政务处分、监察建议等处置方式[1]。

一、谈话提醒与予以诫勉等

对于公职人员有职务违法行为但情节较轻的情形，监察机关可以依法进行谈话提醒、批评教育、责令检查，或者予以诫勉。其适用条件是存在职务违法行为，但违法情节较轻。所谓违法情节较轻，即监察机关对被调查对象调查后认定其存在违反职务法律、法规的行为事实，但存在该行为危害较小、行为人主观恶性较弱、造成后果较为轻微等情形。谈话提醒、批评教育、责令检查，或者予以诫勉方式可以单独使用，也可以依据规定合并使用。

其一，谈话提醒是针对公职人员的苗头性、倾向性问题，通过谈话促使其警醒，从而防止问题进一步扩大的处理方式；此处的"谈话提醒"不同于《监察法》第19条规定的预防性质的谈话提醒措施，而是属于调查之后的处置方式。[2]对谈话提醒的情况应当制作记录。

其二，批评教育是在严厉指出公职人员错误的基础上，对其提出建议、意见，并希望其能够吸取教训、引以为戒的处理方式。对批评教育情况应当制作记录。

其三，责令检查是要求公职人员就其所存在的职务违法行为进行自我反省和检讨的处置方式。被责令检查的公职人员应当作出书面检查并进行整改。整改情况在一定范围内通报。

其四，诫勉是对公职人员进行谈话规诫、加强管理，并组织跟踪考核的一种处置方式。[3]谈话提醒、批评教育应当由监察机关相关负责人或者承办部门负责人进行，可以由被谈话提醒、批评教育人所在单位有关负责人陪同；经批准也可以委托其所在单位主要负责人进行。诫勉措施既可以采用谈话形式，也可以采用书面方式。采用谈

---

[1] 陈辉："《公职人员政务处分法》双轨惩戒体制下处分主体之间的关系定位"，载《甘肃政法大学学报》2021年第3期。

[2] 中共中央纪律检查委员会、中华人民共和国国家监察委员会法规室编写：《〈中华人民共和国监察法〉释义》，中国方正出版社2018年版，第205页。

[3] 马怀德主编：《监察法学》，人民出版社2019年版，第253页。

话方式的，应当根据诫勉对象的职务层次和具体岗位确定适当的谈话人，谈话人应当实事求是地向诫勉对象说明诫勉的事由，提出有针对性的要求，并明确其提交书面检查的时间。谈话诫勉应当制作谈话记录，载明下列事项：诫勉对象的基本情况，包括姓名、职务等；谈话人、记录人的姓名、职务等；进行谈话诫勉的日期、地点；进行诫勉的事由；谈话具体内容。受到诫勉的公职人员，应取消当年年度考核、本任期考核评优和评选各类先进的资格，短期内不得提拔或者重用。诫勉一段时间后，负责相关单位与个人的组织人事部门须运用妥当办法，获悉诫勉对象的改正状态。对于没有改正或者改正不明显的，根据情节轻重，给予调离岗位、引咎辞职、责令辞职、免职、降职等组织处理。负责相关单位与个人的组织人事部门要建立诫勉档案管理制度，对领导干部的谈话诫勉记录、诫勉书、书面检查材料等进行留存，并将有关情况作为相关单位与人员考核、任免、奖惩的重要依据。

二、政务处分

政务处分是指监察机关在依法调查之后发现被调查的公职人员存在职务违法行为的事实，对被调查的公职人员采取的行政处分与党内处分的综合惩罚措施。对违法的公职人员依法需要给予政务处分的，应当根据情节轻重作出警告、记过、记大过、降级、撤职、开除的政务处分决定，制作政务处分决定书。

监察机关应当将政务处分决定书在作出后1个月以内送达被处分人和被处分人所在机关、单位，并依法履行宣布、书面告知程序。

政务处分决定自作出之日起生效。有关机关、单位、组织应当依法及时执行处分决定，并将执行情况向监察机关报告。处分决定应当在作出之日起1个月以内执行完毕，特殊情况下经监察机关批准可以适当延长办理期限，最迟不得超过6个月。

三、问责

对于不履行或者不正确履行职责造成严重后果或者恶劣影响的领导人员，监察机关可以按照管理权限采取通报、诫勉、政务处分等方式进行问责，提出组织处理的建议。

问责决定与问责建议是两种并不等同但可以并用的处置方式。前者之"问责"由监察机关径行作出，并立即生效；后者之"问责"由监察机关向有权作出问责决定的组织提出建议，最终是否作出"问责决定"之权力不在监察机关。但在实践中，监察机关的"问责建议"一般会得到足够重视，并大概率会转变为有关组织的"问责决定"。

"问责决定"之作用对象是"职务违法的领导人员"；"问责建议"之作用对象是"有关组织"。监察机关应当按照职务违法犯罪行为的情节轻重，结合监察资源的实际情况，依法采取问责建议或问责决定，或二者并用。一般而言，对其中职务违法犯罪行为，若其情节轻微，社会危害性较小且监察资源相对匮乏，可以向有权作出问责决定的组织提出问责建议，问责建议应当至少包括：负有责任的领导人员所在单位的基本信息、问责事由、问责依据等；若其情节较为严重，社会危害性较大，监察机关应当优先运用监察资源依法直接作出问责决定，问责决定的内容至少应当包括负有责任的领导人员的基本信息、履历、问责事由、问责依据、问责效力与期限等。

四、监察建议与案件撤销

监察机关之调查取证在涉及单位的情况下，主要包含以下两种处置方式：第一种是监察对象所在单位廉政建设和履行职责等方面存在问题，监察机关应当提出监察建议，责令其实施整改；第二种是监察机关经过调查取证，发现没有证据证明监察对象存在违法犯罪行为，应撤销案件，结束立案调查工作。方式一是对于监察对象所在单位的一种建议与意见，其目的在于整改该单位存在的廉政建设和履行职责等方面的问题，尽量避免单位成员职务违法犯罪行为的发生。方式二则是对经过调查确无证据证明监察对象有职务违法犯罪行为的处置措施，是监察机关实事求是、注重证据原则之体现。

（一）监察建议

根据《监察法》第45条之规定，监察机关根据监督、调查结果，有权依法对监察对象所在单位廉政建设和履行职责存在的问题等提出监察建议。

监察建议作为一种建议性的处置方式，具有本质是监察职能之体现、范围具有特定性、适用上具有依附性、效果上具有强制性四项特点。[1]监察对象所在单位或组织收到监察建议之后，应当认真研究，针对问题积极改正，并按照要求向监察机关回复整改情况。综合来看，监察建议具有事后性、强制性、治本性。[2]

监察机关依法向监察对象所在单位提出监察建议的，应当经审批后制作监察建议书。《监察建议书》一般应当包括下列内容：①监督调查情况；②调查中发现的主要问题及其产生的原因；③整改建议、要求和期限；④向监察机关反馈整改情况的要求。

（二）案件撤销

根据《监察法》第45条之规定，监察机关经调查，对没有证据证明被调查人存在违法犯罪行为的，应当撤销案件。撤销案件是因为没有证据证明或者现有证据不足以证明监察对象存在违法犯罪行为，这要求监察机关应当尊重调查结果和调查证据，不得脱离调查依据、肆意追究无职务违法犯罪行为的监察对象的法律责任。[3]

其一，无法证明被调查人存在相关违法犯罪事实的案件需要撤销，包括经调查不存在职务违法或职务犯罪的事实，或者没有证据证明被调查人实施了违法犯罪行为，或者虽有违法犯罪事实，但并非调查人所为，以及作为立案依据的问题线索与事实不符等情况。[4]

---

[1] 褚宸舸主编：《监察法学》，中国政法大学出版社2020年版，第208页。
[2] 张云霄：《监察法学新论》，中国政法大学出版社2020年版，第188页。
[3] 陈越峰："监察措施的合法性研究"，载《环球法律评论》2017年第2期。
[4] 马怀德主编：《监察法学》，人民出版社2019年版，第283页。

其二，省级以下监察机关撤销案件后，应当在7个工作日以内向上一级监察机关报送备案报告。上一级监察机关监督检查部门负责备案工作。省级以下监察机关拟撤销上级监察机关指定管辖或者交办案件的，应当将《撤销案件意见书》连同案卷材料，在法定调查期限到期7个工作日前报指定管辖或者交办案件的监察机关审查。对于重大、复杂案件，在法定调查期限到期10个工作日前报指定管辖或者交办案件的监察机关审查。

其三，指定管辖或者交办案件的监察机关由监督检查部门负责审查工作。指定管辖或者交办案件的监察机关同意撤销案件的，下级监察机关应当作出撤销案件决定，制作《撤销案件决定书》；指定管辖或者交办案件的监察机关不同意撤销案件的，下级监察机关应当执行该决定。

其四，撤销案件应当及时、有效。监察机关在实施调查取证的全过程中，一旦发现被调查人不存在职务违法或职务犯罪行为，应当立即撤销案件，并解除冻结、查封、扣押等强制措施；对于已经被留置的人员，监察机关应当立即报告原审批机关，及时解除对被调查人的留置，并在监察机关撤销案件后，及时消除为被调查人带来的影响。[1]根据《监察法实施条例》第206条之规定，监察机关对于撤销案件的决定应当向被调查人宣布，由其在《撤销案件决定书》上签名、捺指印，立即解除留置措施，并通知其所在机关、单位。

其五，撤销案件后又发现重要事实或者有充分证据认为被调查人有违法犯罪事实需要追究法律责任的，应当重新立案调查。

五、没收、追缴和责令退赔财物

为了保障监察机关及时有效地查处案件，挽回或者减少损失，监察机关对因违反职务法律、法规的行为取得非法收入的监察对象，经过立案查处，不仅可以对其给予相应的行政处分，同时对其违反职务法律法规取得的财物还可以依法予以没收、追缴或者责令退赔。从反腐败工作实践来看，这些措施对及时收集案件证据、避免涉案资产转移等具有关键作用。[2]但是，监察机关对涉嫌职务违法犯罪所取得的财物给予没收、追缴或者责令退赔的，必须是法律、法规规定应由监察机关没收追缴或者责令退赔的，即必须是法律、法规明确授权的。据此，监察机关依法没收、追缴或者责令退赔职务违法犯罪所得财物，具体处理方式如下：

（一）没收、追缴和责令退赔财物的保管

保管问题是没收、追缴和责令退赔的财物的首要问题。监察机关在作出没收、追缴和责令退赔的决定以后，有关当事人应当向监察机关交付财物，并在监察机关监督下执行。即使是责令退赔的财物，也有相当一部分是经过监察机关返还原主。况且，

---

[1] 马怀德主编：《监察法学》，人民出版社2019年版，第283~284页。
[2] 江国华、何盼盼："中国特色监察法治体系论纲"，载《新疆师范大学学报（哲学社会科学版）》2018年第5期。

还有的职务违法犯罪行为人在做出决定前可能就已经把非法所得的财物交付监察机关。监察机关对违法所得的财物具有妥善保管、防止丢失和损坏的责任。监察机关在接受财物时，还应严格进行验收、调换，禁止私分或者变相私分。对于违反上述规定的监察官和监察人员，除应返还财物外，还应承担相应的法律责任。

没收、追缴和责令退赔虽然都是对职务违法犯罪所得的财物的处理方式，但由于它们所要达到的目的不同，对财物的处理方式也不尽相同。监察机关没收的财物，应当一律上缴国库。[1]追缴的财物，应退回原单位；依法不应退回的，上缴国库。所谓"依法不应退回的"，主要是针对贪污和挪用的公共财物，对这部分非法所得，应当追缴，并报经上级主管部门审查核准后归原单位注销悬账。但原单位已经作为损失核销了的，应当上缴国库。对于责令退赔的财物一般应退赔给原主，但如果原主也参与了职务违法犯罪活动，甚至与监察对象共同造成了职务违法犯罪事实，当然也应承担一定的后果责任。在此情况下，应当将财物上缴国库。无法找到原主的个别情况也应将财物上缴国库。

无论是没收、追缴或责令退赔，如果标的是物品，监察机关就应当承担将物品变卖成货币后上缴国库的义务。监察机关应当委托指定的商业部门将物品变卖或者拍卖行拍卖。对于专管机关管理或者专营企业经营的物品以及其他特殊物品，还应按照国家对这些物品的管理规定办理，并将变价款及时、足额上缴国库。

（二）拒绝执行没收、追缴和责令退赔决定的责任

拒绝执行没收、追缴和责令退赔的决定，包括两种情况：一种是被执行人拒绝执行决定；另一种是被执行人的所在单位或者主管部门拒绝协助执行或者拖延办理。所谓被执行人，即是指违法职务相关法律、法规的行为人。如果被执行人拒绝执行监察决定，拒不将非法所得的公私财物退出的，应追究其法律责任，即首先应按照《监察法》第63条的规定，由其所在单位、主管部门、上级机关或者监察机关责令改正，依法处理。如果被执行人有暴力抗拒的行为，对监察人员造成重伤、死亡等严重后果的，应按照刑法相关规定处理。

监察机关作出的没收、追缴和责令退赔决定，除有关的职务违法犯罪行为人应执行外，有时还需要职务违法犯罪行为人的所在单位或主管部门予以协助，无故拒绝或者拖延办理所应协助事项构成包庇行为的，亦应追究其法律责任，即对其作出监察建议或监察决定，要求其责令整改。仍然拒绝协助的，应由监察机关负责人批准强制实施。

（三）没收、追缴和责令退赔的实施过程

没收、追缴和责令退赔，一经监察机关作出，即发生法律效力。但这一效力所引起的结果却不是自然产生的。其必须使有关当事人知晓了决定内容之后才发生作用。

---

[1] 詹建红、崔玮："职务犯罪案件监察分流机制探究——现状、问题及前瞻"，载《中国法律评论》2019年第6期。

因此，监察决定作出后的第一个步骤就是送达。此外，责令退赔的财物，需要直接退赔给原主的，还应当告知原主。

监察机关作出没收、追缴和责令退赔的决定是一个过程，将职务违法犯罪的非法所得予以追回，使没收、追缴和责令退赔得到切实履行则又是一个过程。而且，这两个过程都要在案卷中得到体现，才能表明案件处理的完整性。监察机关没收、追缴和责令退赔财物，应当开具相应的凭证。由于没收追缴的财物中主要的和大量的部分要上缴国库，而上缴国库要取得财政部门的协助与配合，其凭证格式也应取得财政部门的认可才便于使用。责令退赔的财物主要返还原主，所以监察机关应当填写清单，由领取单位或者领取人在清单上签字或者盖章。各种凭证既表明监察机关对财物处理的决定是否得到切实地履行，也表明非法所得是否如数追回。如是，对于凭证的管理也自然成为监察机关的一项义务，凭证的领取、使用、保管和缴销制度，应在各级监察机关中设立，避免丢失和滥用。

◇【法条链接】

一、《中华人民共和国监察法》(2018年)

第四十五条 监察机关根据监督、调查结果，依法作出如下处置：

(一) 对有职务违法行为但情节较轻的公职人员，按照管理权限，直接或者委托有关机关、人员，进行谈话提醒、批评教育、责令检查，或者予以诫勉；

(二) 对违法的公职人员依照法定程序作出警告、记过、记大过、降级、撤职、开除等政务处分决定；

(三) 对不履行或者不正确履行职责负有责任的领导人员，按照管理权限对其直接作出问责决定，或者向有权作出问责决定的机关提出问责建议；

(四) 对涉嫌职务犯罪的，监察机关经调查认为犯罪事实清楚，证据确实、充分的，制作起诉意见书，连同案卷材料、证据一并移送人民检察院依法审查、提起公诉；

(五) 对监察对象所在单位廉政建设和履行职责存在的问题等提出监察建议。

监察机关经调查，对没有证据证明被调查人存在违法犯罪行为的，应当撤销案件，并通知被调查人所在单位。

【释义】 本条是监察机关对调查结果予以处置的程序性规定，旨在根据调查结果对被调查对象所涉嫌职务违法犯罪的具体行为作出分类处置，实现罚当其行，以确保调查结果的合法性，实现惩罚与教育相结合，提高国家机关及其工作人员、参与公务活动的单位与人员的廉洁性，维护法律的威严。

第四十六条 监察机关经调查，对违法取得的财物，依法予以没收、追缴或者责令退赔。对涉嫌犯罪取得的财物，应当随案移送人民检察院。

【释义】 本条是监察机关对职务违法犯罪活动中涉及违法取得的财物进行处理的程序规定，其目的在于减少职务违法犯罪行为对国家、社会、公民造成的财产损失，并为人民检察院提起公诉提供证据支持。

二、《中华人民共和国监察法实施条例》(2021年)

第二百条 监察机关根据监督、调查结果,依据监察法、政务处分法等规定进行处置。

第二百零一条 监察机关对于公职人员有职务违法行为但情节较轻的,可以依法进行谈话提醒、批评教育、责令检查,或者予以诫勉。上述方式可以单独使用,也可以依据规定合并使用。

谈话提醒、批评教育应当由监察机关相关负责人或者承办部门负责人进行,可以由被谈话提醒、批评教育人所在单位有关负责人陪同;经批准也可以委托其所在单位主要负责人进行。对谈话提醒、批评教育情况应当制作记录。

被责令检查的公职人员应当作出书面检查并进行整改。整改情况在一定范围内通报。

诫勉由监察机关以谈话或者书面方式进行。以谈话方式进行的,应当制作记录。

第二百零二条 对违法的公职人员依法需要给予政务处分的,应当根据情节轻重作出警告、记过、记大过、降级、撤职、开除的政务处分决定,制作政务处分决定书。

第二百零三条 监察机关应当将政务处分决定书在作出后一个月以内送达被处分人和被处分人所在机关、单位,并依法履行宣布、书面告知程序。

政务处分决定自作出之日起生效。有关机关、单位、组织应当依法及时执行处分决定,并将执行情况向监察机关报告。处分决定应当在作出之日起一个月以内执行完毕,特殊情况下经监察机关批准可以适当延长办理期限,最迟不得超过六个月。

第二百零四条 监察机关对不履行或者不正确履行职责造成严重后果或者恶劣影响的领导人员,可以按照管理权限采取通报、诫勉、政务处分等方式进行问责;提出组织处理的建议。

第二百零五条 监察机关依法向监察对象所在单位提出监察建议的,应当经审批制作监察建议书。

监察建议书一般应当包括下列内容:
(一)监督调查情况;
(二)调查中发现的主要问题及其产生的原因;
(三)整改建议、要求和期限;
(四)向监察机关反馈整改情况的要求。

第二百零六条 监察机关经调查,对没有证据证明或者现有证据不足以证明被调查人存在违法犯罪行为的,应当依法撤销案件。省级以下监察机关撤销案件后,应当在七个工作日以内向上一级监察机关报送备案报告。上一级监察机关监督检查部门负责备案工作。

省级以下监察机关拟撤销上级监察机关指定管辖或者交办案件的,应当将《撤销案件意见书》连同案卷材料,在法定调查期限到期七个工作日前报指定管辖或者交办案件的监察机关审查。对于重大、复杂案件,在法定调查期限到期十个工作日前报指定管辖或者交办案件的监察机关审查。

指定管辖或者交办案件的监察机关由监督检查部门负责审查工作。指定管辖或者交办案件的监察机关同意撤销案件的，下级监察机关应当作出撤销案件决定，制作《撤销案件决定书》；指定管辖或者交办案件的监察机关不同意撤销案件的，下级监察机关应当执行该决定。

监察机关对于撤销案件的决定应当向被调查人宣布，由其在《撤销案件决定书》上签名、捺指印，立即解除留置措施，并通知其所在机关、单位。

撤销案件后又发现重要事实或者有充分证据，认为被调查人有违法犯罪事实需要追究法律责任的，应当重新立案调查。

第二百零七条 对于涉嫌行贿等犯罪的非监察对象，案件调查终结后依法移送起诉。综合考虑行为性质、手段、后果、时间节点、认罪悔罪态度等具体情况，对于情节较轻，经审批不予移送起诉的，应当采取批评教育、责令具结悔过等方式处置；应当给予行政处罚的，依法移送有关行政执法部门。

对于有行贿行为的涉案单位和人员，按规定记入相关信息记录，可以作为信用评价的依据。

对于涉案单位和人员通过行贿等非法手段取得的财物及孳息，应当依法予以没收、追缴或者责令退赔。对于违法取得的其他不正当利益，依照法律法规及有关规定予以纠正处理。

第二百零八条 对查封、扣押、冻结的涉嫌职务犯罪所得财物及孳息应当妥善保管，并制作《移送司法机关涉案财物清单》随案移送人民检察院。对作为证据使用的实物应当随案移送；对不宜移送的，应当将清单、照片和其他证明文件随案移送。

对于移送人民检察院的涉案财物，价值不明的，应当在移送起诉前委托进行价格认定。在价格认定过程中，需要对涉案财物先行作出真伪鉴定或者出具技术、质量检测报告的，应当委托有关鉴定机构或者检测机构进行真伪鉴定或者技术、质量检测。

对不属于犯罪所得但属于违法取得的财物及孳息，应当依法予以没收、追缴或者责令退赔，并出具有关法律文书。

对经认定不属于违法所得的财物及孳息，应当及时予以返还，并办理签收手续。

第二百零九条 监察机关经调查，对违法取得的财物及孳息决定追缴或者责令退赔的，可以依法要求公安、自然资源、住房城乡建设、市场监管、金融监管等部门以及银行等机构、单位予以协助。

追缴涉案财物以追缴原物为原则，原物已经转化为其他财物的，应当追缴转化后的财物；有证据证明依法应当追缴、没收的涉案财物无法找到、被他人善意取得、价值灭失减损或者与其他合法财产混合且不可分割的，可以依法追缴、没收其他等值财产。

追缴或者责令退赔应当自处置决定作出之日起一个月以内执行完毕。因被调查人的原因逾期执行的除外。

人民检察院、人民法院依法将不认定为犯罪所得的相关涉案财物退回监察机关的，监察机关应当依法处理。

【案例链接】

案例1：X市住房公积金管理中心网络科副科长贪污公积金案

M某系X市住房公积金管理中心网络科副科长，因涉嫌贪污公积金，于2018年3月被X市P区纪委监委立案调查并采取留置措施。留置之初，M某虽然承认了部分作案事实，但对调查工作存在较强的抵触心理，对一些关键性问题采取回避态度，调查工作一时无法顺利推进。"刚开始比较犟，有点'其奈我何'的思想"，参与M某案调查的P区纪委监委第二纪检监察室主任冯某回忆道，M某坚称自己的主观动机是报复领导不是贪占，而且是他一个人干的，与别人无关；他还认为只要把钱补上，就不算多大事，完全没有认识到自己错误的严重性。

在进一步调查和与其接触过程中，调查人员发现，M某党性修养不强，身上社会不良习气很重，平时热衷于买彩票和网络赌博，还与一些社会人员称兄道弟。调查组综合研判后认为，该案的作案手法相当复杂，且需要较高的专业技术能力，不大可能单独完成作案，M某很可能是讲所谓的"哥们儿义气"，企图包庇同伙。

但据M某所在单位工作人员回忆，M某刚参加工作时干劲十足，并积极入党，颇受单位领导重视，后来由于家庭原因，本人变得不思进取，才追求刺激沉迷赌博。

为消除其对立情绪，突破心理防线，调查组决定以成立临时党支部为依托，从开展理想信念宗旨教育着手，对M某强化思想政治工作。调查组临时党支部带领M某一起重温入党誓词，并调取其入党材料让其重读入党志愿书，唤醒其对青春奋斗岁月的记忆；又带领M某学党章，学纪律处分条例，通过对照讲解，促使其从内心深处深刻反思、认识错误。期间，调查人员还多次与其长谈："你这些年就没有好好学过党章，党规党纪意识和组织观念淡漠，遇到挫折就自暴自弃，行无底线、心无敬畏，丢掉了共产党员的初心。""党的一贯宗旨就是惩前毖后、治病救人，惩戒不是唯一目的，教育挽救也是我们调查工作的重要目标。"

调查人员还注意到，每次与M某谈到家人和家庭，其就表现出明显的激动和懊悔。调查组抓住其重视家庭的这一细节，又多次对M某从情感上进行规劝。"你还这么年轻，年迈的父母和年幼的儿子还需要你去照顾，为了家人，为了自己，为了以后的打算还是好好反省自己的错误，争取从轻处理，以后家人还需要你！"

一次次地谈话，一步步地教育，都在触动着M某的内心。最终，在铁的证据面前和思想教育的感化下，M某如实交代了2017年10月到11月期间，其与技术人员Z某合谋，利用职务便利修改系统数据，并设立数个假账户将60万元公积金取出进行挥霍的问题。

M某在忏悔书中这样写道："我作为一个共产党员，应有的本色一点点都没有了，离党对自己的要求更是越来越远，迷失了自己。在留置期间，纪委监委领导对我的教育和关怀,让我认识到党对我这个犯了大错的人并没有抛弃,没有放弃……"

纪委监委是政治机关,必须把政治性体现在审查调查工作中。审查调查的目的不仅仅是惩治,还要立足教育挽救,既查清职务违法犯罪事实,进行相应处置,又开展严肃的思想政治工作,进行理想信念宗旨教育,真正达到惩前毖后、治病救人的效果。

案例2:M县房产管理局副局长Z某某等人违反工作纪律、工作失职问题

2013年6月9日,M县房产管理局房产交易管理服务中心工作人员C某,未按程序审批办证,错误使用《房屋他项权证》空白文本给他人办理《预购商品房贷款抵押登记备案证明》,在社会上造成不良影响。县房产管理局房产交易管理服务中心主任L某某,监管不严,公章保管、使用管理不规范。分管该项工作的县房产管理局副局长Z某某不正确履行工作职责,审核把关不严。2018年3月26日,C某受到党内严重警告处分,L某某受到警告处分,Z某某受到党内警告处分。

第四节 移送审查起诉

监察法中的移送审查,是指监察机关在结束案件调查工作后,调查证据显示监察对象涉嫌职务犯罪的,移交给检察机关依法提起公诉,检察机关对其是否符合公诉条件进行审查的活动。有学者认为,监委会调查的案件基本已经达到证据确实、充分,即面对作为被调查对象的职务犯罪行为,监察机关已具有确凿的证据材料,检察机关可以直接提起公诉,无需再审查起诉。[1]但为了充分保障监察对象的权利,对监察机关的调查结果进行监督和审查更能彰显监察正义,更好地还原事实真相,以便对监察对象的权利进行救济与保护。

一、监察机关向检察机关移送审查

移送起诉涉及监察调查与刑事诉讼的衔接问题,这一处置方式针对涉嫌职务犯罪的被监察对象,处置方式为制作起诉意见书,连同案卷材料、证据一并移送人民检察院依法审查、提起公诉。[2]

(一)监察机关移送审查的条件

监察机关移送审查的条件是被调查人涉嫌职务犯罪的事实清楚,证据确实、充分。这是《监察法》实事求是、重证据、重调查研究原则的重要体现。

其一,所谓职务犯罪是指国家机关、国有公司、企业事业单位、人民团体以及其他参与公务活动、公共管理、履行公职的工作人员利用已有职权,贪污、贿赂、徇私舞弊、滥用职权、玩忽职守,侵犯公民人身权利、民主权利,破坏国家对公务活动的规章规范,依照刑法应当予以刑事处罚的犯罪,包括《刑法》规定的"贪污贿赂罪"

---

[1] 屈新、吕云川:"监委会移送的职务犯罪案件需经检察机关审查起诉",载《西华大学学报(哲学社会科学版)》2017年第4期。

[2] 刘练军:"监察追诉的时效问题",载《法学论坛》2019年第1期。

"渎职罪"和国家机关工作人员利用职权实施的侵犯公民人身权利、民主权利类犯罪等。[1]职务犯罪主要表现为贪污贿赂、挪用公款等经济犯罪和渎职侵权犯罪，无疑是腐败现象最突出的表现。

其二，所谓犯罪事实清楚，证据确实、充分，指监察机关在调查过程中收集各类证据，发现被调查对象涉嫌职务违法犯罪行为事实清楚，能够证明当事人具有违法行为的证据确实、充分，并形成稳定、完整的证据链且能够排除合理怀疑或达至内心确信的情形。[2]

(二) 监察机关移送的方式

根据监察法之规定，监察机关移送制度的方式为监察机关制作起诉意见书，连同案卷材料、证据一并移送人民检察院，依法审查、提起公诉。

起诉意见书，是监察机关在案件调查终结后，认为犯罪事实清楚，证据确实充分，应当依法追究犯罪嫌疑人刑事责任，向同级人民检察院移送审查起诉时制作的一种法律文书。它具有区别罪与非罪，确保职务犯罪者受到法律追究的重要作用。起诉意见书是侦查活动结束和审查起诉开始的链接点。制作起诉意见书是调查终结以后，监察机关认为应当追究犯罪嫌疑人的刑事责任，才向检察机关移送审查起诉并制作之法律文书。反之，如果认为依法不追究刑事责任或者依法免予追究刑事责任，则不需要移送审查起诉，自然也不需要制作起诉意见书。起诉意见书的致送对象是检察机关。通过起诉意见书，检察机关对侦查活动和结果进行全面检视，其不仅是检察机关法律监督职能之体现，同时也是检察机关提起公诉的重要依据。在案件审查材料中，起诉意见书起到了统领和总括的作用。

将起诉意见书、案卷材料、证据移送人民检察院，是调查与起诉的必要衔接程序，亦是检察机关对涉嫌职务犯罪行为的单位与个人提起公诉的必要依据，还是我国以审判为中心诉讼制度改革的必然要求。通过移交起诉意见书、案卷材料、证据，改变了以往以侦查为中心的诉讼模式及侦查、起诉、审判流水线处理的现实，明确监察机关的职能范围的同时，实现调查、起诉、审理分离。如果没有起诉意见书、案卷材料和证据，便无法证明调查结果的真实性与合法性，更不能认定被调查对象实行职务犯罪行为的事实，人民检察院便不能提起公诉。

(三) 强制措施的转换

监察机关将涉嫌职务犯罪案件移交人民检察院后，人民检察院依照《刑事诉讼法》对被调查人采取强制措施。由此，监察强制措施转换为刑事强制措施，其类型包括拘传、取保候审、监视居住、拘留、逮捕。

其一，人民检察院依法对被调查人采取强制措施，是建立在监察机关依法定程序

---

[1] 陈兴良主编：《刑法学》，复旦大学出版社2003年版，第33页。
[2] 英美法系关于刑事诉讼证明标准之表述为"确信无疑"或"排除合理怀疑"，而大陆法系则是"内心确信"。张保生主编：《证据法学》（第3版），中国政法大学出版社2018年版，第356页。

移交的调查结果基础上,对有重大职务犯罪嫌疑的被调查人的一种临时处置措施,是提起公诉的必要准备程序。[1]

其二,刑事强制措施的适用对象是监察机关移送的职务犯罪嫌疑人,其内容是限制犯罪嫌疑人之自由,而不是对物的强制处分。

其三,刑事强制措施的性质是预防性措施,而不是惩戒性措施。[2]即适用强制措施的目的是保证刑事诉讼的顺利进行,防止犯罪嫌疑人、被告人逃避侦查和审判,进行毁灭、伪造证据、继续犯罪等妨害刑事诉讼的行为。所以强制措施同刑罚和行政处罚存在本质区别。

其四,强制措施是一种法定措施,我国《刑事诉讼法》对各种强制措施的适用机关、适用条件和程序都进行了严格规定,其目的是严格控制强制措施的使用,防止出现因为滥用强制措施而产生侵犯人权的负面效应。

其五,强制措施是一种临时性措施,随着刑事诉讼进程的推进,强制措施应根据案件的进展情况而予以变更或者解除。

二、检察机关审查起诉

审查起诉是指人民检察院对监察机关移送起诉的案件,经审查认为犯罪嫌疑人符合法定的起诉条件而代表国家将其提交人民法院审判的一种诉讼活动。[3]提起公诉的条件有:犯罪嫌疑人的行为依法已经构成犯罪;犯罪证据确实、充分;犯罪嫌疑人的行为应当依法追究刑事责任。提起公诉是监察机关移送之目的所在,是对涉嫌职务犯罪者作进一步调查、追究其责任的必要途径。

(一) 作出起诉决定

人民检察院经审查,认为犯罪事实已经查清,证据确实、充分,依法应当追究刑事责任的,应当作出起诉决定。对公诉案件来说,是否交付人民法院审判由人民检察院自行决定。这既是法律授予的职权,也是其关键的工作任务,更为实施法律监督的重要内容。基于此可知,唯人民检察院有审查后决定提起公诉的权力。凡是公诉案件,非经人民检察院审查决定,任何单位都无权将案件交付人民法院审判。这体现出监察机关与人民检察院之间的职能分工。人民检察院审查决定包括以下两个方面的工作:一是对监察机关移送起诉、需要提起公诉的案件,进行全面审查。这种审查包括审查案卷材料和定罪证据;二是基于第一个方面的工作结果,作出起诉的决定。

(二) 退查与补证

人民检察院经审查,认为需要补充核实的,应当退回监察机关补充调查,必要时可以自行补充侦查。对于补充调查的案件,应当在 1 个月内补充调查完毕。补充调查

---

[1] 施鹏鹏:"国家监察委员会的侦查权及其限制",载《中国法律评论》2017 年第 2 期。

[2] 预防性是其最为本质之属性。谢佑平、张海祥:"论刑事诉讼中的强制措施",载《北京大学学报(哲学社会科学版)》2010 年第 2 期。

[3] 孙长永:"提起公诉的证据标准及其司法审查比较研究",载《中国法学》2001 年第 4 期。

以 2 次为限。

其一，监察机关对于人民检察院依法退回补充调查的案件，应当向主要负责人报告，并积极开展补充调查工作。对人民检察院退回补充调查的案件，经审批后分别作出下列处理：①认定犯罪事实的证据不够充分的，应当在补充证据后，制作补充调查报告书，连同相关材料一并移送人民检察院审查，对无法补充完善的证据，应当作出书面情况说明，并加盖监察机关或者承办部门公章；②在补充调查中发现新的同案犯或者增加、变更犯罪事实，需要追究刑事责任的，应当重新提出处理意见，移送人民检察院审查；③犯罪事实的认定出现重大变化，认为不应当追究被调查人刑事责任的，应当重新提出处理意见，将处理结果书面通知人民检察院并说明理由；④认为移送起诉的犯罪事实清楚，证据确实、充分的，应当说明理由，移送人民检察院依法审查。

其二，人民检察院在审查起诉过程中发现新的职务违法或者职务犯罪问题线索并移送监察机关的，监察机关应当依法处置。在案件审判过程中，人民检察院书面要求监察机关补充提供证据，对证据进行补正、解释，或者协助人民检察院补充侦查的，监察机关应当予以配合。监察机关不能提供有关证据材料的，应当书面说明情况。

(三) 作出不起诉决定

《监察法》第 47 条第 3 款规定，人民检察院对于满足《刑事诉讼法》规定的不起诉情形的，经上一级人民检察院批准，依法作出不起诉的决定。监察机关认为不起诉的决定有错误的，可以向上一级人民检察院提请复议。

其一，所谓不起诉，是指公诉机关依其职能，对不符合起诉条件或没有起诉必要的案件所作出的不予追诉的决定。[1]这在一定程度上展示了公诉机关的自由裁量权，是一种程序意义上之举措。人民检察院作为我国的法律监督机关，对监察机关移送的职务犯罪案件，有权审查决定是否对其提起公诉。显然，仅案件符合法定起诉条件时，公诉机关才会作出起诉决定；其他不符合起诉条件或者没有起诉必要的，公诉机关自然依其职权作出不起诉决定。

其二，所谓满足《刑事诉讼法》规定之不起诉情形，即人民检察院在审查中发现犯罪嫌疑人没有犯罪事实，或者有《刑事诉讼法》第 16 条规定之情形的，即情节显著轻微、危害不大，不认为是犯罪的；已过追诉时效期限的；经特赦令免除刑罚的；犯罪嫌疑人死亡的；其他法律规定免予追究刑事责任的，以及犯罪情节轻微，依照《刑法》规定不需要判处刑罚或者免除刑罚的，应当作出不起诉决定。

其三，人民检察院在作出不起诉决定前，应当得到上一级人民检察院批准。上级检察院和检察官对下级检察院和检察官拥有在行政管理和业务管理上的全面领导权，下级检察院拥有依法独立办案的权力，但基于职务犯罪本身的重要性、特殊性，人民检察院作出不起诉决定，必须得到上一级人民检察院批准。

其四，监察机关认为人民检察院不起诉决定有错误的，应当在收到不起诉决定书

---

[1] 张智辉：“公诉权论”，载《中国法学》2006 年第 6 期。

后 30 日以内，依法向上一级人民检察院提请复议。监察机关应当将上述情况及时向上一级监察机关书面报告。对于监察机关移送起诉的案件，人民检察院作出不起诉决定，人民法院作出无罪判决，或者监察机关经人民检察院退回补充调查后不再移送起诉，涉及对被调查人已生效政务处分事实认定的，监察机关应当依法对政务处分决定进行审核。认为原政务处分决定事实认定清楚、适用法律正确的，不再改变；认为原政务处分决定确有错误或者不当的，依法予以撤销或者变更。

三、人民检察院自行补充侦查

监察法中的检察机关补充侦查，是指人民检察院为查明案情，必要时依照法定程序，对监察机关移送审查起诉的案件进行证据收集与补充的侦查活动。

其一，人民检察院适用补充侦查的条件。《监察法》第47条第2款所涉及的属于审查起诉时的补充侦查。其发动条件是，在案件调查工作结束后的审查起诉阶段发现调查结果和证据不足以判断是否应提起公诉，从而予以补充侦查。补充侦查不能先于监察机关的调查工作。

其二，人民检察院适用补充侦查的程序。根据《监察法》第47条规定，对于需要补充侦查的，有两条解决途径：一是退回监察机关，由监察机关补充调查；二是人民检察院自行补充侦查。退回监察机关补充调查是指，对那些犯罪事实不清、证据不足，或者有漏罪和其他需要追究刑事责任情形而可能影响定罪量刑的案件，可以将其退回监察机关，由监察机关进行补充性调查；可以自行补充侦查是指，案件仅部分证据需要查证，而检察机关自身又有能力侦查的或者自行侦查更有利于案件正确处理的案件，由人民检察院自己补充侦查。[1]在实践中，一般应当先退回监察机关进行补充调查，必要时才由检察机关自行补充侦查。监察机关的补充侦查，也应当遵循《刑事诉讼法》的精神，设置补充侦查的上限。

其三，人民检察院适用补充侦查的意义。《监察法》取消了人民检察院对职务犯罪案件的自行侦查权，而仅赋予其补充侦查权。从法理层面来讲，自侦权并不属于真正实质上的法律监督权。然而实际操作过程中，检察机关的主要业务却依然涵盖了自侦职能，而法律监督职能反倒沦为副业，使得检察机关偏离其法律监督机关的宪法定位。[2]检察机关作为我国的法律监督机关，其职责主要在于依照法定职权和程序，对立法、执法和司法活动的合法性进行监察和督促。[3]此外，当前检察机关在行使自侦权时，存在立案监督、批准逮捕、延长羁押、不起诉等方面的缺陷，[4]故需要予以重构。针对职务犯罪案件，将自侦权从检察机关职权中脱离出来，并以补充侦查替代之，即可实现

---

[1] 陈卫东："职务犯罪监察调查程序若干问题研究"，载《政治与法律》2018年第1期。
[2] 唐亮："监察体制改革与检察机关之归位"，载《河北法学》2018年第1期。
[3] 即狭义的法律监督。罗洪洋、殷祎哲："社会主义法治监督体系的逻辑构成及其定位"，载《政法论丛》2017年第1期。
[4] 周欣："我国检察机关自侦权的缺陷与重构"，载《中国人民公安大学学报》2007年第2期。

职务犯罪领域侦查权的整合。检察机关由此获得了调查权与补充侦查权的统一。公、检、法是我国司法系统的三大支柱，相互协助，相互制约。但难免存在互相"照顾"或者"踢皮球"的情形，这是组织系统内部的必然缺陷。以往侦查权过于分散，公安机关和人民检察院等机关部门都拥有补充侦查权。[1]对于职务犯罪案件，纪律检查委员会同样负责调查，这便形成了多头管理的局面。由于机构间补充侦查制度的标准、程序不一，各自为政，缺乏统筹，便会造成党、行政、司法的资源内耗，对案件侦查或调查工作的效率造成不利影响，甚至降低司法的权威性。《监察法》对补充侦查权的另一大突破在于将补充侦查权收束至审查起诉阶段，移除了人民检察院在审查批捕和法庭起诉阶段的补充侦查权。[2]这一规定旨在缩小人民检察院在职务犯罪案件中的侦查权范围，提高检察机关的调查效率，节省司法资源。[3]补充侦查权的收束是诉讼职能分工的必然要求。对于职务违法案件，由监察机关负责立案调查，人民检察院负责审查起诉，人民法院负责审判，[4]如此才能实现案件处理的无缝衔接，明确分工职责。以往人民检察院的补充侦查权，涉及的阶段过为广泛，时常与其他机关发生职能重叠和冲突。例如在实践过程中，纪检机关在调查案件时，因为人民检察院之侦查权，经常会将调查材料移交人民检察院，但有时案件事实已经较为明确，证据收集也较为充分，无需进行补充侦查，这一移交过程便不具备必要性，反而会降低调查效率。而到了法庭审判阶段，前期的调查与侦查工作已经完成，甚至已经进行过补充侦查，再由人民检察院进行补充侦查工作，其必要性也较为微弱。审查起诉是人民检察院审核案件材料的核心环节，也是调查工作与审判工作的过渡阶段。因此，与其将补充侦查权分散至案件处理的各阶段，不如将司法资源汇聚至最为重要的审查起诉阶段，更能有效地履行人民检察院法律监督的职能。

◇【法条链接】

一、《中华人民共和国监察法》（2018年）

第四十七条 对监察机关移送的案件，人民检察院依照《中华人民共和国刑事诉讼法》对被调查人采取强制措施。

人民检察院经审查，认为犯罪事实已经查清，证据确实、充分，依法应当追究刑事责任的，应当作出起诉决定。

人民检察院经审查，认为需要补充核实的，应当退回监察机关补充调查，必要时可以自行补充侦查。对于补充调查的案件，应当在一个月内补充调查完毕。补充调查

---

[1] 公安机关、检察机关、国安机关、军队保卫部门和监狱等都具有一定的侦查权。叶正国、王景通："国家监察体制改革与刑事司法关系的调适"，载《江西社会科学》2021年第2期。

[2] 张建伟："法律正当程序视野下的新监察制度"，载《环球法律评论》2017年第2期。

[3] 纵博："监察体制改革中的证据制度问题探讨"，载《法学》2018年第2期。

[4] 汪海燕："监察制度与《刑事诉讼法》的衔接"，载《政法论坛》2017年第6期。

以二次为限。

人民检察院对于有《中华人民共和国刑事诉讼法》规定的不起诉的情形的，经上一级人民检察院批准，依法作出不起诉的决定。监察机关认为不起诉的决定有错误的，可以向上一级人民检察院提请复议。

【释义】本条是对于监察机关移送案件后的处理程序，其目的在于明确监察机关将案件移送人民检察院后的起诉条件和补充措施，确保案件起诉有充足的证据支撑并符合法定程序，并赋予监察机关在起诉准备阶段应当拥有的监察权。

本条主要包含对监察机关移送案件的三种处理方式。

二、《中华人民共和国监察法实施条例》（2021年）

第二百一十二条 监察机关决定对涉嫌职务犯罪的被调查人移送起诉的，应当出具《起诉意见书》，连同案卷材料、证据等，一并移送同级人民检察院。

监察机关案件审理部门负责与人民检察院审查起诉的衔接工作，调查、案件监督管理等部门应当予以协助。

国家监察委员会派驻或者派出的监察机构、监察专员调查的职务犯罪案件，应当依法移送省级人民检察院审查起诉。

第二百一十三条 涉嫌职务犯罪的被调查人和涉案人员符合监察法第三十一条、第三十二条规定情形的，结合其案发前的一贯表现、违法犯罪行为的情节、后果和影响等因素，监察机关经综合研判和集体审议，报上一级监察机关批准，可以在移送人民检察院时依法提出从轻、减轻或者免除处罚等从宽处罚建议。报请批准时，应当一并提供主要证据材料、忏悔反思材料。

上级监察机关相关监督检查部门负责审查工作，重点审核拟认定的从宽处罚情形、提出的从宽处罚建议，经审批在十五个工作日以内作出批复。

第二百一十四条 涉嫌职务犯罪的被调查人有下列情形之一，如实交代自己主要犯罪事实的，可以认定为监察法第三十一条第一项规定的自动投案，真诚悔罪悔过：

（一）职务犯罪问题未被监察机关掌握，向监察机关投案的；

（二）在监察机关谈话、函询过程中，如实交代监察机关未掌握的涉嫌职务犯罪问题的；

（三）在初步核实阶段，尚未受到监察机关谈话时投案的；

（四）职务犯罪问题虽被监察机关立案，但尚未受到讯问或者采取留置措施，向监察机关投案的；

（五）因伤病等客观原因无法前往投案，先委托他人代为表达投案意愿，或者以书信、网络、电话、传真等方式表达投案意愿，后到监察机关接受处理的；

（六）涉嫌职务犯罪潜逃后又投案，包括在被通缉、抓捕过程中投案的；

（七）经查实确已准备去投案，或者正在投案途中被有关机关抓获的；

（八）经他人规劝或者在他人陪同下投案的；

（九）虽未向监察机关投案，但向其所在党组织、单位或者有关负责人员投案，向

有关巡视巡察机构投案,以及向公安机关、人民检察院、人民法院投案的;

(十) 具有其他应当视为自动投案的情形的。

被调查人自动投案后不能如实交代自己的主要犯罪事实,或者自动投案并如实供述自己的罪行后又翻供的,不能适用前款规定。

第二百一十五条 涉嫌职务犯罪的被调查人有下列情形之一的,可以认定为监察法第三十一条第二项规定的积极配合调查工作,如实供述监察机关还未掌握的违法犯罪行为:

(一) 监察机关所掌握线索针对的犯罪事实不成立,在此范围外被调查人主动交代其他罪行的;

(二) 主动交代监察机关尚未掌握的犯罪事实,与监察机关已掌握的犯罪事实属不同种罪行的;

(三) 主动交代监察机关尚未掌握的犯罪事实,与监察机关已掌握的犯罪事实属同种罪行的;

(四) 监察机关掌握的证据不充分,被调查人如实交代有助于收集定案证据的。

前款所称同种罪行和不同种罪行,一般以罪名区分。被调查人如实供述其他罪行的罪名与监察机关已掌握犯罪的罪名不同,但属选择性罪名或者在法律、事实上密切关联的,应当认定为同种罪行。

第二百一十六条 涉嫌职务犯罪的被调查人有下列情形之一的,可以认定为监察法第三十一条第三项规定的积极退赃,减少损失:

(一) 全额退赃的;

(二) 退赃能力不足,但被调查人及其亲友在监察机关追缴赃款赃物过程中积极配合,且大部分已追缴到位的;

(三) 犯罪后主动采取措施避免损失发生,或者积极采取有效措施减少、挽回大部分损失的。

第二百一十七条 涉嫌职务犯罪的被调查人有下列情形之一的,可以认定为监察法第三十一条第四项规定的具有重大立功表现:

(一) 检举揭发他人重大犯罪行为且经查证属实的;

(二) 提供其他重大案件的重要线索且经查证属实的;

(三) 阻止他人重大犯罪活动的;

(四) 协助抓捕其他重大职务犯罪案件被调查人、重大犯罪嫌疑人(包括同案犯)的;

(五) 为国家挽回重大损失等对国家和社会有其他重大贡献的。

前款所称重大犯罪一般是指依法可能被判处无期徒刑以上刑罚的犯罪行为;重大案件一般是指在本省、自治区、直辖市或者全国范围内有较大影响的案件;查证属实一般是指有关案件已被监察机关或者司法机关立案调查、侦查,被调查人、犯罪嫌疑人被监察机关采取留置措施或者被司法机关采取强制措施,或者被告人被人民法院作出有罪判决，并结合案件事实、证据进行判断。

监察法第三十一条第四项规定的案件涉及国家重大利益，是指案件涉及国家主权和领土完整、国家安全、外交、社会稳定、经济发展等情形。

第二百一十八条 涉嫌行贿等犯罪的涉案人员有下列情形之一的，可以认定为监察法第三十二条规定的揭发有关被调查人职务违法犯罪行为，查证属实或者提供重要线索，有助于调查其他案件：

（一）揭发所涉案件以外的被调查人职务犯罪行为，经查证属实的；

（二）提供的重要线索指向具体的职务犯罪事实，对调查其他案件起到实质性推动作用的；

（三）提供的重要线索有助于加快其他案件办理进度，或者对其他案件固定关键证据、挽回损失、追逃追赃等起到积极作用的。

第二百一十九条 从宽处罚建议一般应当在移送起诉时作为《起诉意见书》内容一并提出，特殊情况下也可以在案件移送后、人民检察院提起公诉前，单独形成从宽处罚建议书移送人民检察院。对于从宽处罚建议所依据的证据材料，应当一并移送人民检察院。

监察机关对于被调查人在调查阶段认罪认罚，但不符合监察法规定的提出从宽处罚建议条件，在移送起诉时没有提出从宽处罚建议的，应当在《起诉意见书》中写明其自愿认罪认罚的情况。

第二百二十条 监察机关一般应当在正式移送起诉十日前，向拟移送的人民检察院采取书面通知等方式预告移送事宜。对于已采取留置措施的案件，发现被调查人因身体等原因存在不适宜羁押等可能影响刑事强制措施执行情形的，应当通报人民检察院。对于未采取留置措施的案件，可以根据案件具体情况，向人民检察院提出对被调查人采取刑事强制措施的建议。

第二百二十一条 监察机关办理的职务犯罪案件移送起诉，需要指定起诉、审判管辖的，应当与同级人民检察院协商有关程序事宜。需要由同级人民检察院的上级人民检察院指定管辖的，应当商请同级人民检察院办理指定管辖事宜。

监察机关一般应当在移送起诉二十日前，将商请指定管辖函送交同级人民检察院。商请指定管辖函应当附案件基本情况，对于被调查人已被其他机关立案侦查的犯罪认为需要并案审查起诉的，一并进行说明。

派驻或者派出的监察机构、监察专员调查的职务犯罪案件需要指定起诉、审判管辖的，应当报派出机关办理指定管辖手续。

第二百二十二条 上级监察机关指定下级监察机关进行调查，移送起诉时需要人民检察院依法指定管辖的，应当在移送起诉前由上级监察机关与同级人民检察院协商有关程序事宜。

第二百二十三条 监察机关对已经移送起诉的职务犯罪案件，发现遗漏被调查人罪行需要补充移送起诉的，应当经审批出具《补充起诉意见书》，连同相关案卷材料、证据等一并移送同级人民检察院。

对于经人民检察院指定管辖的案件需要补充移送起诉的，可以直接移送原受理移送起诉的人民检察院；需要追加犯罪嫌疑人、被告人的，应当再次商请人民检察院办理指定管辖手续。

第二百二十四条 对于涉嫌行贿犯罪、介绍贿赂犯罪或者共同职务犯罪等关联案件的涉案人员，移送起诉时一般应当随主案确定管辖。

主案与关联案件由不同监察机关立案调查的，调查关联案件的监察机关在移送起诉前，应当报告或者通报调查主案的监察机关，由其统一协调案件管辖事宜。因特殊原因，关联案件不宜随主案确定管辖的，调查主案的监察机关应当及时通报和协调有关事项。

第二百二十五条 监察机关对于人民检察院在审查起诉中书面提出的下列要求应当予以配合：

（一）认为可能存在以非法方法收集证据情形，要求监察机关对证据收集的合法性作出说明或者提供相关证明材料的；

（二）排除非法证据后，要求监察机关另行指派调查人员重新取证的；

（三）对物证、书证、视听资料、电子数据及勘验检查、辨认、调查实验等笔录存在疑问，要求调查人员提供获取、制作的有关情况的；

（四）要求监察机关对案件中某些专门性问题进行鉴定，或者对勘验检查进行复验、复查的；

（五）认为主要犯罪事实已经查清，仍有部分证据需要补充完善，要求监察机关补充提供证据的；

（六）人民检察院依法提出的其他工作要求。

第二百二十六条 监察机关对于人民检察院依法退回补充调查的案件，应当向主要负责人报告，并积极开展补充调查工作。

第二百二十七条 对人民检察院退回补充调查的案件，经审批分别作出下列处理：

（一）认定犯罪事实的证据不够充分的，应当在补充证据后，制作补充调查报告书，连同相关材料一并移送人民检察院审查，对无法补充完善的证据，应当作出书面情况说明，并加盖监察机关或者承办部门公章；

（二）在补充调查中发现新的同案犯或者增加、变更犯罪事实，需要追究刑事责任的，应当重新提出处理意见，移送人民检察院审查；

（三）犯罪事实的认定出现重大变化，认为不应当追究被调查人刑事责任的，应当重新提出处理意见，将处理结果书面通知人民检察院并说明理由；

（四）认为移送起诉的犯罪事实清楚，证据确实、充分的，应当说明理由，移送人民检察院依法审查。

第二百二十八条 人民检察院在审查起诉过程中发现新的职务违法或者职务犯罪问题线索并移送监察机关的，监察机关应当依法处置。

第二百二十九条 在案件审判过程中，人民检察院书面要求监察机关补充提供证据，对证据进行补正、解释，或者协助人民检察院补充侦查的，监察机关应当予以配合。监察机关不能提供有关证据材料的，应当书面说明情况。

人民法院在审判过程中就证据收集合法性问题要求有关调查人员出庭说明情况时，监察机关应当依法予以配合。

第二百三十条 监察机关认为人民检察院不起诉决定有错误的，应当在收到不起诉决定书后三十日以内，依法向其上一级人民检察院提请复议。监察机关应当将上述情况及时向上一级监察机关书面报告。

第二百三十一条 对于监察机关移送起诉的案件，人民检察院作出不起诉决定，人民法院作出无罪判决，或者监察机关经人民检察院退回补充调查后不再移送起诉，涉及对被调查人已生效政务处分事实认定的，监察机关应当依法对政务处分决定进行审核。认为原政务处分决定认定事实清楚、适用法律正确的，不再改变；认为原政务处分决定确有错误或者不当的，依法予以撤销或者变更。

第二百三十二条 对于贪污贿赂、失职渎职等职务犯罪案件，被调查人逃匿，在通缉一年后不能到案，或者被调查人死亡，依法应当追缴其违法所得及其他涉案财产的，承办部门在调查终结后应当依法移送审理。

监察机关应当经集体审议，出具《没收违法所得意见书》，连同案卷材料、证据等，一并移送人民检察院依法提出没收违法所得的申请。

监察机关将《没收违法所得意见书》移送人民检察院后，在逃的被调查人自动投案或者被抓获的，监察机关应当及时通知人民检察院。

第二百三十三条 监察机关立案调查拟适用缺席审判程序的贪污贿赂犯罪案件，应当逐级报送国家监察委员会同意。

监察机关承办部门认为在境外的被调查人犯罪事实已经查清，证据确实、充分，依法应当追究刑事责任的，应当依法移送审理。

监察机关应当经集体审议，出具《起诉意见书》，连同案卷材料、证据等，一并移送人民检察院审查起诉。

在审查起诉或者缺席审判过程中，犯罪嫌疑人、被告人向监察机关自动投案或者被抓获的，监察机关应当立即通知人民检察院、人民法院。

三、《中华人民共和国刑事诉讼法》（2018年）

第一百七十五条 人民检察院审查案件，可以要求公安机关提供法庭审判所必需的证据材料；认为可能存在本法第五十六条规定的以非法方法收集证据情形的，可以要求其对证据收集的合法性作出说明。

人民检察院审查案件，对于需要补充侦查的，可以退回公安机关补充侦查，也可以自行侦查。

对于补充侦查的案件，应当在一个月以内补充侦查完毕。补充侦查以二次为限。补充侦查完毕移送人民检察院后，人民检察院重新计算审查起诉期限。

对于二次补充侦查的案件，人民检察院仍然认为证据不足，不符合起诉条件的，应当作出不起诉的决定。

【释义】本条是对补充侦查的规定，共分四款。

第1款是关于人民检察院可以要求公安机关提供法庭审判所必需的证据材料以及对证据收集的合法性作出说明的规定。本款还规定，认为可能存在本法第54条规定的以非法方法收集证据情形的，可以要求其对证据收集的合法性作出说明。第2款是关于人民检察院如何处理需要补充侦查的案件的规定。对于需要补充侦查的，有两条途径解决：一是退回公安机关，由公安机关补充侦查；二是自行侦查。第3款是关于补充侦查的时限、次数以及如何计算审查起诉期限的规定。根据本款的规定，补充侦查应当在1个月以内完成。补充侦查的期间从侦查机关接到补充侦查的案件第二日起计算。本款同时规定补充侦查以2次为限，补充侦查完毕移送人民检察院后，重新计算审查起诉期限。检察人员必须严格掌握补充侦查的案件，不得滥用补充侦查，随意延长办案期限。第4款是关于二次补充侦查后仍然认为证据不足如何处理的规定。根据本款的规定，案件经二次补充侦查后，人民检察院仍然认为证据不足，不符合起诉条件的，应当作出不起诉的决定。[1]

第一百七十六条 人民检察院认为犯罪嫌疑人的犯罪事实已经查清，证据确实、充分，依法应当追究刑事责任的，应当作出起诉决定，按照审判管辖的规定，向人民法院提起公诉，并将案卷材料、证据移送人民法院。

犯罪嫌疑人认罪认罚的，人民检察院应当就主刑、附加刑、是否适用缓刑等提出量刑建议，并随案移送认罪认罚具结书等材料。

【释义】本条是对提起公诉条件和程序的规定。提起公诉的条件是：

第一，犯罪事实已经查清，证据确实、充分。这是人民检察院起诉的基本依据。如果犯罪的事实不清、证据不足，则不能也不应提起公诉。

第二，依法应当追究刑事责任，即经过审查起诉，人民检察院认为犯罪嫌疑人不但构成犯罪，而且依法应当追究刑事责任。人民检察院向人民法院提起诉讼的目的即为要求人民法院通过审判确定被告人的刑事责任，因而如果犯罪嫌疑人的行为虽然构成犯罪，但具有法定的不追究刑事责任的情形，则没有交付审判的必要。而且，对于具有本法第15条规定的不需要追究刑事责任的六种情形之一的，人民检察院应当作出不起诉的决定。

第三，符合审判管辖的规定，即人民检察院应当依据本法第19条至26条关于审判管辖的规定向有管辖权的人民法院提起公诉。

人民检察院决定提起公诉的，应当制作起诉书，并将起诉书、案卷材料、证据移

---

[1] 全国人民代表大会常务委员会法制工作委员会刑法室编著："《中华人民共和国刑事诉讼法》解读：最新版"，中国法制出版社2012年版，第375-376页。

送人民法院。[1]

第一百七十七条 犯罪嫌疑人没有犯罪事实，或者有本法第十六条规定的情形之一的，人民检察院应当作出不起诉决定。

对于犯罪情节轻微，依照刑法规定不需要判处刑罚或者免除刑罚的，人民检察院可以作出不起诉决定。

人民检察院决定不起诉的案件，应当同时对侦查中查封、扣押、冻结的财物解除查封、扣押、冻结。对被不起诉人需要给予行政处罚、处分或者需要没收其违法所得的，人民检察院应当提出检察意见，移送有关主管机关处理。有关主管机关应当将处理结果及时通知人民检察院。

【释义】本条是对不起诉决定的条件和程序之规定。

【案例链接】指定审查起诉案件

A省检察院首例监察委移送案

2018年2月2日，A省监察委以涉嫌受贿犯罪对W某某立案调查并采取留置措施，并于同年4月27日将该案移交A省检察院。为确保案件顺利衔接，此案移送审查起诉前后，A省监察委多次派员与省检察院办案部门进行沟通协调。A省检察院主动适应监察委办案新模式，准确把握办案各个节点环节，顺利完成提前介入、强制措施适用、指定管辖等各项工作。

据了解，A省检察院依法受理该案后，当天即对犯罪嫌疑人W某某进行了讯问，讯问过程作了全程同步录音录像。为保证调查留置措施与刑事诉讼逮捕强制措施的转化衔接，"五一"假日期间，A省检察院侦查监督二处承办检察官加班加点，认真审查卷宗材料，撰写审查逮捕意见书。2018年5月2日节后上班第一天，A省检察院依法以涉嫌受贿罪、利用影响力受贿罪，对犯罪嫌疑人W某某作出逮捕决定。经提前与A省高级法院会商，省检察院又顺利将此案指定T市检察院审查起诉。这是监察体制改革试点工作推开以来，A省检察院受理的第一起省监察委移送审查起诉案件。A省检察院决定逮捕时认定，今年65岁的W某某在担任A省纪委监察一室副主任、省卫生厅党组成员、省纪委驻省卫生厅纪检组组长期间以及离职后，利用职务上的便利或影响力，索取或非法收受他人财物，数额巨大，并为他人谋取利益，其行为已涉嫌构成受贿罪、利用影响力受贿罪。

---

[1] 法律出版社法规中心编：《〈中华人民共和国刑事诉讼法〉配套解读》，法律出版社2012年版，第302~303页。

第五节 从宽处罚的建议

从宽处罚建议是《监察法》中关于监察调查的特别程序规定之一，[1]《监察法》强化了国家监督力度，体现了"严"，但"严"中有"宽"，即严格依照法律的规定对被调查人和相关人适用从宽处罚，提出从宽处罚的建议，既体现了罪刑相适应原则，亦体现了宽严相济刑事政策。[2]

一、对被调查人的从宽处罚建议

根据《监察法》第 31 条规定，在满足一定条件的情形下，监察机关可以向涉嫌职务犯罪的被调查人提出从宽处罚的建议。《监察法》对其审批程序的规定较为严格，并非不鼓励被调查人主动认罪认罚，而是在保护决策程序的公正公平。[3]在具体适用方面，应当从宽有据，罚当其罪。对于需要向人民检察院提出从宽处罚建议的案件，应当由监察机关经领导人员集体研究决定，并报上一级监察机关批准。[4]

（一）被调查人主动认罪认罚的

认罪认罚从宽既体现了我国长期实行的惩办与宽大相结合的人道刑事政策，也与我国当前阶段的宽严相济的刑事司法政策相一致，更是其制度化体现。[5]《监察法》第 5 条规定国家监察工作坚持"权责对等，从严监督，惩戒与教育相结合，宽严相济"的原则，第 6 条规定国家监察工作坚持"加强思想道德和法治教育"的方针。认罪认罚从宽建议是指，监察机关对于涉嫌职务犯罪的被调查人自愿如实供述自己的罪行，对经过监察调查的犯罪事实没有异议，同意监察机关的监察建议并签署具结书的案件，可以提出依法从宽处理的建议。应当注意：

其一，被调查人必须出于主动。认罪认罚从宽的主要功能在于感召、激励和促使职务犯罪的被调查人悔过自新。具体而言：①对那些实施了职务犯罪的被调查人给予从宽处罚，可以使其真切体会到国家法律对他们的宽恕，促使他们加强自我改造，更好地达到刑法的特殊预防目的，从而抑制其再犯罪；②对那些已经实施了职务犯罪的潜在的犯罪人也会起到良好的示范作用，督促他们主动向监察机关交代自己的职务犯罪行为，从而起到一般预防和节约监察资源的效果。[6]

其二，认罪认罚必须出于被调查人的自愿。认罪认罚必须要确保被调查人是自主

---

[1] 张云霄：《监察法学新论》，中国政法大学出版社 2020 年版，第 176 页。
[2] 马怀德主编：《监察法学》，人民出版社 2019 年版，第 293~294 页。
[3] 马怀德主编：《监察法学》，人民出版社 2019 年版，第 296 页。
[4] 马怀德主编：《监察法学》，人民出版社 2019 年版，第 293 页。
[5] 王迎龙："认罪认罚从宽制度中的控审构造"，载《中国刑事法杂志》2021 年第 6 期。
[6] 今时今日为学界所普遍认可的是那种特殊预防与一般预防同时存在的"预防性的综合理论"。[德]克劳斯·罗克辛：《德国刑法学总论：犯罪原理的基础构造》（第 1 卷），王世洲译，法律出版社 2005 年版，第 45 页。

自愿的。对于调查过程是否逼迫其自认其罪,取证过程是否符合法律规定,有没有刑讯逼供等违法犯罪行为,必须加强监督。如果案件最终需要移送到检察院审查、提起公诉的,必须将被调查人是否自愿作为重要的审查内容。

其三,注意认罪认罚制度与(一般)自首的区别。在刑罚量刑制度中,自首可以分为一般自首和准自首,其中,准自首也称作特殊自首。根据当前《刑法》第67条规定,一般自首是指"犯罪以后自动投案,如实供述自己的罪行"。再根据《最高人民法院关于处理自首和立功具体应用法律若干问题的解释》第1条的规定可知,一般自首必须满足两个条件:自动归案和如实供述自己的罪行。而认罪认罚从宽的构成要件中没有自动归案条件的限制。当然,认罪认罚从宽中的"从宽"包含了从轻、减轻和免除处罚三种情形。

(二)被调查人有自动投案、真诚悔罪悔过情节的

自动投案或者真诚悔罪悔过都反映了涉嫌职务犯罪的被调查人内心的悔悟,也从客观方面降低了其给党和国家、人民利益带来的危害性程度。

其一,关于"自动投案"。自动投案是指涉嫌职务犯罪的被调查人在被调查之后,在未受到讯问、未被采取监察强制措施之前,出于被调查人本人自己的意志或意愿而向有关机关或者个人承认自己所实施的职务犯罪行为,并且自愿地将自己置于有关机关或者个人的掌握之下静候深层调查、处置的行为。据此可知,自动投案需要满足以下条件:①自动投案行为必须发生在被调查人尚未归案之前。这是时间上的限制条件。根据1998年出台的《最高人民法院关于处理自首和立功具体应用法律若干问题的解释》(以下简称《解释》)第1条第1款规定,"自动投案"是指:"犯罪事实或者犯罪嫌疑人未被司法机关发觉,或者虽被发觉,但犯罪嫌疑人尚未受到讯问、未被采取强制措施时,主动、直接向公安机关、人民检察院或者人民法院投案。犯罪嫌疑人向其所在单位、城乡基层组织或者其他有关负责人员投案的;犯罪嫌疑人因病、伤或者为了减轻犯罪后果,委托他人先代为投案,或者先以信电投案的;罪行尚未被司法机关发觉,仅因形迹可疑被有关组织或者司法机关盘问、教育后,主动交代自己的罪行的;犯罪后逃跑,在被通缉、追捕过程中,主动投案的;经查实确已准备去投案,或者正在投案途中,被公安机关捕获的,应当视为自动投案。并非出于犯罪嫌疑人主动,而是经亲友规劝、陪同投案的;公安机关通知犯罪嫌疑人的亲友,或者亲友主动报案后,将犯罪嫌疑人送去投案的,也应当视为自动投案。"②自动投案一般是基于被调查人自己的意志。即自动投案行为本身并没有违背被调查人的意愿。应当注意的是,根据最高人民法院1998年《解释》第1条第1款第2项规定:"并非出于犯罪嫌疑人主动,而是经亲友规劝、陪同投案的;公安机关通知犯罪嫌疑人的亲友,或者亲友主动报案后,将犯罪嫌疑人送去投案的,也应当视为自动投案。"③被调查人自愿地将自己置于有关机关或者个人的控制之下,等待进一步的调查和处置。应当注意的是,如果被调查人自动投案之后又逃跑的,不能认定为自动投案。

其二,关于"真诚悔罪悔过"。悔罪或者悔过表现是指涉嫌职务犯罪的被调查人对

自己所作所为进行忏悔的行为。"真诚悔罪悔过"可由检察机关提出从宽处罚的建议的规定，彻底贯彻了人道主义原则，注重对被调查人思想观念改造和教育的同时，起到了良好的特别预防效果。对此，可从以下方面加以把握：一是悔罪悔过必须是被调查人本人所做出的。责任自负是现代法治的基本要求，只有出于被调查人本身的醒悟，才能更好地起到防微杜渐、预防再犯和警醒潜在不法行为的效果。二是悔罪悔过行为必须出于真诚，而非虚伪。在监察实务中，监察人员必须综合各方面的情况对被调查人是否真诚作出认定，比如被调查人是否认识到自己行为的危害性、是否积极退赃退赔、是否作出赔礼道歉等。

（三）被调查人积极配合调查工作、如实供述监察机关还未掌握的违法犯罪行为的

"积极配合调查工作"[1]是指涉嫌职务犯罪的被调查人对于检察机关的调查取证工作予以配合，态度上不推诿、不懈怠和不消极的一种情形。"如实供述"是指涉嫌职务犯罪的被调查人在检察机关的调查过程中能够如实地交代自己所犯罪行。对此应当注意：

其一，"如实供述"的内容。所谓"如实"是指被调查人能够客观地按照自己的记忆交代自己的犯罪事实，并不要求其交代的犯罪事实与客观事实完全吻合，确实因为遗忘而没有交代的，依旧可以认定为如实供述。"如实供述"的内容应当是监察机关尚未掌握的违法犯罪行为，其要义有二：一是如实供述的内容必须是监察机关尚未掌握的，如果供述监察机关已掌握的事实，则不能成立；二是如实供述的对象包括了违法行为和犯罪行为。对此第一种观点认为，此处的"如实供述"应当是供述本人所犯的但监察机关尚未掌握的违法犯罪行为；另一种观点认为此处的如实供述包括了他人所犯的但监察机关尚未掌握的违法犯罪行为。但是，观察"积极配合调查工作、如实供述监察机关还未掌握的违法犯罪行为"这一表述在《监察法》第31条的位置可以发现，与其并列的其他五种监察机关可以提出从宽处罚的情形都要求必须由涉嫌职务犯罪的被调查人作出，即第31条是以被调查人作为规制对象的，故而"监察机关还未掌握的违法犯罪行为"仅包括那些监察机关没有掌握的被调查人的违法犯罪行为。因此，第一种观点较为恰当。逆向考虑，如果《监察法》第31条规定的"如实供述"包括了监察机关尚未掌握的他人的违法犯罪行为，在监察实务中可能出现监察机关没有管辖权却可以提起从宽处罚建议的悖论，这显然与法律体系的统一性相冲突。

其二，"如实供述"与自首的区别。要注意"如实供述监察机关还未掌握的违法犯罪行为"与一般自首和准自首的区别。①一般自首要求犯罪嫌疑人自动投案并且如实供述自己的罪行，其中"如实供述自己的罪行"是指犯罪嫌疑人自动投案之后，如实交代本人的主要犯罪事实。其与一般自首中如实供述的主要区别有三：一是是否要求供述之事实为办案机关所知。一般自首中即使是刑事司法机关所知悉的事实而犯罪嫌

---

[1] "积极配合调查工作"意味着被调查人在如实供述自身罪行之外，还需承担类似作证等其他义务。王学辉、徐寅智："监察法视阈下认罪认罚从宽制度的检视与优化"，载《理论月刊》2021年第11期。

疑人如实供述的，依旧成立一般自首，而《监察法》第 31 条规定的"如实供述"，其内容仅仅指那些监察机关尚未掌握的本人其他违法犯罪行为；二是是否要求仅仅供述犯罪嫌疑人或被调查人的犯罪行为。《监察法》第 31 条规定的"如实供述"还包括了违法行为；三是二者有交叉之处。一般自首中的"如实供述"是针对一般情况下的犯罪嫌疑人而言的，即不论是否属于职务犯罪都可以适用一般自首中的"如实供述"。而《监察法》第 31 条所规定的"如实供述"，其内容仅指职务违法犯罪的供述；②《监察法》第 31 条的"如实供述"与准自首的区别。准自首的构成要件要求犯罪嫌疑人被动归案且如实供述司法机关尚未掌握的本人其他罪行。故《监察法》第 31 条规定的"如实供述"与准自首中"如实供述"主要存在供述内容上的差异，监察法上的"如实供述"仅仅包括职务违法行为和职务犯罪行为，而准自首中的"如实供述"不局限于此。

（四）被调查人积极退赃、减少损失的

职务违法犯罪会对国家、社会和人民的利益造成极大侵害，尤其对财产权益而言。积极退赃有利于维护国家利益、社会公共利益和广大人民群众利益。"退赃"是我国法律体系中常见的术语词汇，其常与"退赔"连用，且在法律实务中常涉及财产违法犯罪。所谓"退赃"是指涉嫌职务犯罪的被调查人依据法律规定主动或者被动地将非法获取的财物直接退还给被害人或者上缴给国家司法机关，以求换取从宽处罚的行为。

《监察法》第 31 条中并没有规定"退赔"，而所谓"退赔"是指，犯罪嫌疑人之犯罪所得已被其非法处置或者发生损毁而无法原物返还时，嫌疑人采取折价方式直接对受害人进行赔偿或者上缴国家司法机关，以争取从宽处罚的行为。"减少损失"是指涉嫌职务犯罪的被调查人积极退赃，有效地避免或者减少了国家利益、社会公共利益和他人合法利益的损失。此外，还应注意对"赃"的正确理解。"赃"是指涉嫌职务犯罪的被调查人所非法侵害的公共财产或者他人合法财产与利益，其中包括被调查人以非法手段获取的他人占有物。"退赃"的核心在于"赃物"的认定和"赃物"客观存在且未被毁损，即可追回。如果"赃物"已经不存在或者被毁损，那么涉嫌职务犯罪的被调查人应进行退赔。此外，不能将"赃物"与"非法所得""违法所得"相混淆，三者之间具有不同的内涵与外延。

（五）具有重大立功表现的

重大立功是指涉嫌职务犯罪的被调查人（犯罪嫌疑人）揭发他人犯罪行为，经查证属实，或者提供重要线索从而查获其他重大案件，以及其他对国家和社会具有重大贡献的行为。其要义有三：①重大立功的主体。必须是涉嫌职务犯罪的被调查人本人（犯罪嫌疑人）；②重大立功的时间。《监察法》第 31 条规定的重大立功必须是刑罚执行完毕之前；③重大立功的内容是有效的。即被调查人（职务犯罪嫌疑人）揭发、检举其他人的重大犯罪行为，或者提供的重要线索以及其他重大立功的行为是客观存在的，并非虚假捏造的，而且产生了积极有效的效果。这意味着如果被调查人通过暴力胁迫、威逼利诱、贿买、敲诈等非法方法，或者在被采取强制措施如羁押、留置等之后违反相关规定，获取了他人重大犯罪线索并"积极"向监察机关检举和揭发的，不能成立重大立功。另一方面，如果被调查人作为行使国家公权力的人员，将本人在履行国家职务的过程中掌握知悉的，或者从其他具有稽查、调查犯罪和监管职责的公职人员处获取的关于他人重大犯罪线索予以检举揭发的，也不能认定为重大立功。

（六）案件涉及国家重大利益的

"国家利益"的内涵丰富，其外延纵横捭阖，具有鲜明的层次性。[1]以国家利益的重要性程度为标准可将其划分为一般国家利益和重大国家利益（国家重大利益）。具体到本条规定，监察机关并非能够对所有涉及侵犯国家利益的被调查人提出从宽处罚的建议，仅能对那些涉及国家重大利益案件的被调查人提出，国家利益与国家重大利益不仅在范围上有所不同，二者也有质上的差异。在监察实务中，对国家利益或国家重大利益的认定与把握应当坚持审慎、认真细致的态度，既不能将非国家利益解释为国家利益而入罪，也不能将本属于国家利益的事项解释为非国家利益而助人脱罪，更不能做出有损于国家利益、社会公共利益的行为。

（七）其他

对《监察法》第31条中"等"字的理解，应采取同类解释规则加以把握，其意指其他与本条前列所示具有同等或相同性质的情形。故而，可以将"等"字理解为兜底、煞尾的意思。这是因为监察、检察实践是不断发展进步的，随着监察实务的逐步完善，极有可能出现监察机关可以提出从宽处罚建议的新情形，而立法的滞后性使得立法机关一时之间难以穷尽所有情形，故在立法技术上作出此般折中，亦比较切合地缓解了立法技术和监察检察实务之间的张力。

二、对职务违法犯罪的涉案人员的从宽处罚建议

根据《监察法》第32条规定，在满足一定条件下，监察机关对于职务违法犯罪的涉案人员可以在移送人民检察院时提出从宽处罚的建议。根据《监察法实施条例》第219条规定，在特殊情况下，也可以在案件移送后、人民检察院提起公诉前，单独提出从宽处罚建议。故此，监察机关提出从宽处罚的监察建议的对象是职务违法犯罪的涉案人员，即在监察机关调查、处置案件中除涉嫌职务犯罪的被调查人之外的，需要追究其法律责任、政务责任及其他责任的人员。监察机关对职务违法犯罪的涉案人员在将案件移送人民检察院审查、提起公诉时提出从宽处罚的建议，主要包括以下情形：

（一）涉案人员揭发有关被调查人职务违法犯罪行为，查证属实的

多数情况下，违法犯罪行为具有隐蔽性，不易被察觉，而公民之检举揭发行为能为公安机关、检察机关和监察机关等提供证据和线索，使其得以迅速调查、侦查和处置案件，及时阻止犯罪和制裁犯罪，维护社会稳定和社会公正，保障宪法、法律的顺利有效实施。[2]在监察案件中，职务违法犯罪的涉案人员想要争取从宽处罚必须满足

---

[1] 刘志云："国家利益的层次分析与国家在国际法上的行动选择"，载《现代法学》2015年第1期。

[2] 姜明安："国家监察法立法的若干问题探讨"，载《法学杂志》2017年第3期。

以下条件：①揭发有关被调查人员职务违法犯罪行为。首先揭发的对象必须是被调查人。如果职务违法犯罪的涉案人员揭发的是其他人的违法犯罪行为，不能适用此种情形；②揭发的内容必须是被调查人的职务违法犯罪行为。涉案人员揭发的是被调查人员的职务违法行为和职务犯罪行为，如果仅仅揭发的是违纪行为，不满足本项所规定的条件；③如果涉案人员揭发的并非被调查人员的行为，或者揭发的并非被调查人员的职务违法或职务犯罪行为，不满足本项所规定的条件。④所揭发的内容必须经过查证属实。"查证"是指监察机关对于职务违法犯罪人员揭发的情况进行调查、核实，以证明其所揭发事项真伪的活动。"属实"是指职务违法犯罪的涉案人员所揭发的事项、材料是客观的、真实的，并非虚构的，也并非诬陷的。当然，涉案人员所揭发的事项、材料经过查证，其中绝大部分或者重大事实为真实而小部分为虚假陈述和揭发的，宜认定为"属实"。如涉案人员所揭发的事项、材料经过查证属于虚假的，监察机关不得提出从宽处罚的建议。如通过揭发的事项、材料欲陷人入罪，使他人受到刑事追究，构成犯罪的，应移送相关主管机关管辖。

（二）涉案人员提供重要线索，有助于调查其他案件的

其一，涉案人员提供重要线索。①报案、举报和涉案人员提供都是监察案件进行初步核实的重要材料来源，其中涉案人员提供的线索具有两面性：一方面，涉案人员是比较了解职务违法犯罪情况的人，其提供的线索更加具有关联性和重要性；另一方面，职务违法犯罪的涉案人员提供的线索也可能是虚假的，乃至是带有误导性的；②涉案人员提供的线索必须是"重要"的。对于涉案人员提供的与案件无关的，或者并非重要线索，监察机关也不应提出从宽处罚的建议；③对于哪些线索和材料属于"重要"的，应当加以明确。一般来说，事关被调查人是否有职务违法犯罪行为的线索、职务违法犯罪程度和性质的线索等都属于重要线索。

其二，涉案人员提供的重要线索必须有助于调查其他案件。①提供的重要线索必须具有有用性。对于那些与任何案件办理无关的线索，不得提出从宽处罚的建议。②对"其他案件"具有不同的理解。一种观点认为其仅指监察机关办理的除被调查人和涉案人员涉嫌职务违法犯罪案件之外的其他案件。另一种观点认为是指除上述两种案件之外的监察机关、监察机关、公安机关及其他有关部门办理的案件之外的其他案件。根据《监察法》规定，监察机关对于满足条件下的"其他案件"可以经过法定程序提出从宽处罚的建议，这就排除了"其他案件"包含非监察机关管辖案件的可能性，故而，应当采取第一种观点。

（三）提出从宽处罚的监察建议的程序条件

程序公正是监察机关进行调查活动必须遵守的"红线"，也是监察活动积极追求的目标，更是实现实体公正的有效途径。遵守法定程序能够有效地弥补实体规则的缺漏，使得监察活动更加具有权威性和严肃性。监察机关将涉嫌职务犯罪的案件移送检察机关审查起诉时，对被调查人提出从宽处罚的建议，必须满足一定的程序条件。①从宽处罚监察建议的提出必须经过本级监察机关领导人员集体研究决定。本级监察机关经

过领导人员集体研究，决定是否需要报请上一级监察机关批准；②从宽处罚的监察建议的提出必须报请上一级监察机关的批准。由于我国各级监察机关之间实行双重领导体制，为以示郑重，提出从宽处罚的建议必须经过上一级监察机关的批准。尤其需要注意的是，必须经过上一级监察机关而不是上级监察机关的批准，虽一字之差，含义却大相径庭。举例来说，县（区）级监察委员会在将监察案件移送人民检察院审查、提起公诉时，拟对某一被调查人提出从宽处罚的建议，其需要在经过本级监察机关内部集体讨论决定之后，报请设区的市、州一级的监察委员会批准，而不是报请其他任意上级监察机关批准。

◇【法条链接】

一、《中华人民共和国监察法》（2018 年）

第三十一条 涉嫌职务犯罪的被调查人主动认罪认罚，有下列情形之一的，监察机关经领导人员集体研究，并报上一级监察机关批准，可以在移送人民检察院时提出从宽处罚的建议：

（一）自动投案，真诚悔罪悔过的；

（二）积极配合调查工作、如实供述监察机关还未掌握的违法犯罪行为的；

（三）积极退赃、减少损失的；

（四）具有重大立功表现或者案件涉及国家重大利益等情形的。

【释义】该条是关于案件由监察机关移送至检察机关时，监察机关提出从宽处罚的建议的规定。

本条规定了在特定情形下监察机关对涉嫌职务犯罪的被调查人在将案件移送人民检察院审查、提起公诉时可以提出从宽处罚的建议。

第三十二条 职务违法犯罪的涉案人员揭发有关被调查人职务违法犯罪行为，查证属实的，或者提供重要线索，有助于调查其他案件的，监察机关经领导人员集体研究，并报上一级监察机关批准，可以在移送人民检察院时提出从宽处罚的建议。

【释义】该条是关于监察机关将案件移送检察院时提出从宽处罚的建议的规定。

本条规定了一定情形下监察机关对职务违法犯罪的涉案人员在将案件移送人民检察院审查、提起公诉时可以提出从宽处罚的建议。

二、《全国人民代表大会常务委员会关于授权最高人民法院、最高人民检察院在部分地区开展刑事案件认罪认罚从宽制度试点工作的决定》（2016 年）

……开展刑事案件认罪认罚从宽制度试点工作。对犯罪嫌疑人、刑事被告人自愿如实供述自己的罪行，对指控的犯罪事实没有异议，同意人民检察院量刑建议并签署具结书的案件，可以依法从宽处理。

【释义】本条是对认罪认罚从宽制度的规定。其中认罪体现在犯罪嫌疑人、刑事被告人自愿如实供述自己的罪行，对指控的犯罪事实没有异议。认罚体现在犯罪嫌疑人、刑事被告人同意人民检察院量刑建议并签署具结书。

三、《中华人民共和国监察法实施条例》(2021年)

第二百一十九条 从宽处罚建议一般应当在移送起诉时作为《起诉意见书》内容一并提出，特殊情况下也可以在案件移送后、人民检察院提起公诉前，单独形成从宽处罚建议书移送人民检察院。对于从宽处罚建议所依据的证据材料，应当一并移送人民检察院。

监察机关对于被调查人在调查阶段认罪认罚，但不符合监察法规定的提出从宽处罚建议条件，在移送起诉时没有提出从宽处罚建议的，应当在《起诉意见书》中写明其自愿认罪认罚的情况。

【释义】本条是关于监察机关提出从宽处罚建议的规定。

第十五章 监察证据与证明

在司法领域，证据是实现法治的基石[1]；在监察领域，证据之于监察法治具有同样的意义。[2]证据制度具有"求真"与"求善"的双重价值，[3]为社会提供了一种理性解决社会争端的范式。《监察法》第18条明确规定监察机关在行使监督、调查职权时拥有调取证据的权力，并于第33条就取证的要求与标准，以及非法证据排除规则作出规定。监察证据制度是监察法学体系的重要组成部分，学习监察证据制度有助于增强监察证据决策理念，维护公平正义，保障被监察对象合法权益。从教学意义而言，通过本章的学习，旨在实现以下目标：①在知识层面，使学生能够了解并掌握监察领域的证据规则、事实认定规律及方法，提升学生的应试能力；②在理论层面，帮助学生理解和掌握规则背后的理念、原则、价值和政策，促进学生对监察法哲学、监察观与监察方法论的学习与思考，提升学生的理论反思能力；③在操作层面，通过证据与证明的思维训练，提高学生的逻辑分析能力、价值判断能力与证据推理能力。

第一节 监察证据的概念与类型

证据的概念及其类型是证据法学研究的基本问题，但在学术研究领域，这些基本概念与基本理论尚存一定争议。基本问题的争议也带来了一些实践问题，这些问题的解决仍有待理论问题之澄清。本节内容旨在帮助学生理解监察证据的基本概念，监察证据基本类型及其划分依据。

一、监察证据的概念

就直观层面而言，监察证据即监察领域的证据。从语言考据学的角度来看，"证"本身即具有将隐于内部的事物表达于外的意思。据学者考察，"证与徵通"，"徵"有言行隐微但必闻达挺箸于外的意思。言行隐微即言行在客观上已经存在，只是因其隐微在常规下不易被发现。闻达挺箸于外即无论多么隐微，只要有其言行，言行就必然

---

[1] 张保生主编：《证据法学》（第3版），中国政法大学出版社2018年版，第15页。
[2] 监察领域证据与刑事诉讼领域证据在"本质上一致"。高景峰："司法工作人员相关职务犯罪侦查模式建构与完善"，载《中国刑事法杂志》2021年第5期。
[3] 张保生：《证据法的理念》，法律出版社2021年版，第196页。

会留下被人认知、被人把握的信息。[1]这是关于证据的词源解释。但在证据法学研究领域,证据的概念争议较大,总的来说主要有以下几种观点:

(一)"证据事实说"

"证据事实说"的核心观点为事实即为证据的本质,可以证明案件真实情况的一切事实即为证据。但是,这是中外证据法学发展早期的错误证据理论。现代证据法学的开创者——美国证据法学家威格莫尔教授在探讨证据是什么的时候谈道:"证据并非法律的和伦理的原理,而是一切一层或一柱可了解的事实。在法庭上将它提出,目的就是当初在庭审的关键环节时会形成一种信念,这种信念是对于主张的真实性产生肯定或者否定的信念,法庭只有根据该信念才能做出判断。"[2]在威格莫尔看来,证据是一种事实或信念。这种"事实说"观点主要停留在理论层面,但也对诉讼法的立法实践产生了重要影响。苏联在立法中采用了"证据事实说"观点,在立法中明确了证据概念。该类做法直接影响了我国早期立法,直到1996年我国修正的《刑事诉讼法》中仍然采用上述观点,该法第42条第1款规定:"证明案件真实情况的一切事实,都是证据。"中国早期的证据法教科书也认为证据应当定义为事实。[3]"证据事实说"是世界范围内影响最为深远的证据概念学说。

"证据事实说"之所以错误,系由于其是一种片面的学说。该学说侧重于从证据的内容角度定义证据,即片面强调证据对事实的体现与证明作用,忽视了证据的形式。[4]同时,"证据事实说"旨在利用事实的既成性、不可更改性与恒真性,强调证据的客观性,并将证据定义为一种"客观事实"。[5]但从逻辑学的角度而言,事实恒为真,没有"假的事实"。而证据有真亦有假,因此证据不可能等同于事实。同时,证据能够被"掺假"也能够被捏造,而捏造的事实已不是事实。故将证据视为一种事实的观点是错误的。

(二)"证据材料说"

"证据材料说"的核心观点是认为证据的本质是证明案件事实的材料,这种学说是诉讼法学界的主流学说,也是被相关立法所采用的观点。2012年修正后的《刑事诉讼法》第48条第1款规定:"可以用于证明案件事实的材料,都是证据。"《刑事诉讼法》的后续修改版本都延续了"材料说"的观点。相关立法的修改体现了立法者对"证据事实说"的反思与修正。从将证据作为事实,到将证据作为证明事实的材料,这体现了立法认识的提升,有一定进步意义。此外,用"材料"代替"事实",淡化了证据

---

[1] 郑禄:"证据概念素说——兼论中国特色社会主义证据理论的国学文化基石",载《证据科学》2008年第5期。
[2] [美]约翰·威格莫尔:《普通法的庭审证据》,转引自卞建林、刘玫:《外国刑事诉讼法》,人民法院出版社、中国社会科学出版社2002年版,第218页。
[3] 陈一云主编:《证据学》,中国人民大学出版社1991年版,第99页。
[4] 张保生主编:《证据法学》中国政法大学出版社2018年版,第26页。
[5] 江伟主编:《证据法学》,法律出版社2003年版,第206页。

的真实性，有助于人们理解证据真假难辨的特点。[1]但是，"证据材料说"也同样存在一定问题，"材料说"在本质上混淆了证据与证据载体，其造成的直接后果是对后续的证据类型化造成了不良影响。由于证据的形式或载体是无限多样的，立法规定无法穷尽可能的证据载体形式，便使得证据种类的规定过于局限。

(三)"证据信息说"

"证据事实说"片面强调了证据的内容方面，而"证据材料说"则片面强调证据的形式方面。为了克服上述两种学说存在的问题，学界逐渐形成了试图将证据内容与形式相统一的证据概念学说。根据这种"统一说"的精神，国外学者提炼出关于证据概念的"信息说"理论，并逐渐受到国内外研究者的承认。"证据信息说"主张，"证据是与案件事实有关的任何信息——由证人证言、文字材料、实物对象或者任何可以呈现并被感知的东西组成，用于证明一件事实的存在或不存在"。[2]"信息说"的核心要旨在于指出证据的本质是与案件事实相关的信息。

我们认为，"证据信息说"最接近证据的本质。根据"信息说"的观点，可将监察证据定义为"与监察案件待证事实相关，用于证明被监察对象特定行为事实之存在可能性的信息"。但是信息无法独立存在，必须与载体相结合。因此，证据的本质是一种信息，其与具体的物结合后被呈现，继而作为证据使用。用于承载信息的物即是证据载体，未承载信息的物不是证据，承载了与案件待证事实相关信息的物才是证据。

二、监察证据的法定形式

监察证据的法定形式是指从证据的外部形态或信息载体所作的法律上的划分。就其本质而言，监察证据的法定形式是立法对证据载体的一种机械分类。从证据法治实践来看，对证据种类作详细法律规定的国家不多。在英美证据法中，一般只对实物证据、证人证言进行简单划分。德法日等国诉讼法中散见的证据种类还包括被告人供述和辩解、鉴定意见等。对证据载体进行分类是我国诉讼法领域的传统做法，这种做法也对监察立法产生了影响。根据《监察法》第33条第1款规定，监察机关依法收集的证据材料，可以在刑事诉讼中作为证据使用。该条款将监察证据种类概括为物证、书证、证人证言、被调查人供述和辩解、视听资料、电子数据六类。《监察法实施条例》又将被害人陈述与鉴定意见纳入法定证据形式中来。下面重点对几种证据的特点予以阐释：

(一)物证

所谓物证，是指外部特征、内在属性及存在状况等对案件事实具有证明作用的证据。从国外立法对物证的概念界定情况来看，物证具有以下主要特点：第一，以其物理特征对案件待证事实具有证明作用，这是其区别于书证的主要特点；第二，物证一

---

[1] 张保生主编：《证据法学》，中国政法大学出版社2018年版，第26页。
[2] [美]罗纳德·J.艾伦等：《证据法：文本、问题和案例》(第3版)，张保生、王进喜、赵滢译，高等教育出版社2006年版，第79页。

般具有一定稳定性的特征,其保留了事实存在过的痕迹,能够被收集、固定和保存;第三,物证是"哑巴证据",[1]相比于言词证据而言,物证需要由调查人员、鉴定人员等对证据信息进行提取后才能对案件事实有证明作用;第四,物证对案件事实的证明一般是间接性的,单独物证通常无法证明全案事实,需与其他证据一起形成证据链。在监察案件中,最主要的物证就是涉案财物。在涉腐案件中,"捉贼捉赃"极为重要,一般贪腐类案件定案均有物证支撑。房屋、汽车、人民币、金银首饰、古玩字画、烟酒等涉案财物,均能够作为物证使用。

(二) 书证

所谓书证,是指以纸张为主要载体,以文字、数字或图形为主要形式,记录有关案件事实内容或者信息的文件或物品。相比于物证而言,书证中隐含的证据信息具有直观性,因而书证的信息提取与信息判断一般较物证而言更具优势。在形式上,书证以文字或文字结合其他符号、图形为表达方式,记载于一定的载体上。书证的形态五花八门:可以手写、印刷等;可以是书信、合同、证书、账簿、票据、罚单等。在内容上,这些文字、符号、图像或其组合均表达一定的思想、意志。基于文字本身形与义的统一,人们总是能够识其形而明其义。[2]在实践中,书证可能存在被变造、伪造与篡改的情况。出示书证时若对方对其质疑,书证的真实性须由知情证人出庭进行鉴真。在监察实践中,常见的书证有账本、票据、日记及其他能够记录、证明违纪违法行为的文字材料。

(三) 证言

所谓证言,是亲身经历案件相关事实的人——证人,就亲身经历向事实认定者所作的陈述。证言类证据一般具有以下特征:第一,证言是一种陈述,是由证人通过对案件情况的感知、记忆、复述而成就的;第二,证言应当是对案件有关情况的陈述,证人只能对自己亲身认知的案件事实开展陈述,禁止对案件情况剖析评判,给出观点和意见;第三,证言是证人主观对客观的认识和反映,受人的主观影响颇深。[3]证言类证据是法律活动中最为常见的证据类型之一,监察活动对证言类证据也较为倚重,较多监察案件都以知情人作为案件突破口,通过取得知情人证言之后再对主要涉案人员进行进一步讯问,最终审结案件。

相比于司法活动而言,监察案件的证言类证据具有一定特殊性。在司法活动中,证人一般以接受直接询问的方式出庭作证,并接受对方律师或检察官的交叉询问以及被告人的对质,未经过质证的证言不能采纳作为定案的依据。但是,在监察活动中,并不存在控辩双方相互对抗的程序结构,检察机关与律师提前介入监察案件也受到一

---

[1] 张保生:"《人民法院诉讼证据规定适用指南》的理论逻辑和要点分析",载《法律适用》2021年第1期。

[2] 何家弘、张卫平主编:《简明证据法学》,中国人民大学出版社2007年版,第35页。

[3] 卞建林、谭世贵主编:《证据法学》,中国政法大学出版社2019年版,第195页。

定限制，并不存在对证人的交叉询问环节。因此，证人作证的具体形式需要由监察机关视工作需要决定，但总的来说也要符合直接言辞原则。用以作为定案依据的证言需要证人亲自向监察机关陈述，监察机关固定自然人证言类证据应通过询问措施，在指定地点听取证人陈述。此外，经《监察法实施条例》确立为法定证据种类之一的被害人陈述，并没有超越证言证据的一般属性，因此在证据形式上也可归入证言类证据。

（四）被调查人供述和辩解

"被调查人供述和辩解"是指调查对象就其涉嫌职务违法犯罪和案件有关情况而向监察机关所作的陈述。在纵向范围上，被调查人供述和辩解既包括监察立案后被调查人就其涉嫌的犯罪所作的供述和辩解，也包括初核阶段被调查人的言词证据材料及自首材料等。在横向范围上，被调查人供述和辩解包含了供述和辩解两种内容，其中供述是指被调查人对被调查的事实表示承认，并如实陈述所被调查之事的全部事实和情节；辩解即被调查人对被调查的事实表示否认，或者虽然承认，但辩称依法不应追究责任或者应当从轻、减轻或者免除处罚等。[1] 供述是被调查人义务，而辩解是被调查人权利，供述与辩解的内容都可以作为证据在监察与司法活动中使用。获取被调查人供述是监察讯问活动的主要目标，被调查人供述也是监察活动中非常重要的证据形式。

（五）视听资料

所谓视听资料，是采用现代技术手段，将可以重现案件原始声响、形象的录音录像资料，用作证明案件真实情况的资料。视听资料包括录音和录像，具有准确、完整、连贯再现原状的特点，在侦查破案、认定案情时具有非常重要的意义。[2] 作为一种独立的证据，视听资料的特点是：第一，具有科技含量，借助相关技术设备实现记录、储存和播放的过程。如录像设备、电影摄影设备和计算机程序等，皆拥有一定的科技含量，而且记录、储存和播放的进程同样是运用高科技装备开展的携有显著科技运用性质的过程。对视听资料的收集和审查判断都需要依赖科学技术[3]。第二，具有直观性和动态连续性，可直观展示与案件有关的声像，生动再现与案件有关的事件或活动。视听资料往往是在一定的连续时间内对音响、活动影像进行的录制。它所记录和储存的内容常表现为一个动态过程，当这一过程获得再现时，能显示出动态的直观性。视听资料能赋予人以身临其境的感受，人们既能够感受到证据内容本身，也能够获悉证据产生的环境和背景。第三，容易被伪造、篡改，如录音带、录像带容易被消磁、剪辑，视听资料倘若被篡改或伪造，不借助科学技术手段往往难以甄别[4]。第四、具有无差别、可无限复制的特点，因此在证明机理上也具有特殊性。

（六）电子数据

电子数据是案件发生过程中形成的，以数字化形式存储、处理、传输的，能够证

---

[1] 张建伟：《证据法要义》，北京大学出版社2014年版，第252页。
[2] 樊崇义主编：《证据法学》，法律出版社2017年版，第198页。
[3] 陈一云主编：《证据学》，中国人民大学出版社1991年版，第206页。
[4] 陈卫东、谢佑平主编：《证据法学》，复旦大学出版社2016年版，第154页。

明案件事实的数据。从信息学的角度来说，单纯的数据一般不能作为证据使用。经过对数据进行提取、分析形成信息才能作为证据使用。因此，所谓的电子数据证据，实际上称之为电子信息证据更为准确。实践中，电子数据类证据的形式有以下几类：网页、博客、微博客、朋友圈、贴吧、网盘等网络平台发布的信息；手机短信、电子邮件、即时通信、通讯群组等网络应用服务的通信信息；用户注册信息、身份认证信息、电子交易记录、通信记录、登录日志等信息；文档、图片、音视频、数字证书、计算机程序等电子文件。

电子数据作为新的证据类型，其审查判断的难点在于真实性不易判断。最高人民法院、最高人民检察院、公安部曾联合印发了《关于办理刑事案件收集提取和审查判断电子数据若干问题的规定》，该规定虽然针对刑事案件，但其中关于电子数据收集提取与审查判断的论述，对监察案件同样具有重要参考价值。

三、监察证据的学理分类

在学理上，依据不同标准，证据被分为不同类型。

（一）直接证据与间接证据

所谓直接证据就是能直接证明当事人的主要争议事实，或能独立证明案件主要事实的证据。直接证据能直接反映案件主要事实，经查证属实后，能对案件的主要事实作出肯定或否定的判断。[1]直接证据主要有以下特点：第一，直接证据的内容与案件主要事实的内容是重合的，一般不会发生矛盾。其无需通过一切中间环节，也无需借助其他证据进行逻辑推理就可以直观地指明案件的主要事实。第二，直接证据多表现为言词证据。言词证据的重要特点之一是容易受到人的主观因素的影响而有失实的可能。因此，运用直接证据认定案情务必相当小心，应当按照法定程序对直接证据的真实性进行认真的查证核实。第三，直接证据数量不多，且较难取得。由于实施违法行为多秘密进行，一般没有目击证人，且当事人一般只陈述对自己有利的情况，而对自己不利的情况只字不提，因此获取直接证据也实非易事。[2]

所谓间接证据，是指不能直接证明而需借助其他证据进行推论，间接地证明案件主要事实的证据。[3]间接证据不能单独定案，必须与其他证据相印证、相结合形成完整的证据链条。实践中，间接证据的种类和数目繁多。它虽然不能直接证明案件的主要事实，但是可以证明案件的某些情节、事实。[4]间接证据主要有以下特点：第一，证明关系的间接性。间接证据与案件主要事实的证明关系是间接的。任何一个间接证据，都只能从某一侧面证明案件的某一局部事实或个别情节。间接证据对案件主要事

---

[1] 陈光中主编：《证据法学》（第3版），法律出版社2015年版，第224页。

[2] 卞建林主编：《证据法——原理·图解·案例·司考》，中国民主法制出版社2015年版，第129页。

[3] "间接证据是指不能直接、单独证明，而需要与其他证据结合才能证明案件主要事实的证据。"周洪波："'直接证据'的迷思"，载《法律科学（西北政法大学学报）》2021年第2期。

[4] 唐良艳、李海萍主编：《证据学》，法律出版社2016年版，第54页。

实的证明,是先证明案件的某一事实或情节,再从这一事实或情节出发,以间接的方式证明案件的主要事实。第二,证明过程的依赖性。间接证据对案件主要事实的证明,有赖于若干间接证据相互结合,形成一个相互依赖、相互联结的证据体系。第三,证明方式的推断性。间接证据对案件主要事实的证明是以推理的方式进行的。由于间接证据不能直接证明案件主要事实,只能是根据若干间接证据相互组合形成的证据体系推导出案件主要事实。此外,间接证据还有范围广、数量多,容易收集的优势。[1]在证明案件事实的证据中,只有少数可以成为直接证据,大量的则表现为各种形式、证明案件各事实要素或各种情节乃至各种细节的间接证据。[2]

(二) 原始证据与传来证据

所谓原始证据,是指直接来源于案件事实或从原始出处获得的证明材料。直接来源于案件事实,是指证据是在案件事实的直接作用或影响下形成的;直接来源于原始出处,是指证据直接来源于证据生成的原始环境。[3]原始证据主要具有以下特点:第一,原始证据与案件事实具有直接的关系。原始证据一般与案件事实具有直接的关联性,没有经过中间环节,干扰资源较少,能客观地反映案件事实的本来面目,属于距离案件事实最近的证据,具有较强的可靠性。第二,原始证据与案件事实之间具有自然关系。原始证据是未经过复制、复印、传抄、转述等中间环节获得的证据,真实性较强,其证明力也较强。第三,原始证据不是一成不变的。原始证据由于受自然环境、自身的原因和收集、固定的条件差异等外部环境因素的影响,也会发生变化,甚至"面目全非"。[4]因此,原始证据也必须经过审查判断后使用。

所谓传来证据,是指并非直接来源于案件事实或原始出处,而是原始证据经过转述、复制、传抄等转制方式所形成的证据。[5]传来证据可成为保存原始证据的手段,并通常能够成为发现原始证据的媒介或桥梁。[6]传来证据与原始证据相比可靠性较差,并具有以下特点:第一,传来证据的证明价值一般而言随中间环节的增加而减弱。第二,不同的传播方式对传来证据的证明价值也各不相同。尽管证据的证明价值与其距离信息来源的距离成反比,但是,距离信息来源距离相等的传来证据的证明价值却并非完全一样,此时还应该考虑传播方式、中转环境等具体条件的影响。[7]所以,在立法层面应鼓励使用原始证据,限制传来证据的使用。

(三) 言词证据与实物证据

所谓言词证据,是以人的陈述为表现形式的证据,也称为人证。言词证据包括当

---

[1] 潘申明、张蕾:"浅析司法实务视野下的刑事证据关联规则",载《法学杂志》2011年第11期。
[2] 何家弘主编:《新编证据法学》,法律出版社2000年版,第132页。
[3] 占善刚、刘显鹏:《证据法论》,武汉大学出版社2019年版,第60页。
[4] 谢安平、郭华:《证据法学》,中国人民公安大学出版社2009年版,第188页。
[5] 卞建林主编:《证据法学》,高等教育出版社2021年版,第148页。
[6] 占善刚、刘显鹏:《证据法论》,武汉大学出版社2019年版,第61页。
[7] 刘金友主编:《证据法学》,中国政法大学出版社2001年版,第205页。

事人陈述、证人证言,以及鉴定意见等。言词证据是当事人、证人等相关人员对于过去发生的案件事实的直接或间接感知的主观反映[1],具有以下特点:第一,能够主动、全面地证明案件事实。言词证据所反映的案件事实存在于人的大脑之中,通过人的陈述表达出来。言词证据是陈述人对他所感知的案件事实的复述,往往能够把案件发生的原因、过程、后果等具体情节描述清楚,从而比较全面地证明案件事实。第二,容易受到各种主客观因素的影响而出现失实的情况。人的大脑对案件事实的反映,通过陈述将其再现出来,不会像照相机那样直观真实,它要受到人的感知、记忆、表达能力以及思想感情、个人品德、利害关系等一系列主客观因素的影响,[2]其中鉴定意见的正确性还会受到人的知识程序、技术水平等因素的制约。[3]因此,对言词证据的审查判断一般是证据审查的重点。

所谓实物证据,是指以物品的外部形态或其中记载的内容等作为某种客观事实的表现形式的证据。这类证据不仅指其外形特征具有证明作用的物品,而且还包括其内容具有证明作用的书证和勘验、检查笔录。[4]示意证据虽然不是案件中实际存在的物品,但也是看得见摸得着的东西,因而在本质上属于实物证据。[5]实物证据是以"物"作证的证据类别,与言词证据相比,实物证据的特点主要有:第一,实物证据具有较强的客观性和稳定性。实物证据是客观存在的物,独立于人的意识之外而客观存在,一般不会被轻易地改变。这就与言词证据的提供者容易受到主客观因素的影响使得证据失实或出现偏差的特点不同。第二,实物证据与案件事实的联系性不明确,要靠人进行分析和研究,显示出被动性和依赖性。实物证据不能自己表示自己与案件事实有无联系及何种联系,需要通过一系列的活动来确定其与案件事实的联系性,如辨认、检验、鉴定等。第三,实物证据本身容易灭失。实物证据虽然具有客观性和稳定性,但其本身作为一个物体,必须在一定的条件下存在,如果发生了使其不存在的条件,就可能灭失。[6]

第二节 监察证据的收集与固定

证据的收集与固定主要涉及取证程序问题。《监察法》第33条对监察机关收集证据作出了原则性的要求,即监察机关依照该法收集的物证、书证、证人证言、被调查

---

[1] 卞建林主编:《证据法学》,高等教育出版社2021年版,第150页。
[2] 证言三角形即反映了证言的可信性问题。张保生等:《证据科学论纲》,经济科学出版社2019年版,第66页。
[3] 卞建林主编:《证据法学》,中国政法大学出版社2005年版,第328页。
[4] 法学教材编辑部《证据学》编写组:《证据学》,群众出版社1983年版,第116页。
[5] 刘万奇:"物证新论",载《法学研究》1993年第2期。
[6] 魏虹主编:《证据法学教程》,中国政法大学出版社2008年版,第204页。

人供述和辩解、视听资料、电子数据等证据材料,在刑事诉讼中可以作为证据使用。〔1〕此外,在监察机关依法履行职务违法调查职责,收集、固定、审查、运用证据时,应当与刑事审判关于证据的要求和标准相一致,要严格按照法律规定收集、调取证据,要严格遵循各类证据的法定形式,使据以认定职务违法的证据同样达到刑事审判的要求和标准。以非法方法收集的证据应当依法排除,禁止作为案件处置的根据。此处的"非法方法"指以暴力、威胁、引诱、欺骗以及非法限制人身自由等方法,侮辱、打骂、虐待、体罚或者变相体罚被调查人、涉案人员和证人。这是关于监察证据收集与固定的总体性规定。

一、监察证据收集的要求和标准

刑事审判对于证据的收集和运用具有很高的要求和标准,而监察机关依法履行的职务犯罪调查职责属于刑事审判范畴。〔2〕在此范围内,《监察法》规定了监察证据和刑事证据的同质性要求,监察机关依法收集的证据可依据《监察法》第33条第1款的规定在刑事诉讼中直接作为证据使用。〔3〕此外,《刑事诉讼法》中刑事审判要求证据具有:客观性、关联性、合法性,在认定案件事实时,需做到案件事实清楚,证据确实充分的证明标准。

参照刑事审判对于证据的要求和标准,监察机关在收集、固定证据时有如下要求:第一,必须依照法定程序收集证据。如讯问被调查人,应由监察机关工作人员两人以上进行;搜查时出示搜查证;证人笔录必须交本人核对。第二,收集证据必须客观、全面,不能只收集一方面的证据。第三,严禁以非法方法收集证据。主要是指严禁刑讯逼供,严禁以威胁、引诱、欺骗等方式收集证据。第四,确保一切与案件有关或者了解案件情况的人具备客观、充分提供证据的条件。第五,除特殊情况外,允许接纳与案件有关或者了解案情的公民协助调查。这是指收集证据工作主要依靠人民群众。其中"特殊情况"主要是指与案件有关的人参与调查存在泄露案情的可能性,致使被调查人逃跑或者与被调查人串通以毁灭、隐匿证据。此外,对涉及国家秘密的案件,不应了解国家秘密的人禁止介入调查。对于收集、固定不同种类证据的工作方法,在不同调查措施之中有详细规定。

二、监察证据收集的理念与原则

监察证据收集的基本规则是指监察机关及其监察人员在收集监察证据过程中所应

---

〔1〕 《监察法》第33条所规定三项内容包括:①证据类型与准用——"监察机关收集的物证、书证、证人证言、被调查人供述和辩解、视听资料、电子数据等证据材料,在刑事诉讼中均可以作为证据使用。"②证据要求与标准——"监察机关在收集、固定、审查、运用证据时,应当与刑事审判关于证据的要求和标准相一致。"③非法证据排除——"以非法方法收集的证据应当依法予以排除,不得作为案件处置的依据。"江国华:"国家监察与刑事司法的衔接机制研究",载《当代法学》2019年第2期。

〔2〕 程衍:"纪、监程序分离之提倡",载《华东政法大学学报》2021年第3期。

〔3〕 有学者称"这并不意味着监察机关在整个调查阶段收集的证据都可以直接作为证据使用"。王秀梅、黄玲林:"监察法与刑事诉讼法衔接若干问题研究",载《法学论坛》2019年第2期。

当遵循的基本规范和要求。结合我国《监察法》的相关规定，监察证据收集的基本规则主要包括以下几个方面的内容：

（一）客观全面收集证据

根据我国《监察法》第40条第1款规定，监察机关要全面收集证据，形成完整的证据链。依法全面收集证据要求监察机关及其工作人员切实遵循实事求是、不偏不倚的原则和精神，坚持以客观事实为依据，在具体的调查过程中既应注重收集涉嫌违法犯罪的证据，也应注重收集不构成违法犯罪的证据；既应注重收集证明被调查人违法犯罪情节严重的证据，也应注重收集被调查人违法犯罪情节轻微的证据。因此，严禁监察机关及其监察人员在收集证据中主观想象、弄虚作假、歪曲事实等。

对于职务违法和职务犯罪案件，监察机关都应当进行调查。这是监察机关发挥职能、行使职权的基本要求。监察机关工作人员务必严格按法定程序，收集能够证实被调查人有无违法犯罪情节以及情节轻重的任何证据。具体而言，有两个要求：一是收集证据必须要客观、全面，不能只收集一方面。这意味着，调查取证并不只是为了取得被调查人"有"违法犯罪情节和情节"重"的证据，监察机关还要主动调查、收集被调查人"无违法犯罪"和情节"轻"的证据；二是监察机关不仅要收集证据，还要对收集到的证据进行分析研究、鉴别真伪，以此确保有关证据的真实性、合法性和关联性，形成相互印证、完整稳定的证据链。这是对监察机关查明犯罪事实应当达到的证据标准之规定。在我国刑事司法实践中，证据互相印证是侦控机关审查起诉、法官据以断案的司法传统。

（二）严禁以非法手段收集证据

从各国的立法经验来看，各国对证据取得方式都有较为明确的规定，对以非法手段获取证据都作了较为严格的禁止性规定，如我国《监察法》第33条第3款，《监察法》第40条第2款，《监察法实施条例》第64条、第65条。根据我国《监察法实施条例》第65条所列举的具体方式，一方面，只要出现了以"非法限制人身自由"收集证据的情形，有关证据就应当一律排除；另一方面，对于通过"暴力、威胁"等非法方法收集证据，达到一定程度标准的时候，即应认定为"非法方式"，有关证据应当依法予以排除、不得作为案件处置的依据。此外，经查证，不能排除存在以非法方法收集证据情形的，对有关证据同样应当予以排除、不得作为案件处置的依据。

严禁非法收集证据要求监察人员树立正当程序意识，严格依法收集监察证据，不得使用任何非法手段获取证据。否则，所获得的证据应当依法被补正或者排除。尤其是在收集被调查人供述和辩解、证人证言等言词证据的时候，监察人员应当依法充分保障被调查人、证人的生命权、健康权、人格尊严等各项合法权益，严格遵守讯问、询问等工作规范要求，真正确保证据来源合法、内容合法、过程合法，对于非法收集的证据应当依法予以排除。

在监察实践中，应当依法予以排除的非法证据包括：采取刑讯逼供等暴力方法或者变相肉刑的恶劣手段，使被调查人遭受难以忍受的痛苦而违背意愿作出的供述；[1]采用暴力或者严重损害本人及其近亲属合法权益等方法进行威胁，使被调查人遭受难以忍受的痛苦而违背意愿作出的供述；采用非法拘禁等非法限制人身自由的方法收集的被调查人供述；采用暴力、威胁以及非法限制人身自由等非法方法收集的证人证言、被害人陈述；收集物证、书证、电子数据等不符合法定程序，可能严重影响司法公正，且无法补正或者作出合理解释的等。

（三）重要取证全程录音录像

根据《监察法》第41条第2款的规定，调查人员进行讯问、搜查、查封、扣押等取证工作时，要全程录音录像。全程录音录像要求监察人员从取证一开始就要进行录音录像，而且不得中断，直到取证工作完全结束。在相对封闭的监察场域内，实行全程录音录像显得更加重要，其不仅是监察机关自我监督的重要方式，也是对监察人员的一种特殊保护；不仅是监察机关收集固定证据的重要方式，同时也有助于被调查人权益的保障。为此，监察机关在时机成熟之时应当对各项取证工作均实行全程录音录像，更加体现监察取证工作的规范性和科学性。

（四）依法收集原件原物

《监察法》第25条的规定，监察人员在调取、查封、扣押涉案财物、文件和电子数据等时，应当优先收集原件原物。因为原件原物属于原始证据，其证明力远远大于传来证据，只有在原件原物无法获取或者获取确有困难的情形下，监察人员才可以收集替代物或者复印件等，而且对于所收集的替代物或者复印件还需要依法进行相关审查。

（五）依法保守相关秘密

我国《监察法》第18条第2款的规定，依法保守相关秘密要求监察机关在依法取证中必须保护好国家秘密、商业秘密和个人隐私。严禁泄露或者侵害，在取证中故意泄露相关秘密的监察人员应当受到相应的责任追究。国家秘密、商业秘密与个人隐私都是重要法益，公权力行为不得轻易侵犯上述法益。

证据的收集、审查和排除不仅为侦破职务违法犯罪案件的关键，往往也是造成冤假错案的"引火线"。长远来说，实体审查必须予以坚持：首先，以口供为中心的主观性证据审查样式要承接下来；其次，以客观证据为主的客观性证据审查样式要加大。[2]有学者将证据分为上述主观性证据和客观性证据的同时，提出前一样式无法有效审查核实案件事实，后一样式可有效防止和纠正冤假错案。[3]基于以上见解，应当采取"变更取证思路""优化审查模式""严格证据排除"三轨并进的思路：一是调查取证需重视

---

[1] 均已规定在《审查要求和移送清单》和《严格排除非法证据规定》中。龚举文："论监察调查中的非法证据排除"，载《法学评论》2020年第1期。

[2] 秦前红主编：《监察法学教程》，法律出版社2019年版，第340页。

[3] 这一划分是根据证据内容的稳定性与可靠性程度之差异。樊崇义、赵培显："论客观性证据审查模式"，载《中国刑事法杂志》2014年第1期。

对客观性证据的收集;二是实体审查则需要更加注重审核客观性证据,落实完善客观性证据审查模式;三是辅之以无罪推定原则、疑罪从无原则和有效的非法证据排除规定。[1]

三、监察证据收集的手段与措施

证据收集的手段和措施应当严格遵循法律的明文规定。

（一）谈话或要求说明情况、作出陈述

谈话或要求说明情况指的是监察机关履行监察职责,对于可能发生职务违法的监察对象,可以按照管理权限直接或者委托有关机关、人员进行谈话或者要求说明情况。这一取证手段适用于有相关问题线索反映或者可能发生职务违法的监察对象。要求作出陈述是指监察机关在履行监察职责,调查职务违法案件的过程中,对于涉嫌职务违法的被调查人,可以要求其就涉嫌职务违法案件的行为作出陈述。这一手段对于涉嫌职务违法的被调查人主动交代问题,从根源认识到错误,及时接受处置、避免此类问题的再次发生或扩大具有重要意义。要求作出陈述适用于已初步核实涉嫌职务违法的被调查人。监察机关决定要求被调查人作出陈述的,应按照相关程序办理。[2]

（二）讯问被调查人

作为取得涉嫌职务犯罪被调查人言词证据的途径,讯问也是监察机关核实证据、准确认定案件事实的重要手段之一。通过讯问制作的讯问笔录是监察机关对被调查人作出处置、移送检察机关审查起诉、人民法院作出刑事审判的重要依据。

讯问被调查人只能由监察机关工作人员依法进行,监察机关不能委托其他机关或者个人对涉嫌职务犯罪的被调查人进行讯问,其他机关或者个人也无权私自对涉嫌职务犯罪的人员进行讯问。为了确保讯问笔录的真实性,保证讯问过程的公正性,防止监察人员刑讯逼供、徇私舞弊,防止被调查人行凶等情况的发生,应当遵守《监察法》第41条的程序规定。监察人员在进行讯问时,应首先讯问职务犯罪被调查人有无犯罪行为,对于被调查人承认实施职务犯罪行为的,要让其陈述与犯罪实施有关的情节,然后针对被调查人的供述提出与案件有关的问题;对于被调查人否认实施职务犯罪行为的,要听取辩解,然后再根据辩解情况向其提问。被调查人应如实回答监察人员提出的与案件有关的问题,不能避重就轻,隐而不答;也不能虚张声势,无中生有。对具有共同犯罪情节的被调查人,监察人员应分别单独讯问,避免串供,防止涉案人员相互影响。

监察机关应当根据《监察法》第40条第2款的规定,严禁以威胁、引诱、欺骗及其他非法方式收集证据,严禁侮辱、打骂、虐待、体罚或者变相体罚被调查人和涉案人员。监察人员应对讯问过程制作讯问笔录,如实记录讯问内容,不得随意增加或者

---

[1] 秦前红、石泽华:"目的、原则与规则:监察委员会调查活动法律规制体系初构",载《求是学刊》2017年第5期。

[2] 如监察机关内部办案程序。

删减。讯问结束后,监察人员应将讯问笔录交由被调查人核对,对于没有阅读能力的被调查人,监察人员要按照讯问笔录的记载向其宣读。对于被调查人提出的异议,监察人员应做出解释,如果确实出现了记载遗漏或者错误记载的情形,监察人员应当及时补正。经被调查人确认笔录记载无误后由被调查人在笔录上逐页签名或者签章,并在末页写明"以上笔录我看过(向我宣读过),和我说的相符(一样或者一致)"并签日期,参与讯问的监察人员也应在末页签名。此外,根据《监察法》的规定,在案件进入审查起诉阶段后,人民检察院认为确有必要调取讯问录音录像用以证明取证过程合法性的,可以同监察机关协商沟通后调取。在案件进入法庭审理阶段后,必要时人民法院也可以调取相关录音录像。所有因案件需要接触录音录像的人员,应当对录音录像的内容保密。

(三)询问证人等人员

询问证人等人员是指监察机关在履行监察职责,调查职务违法犯罪的过程中,以言词方式向了解案件真实情况的人员调查案件的一项取证活动。证人等人员是了解案件真实情况的人,但与案件处理没有直接利害关系,对证人等人员进行询问要比从被调查人处获取的言词证据更具客观性。监察机关可以通过询问证人等人员核实被调查人员言词证据的真实性和可信度,并且可以发现证据,帮助监察机关解释疑点、排除矛盾,准确认定案件事实,确保违法犯罪人员受到法律的制裁,保障无罪之人免于法律追究。

根据《刑事诉讼法》的相关规定,凡是知道案件情况的人,都有作证的义务。在职务违法犯罪案件中,询问证人等人员的工作应由监察机关进行。监察机关在询问前应做好准备工作,在全面分析案情的基础上,制定询问提纲。在询问过程中,监察人员应保证证人等人员如实作证,不得向其泄漏案情或者发表对案件的看法。在询问证人等人员时,应保证证人等人员在具备充分意志自由的前提下作证,对于以非法方式取得的证人等人员的讯问笔录应当排除,不能作为定案的根据。询问中涉及证人等人员的隐私,应当严格保密。监察机关询问证人等人员,可以到其所在单位、住处或者其提出的地点进行。在必要情况下,可以通知证人等人员到监察机关提供证言。监察机关在询问证人等人员时,应当个别进行,在询问某一个人员时,不得有其他与案件相关的人员在场,以防止相互影响或者相互串通。个别询问能够保证询问结果的真实性,有利于保守案情秘密、保障调查活动的顺利进行。询问要符合《监察法》及其他法律法规关于具体程序、要求等的规定。监察人员在对证人等人员进行询问时,要出示证件并出具书面通知,询问由二人以上进行,并制作询问笔录,如实记录询问内容,不得随意增加或者删减。询问结束后,监察人员应将询问笔录交由证人等人员核对,对于没有阅读能力的人员,监察人员要按照询问笔录的记载向其宣读,对于被询问人提出的异议,监察人员应当作出解释。倘若证人等人员自愿提供书面证言,监察机关应当允许,并在必要时要求证人等人员亲笔书写证词。书面证言不能代替口头询问,未经证人等人员核对确认的书面证言不能作为定案的依据。证人证言在经过庭审中公诉人、被告人及其辩护人质证并经法庭查证属实后才能作为定案依据。

（四）调取、查封、扣押财物、文件和电子数据

调取、查封、扣押财物、文件和电子数据，是指监察机关在履行监察、调查职责的过程中，为了获取、固定证据，按照法律规定调取、查封、扣押与职务违法犯罪案件有关的财物、文件和电子数据的活动。调取查封、扣押是职务违法犯罪案件中及时、全面、准确收集和固定证据的重要手段。根据传统职务违法犯罪的证据特点，涉案财物和文件可与口供形成完整证据链，是办案人员准确查明案件事实的重要依据。随着科学技术的迅速发展，职务违法犯罪的隐蔽性表现更强，通过网络实施职务违法犯罪的案件数量不断上升，在办理案件的过程中，办案人员对于电子数据的调取和固定就显得尤为重要。从更深层次的意义上讲，在调取、查封、扣押财物、文件和电子数据的同时，还可以对上述证据加以固定，防止由于时间、空间或者其他人为因素造成的证据灭失或毁损。

监察机关在调查职务违法犯罪案件的过程中，对于发现的与职务违法犯罪有关联的、能够或者可能证明监察对象有无职务违法犯罪事实的财物、文件和电子数据决定采取调取、查封、扣押措施的，应由监察机关相关负责人审批，并出具文书。为保证调取、查封、扣押全过程的合法公正，根据《监察法》第25条、第41条的规定，财物、文件和电子数据的调取、查封、扣押工作应由2人以上执行，并有持有人或保管人、见证人在场。监察人员应出示证件并出具书面通知，调取、查封、扣押笔录应由相关人员签名或盖章，对于无法确定持有人或者持有人拒绝签名的，监察人员应在笔录中注明，重要的调取、查封、扣押工作，应当全过程录音录像，留存备查。对于需要进行调取、查封、扣押的财物、文件和电子数据，监察人员应当收集原物原件。对于需要查封、扣押的不动产、车辆、船舶等财物，可以扣押权利证书，对原物拍照或录像后原地封存。对于书证、视听资料、电子数据，应当调取原件；调取原件确有困难的，可以调取副本或者复制件，并用合法适当的方式对原件加以固定。

电子数据是指在案件发生过程中形成的，以数字化形式存储、处理传输的，能够证明案件事实的数据。[1]监察机关在收集、提取电子数据时，应当按照法律规定的程序和行业技术标准进行。有关个人和单位应当如实提供，对于涉及国家秘密、商业秘密、个人隐私的电子数据，监察机关在收集、保管、使用的过程中应当保密。监察机关在收集、提取电子数据的过程中，对于能够扣押电子数据原始存储介质的，应当扣押、封存原始存储介质，并制作笔录，记录原始存储介质的封存状态。

（五）勘验检查

勘验检查是指监察机关在履行监察职责，调查职务违法犯罪的过程中，在调查人员的主持下，直接或者指派聘请具有专门知识、资格的人员，运用一定的科学方法对与职务违法犯罪有关的场所、物品、人身等进行勘察、检验、检查，以获取和固定证

---

[1] 谢登科："电子数据的取证主体：合法性与合技术性之间"，载《环球法律评论》2018年第1期。

据的一项活动。根据职务违法犯罪的特点，勘验检查可以分为现场勘验物证、书证检验，人身检查等。勘验检查是监察机关通过科学方法和专门知识，准确认定与职务违法犯罪有关的场所、物品、人身，分析违法犯罪人员的作案动机和作案手段，进而确定调查方向和调查范围，快速查明案件事实的一项重要调查措施。

监察机关决定采取勘验检查措施应由相关负责人审批。监察机关在执行勘验检查任务时必须持有监察机关的证明文件。勘验检查应由监察机关工作人员进行，监察机关可以根据案件性质和重要程度，指派相应级别的调查人员主持勘验检查工作。进行勘验检查必须有与案件无利害关系的人员作为见证人在场，实施勘验检查的人员应为2人以上，以确保勘验检查过程的客观公正。勘验检查结束后，监察机关应当将勘验检查的情况制作成笔录，载明勘验检查的时间、地点、对象、目的、经过和结果等，笔录应由参加勘验的人员和见证人签名或盖章。现场勘验是指监察机关对职务违法犯罪现场进行勘验和检查的一项调查取证活动。职务违法犯罪现场是指涉案人员实施职务违法犯罪的场所，以及留有与职务违法犯罪有关的财产、物证、书证等证据的场所。监察机关工作人员在对违法犯罪现场进行勘验时，工作人员应出示证件并出具书面通知，必要时可以指派或者聘请具有专门知识的人，在侦查人员的主持及见证人的见证下进行勘验，勘验人员应为2人以上。监察机关工作人员应按照规定拍摄现场照片，并将勘验情况制作成笔录，由参加勘验的人员和见证人签名或盖章。物证、书证检验是指监察机关对收集到的物证、书证进行检查和验证，以确定其与职务违法犯罪之间关系的一种调查取证活动。监察机关工作人员应首先确保对原物、原始书证的检查和验证，在充分应用原件优势的基础上，防止复印件的人为因素影响调查取证方向。监察机关在进行物证、书证检验时，工作人员应出示证件并出具书面通知，必要时可以指派或者聘请具有专门知识的人，在监察人员的主持及见证人的见证下进行检验，检验人员应为2人以上。监察机关应当按照规定，将检验物证、书证的情况制作成笔录，详细地记载物证、书证的特征、数量、检验过程等。由参加勘验的人员和见证人签名。

（六）鉴定

鉴定是指监察机关对于案件中的专门性问题[1]，指派或者聘请具有专门知识的人进行科学判断，并作出鉴定意见的一项调查取证活动。在职务违法犯罪案件中，鉴定主要涉及司法会计鉴定、人身伤害鉴定、司法精神病鉴定、扣押物品的价格鉴定、文物鉴定、电子数据鉴定等。鉴定可以通过科学方法对专门性问题进行认定，对证据做出异于常人理解的解释。通过鉴定，可以将原本应对于证据的认定转化为对鉴定意见的认定。鉴定可以通过鉴别证据的真伪进而确定证据的证明力，有利于帮助监察机关

---

[1] 对一些专门性问题进行的鉴定主要有：①法医类鉴定，包括法医病理鉴定、法医临床鉴定、法医精神鉴定、法医物证鉴定和法医毒物鉴定；②物证类鉴定，包括文书鉴定、痕迹鉴定；③声像资料鉴定，包括对录音带、录像带、磁盘、光盘、图片等载体上记录的声音、图像信息的真实性、完整性及其所反映的情况过程进行的鉴定和对记录的声音、图像中的语言、人体、物体做出种类或者同一认定。此外，有的案件还需要书面材料进行鉴别判断；技术问题鉴定，包括对涉及工业、交通、建筑等方面的科学技术进行鉴别判断等。

查明案件事实。

监察机关采取鉴定措施，应由监察机关相关负责人审批，并制作委托鉴定书。接受监察机关指派或者委托的鉴定人及其所属鉴定机构，应具备从事所鉴定事项的相关资质。鉴定人应与职务违法犯罪案件无利害关系，且未参与涉案监察调查工作的其他程序。鉴定人应以公平公正的态度，对涉案专门性问题进行科学判断。监察机关可以委托公安机关等侦查机关的刑事技术人员或者其他专职人员鉴定，也可以委托社会中其他具有相关鉴定资质的鉴定人鉴定。鉴定意见应附有鉴定机构和鉴定人的资质证明。调查人员不能干预鉴定人独立进行鉴定，不能强迫鉴定人或者向其暗示某种不真实的倾向性结论，以确保鉴定的独立、客观。鉴定人只能就案件中的专门性问题提出意见，不能就法律适用问题提出意见。鉴定意见经审查核实后，可以作为定案依据。

第三节 监察证据的审查与判断

证据的审查判断又称证据评价，是事实认定者认证的核心环节，也是正确认定案件事实的基础。在英美法系的法律语境中，证据评价的核心目标是对证据的可采性与证明力作出判断，在我国的法律语境中证据审查判断的目标是确定证据是否可以采信。采信证据包含对证据多重属性的审查与判断，学术界对这一问题的讨论尚存争议。监察证据的审查与判断主要分为以下方面：

一、相关性检验

相关性是证据的根本属性，[1]证据具有相关性是证据具有可采性的必要条件。[2]相关性概念本是英美证据法的重要概念，《美国联邦证据规则》第401条将相关性定义为"证据具有的某种倾向性，使决定某项待证事实的存在变得更可能或更不可能"。在我国法律实践中，相关性审查一般被关联性审查所替代。在证据法学理论中，"相关性是所有现代证据法律制度的基本原则"。[3]在证据法学的发展过程中，相关性是最为基础的理论问题，20世纪以来的证据法学主理论体系均以塞耶的证据相关性为基石。[4]在实践中，相关性审查是证据审查判断的起点。

虽然相关性是证据的根本属性，但是相关性问题本质上并非法律问题，而是逻辑与经验问题。对证据相关性的审查判断被称为"最小相关性检验"，美国证据法学家华尔兹提出的相关性检验标准为：第一，证据是用来证明什么的？第二，是否属于实质

---

[1] 相关性被确立为现代证据制度的基本原则有其独立的历史沿革。张保生：《证据法的理念》，法律出版社2021年版，第44页。

[2] 吴洪淇："刑事证据审查的基本制度结构"，载《中国法学》2017年第6期。

[3] [美]罗纳德·J. 艾伦等：《证据法：文本、问题和案例》（第3版），张保生、王进喜、赵滢译，高等教育出版社2006年版，第147页。

[4] 吴洪淇："英美证据法的形与神——评《证据法：文本、问题和案例》"，载《法制日报》2011年1月12日。

性问题？第三，证据对该问题是否有证明作用？华尔兹教授提出的检验步骤极具建设性，尤其是其提出的"实质性"（materiality）概念在刑事司法证明中有着重要意义。这种相关性检验步骤就是先进行"实质性"检验，再进行"证明性"检验。"证据实质性"检验旨在解决证据及其要证明的事实在整个案件事实中的地位问题，其检验标准就是看证据事实与要件事实是否具有某种同一性。[1]"证据证明性"检验旨在解决证据事实与待证事实之间的逻辑关系问题，其检验标准是看证据事实与待证事实之间是否存在条件关系、矛盾关系、因果关系或其他某种逻辑关系。[2]其背后的逻辑表达式较为复杂。

在监察实践中，对证据相关性的审查判断并不会借助复杂的逻辑分析方法，因为监察案件的事实认定者并非逻辑学家，对证据逐一展开相关性检验也不符合效率原则。实践中的相关性审查一般由负责办理案件的监察机关工作人员凭经验进行主观判断即可，即证据如果有助于证明或反驳监察机关的特定事实主张，则证据就是具有相关性的。

二、合法性审查

合法性审查是监察证据审查判断的重要环节，其审查依据主要是与监察证据、监察程序、刑事诉讼证据等相关的法律法规，其审查标准是看证据对法律规范的符合性。长期以来，学术界容易将证据合法性审查判断与非法证据的审查判断问题相混淆，实际上，不合法的证据与非法证据存在本质区别，前者包含且在范围上远大于后者。具体而言，合法性审查的范围包括以下方面：

其一，取证主体的适格性。取证主体的适格性是证据合法性的重要方面，取证主体不合法的，一般证据亦不具有合法性，如基于"恶意管辖"取得的证据，因其取证主体不适格，该证据即为不合法的证据。[3]合法取证主体获取的证据在监察程序中不一定属于适格证据。与刑事证据类似，监察机关的证据审查判断也涉及对"法外证据"的审查，监察活动中的"法外证据"主要指由监察机关之外的其他主体在监察法、刑事证据法规制范围之外取得的证据，在实践中最主要的是行政机关在执法过程中获取的证据。由于行政执法活动对证据的要求一般低于刑事证据标准，所以监察机关对这类证据进行审查判断时，需要重点审查该证据是否符合监察证据的一般标准。

其二，取证程序的合法性。取证手段不合法的证据即为非法证据；取证程序不合法的证据既可能属于非法证据，也可能属于瑕疵证据。《监察法》在制定过程中，立法者出于对刑讯逼供的高度警惕，对监察过程中出现的非法证据采取了更加严格的排除态度。在形式上，监察案件的非法证据排除标准要严于一般刑事案件，这种对非法证

---

[1] "是指运用证据来证明的问题属于依法要证明的要件事实。"张保生主编：《证据法学》（第3版），中国政法大学出版社2018年版，第15页。

[2] 张继成："证据相关性的逻辑研究"，载《广西大学学报（哲学社会科学版）》1998年第6期。

[3] 龙宗智："取证主体合法性若干问题"，载《法学研究》2007年第3期。

据的严格排除态度主要体现为以下三个方面：[1]一是《监察法》第33条第3款作为对非法证据排除规则的一般性规定，并未对非法证据排除的"例外规则"作规定，凡属"以非法方法收集的证据"一律不得作为案件处置的依据；二是监察阶段瑕疵证据无法补正，一律排除；三是无须"可能严重影响司法公正""不能补正或者作出合理解释"等条件，对监察阶段的非法证据无条件排除。对取证手段审查主要视取证手段及程序是否符合监察法律规范的规定。对取证手段的审查旨在排除通过欺诈、胁迫、诱供、刑讯逼供等方式取得的证据。

其三，证据形式的规范性。在法律程序中，证据形式亦要符合法律规范。在监察程序中，证据不仅要在内容以及取得程序上合法，形式上也要符合法律规定。例如，单位向监察机关提交的证明文书须有单位负责人签名或盖章，并加盖单位印章；再如，特定的证据信息须以特定载体呈现，录音类证据一般须刻录于光盘之上，部分证明材料必须采取书面形式等。不符合法定形式的证据存在一个前提，即法律法规或监察机关内部对证据形式作了明确规定，而被审查的证据明确违反了上述形式规定。对于形式不符合法律规定的证据，一般能够补正的允许补正，无法补正的不得作为案件处置的依据。

除上述审查范围外，实践中还存在对证据类型的合法性审查。即对于不属于前述法定证据类型的证据，认定为不合法证据，这种实践做法是错误的。[2]列举式规定本身无法涵盖全部证据类型，对不属于法定证据类型的新型证据，应视其证明价值决定是否采纳，不应将其视为不符合法定形式的证据。例如，监察机关对测谎结论的排除，并非因为测谎结论不属于法定证据类型，而是由于测谎结论准确性存疑，采纳证据具有较高危险性。

三、真实性判断

证据与事实的重要区别即在于事实恒真，而证据有真亦有假。在证据法治发展初期，我国证据法学界强调"证据是客观存在的事实"[3]以及我们日常所说的"证据客观性"，其实都是对证据真实性的重视。在监察领域，"假证据"一直是影响监察机关正确认定事实的重要因素，如被调查人的虚假供述、证人的虚假陈述等。而证据真实性审查的对象也主要是言词证据、电子证据等非实物证据。监察活动中，对证据真实性的审查主要有两个方面：

一方面，对证据载体的真实性进行审查。证据信息的无形性决定其必须借助特定载体才能够被呈现，如果证据载体被伪造、变造、替换，则证据的真实性必将受到影响。对证据载体的真实性审查范围主要包括对证据来源的真实性审查与对证据保管链

---

[1] 张硕："监察案件非法证据排除制度体系：法理解构与实践路径"，载《政法论坛》2020年第6期。

[2] 司法文明三阶段中，自由心证之下的现代证据制度不讲求证据种类与证明力之预先设定。张保生：《证据法的理念》，法律出版社2021年版，第181~195页。

[3] 法学教材编辑部《证据学》编写组：《证据学》，群众出版社1983年版，第67页。

条的审查,具体的审查方法包括证据溯源、保管链条回溯等程序性审查方法,还有证据鉴真、鉴定等技术性审查方法。《监察法》规定,收集证据应当取得原物、原件,如果不能收取原物件时,可以拍照、复制,但应注明原物、原件的保存单位或出处,并由提供原物、原件的单位或者个人签名或者盖章。这亦是对证据载体真实性的程序性保障。

另一方面,对证据内容的真实性进行审查。在审查范围上,要审查原始内容是否真实,如被调查人是否存在虚假供述的情况,言词证据的真实性由陈述人的诚实品性所决定;还要审查证据保管过程中,证据信息是否发生变化,如讯问笔录是否被删改或增加等。对证据内容的真实性审查除了鉴真、鉴定外,实践中主要通过印证的方法予以审查。《监察法》将这种实践做法上升为法律规定,并明确要求在审查判断证据时形成相互印证的证据链。但印证本身仅仅是审查判断证据的一种方法,甚至是一种初级的方法。印证方法本身存在认知偏差的风险,要警惕过度使用印证导致的错案风险。[1]

四、可靠性评估

排除虚假证据之外的其他证据并不一定都具有可信性,质言之,真实性仅是证据可信性的一个维度,而可靠性同样也是证据可信性的重要维度。证据真实性审查的主要对象是言词证据和电子证据,而证据可靠性审查主要针对实物证据、科学证据等证据类型。

证据可靠性评估主要体现为对证据产生过程可靠性的评估,一个可靠的过程,是可重复、可信赖或具有一致性的过程。[2]可靠性评估是一个复杂的认知过程,至少包括对以下方面的审查判断:第一,证据制作者或提供者的可信赖性。这种可信赖性一般指的并非对其诚实品性的信赖,而是对其能力的信赖。例如,监察机关拟将一份疑似被调查人签署的文件用作证据使用,在笔迹鉴定中,鉴定人是否具有可信赖的专业技术水平决定了鉴定意见是否可靠。第二,证物的一致性。即证物从取证到作为证据使用,整个证据保管链条中的证物需具有前后一致性。例如,为确定被调查人与特定涉案人员的身份关系,将二者DNA进行取样对比,证物一致性要求检材在取证和保管过程中不能被污染。第三,证据产生方法、原理的科学性。例如,鉴定意见是否可靠,一项重要考量因素就是鉴定所依据的科学原理是否具有可靠性。再如,统计得出的结论是否可靠,首先要看所依据的统计方法是否具有科学性。第四,证据产生过程的可重复性。同科学实验一样,证据产生过程具有可重复性,说明证据的产生遵循了某个必然规律,并不是偶然发生的,而遵循客观规律的结论也必然是可靠的、科学的。

---

[1] 应避免过度依赖印证。龙宗智:"刑事证明中经验法则运用的若干问题",载《中国刑事法杂志》2021年第5期。

[2] [美]特伦斯·安德森、[美]戴维·舒姆、[英]威廉·特文宁:《证据分析》,张保生等译,中国人民大学出版社2012年版,第86页。

五、准确性认定

准确性认定指的是对证据信息与事实之间符合程度的审查判断。准确性是事实认定活动的认识论目标,事实认定的准确性以证据的准确性为前提。因此,在证据评价活动中,证据的准确性是证据可信性的重要维度。但是,准确性审查的对象并非所有证据。一般而言,需要进行准确性审查的必须为具有明确指向性的证据或证据信息。

最常见的准确性审查如对证人证言准确性的审查,在监察案件中则体现为对询问笔录的准确性审查。例如,"证人张三说,自己亲眼看见行贿人李四送给被调查人王五6根金条,该证言被记录人赵六记入笔录,交给监察官吴七用作定案证据。"在这一链条中,可能出现的准确性问题有:第一,证人张三观察的准确性问题,如证人张三的感知能力如何,是不是近视眼、是不是色盲、是否在合适的观察角度等。第二,证人张三记忆的准确性问题,随着时间推移,证人作证会受记忆衰减的影响。第三,证人张三表述的准确性问题,受语言表达能力影响,目击者们对他们看到的东西所做的叙述,经常与事件的本来面目非常不同。[1]如吐字是否清晰、表意是否准确等。第四,记录人赵六理解的准确性问题,语言陈述出自证人张三之口,入记录人赵六之耳,赵六要先对张三的语言理解消化后才能进行文字转化,可能存在赵六是否听清了、是否听懂了、是否理解了等准确性问题。第五,记录人赵六记录的准确性问题,如记录人是否如实记录、是否不当增减记录,以及是否存在由于语言局限性导致的记录失准等问题。

六、证明力评价

证明力又称"证明价值",是指证据对待证要件事实证明作用的大小或程度。[2]证明力最终体现为证据对事实认定者的说服能力,证明力可以用诸如"非常高""很高""较高""较低"或"微乎其微"等量词来描述,用于测量其强度。证明力包含证据力量与证据分量两个不同维度。就直接证据与间接证据的证明力比较而言,直接证据的证据分量可能高于间接证据,但证据力量不一定高于间接证据,故无法得出直接证据的证明力大于间接证据的结论。

现代自由证明制度反对由法律预先规定某种证据的证明力大小,鼓励事实认定者根据经验对证据的证明力进行自由评价,在具体案件中判断证据的实际证明力,从而使事实认定更符合认识规律。[3]因此,在对监察证据进行审查判断过程中,对证据证明力的评价主要靠事实认定者根据自身经验在具体案件中进行具体判断。在证明力评价过程中,不可避免地需要使用概括、演绎等逻辑方法,尤其概括的盖然性必然伴随危险性,这种危险性体现为高估证明力危险以及引发偏见危险等。鉴于自由评价的过程存在上述危险性,立法可以通过设立某种形式的证明力评价规则对证明力评价进行

---

[1] 张保生:"事实、证据与事实认定",载《中国社会科学》2017年第8期。

[2] 郑飞:"证据属性层次论——基于证据规则结构体系的理论反思",载《法学研究》2021年第2期。

[3] 张保生:《证据法的理念》,法律出版社2021年版,第182页。

事前控制，这种证明力评价规则就是旨在促进事实认定准确性的证据排除规则。如传闻证据规则、意见证据规则等，都是对证据证明力、危险性的辅助评价规则。

七、价值权衡

查明事实真相并非司法的唯一目的，[1]在"求真"的同时，证据法还有"求善"的价值追求。在证据审查判断活动中，对证据的评价也须考虑其对特定社会关系的保护。"社会期望通过保守秘密来促进某种关系。社会极度重视某些关系，为捍卫保守秘密的本性，甚至不惜失去与案件结局关系重大的信息。"[2]在监察证据中，非法证据排除规则、特免权规则、不得用以证明过错和责任的证据规则等都属于基于价值考量的证据规则。

在监察证据审查认定中，监察机关也要对证据进行价值方面的审查判断，考虑采纳证据是否会引发其他社会道德风险。例如，监察机关若采纳私人非法录制的视听资料，可能会变相鼓励非法私录行为；监察机关若采纳被调查人委托律师对被调查人的举报，则可能破坏律师行业的社会基础，等等。

第四节 监察案件的证明标准

证明标准是指按照法律规定认定案件事实所要求达到的程度。案件事实准确认定的关键之一就是证明标准的制定。合理公正的证明标准直接关系到案件能否最终公正处理。根据《监察法》第 33 条第 2 款规定，监察机关在收集、固定、审查、运用证据时，应当与刑事审判关于证据的要求和标准相一致。在刑事诉讼中，证明标准在不同法系国家中表述不同。在大陆法系国家中表述为"内心确信"，在英美法系国家中表述为"排除合理怀疑"，但它们在所要求达到的证明程度上是一致的。[3]相比较刑事诉讼，监察案件的处理过程中的证明标准略有不同。各级监察委员会是行使国家监察职能的专责机关，调查职务违法和职务犯罪。基于法理上的违法和犯罪之间的区别，有必要对职务违法和职务犯罪的证明标准根据不同的监察程序阶段作不同程度的区分。

一、职务违法案件的证明标准

在所有的监察程序中，并非全部程序都需要证明标准的设置。例如，对于"初步核实"，其启动程序在《监察法》中并未具体规定，只是有需要时就可以启动，不存在通过证据证明待证事实的过程；对于"调查"，该程序为"立案"之后的自然推进，也不涉及证明标准问题。证明标准仅涉及"立案""调查终结""处置"和"移送审

---

[1] [新加坡] 何福来：《证据法哲学——在探究真相的过程中实现正义》，樊传明等译，中国人民大学出版社 2021 年版，第 95 页。

[2] [美] 乔恩·R. 华尔兹：《刑事证据大全》，何家弘等译，中国人民公安大学出版社 2004 年版，第 356 页。

[3] 张保生主编：《证据法学》（第 3 版），中国政法大学出版社 2018 年版，第 356 页。

查"四个方面。

(一) 立案的证明标准

立案是指监察机关对需要调查处理的事项经过初步审查,认为有法律规定的违法行为事实,需要追究法律责任的,依法决定案件成立并进行调查处理的活动。立案包括职务违法和职务犯罪两个方面。对于立案来说,职务违法和职务犯罪的立案证明标准是一样的,具体细则略有不同。因为仅仅涉及监察程序的启动,调查的结果是违法还是犯罪是监察程序启动后的事项。立案的证明标准原则上可以设置为"有证据证明监察对象有违反职务法律、法规的事实,可能需要追究其法律责任"。具体指同时具备下列情形:"第一,有证据证明发生了违反职务法律、法规的事实;第二,有证据证明该违法事实是监察对象所实施;第三,证明监察对象实施违法行为的证据均已查证属实;第四,可能需要追究监察对象的法律责任。"总的来说,立案的证明标准包括两个要素"监察对象有违反职务法律、法规的事实"和"可能需要追究法律责任"。

(二) 调查终结的证明标准

与刑事诉讼中的侦查终结一样,监察程序中的调查终结也需要设置证明标准来判断调查是否达到可以进行下一阶段的程度,以决定是处置还是移送检察机关审查起诉。相比立案,调查终结的证明标准要更为严格,要体现证明标准的阶梯性或者证明过程的递进性。因为监察人员在处理监察案件的过程中,也是一个事实认定过程。事实认定者对事实的认识是一项由浅入深的经验推论过程。而且不同阶段的办案任务不同,所实现的目标不同,证明标准往往与此相适应。[1]由于监察机关调查案件涉及职务违法和职务犯罪两种类型,调查终结后案件的走向也依据案件的不同性质作出处理,所以对于这两类案件应设置不同的证明标准。

职务违法案件的证明标准为"事实清楚,证据确凿"。《监察法》并未规定职务违法调查终结的证明标准,但是可以参考《中国共产党纪律检查机关监督执纪工作规则》。该规则第53条第1款规定:"纪检监察机关应当对涉嫌违纪或者违法、犯罪案件严格依规依纪依法审核把关,提出纪律处理或者处分的意见,做到事实清楚、证据确凿、定性准确、处理恰当、手续完备、程序合规。"此处的职务违法不构成犯罪,所以在证明标准上可以参考该规则,设置为"事实清楚,证据确凿",具体应当同时符合以下条件:"第一,定性处置的事实都有证据证明;第二,据以定案的证据真实、合法;第三,据以定案的证据之间不存在无法排除的矛盾;第四,综合全案证据,所认定的事实令人信服。"[2]

(三) 政务处分的证明标准

对于调查终结的案件,如果仅涉及职务违法行为,不涉及犯罪行为,处置方式为:

---

[1] 李学宽、汪海燕、张小玲:"论刑事证明标准及其层次性",载《中国法学》2001年第5期。

[2] 彭亮:"完善监委向人大常委会报告专项工作制度 依法接受人大监督",载《中国纪检监察》2021年第19期。

监察机关对违纪行为人予以谈话提醒、批评教育、责令检查及诫勉或者政务处分、作出问责决定、提出问责建议等。其中政务处分包括：警告、记过、记大过、降级、撤职和开除。[1]职务违法案件处置的证明标准应当与其调查终结的证明标准一致，即"事实清楚，证据确凿"。

二、职务犯罪案件的证明标准

职务犯罪案件的证明标准包括立案的证明标准、调查终结的证明标准和移送审查起诉的证明标准。

（一）立案的证明标准

在立案阶段，职务违法和职务犯罪的证明标准是一样的，即"有证据证明监察对象有违反职务法律、法规的事实，可能需要追究其法律责任"。具体指同时具备下列情形："第一，有证据证明发生了违反职务法律、法规的事实；第二，有证据证明该犯罪事实是监察对象所实施；第三，证明监察对象实施犯罪行为的证据均已查证属实；第四，可能需要追究监察对象的法律责任。"刑事诉讼立案的证明标准仅为"有犯罪事实发生"，没有规定必须要有犯罪嫌疑人的存在。与刑事诉讼中的立案相比，监察立案着重强调"监察对象"，在立案时必须要有明确的监察对象，比刑事诉讼要更为严格。但是这是原则上的规定。为了应对一些特殊职务违法犯罪案件的发生，也可以采取类似刑诉中的"以事立案"的方法来设置特别的证明标准。《中央纪委国家监委立案相关工作程序规定（试行）》规定："对事故（事件）中存在违纪或者职务违法、职务犯罪事实，需要追究纪律、法律责任，但相关责任人员尚不明确的，可以以事立案。"对于一些重大安全责任事故、生态环境污染事故和食品药品安全事故等案件，行政机关工作人员实施了收受贿赂、徇私枉法、滥用职权、玩忽职守等行为的，暂时无法找到具体相关责任人员的，可以以损害后果的发生作为立案的根据。等调查程序完成，明确相关责任人员及其责任后，再依党纪政纪、依法处理。

（二）调查终结的证明标准

职务犯罪案件的证明标准为"犯罪事实清楚，证据确实充分"。由于职务犯罪案件的调查权由监察机关行使，但是本质上仍属于犯罪的侦查行为，所以应当与刑事诉讼中侦查终结的证明标准相一致。具体应当同时符合以下条件：第一，定罪量刑的事实都有证据证明；第二，据以定案的证据均经法定程序查证属实；第三，综合全案证据，对所认定事实已排除合理怀疑。

（三）移送审查起诉的证明标准

监察机关在调查过程中发现涉嫌犯罪的，监察机关应当就事实作出涉嫌犯罪的评价，并及时移送司法机关处理，无权自行定罪。[2]监察机关的移送制度有利于及时有

---

[1]《公职人员政务处分法》。
[2] 江国华、彭超："国家监察立法的六个基本问题"，载《江汉论坛》2017年第2期。

效地查处各种职务犯罪行为。[1]所以监察机关应当将此类案件移送检察机关依法提起公诉,由检察机关审查起诉。职务犯罪案件的处置即移送审查的证明标准应当与其调查终结的证明标准一致,即"犯罪事实清楚,证据确实充分"。

◇【法条链接】

一、《中华人民共和国监察法》(2018年)

第三十三条 监察机关依照本法规定收集的物证、书证、证人证言、被调查人供述和辩解、视听资料、电子数据等证据材料,在刑事诉讼中可以作为证据使用。

监察机关在收集、固定、审查、运用证据时,应当与刑事审判关于证据的要求和标准相一致。

以非法方法收集的证据应当依法予以排除,不得作为案件处置的依据。

【释义】本条是关于监察机关收集的证据与刑事诉讼证据的衔接、证据标准与要求、非法证据排除规则的规定。

第四十条 监察机关对职务违法和职务犯罪案件,应当进行调查,收集被调查人有无违法犯罪以及情节轻重的证据,查明违法犯罪事实,形成相互印证、完整稳定的证据链。

严禁以威胁、引诱、欺骗及其他非法方式收集证据,严禁侮辱、打骂、虐待、体罚或者变相体罚被调查人和涉案人员。

【释义】本条是对监察机关调查收集职务违法和职务犯罪案件证据的相关程序,旨在准确查明案件相关事实,明确被调查人是否有违反职务法律、法规的行为,确保证据收集的方式符合法定程序的要求,体现中国特色社会主义法治对人权的切实保障。

第四十一条 调查人员采取讯问、询问、留置、搜查、调取、查封、扣押、勘验检查等调查措施,均应当依照规定出示证件,出具书面通知,由二人以上进行,形成笔录、报告等书面材料,并由相关人员签名、盖章。

调查人员进行讯问以及搜查、查封、扣押等重要取证工作,应当对全过程进行录音录像,留存备查。

【释义】本条是对调查案件程序的规定,旨在明确监察机关调查案件应具备的必要条件、必要步骤、必要成果,促进调查工作的精细化、责任化、信息化,便于监察机关主要负责人掌握调查成果,监督调查进度,规范调查过程。

二、《中华人民共和国刑事诉讼法》(2018年)

第五十六条 采用刑讯逼供等非法方法收集的犯罪嫌疑人、被告人供述和采用暴力、威胁等非法方法收集的证人证言、被害人陈述,应当予以排除。收集物证、书证

---

[1] 冯俊伟:"国家监察体制改革中的程序分离与衔接",载《法律科学(西北政法大学学报)》2017年第6期。

不符合法定程序,可能严重影响司法公正的,应当予以补正或者作出合理解释;不能补正或者作出合理解释的,对该证据应当予以排除。

在侦查、审查起诉、审判时发现有应当排除的证据的,应当依法予以排除,不得作为起诉意见、起诉决定和判决的依据。

【释义】本条是对非法证据排除的规定。

三、《关于办理刑事案件严格排除非法证据若干问题的规定》(2017年)

第一条 严禁刑讯逼供和以威胁、引诱、欺骗以及其他非法方法收集证据,不得强迫任何人证实自己有罪。对一切案件的判处都要重证据,重调查研究,不轻信口供。

【释义】本条是对非法证据排除规则的规定,列举了威胁、引诱、欺骗等非法取证方法,并体现了不得自证其罪的原则和重视证据不轻信口供的原则。

第二条 采取殴打、违法使用戒具等暴力方法或者变相肉刑的恶劣手段,使犯罪嫌疑人、被告人遭受难以忍受的痛苦而违背意愿作出的供述,应当予以排除。

【释义】本条是对暴力取证的排除规定。

第三条 采用以暴力或者严重损害本人及其近亲属合法权益等进行威胁的方法,使犯罪嫌疑人、被告人遭受难以忍受的痛苦而违背意愿作出的供述,应当予以排除。

【释义】本条是对威胁取证的排除规定。

第四条 采用非法拘禁等非法限制人身自由的方法收集的犯罪嫌疑人、被告人供述,应当予以排除。

【释义】本条是对非法限制人身自由的方法取证的排除规定。

第五条 采用刑讯逼供方法使犯罪嫌疑人、被告人作出供述,之后犯罪嫌疑人、被告人受该刑讯逼供行为影响而作出的与该供述相同的重复性供述,应当一并排除,但下列情形除外:

(一)侦查期间,根据控告、举报或者自己发现等,侦查机关确认或者不能排除以非法方法收集证据而更换侦查人员,其他侦查人员再次讯问时告知诉讼权利和认罪的法律后果,犯罪嫌疑人自愿供述的;

(二)审查逮捕、审查起诉和审判期间,检察人员、审判人员讯问时告知诉讼权利和认罪的法律后果,犯罪嫌疑人、被告人自愿供述的。

【释义】本条是对非法证据排除规则例外情形的规定。其主要的情形在于虽有刑讯逼供等非法取证行为,但在此确认或讯问时已经充分告知其诉讼权利和认罪的法律后果的前提下犯罪嫌疑人、被告人自愿供述与前述证据相同的内容,应当视为其对该证据真实性的一种追认,虽有非法取证行为,但不影响非法证据的证明力,并对犯罪嫌疑人、被告人的权利有了较为充分保障。因此,可以采纳这一类证据。

第六条 采用暴力、威胁以及非法限制人身自由等非法方法收集的证人证言、被害人陈述,应当予以排除。

【释义】本条是对非法言词证据的排除规定。

第七条 收集物证、书证不符合法定程序，可能严重影响司法公正的，应当予以补正或者作出合理解释；不能补正或者作出合理解释的，对有关证据应当予以排除。

【释义】本条是对补正的规定。

四、《关于办理死刑案件审查判断证据若干问题的规定》（2010 年）

第九条第二款 物证、书证的收集程序、方式存在下列瑕疵，通过有关办案人员的补正或者作出合理解释的，可以采用：

（一）收集调取的物证、书证，在勘验、检查笔录，搜查笔录，提取笔录，扣押清单上没有侦查人员、物品持有人、见证人签名或者物品特征、数量、质量、名称等注明不详的；

（二）收集调取物证照片、录像或者复制品，书证的副本、复制件未注明与原件核对无异，无复制时间、无被收集、调取人（单位）签名（盖章）的；

（三）物证照片、录像或者复制品，书证的副本、复制件没有制作人关于制作过程及原物、原件存放于何处的说明或者说明中无签名的；

（四）物证、书证的收集程序、方式存在其他瑕疵的。

对物证、书证的来源及收集过程有疑问，不能作出合理解释的，该物证、书证不能作为定案的根据。

【释义】本条是对补正具体内容的规定。

五、《人民检察院刑事诉讼规则》（2019 年）

第七十三条第一款 人民检察院经审查认定存在非法取证行为的，对该证据应当予以排除，其他证据不能证明犯罪嫌疑人实施犯罪行为的，应当不批准或者决定逮捕。已经移送起诉的，可以依法将案件退回监察机关补充调查或者退回公安机关补充侦查，或者作出不起诉决定。被排除的非法证据应当随案移送，并写明为依法排除的非法证据。

【释义】本条是对非法证据排除的报告与移送制度的规定，即非法证据虽不予以采纳，但应当对其予以记录，以确保犯罪嫌疑人与被告人的合法权益，并作为非法取证的侦查人员及侦查部门进行追责的凭据。

第三百三十条 人民检察院审查移送起诉的案件，应当查明：

……

（六）证据是否确实、充分，是否依法收集，有无应当排除非法证据的情形；

……

【释义】本条是对审查移送起诉的规定。

第三百四十一条 人民检察院在审查起诉中发现有应当排除的非法证据，应当依法排除，同时可以要求监察机关或者公安机关另行指派调查人员或者侦查人员重新取证。必要时，人民检察院也可以自行调查取证。

【释义】本条是对人民检察院审查发现非法证据的规定。该规定主要明确两点内容：其一，人民检察院公诉部门应当依法排除非法证据并提出纠正意见；其二，要求侦查机关重新侦查或者自行补充侦查。其中，纠正意见具有强制性，即非法取证的侦查机关应纠正其非法取证行为。在要求侦查机关重新调查取证时，必须要求其另行指派侦查人员而不能仍然安排非法取证人员继续侦查，以确保取证的公正性。而自行补充侦查的"必要时"是指人民检察院提出纠正意见但侦查机关不改正的，或是侦查机关重新调查取证不另行指派侦查人员的，以及其他可能妨碍案件公正调查的情形。

第三百九十五条第一款 在庭前会议中，公诉人可以对案件管辖、回避、出庭证人、鉴定人、有专门知识的人的名单、辩护人提供的无罪证据、非法证据排除、不公开审理、延期审理、适用简易程序或者速裁程序、庭审方案等与审判相关的问题提出和交换意见，了解辩护人收集的证据等情况。

【释义】本条是对庭前会议内容的规定。

六、《中国共产党纪律检查机关监督执纪工作规则》（2018年）

第四十八条 对涉嫌严重违纪或者职务违法、职务犯罪问题的审查调查谈话、搜查、查封、扣押（暂扣、封存）涉案财物等重要取证工作应当全过程进行录音录像，并妥善保管，及时归档，案件监督管理部门定期核查。

【释义】本条是对全程录音录像的规定。

第四十九条 对涉嫌严重违纪或者职务违法、职务犯罪问题的审查调查，监督执纪人员未经批准并办理相关手续，不得将被审查调查人或者其他重要的谈话、询问对象带离规定的谈话场所，不得在未配置监控设备的场所进行审查调查谈话或者其他重要的谈话、询问，不得在谈话期间关闭录音录像设备。

【释义】本条是对全程录音录像的保障程序规定。

第五十条 监督检查、审查调查部门主要负责人、分管领导应当定期检查审查调查期间的录音录像、谈话笔录、涉案财物登记资料，发现问题及时纠正并报告。

纪检监察机关相关负责人应当通过调取录音录像等方式，加强对审查调查全过程的监督。

【释义】本条是对录音录像定期检查审查的规定

七、《公安机关办理刑事案件程序规定》（2020年）

第二百八十八条 对查封、扣押的犯罪嫌疑人的财物及其孳息、文件或者冻结的财产，作为证据使用的，应当随案移送，并制作随案移送清单一式两份，一份留存，一份交人民检察院。制作清单时，应当根据已经查明的案情，写明对涉案财物的处理建议。

对于实物不宜移送的，应当将其清单、照片或者其他证明文件随案移送。待人民法院作出生效判决后，按照人民法院送达的生效判决书、裁定书依法作出处理，并向人民法院送交回执。人民法院在判决、裁定中未对涉案财物作出处理的，公安机关应当征求人民法院意见,并根据人民法院的决定依法作出处理。

【释义】本条是对查封、扣押、冻结的文件或者财产充当证据的程序规定。

八、《中华人民共和国监察法实施条例》(2021年)

第五十九条第一款 可以用于证明案件事实的材料都是证据,包括:

(一)物证;

(二)书证;

(三)证人证言;

(四)被害人陈述;

(五)被调查人陈述、供述和辩解;

(六)鉴定意见;

(七)勘验检查、辨认、调查实验等笔录;

(八)视听资料、电子数据。

【释义】本条是对监察法中的证据类型的规定。

第六十四条 严禁以暴力、威胁、引诱、欺骗以及非法限制人身自由等非法方法收集证据,严禁侮辱、打骂、虐待、体罚或者变相体罚被调查人、涉案人员和证人。

【释义】本条是对收集言词证据时运用的非法手段的禁止性规定。

第六十五条 对于调查人员采用暴力、威胁以及非法限制人身自由等非法方法收集的被调查人供述、证人证言、被害人陈述,应当依法予以排除。

前款所称暴力的方法,是指采用殴打、违法使用戒具等方法或者变相肉刑的恶劣手段,使人遭受难以忍受的痛苦而违背意愿作出供述、证言、陈述;威胁的方法,是指采用以暴力或者严重损害本人及其近亲属合法权益等进行威胁的方法,使人遭受难以忍受的痛苦而违背意愿作出供述、证言、陈述。

收集物证、书证不符合法定程序,可能严重影响案件公正处理的,应当予以补正或者作出合理解释;不能补正或者作出合理解释的,对该证据应当予以排除。

【释义】本条是对监察法中非法收集证据的排除规则的规定。

【案例链接】完善证据相关案例

L市H区J小学办公室主任W某职务犯罪案

2018年1月初,J省L市H区监委成立。心虚的W某专门找人详细了解监委的职能。"听说监委成立后,将实现对所有行使公权力的公职人员监察全覆盖,想到这些,我心里越来越害怕。"W某在经过无数次纠结和思想斗争后,主动来到H区纪委监委交代问题,自述其在担任J小学办公室主任兼学校报账员期间,利用职务便利,采取虚开工程发票、虚列专家指导费、模仿有关人员签字等方式套取大量财政资金用于个人开支的问题。

为了完善证据,对涉及W某模仿签字的财务凭证需进行笔迹鉴定,如何选择鉴定机构成为办案组面临的大问题。在赴市检察院技术部门进行专题会办后，明确 H 区监委可以通过市监委转委托市检察院进行鉴定。办案人员用了整整 3 天时间，梳理出涉及 W 某模仿签字的票据共 133 张，涉及模仿 10 个人的签名共计 208 个签名字迹。目前，所有鉴定意见均已出具并告知 W 某本人，并作为证据随案移送检察机关。

第十六章 监察与刑事司法的衔接

监察机关对职务犯罪行为进行监督、调查、处置,必然会涉及与一般刑事司法措施与程序的衔接问题。就其性质而言,监察机关对职务犯罪的调查权及其行使程序具有刑事司法的基本属性。鉴于其主要适用《监察法》之规定,而职务犯罪的公诉和审判程序则主要适用《刑事诉讼法》之规定,由此衍生出了《监察法》与《刑事诉讼法》两法衔接之课题。[1]在这个层面上,国家监察与刑事司法的衔接,本质上是监察制度与刑事诉讼制度的衔接,并体现为监察工作和刑事司法工作中多主体之间的互动互涉问题。[2]应国家监察与刑事司法衔接之需要,中央和地方均出台了相关的规范性文件,这在相当程度上推动了监察与刑事司法衔接工作的规范化和法治化进程。但目前实践中出现的涉及管辖、证据、留置与刑事强制措施的转换、审查起诉、审判、涉案财物处置等诸多环节的衔接问题,尚需通过相关制度的进一步完善予以解决。[3]深入研究这些问题,为推动更高层级的规范和制度出台提供理论支持,当属急迫而重大之课题。

第一节 管辖制度中的衔接机制

从语义分析,"管辖"意为管理、统辖,即势力范围的分隶。在法学上,"管辖"就是职能和权限的分殊。[4]监察体制改革之后,在刑事案件原有的管辖制度之外,形成了独立的监察管辖制度。在规范层面,《刑事诉讼法》和《监察法》对公安机关、检察机关、监察机关三机关在刑事案件领域的职能管辖范围进行了较为明确的规定。但在实践中,大量互涉案件和关联案件的存在导致三者管辖存在交叉和冲突,为此,构建一套行之有效的管辖衔接机制,实属必要。

---

[1] 江国华:"国家监察与刑事司法的衔接机制研究",载《当代法学》2019年第2期。
[2] 龙宗智:"监察与司法协调衔接的法规范分析",载《政治与法律》2018年第1期。
[3] 张文显主编:《诉讼法与司法文明》,法律出版社2021年版,第156页。
[4] 如《大辞海·法学卷》释:"在中国,指公安机关、检察机关、法院处理刑事案件的分工以及法院之间审理第一审案件的分工。前一种分工称为职能管辖,后一种分工称为审判管辖。在刑事诉讼中,既有职能管辖,也有审判管辖;在民事诉讼和行政诉讼中,只有审判管辖。"

一、互涉案件管辖衔接

所谓互涉案件意指一人数罪却分属不同管辖权范围之案件。[1]比如，职务犯罪嫌疑人在涉嫌职务犯罪的同时，又涉及其他性质的犯罪，从而使得犯罪管辖权产生交叉情形。根据《监察法》之规定，监察机关的职能管辖范围在于涉嫌贪污贿赂、滥用职权、玩忽职守、权力寻租、利益输送、徇私舞弊以及浪费国家资财等职务犯罪案件，其中包括个人犯罪和单位犯罪。若被调查人既涉嫌职务犯罪，又涉嫌其他犯罪的案件，则须明确监检或者监公之间的管辖分殊。

其一，监察管辖优位。基于管辖法定之原则，对于互涉案件原则上应当遵循法定管辖，即由公检监三机关分别依职权立案调查或侦查。但鉴于监察机关以及职务犯罪本身的迥殊性，可以考虑在尊重法定管辖的前提下，遵循"监察管辖优位"的原则，即以监察机关的职务犯罪调查为核心，由监察机关统筹协调调查和侦查工作部署，并就重要调查和侦查措施使用、委托辩护、案件处置等重要事项组织协调。

其二，并案管辖。基于便利原则，对于与职务犯罪存在内在关联的互涉案件，考虑查明事实的便利性，可以由监察机关并案管辖。在大多数大陆法系国家，就检察机关管辖的职务犯罪与警察机关管辖的一般犯罪案件的互涉案件中，协调管辖权切实有效的做法就是职务犯罪案件的侦查机关对一般犯罪案件的侦查机关享有指挥权，案件侦查顺畅开展的统一筹划才能实现，才能推进案件真相的查明。[2]根据《监察法》与《国家监察委员会管辖规定（试行）》，只有监察机关对于被调查对象的非职务犯罪具有并案管辖的权力，这是强制性的单向并案。[3]就其性质而言，并案管辖是无管辖权的机关因并案而取得的案件管辖权，因此必须符合一定的条件，包括管辖权的性质必须相同，程序性质必须相同，程序发生的阶段必须相同等，[4]但是职务违法行为与其他非职务犯罪行为存在方方面面的不同，这两类违法犯罪行为的一并审查可能给案件事实的查明带来诸多困扰。同时，不同类型案件的侦破、调查取证的方式与路径存在差异，作为专职类反腐机构，监察机关的调查资源集中于职务违法犯罪案件，对于其他类型案件的调查能力不足，强制并案会导致全案在证据收集上产生系列问题，降低

---

[1] 陈卫东主编：《模范刑事诉讼法典》，中国人民大学出版社2005年版。黄硕："论职务犯罪与牵连案件的侦查管辖权的权力边界"，载《云南社会科学》2015年第1期。王霆："监察机关与其他国家机关互涉案件管辖问题研究"，载《重庆理工大学学报（社会科学）》2020年第11期。郭华："我国检察机关侦查权调整及其互涉案件程序的探讨"，载《法治研究》2019年第1期。闫召华："论检警互涉案件的侦查"，载《中国人民公安大学出版社（社会科学报）》2010年第2期。

[2] 如《德国刑事诉讼法典》规定检察官可以直接对各类刑事案件进行侦查，警察机关及其官员必须执行检察官的委托和命令，并将其收集的证据及时送交检察机关。《日本刑事诉讼法》规定，检察官在认为表示可以自行侦查。检察官对司法警察职员的侦查工作享有一定的指示权。

[3] 谢小剑："监察委员会刑事调查管辖制度初探"，载《湖湘论坛》2019年第5期。

[4] 钱小平："监察管辖制度的适用问题及完善对策"，载《南京师大学报（社会科学版）》2020年第1期。

案件处理效率。[1]

其三，协作管辖。基于公检监三机关在办理刑事案件职能上的关联性，在实践中，互涉案件的管辖势必存在"先入为主"的情形。如此，就需要有管辖权的机关尊重"先在"事实，并予以协助配合。比如，由监察机关先行立案调查的互涉案件，应当由监察机关管辖，公安或者检察院应当尊重"先在"事实，但若依职权需要对其管辖案件采取侦查措施，监察机关应当予以配合；同理，由公安或者检察机关先行立案侦查的互涉案件，应当由公安或者检察机关实施管辖权，监察机关应当尊重其"先在"事实，但监察机关对其管辖罪名实行调查时，公安或者检察机关应当予以协助。

二、关联案件的管辖衔接

所谓关联案件意指职务犯罪存在因果关系或者协同关系的刑事案件。比如，行贿案件，因行贿与受贿存在因果关系，因此，其属于受贿案件的关联性案件；又如，职务犯罪主体伙同非公职人员从事的职务犯罪，该非公职人员的犯罪行为属于职务犯罪的关联性案件。

其一，涵摄管辖。根据现行法律的规定，监察机关管辖的界限并不涉及非公职人员的犯罪。然而，在非公职人员涉嫌共同职务犯罪、行贿犯罪等关联犯罪案件时，为了确保职务犯罪调查和处置的顺利进行，实行关联性案件与职务犯罪案件并案管辖是很有必要的。由此，监察机关的职务犯罪专属性管辖权实现了"公职人员向非公职人员合乎逻辑地扩张"。并案管辖的实质是无管辖权的机关基于并案取得了案件管辖权，其事实基础在于"主案"之于"并案"的涵摄关系。[2]

其二，主案管辖吸收从案管辖。在实践中，相对于关联性案件而言，职务犯罪案件是主案。就其性质而言，关联性案件并非严格意义上的职务犯罪，如果剔除其与主案的关联性，那么依照一般刑事案件司法管辖，应遵循"属地主义"原则。但职务犯罪案件司法管辖所遵循的是"属人主义"原则。由此，衍生出关联性案件司法管辖的冲突。当前，基于司法便利的考量，应当确立主案管辖吸收从案管辖的原则。据此，监察机关应当将关联性案件随主案一并移送享有主案管辖权的检察机关审查起诉，并由享有主案管辖权的人民法院审理。

其三，协商管辖。在实践中，往往出现主案和关联性案件非同一监察机关调查，或者关联性案件不宜随主案确定司法管辖等情形。此类案件未经各机关的协商极可能存在移送错误、司法机关无管辖权的情形，对此各国有不同的处理方式。德国应当"经由中止程序而告终结"，[3]日本"可以通过无管辖权判决中止程序"，[4]而我国

---

[1] 董坤："法规范视野下监察与司法程序衔接机制——以《刑事诉讼法》第170条切入"，载《国家检察官学院学报》2019年第6期。

[2] 钱小平："监察管辖制度的适用问题及完善对策"，载《南京师大学报（社会科学版）》2020年第1期。

[3] 钱小平："监察管辖制度的适用问题及完善对策"，载《南京师大学报（社会科学版）》2020年第1期。

[4] [日]田口守一：《刑事诉讼法》，刘迪等译，法律出版社2000年版，第121页。

《最高人民法院关于适用〈中华人民共和国刑事诉讼法〉的解释》则规定了人民法院在审理时发现自身无管辖权时退回检察院的制度。为避免案件移送错误，降低办案效率且浪费司法资源，有必要引入协调机制，处理管辖衔接问题。其中，主案与关联案件由不同监察机关立案调查的，应当由调查主案的监察机关负责协调案件司法管辖事宜，调查关联案件的监察机关应当向调查主案的监察机关报告或者通报工作情况；关联案件不宜随主案确定管辖的，由调查主案的监察机关负责统筹协调司法管辖事宜，并应当向上级监察机关、办理主案的和关联性案件的检察机关、人民法院通报并说明理由。

三、其他情形的管辖衔接

在实践中，不仅存在审查起诉、审判管辖冲突的情形，也存在补充移送起诉管辖和职能管辖冲突等情形。对于这类管辖冲突，一般应实行协商解决。

其一，指定审查起诉、审判管辖的协商机制。对于需要指定起诉、审判管辖的案件，监察机关应当向同级检察机关提交商请指定管辖函件，检察机关收到商请函件后，应当与同级人民法院协商办理指定管辖事宜。人民法院与人民检察院按照程序要求协商一致，作出指定管辖决定后，应当及时书面通报监察机关。

其二，补充移送起诉的管辖协商机制。在审查起诉、审判过程中，监察机关需要补充移送起诉犯罪事实的，可以直接移送原受理移送起诉的人民检察院；但如果有追加犯罪嫌疑人、被告人的情形，则应当依照指定审查起诉、审判管辖的协商机制商请人民检察院办理指定管辖事宜。

其三，职能管辖权争议的协商解决机制。一般而言，基于法定管辖的原则，公检监三机关发现其调查、侦查的案件不属于职权管辖范围的，应当及时将案卷材料移送有管辖权的机关。若不同机关对案件管辖存在争议的，应当及时与同级相关机关沟通协商，必要时报上级相关机关协调解决。

第二节 证据制度中的衔接机制

在学理上，监察证据具有类概念之属性，[1]通用于监督、调查、处置三领域，但尚缺乏职务犯罪证据的专门性规定。由此，检察机关在职务犯罪调查过程中所形成的证据标准如何与刑事诉讼证据保持统一？在刑事审查起诉和审判阶段如何适用？在审查起诉和审判阶段，检察机关和审判机关是否能够适用非法证据排除规则排除监察机关收集的证据？为回答上述问题，应明确以下证据衔接机制。

一、监察证据与刑事司法证据标准的衔接机制

在职务犯罪案件中，监察案件处置的根据大多为监察证据，而刑事案件裁判的根据

---

[1] 范广馨、曹雪飞："论监察证据在刑事诉讼中的使用"，载《四川警察学院学报》2020年第1期。

则为刑事证据，二者之间存在差异。[1]但基于节约司法资源之考量，监察机关调查终结之后，移送检察机关审查的证据材料应当直接转化为刑事司法证据，直接适用于审查提起公诉和审理裁判。为此，监察机关在职务犯罪调查过程中，应当主动适用并对标刑事诉讼证据规则；检察机关和人民法院应当基于证据统一性原则，适用刑事诉讼证据规则审查职务犯罪中的监察证据。

其一，监察机关在立足《监察法》的基础上，应当主动适用并对标刑事诉讼证据规则。《监察法》第33条规定了，监察机关在收集、固定、审查、运用证据时，应当与刑事诉讼保持一致。根据《刑事诉讼法》、最高人民法院关于刑事诉讼证据的若干规定等，基于"刑事审判关于证据的要求和标准"之拘束，监察机关调查职务犯罪案件时，应遵循证据法定、程序正当、证据确实充分等基本原则。①《刑事诉讼法》及相关司法解释对证据的概念、种类、证明标准、审查运用以及非法证据排除等作了详细规定，监察机关调查收集的证据应当与《监察法》《刑事诉讼法》等法律规定的种类范围相符。②监察机关应当严格遵循《监察法》《刑事诉讼法》及最高人民法院、最高人民检察院发布的司法解释和诉讼规则等规定的程序和要求开展工作。③监察机关调查收集的证据要达到证据确实、充分的刑事证明标准，形成相互印证、完整稳定的证据链，保证定案事实都有证据证明，据以定案的证据均经法定程序查证属实，综合全案证据对所认定事实已排除合理怀疑。

其二，监察机关收集的证据应当符合刑事司法证据的审查和质证标准。《监察法》第33条第1款规定的"监察机关……收集的……证据材料，在刑事诉讼中可以作为证据使用"并不意味着这些证据材料必然地成为嫌疑人定罪量刑之依据，也就是说监察证据在刑事诉讼中"可以"作为证据使用，解决的是证据准入资格问题，而不是证据本身的证明能力问题。[2]为确保监察证据在刑事诉讼中"能够"作为证据使用，监察证据本身必须符合刑事诉讼证明案件事实的客观规律，满足证据"三性"即客观性、关联性与合法性要求。根据《刑事诉讼法》第55条与第171条之规定，检察机关审查起诉阶段的证据审查通常是以"三性"审查为基准，若经审查或质证发现监察机关收集的证据材料"不能够"作为刑事诉讼的证据使用，检察机关或人民法院应当要求监察机关补充证据，也可以依法自行侦查或调查补充证据。

其三，人民检察院、人民法院审查与认定监察证据，既要考虑证据标准的统一性，又要兼顾监察证据的特殊性。因此，人民检察院、人民法院应当按照刑事司法证据的标准对监察机关收集、调取的证据材料进行审查与认定，但在法律适用上，既要依照《刑事诉讼法》及其立法解释、司法解释，也要依照《监察法》及相关监察法规。

其四，在遵循证据标准同一性原则的条件下，监察机关在立案调查或者公安机关、检察机关在立案侦查过程中，发现自己无管辖权的，应当及时移送有管辖权的机关，

---

[1] 江国华："国家监察与刑事司法的衔接机制研究"，载《当代法学》2019年第2期。
[2] 范广馨、曹雪飞："论监察证据在刑事诉讼中的使用"，载《四川警察学院学报》2020年第1期。

同时应当移送有关证据材料。对于随案件一并移送的证据材料，收受机关可以直接适用办理案件。当然，为满足查明事实真相的要求，有权管辖的办案机关不应局限于移送的证据材料，必要时应当进一步完善证据材料。

二、互涉案件的证据衔接机制

"数罪"是刑法上的常用概念。在同一管辖权内，数罪并查，顺理成章。但若一人数罪分属不同管辖机关，比如一个嫌疑人涉嫌职务犯罪的同时，又涉嫌其他犯罪的情形，就意味着一人数罪分由两个甚至三个机关调查或侦查的情形。这是监察体制改革的必然结果。[1]并由此衍生出不同机关所收集的证据材料的互认共享、委托取证、支持取证等诸多问题。

其一，互涉案件中的证据互认共享。调查取证之权系职能管辖权的固有内容，因此，基于管辖与取向相统一的原则，在办理互涉案件中，应当由监察机关、人民检察院、公安机关依据职能管辖原则，国家各自立案调查或侦查之需要，自行收集、调取有关证据材料。不同机关在办理互涉案件时，应当实行证据互认共享，避免重复取证。

其二，互涉案件中的证据协作。鉴于互涉案件内在关联性，具有互涉管辖权的办案机关之间应当建立取证协作机制。基于办理互涉案件之需要，不同办案机关可以互相为互涉案件的其他管辖机关收集、调取证据材料，或者相互提供协助。基于证据材料唯一性，若互涉案件需要使用同一证据材料，互涉案件管辖机关应当在尊重在先收集管辖机关"优先使用权"的前提下，允许通过复制、刻录等方式获得有关证据的复印件，作为其所管辖的互涉案件的证据使用。办案机关从互涉案件的其他管辖机关调取的证据材料（包括复印件），应当注明证据材料来源，经审查符合法定要求的，可以在刑事诉讼中作为证据使用。

三、非法证据排除的衔接机制

非法证据排除规则是衡量司法公正以及法治建设的标尺。[2]随着监察体制改革的不断推进，监察证据不仅具有了新的内涵，监察证据的非法证据排除也成为监察法领域的焦点问题。[3]但当前《监察法》对于监察证据非法证据排除的规定较为笼统，在司法实务中，存在诸多衔接问题有待进一步完善。

其一，非法监察证据在刑事诉讼程序中的排除规则。《监察法》第33条第3款规定："以非法方法收集的证据应当依法予以排除，不得作为案件处置的依据。"据此，《监察法》中的"非法证据排除规则"仅限于监察处置环节。但监察证据的适用范围显然不限于监察处置，而是必然地延伸到整个刑事诉讼过程。无论是在检察机关的审查起诉阶段还是法院的审判阶段，倘若发觉监察机关办案人员以非法方法收集证据材

---

[1] 彭江辉、邹韵："我国检监互涉案件处理机制探析"，载《西部学刊》2020年第12期。
[2] 陈光中："对《严格排除非法证据规定》的几点个人理解"，载《中国刑事法杂志》2017年第4期。
[3] 程衍："中国特色独立监察程序下非法证据排除规则的制度建构"，载《南京大学学报（哲学·人文科学·社会科学）》2019年第2期。

料的,均应当予以排除。故此,非法监察证据的排除规则不宜仅限于监察法的规定,更主要的是应当适用《刑事诉讼法》及相关证据规则。在《刑事诉讼法》上,非法证据应包含以非法方法收集的犯罪嫌疑人、被告人的供述辩解和证人证言(非法言词证据)以及收集程序不符合法定程序的物证和书证(非法实物证据)两大类。[1]《监察法》第33条规定的"非法证据"认定不仅要参照《监察法》第40条第2款之规定,即禁止"以威胁、引诱、欺骗及其他非法方式"收集证据,还应当参照《刑事诉讼法》及相关规定。这些规定既适用于言词证据,也适用于实物证据。[2]因此,在职务犯罪的刑事诉讼过程中,非法证据的认定标准体系应当由以下部分构成:①监察程序规范中的取证禁止性规定,主要适用于监察机关自行收集的证据。②刑事证据体系中关于非法证据的认定标准,即刑事诉讼法、司法解释中对非法证据的认定标准,这一标准主要适用于《监察法》第47条第2款规定的检察机关自行补充侦查的证据。但在实践中,对于需要补充侦查的职务犯罪案件,以退回补充侦查为原则,自行补充侦查为例外。[3]因此,这一标准的适用情况并不多见。③行政程序规范中的取证禁止性规定,主要适用于在职务违法、违纪案件中,行政机关收集并移送至监察机关的证据。在职务违法案件的调查中基于高效的要求,一般不适用刑事诉讼中的非法证据排除规则,避免监察机关将资源浪费在非法证据排除等技术性问题上,这也是美国行政程序中一般不适用非法证据排除的主要原因[4]。④私人取证禁止性规范,主要适用于私主体自行收集并作为线索提供给监察机关的证据。私人非法证据主要包括私人以刑讯逼供、暴力、威胁、偷拍私录、非法搜查及其他严重侵权的方式获取的证据。[5]

其二,监察机关非法取证的规制方法。就其性质而言,非法证据排除是对证据材料证明能力的事后的消极性保证机制。为确保证据的合法性,就必须形成一套监察调查取证的过程性规制机制。①监察机关收集物证、书证、证人证言、被调查人供述和辩解、视听资料、电子数据等证据材料时应当秉持"就高不就低"的原则,自觉向刑事司法证据标准看齐,并对接刑事司法中的非法证据排除规则。[6]鉴于职务犯罪对言词证据具有较高依赖性,监察机关对于证人证言、被调查人的陈述与辩解的获取严格遵循相关法律法规之规定,比如,应当在指定地点或者被询问人指定的地点进行询问,并在笔录中载明。对于书证、物证等的获取应当通过合法途径,杜绝偷录、篡改等非

---

[1] 陈卫东、聂友伦:"职务犯罪监察证据若干问题研究——以《监察法》第33条为中心",载《中国人民大学学报》2018年第4期。

[2] 陈卫东、聂友伦:"职务犯罪监察证据若干问题研究——以《监察法》第33条为中心",载《中国人民大学学报》2018年第4期。

[3] 谢小剑:"监察调查与刑事诉讼程序衔接的法教义学分析",载《法学》2019年第9期。

[4] See William H. Kuehnle, "Standards of Evidence in Administrative Proceedings", *New York Law School Law Review*, 2004~2005, p. 885.

[5] 艾明:"我国刑事诉讼中私人违法取得证据禁止使用的法理构建",载《四川大学学报(哲学社会科学版)》2018年第6期。

[6] 江国华:"国家监察与刑事司法的衔接机制研究",载《当代法学》2019年第2期。

法手段。②应当设立录音录像调取制度。人民检察院、人民法院经审查认为有必要的，可以商请监察机关调取讯问被调查人的录音录像，监察机关应当支持配合。对于调取的录音录像，调取机关以及当事人、辩护人等应当严格遵守保密义务。③应当设立调查人员的出庭制度。在现有证据材料，如录音录像等不能证明证据收集的合法性的，必要时人民法院或人民检察院提请人民法院通知监察机关调查人员出庭说明情况，监察机关应当根据工作需要予以配合。

◇【法条链接】

一、《中华人民共和国监察法》（2018年）

第三十三条 监察机关依照本法规定收集的物证、书证、证人证言、被调查人供述和辩解、视听资料、电子数据等证据材料，在刑事诉讼中可以作为证据使用。

监察机关在收集、固定、审查、运用证据时，应当与刑事审判关于证据的要求和标准相一致。

以非法方法收集的证据应当依法予以排除，不得作为案件处置的依据。

【释义】本条是关于监察机关所收集的证据的法律效力，取证的要求和标准，以及非法证据排除规则的规定。

规范监察机关收集、固定、审查、运用证据的要求和标准，赋予监察机关收集的证据材料在刑事诉讼中的法律效力，是监察机关实现"法法衔接"的重要方面。

第四十条 监察机关对职务违法和职务犯罪案件，应当进行调查，收集被调查人有无违法犯罪以及情节轻重的证据，查明违法犯罪事实，形成相互印证、完整稳定的证据链。

严禁以威胁、引诱、欺骗及其他非法方式收集证据，严禁侮辱、打骂、虐待、体罚或者变相体罚被调查人和涉案人员。

【释义】本条是关于监察机关调查取证工作要求的规定。

第四十七条 对监察机关移送的案件，人民检察院依照《中华人民共和国刑事诉讼法》对被调查人采取强制措施。

人民检察院经审查，认为犯罪事实已经查清，证据确实、充分，依法应当追究刑事责任的，应当作出起诉决定。

人民检察院经审查，认为需要补充核实的，应当退回监察机关补充调查，必要时可以自行补充侦查。对于补充调查的案件，应当在一个月内补充调查完毕。补充调查以二次为限。

人民检察院对于有《中华人民共和国刑事诉讼法》规定的不起诉的情形的，经上一级人民检察院批准，依法作出不起诉的决定。监察机关认为不起诉的决定有错误的，可以向上一级人民检察院提请复议。

【释义】本条是关于检察机关对监察机关移送的案件如何处理的规定。本条分为4款。第1款规定了检察机关依法采取强制措施；第2款规定了检察机关作出起诉决定。

对监察机关移送检察机关提起公诉的案件,同时满足"犯罪事实已经查清""证据确实、充分""依法应当追究刑事责任"三个条件的,检察机关应当作出起诉决定。第3款规定了退回补充调查或者自行补充侦查。第4款规定了作出不起诉决定。

二、《中华人民共和国刑事诉讼法》(2018年)

第五十五条 对一切案件的判处都要重证据,重调查研究,不轻信口供。只有被告人供述,没有其他证据的,不能认定被告人有罪和处以刑罚;没有被告人供述,证据确实、充分的,可以认定被告人有罪和处以刑罚。

证据确实、充分,应当符合以下条件:

(一)定罪量刑的事实都有证据证明;

(二)据以定案的证据均经法定程序查证属实;

(三)综合全案证据,对所认定事实已排除合理怀疑。

【释义】本条明确了重证据、不轻信口供的原则,并对于"证据确实、充分"的标准进行明晰,同样可视为是对证据满足合法性、客观性、关联性"三性"所作的判断标准。

第一百七十一条 人民检察院审查案件的时候,必须查明:

(一)犯罪事实、情节是否清楚,证据是否确实、充分,犯罪性质和罪名的认定是否正确;

(二)有无遗漏罪行和其他应当追究刑事责任的人;

(三)是否属于不应追究刑事责任的;

(四)有无附带民事诉讼;

(五)侦查活动是否合法。

【释义】本条是关于自诉案件的审查处理以及调查核实证据的规定。

第三节 移送和审查起诉制度中的衔接沟通机制

对于监察机关调查的职务犯罪案件,调查终结后符合移送起诉条件的应当移送人民检察院审查起诉。人民检察院应当根据《刑事诉讼法》的规定,对移送的案件进行审查,审查的内容包括犯罪事实、证据、犯罪性质和罪名等,并最终决定是否提起公诉。[1]但监察机关调查终结的案件向哪一级检察机关移送?作为法律监督机关的检察院如何行使对监察调查的监督职能?检察机关如何审查监察机关移送的案件?这些问题需要进一步明确规定。

一、移送起诉中的衔接沟通机制

基于法律谦抑性原则,尽管《监察法》第11条、第45条均有规定,监察机关对

---

[1] 朱福惠:"论检察机关对监察机关职务犯罪调查的制约",载《法学评论》2018年第3期。

涉嫌职务犯罪的，应当将调查结果移送人民检察院依法审查、提起公诉。而刑事诉讼的级别管辖属于《刑事诉讼法》固有内容，显然不宜由《监察法》予以规定。故此，应当参照《刑事诉讼法》所规定的级别管辖原则，实行"同级移送"和"全面移送"。

其一，监察机关移送案件以同级移送为原则，指定移送为例外。根据宪法和《监察法》之规定，国家设立最高监察机关和省（自治区、直辖市）、市、县四级监察机关，与人民检察院、人民法院在组织上的纵向四级设置完全对应。据此：①所谓"同级移送"就是监察机关调查终结的案件应当向其同一行为级别的检察机关移送，即监察机关调查终结后需要移送起诉的，监察机关应当将案件移送给有法定管辖权的同级人民检察院，由其受理后依照《刑事诉讼法》之规定审查起诉或者指定、交由下级人民检察院办理。符合起诉条件，由检察机关遵刑事诉讼之级别管辖原则，向有管辖权的同级人民法院提起公诉。②监察机构、监察专员对派驻或者派出它的监察委员会负责，其行为所产生的法律后果由派驻或者派出它的监察委员会承担。基于"同级移送"原则，监察机关授权其派驻（派出）机构调查终结的职务犯罪案件，应当由作出授权决定的监察机关向其同级的有法定管辖权的人民检察院移送起诉。符合起诉条件的，由检察机关遵刑事诉讼之级别管辖原则，向有管辖权的同级人民法院提起公诉。③鉴于职务犯罪案件往往涉及错综复杂的关系网络，对于案情复杂或者社会高度关注的职务犯罪案件，检察机关认为有指定管辖之必要，商请监察机关，并依法定程序作出指定管辖决定的，或者认为有异地审查起诉和审判之必要，作出异地指定管辖决定的，监察机关应当将案件移送被指定管辖人民检察院（包括异地指定管辖），由其受理后依法审查起诉或者指定、交由下级人民检察院办理。符合起诉条件的，由检察机关遵刑事诉讼之级别管辖原则，向有管辖权的被指定管辖的人民法院提起公诉。

其二，监察机关决定将调查终结之案件向检察机关移送起诉，应遵循"全面移送"之原则，应当将《起诉意见书》并附涉案文书和定罪量刑证据材料全面送人民检察院。其中：①涉案文书应当包括立案调查决定、采取留置措施、延长留置期限等程序性文书；被调查人接受其他处理的法律文书；涉案人员处理情况说明、咨询论证意见等材料；涉案财物追缴情况说明等。②定罪量刑证据材料应当包括调查卷宗、涉案财物清单、被调查人到案经过及量刑情节方面的材料以及据以定案的其他证据材料。

其三，移送前后的专业性咨询会商。职务犯罪具有多样性、复杂性和特殊性，基于查明案件事实，有力打击犯罪之需要，根据"相互配合"之原则，监察机关可以与检察机关、人民法院建立专业性会商咨询论证机制，在案件移送起诉前后，就案件所涉及的疑难复杂问题进行会商、咨询和论证。①在案件移送起诉之前，监察机关相关部门可以商请人民检察院、人民法院相关部门，就办案中遇到的证据收集、事实认定、案件定性、法律适用等疑难复杂问题进行会商和咨询。②案件移送起诉之后，基于工作需要，监察机关可以商请人民检察院、人民法院等有关部门召开案件论证会，就案件中的疑难复杂问题进行研究论证，并就其中重大问题议定解决办法。在不影响各自独立行使职权的前提下，相关咨询论证意见在监察机关和司法机关在办案中具有参考意义。

二、提前介入中的衔接沟通机制

根据《监察法》第4条之规定，监察机关办理职务违法和职务犯罪案件时，应当与审判机关、检察机关、执法部门互相配合，互相制约。作为国家专门的法律监督机关，人民检察院应当履行其对于监察机关职务犯罪调查之监督职能，监察机关调查措施的适法性属于检察机关法律监督法定事项之一。[1] 检察机关提前介入监察机关的调查过程，既是实现检察监督职能的重要途径，也是办案优势与现实需求有效对接的重要方式。[2] 但为保障监察权的独立行使，检察机关必须要准确把握提前介入的时间、条件、反馈程序与效力等，避免检察权干预监察机关独立行使调查职能，甚至变为代替调查或者联合调查[3]。

其一，检察机关提前介入的条件。各级监察机关主动接受监督，是监察法治的内在要求。但检察机关的提前介入也应遵循必要的谦抑性原则。①提前介入的案件类型。检察机关提前介入仅限于疑难复杂案件以及在当地有重大影响的案件，非适用于所有的职务犯罪案件。②提前介入的时间。一般情况下，监察机关应当在移送起诉15日前书面商请人民检察院提前介入。特殊情况下，可以直接商请人民检察院提前介入，如留置期限即将届满等情况。③提前介入审查范围。人民检察院提前介入一般仅审核案件材料，并对证据收集、事实认定、案件定性、法律适用等提出书面意见。但对于互涉案件或者关联案件，并案审理更有利于案件调查的，拟移送并案审查起诉的案件，人民检察院在提前介入时则应当对全案进行审查。设立检察机关提前介入机制，既实现了检察机关在侦查监督环节缺失的情形下对监察委调查活动的配合与制约，也顺应了以审判为中心的诉讼制度改革的要求。[4]

其二，提前介入后的反馈机制。检察机关提前介入调查，既有监督办案的性质，也有协助办案的意味。因此，检察机关提前介入，对案件材料进行审查后，应当适时给出书面的反馈意见。①检察机关反馈意见应当以书面形式表达，其内容应当包含证据收集、事实认定、案件定性、法律适用等基本要件。②对于检察机关给予的反馈意见，监察机关也应当及时审核与研究，根据案件实际情况，决定是否采纳；但人民检察院认为适用法律错误的，应当及时纠正；需要补证的，应当及时补证。监察机关应当适时向人民检察院就检察机关意见的采纳情况进行反馈，采纳的，应提交相应材料；未采纳的，应当说明理由。

其三，提前介入反馈意见的效力。在提前介入调查中，检察机关应当秉承"参与

---

[1] 陈光中："关于我国监察体制改革的几点看法"，载《环球法律评论》2017年第2期。
[2] 吕晓刚、杨彩虹："程序整合视角下职务犯罪刑事特别程序研究"，载《贵州省党校学报》2020年第1期。
[3] 蔡健等："监检衔接语境下检察机关引导取证制度的完善"，载《湖北第二师范学院学报》2019年第11期。
[4] 林森、金琳："检察机关办理监察委移送案件难点问题探究——以检察机关与监察委办案衔接为视角"，载《时代法学》2020年第5期。

而不干涉，引导而不主导，讨论而不定论"的原则，因此，①检察机关提前介入应当坚持监察机关在调查程序中的主导地位，尊重监察机关办理职务犯罪的最终决定权。②检察机关就监察机关提供的监察文书材料提出的介入反馈意见，原则上仅供监察机关"参考"，不具有左右监察机关调查办案的决定性效力。③检察机关提前介入反馈意见不能代替审查起诉阶段的审查意见，[1]在收到监察机关移送起诉的案件材料后，人民检察院应当依法严格审查，不得以提前介入意见代替审查起诉意见。④基于意思表示一致性原则，检察机关的审查起诉意见应当与其提前介入意见相一致。但鉴于提前介入审查意见毕竟属于"阶段性"的初始审查，难免粗线条，甚至错漏。如此，审查起诉意见与提前介入意见相互冲突在所难免。基于相互尊重之原则，如果审查起诉意见与提前介入意见不一致，人民检察院应当在提起公诉或作出决定前与移送案件的监察机关沟通。

三、审查起诉中的衔接沟通机制

审查起诉是职务犯罪进入司法程序的关键环节，构成了监察程序与司法程序的分水岭。[2]人民检察院应当依法及时受理监察机关移送起诉的案件。在受理审查过程中，涉及互涉案件、关联案件的，或者涉及漏罪、漏犯和退查、自侦等情形的，人民检察院应当与监察机关构建有效的沟通协作机制。

其一，并案审查和在案移送的沟通协作机制。①对于不同办案机关分别调查或侦查的互涉案件或者关联案件，原则上应当实行并案移送、并案审查。基于特殊情况，监察机关认为需要分案移送的，商请有管辖权的检察机关，可以分案移送，但检察机关受理后，原则上实行并案审查。②监察机关移送起诉应坚持"在案原则"，即监察机关移送起诉的案件应当坚持以被调查人在案为原则。如若人民检察院受理监察机关的移送后被调查人在逃或无法传唤到案的，监察与检察机关应当加强合作沟通，共同督促犯罪嫌疑人到案，共同商定相应的措施。③共同犯罪案件中部分被调查人在逃，监察机关认为有移送起诉之必要的，商请有管辖权的检察机关可以对在案被调查人先行移送起诉。

其二，漏罪漏犯的衔接沟通机制。①检察机关在审查起诉中发现遗漏罪行的，若符合提起公诉的条件，经与移送案件的监察机关会商沟通后，达成一致意见，可以将漏罪与监察机关《起诉意见书》拟定的罪名一并提起公诉。②检察机关审查起诉中发现遗漏罪行，但认为漏罪不满足提起公诉条件的，应当及时与移送案件的监察机关沟通，并将案件线索移送监察机关补充调查。③监察机关对"漏罪发现"持有异议，或者监察机关与检察机关就漏罪的法律适用等实质性问题未能达成一致的，检察机关应

---

[1] 蔡健等："监检衔接语境下检察机关引导取证制度的完善"，载《湖北第二师范学院学报》2019年第11期。

[2] 封利强："检察机关提前介入监察调查之检讨——兼论完善监检衔接机制的另一种思路"，载《浙江社会科学》2020年第9期。

当与监察充分沟通,并将案件线索及时移送监察机关补充调查。④检察机关审查起诉过程中发现漏犯的,经会商移送案件的监察机关后,将涉嫌漏犯的书面说明和相关线索移送监察机关,监察机关对检察机关的"漏犯"说明和相关线索审核研判后,或补充调查,或补全起诉材料,或反馈漏罪异议说明。

其三,作出退回侦查或自行侦查决定的衔接沟通机制。人民检察院审查起诉过程中,认为监察机关调查终结案件存在事实不清、证据不足等情形的,一般实行退回调查为原则,自行侦查为例外。在法理上,案件退查意味着该案从刑事司法审查程序返回到了监察调查环节,是故,强制措施回转是合乎案件调查规律的。[1]但在程序上,案件退查并非整案回转,仅仅是案件的部分证据事实的补正或补充,未能改变整案"已经处于审查起诉阶段"的事实,案件整体上仍处于公诉环节。[2]故此,若刑事强制措施随退查回转为监察处置措施,则使得补充调查程序繁琐,浪费司法资源。所以,在退查案件中,如果犯罪嫌疑人已经被采取了刑事强制措施,监察机关在补充调查期间,原则上应当维持刑事强制措施状态。但基于补充调查之需要,检察机关在退查决定文书中载明涉案嫌疑人刑事强制措施执行情况,并将退查情况书面通知嫌疑人羁押场所,将提讯、提解证等送交监察机关,以为监察机关补充调查提供必要协助。

其四,不起诉决定中的衔接沟通机制。基于罪刑法定之原则,对监察机关移送起诉的案件,检察机关依法进行审查、核实,若符合法定起诉条件的,应当及时作出起诉的决定;若不符合法定起诉条件的,应当作出不起诉决定。鉴于职务犯罪案件具有很强的政治性,社会影响巨大,"不起诉决定"应当慎之又慎。故此,对于拟作出不起诉决定的案件,不仅应当报上一级人民检察院批准,而且也应当与移送案件的监察机关充分沟通协商,并向监察机关送达相关法律文书。如若监察机关认为"不起诉决定"违法或者明显不当,可以向作出该决定的检察机关的上一级人民检察院提起复议,复议机关应当及时作出答复。

四、监察机关从宽处罚建议审查中的衔接沟通机制

根据《监察法》第31条之规定,在被调查人认罪认罚情况下,监察机关移送起诉时可以向司法机关提出从宽处罚之建议。《监察法》第32条规定了被调查人在检举揭发有关问题或提供重要破案线索的情况下可以作出从宽处罚的情形。但当前监察机关在从宽建议适用的条件、法法衔接等诸多方面还存在亟待解决的问题。

其一,监察从宽处罚建议的适用条件、类型与方法。"从宽处罚"是一项具有中国特色的重要的刑事司法政策,为《监察法》所吸收。根据《监察法》第31、32条之规定,涉嫌职务犯罪的被调查人主动认罪认罚,并具有自动投案,真诚悔罪悔过、积极配合调查工作,如实供述监察机关还未掌握的违法犯罪行为,积极退赃、减少损失,

---

[1] 朱福惠:"论检察机关对监察机关职务犯罪调查的制约",载《法学评论》2018年第3期。
[2] 陈小炜、吴高飞:"监察体制改革背景下自行补充侦查和退回补充调查关系论纲",载《西南政法大学学报》2019年第3期。

具有重大立功表现或者案件涉及国家重大利益、检举揭发有关问题或提供重要破案线索等情形的，监察机关可以提出从宽处罚建议。因此：①监察机关在提出从宽处罚建议时，既要考虑被调查人是否符合法定从宽处罚情形，又要关注政治因素，综合研判违法犯罪行为发生时间节点和情节、社会影响、危害后果等情形，以实现政治效果、纪法效果和社会效果相统一。[1] ②根据案件具体情况，监察机关所提出的从宽处罚建议包括建议从轻处罚、减轻处罚和免除处罚。因为减轻处罚与免除处罚的重要性，监察机关在建议减轻处罚或者免除处罚时应当严格遵守刑事法律的规定，免除处罚的建议应当特别慎重。对于无法明确从宽处罚的具体类型的，可以概述为"建议从宽处罚"。③监察机关提出从宽处罚建议的，一般应当随起诉意见书一并提出，特殊情况下在案件移送时未提出的，也可以在人民检察院提起公诉前，单独向人民检察院提交从宽处罚建议书。

其二，监察机关从宽处罚建议的法律效力。①监察机关的从宽处罚建议对于司法机关并无刚性的拘束力。然而，根据相互配合的原则，人民检察院和人民法院应当严肃慎重地对待监察机关的从宽处罚建议。经过依法审查，对于监察机关提出的符合法定从宽条件的从宽处罚建议，人民检察院应当在履行相关法定程序后依法向有管辖权的人民法院提出从宽处罚建议，人民法院应当据此依法作出从宽处罚之裁定。对于监察机关提出的不符合法定从宽条件的监察建议，司法机关也应当在量刑建议或刑罚裁量中充分考虑监察机关的从宽处罚建议及其所依据的量刑情节。②不同阶段、不同态度的认罪认罚对案件办理所起到的作用是不同的——相对于在审查起诉或者审判阶段的认罪认罚而言，被调查人员在监察调查阶段的认罪认罚，主动配合调查，对案件的办理更具关键性作用。在这个意义上，监察机关基于嫌疑人在立案调查阶段的认罪认罚表现所提出的从宽处罚建议，较诸司法机关基于嫌疑人在刑事司法程序中的认罪认罚所提出的从宽处罚建议，或者所作出的从宽处罚裁量，更具现实意义。[2]

其三，检察机关提出从宽处罚建议，应当与办理案件的监察机关会商沟通。如果监察机关移送案件未附从宽处罚建议书，也未能在审查起诉阶段单独提交从宽处罚建议书，不影响司法机关依法提出从宽处罚建议，或作出从宽处罚裁量。但司法机关拟适用认罪认罚从宽制度时，应当书面征求办理案件的监察机关意见。如若监察机关不同意司法机关适用认罪认罚从宽制度，应当书面说明理由。必要时，监察机关可提请党委政法委协调解决，以确保认罪认罚从宽制度使用的合法性和严肃性。

◇【法条链接】

《中华人民共和国监察法》（2018年）

第四条 监察委员会依照法律规定独立行使监察权，不受行政机关、社会团体和

---

[1] 其所调查的职务违法和职务犯罪案件的特殊性，监察机关在适用从宽处罚建议时需注重实现反腐败等的政治效果。张明正："监察机关调查职务犯罪从宽处罚问题研究"，载《南海法学》2019年第1期。

[2] 周晓天："从宽处罚建议有何法律效力"，载《中国纪检监察报》2021年2月10日。

个人的干涉。

监察机关办理职务违法和职务犯罪案件,应当与审判机关、检察机关、执法部门互相配合,互相制约。

监察机关在工作中需要协助的,有关机关和单位应当根据监察机关的要求依法予以协助。

【释义】规定本条的主要目的是排除行政机关、社会团体和个人对监察机关的非法干扰,同时明确监察机关与司法机关等在办理职务违法犯罪过程中的工作关系。

第十一条 监察委员会依照本法和有关法律规定履行监督、调查、处置职责:

(一) 对公职人员开展廉政教育,对其依法履职、秉公用权、廉洁从政从业以及道德操守情况进行监督检查;

(二) 对涉嫌贪污贿赂、滥用职权、玩忽职守、权力寻租、利益输送、徇私舞弊以及浪费国家资财等职务违法和职务犯罪进行调查;

(三) 对违法的公职人员依法作出政务处分决定;对履行职责不力、失职失责的领导人员进行问责;对涉嫌职务犯罪的,将调查结果移送人民检察院依法审查、提起公诉;向监察对象所在单位提出监察建议。

【释义】本条规定了监察委员会监督、调查、处置三项职责。

第三十一条 涉嫌职务犯罪的被调查人主动认罪认罚,有下列情形之一的,监察机关经领导人员集体研究,并报上一级监察机关批准,可以在移送人民检察院时提出从宽处罚的建议:

(一) 自动投案,真诚悔罪悔过的;

(二) 积极配合调查工作,如实供述监察机关还未掌握的违法犯罪行为的;

(三) 积极退赃,减少损失的;

(四) 具有重大立功表现或者案件涉及国家重大利益等情形的。

【释义】本条是关于监察机关对涉嫌职务犯罪的被调查人提出从宽处罚建议的规定。《中共中央关于全面推进依法治国若干重大问题的决定》提出,要完善刑事诉讼中认罪认罚从宽制度。本条规定与最高人民法院、最高人民检察院、公安部、国家安全部、司法部于2016年印发的《关于在部分地区开展刑事案件认罪认罚从宽制度试点工作的办法》作了衔接。规定本条的主要目的是鼓励被调查人犯罪后改过自新、将功折罪,积极配合监察机关的调查工作,争取宽大处理,体现了"惩前毖后、治病救人"的精神。同时,也为监察机关顺利查清案件提供有利条件,节省人力物力,提高反腐败工作的效率。

第三十二条 职务违法犯罪的涉案人员揭发有关被调查人职务违法犯罪行为,查证属实的,或者提供重要线索,有助于调查其他案件的,监察机关经领导人员集体研究,并报上一级监察机关批准,可以在移送人民检察院时提出从宽处罚的建议。

【释义】本条是关于监察机关对职务违法犯罪的涉案人员提出从宽处罚建议的规定。

第十六章　监察与刑事司法的衔接

第四十五条　监察机关根据监督、调查结果,依法作出如下处置:

(一) 对有职务违法行为但情节较轻的公职人员,按照管理权限,直接或者委托有关机关、人员,进行谈话提醒、批评教育、责令检查,或者予以诫勉;

(二) 对违法的公职人员依照法定程序作出警告、记过、记大过、降级、撤职、开除等政务处分决定;

(三) 对不履行或者不正确履行职责负有责任的领导人员,按照管理权限对其直接作出问责决定,或者向有权作出问责决定的机关提出问责建议;

(四) 对涉嫌职务犯罪的,监察机关经调查认为犯罪事实清楚,证据确实、充分的,制作起诉意见书,连同案卷材料、证据一并移送人民检察院依法审查、提起公诉;

(五) 对监察对象所在单位廉政建设和履行职责存在的问题等提出监察建议。

监察机关经调查,对没有证据证明被调查人存在违法犯罪行为的,应当撤销案件,并通知被调查人所在单位。

【释义】　本条规定了监察机关根据监督、调查结果,依法履行处置职责的六种方式。规定本条的主要目的是规范和保障监察机关的处置工作,既防止监察机关滥用处置权限,也保证监察机关依法履行处置职责。

第四十七条　对监察机关移送的案件,人民检察院依照《中华人民共和国刑事诉讼法》对被调查人采取强制措施。

人民检察院经审查,认为犯罪事实已经查清,证据确实、充分,依法应当追究刑事责任的,应当作出起诉决定。

人民检察院经审查,认为需要补充核实的,应当退回监察机关补充调查,必要时可以自行补充侦查。对于补充调查的案件,应当在一个月内补充调查完毕。补充调查以二次为限。

人民检察院对于有《中华人民共和国刑事诉讼法》规定的不起诉的情形的,经上一级人民检察院批准,依法作出不起诉的决定。监察机关认为不起诉的决定有错误的,可以向上一级人民检察院提请复议。

【释义】　本条是关于检察机关对监察机关移送的案件如何处理的规定。

【案例链接】　与移送起诉相关案例

F 省 Q 市某出租车公司原财务负责人 L 某某挪用公款、贪污案

L 某某在 Q 市某出租车有限公司担任财务负责人期间,利用职务上的便利,挪用公款 684 万余元、贪污侵吞公款 304 万元。2018 年 1 月 16 日,经 Q 市监委同意,Q 区监委对 L 某某涉嫌违法问题进行了监察调查,同时协调公安机关开展边控、抓捕,1 月 17 日下午 L 某某到案后,立即对其采取留置措施。

随后,在一个多月的时间里,经开除公职、移送检察机关审查起诉、检察机关移送起诉等程序。3 月 7 日上午,F 省 Q 市 Q 区法院公开开庭审理此案,并当庭宣判,判决其犯挪用公款、贪污罪,执行有期徒刑 15 年零 6 个月,并处罚金人民币 100 万元。L

某某当庭认罪，表示不上诉。这是 F 省监察机关移送司法机关，首例宣判的留置案件。

第四节　留置与刑事强制措施之间的衔接沟通机制

"留置"是为调查职务违法犯罪之需要而对被调查人采取的限制其人身自由的强制措施。[1]在案件调查终结之后，监察机关移送起诉时，一般遵循"人案并送"原则，随案移送的嫌疑人在进入司法程序伊始，就必须解决监察留置措施转换为刑事司法强制措施的问题。为确保二者合法顺利转换，必须构设某种形式的衔接沟通机制。

一、留置措施与刑事强制措施的预备衔接机制

基于职务犯罪本身的特殊性，留置措施具有一定的封闭性，[2]且监察案件移送程序中立案程序阙如。[3]因此，非经作出留置决定的监察机关通告，其他国家机关无从知悉被调查对象留置措施的实行情况。故此，在移送起诉之前，监察机关应当主动向检察机关通告留置措施实行的相关情况，并基于案情需要，可以向检察机关提出由留置措施转为刑事强制措施之建议；检察机关则应构建相应的触发机制，以为留置措施之转换备拟预案。

其一，留置措施实行情况的通告机制。在作出留置决定之后，移送审查起诉之前，若犯罪嫌疑人已被采取留置措施的，监察机关应当告知人民检察院。①时间上，监察机关应当在正式移送起诉 10 日前，向拟移送的人民检察院书面告知涉案人员留置措施实行的相关情况。②内容上，通告内容应该包括被调查人留置措施执行情况、留置场所、被调查人的身体健康状况及其是否影响后续羁押等。③性质上，监察机关提前通告留置措施实行情况既有主动接受检察机关监督之意味，也有配合检察机关后续工作之取向。

其二，监察机关的刑事强制措施提请或建议机制。一般而言，办案机关对于其所调查案件之性质、危害强度、社会影响、定罪量刑情形是有深度研判的。因此，对于移送检察机关之犯罪嫌疑人是否应当采取刑事强制措施，监察机关最有发言权。所以，赋予监察机关的刑事强制措施建议权是具有深刻法理基础的。本着有利于打击犯罪，保证刑事诉讼程序顺利推进之原则：①对于移送时未采取留置措施的，监察机关在提前告知移送事宜时，应当提请检察机关提出对犯罪嫌疑人采取刑事强制措施。②对于已经采取留置措施的，监察机关在通告留置措施实行情形时，可一并向检察机关提出采取刑事强制措施的建议。

---

[1] 游晓宇、张富利："监察体制改革中的监察留置措施问题探讨"，载《四川警察学院学报》2019 年第 5 期。

[2] 马怀德："再论国家监察立法的主要问题"，载《行政法学研究》2018 年第 1 期。

[3] 龙宗智："监察与司法协调衔接的法规范分析"，载《政治与法律》2018 年第 1 期。中共中央纪律检查委员会、中华人民共和国国家监察委员会法规室编写：《〈中华人民共和国监察法〉释义》，中国方正出版社 2018 年版，第 207 页。

其三，检察机关刑事强制措施决定权的触发机制。根据《刑事诉讼法》第 66 条、第 80 条之规定，检察机关对职务犯罪嫌疑人享有刑事强制措施的决定权。移送案件的监察机关认为有采取刑事强制措施之必要，提请或者建议检察机关对被移送的犯罪嫌疑人采取刑事强制措施，系检察机关刑事强制措施决定权触发的重要机制。对于监察机关的提请，除非犯罪嫌疑人存在法律上明文规定的不适宜羁押情形的，应当依法及时作出采取刑事强制措施之决定；对于监察机关的建议，检察机关应当结合案情和犯罪嫌疑人身体状况等情形，依法及时作出是否采取强制措施之决定。对于拟不采取刑事强制措施的，应当以书面形式说明理由。

二、留置措施与刑事强制措施转换中的衔接沟通机制

"案件移送"是职务犯罪案件进入刑事司法程序的阀门，越过这道阀门，就意味着办理职务犯罪的流程迈入了《监察法》与《刑事诉讼法》并轨运行之阶段。鉴于案件移送遵循"人案并送"原则和并轨运行规律，对涉案人员在监察轨道上实行的留置措施就必须转换为刑事强制措施。

其一，先行拘留的衔接机制。所谓先行拘留，意指对于监察机关移送起诉的已采取留置措施的涉案人员，先行采取刑事拘留的强制措施。涉案人员被采取先行拘留措施的同时，留置措施自动解除。①先行拘留是留置措施向刑事强制措施变更的先行程序，具有从监察环节向刑事司法环节过渡之属性。[1]②在先行拘留后 24 小时内，人民检察院应当对犯罪嫌疑人进行讯问，这是审查拘留措施合理性和必要性的规定，[2]同时人民检察院应当根据案情适时作出采取何种刑事强制措施之决定。③先行拘留生效的时间节点，这关系到职务犯罪案件办理过程中与《刑事诉讼法》《律师法》相关制度的全面对接，包括律师介入——基于职务犯罪的特殊性，《监察法》没有律师介入规定条款，据此，律师不能介入监察机关调查的案件。但留置措施转为先行拘留措施之后，在被移送的涉案人员被采取拘留措施之日起，即人民检察院对犯罪嫌疑人进行第一次讯问之日起，犯罪嫌疑人即可以根据《刑事诉讼法》第 34 条之规定，有权委托辩护人；受委托律师即可以根据《律师法》第 28 条之规定，为犯罪嫌疑人提供辩护服务。[3]

其二，公检监的衔接协作机制。基于相互制约的原则，人民检察院和公安机关分别行使刑事强制措施的决定权和执行权。据此，在受理监察机关的移送案件之后，对于依法应当采取先行拘留取代监察留置措施的，人民检察院应当根据犯罪嫌疑人的具体情况作出相应的决定，并将有关材料及时移送公安机关，由公安机关负责先行拘留措施的执行，这符合我国公安、司法机关的权限划分和管理体制，亦是监察机关与执

---

[1] 付威杰："如何理解关于纪检监察机关对涉嫌职务犯罪案件移送审查起诉，移送后对审查调查部门的工作要求，以及审理工作完成后对其他问题线索处置的规定？"，载《中国纪检监察》2019 年第 5 期。

[2] 高童非："监检衔接中先行拘留措施的法教义学反思"，载《地方立法研究》2020 年第 2 期。

[3] 杨宇冠：《监察法与刑事诉讼法衔接问题研究》，中国政法大学出版社 2018 年版，第 160 页。

法部门相互配合的重要体现。[1]①公安机关履行相关程序执行拘留后，原留置措施将自动解除。②基于相互配合之原则，为确保刑事强制措施的执行到位，对于需要异地押解的，办理案件的监检两机关应当对公安机关先行拘留的执行予以协助配合。③基于保障人权之原则，对于因健康原因需要送往有医疗条件的监管场所羁押的，办理案件的检监两机关应当积极协助公安机关办理相关手续；对于不具备送往具备医疗条件的监管场所羁押条件的，办理案件的检察机关应当在先行拘留执行期间，根据犯罪嫌疑人的具体情况，适时变更刑事强制措施。

其三，漏犯、漏罪、新罪等需要退回监察机关补充调查中的强制措施衔接沟通机制。对于在审查起诉阶段或者在审判和执行阶段，发现漏罪、漏犯的，依法应当退回监察机关补充调查。在制度设计上，可以考虑区分不同情况分别处理：①基于监察留置与刑事强制措施在功能上的相似性，对于在刑事司法过程中已被司法机关采取相应的刑事强制措施的，退回监察机关补充调查阶段，沿袭正在执行的刑事强制措施完全能够实现留置措施的基本功能，故此，监察机关不宜再行采取留置措施；但基于查明案件之需要，司法机关应当本着相互配合之原则，对监察机关的补充调查工作予以协助，并提供相应条件；有关机关应当予以协助。②对于被采取取保候审、监视居住措施的，或者未被采取刑事强制措施的，监察机关应当根据案情需要，在补充调查阶段，可以依法采取留置措施，并及时通报司法机关，由其依法解除正在执行的刑事强制措施。③对于在监所服刑的，鉴于罪犯已被剥夺了人身自由，若退查阶段再施留置措施，在逻辑上势必陷入"双重强制"之悖论，在程序上也难免存在"执行回转"之诘难，故此，监察机关补查阶段断无采取留置措施之必要；但基于查明案件之需要，司法行政部门，特别是监管场所，应当本着相互配合制约原则，为监察机关的补充调查提供协助。④对于在社区服刑的，监察机关应当根据案情需要，在补充调查阶段，可以依法采取留置措施，或者提请人民法院和司法行政机关对漏罪或新罪嫌疑人收监处置，相关机关应当予以配合。

三、互涉案件中强制措施的衔接沟通机制

在互涉案件中，鉴于管辖权的交叉性，为查明案件之需要，不同办案机关存在着分别依法采取强制措施的现实可能性。基于"重复强制禁止"之原则，避免对同一嫌疑人同时采取留置措施和刑事强制措施之情形，应当根据相互配合的宪法原则，构建公检监三机关在强制措施适用上的衔接沟通机制。

其一，留置措施优先适用。如前所述，在互涉案件中，基于职权管辖之原则，公检监三机关依职权各自管辖案件互涉部分。但根据《监察法》34条之规定，互涉案件以监察机关调查为主。基于权责相统一之原则，相对于刑事强制措施而言，监察留置具有优先适用性。故此，基于案件情况，确有采取强制措施之必要的，应遵循留置措

---

[1] 杨宇冠、高童非："论监察机关与审判机关、检察机关、执法部门的互相配合和制约"，载《新疆社会科学》2018年第3期。

施优先适用为原则,刑事强制措施适用为例外。据此,公检机关在办理互涉案件中,认为有采取强制措施之必要的,应商请监察机关采取留置措施。在特殊情况下,经公检监三机关协商认为采取刑事强制措施更有利于案件的办理,也可以优先采取刑事强制措施。[1]

其二,先解除刑事强制措施,再采取留置措施。对于办理互涉案件中,监察机关调查职务犯罪,必须要采取留置措施,然而公检机关基于急迫性权衡,可能已先行采取了拘留或逮捕等强制措施,在此种情形下,监察机关可以在商请采取刑事强制措施的公检机关解除刑事强制措施后,再施行留置措施。在特殊情况下,经公检监三机关协商一致,认为采取刑事强制措施更为适宜的,也可以维持刑事强制措施的执行。

其三,先采取监察留置措施,再解除刑事强制措施。在特殊情况下,基于案情的紧迫性、严重性,对于已经被互涉案件侦办机关采取取保候审、监视居住或者未采取刑事强制措施的,监察机关可以先行采取留置措施,并依法商请公检机关解除刑事强制措施。监察机关采取留置措施期满或者解除留置措施后,重新将犯罪嫌疑人移交公安机关、人民检察院继续侦查,刑事强制措施羁押时间继续计算,发现犯罪嫌疑人犯有其他罪行的除外。

其四,留置届满或解除后,再采取刑事强制措施。根据办案规律,互涉案件的不同办案机关所涉案件的复杂程度或有差异,案情进展程度殊难同步。为查明案件之需要,在留置届满或解除的情况下,若公检机关认为确有继续采取强制措施之必要,可以在商请监察机关后,采取刑事强制措施。

◇【法条链接】

一、《中华人民共和国刑事诉讼法》(2018年)

第三十四条 犯罪嫌疑人自被侦查机关第一次讯问或者采取强制措施之日起,有权委托辩护人;在侦查期间,只能委托律师作为辩护人。被告人有权随时委托辩护人。

侦查机关在第一次讯问犯罪嫌疑人或者对犯罪嫌疑人采取强制措施的时候,应当告知犯罪嫌疑人有权委托辩护人。人民检察院自收到移送审查起诉的案件材料之日起三日以内,应当告知犯罪嫌疑人有权委托辩护人。人民法院自受理案件之日起三日以内,应当告知被告人有权委托辩护人。犯罪嫌疑人、被告人在押期间要求委托辩护人的,人民法院、人民检察院和公安机关应当及时转达其要求。

犯罪嫌疑人、被告人在押的,也可以由其监护人、近亲属代为委托辩护人。

辩护人接受犯罪嫌疑人、被告人委托后,应当及时告知办理案件的机关。

【释义】本条是关于犯罪嫌疑人、被告人委托辩护人的相关规定。

第六十六条 人民法院、人民检察院和公安机关根据案件情况,对犯罪嫌疑人、被告人可以拘传、取保候审或者监视居住。

---

[1] 杨杨、王园园、李乐:"监检互涉案件办案衔接若干问题研究",载《廉政学研究》2019年第2期。

【释义】本条是关于人民法院、人民检察院、公安机关对犯罪嫌疑人、被告人采取拘传、取保候审、监视居住措施的规定。

第八十条　逮捕犯罪嫌疑人、被告人，必须经过人民检察院批准或者人民法院决定，由公安机关执行。

【释义】本条是关于对采取逮捕这一强制措施的规定。

二、《中华人民共和国律师法》(2017年)

第二十八条　律师可以从事下列业务：

(一) 接受自然人、法人或者其他组织的委托，担任法律顾问；

(二) 接受民事案件、行政案件当事人的委托，担任代理人，参加诉讼；

(三) 接受刑事案件犯罪嫌疑人、被告人的委托或者依法接受法律援助机构的指派，担任辩护人，接受自诉案件自诉人、公诉案件被害人或者其近亲属的委托，担任代理人，参加诉讼；

(四) 接受委托，代理各类诉讼案件的申诉；

(五) 接受委托，参加调解、仲裁活动；

(六) 接受委托，提供非诉讼法律服务；

(七) 解答有关法律的询问、代写诉讼文书和有关法律事务的其他文书。

【释义】本条是对律师可从事业务的规定。

三、《中华人民共和国监察法》(2018年)

第三十四条　人民法院、人民检察院、公安机关、审计机关等国家机关在工作中发现公职人员涉嫌贪污贿赂、失职渎职等职务违法或者职务犯罪的问题线索，应当移送监察机关，由监察机关依法调查处置。

被调查人既涉嫌严重职务违法或者职务犯罪，又涉嫌其他违法犯罪的，一般应当由监察机关为主调查，其他机关予以协助。

【释义】本条是关于职务违法犯罪问题线索移送制度和管辖的规定。本条分2款。第1款规定了公职人员涉嫌职务违法或者职务犯罪问题线索移送制度。本条第2款规定了监察机关对同时涉嫌严重职务违法犯罪和其他违法犯罪的被调查人案件的管辖权。

第五节　监察调查与涉贪腐案件审理中的衔接机制

监察机关是查处腐败、调查职务犯罪的专门机关，但查处腐败、惩治职务犯罪并非监察机关可以独揽的重任。为此，《宪法》和《监察法》均规定了公检监三机关在办理职务犯罪案件中的"相互配合、相互制约"之原则。在恪守独立行使职权的前提下，这项原则不仅应当贯彻于职务犯罪调查、移送起诉和审查起诉的全过程，也应当贯彻于法院裁判的全过程。鉴于审判环节之于惩治职务犯罪的关键性作用，在制度设计上，应当在坚持人民法院独立行使审判权的前提下，构建有效的法监检三机关的衔接沟通机制。

一、提前介入与会商机制

作为一种特殊类型的犯罪，职务犯罪是一种严重的腐败形式，具有严重的危害性。人民法院在审理职务犯罪过程中，在坚持依法独立行使审判权的前提下，应当构建行之有效的法监检之间衔接沟通机制。

其一，法监咨询协作机制。在职务犯罪的调查过程中，监察机关遇有疑难复杂问题，可以就证据收集、事实认定、案件定性、法律适用等问题商请人民法院提供咨询意见；在不违反监察机关独立行使监察权之原则的条件下，人民法院应当予以协助，并提供书面咨询意见，供监察机关参考。

其二，法检会商机制。在对重大职务犯罪案件审查起诉期间，人民检察院可以书面商请人民法院提前介入案件。基于相互配合制约原则，人民法院应当应邀并予以配合并阅卷审查，就证据、事实、性质认定、法律适用、涉案财物等问题向人民检察院提出书面反馈意见或建议。

其三，法监检沟通会商机制。人民法院审判过程中，对于案件重大事实、关键证据、性质认定、从宽处罚建议等提出不同意见的，或者提出不同于前述咨询意见的，应当与监检两机关进行沟通；必要时可以提请上一级人民法院协调同级监检两机关进行沟通和研判。

二、缺席审判前置程序中的衔接沟通机制

刑事缺席审判是指在被告人不到庭时，控诉方和被告人的辩护人到庭参加庭审的一种特殊审判活动。[1]为配合《监察法》实施，集成反腐败司法合力，2018年《刑事诉讼法》修订增设了"缺席审判程序"专章，为因逃匿等未能到案的职务犯罪案件之审判设置了专门的程序规范，[2]夯实了司法反腐的最后防线。

其一，缺席审判适用的审批与会商机制。对于犯罪事实清楚、证据确实充分，但嫌疑人逃匿或者经合法传唤拒不到案的，办理案件的监察机关认为符合缺席审判法定条件的，可以适用缺席审判。适用缺席审判之决定权在国家监察委员会，国家监察委员会应当与最高人民检察院、最高人民法院等机关建立会商机制，就地方各级监察机关层报拟适用缺席审判的申请作出是否适用缺席审判决定时，听取最高人民法院、最高人民检察院、外交部、公安部、司法部等相关单位意见。在犯罪事实已经查清、证据确实充分的贪污贿赂犯罪案件中，监察委拟对外逃的被调查人适用缺席审判程序的，应当向检察机关移送被调查人外逃情况材料，包括被调查人外逃的准确目的地、联系方式等。

其二，缺席审判的文书送达之会商机制。地方监察机关层报最高监察委员会拟适

---

[1] 王辉华："职务犯罪案件缺席审判：现实问题与改进路径"，载《法治社会》2020年第4期。
[2] 陈卫东："论中国特色刑事缺席审判制度"，载《中国刑事法杂志》2018年第3期。

用缺席审判的案件，应满足法律文书送达不能之条件。只有经过合法合理地送达，被调查人仍拒绝配合监察机关调查的案件，才能适用缺席审判程序。如在法国缺席审判制度适用中，在文书送达方面以向被告人本人送达为原则，并可通过检察官调用公共力量搜索受送达人的位置来完成送达。在穷尽送达方式的基础上，可以向其直系血亲、姻亲、佣人、共同居住人等送达。[1]在意大利还可采取向辩护人送达的方式。[2]当前，我国监察机关拟适用缺席审判程序的案件，在文书送达方式上应当与同级人民法院、人民检察院会商研究后，形成具有可行性的一致意见来确定；送达不能，当与同级人民法院、人民检察院会商认定。

其三，缺席审判的辩护律师参与机制。人民法院适用缺席审判制度解决的是定罪与量刑的问题，是真正意义上的刑事审判活动。[3]缺席审判是在被告人不到庭的情况下作出的审判决定，但这并不影响被告人的主体地位以及辩护权等诉讼权利。[4]因此，辩护律师的作用被放大。基于保障被告人合法权益之考量，地方监察机关层报最高监察委员会拟适用缺席审判的案件，应当给予被告人之辩护律师充分参与的机会。监察机关法律文书送达可以提请辩护律师予以配合，文书送达不能等事宜应及时通知辩护律师；在最高检察委员会作出适用缺席审判决定时，应当适时通知辩护律师。没有聘请辩护律师的，依法应当为其指派辩护律师。

三、庭审与裁判文书通报机制

审理职务犯罪案件，人民法院应当及时将开庭情况以及法律文书通报监察机关。基于审判中心主义原则，监察机关应当配合职务犯罪的审判工作，必要时，直接办理案件的监察人员应当出庭陈述法院提出的任何涉案问题。在尊重人民法院依法独立行使审判权的前提下，监察机关也可以申请旁听，人民法院应予允准。

其一，庭审信息通报衔接机制。鉴于职务犯罪案件的影响力较大，应当保障监察机关对于开庭信息充分了解，人民法院应当在开庭前及时将相关案件的开庭情况通报监察机关。

其二，庭审参与机制。尽管《监察法》没有规定调查人员的出庭义务。但参照《刑事诉讼法》规定，经人民法院通知，直接参与案件调查的监察人员应当出庭支持审判工作。基于查明案件需要，人民法院也可以要求监察机关办案人员出庭作证，或者参加庭前会议，说明相关情况。根据法庭质证的要求，监察机关不得以调查人员签名

---

[1]《世界各国刑事诉讼法》编辑委员会译：《世界各国刑事诉讼法·欧洲卷》上，中国检察出版社2016年版，第667~668页。

[2]《世界各国刑事诉讼法》编辑委员会译：《世界各国刑事诉讼法·欧洲卷》下，中国检察出版社2016年版，第1651页。

[3] 樊崇义："腐败犯罪缺席审判程序的立法观察"，载《人民法治》2018年第7期。

[4] 程晨："缺席审判程序的理解与适用"，载《山西省政法管理干部学院学报》2020年第1期。邱飞："在比较中借鉴：关于构建我国刑事缺席审判制度的理性分析——以《联合国反腐败公约》资产追回机制为视角"，载《甘肃理论学刊》2006年第4期。

并加盖公章的说明材料替代调查人员出庭，倘若经人民法院通知，监察委员会工作人员不出庭说明情况、又不能排除非法收集证据可能性的，应对有关证据予以排除。[1]对于监察机关要求旁听的，人民法院应当提供协助，但一般应当避开人民法院庭审现场。

其三，有关裁判文书的移送。作为反腐败的专责机关，监察机关应当密切关注职务犯罪的审理情况，及时掌握案件最终的审判、裁决等信息。基于相互配合之原则，在一审、二审裁判上诉期满后或裁判文书发生法律效力后，人民法院应当及时将裁判文书移送监察机关。一审后被告人上诉的，应当通告监察机关被告人上诉的情况。

第六节 涉案财物处置中的衔接机制

"不让腐败分子因腐败而获益"是制度反腐的底线法则。根据《监察法》第46条规定，对于涉案财物，监察机关有权作出两种处理：一是针对涉案财物属于公职人员职务违法所得的情况，可以作出没收、追缴或者责令退赔的决定；二是针对涉案财物属于职务犯罪所得的情况，可以移送司法机关。[2]建立健全涉案财物处置中的衔接机制将有利于公职人员职务违法犯罪所得的追回，旨在避免公职人员因违法或犯罪行为而获利的情况发生。

一、涉案财物的查扣与追缴

为保障违法犯罪所得的收缴、追回，防止犯罪嫌疑人的转移、恶意消耗，监察机关在职务违法犯罪调查过程中，应当依法采取即时强制措施，必要时，可以与司法机关等形成联动机制。

其一，涉案财物的即时强制措施。即时强制措施，系行政法上的概念，意指行政机关在实施管理中，对可能危害或正在危害国家或社会的人或物品及时采取的强制措施。[3]在《监察法》中，为及时控制相关涉案财产、保存违法犯罪证据，在追查职务违法与职务犯罪的过程中，监察机关应当对涉案财物采取查封、扣押、冻结等即时强制措施。①涉嫌违法犯罪的被调查人具有存款、汇款等金钱财产的，监察机关应当在查清权属、来源去向、收益以及与违法犯罪事实的关系等情况下采取相应的冻结措施。②对于可能具备证明被调查人涉嫌违法犯罪的财物、与被调查人违法犯罪活动有关的财物可以采取查封、扣押等措施。

其二，涉案财物的追缴。监察机关在职务违法犯罪调查过程中，认为有追缴涉案财物之必要的，应以追缴原物为原则，等值追缴为例外。①若原物已经转化为其他财

---

[1] 杨宇冠、高童非："论监察机关与审判机关、检察机关、执法部门的互相配合和制约"，载《新疆社会科学》2018年第3期。

[2] 马怀德主编：《中华人民共和国监察法理解与适用》，中国法制出版社2018年版，第177-178页。

[3] 江国华：《中国行政法（总论）》（第2版），武汉大学出版社2017年版，第284页。

物的，则应追缴转化后的财物。②有证据证明依法应当追缴、没收的涉案财产无法找到、被他人善意取得、价值灭失或者与其他合法财产混合且不可分割的，可以追缴、没收其他等值财产。③被调查人、犯罪嫌疑人、被告人没有实际退赃、退赔能力，但其亲友应其请求，或者主动提出并征得其同意，自愿代其退赃、退赔的，调查、侦查机关对财物应当予以接收，并在笔录中记明，或者由被调查人、犯罪嫌疑人、被告人的亲友出具书面说明。

其三，涉案财物的即时强制措施之顺位。监察机关对涉案财物采取即时强制措施，应合乎比例原则，即对涉案财物采取的强制措施应与被调查人员违法犯罪情节相适应。①监察机关对涉案财物采取强制措施，一般应遵循查封、扣押、冻结之顺位。②对于司法机关、其他监察机关等国家机关移送的涉案财物，若该机关采取的查封、扣押、冻结期限届满，监察机关续行查封、扣押、冻结的顺位应与该国家机关查封、扣押、冻结的顺位保持一致。

二、涉案财物移交中的衔接机制

监察机关调查终结需要移送审查起诉的，或在审查起诉、审判、执行阶段发现属于监察机关管辖的新案件的，监察机关应当就涉及涉案财物的移交接收问题与司法机关之间构建衔接机制。

其一，涉案财物的移送。对于属于职务犯罪所得之财物，监察机关应当妥善保管，以供核查，并制作清单，在移送起诉之时，随案移送司法机关。①涉案财物移送应坚持"实物移送"之原则，如若不宜实物移送的，监察机关应当与司法机关协商。经协商不移送实物的，应当将涉案财物清单、照片或者其他证明文件随案移送司法机关，并做好协助工作。②对于监察机关查封、扣押、冻结并移送司法机关的涉案财物，在审查起诉、审判或者执行期间，检察机关或者人民法院应当在强制措施期限届满之前，续行查封、扣押、冻结措施，其顺位应与监察的强制措施保持一致。

其二，涉案财物价值认定。监察机关移送涉案财物应当保障涉案财物的真实性，并查明其价值。[1]①对于移送的涉案财物必须要保障其真实性，监察机关应当委托专业鉴定机构或检测机构进行技术鉴定。②监察机关对于移送司法机关的涉案财物价值不明的，应当在移送起诉前向人民政府价格主管部门设立的价格认证机构提出价格认定。

其三，涉案财物的审查。司法机关应当对监察机关移送的涉案财物依法进行审查。①人民检察院在审查起诉时，应当对涉案财物进行审查，如若人民检察院认为不属于犯罪所得，但可能属于公职人员违法所得的，应当将公职人员涉嫌违法所得部分的涉案财物退回监察机关依法处理。②人民法院在案件审理过程中，应当查明涉案财物权属、与犯罪事实之间的关系等情况，并在判决书中写明具体的处置方式。涉案财物较多，不宜在判决书主文中详细列明的，可以另附清单。

---

[1] 杨德森："涉案财物如何查扣和处理"，载《中国纪检监察报》2020年10月21日。

三、涉案财物处置中的衔接机制

在职务违法犯罪案件中，涉案财物的既是违法犯罪事实的表现形式，也是监察机关据以处置和司法机关据以定罪量刑的重要证据形式。[1]故此，涉案财物的处置权的分配和协作攸关其价值的最终实现。

其一，监察阶段涉案财物的分处机制。监察机关对于其查封扣押或冻结的涉案财物性质进行甄别。属于违法所得之涉案财物，应由监察机关依法予以收缴；属于职务犯罪所得之涉案财物，应当移送司法机关依法收缴。对于违法与犯罪混合所得，无法甄别涉案财物性质，或查封、扣押、冻结的涉案财物不足以满足追缴全部违法所得和犯罪所得的，鉴于犯罪所得收缴情形属于法定量刑情节，对犯罪嫌疑人最终量刑具有实质意义，基于保障被嫌疑人合法权利之考量，监察机关原则上应当遵循司法移送优先之原则，将与涉嫌犯罪所得数额相当的涉案财物优先移送司法机关依法处理；只有在确有证据证明嫌疑人有足够退赃能力而不积极主动退赃的，监察机关方可优先足额收缴违法所得。

其二，互涉案件的涉案财物处置。在办理互涉案件中，对查封、扣押、冻结的涉案财物的处置存在争议的，监察机关应当与其他办案机关充分会商，综合考虑该涉案财物的性质与犯罪事实的关联程度等，依法作出适当处置决定。若涉案财物由其他机关先行查封、扣押或冻结，应当移送商定处置机关。

其三，上缴国库。基于国家机关分工负责之原则，涉案财物上缴国库一般应遵循"谁追缴、谁上缴"的原则。监察机关在调查过程中基于调查结果追缴、没收的公职人员违法所得，应当由监察机关上缴国库；人民法院经过生效判决、裁定确认的属于被告人犯罪所得的涉案财物，应当由负责执行的司法机关依法上缴国库；特殊情况下由查封、扣押的监察机关上缴国库，这种情况主要适用于司法机关已经作出生效判决、裁定，但涉案财物仍由监察机关查封、扣押的，由监察机关依法上缴国库，这不仅节约了国家资源，也提高了上缴效率。

---

[1] 马康："监察程序与刑事诉讼衔接重要问题研究"，载《海峡法学》2020年第3期。

第六编

监察的监督、救济与责任

孟德斯鸠尝言:"一切拥有权力的人,都倾向于滥用权力,而且不用到极限决不罢休。"[1]因此,一切有权力的人都必须接受监督,这是一条基本的法治原理。各级监察委员会是国家反腐败的专责机关,监察人员是行使监察职能的职业人士,他们承担着监督公职人员的职责和使命,为防止其演变为不受控制的超级机构,[2]《监察法》规定了一系列的监察监督机制,明确其监察责任和未能履行责任应承担的法律后果。

监察对象及其家属依法享有的权利不受非法剥夺。若被监察人员在其合法权益受到损害时,应享有救济权。[3]所谓"有权利必有救济",是一项古老的法治原则。[4]权利之所以成为权利的关键是在受侵害时的可救济性,主体因该权利享有的利益因此能够获得稳定的制度保障。若可救济的保障不存在,某一个主体利益的享有,无异于被恩赐,缺乏可靠的预期。[5]因此,《监察法》不仅规定了监察权力行使的程序和边界,也规定了监督对象及其家属的权利保障和救济机制。

---

[1] [法]孟德斯鸠:《论法的精神》(上册),许明龙译,商务印书馆2012年版,第166页。
[2] 马怀德:"《国家监察法》的立法思路与立法重点",载《环球法律评论》2017年第2期。
[3] 杨红:"被监察者的权利及其保障研究",载《行政法学研究》2017年第6期。
[4] 江国华:"无诉讼即无法治——论宪法诉讼乃法治之精义",载《法学论坛》2002年第4期。
[5] 秦奥蕾:"论我国救济性基本权利",载《法学论坛》2009年第3期。

第十七章
监察权的监督

"反贪机构是一把双刃剑。在廉洁政府的手中,反腐败法可以成为打击腐败政客的有力武器。相反,一个腐败的政府会削弱其反腐败战略,利用反腐败法来打击其政治敌人。"[1]作为一种国家权力,监察权必须受到监督和制约。加强对纪检监察机关及其工作人员的监督是《监察法》与其他监察法规一贯的要求。《监察法》第七章以专章规定了对监察机关和监察人员的监督,在此基础上,《监察法实施条例》第七章对其内容进行了精细化、具体化处理,从而构建起系统化、全方位的监督机制。据其规定,监察机关和监察人员必须自觉坚持党的领导,在党组织的管理、监督下开展工作,依法接受本级人民代表大会及其常务委员会的监督,接受民主监督、司法监督、社会监督、舆论监督,加强内部监督制约机制建设,确保权力受到严格的约束和监督。

第一节 党的监督与人大监督

坚持党对监察工作的全过程领导和监督是一项重要的政治原则。宪法规定,各级监察委员会由本级人大产生,对其负责,受其监督。

一、党的监督

监察体制改革必须坚持党的领导。深化监察体制改革尤其注重党对反腐败工作的统一领导。[2]《监察法》第 2 条规定:"坚持中国共产党对国家监察工作的领导……"党的领导与党的监督密不可分。"党的领导本身就包含教育、管理和监督,纪委监委在党委领导下开展工作,党委要加强对纪委监委的管理和监督。"[3]可见,完善监察领域党的监督机制十分必要。

(一)监督主体

监督主体是党监察监督的实施者。由于纪检监察实现合署办公,故党的监督不能由同级党的纪委进行监督;又由于监察委员会工作上是垂直领导,为保证监察委员会

---

[1] Quah J, "Defying institutional failure: learning from the experiences of anti-corruption agencies in four Asian countries", *Crime, Law and Social Change*, Vol.1, 2010, pp.23~54.

[2] 中共中央纪律检查委员会、中华人民共和国国家监察委员会法规室编写:《〈中华人民共和国监察法〉释义》,中国方正出版社 2018 年版,第 57~58 页。

[3] 马怀德:"扎紧全面从严治党的制度笼子",中央纪委网站推出的"廉洁文化公开课"2017 年第 11 期。

对同级党委的监督实效,党的监督也不包括同级党委的监督;因此,针对监察委员会的党的监督,是指上级党委和上级纪委的监督。[1]上级党委和上级纪委对监察委员会的监督,主要是对监察委员会中党员的监督。

其一,上级党委的监督。首先,在监督职责上,《中国共产党党内监督条例》(以下简称《党内监督条例》)第15条作了规定,具体有四:①领导本地区本部门本单位党内监督工作,组织实施各项监督制度,抓好督促检查;②加强对同级纪委和所辖范围内纪律检查工作的领导,检查其监督执纪问责工作情况;③对党委常委会委员(党组成员)、党委委员,同级纪委、党的工作部门和直接领导的党组织领导班子及其成员进行监督;④对上级党委、纪委工作提出意见和建议,开展监督。其次,在监督方式上,根据《党内监督条例》第19条至25条的规定,党委以巡视的方式进行党内监督,依据的主要制度有党的组织生活制度、党内谈话制度、干部考察考核制度、领导干部个人有关事项报告制度、党的领导干部插手干预重大事项记录制度等。最后,对被监督者的人权保障十分重要。在上级党委和监察委员会中,具有党员身份的领导干部之间虽然是监督与被监督的关系,二者地位具有一定的不平等性,但这并不意味着对被监督者人权的忽视。根据《党内监督条例》第44条的规定,监督对象的申辩权、申诉权等相关权利受到保障;经调查,监督对象没有不当行为的,应予以澄清和证明;监督对象对处理决定不服的,可以依照党章规定提起申诉,有关党组织应当认真复议复查,并作出结论。

其二,上级纪委的监督。首先,就监督职责而言,依据《党内监督条例》第四章第26条的规定,纪委作为党内监督的专责机关,具体承担以下监督任务:①加强对同级党委特别是常委会委员、党的工作部门和直接领导的党组织、党的领导干部履行职责、行使权力情况的监督,即监督同级的党委,而同级党委又监督监察委员会;②落实纪律检查工作双重领导体制,执纪审查工作以上级纪委领导为主,线索处置和执纪审查情况在向同级党委报告的同时也需要向上级纪委报告;③强化上级纪委对下级纪委的领导,纪委发现同级党委主要领导干部的问题,可以直接向上级纪委报告;下级纪委至少每半年向上级纪委报告1次工作,每年向上级纪委进行述职。其次,就监督手段而言,上级纪委进行监督的主要手段包括谈话提醒、约谈函询、处理信访举报并对相关重大问题进行研究审查、对恶劣腐败问题点名道姓通报曝光等方式。

(二) 监督内容

结合《党内监督条例》《中国共产党纪律检查机关监督执纪工作规则》等相关党内法规之规定,党对监察机关的监督主要包括以下几个方面:

其一,监督监察机关遵守党的章程和其他党内法规、维护中央权威、贯彻执行党的路线、方针、政策和上级党组织决议、决定及工作部署的情况。维护党规党纪是党

---

[1] 江国华、彭超:"国家监察立法的六个基本问题",载《江汉论坛》2017年第2期。

内监督的目的，旨在保证党组织和党员在正常秩序下工作和活动。坚持党章和党内法规是党内监督的首要内容。其最基本的工作要求对各级党组织和广大党员遵守情况进行监督。中央权威的维护，执行党的路线方针政策和上级党组织决议、决定及工作部署的切实贯彻是遵守党章和其他党内法规的应有之义，两者本质核心都是坚决维护党的政治纪律，以保证纪委监察委党员领导干部在政治上与党中央保持一致。[1]

其二，监督纪委监察委遵守宪法、法律，坚持依法执政的情形。宪法和法律是党领导人民制定的，是党的主张和人民意志相统一的体现。加强对依法执政情况的监督，就要促进党的各级组织和广大党员牢固树立正确的权力观，增强宪法观念和法律意识，使党的组织和党员的活动都在宪法和法律允许的范围内进行。从近年的实际情况看，一些纪委监察委党员领导干部法治观念淡薄，有的不知法、不懂法，有的知法而不守法、知法而犯法，最终导致违法犯罪的发生，使党和国家利益遭受损失。因此，必须把遵守宪法、法律作为党内监督的重要内容，通过监督，保证党员干部遵纪守法、自觉依法办事。

其三，监督纪委监察委贯彻执行民主集中制的情况。我们党从成立开始就把民主集中制作为党的根本组织原则和根本组织制度。监督民主集中制的贯彻情况，就是要促进各级党组织和领导干部加强和重视党内民主建设，贯彻落实民主基础上的集中和集中指导下的民主相结合的制度，坚持健全分工负责机制实现集体领导和个人负责相结合，不断提升民主集中制的执行水平。既要发展党内民主的监督方式，又要实行维护党的团结统一的监督方式，实现二者有机结合，努力造就纪委监察委既有民主又有集中、既有自由又有纪律、既有统一意志又有个人心情舒畅的生动活泼的政治局面。

其四，监督保障党员权利的情况。发挥每个党员的积极性和创造性是维持党的战斗力和活力的重要源泉，而这与保障党员正常行使其民主权利密切相关。《中国共产党章程》和《中国共产党党员权利保障条例》对党员在民主参与、民主选举、民主决策、民主监督等方面作出了明确规定，加强对党员权利的监督保障。保障党员权利是党委的重要职责，要建立健全党纪委监察委中党员权利保障的责任机制，追究党组织在保护党员权利方面失职责任。要坚决同剥夺和侵害纪委监察委中党员权利的行为作斗争，使尊重和保护党员的各项权利得到落实，保障纪委监察委中党员在党内的主体地位。

其五，监督纪委监察委在干部选拔任用工作中执行党和国家有关规定的情况。干部选拔任用工作是高素质干部队伍建设的核心问题。加强对该项工作的监督更是涉及纪委监察委干部工作的各个方面。加强对纪委监察委干部选拔任用工作监督，要着重监督检查在干部选拔任用工作中：贯彻实施有关党内法规和国家的有关规定的执行情况，即坚持党要管党、从严治党的方针，坚持"任人唯贤、德才兼备"和以德为先的干部选拔原则，坚持公道正派、符合规定程序，真正做到坚持规定的原则不动摇、坚

---

[1] 罗华滨、刘志大编著：《中国特色社会主义监督体制》，中国方正出版社2012年版，第122页。

持干部标准不走样、坚持规定的程序不变通，以好的作风选人，选作风好的人。[1]要加强对纪委监察委干部选拔任用工作的经常检查，针对违反《党政领导干部选拔任用工作条例》的行为加大查处力度，违反《党内监督条例》的行为予以坚决纠正，做到不论涉及何人，都要严肃批评、限期改正并追究相关人员的责任。

其六，监督纪委监察委廉洁自律和抓党风廉政建设的情况。廉洁自律是纪委监察委党员干部应具备的基本条件之一，它要求包括纪委监察委党员领导干部在内的纪委监察委党员干部在改造主客观世界的过程中，通过学习、教育和实践，逐渐把党性原则、廉政规定、道德情操内化于心，并能够指导自己的行为。领导干部廉洁自律是作为人民公仆的重要标志，"加强对纪委监察委领导干部廉洁自律的监督，在具体内容上要突出重点，把握关键环节，着重监督检查态度是否端正，执行规定是否自觉，自律是否真实。"[2]纪委监察委党风廉政建设和反腐败斗争是关系党的前途和命运的工作，因此，作为一名领导干部不仅要做到廉洁自律，还必须主动抓好党风廉政建设工作。要通过监督使各级党组织把党风廉政建设放到更加突出的位置，认真贯彻"标本兼治、综合治理、惩防并举、注重预防"的反腐倡廉战略方针，全面推进教育、制度、监督、改革、纠风、惩治工作，努力构建惩治和预防腐败体系，切实规范干部从政行为，查处违纪违法案，纠正不正之风，落实党风廉政责任制，推动纪委监察委党风廉政建设和反腐败斗争的深入发展，取得人民群众满意的成效。

二、人大监督

人大对监委会的监督方式规定在《监察法》第53条，其主要目的在于明确各级人大及其常委会的监督途径，强化人大监督的实效性。明确各级监察委员会应当接受本级人民代表大会及其常务委员会的监督。这既是由监察机关的宪法地位决定的，也是为了避免监察机关与监察人员"不走样"。出于监察领域"受谁监督、对谁负责"的立场，监察委员会是直接受到人大监督，从而也直接向人大汇报工作，对人大负责的机构。因之，监察委员会必须受到人大的监督与制约，以避免监察权滥用。

（一）监督之主体

监督主体是指谁来行使监督权，即监督的承担者，它是由我国的宪法和法律所明确规定的。根据法律规定，只能由人民代表大会及其常委会行使各级人大的监督权，其他任何组织或个人不得行使该权利。一般而言，人大及其常委会也不能将自己的监督权委托或转让给其他组织或个人行使。人民代表大会及其常务委员会以会议形式实施集体监督，是我国人大作为国家权力机关监督的一个十分重要的特点。[3]宪法和法律决定人大监督主体的不可替代性，也决定了人民代表大会主席团和常务主席、人大常委会委员长和委员长会议、人大常委会主任和主任会议都不能代替人民代表大会及

---

[1] 邬思源：《中国执政党监督体系的传承与创新》，学林出版社2008年版，第58页。
[2] 邓频声等：《中国特色社会主义权力监督体系研究》，时事出版社2011年版，第19页。
[3] 汤维建："论人大监督司法的价值及其重点转向"，载《政治与法律》2013年第5期。

其常务委员会行使职权。

(二) 监督之特征

作为国家权力机关，各级人大及其常务委员会实施的监督，在国家监督体系中处于最高层次。其职权和地位反映了人民的意志和要求，体现了人民主权的本质要求。[1]其具有以下特点：

其一，强制性。这是因为各级人大及其常委会的监督职权由宪法和法律赋予。《宪法》第 3 条第 3 款规定："国家行政机关、监察机关、审判机关、检察机关都由人民代表大会产生，对它负责，受它监督。"这既指明了人大监督的权力来源，也指明了监督对象的具体类型。《宪法》第 62 条和第 67 条对全国人大及其常委会的职权作了明确规定。《宪法》第 104 条规定了县级以上的地方各级人大常委会的监督权。《地方各级人民代表大会和地方各级人民政府组织法》第 8 条和第 39 条对县级以上的地方各级人大和常委会行使监督权也作了明确具体的规定。这些规定都说明人大及其常委会有权作出强制性的决定。

其二，根本性。这是因为人民意志的体现是人大及其常委会作为国家政权组织形式的本质属性。我国宪法和法律代表人民的意志，遵守人民主权原则的内在要求，赋予各级人民代表大会及其常委会对"一府一委两院"实施监督的权利。按照《宪法》的规定，从国体来说，国家的一切权力属于人民；从政体来说，人民代表大会是我国的政权组织形式。我国国体和政体的本质特征就是人民是国家的主人。[2]因此，人大及其常委会作为国家权力机关，它对国家行政机关、监察机关和司法机关实施的监督是代表人民行使的监督，是人民当家作主、行使管理国家事务的重要体现。

其三，权威性。各级人大及其常委会依法行使监督权。从性质上看，人大代表国家和人民进行监督，因而在国家监督体系中各级人大及其常委会的监督位于最高层次；从监督所依据的法律看，以宪法和有关法律的规定为依据实现各级人大及其常委会的监督，这就决定了它的监督具有不容置疑的法律效力；从行使的过程看，监督的权限、范围、形式都是宪法和法律规定的，而且各级人大及其常委会的监督都是单向行使的监督，被监督对象"一府一委两院"只有接受各级人大及其常委会监督的义务，而没有反向制约的权力，更突显了监督的权威性。

(三) 监督之方式

根据《监察法》第 53 条、《各级人民代表大会常务委员会监督法》（以下简称《监督法》）和《法规、司法解释备案审查工作办法》之规定，人民代表大会及其常委会对于监察委员会的监督，主要有下列几种方式：

其一，听取和审议本级监察委员会的专项工作报告。听取、审议监察委员会的工

---

[1] 何深思："人大监督刚性的天然缺失与有效植入"，载《中国特色社会主义研究》2013 年第 1 期。
[2] 陈端洪："政治法的平衡结构——卢梭《社会契约论》中人民主权的建构原理"，载《政法论坛》2006 年第 5 期。

作报告和专题汇报是人大对其进行监督的基本形式之一，但人大与其常委会听取监察委员会的报告是有区别的：人大一般每年召开一次会议，因此听取的报告内容比较全面宏观；而在人大闭会期间，按照宪法及有关法律规定，由人大常委会对监察委员会工作实施经常性监督。因此，《监督法》第8条第1款规定："各级人民代表大会常务委员会每年选择若干关系改革发展稳定大局和群众切身利益、社会普遍关注的重大问题，有计划地安排听取和审议本级人民政府、人民法院和人民检察院的专项工作报告。"很明显，"人大常委会听取的专项报告是由监督工作的阶段性实际需要决定的，更具专题性、针对性和及时性，能发挥事前、事中的监督作用"。[1]具体而言，各级人大常委会可以选择若干关系到改革发展、稳定大局和关切群众切身利益、社会普遍关注的重大问题，有计划地安排听取和审议本级监察委员会的专项工作报告，监察委员会也可以向本级人大常委会主动报告专项工作。根据《监察法实施条例》第252条之规定，各级监察委员会主任应当依法在本级人民代表大会常务委员会全体会议上报告专项工作。在报告专项工作前，应当与本级人民代表大会有关专门委员会沟通协商，并配合开展调查研究等工作。各级人民代表大会常务委员会审议专项工作报告时，本级监察委员会应当根据要求派出领导成员列席相关会议，听取意见。各级监察委员会应当认真研究办理本级人民代表大会常务委员会反馈的审议意见，并按照要求书面报告办理情况。

其二，对于监察委员会实施法律法规的情况进行监督。各级人大常委会根据工作需要，可以选择若干关系到改革发展、稳定大局和关切群众切身利益、社会普遍关注的重大问题，有计划地对涉及监察工作的有关法律、法规实施情况组织执法检查。[2]执法检查组，在执法检查结束后，应当及时提出相应的执法检查报告，提请人大常委会审议。执法检查报告应包括：对检查所涉及的法律法规实施情况的评估与评价、提出执法中遇到的问题以及对执法工作和法律法规的完善建议。人大常委会组成人员对执法检查报告的审议意见连同执法检查报告一并交由本级监察委员会研究处理。根据《监察法实施条例》第253条之规定，各级监察委员会应当积极接受、配合本级人民代表大会常务委员会组织的执法检查。对本级人民代表大会常务委员会的执法检查报告，应当认真研究处理，并向其报告处理情况。

其三，就监察工作中的有关问题提出询问或者质询。宪法、法律赋予各级人大常委会组成人员询问和质询这一重要权力，也是人大常委会行使监督权的一种重要形式。根据《监察法实施条例》第254条之规定，监委会在本级人大常委会会议审议与监察工作有关的议案和报告时，应当派相关负责人到会听取意见，回答询问。而对于质询案，其应当按照要求进行答复。以口头方式答复的，由监察机关主要负责人或者委派相关负责人到会答复；以书面形式答复的，由监察机关主要负责人签署。

其四，对于监察工作的特定问题进行调查。《监督法》第39条至第43条对特定问

---

[1] 何深思："人大监督刚性的天然缺失与有效植入"，载《中国特色社会主义研究》2013年第1期。
[2] 王洋："加强和改进人大监督研究综述"，载《当代社科视野》2011年第2期。

题调查的范围作出了界定,规定了组织特定问题调查委员会的相关要求,明确了调查中涉及机关、团体、企业事业组织及公民的责任,同时对调查报告的处理也作出了相应的规定。各级人大常委会就某个重大事件开展"特别调查"是宪法和法律赋予的一项重要职权,也是人大常委会的一种监督方式。《监督法》第39条明确规定了"特别调查"的范围,即"各级人民代表大会常务委员会对属于其职权范围内的事项,需要作出决议、决定,但有关重大事实不清的,可以组织关于特定问题的调查委员会。"这条规定有两个重点:一是该特定问题属于各级人大常委会职权范围内的事项;二是该特定问题的重大事实,人大常委会尚不清楚,从而影响决议、决定的正确作出。

至于什么是"重大事实",《监督法》中并无规定,应该由人大常委会作出判断。根据一些地方人大及其常委会积累的经验,一般涉及四类问题:①本辖区内发生的违反宪法、法律、法规和上级或者本级人民代表大会及其常务委员会决议、决定的重大事件;②本辖区内的国家机关工作人员的重大违法、渎职、失职事件;③本辖区内有重大影响的冤案、假案、错案,以及公民和法人的重大控告、申诉案件;④对本辖区具有重大影响的突发事件等。特定问题调查相对于其他监督方式来说,监督方式灵活性大、适应性广、针对性强、监督效果明显。对各级人大而言,各级人大常委会通过成立特定问题调查委员会这一具体、刚性的监督方式,提出具体建议和意见,可以把责任落实到具体单位、个人,避免权力机关监督只是经验教训的总结,改变人大监督软弱的状况。就监察工作而言,组织特定问题调查委员会能迅速、有效地解决那些在监察工作中的重大问题和一些久拖不决的疑难问题,有利于监察委员会依法行使监察权。

其五,对监察法规进行备案审查。《监察法》第53条虽未明确备案审查机制作为人大监督监察机关的方式,但根据十三届全国人大常委会第十四次会议通过的全国人民代表大会常务委员会《关于国家监察委员会制定监察法规的决定》明确了监察法规属于全国人大常委会备案审查工作的范围。根据《法规、司法解释备案审查工作办法》规定,监察法规应当自公布之日起30日内由国家监察委员会办公厅报送全国人大常委会备案。常委会办公厅对接收备案的监察法规进行登记、存档,并分送有关专门委员会和常委会法制工作委员会进行审查研究。关于审查的基本方式,可分为主动审查、依申请审查、移送审查和专项审查。关于审查的标准,主要有合宪性标准、政治性标准、合法性标准、适当性标准四个维度。而关于备案审查的基本程序,则主要有登记并进行初步研究、函告指定机关并分送有关部门审查、征求意见、实地调研后提出书面审查研究报告等步骤。

其六,通过撤职案的审议和决定监督监察机关。《监督法》第44条至第46条对人大常委会撤职案的适用对象、撤职案的提出、被撤职人员的权利以及撤职案审查和决定的程序都作了规定。地方人大常委会可以通过行使法定的撤职权监督监察机关。撤职权是地方人大常委会监督监察机关的重要权力。这种严厉的监督手段会起到警诫作用,督促监察机关及其工作人员依法行使职权,珍惜人民赋予的权力,用其来为人民谋福祉，也有利于建设社会主义法治国家。

◇【法条链接】

一、《中华人民共和国监察法》(2018年)

第二条 坚持中国共产党对国家监察工作的领导，以马克思列宁主义、毛泽东思想、邓小平理论、"三个代表"重要思想、科学发展观、习近平新时代中国特色社会主义思想为指导，构建集中统一、权威高效的中国特色国家监察体制。

【释义】本条是关于监察工作坚持党的领导和监察工作指导思想的规定。党的领导与党的监督相辅相成、密不可分。

第五十三条 各级监察委员会应当接受本级人民代表大会及其常务委员会的监督。

各级人民代表大会常务委员会听取和审议本级监察委员会的专项工作报告，组织执法检查。

县级以上各级人民代表大会及其常务委员会举行会议时，人民代表大会代表或者常务委员会组成人员可以依照法律规定的程序，就监察工作中的有关问题提出询问或者质询。

【释义】本条是关于人大监督的规定。

二、《中华人民共和国监察法实施条例》(2021年)

第三条 监察机关与党的纪律检查机关合署办公，坚持法治思维和法治方式，促进执纪执法贯通、有效衔接司法，实现依纪监督和依法监察、适用纪律和适用法律有机融合。

【释义】本条是关于监察机关和党的纪律检查机关合署办公，依纪监督、依法监察的原则性要求的规定。

第二百五十二条 各级监察委员会应当按照监察法第五十三条第二款规定，由主任在本级人民代表大会常务委员会全体会议上报告专项工作。

在报告专项工作前，应当与本级人民代表大会有关专门委员会沟通协商，并配合开展调查研究等工作。各级人民代表大会常务委员会审议专项工作报告时，本级监察委员会应当根据要求派出领导成员列席相关会议，听取意见。

各级监察委员会应当认真研究办理本级人民代表大会常务委员会反馈的审议意见，并按照要求书面报告办理情况。

【释义】本条是关于监察委员会报告专项工作的相关规定。

第二百五十三条 各级监察委员会应当积极接受、配合本级人民代表大会常务委员会组织的执法检查。对本级人民代表大会常务委员会的执法检查报告，应当认真研究处理，并向其报告处理情况。

【释义】本条是监察委员会配合人民代表大会常务委员会执法检查的相关规定。

第二百五十四条 各级监察委员会在本级人民代表大会常务委员会会议审议与监

察工作有关的议案和报告时,应当派相关负责人到会听取意见,回答询问。

监察机关对依法交由监察机关答复的质询案应当按照要求进行答复。口头答复的,由监察机关主要负责人或者委派相关负责人到会答复。书面答复的,由监察机关主要负责人签署。

【释义】本条是关于监察委员会接受询问和答复质询案的相关规定。

三、《中华人民共和国各级人民代表大会常务委员会监督法》(2006年)

第三十九条 各级人民代表大会常务委员会对属于其职权范围内的事项,需要作出决议、决定,但有关重大事实不清的,可以组织关于特定问题的调查委员会。

【释义】本条是关于组织特定问题调查委员会的规定。

【案例链接】

案例1: 某省纪委监委在深化国家监察体制改革过程中,通过组织学习,深刻认识到党的领导是中国特色社会主义的本质特征,准确把握国家监察体制改革的根本目的是加强党对反腐败工作的集中统一领导,将纪委监委合署办公作为实现党的集中统一领导的具体实现形式,努力完善组织形式、职能定位、决策程序,努力构建科学完备的党领导下的反腐败工作体系。该省纪委监委认真落实双重领导体制,自觉把党的领导贯彻到纪检监察工作的全局中,面对重大问题及时向中央纪委国家监委和省委报告,既报告结果又报告过程,确保各项工作始终沿着正确政治方向在党的领导下稳步前进。同时,该省纪委监委积极协助省委履行主体责任、促进省委扛起推进全面从严治党的政治责任,对所辖地区和部门党组织管党治党情况切实加强监督检查,推动省市县三级党委将主体责任落地落实落细、定期研判问题线索、分析反腐形势、把握政治生态、第一时间听取重大案件情况报告,推动党委加强对纪委监委开展初核、立案、采取留置措施、作出处置决定等工作的认真审核把关,确保党委牢牢掌握反腐败工作的领导权。比如,近期在查办某省管干部涉嫌受贿犯罪并充当"黑社会性质组织"保护伞等严重违纪违法问题过程中,省纪委监委及时将发现的问题线索向省委汇报,按程序请示报批后成立调查组对该省管干部涉嫌职务犯罪问题依法进行调查并对其采取留置措施,同时在省委领导下由政法机关对其他涉嫌犯罪问题配合调查。调查期间,加强省纪委监委向省委的阶段性汇报和重要事项请示工作,加强向中央纪委国家监委请示汇报并积极寻求业务指导和工作支持,在省委的统一领导下,加强与公安机关、检察机关、审判机关等政法机关的沟通交流、相互配合,在较短时间内即查清了相关事实。调查结束后,省纪委监委按程序对调查报告和处理意见进行了集体研究,然后报经省委批准后作出给予其相应党纪政务处分的决定、将其涉嫌犯罪问题移送司法机关依法处理;同时,鉴于被调查人系该省省委委员,在正式作出党纪处分前,省纪委还按程序将该案报中央纪委,经中央纪委常委会议审议,报中央批准。整个案件的处理过程,集中体现了党对反腐败工作的统一领导,体现了党对纪律检查和国家监察工作的统一领导,在党委的统一领导下,各单位各部门开展工作、协调推进、高效配合,大大提高了惩治腐败的质量和效率。

案例2：某市纪委监委在深化国家监察体制改革过程中采取了一系列措施开展相应工作，一方面对内深化"三转"，通过整合力量、内部挖潜，对内设部门和人员进行了大力调整，提升了整个纪委监委的履职能力；另一方面对外加强沟通，与党委、政府、人大、政协、公安、检察和政府有关部门等建立了密切联系，营造了纪委监委顺畅开展工作的外部环境。近期，该市人大常委会拟召开会议，听取有关工作情况汇报，研究相关事项。为体现自觉接受本级人大及其常委会监督的意识，市监委拟向本级人大常委会作纪法贯通、法法衔接的专项工作情况报告。在报告之前，市监委专门向市委和省监委进行了请示汇报，并将拟汇报材料上报市委和省监委进行审核把关。经审批同意后，市监委顺利就纪法贯通、法法衔接问题向本级市人大常委会进行了专项工作报告，其中重点汇报了市监委开展相应监督工作的总体情况，以及监督过程中注重惩处违纪、职务违法、职务犯罪相结合，依据《监察法》的规定职务违法和职务犯罪案件的调查，应严格贯彻落实刑事审判证据标准的情况，特别是案件调查过程中与司法机关加强沟通、相互配合、接受监督，确保职务违法犯罪案件的党纪政务处分与移送司法机关依法处理紧密衔接、妥善处理等方面情况。该市监委通过向本级人大常委会作专项工作汇报，主动接受本级人大常委会的监督，增进了市人大常委会对市监委相关工作的了解。

第二节 监察信息公开与特约监察员制度

监察信息公开制度和特约监察员制度是中国特色监察制度的重要组成部分，在监察监督体系中占据非常重要的地位。为进一步完善和规范监察信息公开制度和特约监察员制度，国家监察委员会可以考虑适时出台《监察信息公开条例》和《特约监察员工作条例》两项监察法规。

一、监察信息公开制度

根据《监察法》第54条之规定，监察机关应当依法公开监察工作信息，接受民主监督、社会监督、舆论监督。在新时代的改革发展进程中，仅有党的监督和人大监督是远远不够的，必须重视外部监督这一有效的监督方式，充分发挥监察机关自身以外的各方力量对监察机关与监察人员进行更为广泛而深入的监督。同其他国家机关一样，监察委员会也应当依法公开监察工作信息，并自觉接受包括舆论监督、民众监督在内的各种社会监督，[1]自觉接受外部监督。

依法公开信息是外部监督得以开展的必要前提。监察委员会作为反腐败专责机关，监察工作信息的依法公开，既是保障各社会监督主体知情权、参与权和监督权的必然要求，又是坚持反腐败专门工作与群众路线相结合的重要途径。通过公开监察信息，

---

[1] 马怀德："国家监察体制改革的重要意义和主要任务"，载《国家行政学院学报》2016年第6期。

有利于促进监察委员会依法办案、文明办案，促进监察人员素质的提高，推动监察工作和监察队伍建设健康发展。在规范层面，监察信息公开的直接法律依据包括《监察法》和《监察法实施条例》。从历史渊源来看，监察委员会对行政违法进行监督的权力源自监察部，受政务公开程序约束是顺理成章的。同时，监察机关作为政治机关，当然也要接受党的领导，遵守党务规范。因此，《政府信息公开条例》《党务公开条例（试行）》等对于监察信息公开制度的形成和完善也造成了非常重要的影响。

其一，监察工作信息公开之必要性。党的十九大报告提出："要加强对权力运行的制约和监督，让人民监督权力，让权力在阳光下运行，把权力关进制度的笼子。"然而，与其他监督机制相比，包括民主监督、社会监督、舆论监督在内的外部监督之实现受到行为主体话语权、地位平等性、个人和组织的自主性、协商合作的正式制度和规则、畅通的信息资源共享和沟通网络等多方面因素和条件的制约。这更加凸显了依法公开监察工作信息的必要性：①保障外部监督主体的话语权和地位平等性。若无法保障行为主体的话语权，舆论监督就变成无稽之谈；若监督者与被监督者处在完全不平等的地位，外部监督之实现必将在权力重压下阻碍重重。②调动个人和组织的自主性。信息公开是公民参与监察活动的必要前提，也深刻影响着其参与自主性。③建立协商合作的正式制度和规则。有了平等地位和话语权，有了参与行政的自主性，还需要良好的制度作为桥梁。只有遵循特定的制度和规则，才能保障监督的效果与效率。

其二，依法公开之原则。监察工作信息的公开不仅具有深刻的必要性，还需要遵循依法公开之原则。监察工作信息之依法公开原则是正当程序原则在监察领域的体现之一，其具体要求有三：①公开主体法定。公开主体法定是依法公开原则的重要方面。根据相关法律规定，监察工作信息的公开主体是各级监察委员会，包括国家监察委员会和地方各级监察委员会，但不包括监察机关的内设机构。②公开内容法定。公开内容法定是依法公开原则的应有之义。基于此项原则，法律未禁止公开的监察工作信息方能进行公开，对于法律法规明确规定应当保密的内容，例如，党政合署体制运作过程中党的内部工作信息、案件办理过程中涉及的国家秘密、个人隐私等，要予以保密。需要注意的是，公开内容应与公开方式相衔接。一般而言，监察信息公开主要分为依职权公开和依申请公开两种方式。依职权公开面向不特定多数人，公众对该信息的利用不受限制，也不应当承担利用信息带来的特定义务。依申请公开的信息是因为特定条件而向特定人公开的，原则上应当保密，因此申请人在利用该信息时可能会承担相应的义务，例如，家属被告知留置理由后，不能将该信息公开或利用该信息进行串供等活动。③公开程序法定。公开程序法定是依法公开原则的必然要求，但目前尚无关于监察工作信息公开的具体程序性规定。申言之，对于涉及问题线索处置、立案调查、处置、移送审查等监察工作各环节的信息，未来在制定《监察信息公开条例》时，应当建立健全监察工作信息发布的程序规则，具体内容可包括发布信息的时限、发布信息的方式与渠道、发布信息时与相关内设机构的沟通协调与衔接、未按照要求发布相关信息时的责任等诸多方面。在监察信息公开工作中，对监察法规和其他规范性文件应当依法、依职权主动公开，而个案信息则应依申请公开。由于监察工作的特殊性，监察机关所作决定可以公开，而决定的理由，包括法律和事实依据等，可以不公开。监察信息公开，尤其是依申请公开的程序，可以考虑参照党务信息公开程序，按申请、审核、审批、实施的流程进行。

其三，监察工作信息公开之具体事项。依据《监察法实施条例》第255条，监察信息公开的类型包括四类，即监察法规，依法应当向社会公开的案件调查信息，检举控告地址、电话、网站等信息以及其他依法应当公开的信息。由此可知，大量的监察规范性文件并未纳入依法应当公开的范畴中，《监察法实施条例》对监察信息的界定不清晰，公开范围也未得到明确。在实践中，监察信息公开的具体事项主要包括以下几类：①日常事务类信息，例如领导机构、组织机构、工作程序、历史沿革、会议资料、信息公开年报等；②监督举报类信息，主要包括违反中央"八项规定"精神问题、群众身边的腐败和作风问题、纠风案例等；③审查调查类信息，主要涵盖对各级干部的执纪审查、党纪政务处分等领域；④巡视巡查类信息，主要是指中央巡视、省区市巡视和市县巡查等方面的信息。在上述各类信息中，尤其需要注意重点公开的是社会广泛关注、涉及群众利益的重大案件查办等工作信息。对于此类信息，监察机关要严格执行有关规定，及时将有关情况向社会公开。[1]

二、特约监察员制度

2018年8月24日，中央纪委国家监委印发《国家监察委员会特约监察员工作办法》（以下简称《工作办法》），决定建立特约监察员制度，并对特约监察员工作进行指导和规范。《工作办法》为规范有序地组织开展特约监察员工作，推动监察工作依法接受民主监督、社会监督、舆论监督，提供了重要制度保障。

（一）特约监察员的聘请与任职

其一，聘请范围。根据《工作办法》第2条第2款之规定，特约监察员主要从全国人大代表中优先聘请，也可以从全国政协委员，中央和国家机关有关部门工作人员，各民主党派成员、无党派人士，企业、事业单位和社会团体代表，专家学者，媒体和文艺工作者，以及一线代表和基层群众中优先聘请。

其二，任职条件。根据《工作办法》第4条与第5条之规定，特约监察员必须坚持中国共产党领导，拥护党的路线、方针、政策，走中国特色社会主义道路，遵守中华人民共和国宪法和法律、法规，具有中华人民共和国国籍；有较高的业务素质，具备与履行职责相应的专业知识和工作能力，在各自领域有一定代表性和影响力；热心全面从严治党、党风廉政建设和反腐败工作，有较强的责任心，认真履行职责，热爱特约监察员工作；坚持原则、实事求是，密切联系群众，公正廉洁、作风正派，遵守

---

[1] 中共中央纪律检查委员会、中华人民共和国国家监察委员会法规室编写：《〈中华人民共和国监察法〉释义》，中国方正出版社2018年版，第242页。

职业道德和社会公德；身体健康。受到党纪处分、政务处分、刑事处罚的人员，以及其他不适宜担任特约监察员的人员，不得聘请为特约监察员。

其三，聘请程序。根据《工作办法》第6条之规定，特约监察员的聘请遵循以下程序：一是根据工作需要，会同有关部门、单位提出特约监察员推荐人选，并征得被推荐人所在单位及本人同意；二是会同有关部门、单位对特约监察员推荐人选进行考察；三是经中央纪委国家监委对考察情况进行研究，确定聘请特约监察员人选；四是聘请人选名单及意见抄送特约监察员所在单位及推荐单位，并在中央纪委国家监委组织部备案；五是召开聘请会议，颁发聘书，向社会公布特约监察员名单。

其四，任期。根据《工作办法》第7条与第8条之规定，正常情况下，特约监察员在国家监察委员会领导班子产生后换届，每届任期与本届领导班子任期相同，连续任职一般不得超过两届。特约监察员受聘期满自然解聘。但是当特约监察员出现下列情形时，国家监察委员会商请推荐单位对其予以解聘，其任期终止：一是受到党纪处分、政务处分、刑事处罚的；二是因工作调整、健康状况等原因不宜继续担任特约监察员的；三是本人申请辞任特约监察员的；四是无正当理由连续一年不履行特约监察员职责和义务的；五是有其他不宜继续担任特约监察员的情形的。

(二) 特约监察员的工作职责与权利义务

其一，特约监察员的工作职责。根据《工作办法》第9条之规定，特约监察员的工作职责有五：一是对纪检监察机关及其工作人员履行职责情况进行监督，提出加强和改进纪检监察工作的意见、建议；二是对制定纪检监察法律法规、出台重大政策、起草重要文件、提出监察建议等提供咨询意见；三是参加国家监察委员会组织的调查研究、监督检查、专项工作；四是宣传纪检监察工作的方针、政策和成效；五是办理国家监察委员会委托的其他事项。《监察法实施条例》第256条第1款也针对特约监察员的工作职责作出了规定，各级监察机关可以根据工作需要，通过程序选聘特约监察员，并要求其履行监督、咨询等职责，提出加强和改进监察工作的建议、意见。

其二，特约监察员的权利。根据《工作办法》第10条之规定，特约监察员享有以下六项权利：一是了解国家监察委员会和各省、自治区、直辖市监察委员会开展监察工作、履行监察职责情况，提出意见、建议和批评；二是根据履职需要并按程序报批后，查阅、获得有关文件和资料；三是参加或者列席国家监察委员会组织的有关会议；四是参加国家监察委员会组织的有关业务培训；五是了解、反映有关行业、领域廉洁从政从业情况及所提意见建议办理情况；六是受国家监察委员会委托开展工作时，享有与受托工作相关的法定权限。

其三，特约监察员的义务。根据《工作办法》第11条之规定，特约监察员需要履行以下六项义务：一是模范遵守宪法和法律，保守国家秘密、工作秘密以及因履行职责掌握的商业秘密和个人隐私，廉洁自律、接受监督；二是学习、掌握有关纪检监察法律法规和业务；三是参加国家监察委员会组织的活动，遵守国家监察委员会有关工作制度，按照规定的权限和程序认真履行职责；四是履行特约监察员职责过程中，遇有利益冲突情形时主动申请回避；五是未经国家监察委员会同意，不得以特约监察员身份发表言论、出版著作、参加有关社会活动；六是不得以特约监察员身份谋取任何私利和特权。

(三) 特约监察员的履职保障

其一，国家监察委员会对特约监察员的履职保障。根据《工作办法》第12条与第13条之规定，国家监察委员会对特约监察员的履职保障措施有三：一是国家监察委员会为特约监察员依法开展对监察机关及其工作人员监督等工作提供必要的工作条件和便利；二是国家监察委员会按规定核报特约监察员因履行规定职责所支出的相关费用；三是特约监察员履行规定职责所需经费，列入国家监察委员会业务经费保障范围。

其二，相关办事机构对特约监察员的履职保障。根据《工作办法》第14条之规定，国家监察委员会在办公厅内设置负责特约监察员工作的办事机构，履行下列职责：一是统筹协调特约监察员相关工作，完善工作机制，制定工作计划，对国家监察委员会相关部门落实特约监察员工作机制和计划情况进行督促检查，总结、报告特约监察员年度工作情况；二是组织开展特约监察员聘请、解聘等工作；三是组织特约监察员参加有关会议或者活动，定期开展走访，通报工作、交流情况，听取意见、建议；四是受理、移送、督办特约监察员提出的意见、建议和批评，并予以反馈；五是协调有关部门，定期向特约监察员提供有关刊物、资料，组织开展特约监察员业务培训；六是承担监察机关特约监察员工作的联系和指导，组织经验交流，加强和改进特约监察员工作；七是对特约监察员进行动态管理和考核；八是加强与特约监察员所在单位及推荐单位的沟通联系，了解特约监察员工作情况，反馈特约监察员履职情况，并征求意见、建议；九是办理其他相关工作。

其三，所在单位对特约监察员的履职保障。根据《工作办法》第15条之规定，特约监察员不脱离本职工作岗位，工资、奖金、福利待遇由所在单位负责。

三、民主监督、社会监督、舆论监督

监察机关来自人民、植根人民、服务人民，监察工作必须坚持群众路线，依靠群众，依法接受人民群众的监督。具体包括以政协或民主党派为代表的民主监督、以社会组织和公民为代表的社会监督以及接受来自各新闻媒体的舆论监督。

(一) 民主监督

民主监督是指人民政协或者各民主党派等主体对监察机关及其工作人员的工作进行的监督。人民政协民主监督的方式主要有：政协全体会议、常委会会议、主席会议向党委和政府提供建议案；各专门委员会提出建议或者有关报告；委员视察、委员报告、委员举报、大会发言、反映社情民意或以其他方式提出批评和建议；参加有关部门组织的调查和检察活动；政协委员应邀担任政府部门和司法机关特约监督人员等。"民主监督形式多样，但其作为一种监督方式并没有强制约束力。"[1]故而，监察委员

---

[1] 徐永平："充分发挥社会监督的反腐败功能"，载《理论研究》2012年第2期。

会应当尊重人民政协的职责，自觉接受政协等监督主体的民主监督。

（二）社会监督

社会监督是指监察机关及其工作人员的工作受国家机关之外的社会组织和公民进行的不具有直接法律效力的监督。它是一种"自下而上"的、群众式的监督。[1]它的主体是国家机关之外的公民和社会组织，处于被领导的权力地位，但同样有着监督职能。[2]社会监督是一种不可或缺的监督形式，是一种上下间的沟通渠道。其具体内容包括让广大人民群众向监察机关反映自己的各种意见，批评监察机关作出的危害人民利益的行为。

（三）舆论监督

舆论监督是指社会各界通过各种大众传播媒介发表自己的意见和看法，形成舆论，从而对监察机关及其工作人员的工作进行监督。它是一种古老的监督方式，中国自古以来就有"风闻""非议"之说。[3]随着媒体力量的日益强大，新闻传媒逐渐成为政府三权之外的"第四权"，发挥着监督政府、防止滥权的制度性功能。[4]而监察机关与行政机关在宪法上均为国家机关，也应受到舆论的监督。因此，《监察法》上的舆论监督是指社会各界通过广播、影视、报纸、杂志等大众传播媒介，发表自己的意见、观点和看法，形成舆论，从而对监察机关及其工作人员的工作进行监督。人民群众可以通过新闻媒体等手段充分发挥舆论监督的作用，对监察委员会的工作以及公开的信息、文件等内容进行监督。监察委员会也应当自觉接受舆论监督，正确看待新闻媒体对监察工作的报道，对于一些报道中的批评要做到"有则改之、无则加勉"。

以上三种监督的共同之处在于都是对监察委员会的外部监督，是借由外部力量来对监察委员会的内部公职人员及其公务行为进行监督的方式。对于监察机关来说，外部监督是不可或缺的，能够突破监察委员会自身的利益，从而进行有效监督。但是，监察权具有独立性，监察机关要在接受外部监督与独立自主办理案件之间寻求平衡，确保自身之运行在受到监督的同时不被民意和舆论所绑架。

◇【法条链接】

一、《中华人民共和国监察法》（2018年）

第五十四条 监察机关应当依法公开监察工作信息，接受民主监督、社会监督、舆论监督。

【释义】本条是关于监察机关接受外部监督的规定。

---

[1] 吴海红："反腐倡廉建设中的社会监督机制研究"，载《中共福建省委党校学报》2012年第2期。

[2] 张丽青："健全人民群众监督机制是防止腐败的根本途径"，载《郑州大学学报（哲学社会科学版）》2004年第3期。

[3] 王梅芳、赵高辉："新媒体生态下的舆论监督"，载《南京社会科学》2011年第5期。

[4] 梁平、张蓓蓓："从舆论监督到新闻法治——基于当代传媒与司法的关系研究"，载《河北法学》2012年第3期。

规定本条的主要目的是设定监察机关自觉接受各方面监督的义务,提高其接受监督的自觉性和实效性。

二、《中华人民共和国监察法实施条例》(2021年)

第二百五十五条 各级监察机关应当通过互联网政务媒体、报刊、广播、电视等途径,向社会及时准确公开下列监察工作信息:

(一)监察法规;

(二)依法应当向社会公开的案件调查信息;

(三)检举控告地址、电话、网站等信息;

(四)其他依法应当公开的信息。

【释义】本条是关于监察机关在接受外部监督时应当向社会及时准确公开的监察工作信息内容。

第二百五十六条 各级监察机关可以根据工作需要,按程序选聘特约监察员履行监督、咨询等职责。特约监察员名单应当向社会公布。

监察机关应当为特约监察员依法开展工作提供必要条件和便利。

【释义】本条是关于特约监察员选聘、工作职责、工作保障的相关规定。

【案例链接】

案例1:某市纪委监委认真履职尽责开展相关工作,在监督调查处置工作和履行监督执纪问责的同时,还十分注意依法公开相应工作信息,自觉接受社会舆论等方面的监督。比如,为方便人民群众了解纪委监委日常工作情况及其工作流程,特别是了解向纪委监委反映问题的渠道,该市纪委监委在官方网站上详细公布了领导班子成员名单及履历,公布了内设部门任务分工、工作流程,公布了重要日常性工作情况和有关重要会议情况,公布了受理信访举报的电话、地址、网址等,还在网站上设置了互动栏目,方便网民对纪委监委的工作提出意见和建议,同时也及时对网民的意见和建议作出回应。再比如说,凡是本市及其辖区内立案调查并采取留置措施的案件,均第一时间在官网上发布信息、告知社会,案件调查结束、给予被调查人党纪政务处分时再次发布信息告知社会,如果被调查人涉嫌犯罪需要移送司法机关依法处理的,一并在公布的信息中予以体现。又比如说,及时公布有关法律法规和部分规章,公布市纪委监委关于党风廉政建设和反腐败斗争的相关规定、实施细则等内容,一方面加强宣传教育、引导人民群众对照相关规定加强对党员干部和公职人员的监督,另一方面自觉自愿地接受人民群众对纪委监委所制定的相关规定内容、所开展的相关工作是否合法合理进行监督。通过这种方式,市纪委监委加强了与人民群众的联系,营造了良好的舆论氛围,得到了人民群众的好评。

案例2:某省纪委监委监督检查室原主任A某,本来已经成了有关部门提拔考察任用的人选,但近期却因存在严重问题被该省纪委监委依纪依法查处,具体调查工作由该省纪委监委内部的干部监督部门负责。干部监督部门不乏业务能手、精兵强将,且该部门直接由省纪委常务副书记、省监委副主任分管,干部监督部门的工作不向其他任何省纪委副书记、常委或省监委副主任、委员汇报。干部监督部门经过认真细致的初步核实和立案调查,在较短的时间内即查清了 A 某严重违纪违法的问题。

经查发现,A 某任职期间利用职务上的便利或者职权和地位形成的便利条件,多次为他人在企业项目推进、案件受理、职务调整等方面提供帮助,非法收受他人所送的钱款、车辆及相关贵重物品折合人民币共计 500 余万元。该案经省纪委监委集体研究审议并按程序请示报告后,作出开除 A 某党籍处分和公职处分,并就其涉嫌犯罪事实和问题移送司法机关依法处理。后司法机关经过依法审查、公诉及审判,认为 A 某受贿 500 万元的事实清楚、证据确实充分,构成犯罪,对 A 某依法判处有期徒刑并将其受贿所得予以追缴、上缴国库。此事对于曾经与 A 某共事或相识的纪检监察干部是个极大的警示,也在社会上充分展现了纪委监委敢于"刀刃向内"、强化自我监督的良好形象。

案例 3:某市纪委监委近期对监督对象、当地某国有企业负责人 A 某涉嫌违纪违法问题立案审查调查,并对其采取了留置措施。调查发现,A 某在担任国有企业负责人期间,在企业经营方面,利用其职务便利为多人谋取巨额经济利益,与此同时收受对方所送财物,其行为涉嫌受贿。其中,A 某与私营企业主 B 某内外勾结,帮助该私营企业从国有企业承揽经营业务从中谋取利益,同时收受 B 某所送的巨额财物数百万元;与 B 某合作经营业务过程中,A 某还将国有企业巨额资金数百万元通过虚假合作、虚列合作项目等形式转出到 B 某私营企业有关账户,以图将来与 B 某合作其他项目、经营获利。案发前,A 某因其相关涉案人被调查、害怕自己的罪行暴露、害怕组织迟早会调查其问题,遂将自己受贿所得的部分财物和贵重物品转移至 B 某家中,由 B 某之妻 C 某找地方隐藏。C 某将其中部分赃款赃物转移到了 B 某公司的仓库中秘密保管。发现这些情况后,省纪委监委依法对 B 某采取了留置措施、请其配合调查,同时对 B 某企业涉及的相关问题进行调查取证,并按程序报批后提请有关机关依法将 B 某企业部分银行账户进行了冻结,依法对藏匿赃款赃物的 B 某公司仓库进行搜查,扣押了其中若干涉案物品。调查过程中,C 某向省纪委监委提出申诉,认为纪检监察机关无权冻结 B 某公司银行账户,表示此系其合法财产、要求解除冻结;并提出调查人员在其公司仓库中扣押的涉案物品中,有 1 件玉石摆件工艺品是该公司的合法财产、应予退还。对此,市纪委监委高度重视,认真受理了 C 某的申诉,经过细致甄别并分别与 A 某、B 某谈话核实、辨认物品,确认该玉石摆件系 B 某公司出资购买的合法财产,与本案无关,遂按程序将该工艺品退还给了 C 某;但对于冻结 B 某公司有关银行账户的问题,因该账户系 A 某将国有企业资金转移至 B 某公司的涉案账户,认为依法应当冻结,并就此问题向 C 某作了充分的解释说明。C 某表示服从该市纪委监委作出的调查决定。

第三节 工作监督和执业监督

工作监督和执业监督是对监察系统内部的各种监督机制统称。其中,工作监督主要表现为监察机关系统内部不同机构之间的相互制约机制;执业监督则意指通过规范监察工作从业人员的资质和行为等实现对监察工作监督各项规范和机制的总称。根据《监察法》第55条之规定,监察机关通过设立内部专门的监督机构等方式,加强对监察人员执行职务和遵守法律情况的监督,建设忠诚、干净、担当的监察队伍。因此,构建完善的监察系统内部监督机制,实现监察权力运行监督的日常化和精细化,应当成为监察监督制度建设的重要内容。[1]

一、工作监督

工作监督意指监察系统内部基于分工合作制原则所构建的各种监督机制。工作监督具有日常监督的性质,在监察权力运行监督体系中居于基础性地位。

（一）监督方式

就其监督方式而言,工作监督主要包括同级党的纪委监督、监察委内设机构监督、上级监察机关对下级监察机关监督等三种基本方式。

其一,同级党的纪委的监督。就其性质而言应为内部自我监督,因为党的纪委和监察委员会合署办公,其主要依据是《党内监督条例》第四章的规定。此外,从个体角度来看,合署办公实质上是"一套人马两个牌子",该机构的每个成员既是党的纪检干部,又是国家监察人员,[2]受党规国法双重约束和监督。

其二,监察委员会内设机构的监督。根据《监察法实施条例》第258条、第259条、第261条之规定,监察机关应当建立监督检查、调查、案件监督管理、案件审理等部门相互协调制约的工作机制。具体有三：①监督检查和调查部门实行分工协作、相互制约。监督检查部门主要负责联系地区、部门、单位的日常监督检查和对涉嫌一般违法问题线索处置。调查部门主要负责对涉嫌严重职务违法和职务犯罪问题线索进行初步核实和立案调查。②案件监督管理部门负责对监督检查、调查工作全过程进行监督管理,做好线索管理、组织协调、监督检查、督促办理、统计分析等工作。案件监督管理部门发现监察人员在监督检查、调查中有违规办案行为的,及时督促整改;涉嫌违纪违法的,根据管理权限移交相关部门处理。③监察机关应当对监察权运行关键环节进行经常性监督检查,适时开展专项督查。案件监督管理、案件审理等部门应当按照各自职责,对问题线索处置、调查措施使用、涉案财物管理等进行监督检查,

---

[1] 曹亘平："对监察委的监督制约严密而有效——多把'连环锁'确保监察权良性运行",载《人民论坛》2018年第1期。

[2] 任建明、杨梦婕："国家监察体制改革：总体方案、分析评论与对策建议",载《河南社会科学》2017年第6期。

建立常态化、全覆盖的案件质量评查机制。④监察机关及其监督检查、调查部门负责人应当定期检查调查期间的录音录像、谈话笔录、涉案财物登记资料，加强对调查全过程的监督，发现问题及时纠正并报告。

其三，上级监察委员会对下级监察委员会的监督。根据《监察法》第9条第4款的规定，地方各级监察委员会对本级人民代表大会及其常务委员会和上一级监察委员会负责，并接受其监督。此外，按照党的十八届三中全会通过的《中共中央关于全面深化改革若干重大问题的决定》精神，地方监察委员会在查办职务违法犯罪案件时应服从上级监察委员会领导，案件查办和线索处置在向同级党委报告的同时必须向上级纪委监委报告。规定上级监察委员会领导下级监察委员会的工作，一方面有利于当下级监察委员会遇到阻力时，上级监察委员会的支持可以帮助其排除各种干扰；另一方面，更有利于加强对下级监察委员会履行监察职责情况的监督，上级监察委员会可以通过检查工作、受理复核申请等方式对发现的问题予以纠正，监督下级监察委员会严格公正办事、依法履职。上级监察机关应当通过专项检查、业务考评、开展复查等方式，强化对下级监察机关及监察人员执行职务和遵纪守法情况的监督。

（二）监督内容

监察机关内部监督的内容主要是对监察人员执行职务和遵守法律情况的监督。加强对监察人员执行职务的监督，是确保监察权规范运行的重要途径；强化对监察人员遵守法律情况的监督，则有利于确保监察人员秉公执法、廉洁自律。

其一，加强对监察人员执行职务情况的监督。监察机关应当加强对监察人员执行职务和遵纪守法情况的监督，按照管理权限依法对监察人员涉嫌违法犯罪问题进行调查处置。监察人员执行职务应当做到于法有据，严格依照相关法律法规进行监察工作。监察机关合法行使监察职权时应当廉洁高效，采用适当的工作方法。此外，监察机关内部的案件审核机关应当担负起案件审核把关的职责，对事实不清、证据不足的，退回调查部门补充证据或重新调查。通过案件审核部门建立起第二道防线，进一步保障监察委员会办理案件控制在以事实为准绳、以法律为依据的范围内。监察机关应当建立办案质量责任制，对滥用职权、失职失责造成严重后果的，实行终身责任追究。监察人员涉嫌严重职务违法、职务犯罪或者对案件处置出现重大失误的，既应当追究直接责任，还应当严肃追究负有责任的领导人员责任。

其二，加强对监察人员法律遵守情况的监督。遵守法律是对监察人员的一般要求，不管是日常生活还是执行职务中，监察人员都应遵守国家法律法规。其要义有三：①坚决避免监督"虚化"、流于形式的问题。要做到这一点，需要我们在监督环节上，既重视选拔任用，也重视任后监督；在监督对象上，既重视一般干部，也不放过领导骨干；在监督内容上，既重视日常事务，更要求原则性问题不突破底线；在监督时段上，将"八小时之内"监督贯穿到"八小时之外"；在监督形式上，将事前监督与事后查处摆在同等重要的位置。②关键在于落实有权必有责、滥权必追责的法治原则。如果既无法在源头上达到对监察人员的有效监督与制约，又无法及时补救监察人员的失职或滥用职权行为,那么我们只能从刑法的预防效果理论中受到启发,转而通过制定对监察人员失职失责行为的追责制度来达到一般预防的效果和监督的目的。[1]③遵守宪法与法律,应该是每位监察人员的自觉行动。新时代的监察干部要带头学习宪法、遵守宪法、维护宪法、运用宪法,以此为准绳规范自身言行举止;要依法办案,恪守原则,不徇私情,严于律己,做到心有所畏、言有所戒、行有所止[2];要将宪法、法律视为不可触碰的高压线,同时及时批评指正其他违反纪律、不讲规矩的人和事。

其三,加强对监察人员履行职责的适当性监督。监察人员履行职责既要合法合规,也要合理适当。根据《监察法实施条例》第271条之规定,监察机关在履行职责过程中应当依法保护企业产权和自主经营权,严禁利用职权非法干扰企业生产经营。需要企业经营者协助调查的,应当依法保障其合法的人身、财产等权益,避免或者减少对涉案企业正常生产、经营活动的影响。查封企业厂房、机器设备等生产资料,企业继续使用对该财产价值无重大影响的,可以允许其使用。对于正在运营或者正在用于科技创新、产品研发的设备和技术资料等,一般不予查封、扣押,确需调取违法犯罪证据的,可以采取拍照、复制等方式。

(三) 监督目的

对监察机关而言,进行内部监督的目的在于打造一支忠诚可靠、干净廉洁、勇于担当的监察队伍。这是因为监察职责关系重大,监察队伍的素质高低,业务水平和品行德行的良莠对监察工作的成功与否起着决定性作用。因此,监察人员应当积极以忠诚、干净、担当的标准严格要求自己,锻炼自己的党性,提升自己的党性,经受得住各种各样考验,切实履行法定职责,做到对党忠诚、本人干净、敢于担当,坚决完成党和人民的重托,不辱使命。

其一,对党忠诚。忠诚意识要求每一个监察人员对党忠诚,对人民忠诚,对党和人民的事业忠诚。对党忠诚,永不叛党,是党章对党员的基本要求,也应当是监察人员铭记的准则。习近平总书记强调:"对党忠诚,不是抽象的而是具体的,不是有条件的而是无条件的,必须体现到对党的信仰的忠诚上,必须体现到对党组织的忠诚上,必须体现到对党的理论和路线方针政策的忠诚上。"[3]这就要求监察人员必须把对党忠诚作为首要政治原则来坚持,作为首要政治品质来锻造。监察人员对党的忠诚应该体现在监察工作的每一件具体事项当中,始终站在党和人民的立场行使监察权力。监察人员在工作中发现或遇到任何有损党和人民利益的现象与行为都要无条件反对,与任何破坏党的事业、侵犯人民群众利益的贪污腐败分子作斗争。

其二,本人干净。习近平总书记指出:"廉洁自律是共产党人为官从政的底线。"[4]

---

[1] 吴建雄、郭太盛、郭烽:"把权力关进制度笼子的科学要义",载《红旗文稿》2017年第2期。
[2] "让干部心有所畏、言有所戒、行有所止",载《宁夏日报》2014年10月15日。
[3] "对党的忠诚,不是有条件的而是无条件的",载《重庆日报》2016年12月28日。
[4] "干净是为官从政的底线",载《河南日报》2015年6月19日。

廉洁自律也应当是监察人员必须遵从的底线，是不可越雷池一步的红线。要做到干净，就必须保持共产党人政治本色，真正集干净与干事于一身、勤政与廉政为一体。监察人员必须认真落实中央关于全面从严治党的各项决策和部署，始终做到廉洁自律、个人干净，永葆共产党人清正廉明的政治本色。习近平总书记指出："一个人能否廉洁自律，最大的诱惑是自己，最难战胜的敌人也是自己。"〔1〕监察人员应当牢牢守住自己的政治生命线，思想上必须清醒，要树立正确的世界观、人生观、价值观和正确的权力观、地位观、利益观，坚定崇高理想信念，任何时候都把党和人民利益放在第一位；要思想纯正，品行端正，在各种诱惑面前把握住自己，守得住清贫、耐得住寂寞、稳得住心神、经得住考验，严守党纪国法，牢记规章制度，时时处处严格约束自己。生活上也必须做到清正廉洁，倡导高尚正派、恬淡健康的生活方式，筑起防线，抗拒诱惑。

其三，敢于担当。敢于担当是指监察人员在监察工作中有强烈的责任意识，敢于承担责任，切实履行好法律赋予的职责。监察人员必须以党和人民的利益为重，铁面执法，不怕得罪人。习近平总书记指出："担当大小，体现着干部胸怀、勇气、格调，有多大担当才能干多大事业。"〔2〕因此，监察机关内部管理与监督也需要有担当的领导来带领，监察机关领导人员要有责任意识和高瞻远瞩，为党和国家的事业发展带出好队伍。

二、执业品格与执业能力

执业监督机制通常表现为监察人员的从业资质、政治素养、业务能力、守法义务等规范或要求。《监察法》第 56 条明确了监察人员的守法义务与业务能力，其目的在于规范监察人员的行为，明确其须具备的基本素质和业务能力，促进监察人员更好地履行本职工作。

（一）监察人员的执业品格

监察机关应当严把政治关、品行关、能力关、作风关、廉洁关。监察人员必须严格遵守法律关，职业观，道德观。具体而言：

其一，模范遵守宪法和法律。习近平总书记指出："全民守法，就是必须在宪法和法律范围内活动，任何公民、社会组织和国家机关都要以宪法和法律为行为准则，依照宪法和法律行使权利或权力、履行义务或职责。"〔3〕"模范遵守宪法和法律"，主要是指监察人员作为执法人员要做遵守宪法和法律的标杆。监察人员作为肩负重任的监察机关工作人员、监察权力的行使者，应当负有积极认同与维护宪法秩序的责任，不

---

〔1〕 刘雪璟："廉洁自律从青年开始"，载《光明日报》2022 年 7 月 22 日。

〔2〕 刘建斌："为敢担当的干部担当"，载新华网 http://www.xinhuanet.com//zgjx/2017-06/19/c_136370318.htm，2022 年 4 月 6 日访问。

〔3〕 载民主与法制网 http://www.mzyfz.com/html/2148/2018-10-12/content-1365705.html，2022 年 4 月 6 日访问。

仅是在态度上的认同，更重要的是对宪法完全的、全身心的赞成和拥护，在大是大非问题上绝不同宪法相违背。在行动上，监察人员应当反对并且远离任何反对宪法、违反法律的活动和群体，誓死捍卫宪法和法律的尊严和权威。

其二，忠于职守。"忠于职守"是指监察人员应当牢记自己的使命与职责，认真履职，坚守岗位，恪尽职守。忠于职守首先要求监察人员依法办事，严格依照《监察法》和其他法律法规行使监察职权；也要求监察人员在工作中一丝不苟，严格要求自己，对自己的工作负责，杜绝漏洞和错误；还要求监察人员坚守自己的本性，坚守对于监察工作的信仰，面对任何压力和威胁绝不退缩，绝不妥协，这样才能不辜负党的培育和重托，不辜负人民的嘱托与信任，不辜负监察人员澄清吏治、匡扶社稷的初心。监察机关实行严格的人员准入制度，严把政治关、品行关、能力关、作风关、廉洁关。监察人员必须忠诚坚定、担当尽责、遵纪守法、清正廉洁。

其三，秉公执法。"天下之事，不难于立法，而难于法之必行。"这说明了秉公执法的独特价值与重大意义。"秉公执法"主要是指监察人员应实事求是地履行职责，坚持运用权力的正确性，明确执行国家法律的客观性与公正性。秉公执法要求监察人员在日常工作和执法办案的过程中，必须尊重事实，一切以证据说话，以事实为依据，以法律为准绳，不徇私枉法，客观公正地严格执法。公正是人们对于一切社会事务的基本追求，是人民群众对于国家机关的殷切期望。"丘也闻有国有家者，不患寡而患不均"，执法不公，办案偏袒是对监察工作的严重践踏，也为国法不容，为人民唾弃，监察人员如果在工作中收受好处，徇私枉法，那么就是自绝于党、自绝于人民，等待他的只有法律的制裁和自取灭亡。

其四，清正廉洁。"清正廉洁"是习近平总书记提出的五条干部标准之一，[1]也是党一贯的政治本色。其一，不求曰清。不贪图名利、不追求个人特权和私利，是清雅高尚的品格。其二，不偏曰正。不偏不倚、秉公用权，就能养成浩然正气。"正"与"公"相伴而生，正直的人，公私分明，不是没有私利，而是不用公权谋私利；不是没有私情，而是不用公权徇私情。监察人员手握监察监督大权，用好了能够利党利民，用不好就会害人害己。当监察人员面对群众的时候，除了讲公事公办的规矩，也应当设身处地地思考；当我们查处违法违纪的时候，既要有嫉恶如仇的立场，也要有悲天悯人的情怀。除了有铁面无私的手段，更要有不枉不纵的公心。检察机关处理一个干部，不仅仅是让纪律法律得到执行，更是为了让问题不再发生，让悲剧不再重演，从而挽救更多的干部。不受曰廉，不接受他人馈赠的财物，是廉洁的基本要求。以清正心，以正用权，以廉自律，以洁修身，这就是清正廉洁的要求。

其五，保守秘密。监察权之运行具有一定的秘密性，这构成了监察权区别于其他国家权力的显著特点。"保守秘密"主要是指监察人员首要坚持保守党和国家秘密的观念，严格遵循保密法律和纪律，严守有关保密工作的规定。根据《保守国家秘密法》

---

[1] "建设一支宏大高素质干部队伍确保党始终成为坚强领导核心"，载《光明日报》2013年6月30日。

第 2 条的规定，国家秘密是关系国家安全和利益，依照法定程序确定，在一定时间内只限一定范围的人员知悉的事项。泄露国家秘密，会给国家安全和国家利益造成重大损失，因而监察人员作为中华人民共和国公民，应当严格遵守法律保守国家秘密。又因为监察工作的特殊性，对于与案件有关的政治、经济、人事等多领域的涉密信息也要进行保密。根据《监察法实施条例》第 267 条、第 268 条之规定，监察机关应当严格执行保密制度，控制监察事项知悉范围和时间。监察人员不准私自留存、隐匿、查阅、摘抄、复制、携带问题线索和涉案资料，严禁泄露监察工作秘密。监察机关应当建立健全检举控告保密制度，对检举控告人的姓名（单位名称）、工作单位、住址、电话和邮箱等有关情况以及检举控告内容必须严格保密。监察机关涉密人员离岗离职后，应当遵守脱密期管理规定，严格履行保密义务，不得泄露相关秘密。

（二）执业能力

监察机关应当以建设高素质专业化的监察队伍为目标，对监察人员进行有效的政治、理论和业务培训。监察人员作为反腐败工作的骨干力量和具体工作人员，必须具有良好的政治素质，熟悉监察业务，具备运用法律、法规、政策和调查取证等能力，自觉接受监督。监察机关应当对监察人员有计划地进行政治、理论和业务培训。培训应当坚持理论联系实际、按需施教、讲求实效，突出政治机关特色，建设高素质专业化监察队伍。

其一，具有良好的政治素质。监察委员会作为政治机关，政治属性是第一属性、根本属性。[1] 这决定了监察人员必须首先政治素质过硬。"具有良好的政治素质"主要是指监察人员要增强"四个意识"，提高政治觉悟、严守政治纪律，与党中央保持高度一致，坚决维护党中央权威。监察委员会作为党和国家实现自我监督的政治机关，其监察职能具有极强的政治性。国家监察体制改革的根本目的，是加强党对反腐败工作的统一领导，推进国家治理体系和治理能力的现代化。党的十八大后，纪严于法、纪在法前制度的出台，填补了党的纪律检查工作中党内监督的空白。同时以法律为尺度国家监察体制改革，填补了国家监督的空白。在国家权力机构中设置监察机关，是我国历史传统与现实国情相结合所作的重大制度创新。在党的统一领导下，新成立的监察委员会将和纪委合署办公，实现了党内监督和国家监督、党的纪律检查与国家监察有机统一。监察委员会作为政治机关，坚持把政治属性放在首要位置，始终把讲政治摆在首要目标，因而良好的政治素质也是监察人员所必须拥有的素质。

其二，熟悉监察业务。作为专司反腐败职能的机构，监察机关的工作业务具有很强的专业性。加之"监察权整合了监察体制改革前隶属于政府的行政监察权、行政预防权以及隶属于检察机关的贪污贿赂犯罪侦查权、渎职犯罪侦查权、职务犯罪预防权等五种权力，但绝不是这'五种权力'的简单拼合，而是对这几种权力的权能进行吸收转化和有机耦合之后形成的新的权力，具有内在的逻辑性、融洽性和系统性，是一

---

[1] 闫鸣："监察委员会是政治机关"，载《中国纪检监察报》2018 年 3 月 8 日。

种更高级形态的国家监察权结构体系",[1]故监察工作人员熟悉监察业务的重要性更加凸显。"熟悉监察业务"是指监察人员必须掌握专业知识及相关业务知识。《监察法》规定,行使国家监察职能的专责机关是各级监察委员会,由其依照法律规定履行监督、调查、处置职责,在党的领导下既调查职务违法行为,又调查职务犯罪问题,这就需要监察人员有较高的理论素养和业务能力,既能在政治上坚定拥护党和人民的利益,也能在工作上又快又好地处理监察业务。

其三,具备运用法律、法规、政策和调取证据等能力。监察权的运行必须坚持法治原则,这就要求监察人员具备运用法律、法规、政策和调取证据等能力,因为"法治是指统治阶级按照民主原则把国家事务法律化、制度化,并严格依法治理的一种治国理论和治国方略。"[2]"具备运用法律、法规、政策和调查取证等能力"主要指监察人员必须掌握相关法律、法规、政策知识,并善于在调查取证等工作中加以运用。监察工作的顺利开展需要监察人员掌握各种监察方法和调查技巧,要能够熟悉运用法律、法规、政策等文件来开展工作,辨别监察对象,明确监察的具体内容和监察机关的活动范围,分清哪些事情该管,哪些事情不该管。此外调查取证也是监察活动顺利开展的重要环节,监察委员会所行使的职权并非行政监察职能、反贪反渎职能、预防腐败职能等的简单相加,其内涵之丰富、工作量之庞大对职能进行了质的提升,因而监察人员调查取证的能力直接关系到监察机关的工作效率和监察职能的有效行使。

其四,自觉接受监督。"监察权作为监督权,其运行并不天然具有抗腐性,信任不能代替监督,监督者更要接受监督"[3]但对其之监督不仅要"加强对监察权运行的监督,建构起一套具有实效性的、法治化的监督制约机制,规范监督权的行使,确保监察权在法律轨道上运行,防止监察权自身成为权力的脱缰野马,"[4]更需要监察人员自身不断提升思想觉悟,自觉接受监督。作为行使监察职权的专责机关,监察人员是否遵纪守法,依法执行职务直接关系到监察机关的工作质量和水平,关系到监察机关的形象和权威。因此,监察人员要充分认识到严管就是厚爱,把监督当成一种关心、爱护和保护,增强遵纪守法的自觉性,主动接受各方监督。

三、监察事项报告备案机制

建立监察事项应采用及时、全面的报告备案机制,切实做好和落实过程管控制度,着力解决"跑风漏气"、以案谋私、办人情案等问题。因此,据《监察法》第57条之规定,办理监察事项的监察人员未经批准接触被调查人、涉案人员及其特定关系人、知情人应当及时报告,有关情况应当登记备案。

---

[1] 李晓明、韩海军:"反腐败合力的形成:资源整合与优势互补——兼论纪检监察部门与检察机关在反腐败中的关系",载《学习论坛》2012年第3期。

[2] 赵肖筠、郭相宏:"法治原则述要",载《法学评论》1998年第4期。

[3] 龚举文:"对监察权有效监督制约将使监委更具权威",载《中国纪检监察》2018年第8期。

[4] 谭世贵:"论对国家监察权的制约与监督",载《政法论丛》2017年第5期。

(一) 监察事项报告备案机制概述

其一，监察事项报告备案机制之必要性。办理监察事项的监察人员直接负责具体的监察工作，是监察委员会职能运行、行使职权的重要人员，也是廉洁风险最大的群体。因此，必须对监察事项办案人员进行严格控制。具体而言，监察人员不仅不能直接干预案件，而且监察人员接触被调查人、涉案人员以及其特定关系人也应该受到严格管理，必须经过上级和监察委员会内部有关部门的批准。未经批准擅自接触被调查人、涉案人员及其特定关系人或者存在交往情形的，则其应该被相关主体采取相应措施。

其二，监察事项报告备案机制之及时要求。监察人员不应当随意透露案件的真实情况和进展，遇到监察人员打听案情、过问案件、说情干预时，以及发现办理监察事项的监察人员违规接触被调查人、涉案人员及其特定关系人的，应该在第一时间向监察机关相关负责人或者案件的主管监察人员报告并登记备案。之所以对报告与备案的时间要求如此之高，是因为在监察案件的办理过程中，必须把一切可能损害公平公正的现象扼杀在萌芽状态；一旦报告与登记备案不及时，就可能会放任腐败分子，造成监察案件不公平不公正的严重后果。

其三，监察事项报告备案机制之运行程序。就整个监察事项报告备案机制的运行程序而言，监察人员遇到或者发现本条列出的各种情况时，首先应当严词拒绝，并且在规定时限内向有关领导进行报告并填写有关表格记录在案。发生特殊情况时，应当采取特别措施，可以采取紧急的口头报告再行书面的登记备案。登记备案只是一种手段，其目的在于对干预监察事项办理、接触相关人员的监察人员进行批评教育，给予政务处分；是党员的，要依照党内条例，追究党纪责任；构成犯罪的，依法追究刑事责任。

(二) 对监察人员干预案件的报告与备案

《监察法》要求，监察人员应当谨守本分、忠于职守，既不打听和干预监察事项的办理，也不向他人谈起和泄露任何关于自己办理的监察事项的内容。监察人员应当独立办案，不受其他人干预，监察系统内部的监察人员也不应该干预案件。若出现监察人员干预案件的情形，办理相应监察事项的监察人员应当按照有关规定及时向上级负责人报告。

其一，干预案件的情形。《监察法》第57条规定监察人员干预案情的情形包括打听案情、过问案件、说情干预三种。在"打听案情"中，由于监察委员会对于来自外部的直接干预有着严格防范措施，监察人员以外的人不通过内部的监察人员难以得知具体案件的案情，所以"打听案情"是指监察系统内部的监察人员对于不是自己办理、与自己无关的案件，试图通过询问，聊天等方式得到情报或者套取案件进展；"过问案件"是指监察领导人员或者上级监察人员对正在办理的案件的监察人员提出了解情况等要求，试图直接得知案情；"说情干预"是指监察人员通过"讲人情"，甚至直接通过送人情、以权相压等方式对办案监察人员进行威逼利诱，从而达到影响办案工作，改变监察结果的目的。[1]根据《监察法实施条例》第262条之规定,对监察人员打听案情、过问案件、说情干预的,办理监察事项的监察人员应当及时向上级负责人报告。有关情况应当登记备案。

发现办理监察事项的监察人员未经批准接触被调查人、涉案人员及其特定关系人,或者存在交往情形的,知情的监察人员应当及时向上级负责人报告。有关情况应当登记备案。

其二,报告备案主体与规制对象。根据《监察法》之规定,对于监察案件干预报告与备案制度,报告与备案的主体为办理监察事项的监察人员,对象则是其他监察人员干预案情的行为。可见,《监察法》采取了在监察机关内部构建报告、备案制度的方式,有利于保障办案的独立性与公正性。这项制度的良好运行虽依赖于监察系统内部人员的自觉性,但其监督效果并不会因此而打折扣,因为其动力机制在于,报告与备案实际上是对办理监察事项的监察人员的一种保护措施。

(三) 对监察人员违反规定接触有关人员的报告与备案

监察机关作为国家政治机关,是专门行使国家监察权的机关。[2]其这一属性意味着,国家监察机关监察人员的一举一动都带有政治色彩,担负着政治职责,承担着政治责任。由此,《监察法》规定了对监察人员违反规定接触有关人员的报告与备案制度,意在控制监察工作的渎职风险,保证监察工作的公平公正。

对监察人员违反规定接触有关人员的报告与备案,主要需要注意的是报告与登记备案的主体。《监察法》第57条第2款规定,对于监察人员违反规定接触有关人员的报告与备案,由"知情人"进行。而《监察法实施条例》第262条第2款明确了《监察法》中的"知情人"为"知情的监察人员",其应当及时向上级负责人报告。除此以外,笔者认为还应包括但不限于共同办理该监察事项的其他监察人员,还包括被调查人、涉案人员及其特定关系人或者其他人员。换言之,只要知晓办理监察事项的监察人员的不当行为和不法行为的,都应及时报告。

四、任职回避制度

监督和制约监察权的基本目的在于保障权力运行秩序不受各种因素的干扰。监察人员直接行使监察权,当其可能存在因身份与人际关系等因素导致可能影响公正处理监察事项的情形时,则应当采用回避制度,这是程序正义的内在要求。因为回避制度的核心即在于监察人员客观公正地处理监察事项,参与该案的监督、调查、处置活动,禁止与案件有任何形式的偏私、偏见,确保监察人员在"外观上的公正"。[3]

(一) 回避的类型

《监察法》设立回避制度有利于确保监察活动的公正性,符合"利益牵连应回避"

---

[1] 吴建雄、廖永安主编:《监察法学》,中国人民大学出版社2020年版,第202页。
[2] 闫鸣:"监察委员会是政治机关",载《中国纪检监察报》2018年3月8日。
[3] 谈江萍、饶兰兰:"我国刑事诉讼回避制度的完善",载《江西社会科学》2008年第9期。

之法理。就其类型而言，结合《刑事诉讼法》与《监察法实施条例》之相关规定，监察人员回避的类型有以下三种：

其一，自行回避。自行回避即监察人员在监察活动过程中遇有法定回避情形时，自行要求退出监察活动、主动向所在机关提出回避申请的制度。自行回避的特征在于回避的主动性。属于回避范围内的人员自行回避的，可以选择口头或书面方式提出，并说明其理由。口头提出申请的，应记录在案。

其二，要求回避。要求回避是指监察人员明知自己应当回避而不自行回避或者不知道、不认为自己应当回避而没有自行回避的，检举人、监察对象及其他有关人员有权要求他们回避。可见，能够提出回避申请的主体主要包括监察对象、检举人及其他人员，申请回避是他们的一项权利，这是因为他们与监察案件的处理结果有着直接利害关系。由此，监察人员在监察的各个阶段都有义务告知监察对象、检举人及其他有关人员有申请回避的权利；监察对象、检举人及其他有关人员申请监察人员回避的，可以口头或书面方式提出，并说明理由。

其三，指令回避。对于监察人员有法定回避情形而没有自行回避，监察对象、检举人和其他有关人员也没有申请回避的，监察机关应当依法决定其回避。《监察法》中没有规定指令回避的方式，但《监察法实施条例》第263条对其作出了规定。由此，指令回避应当适用于监察领域，作为自行回避和申请回避的重要补充。

其四，存在上述法定情形时，适用回避制度的监察人员主要是指调查人员，但线索处置、日常监督、审理等各部门人员如果存在可能影响相关工作等情形的，也应当予以回避。另外，就其影响与效力而言，监察人员回避后，不得参加有关调查、讨论、决定，也不得以任何形式施加影响。

（二）回避的情形

回避的情形也称回避的理由，是指适用回避应当具备的事实理由和根据。在国外，回避制度往往分为有因回避与无因回避，[1]但我国《监察法》并未规定无因回避，所有的回避都必须是有因回避。具体而言，根据《监察法》之相关规定，回避应当具体包含以下几种情形：

其一，监察人员是监察对象或者检举人的近亲属的。在监察事项中最为重要的当事人包括监察对象和检举人，前者是监察事项中所指向和针对的目标，没有了监察对象，监察事项也就脱离了实践性而成为空洞的理论性内容。后者则是监察事项的起点，监察事项的出发点就是检举人，通过检举人的检举举报，得到线索和材料，从而启动监察程序，正式进入监察事项的处理程序。而如果作为监察事项中监察对象或者检举人的近亲属参与了案件办理，由于血缘的羁绊和长期相处的感情，在办案过程中难免产生不利于工作的情绪，从而影响到监察事项的公正办理。

其二，监察人员担任过本案证人的。除监察对象、检举人之外，证人是与监察事

---

[1]《刑事诉讼法学》编写组：《刑事诉讼法学》，高等教育出版社2017年版，第90页。

项关系最为密切的人员，承担着提供证据推动调查继续进行的责任。尤其是作为证人的监察人员，其语言即成为证据，对整个案件发挥效力，成为监察人员掌握的证据之一，如果再参与办案，那么就是监察人员自己"提出"证据，自己办理案件，这将会导致监察工作难以被信任。

其三，监察人员本人或者他的近亲属与办理的监察事项有利害关系的。这种利害关系的存在，必然影响监察事项的处理结果，进而导致涉及监察人员及其近亲属的利益，或者有利，或者不利。而任意的结果都可能导致监察人员出于对自身利益的考量而非法干预监察事项，试图获得更多的利益或者避免对自己不利的后果，因而若存在利害关系，原则上就应当回避。

其四，有可能影响监察事项公正处理的其他情形的。这是一条兜底条款，囊括了其他未提到的或者难以列举的，有可能影响到监察事项的公正处理的情况。根据这一兜底条款，监察机关可以灵活地处理实践中的特殊情况。

五、脱密期管理与从业限制

根据《监察法》第 59 条规定，监察机关涉密人员离岗离职后，应当遵守脱密期管理规定，在辞职、退休 3 年内，不得从事与监察和司法工作相关联且可能发生利益冲突的职业。该条确立了监察人员脱密期管理与从业限制制度，其主要目的在于加强对监察人员的保密管理和从业限制，防止发生泄密问题，避免利益冲突。

（一）脱密期管理制度

监察工作涉及大量国家秘密和工作机密，因此建立健全脱密期管理制度十分必要，有利于严格防范监察人员在工作中接触的秘密因人员流动而流失，切实做到让保密责任与离岗离职的监察人员如影随形。具体而言，监察人员脱密期管理制度主要有以下几个方面的内容：

其一，脱密期管理的意涵与法律依据。"脱密期管理"，是指在一定期限内，从就业、出境等方面对离岗离职涉密人员采取限制措施。"离岗"，是指离开涉密工作岗位，仍在本机关、本单位工作的情形。"离职"，是指辞职、辞退、解聘、调离、退休等离开本机关、本单位的情形。换言之，监察人员如果工作涉密，那么在其离开监察机关的具体岗位或者不再履行监察职责后，应当严格遵守监察机关脱密期管理规定，严守保密义务，不得向他人泄露相关秘密。其法律依据在于《保守国家秘密法》第 38 条之规定，涉密人员离岗离职实行脱密期管理，在脱密期内，不得违反相关的规定，不得泄露国家秘密。

其二，脱密期管理期间的义务。脱密期管理期间，监察人员应当遵守下列规定：与原机关、原单位签订保密承诺书，遵守保密义务、不外泄所知晓的国家秘密的承诺；不得违规就业；按照个人有关事项报告的要求，向负责脱密期管理的机关单位进行重大事项报告；及时清退所持有和所使用的国家秘密载体和涉密信息设备，并办理相关移交手续；未经审查批准，不得擅自出国（境）；不得到境外驻华机构、组织或者外资企业工作；不得为境外组织或者外资企业及其人员提供劳务、咨询或者服务。[1]

其三，脱密期限的确定。脱密期的设定应当根据其接触、知悉监察机关秘密和国家秘密的密级、数量、时间等情况确定。一般情况下，核心涉密人员为3年至5年，重要涉密人员是2年至3年，一般涉密人员为1年至2年。脱密期自监察委员会批准涉密人员离开涉密岗位起计算。对特殊的高涉密度人员，可以依法设定超过上述期限的脱密期，甚至在就业、出境等方面予以终身限制。

其四，脱密期管理的负责单位与部门。涉密人员离岗的，脱密期管理由监察委员会的相应部门负责。涉密人员离开监察委员会、调入国家机关或者其他涉密单位的，脱密期管理应当由调入单位负责；属于其他情况的，应该由监察委员会、保密行政管理部门或者公安机关负责。离岗离职的监察委员会涉密人员应当积极主动配合有关涉密管理部门工作，自觉接受涉密管理和监督。

(二) 从业限制

监察人员掌握监察权这一重要权力，故而不仅要对监察人员在职期间的行为加以严格约束，而且要对监察人员辞职、退休后的行为作出一定限制，以避免监察人员在职期间利用手中权力为他人谋取利益换取辞职、退休后的回报，或在辞职、退休后利用其在原单位的影响力为自己或他人谋取不当利益。由此，确立监察人员的从业限制制度意义重大。就其具体内容而言，需要说明的主要有以下几点：

其一，从业限制的内容。这一问题主要有两个方面：一是监察人员的谨慎注意义务。对于"可能发生利益冲突的职业"，监察人员应当履行谨慎注意的义务，在离任3年之内，如果打算从事的职业与监察和司法工作有关，且可能引致他人怀疑与原工作内容产生利益冲突的，应当事先征求原单位同意。二是监察人员的从业限制期限长于法官和检察官。我国《法官法》第36条、《检察官法》第37条对法官和检察官的从业限制期限规定均为2年，但《监察法》规定的监察人员从业限制期限为3年，这主要是因为监察机关的监察对象具有广泛性，职权具有权威性，职能具有高效性；监察人员离任后的影响力更大、更持久，故其从业限制的时间也应更长。监察人员离任后担任原任职机关办理案件诉讼代理人或辩护人的限制。根据《监察法实施条例》第269条第2款之规定，在监察人员离任后，不得担任原任职监察机关办理案件的诉讼代理人或者辩护人，但是作为当事人的监护人或者近亲属代理诉讼或者进行辩护的除外。

其二，从业限制的适用对象。此处从业限制制度仅适用于监察人员因正常的辞职和退休而离职。换言之，如果监察人员是因辞退或开除而离职的，不适用这一从业限制的规定。这是因为，被辞退、被开除而自动离职的工作人员已经失去了良好的个人信誉，他们离职后即使从事与监察和司法工作相关联且可能发生利益冲突的职业，也难以在原单位发挥影响力。需要注意的是，脱密期管理制度中并无适用对象的此种限制，也就是说，检察机关涉密人员因被辞退、被开除而离职的，仍然要遵守关于脱密

---

[1] 国家保密局指导管理司："涉密人员离岗离职的保密管理"，载《保密工作》2015年第12期。

期管理的要求。

其三，从业限制与相关制度的区分。《监察法》中的从业限制既不同于《刑法》上的从业惩罚，也不同于《公务员法》《法官法》《检察官法》上的从业限制规定。《刑法修正案（九）》设置了从业惩罚制度，其目的在于犯罪预防，也是对因利用职业便利实施犯罪，或者实施违背职业要求的特定义务的犯罪被判处刑罚的犯罪人的一种惩罚措施。而《法官法》第22条与《检察官法》第23条则要求法官或者检察官不得兼任人民代表大会常务委员会的组成人员，不得兼任行政机关、司法机关以及企业、事业单位的职务，不得兼任律师。其规制的时间限定为从业期间而非从业结束后，是对法官或者检察官不得担任兼职的限制，其目的在于确保司法权独立行使和司法活动的廉洁性，以保障司法正常工作不受影响。而《监察法》上的从业限制规定只强调主动正常离职监察人员不应从事与监察和司法工作可能产生利益冲突的职业，而非具体指出不应从业的职业类型，其目的更为明确。

◇【法条链接】

一、《中华人民共和国监察法》（2018年）

第五十五条 监察机关通过设立内部专门的监督机构等方式，加强对监察人员执行职务和遵守法律情况的监督，建设忠诚、干净、担当的监察队伍。

【释义】本条是关于监察机关内部监督的规定。

规定本条的主要目的是加强监察机关内部监督，强化自律，严明纪律，建设一支让党放心、人民满意的监察队伍。

第五十六条 监察人员必须模范遵守宪法和法律，忠于职守、秉公执法，清正廉洁、保守秘密；必须具有良好的政治素质，熟悉监察业务，具备运用法律、法规、政策和调查取证等能力，自觉接受监督。

【释义】本条是关于监察人员在纪律规范和素质能力等方面要求的规定。

第五十七条 对于监察人员打听案情、过问案件、说情干预的，办理监察事项的监察人员应当及时报告。有关情况应当登记备案。

发现办理监察事项的监察人员未经批准接触被调查人、涉案人员及其特定关系人，或者存在交往情形的，知情人应当及时报告。有关情况应当登记备案。

【释义】本条是关于监察工作程序中防止干预案情的规定。

规定本条的目的是完善过程管控制度，避免出现干预案情、以案谋私、泄露案情的情况。这既是对监察人员的严格要求，也是真正的关心爱护。

第五十八条 办理监察事项的监察人员有下列情形之一的，应当自行回避，监察对象、检举人及其他有关人员也有权要求其回避：

（一）是监察对象或者检举人的近亲属的；

（二）担任过本案的证人的；

（三）本人或者其近亲属与办理的监察事项有利害关系的；

（四）有可能影响监察事项公正处理的其他情形的。

【释义】本条是关于回避制度的规定。规定本条的目的是尽可能消除相关人员参与案件的嫌疑，确保监察事项得到客观、公正、合法的处理，树立监察机关公正执法的良好形象。

第五十九条 监察机关涉密人员离岗离职后，应当遵守脱密期管理规定，严格履行保密义务，不得泄露相关秘密。

监察人员辞职、退休三年内，不得从事与监察和司法工作相关联且可能发生利益冲突的职业。

【释义】本条是关于监察人员脱密期管理和从业限制的规定。

二、《中华人民共和国监察法实施条例》（2021年）

第二百五十七条 监察机关实行严格的人员准入制度，严把政治关、品行关、能力关、作风关、廉洁关。监察人员必须忠诚坚定、担当尽责、遵纪守法、清正廉洁。

【释义】本条是关于监察人员准入制度、监察人员在纪律规范和素质能力等方面要求的规定。

第二百五十八条 监察机关应当建立监督检查、调查、案件监督管理、案件审理等部门相互协调制约的工作机制。

监督检查和调查部门实行分工协作、相互制约。监督检查部门主要负责联系地区、部门、单位的日常监督检查和对涉嫌一般违法问题线索处置。调查部门主要负责对涉嫌严重职务违法和职务犯罪问题线索进行初步核实和立案调查。

案件监督管理部门负责对监督检查、调查工作全过程进行监督管理，做好线索管理、组织协调、监督检查、督促办理、统计分析等工作。案件监督管理部门发现监察人员在监督检查、调查中有违规办案行为的，及时督促整改；涉嫌违纪违法的，根据管理权限移交相关部门处理。

第二百五十九条 监察机关应当对监察权运行关键环节进行经常性监督检查，适时开展专项督查。案件监督管理、案件审理等部门应当按照各自职责，对问题线索处置、调查措施使用、涉案财物管理等进行监督检查，建立常态化、全覆盖的案件质量评查机制。

第二百六十六条 监察机关应当对监察人员有计划地进行政治、理论和业务培训。培训应当坚持理论联系实际、按需施教、讲求实效，突出政治机关特色，建设高素质专业化监察队伍。

【释义】本条是关于监察机关对监察人员进行培训的相关要求。

第二百六十二条 对监察人员打听案情、过问案件、说情干预的，办理监察事项的监察人员应当及时向上级负责人报告。有关情况应当登记备案。

发现办理监察事项的监察人员未经批准接触被调查人、涉案人员及其特定关系人，或者存在交往情形的，知情的监察人员应当及时向上级负责人报告。有关情况应当登记备案。

【释义】本条规定了对监察人员干预案件的处理以及监察人员违反规定接触有关人员的处理。

第二百六十三条 办理监察事项的监察人员有监察法第五十八条所列情形之一的，应当自行提出回避；没有自行提出回避的，监察机关应当依法决定其回避，监察对象、检举人及其他有关人员也有权要求其回避。

选用借调人员、看护人员、调查场所，应当严格执行回避制度。

【释义】本条是关于指令回避的规定。指令回避适用于监察领域，作为自行回避和申请回避的重要补充。

三、《中华人民共和国法官法》（2019年）

第二十二条 法官不得兼任人民代表大会常务委员会的组成人员，不得兼任行政机关、监察机关、检察机关的职务，不得兼任企业或者其他营利性组织、事业单位的职务，不得兼任律师、仲裁员和公证员。

【释义】本条是对法官不得兼任人民代表大会常务委员会的组成人员，不得兼任行政机关、司法机关以及企业、事业单位的职务，不得兼任律师的规定。

第三十六条 法官从人民法院离任后两年内，不得以律师身份担任诉讼代理人或者辩护人。

法官从人民法院离任后，不得担任原任职法院办理案件的诉讼代理人或者辩护人，但是作为当事人的监护人或者近亲属代理诉讼或者进行辩护的除外。

法官被开除后，不得担任诉讼代理人或者辩护人，但是作为当事人的监护人或者近亲属代理诉讼或者进行辩护的除外。

【释义】本条是对于法官离任后从业限制的规定。

四、《中华人民共和国检察官法》（2019年）

第二十三条 检察官不得兼任人民代表大会常务委员会的组成人员，不得兼任行政机关、监察机关、审判机关的职务，不得兼任企业或者其他营利性组织、事业单位的职务，不得兼任律师、仲裁员和公证员。

【释义】本条是对检察官不得兼任人民代表大会常务委员会的组成人员，不得兼任行政机关、司法机关以及企业、事业单位的职务，不得兼任律师的规定。

第三十七条 检察官从人民检察院离任后两年内，不得以律师身份担任诉讼代理人或者辩护人。

检察官从人民检察院离任后，不得担任原任职检察院办理案件的诉讼代理人或者辩护人，但是作为当事人的监护人或者近亲属代理诉讼或者进行辩护的除外。

检察官被开除后，不得担任诉讼代理人或者辩护人，但是作为当事人的监护人或者近亲属代理诉讼或者进行辩护的除外。

【释义】本条是对于检察官离任后从业限制的规定。

第十七章 监察权的监督

【案例链接】

案例1：A某担任某县纪委书记、监委主任期间，不加强政治理论学习，不注重纪检监察业务学习，总热衷于当官做领导，不深入安排具体工作，不敢监督、不善于监督，总热衷于看县委书记"眼色"行事，经常喊着"自觉接受党委的领导，就是自觉接受县委书记的领导"的口号，经常打着"服务大局、维护稳定、促进发展"的旗号，曲意迎合县委书记意图，积极参与一些不该纪委监委深入参与的工作，大搞形象工程、政绩工程。而且自己还存在严重违纪问题，一边是积极表态贯彻执行中央"八项规定"精神，另一边却认为"中央'八项规定'管得太严太细了，饭该吃还是要吃，酒该喝还是要喝，只要不是太张扬，这种高压反腐的态势迟早都会减弱"，在个人住房、公务接待、宣传报道、出国考察等方面也不按规定执行，严重违反中央"八项规定"精神；对于发现的县委书记严重违反政治纪律和组织纪律的行为，既不提醒，也不向上级报告；在机关内部任人唯亲，搞团伙；热衷于工作中交朋结友，利用职务便利为他人在征地拆迁、违章建房、提职调动等方面谋取利益，多次接受他人宴请、收受他人贵重礼品。A某身为县纪委书记、监委主任，对党不忠诚、信仰不坚定、初心不再、私欲膨胀，以权谋私、执纪违纪，严重损害了纪检监察机关的良好形象，而且给所管辖地区的政治生态带来了十分恶劣的影响。相关问题被反映到市纪委监委后，市纪委监委依法对A某的严重问题立案审查调查，在查清事实后给予其开除党籍、开除公职处分。

案例2：某省纪委监委干部A某、B某是同年考入机关的年轻干部，二人曾经在当地同一所大学读书，工作后虽然分配在不同的审查调查部门，但曾多次一起参加培训、一起参加办案，结下了工作情谊。某日，该省纪委监委在调查某案件过程中，依法对行贿人、某私营企业主C某采取了留置措施，请其配合调查。不久，A某的亲戚D某找到A某，向其打听C某的情况，询问C某涉案严不严重、目前什么状况、交代了什么内容、还能不能放出来等。A某表示自己不参与这个案件、不知道具体情况，而且纪委监委有明确纪律要求，任何人不得对外泄露案情、也不得向他人打听自己不参与的案件情况、更不得干预他人办案。于是D某软磨硬泡、苦苦哀求，表示自己正与C某公司合作项目，如果C某不能早点出来继续合作，自己将面临重大亏损，但如果A某能帮助打听点情况，D某至少可以早做准备，尽量减少损失，为此D某还多次到A某家送给A某父亲名贵烟酒、贵重礼品等财物。后A某碍于情面、多方打听，得知此案正是B某负责参与，遂向B某打听对C某的调查情况，并请B某"在政策允许的情况下适当关照C某"。B某听说A某请求后，犹豫不决、未作表态，只是说"我先了解下最新的进展情况后再告诉你"。此后，B某反复纠结、徘徊不定，无法确定是否应当将案件情况告诉A某，后来经过认真思考，终于决定还是不能违反纪律要求将案情告诉A某，并按程序将此事向领导进行了汇报。后有关领导对A某进行了严肃批评，并按程序对其进行了处理。

案例3：某县纪委监委认真履职，深入基层严肃查处损害群众利益的违纪违法和职务犯罪行为,近期对巡察发现的多起乡镇干部和村干部虚报冒领补助款的问题线索进行了调查。调查过程中,县纪委监委审查调查部门工作人员 A 某发现有一起案件的举报人是其姐夫 B 某。B 某系某村普通村民,与其妻(即 A 某姐姐)靠种地为生,近期在购买农机过程中被乡镇有关人员冒领了农机补贴,B 某遂向县纪委监委信访部门进行了检举,县纪委监委高度重视立即进行核实,指派了 A 某等人进行调查。A 某得知举报人是姐夫 B 某后,当即向领导进行了汇报,申请回避,县纪委监委领导研究后认为此种情况 A 某确实应当回避,遂决定改派 A 某参加其他调查工作。A 某在参加其他调查工作中又发现,有一起冒领补助款的案件涉及父母原来老家村里的几名村干部,这几名村干部此前还与他父母在村里做过邻居。几名村干部得知被县纪委监委调查而且 A 某参与调查后,多次到县里找 A 某父母说情,希望 A 某能够对他们网开一面,企图逃避调查和惩处。对此情况,A 某向领导如实报告后继续对涉嫌违纪违法的几名村干部进行了充分调查和公正处理,并将追回的几十万元补贴款如数退给了该村受侵害的其他村民。A 某父母对 A 某秉公调查的工作给予了大力支持和充分理解,A 某虽然得罪了几个违纪违法的村干部,但为村里其他大多数老百姓挽回了损失,得到了村民们的普遍称赞。

案例 4:某省纪委监委审查调查室主任 A 某,2017 年正式办理了退休手续。退休回家后,A 某感觉比较清闲、又没有别的事情可做,于是捡起了年轻时候的爱好,撰写一些文学作品向报刊投稿。没想到其中的几篇文章还真被有关杂志刊登,不仅获得了一些稿酬,也在左邻右舍、亲朋好友面前增加了一些谈资。这样一来更加激发了 A 某的写作热情。某天他脑中灵光一现,觉得自己长期在纪检监察战线工作,亲身参与了一系列大案要案的办理工作,为什么不将这些内容写下来呢,一方面可以获得丰厚稿酬,另一方面还可以好好宣传纪检监察的反腐败工作。经过一段时间潜心梳理,很快 A 某将自己参与办理的一些重要案件过程整理写出来,形成了《轰动一时的××案件始末》《××腐败案件的前前后后》等初稿,准备向某知名杂志社投稿。投稿前,A 某将书稿通过机关离退休干部管理局报给了省纪委监委领导同志审阅。省纪委监委领导同志审阅后发现,A 某作品中的大量内容涉及一些重要案件的查办过程和认定事实及细节,这些内容比较敏感或带有密级,至今尚未对外公开。鉴此,省纪委监委领导班子认真研究后决定,不同意 A 某公开发表上述内容,对相关文稿按规定销毁,由机关离退休干部管理局向 A 某做好解释说服工作,并安排机关离退休干部管理局在工作中加强管理,提醒退休干部对离岗离职后保密义务的严格遵循,不得泄露相关秘密。

第十八章 监察对象的权利救济

"尊重和保障人权"是一项基本的宪法原则，也是一项重要的宪法规范。权利的充分保障需要权力监督与司法救济的双轮驱动。[1]根据宪法制定的《监察法》贯彻了"尊重和保障人权"之宪法原则和宪法规范，不仅提供了对监察主体行使监察权的监督路径，同样规定了以复审、复核为内核的监察对象权利救济机制。根据《监察法》第49条，监察对象对监察机关作出的涉及本人的处理决定不服的，可以在收到处理决定之日起1个月内，向作出决定的监察机关申请复审，复审机关应当在1个月内作出复审决定；监察对象对复审决定仍不服的，可以在收到复审决定之日起1个月内，向上一级监察机关申请复核，复核机关应当在2个月内作出复核决定。复审、复核期间，不停止原处理决定的执行。复核机关经审查，认定处理决定有错误的，原处理机关应当及时予以纠正。

第一节 复审、复核制度

复审、复核是监察决定作出后的救济措施。其目的有二：一方面，贯彻尊重和保障人权的宪法原则和规范，监督监察机关依法行使职权，及时、有效地处理合理充分的申诉请求，及时地纠正不正确或不合理的处理决定，使得监察对象的合法权益得以充分维护，避免国家公权力对公民基本权利的不当克减；[2]另一方面是为了维护监察机关的正常工作活动，防止监察对象滥用复审、复核权。

一、复审和复核的申请程序

复审与复核制度是监察对象申诉的双重递进保险措施。

其一，复审是交由作出监察决定的监察机关重新审查调查材料，再次判断监察对象是否存在职务方面的违法或犯罪的行为，根据审查结果作出维持原先处理决定或者作出新处理决定。

其二，复核是监察对象对复审决定结果不服，向作出复审决定的上一级监察机关

---

[1] 王昭华、江国华："法理与逻辑：职务违法监察对象权利救济的司法路径"，载《学术论坛》2020年第2期。

[2] 江国华、何盼盼："中国特色监察法治体系论纲"，载《新疆师范大学学报（哲学社会科学版）》2018年第5期。

申请，对案件材料作出再次审核，判断监察机关的处理决定、复审决定的准确性，进而作出维持原先复审决定的复核决定或者责令原处理机关及时纠正的复核决定。相比于复审程序，复核程序的门槛更高，是监察对象申诉程序的最终保障。其特点在于变更监察机关，交由上一级监察机关审核，更为客观，从而减少部分监察人员违反法律要求进行调查和作出调查决定、复审决定的情形。根据《监察法实施条例》第210条之规定，上一级监察机关的复核决定和国家监察委员会的复审、复核决定为最终决定。

其三，复审、复核机关承办部门应当成立工作组，调阅原案卷宗，必要时可以进行调查取证。承办部门应当集体研究，提出办理意见，经审批作出复审、复核决定。决定应当送达申请人，抄送相关单位，并在一定范围内宣布。复审、复核期间，不停止原处理决定的执行。复审、复核机关经审查认定处理决定有错误或者不当的，应当依法撤销、变更原处理决定，或者责令原处理机关及时予以纠正。复审、复核机关经审查认定处理决定事实清楚、适用法律正确的，应当予以维持。

其四，《监察法》第49条对复审、复核申请提起的期限作了明确规定。所谓复审、复核申请提起的期限，是指复审、复核申请人行使复审申请权、复核申请权的受到法定期间的限制。如果逾期提起申请，则通过复审、复核程序请求监察机关审查的权利即行丧失。法谚有云，法律不保护躺在权利上睡觉的人。如果不及时行使法律赋予的权利，那么就要面临利益受损的后果。[1]规定复审、复核权的提请期限的目的在于督促监察对象及时寻求救济。根据《监察法实施条例》第210条之规定，监察对象对监察机关作出的涉及本人的处理决定不服的，可以在收到处理决定之日起一个月以内，向作出决定的监察机关申请复审。复审机关应当依法受理，并在受理后1个月以内作出复审决定。监察对象对复审决定仍不服的，可以在收到复审决定之日起1个月以内，向上一级监察机关申请复核。复核机关应当依法受理，并在受理后2个月以内作出复核决定。

其五，根据《监察法》第49条之规定，复审、复核的范围仅限于涉及本人的处理，即监察对象的所在单位，不在复审、复核的范围之中。所谓涉及本人的处理，即监察机关依照《监察法》第45条第1款至第4款的处理方式作出的处理决定，这些决定与监察对象直接相关，涉及其切身利益与基本权利，关系到其人身自由、工作评价等。因此监察对象有权对涉及本人的内容进行申诉。但对于监察对象所涉单位的处理，仅限于向其作出问责决定、提出问责建议、监察建议等。相对于监察对象的处理方式而言，这些处理方式是间接的，对单位的影响力较小，并可以通过监察对象本人的申诉结果再进行处理。

其六，为了充分发挥复审、复核的纠错功能，应当坚持复审复核与调查审理分离，原案调查、审理人员不得参与复审复核，以免相关人员在此前的处理程序中已经形成的固定看法影响复审、复核的客观性和公正性。根据《监察法实施条例》第211条之

---

[1] 国家法官学院案例开发研究中心编：《中国法院2014年度案例5 合同纠纷》，中国法制出版社2014年版，第30页。

规定,坚持复审复核与调查审理分离,原案调查、审理人员不得参与复审复核。

二、复审、复核程序的效力限制

根据《监察法》第49条之规定,复审、复核期间,不停止原处理决定的执行。这是指在监察对象对监察机关作出的监察决定、复审决定不服而提起复审、复核申请的期间内,监察机关不停止原先对监察对象作出的处理决定的执行。规定复审、复核期间不停止原决定的执行,是因为:监察机关作出的监察决定和复审决定,是依法作出的监察行为,非依法律不得随意变更与撤销,对监察对象和监察机关均有拘束力,双方都必须严格执行。而复审、复核申请的提起,只是复审、复核申请人对监察决定、复审决定合法或者适当与否的一种主观判断,并不意味着监察决定、复审决定就一定违法或者不当。如果只要复审、复核申请人一提起复审、复核申请,在复审、复核期间就停止对原决定的执行,那就势必会造成只凭复审、复核申请人的申请就可以否定或者中断监察机关依法作出的监察决定、复审决定的效力的后果,这样必然会使法律秩序、监察工作秩序处于不确定的状态,国家利益和公共利益会不可避免地受到损害。因此,在复审、复核期间不停止原决定的执行,有利于保障监察机关代表国家作出的监察决定、复审决定的效力,维护监察机关的工作秩序,维护法律秩序和公共利益。同时,作这样的规定也不影响对复审、复核申请人合法权益的保护,因为变更或者撤销监察决定、复审决定的申请提出后,监察机关经过复审、复核认为原决定不适当的,可以作出变更或者撤销原决定的复审、复核决定。这一复审、复核决定的效力始于原决定生效之时。因此,无论从时间上还是实际后果看,复审、复核期间不停止原决定的执行,并不影响复审复核申请人行使其权利,维护其合法权益。

三、复审、复核程序的处理方式

根据《监察法实施条例》第211条之规定,复审、复核机关经审查认定处理决定有错误或者不当的,应当依法撤销、变更原处理决定,或者责令原处理机关及时予以纠正。复审、复核机关经审查认定处理决定事实清楚、适用法律正确的,应当予以维持。这里受理复审、复核的机关,主要指的是对处理决定进行复审的监察机关与对复审决定进行复核的原监察机关的上一级监察机关。所谓"处理决定有错误",指的是监察机关经过立案调查,认定监察对象存在职务违法犯罪行为并依照《监察法》第45条进行处置,但经过监察对象申诉,发现调查结果与案件事实存在较大偏差,或者有充足证据证明调查结果有明显错误的情形。因此,"处理决定有错误"应当是调查结果的实体性错误,并非调查程序上的错误。

复审、复核机关需要在一定期限内对复审、复核申请作出处理决定。这样可以更好地避免复核、申诉久拖不决,有利于保护被监察人员的合法权益,也有利于监察机关提高办事效率,[1]体现了法治和人权保障的基本要求。其中,复审机关作出复审决

---

[1] 张柏林主编:《〈中华人民共和国公务员法〉释义》,中国人事出版社2005年版,第209页。

定应当在一个月内；而复核机关作出复核决定应当在两个月内。

原处理机关及时予以纠正是指作出处理决定的监察机关通过复审发现调查结果存在问题，应当立即撤回或者修改处理决定或原处理机关的上一级监察机关通过复核发现复审结果有错误需要立即撤回或者修改复审决定的情形。一旦发现确有错误，本着有错必纠的原则，原处理机关一定要及时纠正。[1]

◇【法条链接】

一、《中华人民共和国监察法》（2018年）

第四十九条 监察对象对监察机关作出的涉及本人的处理决定不服的，可以在收到处理决定之日起一个月内，向作出决定的监察机关申请复审，复审机关应当在一个月内作出复审决定；监察对象对复审决定仍不服的，可以在收到复审决定之日起一个月内，向上一级监察机关申请复核，复核机关应当在二个月内作出复核决定。复审、复核期间，不停止原处理决定的执行。复核机关经审查，认定处理决定有错误的，原处理机关应当及时予以纠正。

【释义】 本条是对监察机关复审、复核申诉程序的规定，其目的在于保障被调查对象必要的申诉权和监察机关处理决定的合法性与准确性。本条主要规定了监察对象申请复审和复核的必要程序、产生的法律效力与法律后果。

二、《中华人民共和国监察法实施条例》（2021年）

第二百一十条 监察对象对监察机关作出的涉及本人的处理决定不服的，可以在收到处理决定之日起一个月以内，向作出决定的监察机关申请复审。复审机关应当依法受理，并在受理后一个月以内作出复审决定。监察对象对复审决定仍不服的，可以在收到复审决定之日起一个月以内，向上一级监察机关申请复核。复核机关应当依法受理，并在受理后二个月以内作出复核决定。

上一级监察机关的复核决定和国家监察委员会的复审、复核决定为最终决定。

第二百一十一条 复审、复核机关承办部门应当成立工作组，调阅原案卷宗，必要时可以进行调查取证。承办部门应当集体研究，提出办理意见，经审批作出复审、复核决定。决定应当送达申请人，抄送相关单位，并在一定范围内宣布。

复审、复核期间，不停止原处理决定的执行。复审、复核机关经审查认定处理决定有错误或者不当的，应当依法撤销、变更原处理决定，或者责令原处理机关及时予以纠正。复审、复核机关经审查认定处理决定事实清楚、适用法律正确的，应当予以维持。

坚持复审复核与调查审理分离，原案调查、审理人员不得参与复审复核。

---

[1]《中华人民共和国公务员法释义》编写组编：《中华人民共和国公务员法释义》，中国法制出版社2005年版。

三、《中华人民共和国公职人员政务处分法》(2020年)

第五十七条 有下列情形之一的,复审、复核机关应当撤销原政务处分决定,重新作出决定或者责令原作出决定的监察机关重新作出决定:

(一) 政务处分所依据的违法事实不清或者证据不足的;

(二) 违反法定程序,影响案件公正处理的;

(三) 超越职权或者滥用职权作出政务处分决定的。

【释义】本条是关于复审、复核机关撤销原政务处分决定的规定。

第五十八条 有下列情形之一的,复审、复核机关应当变更原政务处分决定,或者责令原作出决定的监察机关予以变更:

(一) 适用法律、法规确有错误的;

(二) 对违法行为的情节认定确有错误的;

(三) 政务处分不当的。

【释义】本条是关于复审、复核机关变更原政务处分决定的规定。

第五十九条 复审、复核机关认为政务处分决定认定事实清楚,适用法律正确的,应当予以维持。

【释义】本条是关于复审、复核机关维持原政务处分决定的规定。

四、《中华人民共和国公务员法》(2018年)

第九十五条 公务员对涉及本人的下列人事处理不服的,可以自知道该人事处理之日起三十日内向原处理机关申请复核;对复核结果不服的,可以自接到复核决定之日起十五日内,按照规定向同级公务员主管部门或者作出该人事处理的机关的上一级机关提出申诉;也可以不经复核,自知道该人事处理之日起三十日内直接提出申诉:

(一) 处分;

(二) 辞退或者取消录用;

(三) 降职;

(四) 定期考核定为不称职;

(五) 免职;

(六) 申请辞职、提前退休未予批准;

(七) 不按照规定确定或者扣减工资、福利、保险待遇;

(八) 法律、法规规定可以申诉的其他情形。

对省级以下机关作出的申诉处理决定不服的,可以向作出处理决定的上一级机关提出再申诉。

受理公务员申诉的机关应当组成公务员申诉公正委员会,负责受理和审理公务员的申诉案件。

公务员对监察机关作出的涉及本人的处理决定不服向监察机关申请复审、复核的,按照有关规定办理。

【释义】 本条是对公务员申诉的规定。

第九十六条 原处理机关应当自接到复核申请书后的三十日内作出复核决定,并以书面形式告知申请人。受理公务员申诉的机关应当自受理之日起六十日内作出处理决定;案情复杂的,可以适当延长,但是延长时间不得超过三十日。

复核、申诉期间不停止人事处理的执行。

公务员不因申请复核、提出申诉而被加重处理。

【释义】 本条是对复核期限的规定。

第二节 申诉制度

根据《宪法》第 41 条的规定,申诉是宪法规定的公民基本权利。因此,监察机关受理申诉不仅是法律赋予的职权,更是法定的义务。[1]公民申诉权的确立,本质上是现代民主国家从宪法的高度赋予处于弱势地位的公民防范国家权力违法侵害之权力,对于治权(力)和维权(利)具有不可或缺的重要作用。[2]可以说,申诉制度是救济制度不可或缺的组成部分。

一、申诉制度的内涵

《监察法》第 60 条规定,相关调查措施实施过程中,若调查人的人身权、财产权等合法权益受到侵害的,被调查人及其近亲属有权申诉。这一规定是具体落实宪法申诉权,维护宪法权威的重要表现。其不仅规定了申诉权的具体内容,也规定了监察机关应当采取纠正措施,体现了有权利必有救济的对人民负责的原则。[3]同时,申诉权的行使也可以在监察机关内部以及上下监察机关之间形成监督张力,有利于对监察权形成有效的内部监督。[4]

二、申诉制度的适用情形

具体而言,《监察法》第 60 条第 1 款规定了被调查人及其近亲属申诉权的范围。被调查人不单是指被监察对象,还包括配合调查的相关人员。根据《监察法实施条例》第 283 条,"近亲属"是指夫、妻、父、母、子、女、同胞兄弟姊妹,这一规定与《刑事诉讼法》第 108 条的规定相同,体现了国家监察与刑事司法的衔接。因此,《监察法》第 60 条规定的被调查人的近亲属与《刑事诉讼法》规定的同意。这里的"子女",不仅指婚生子女,也包括非婚生子女;"同胞兄弟姊妹",不仅指同父同母的兄弟

---

[1] 徐静琳主编:《行政法与行政诉讼法学》(第 3 版),上海大学出版社 2013 年版,第 119~121 页。

[2] 茅铭晨:"论宪法申诉权的落实和发展",载《现代法学》2002 年第 6 期。

[3] 《中华人民共和国公务员法释义》编写组编:《中华人民共和国公务员法释义》,中国法制出版社 2005 年版,第 192 页。

[4] 刘素梅:"国家监察权的监督制约体制研究",载《学术界》2019 年第 1 期。

姊妹，也包括同父异母或同母异父的兄弟姊妹。[1]在此基础上，《监察法》列举了五种可以申诉的违法行为：

其一，留置法定期限届满，不予以解除的。根据《监察法》第22条的规定，留置措施是监察机关可以采取的法定调查措施，监察人员依法对于严重职务违法和职务犯罪的人员根据需要采用留置措施，以便进一步调查其重大问题。但根据《监察法》第43条的规定，监察委员会采用留置措施应该慎重，并且需经监察机关领导集体研究决定。且留置措施有着严格的时限要求，《监察法》明确规定留置时间以3个月为限。在特殊情况下，留置期间可在原先3个月的基础上可以延长一次，延长时间不得超过3个月。监察机关发现留置措施不当的，应当及时予以解除。根据上述条文，有着严格时限要求的留置措施，在达到规定时间之后应当依法予以解除。如果留置法定期限届满而不予以解除，那么该行为就有违法的嫌疑，被留置人及其近亲属可以向监察机关提出申诉，以要求监察机关立刻依法解除留置措施。

其二，查封、扣押、冻结与案件无关的财物的。财产权是中华人民共和国公民的基本权利，非经法定程序不受侵犯。监察机关在工作中使用查封、扣押、冻结财物的手段进行调查的，应当充分确认行为的合法性与合理性。查封、扣押、冻结是指《监察法》第25条规定的"监察机关在调查过程中，可以调取、查封、扣押用以证明被调查人涉嫌违法犯罪的财物、文件和电子数据等信息"和第23条规定的"监察机关调查涉嫌贪污贿赂、失职渎职等严重职务违法或者职务犯罪，根据工作需要，可以依照规定查询、冻结涉案单位和个人的存款、汇款、债券、股票、基金份额等财产"。如果超出《监察法》规定的范围，任意查封、扣押、冻结与案件无关的财物，就属于《监察法》第60条第2款规定的情形。

其三，应当解除查封、扣押、冻结措施而不解除的。根据《监察法》第23条第2款之规定，经查明冻结的与案件无关的财产，应当在3日内解除冻结、予以归还。根据该法第25条第3款之规定，经查明查封、扣押的与案件无关的财物，应当在3日内解除查封、扣押，予以退还。上述条文明确规定了监察机关及其工作人员对于冻结、查封、扣押的财物经查明与案件无关的应当在3日内解除冻结、查封、扣押，并且予以退还。对于上述行为应当解除而不予解除的，被调查人及其近亲属有权提出申诉。该规定有利于公民督促监察机关依法行政，及时解除对于与案件无关财物的冻结、查封、扣押措施，以免出现违纪违法风险。

其四，贪污、挪用、私分、调换以及违反规定使用查封、扣押、冻结的财物的。贪污、挪用、私分、调换以及违规使用查封、扣押、冻结的财物属于违法行为并涉嫌犯罪行为，被调查人及其近亲属有权向监察机关提出申诉并提供线索和证据，监察机关应当依法受理申诉，并通过证据和线索开展内部监察程序。

其五，其他违反法律法规、侵害被调查人合法权益的行为。这一规定是兜底条款，

---

[1] 万毅、林喜芬编著：《刑事诉讼法》，清华大学出版社2010年版，第17页。

目的在于全面保护被调查人的合法权益。除了前四项规定的情形外，对于其他侵害被调查人合法权益的行为，被调查人及其近亲属也可以提出申诉。

三、申诉的处理

《监察法》第 60 条第 2 款是关于申诉处理程序的规定。基于保护被调查人合法权益的目的，申诉的处理须在一定期限内完成。申诉作为被调查人的救济手段，属于矫正正义的范畴，救济应当是有效率的。如果被调查人在规定期限内提出申诉却迟迟得不到处理，权利受侵害人的争议无法及时实现或者无法实现，那么申诉这种救济制度存在的合理性和正当性将备受质疑。[1]据此，《监察法》规定了申诉的两种处理模式：一是原监察机关处理。被调查人及其近亲属对于监察机关及其工作人员具有前述情形之一的，可以向该机关提出申诉。受理申诉的监察机关应当在受理申诉之日起一个月内作出处理决定。二是上一级监察机关处理。上一级监察机关对下级监察机关负有领导职责，申诉人对受理申诉的监察机关作出的处理决定不服的，可以在收到处理决定之日起在规定时间一个月内向上一级监察机关申请复查，上一级监察机关应当在收到复查申请之日起在规定时间两个月内作出处理决定，情况属实的，应当责令下级监察机关予以纠正并作出合法合理的处理结果。值得注意的是，申诉人对处理决定不服的，向上一级监察机关申请复查同样有期限的限制。申诉人在法定期间内不主张其个人权利的，丧失该项该次权利，但是否主张权利是其个人的自由。[2]

◇【法条链接】

一、《中华人民共和国监察法》（2018 年）

第六十条 监察机关及其工作人员有下列行为之一的，被调查人及其近亲属有权向该机申诉：

（一）留置法定期限届满，不予以解除的；

（二）查封、扣押、冻结与案件无关的财务的；

（三）应当解除查封、扣押、冻结措施而不解除的；

（四）贪污、挪用、私分、调换以及违反规定使用查封、扣押、冻结的财物的；

（五）其他违反法律法规、侵害被调查人合法权益的行为。

受理申诉的监察机关应当在受理申诉之日起一个月内作出处理决定。申诉人对处理决定不服的，可以在收到处理决定之日起一个月内向上一级监察机关申请复查，上一级监察机关应当在收到复查申请之日起二个月内作出处理决定，情况属实的，及时予以纠正。

【释义】 本条是关于申诉制度的规定。规定本条的主要目的是保护被调查人的合法

---

[1] 沈太霞：《人权的守卫者——欧洲人权法院个人申诉制度》，暨南大学出版社 2014 年版，第 29 页。

[2] 高家伟：《公正高效权威视野下的行政司法制度研究》，中国人民公安大学出版社 2013 年版，第 435～437 页。

权益，强化对监察机关及其工作人员的监督管理。

二、《中华人民共和国监察法实施条例》（2021 年）

第二百七十二条 被调查人及其近亲属认为监察机关及监察人员存在监察法第六十条第一款规定的有关情形，向监察机关提出申诉的，由监察机关案件监督管理部门依法受理，并按照法定的程序和时限办理。

【释义】本条是关于监察申诉制度的相关规定。

三、《中华人民共和国宪法》（2018 年）

第四十一条 中华人民共和国公民对于任何国家机关和国家工作人员，有提出批评和建议的权利；对于任何国家机关和国家工作人员的违法失职行为，有向有关国家机关提出申诉、控告或者检举的权利，但是不得捏造或者歪曲事实进行诬告陷害。

对于公民的申诉、控告或者检举，有关国家机关必须查清事实，负责处理。任何人不得压制和打击报复。

由于国家机关和国家工作人员侵犯公民权利而受到损失的人，有依照法律规定取得赔偿的权利。

【释义】本条是关于公民对国家机关及其工作人员的监督和取得赔偿权利的规定。

第三节 监察赔偿

作为国家机关，若监察机关在行使职权中造成监察对象的合法权益受损，则监察对象有权依法要求国家赔偿。《监察法》第 67 条所指的赔偿通常是指监察机关对公民、法人或者其他组织的人身权、财产权造成的直接损失给予赔偿，其中主要方式是支付赔偿金，若能够返还财产或者恢复原状的，予以返还财产或者恢复原状。对公民造成精神损害的，应当在侵权行为影响的范围内，为受害人消除影响，恢复名誉，赔礼道歉；后果严重的，应当依法支付相应的精神损害抚慰金。

一、监察赔偿的适用情形

结合《监察法》第 65 条的规定，监察机关及其工作人员可能给公民、法人和其他组织的合法权益造成损害的行为主要包括以下几类情形：一是未经批准、授权处置问题线索，发现重大案情隐瞒不报，或者私自留存、处理涉案材料的；二是用职权或者职务上的影响干预调查工作、以案谋私的；三是违法窃取、泄露调查工作信息，或者泄露举报事项、举报受理情况以及举报人信息的；四是对被调查人逼供、诱供，或者侮辱、打骂、虐待、体罚或者变相体罚的；五是违反规定处置查封、扣押、冻结财物的；六是违反规定发生办案安全事故，或者发生安全事故后隐瞒不报、报告失实、处置不当的；七是违反规定采取留置措施的；八是违反规定限制他人出境，或者不按规定解除出境限制的；九是其他滥用职权、玩忽职守、徇私舞弊的行为。由此，《监察法实施条例》第 280 条第 1 款规定："监察机关及其工作人员在行使职权时，有下列情形之一的，受害人可以申请国家赔偿：（一）采取留置措施后，决定撤销案件的；（二）违法没收、追缴或者违法查封、扣押、冻结财物造成损害的；（三）违法行使职权，造成被调查人、涉案人员或者证人身体伤害或者死亡的；（四）非法剥夺他人人身自由的；（五）其他侵犯公民、法人和其他组织合法权益造成损害的。"

二、监察赔偿的要件

从本质上说，不论是刑事赔偿与行政赔偿，还是此处的监察赔偿，赔偿责任最终由国家承担，赔偿费用由国家支付。监察机关是专门行使监察权的部门，因其履行职责构成侵权，应承担赔偿责任时，必须具备的要件是：其一，对监察对象的损害必须是监察机关及其工作人员违法行使职权造成的。所谓"行使职权"，是指监察机关及其工作人员依据职责和权限所进行的活动。监察机关及其工作人员从事与职权无关的民事活动、个人行为造成的损害，国家不承担赔偿责任。其二，监察对象的损害范围限于合法权益，必须是公民、法人和其他组织受到法律保护的权益受到损害才能提请国家赔偿。其三，监察对象的损害必须是监察机关及其工作人员的违法行为造成的，违法行为与损害结果二者之间存在因果关系。[1]根据《国家赔偿法》的规定，违法行为既包括监察机关及其工作人员行使职权时侵犯人身权的行为，也包括侵犯财产权的行为。这些行为对公民、法人和其他组织造成损害的，由国家赔偿。其四，对监察对象造成的损害必须是现实已经产生或者必然产生的，不是想象的、虚拟的；是直接的，不是间接的。其五，赔偿是法律规定的。国家赔偿责任是一种法定责任，只有满足了法律规定的各项条件，国家才予以赔偿。[2]

三、监察赔偿的程序

有权申请赔偿的主体为受害人，受害人已经死亡的则为其继承人和其他有扶养关系的亲属。以上人员提出赔偿请求，应当依法定程序在法定范围和期限内提出。对于法定条件和期限未满足的，或者不属于法定赔偿范围的，国家不负赔偿责任。赔偿请求人认为权利受到侵害时，应先向赔偿义务机关即造成损害的监察机关提出赔偿请求，并递交申请书，监察机关应当依据《国家赔偿法》及其他有关规定予以处理。在《国家赔偿法》对于监察赔偿的规定尚付阙如时，可以参照适用刑事赔偿程序，当赔偿请求人不服赔偿义务机关的处理时，还可以向其上一级监察机关申请复议，若对复议决定仍不认可的则可以诉诸司法，由复议机关所在地的同级法院赔偿委员会作出最终决定。[3]

---

[1] 岳光辉编著：《国家赔偿法实例说》，湖南人民出版社2000年版，第32~34页。

[2] 中纪委驻国家工商行政管理局纪检组、监察部驻国家工商行政管理局监察局编著：《工商行政管理机关执法监察指要》，工商出版社1997年版，第354~355页。

[3] 王青斌："论监察赔偿制度的构建"，载《政法论坛》2019年第3期。

◇【法条链接】

一、《中华人民共和国监察法》(2018 年)

第六十七条 监察机关及其工作人员行使职权,侵犯公民、法人和其他组织的合法权益造成损害的,依法给予国家赔偿。

【释义】本条是关于违反本法的赔偿责任的规定。

二、《中华人民共和国国家赔偿法》(2012 年)

第二条 国家机关和国家机关工作人员行使职权,有本法规定的侵犯公民、法人和其他组织合法权益的情形,造成损害的,受害人有依照本法取得国家赔偿的权利。

本法规定的赔偿义务机关,应当依照本法及时履行赔偿义务。

【释义】本条是对国家赔偿权利和义务的规定。根据本条规定,享有国家赔偿权的主体为受国家机关和国家机关工作人员行使职权造成损害的受害人,包括公民、法人和其他组织。另外,负有赔偿义务的主体是本法规定的赔偿义务机关。

第三十二条 国家赔偿以支付赔偿金为主要方式。

能够返还财产或者恢复原状的,予以返还财产或者恢复原状。

【释义】本条是对国家赔偿方式的规定。

第三十九条第一款 赔偿请求人请求国家赔偿的时效为两年,自其知道或者应当知道国家机关及其工作人员行使职权时的行为侵犯其人身权、财产权之日起计算,但被羁押等限制人身自由期间不计算在内。在申请行政复议或者提起行政诉讼时一并提出赔偿请求的,适用行政复议法、行政诉讼法有关时效的规定。

【释义】本条是对国家赔偿失效的规定。

第十九章 监察责任

有权必有责、有责要担当、失责必追究。权责统一，失责必究，是确保权力在法治轨道上运行的关键，明确权责关系，对权力的获得、运行及运行的结果进行必要的管理、制约和监督，是使权力依规运行的必要举措。故而，法律责任成为法治法律文本中不可或缺的组成部分，是法律得以正确实施的重要保障。根据《监察法》第七章及第八章之相关规定，违反《监察法》之法律责任涉及被监察单位和人员、监察机关及监察人员的责任。

第一节 监察人员失职失责责任

孟德斯鸠曾言："一切有权力的人都容易滥用权力，这是万古不易的一条经验。有权力的人们使用权力一直到遇有界限的地方才休止。"[1]因此，对监察机关及其人员也应予以监督。这主要包括两层要求，一是监察委员会作为国家监察机构，凡是行使公权力的公职人员都应当属于监察权覆盖范畴，避免出现监督空白和监督盲区；二是应当加强对监察委员会自身的监督，防止监察委员会演变为不受控制的超级机构。[2]

一、监察人员失职失责行为之情形

根据《监察法》第61条之规定，监察人员失职失责行为之情形主要涉及如下内容：

（一）立案依据不充分或者失实

结合《监察法》关于初核及立案之规定，立案依据是指监察机关履职中发现的或者有关单位、组织或个人向监察机关提交的有关监察对象违反相关法律法规行为的线索和材料。因而，对该线索和材料进行充分核实，则直接决定着能否立案。如若调查工作结束后，发现立案依据不充分或者失实，势必会产生以下方面不利后果：①降低监察工作效率。长时间的调查工作便等同于做了无用功，严重影响监察工作的继续顺利进行。②侵犯被监察对象的权利。发现存在立案依据不充分或者失实等情况，但已对被监察对象采取处分措施，则侵犯了当事人的权利。

---

[1] [法]孟德斯鸠：《论法的精神》，张雁深译，商务印书馆1961年版，第154页。

[2] 马怀德："《国家监察法》的立法思路与立法重点"，载《环球法律评论》2017年第2期。

在对立案依据的判断上，可以从两方面着手：①立案依据真实。从多方面、多角度进行核实作为立案依据之材料，确保真实性。②立案依据充分。从逻辑学的观点来看，所谓"充分"，就是"有之必然"。[1]充分与否，是在思维领域才能把握的，是就两种事物情况相互关系而言。它不属于数量的范畴，也不属于两种事物情况之间单纯的客观关系的概念，而是思维所触及的关于两者之间制约关系的概念。[2]要言之，立案依据不充分或者失实的判断，可结合证据"三性"进行认定，即立案依据不符合真实性、关联性、合法性之基本要求。

(二) 案件处置出现重大失误

案件处置是监察机关查办违法犯罪案件的重要环节。在充分调查和认真审理的基础上，对违法犯罪案件作出合法、公正、实事求是的处理，以惩戒或保护监察对象。根据《监察法》之规定，案件处置出现重大失误主要发生在如下方面：①职务存在违法行为但情节较轻情形的处理；②作出政务处分决定；③提出问责建议或作出问责决定；④经调查认为构成职务犯罪，移送起诉的；⑤提出监察建议的；⑥监察机关没收、追缴和责令退赔财物的处理。在对上述案件处置过程中，监察人员如不认真履行职责，引起案件处置出现重大失误，势必产生不利后果，必须追究其责任。

(三) 监察人员严重违法

监察机关作为专门行使国家监察权力的机关，应当严格遵守法律，切实履行好宪法和法律赋予的监察职责。监察机关的监察人员在案件调查过程中，应该严格要求自己，确保一切监察工作和调查活动都在法律允许的范围内进行，《监察法实施条例》对监察人员在履行职责中所出现的严重违法行为进行了列举与解释。同时，对监察人员在履行职责中存在违法行为的，可以根据情节轻重，依法进行谈话提醒、批评教育、责令检查、诫勉，或者给予政务处分。构成犯罪的，依法追究刑事责任。

二、监察人员失职失责行为之责任

根据《监察法》与《监察法实施条例》之规定，监察人员涉嫌严重职务违法、职务犯罪或者对案件处置出现重大失误的，既应当追究直接责任，还应当严肃追究负有责任的领导人员责任。①追究负有责任的领导人员的责任。在立案前的初核阶段，初核情况报告和分类处理意见报监察机关主要负责人审批、监察机关主要负责人批准立案及决定采取调查措施，监察机关主要负责人应对其审批结果负责，如出现上述失职失责行为，则应当追究责任。②追究直接责任人员的责任。在监察活动中，由监察人员开展初核、立案调查、案件处置等具体工作，开展工作的监察人员出现失职失责行为，应追究其责任。③还要建立办案质量责任制，尤其因失职失责、滥用职权而造成严重后果的，实行终身问责。

---

[1]《墨经·经说上》，转引自周云之、刘培育：《先秦逻辑史》，中国社会科学出版社1984年版，第147页。

[2] 金承光："从逻辑学的视角谈谈证据的充分性及其判定方法"，载《政法论丛》1999年第1期。

第二节 监察人员违法违纪责任

《监察法》贯彻"权力与责任对等"或者"权力与责任平衡"原则，既充分赋予了监察机关履行监察职责所必需的权力，又对监察机关及监察人员行使监察权之具体行为进行规制。根据《监察法实施条例》第279条之规定，对监察人员在履行职责中存在违法行为的，可以根据情节轻重，依法进行谈话提醒、批评教育、责令检查、诫勉，或者给予政务处分。构成犯罪的，依法追究刑事责任。

一、监察人员违法违纪行为之情形

根据《监察法》与《监察法实施条例》之规定，监察机关及监察人员违法违纪行为之情形体现为如下几方面：

其一，未经批准、授权处置问题线索，发现重大案情隐瞒不报，或者私自留存、处理涉案材料的。《监察法》第37条、第38条分别对问题线索处置程序和要求及需要采取初步核实方式处置的问题线索分别作出规定，对于问题线索的处置应当严格按照《监察法》的规定履行审批手续。对于未经批准、授权处置问题线索，发现重大案情隐瞒不报，私自留存处理涉案材料导致发生重大违纪违法问题的，要追究有责任的领导和相关责任人员的责任。

其二，利用职权或者职务上的影响干预调查工作、以案谋私的。利用职权或者职务上的影响，是指利用本人职权或职务范围内的权力施加影响，包括监察工作人员利用自己主管、分管、经手、决定或处理以及经办特定事项的权力，依靠、凭借自己的权力去指挥、影响下属或利用其他人员的与职务、岗位有关的权限影响。利用职权或者职务上的影响干预调查工作，主要指监察人员利用职权及与职务有关的便利条件干预、影响调查工作，谋取私人利益等不正当利益。《监察法》第57条对防止干预案情作出规定，目的是完善过程管控制度，避免干预案情、以案谋私、泄露案情的情况出现，对监察人员严格要求。

其三，违法窃取、泄露调查工作信息，或者泄露举报事项、举报受理情况以及举报人信息的。违法窃取、泄露调查工作信息即违反国家规定和《监察法》要求，通过秘密手段窃取本人不应知悉的、在监察工作中获取的调查信息，以及将调查工作信息泄露给他人的行为。调查工作信息一经泄露，会妨碍调查工作，引发被调查对象的警惕心理，甚至可能出现逃跑的情形，从而损害国家利益与公共利益，削弱《监察法》的权威性。此外，泄露商业机密与被调查对象的隐私也会有损其私权利的保障。因此，必须追究这类行为的实施者和帮助者的法律责任。

泄露举报事项、举报受理情况以及举报人信息行为人的法律责任，体现出《监察法》对举报制度的充分重视。然而，当前我国的举报制度还不十分完善，在实践中时常发生泄露举报人个人信息的事件。并且，关于举报的规定分散于多部法律法规中，许多法律也只是笼统的规定，但都要求受理部门负有对举报人个人信息保密的义务。

如最高人民检察院《关于保护公民举报权利的规定》《刑事诉讼法》《食品药品投诉举报管理办法》（已失效）等都有保护举报人信息的相关规定。因此，为了保护举报人，鼓励举报和监督，并提高问题线索的收集效率，《监察法》必须对泄露举报信息的行为严格追责。

其四，对被调查人逼供、诱供，或者侮辱、打骂、虐待、体罚或者变相体罚的。刑事司法领域确立了非法证据排除规则，即指违反法定程序，以非法方法获取的证据，不具有证明力，不能为法庭所采纳。[1]《监察法》第33条也对非法证据作出规定，以非法方法收集的证据应当依法予以排除，不得作为案件处置的依据。根据《监察法》第40条的规定，监察机关对职务违法和职务犯罪案件进行调查收集证据，不得采用包括威胁、引诱、欺骗在内的各种非法方式收集证据。因而，为了确保上述条文的强制力与执行力，对被调查人逼供、诱供，或者侮辱、打骂、虐待、体罚或者变相体罚的行为应依法追究责任。

其五，违反规定处置查封、扣押、冻结财物的。《监察法》第23条、第24条对监察机关实施查封、扣押、冻结的强制措施作出规定，主要包括以下方面内容：①冻结财物的内容和要求：根据工作需要，可以依照规定查询、冻结涉案单位和个人的各类票据、金融款项等财物，经查明冻结的财产与案件无关的，应当在3日内解除冻结，予以退还；②查封、扣押财物的要求：一是只能针对用以证明被调查人涉嫌违法犯罪的财物；二是应当收集原物原件，会同持有人或者保管人、见证人，当面逐一拍照、登记、编号，开列清单，由在场人员当场核对、签名，并将清单副本交财物、文件的持有人或者保管人；三是要设立专用账户、专门场所，确定专门人员妥善保管，交接、调取手续严格遵守相关规定，对账核实依时依规完成，不得毁损或者用于其他目的；四是针对物品价值不明的情况应当及时鉴定，专门封存保管；五是经查明与案件无关的，应当在3日内解除查封、扣押，予以退还。据此，违反规定处置查封、扣押、冻结财物之行为主要有四种情形：一是随意扩大查封、扣押、冻结范围的；二是使用或者损毁查封、扣押财物的；三是在查封、扣押法定期间不作出处理决定或者未依法及时解除查封、扣押的；四是监察机关有关人员将查封、扣押的财物等，依法处理所得的款项截留、私分或者变相私分等情形。

其六，违反规定导致发生办案安全事故，或者发生安全事故后隐瞒不报、报告失实、处置不当的。所谓办案安全事故，主要是指在监察工作中尤其是在留置期间发生的安全事故，包括在留置期间或调查取证期间，被因监管不当造成调查对象自残自伤自杀或者生病死亡及伤人等情形，或因刑讯逼供等非法调查取证手段造成调查对象伤亡等情形出现的安全事故。对于上述两种情况的发生，应追究责任。

其七，违反规定采取留置措施的。《监察法》第22条、第43条、第44条分别对采取留置措施的条件、采取留置措施程序、被留置人员的权利保障作出规定。之所以

---

[1] 陈光中主编：《证据法学》，法律出版社2015年版，第242页。

用三个条款对留置措施进行规制，主要是考虑到留置措施涉及公民人身自由的限制，在实施中公民基本权利可能会受到直接影响，而保障公民基本权利始终应是政治体制改革的终极价值和目标。[1]因此，采取留置措施应严格依照监察法设置的条件、程序及权利保障要求进行。如果违反了这些规定，即应对负有责任的领导人员和直接责任人员依法给予处理。

其八，违反规定限制他人出入境，或者不按规定解除出入境限制的。限制出境措施实质上是对出境自由[2]的一种限制，[3]是对公民的自由和权利一种克减，必须严格规范以确保公民权利的合法保障。《监察法》第 30 条对限制出境措施之适用进行规定，监察机关便应严格按照其规定执行。对于违规限制出境或不按规定解除出境限制的，则应当依法追究相关人员的法律责任。

其九，其他滥用职权、玩忽职守、徇私舞弊行为的。该项是一个兜底条款。监察机关作为行使监察职能之专责机关，监察人员公正廉洁、恪尽职守、不谋私利是保障监察权公正高效行使的必备要求，任何滥用职权、徇私舞弊、玩忽职守的行为都是应当追究责任的。其具体形式有：①滥用职权。指监察人员违法违规或者未在法定范围内行使职权。监察人员对权力的滥用势必导致对他人人身权和财产权的侵害。②徇私舞弊。指使用欺骗或其他不正当方式，谋取私情和私利而违法乱纪的行为。监察人员在职权范围内利用本人的权限或者本人职务、地位所形成的便利条件，为自己或者他人谋取私利，袒护或者帮助违纪人员掩盖错误事实逃避制裁，或者利用职权陷害他人的行为都属于徇私舞弊行为。③玩忽职守。表现为不认真履行监察职责，不实施职务上所要求实施的行为，对职责范围内管辖的事务不负责任，敷衍塞责；对于监察对象可能给公共财产、国家和人民利益造成损失的行为不及时采取有效措施加以制止；在履行监察职责过程中擅离职守等。对玩忽职守的监察人员追究责任，一定要注重主客观要件的统一，只有在造成了损失后果的情况下才追究责任。此处的损失后果可能是因玩忽职守而造成的财物损失，也可能是该行为所造成的国家和人民财产利益以外的其他利益损失，如损害国家机关的声誉、妨碍监察机关职责的正常履行等。

二、监察机关及监察人员违法违纪行为之责任

根据《监察法》之规定，监察机关及监察人员有上述违法违纪行为时，应承担责任。

其一，承担责任之主体，包括负有责任的领导人员和直接责任人员。负有责任的

---

[1] 秦前红、石泽华："监察委员会留置措施研究"，载《苏州大学学报（法学版）》2017 年第 4 期。

[2] 出境自由是迁徙自由的一种，也经常与入境自由合称为出境自由，出境自由包括短期从一国境内移居他国境内的自由，如出国旅游、参观、访问、学习和探亲等，也包括长期定居他国甚至脱离国籍的自由。出境自由的主体是有国籍的公民，也有短期或者长期留居本国的外国人。汪进元："人身自由的构成与限制"，载《华东政法大学学报》2011 年第 2 期。

[3] 刘志欣、董礼洁："诉讼程序中限制出境措施的完善与救济——对公民出境自由的限制与救济"，载《法律适用》2013 年第 11 期。

领导人员，是在监察机关活动中起决定、批准、指挥等作用的人员，一般是某一监察机关的主要负责人。直接责任人员，是在监察机关中实施具体调查行为并起较大作用的人员，既可以是领导人员，也可以是一般监察干部。

其二，承担责任之形式。《监察法》与《监察法实施条例》的规定对于以上列举的违法行为可以根据情节轻重，依法进行谈话提醒、批评教育、责令检查、诫勉，或者给予政务处分，构成犯罪的，依法追究刑事责任。

◇ **【法条链接】**

一、《中华人民共和国监察法》(2018年)

第三十八条 需要采取初步核实方式处置问题线索的，监察机关应当依法履行审批程序，成立核查组。初步核实工作结束后，核查组应当撰写初步核实情况报告，提出处理建议。承办部门应当提出分类处理意见。初步核实情况报告和分类处理意见报监察机关主要负责人审批。

【释义】本条是关于监察机关进行初步核实的规定。

规定本条的主要目的是规范初步核实的程序，明确开展初步核实工作的具体要求，确保初步核实工作顺利开展，使调查工作始终处于主动地位。

第三十九条 经过初步核实，对监察对象涉嫌职务违法犯罪，需要追究法律责任的，监察机关应当按照规定的权限和程序办理立案手续。

监察机关主要负责人依法批准立案后，应当主持召开专题会议，研究确定调查方案，决定需要采取的调查措施。

立案调查决定应当向被调查人宣布，并通报相关组织。涉嫌严重职务违法或者职务犯罪的，应当通知被调查人家属，并向社会公开发布。

【释义】本条是关于监察机关立案的条件和程序，以及立案后处理的规定。

第六十一条 调查工作结束后发现立案依据不充分或者失实，案件处置出现重大失误，监察人员严重违法的，应当追究负有责任的领导人员和直接责任人员的责任。

【释义】本条是关于"一案双查"的规定。

规定本条的目的是强化对监察人员调查工作的监督管理，督促监察人员在立案审查前做实做细初步核实等基础工作，在立案审查后严格依法处置，严格自律。

二、《中华人民共和国监察法实施条例》(2021年)

第二百七十三条 监察机关在维护监督执法调查工作纪律方面失职失责的，依法追究责任。监察人员涉嫌严重职务违法、职务犯罪或者对案件处置出现重大失误的，既应当追究直接责任，还应当严肃追究负有责任的领导人员责任。

监察机关应当建立办案质量责任制，对滥用职权、失职失责造成严重后果的，实行终身责任追究。

【释义】本条是关于监察人员失职失责行为之责任的规定。

第二百七十八条 监察人员在履行职责中有下列行为之一的,依法严肃处理;构成犯罪的,依法追究刑事责任:

(一)贪污贿赂、徇私舞弊的;

(二)不履行或者不正确履行监督职责,应当发现的问题没有发现,或者发现问题不报告、不处置,造成严重影响的;

(三)未经批准、授权处置问题线索,发现重大案情隐瞒不报,或者私自留存、处理涉案材料的;

(四)利用职权或者职务上的影响干预调查工作的;

(五)违法窃取、泄露调查工作信息,或者泄露举报事项、举报受理情况以及举报人信息的;

(六)对被调查人或者涉案人员逼供、诱供,或者侮辱、打骂、虐待、体罚或者变相体罚的;

(七)违反规定处置查封、扣押、冻结的财物的;

(八)违反规定导致发生办案安全事故,或者发生安全事故后隐瞒不报、报告失实、处置不当的;

(九)违反规定采取留置措施的;

(十)违反规定限制他人出境,或者不按规定解除出境限制的;

(十一)其他职务违法和职务犯罪行为。

第二百七十九条 对监察人员在履行职责中存在违法行为的,可以根据情节轻重,依法进行谈话提醒、批评教育、责令检查、诫勉,或者给予政务处分。构成犯罪的,依法追究刑事责任。

【释义】本条是关于监察人员具体违法情形的规定。

第三节 监察对象拒执或阻碍办案责任

所谓"拒执",即拒绝执行监察决定或无正当理由拒绝采纳监察建议的行为。由于监察决定的执行主体和监察建议的采纳主体主要是监察单位,因此,拒执责任属于单位责任之范畴。所谓"阻碍办案",即干扰、妨碍、阻止或拒绝配合等严重影响办案活动之行为总称,其责任主体既可以是单位,也可以是个人。

一、拒不执行监察决定或者拒绝采纳监察建议的责任

监察决定是监察机关代表国家依法作出的法律效力文书,国家赋予了监察机关强制执行监察决定之权力;监察建议是国家监察的一项重要制度,监察单位若无正当理由则必须采纳。根据《监察法》第62条之规定,有关单位拒不执行监察机关作出的处理决定,或者无正当理由拒不采纳监察建议的,由其主管部门、上级机关责令改正,对单位给予通报批评;对负有责任的领导人员和直接责任人员依法给予处理。

（一）追究被监察单位法律责任之情形

其一，拒不执行监察机关作出的处理决定。参考《刑法》中关于"拒不执行判决、裁定罪"[1]之含义，拒不执行监察机关作出的处理决定可理解为对监察机关作出的处理决定，有能力执行而拒不执行。拒不执行的方式呈多样化。既可以采取积极的作为，如殴打、捆绑、拘禁、围攻执行人员，砸毁执行工具、车辆，以暴力伤害、毁坏财物、加害亲属、揭露隐私、破坏名誉等威胁、恫吓执行人员等，又可以采取消极的不作为方式，如对监察委员会的决定不理或者躲藏、逃避等；既可以采取暴力的方式，又可以采取非暴力的方式；既可以公开抗拒执行，又可以是暗地里进行抗拒。不论采取何种方式，只要未因其没有能力执行而拒不执行，即可构成"拒不执行处理决定"。同时，《监察法实施条例》也对"拒不执行监察机关作出的处理决定"中的"决定"作出了解释，依据条例，该决定是指政务处分决定；问责决定；谈话提醒、批评教育、责令检查，或者予以诫勉的决定；采取调查措施的决定；复审、复核决定和监察机关其他依法作出的处理决定。

其二，无正当理由拒不采纳监察建议。监察机关是代表国家行使监察权的法定机关，它对被监察单位作出的处理决定，是代表国家行使监察权的具体形式。该建议一经提出，若无正当理由，有关单位应当立即采纳。处理决定和意见一经生效，就具有法律强制力，负有执行责任的机关、单位必须坚持执行。即使有不同意见，也只能按照法律的有关规定，进行申诉，而不允许抗拒执行。

（二）追究被监察单位之责任

对于拒不执行监察决定、无正当理由拒不采纳监察建议之单位的违法行为，采取"双罚制"来追究其法律责任，即追究单位责任，又追究个人责任，使得妨碍监察机关和监察人员依法行使职权的行为得到有效遏制，保证监察活动的顺利进行。具体如下：①由其主管部门、上级机关责令改正，对单位给予通报批评；②对负有责任的领导人员和直接责任人员依法予以处理。应根据负有责任的领导人员和直接责任人员在单位中的地位、作用和情节，分别处以相应的处罚。这里的依法予以处理包括政务处分、问责等；构成犯罪的，追究刑事责任。

二、阻碍、干扰监察工作的责任

监察机关依照法律规定独立行使监察职能，不受行政机关、社会团体和个人的非法干预。监察机关基于查明案件的需要，有权依法向有关单位和个人了解情况，收集、调取证据。有关单位和个人应当予以配合和协助。对阻碍搜查构成违法犯罪的，依法追究法律责任。

（一）阻碍、干扰监察工作之情形

在监察机关履行职责过程中，凡涉嫌不按要求提供有关材料，拒绝、阻碍调查措

---

[1] 指对人民法院已经发生法律效力的判决、裁定有能力执行而拒不执行，情节严重的行为。高铭暄、马克昌主编：《刑法学》，北京大学出版社、高等教育出版社2017年版，第524页。

施实施等拒不配合监察机关调查的;提供虚假情况,掩盖事实真相的;串供或者伪造、隐匿、毁灭证据的;阻止他人揭发检举、提供证据的;等等,均属于阻碍、干扰监察工作之行为。

其一,不按要求提供有关材料,拒绝、阻碍调查措施实施等拒不配合监察机关调查的。《监察法》第18条第1款规定,监察机关在行使监督职权与调查职权之时,有权向有关单位和个人依法了解情况,收集、调取证据。监察机关进行调查活动,相关单位和人员应按照《监察法》的要求如实提供情况,但因利益关联等因素,相关单位和人员可能会知情不举、包庇违法违纪者,而故意不提供调查材料,或者拒绝、阻碍调查措施实施,这必然会使监察机关的工作效率降低。《监察法实施条例》第114条规定,搜查时,应当要求在场人员予以配合,不得进行阻碍。对以暴力、威胁等方法阻碍搜查的,应当依法制止。对阻碍搜查构成违法犯罪的,依法追究法律责任。因而,对于不按要求提供有关材料,拒绝、阻碍调查措施实施等拒不配合监察机关调查的,应追究相关单位和人员的法律责任。

其二,提供虚假情况,掩盖事实真相的。根据《监察法》第18条规定,监察机关在行使监督职权与调查职权之时,有权向有关单位和个人依法了解情况,收集、调取证据。有关单位和个人负有应当如实提供的义务。《监察法实施条例》第59条第2款规定,监察机关向有关单位和个人收集、调取证据时,应当告知其必须依法如实提供证据。如提供虚假情况、掩盖事实真相则违反了《监察法》之如实提供证据的义务,应当追究有关单位和人员的法律责任。概括起来,提供虚假情况可表现为以下方面:一是掩盖自己的错误事实,以逃避制裁;二是无中生有或夸大事实、诬陷他人;三是把有说成无或把重说成轻,改变事实情节,包庇违法违纪者;四是将证明事实情况的证据材料隐藏或销毁。

其三,串供或者伪造、隐匿、毁灭证据的。所谓串供,是指犯罪嫌疑人与证人或者共同犯罪案件的犯罪嫌疑人在相互串通或者约定的基础上所作的同样内容的虚伪的陈述。监察活动中,也可能会发生串供,即监察对象与证人或其他有关人员相互约定供述内容,使得供述内容对被监察对象更为有利。办案人员如果轻信这种表面上的一致而采信了虚假的供述,就会导致对案件的错误处理。在监察活动中,证据是查明监察对象违纪违法犯罪事实的主要手段,伪造、隐匿、毁灭证据将严重危害监察机关的正常活动,必须追究法律责任。具体表现为:①伪造证据,是指当事人自己或他人,伪造与案件有关的书证、物证等证据材料等;②隐匿证据,是指为妨害调查取证工作,故意将案件证据隐藏起来。毁灭证据,是指明知是案件有关的证据而故意销毁的。帮助当事人毁灭、伪造证据主要是指为当事人准备工具、扫除障碍、出谋划策、提供条件等行为,其既可以表现为体力上的、物质上的帮助,也可以表现为精神上的、心理上的支持。既可以是在诉讼中,也可以是在诉讼前;③毁灭证据,是指湮灭、消灭证据,既包括使证据在形态上完全予以消失,如将证据烧毁、撕坏、浸烂、丢弃等,又包括虽证据形态保存良好但使得其丧失或部分丧失其证明力,如玷污、涂画证据使其无法反映其证明的事实等。

其四，阻止他人揭发检举、提供证据的。调查期间监察对象或者相关人员不能以任何理由阻止他人揭发检举、提供证据。他人的揭发检举和提供证据对监察机关履行监察职责、行使监察权有着重要意义，其可以为查明案件提供更多线索和依据，也可以节省监察资源，促使监察工作更为高效地运行。因此，组织他人揭发检举、提供证据的必须依法予以处理。

其五，其他违反本法规定的行为，情节严重的。这是一个兜底的规定。在正常履行职责中，监察机关会受到各种各样的阻碍。因此，前面列举的四项违反《监察法》应当承担法律责任的行为，不可能穷尽所有。因此，在立法上留有余地，对有其他违反本法规定的行为并且达到了需要追究责任的情节，也依据《监察法》第63条第1款的规定处理。

（二）阻碍、干扰监察工作之责任

对于监察对象阻碍、干扰监察工作之行为，由其所在单位、主管部门、上级机关或者监察机关责令改正，依法予以处理。根据阻碍、干扰监察工作的情形不同，追究责任的形式亦有不同，可能涉及如下具体情形：①所在单位、主管部门、上级机关责令改正，依照相关法律法规给予行政处分；②监察机关责令改正，依据法律法规给予政务处分；构成犯罪的，依法追究刑事责任。

◇【法条链接】

一、《中华人民共和国监察法》(2018年)

第十八条 监察机关行使监督、调查职权，有权依法向有关单位和个人了解情况，收集、调取证据。有关单位和个人应当如实提供。

监察机关及其工作人员对监督、调查过程中知悉的国家秘密、商业秘密、个人隐私，应当保密。

任何单位和个人不得伪造、隐匿或者毁灭证据。

【释义】本条是关于监察机关收集证据一般原则的规定。

规定本条的主要目的是从原则上确保监察机关行使监督、调查职权，明确有关单位和个人有如实提供证据的义务。

第六十二条 有关单位拒不执行监察机关作出的处理决定，或者无正当理由拒不采纳监察建议的，由其主管部门、上级机关责令改正，对单位给予通报批评；对负有责任的领导人员和直接责任人员依法给予处理。

【释义】本条规定的是被监察的单位不执行监察机关的处理决定和不采纳监察建议定应该承担相应的责任。

第六十三条 有关人员违反本法规定，有下列行为之一的，由其所在单位、主管部门、上级机关或者监察机关责令改正，依法给予处理：

（一）不按要求提供有关材料，拒绝、阻碍调查措施实施等拒不配合监察机关调查的；

(二) 提供虚假情况，掩盖事实真相的；
(三) 串供或者伪造、隐匿、毁灭证据的；
(四) 阻止他人揭发检举、提供证据的；
(五) 其他违反本法规定的行为，情节严重的。

【释义】本条是对阻碍、干扰监察工作的行为进行处理的规定。

二、《中华人民共和国监察法实施条例》(2021年)

第一百一十四条 搜查时，应当要求在场人员予以配合，不得进行阻碍。对以暴力、威胁等方法阻碍搜查的，应当依法制止。对阻碍搜查构成违法犯罪的，依法追究法律责任。

【释义】本条是对监察机关搜查时，阻碍、干扰监察工作之情形的规定。

第二百零五条 监察机关依法向监察对象所在单位提出监察建议的，应当经审批制作监察建议书。

监察建议书一般应当包括以下内容：
(一) 监督调查情况；
(二) 调查中发现的主要问题及其产生的原因；
(三) 整改建议、要求和期限；
(四) 向监察机关反馈整改情况的要求。

【释义】本条是关于监察建议内容的规定。

第二百七十四条 有关单位拒不执行监察机关依法作出的下列处理决定的，应当由其主管部门、上级机关责令改正，对单位给予通报批评，对负有责任的领导人员和直接责任人员依法给予处理：
(一) 政务处分决定；
(二) 问责决定；
(三) 谈话提醒、批评教育、责令检查，或者予以诫勉的决定；
(四) 采取调查措施的决定；
(五) 复审、复核决定；
(六) 监察机关依法作出的其他处理决定。

【释义】本条是对拒不执行监察机关作出的处理决定作出的解释。

三、《中华人民共和国公职人员政务处分法》(2020年)

第六十一条 有关机关、单位无正当理由拒不采纳监察建议的，由其上级机关、主管部门责令改正，对该机关、单位给予通报批评，对负有责任的领导人员和直接责任人员依法给予处理。

【释义】本条是对有关机关、单位无正当理由拒不采纳监察建议的相应责任。

四、《中国共产党纪律处分条例》(2018年)

第五十六条 对抗组织审查，有下列行为之一的，给予警告或者严重警告处分；

情节较重的，给予撤销党内职务或者留党察看处分；情节严重的，给予开除党籍处分：

（一）串供或者伪造、销毁、转移、隐匿证据的；

（二）阻止他人揭发检举、提供证据材料的；

（三）包庇同案人员的；

（四）向组织提供虚假情况，掩盖事实的；

（五）有其他对抗组织审查行为的。

【释义】本条是对抗组织审查处分的规定。

五、《中华人民共和国刑法》（2021年）

第三十条 公司、企业、事业单位、机关、团体实施的危害社会的行为，法律规定为单位犯罪的，应当负刑事责任。

【释义】本条是对单位负刑事责任的范围规定。

本条是关于单位犯罪的规定。单位犯罪，是指公司、企业、事业单位、机关、团体为本单位谋取非法利益，由单位的决策机构按照单位的决策程序决定，由直接责任人员具体实施的，且刑法有明文规定的犯罪。"公司、企业、事业单位"既包括国有、集体所有的公司、企业、事业单位，也包括依法设立的合资经营企业、合作经营企业和具有法人资格的独资、私营等公司、企业、事业单位。单位犯罪具有如下特征：①单位犯罪是公司、企业、事业单位、机关、团体犯罪，即单位本身犯罪，而不是单位的各个成员的犯罪之集合；②单位犯罪是由单位的决策机构按照单位的决策程序决定，由直接责任人员实施的，单位犯罪是在单位整体意志的支配下实施的；③单位犯罪以刑法有明文规定为前提，即只有当刑法规定了单位可以成为某种犯罪的行为主体时，才可能将单位认定为犯罪主体。例如，"小偷公司"实施犯罪的，不构成单位犯罪，只能依自然人实施盗窃罪定罪处罚。

具有下列情形的不以单位犯罪论处：①个人为进行违法犯罪活动而设立的公司、企业、事业单位实施犯罪的；②公司、企业、事业单位设立后，以实施犯罪为主要活动的；③盗用单位名义实施犯罪，违法所得由实施犯罪的个人私分的。[1]

第三十一条 单位犯罪的，对单位判处罚金，并对其直接负责的主管人员和其他直接责任人员判处刑罚。本法分则和其他法律另有规定的，依照规定。

【释义】本条是对单位犯罪处罚原则的规定。

六、《最高人民法院关于适用〈中华人民共和国刑事诉讼法〉的解释》（2021年）

第三百四十条 对应当认定为单位犯罪的案件，人民检察院只作为自然人犯罪起诉的，人民法院应当建议人民检察院对犯罪单位追加起诉。人民检察院仍以自然人犯罪起诉的，人民法院应当依法审理，按照单位犯罪直接负责的主管人员或者其他直接责任人员追究刑事责任，并援引刑法分则关于追究单位犯罪中直接负责的主管人员和

---

[1] 法律出版社法规中心编：《中华人民共和国刑法》（注释本），法律出版社2017年版，第21页。

其他直接责任人员刑事责任的条款。

【释义】本条是对人民检察院起诉自然人和单位的规定。对于应当认定为单位犯罪的案件，如果人民检察院只作为自然人犯罪起诉的，人民法院只享有建议权，并应当建议人民检察院对犯罪单位追加起诉。这种建议权不具备强制力，人民检察院依然以自然人犯罪起诉的，人民法院应当依法审理。这是考虑到，人民法院是我国的审判机关，而人民检察院作为法律监督机关有权对犯罪案件审查起诉，决定提起公诉的对象。人民法院应当对人民检察院的起诉决定依法审理，按照单位犯罪中的直接负责的主管人员或者其他直接责任人员追究刑事责任，并援引刑法分则关于追究单位犯罪中直接负责的主管人员和其他直接责任人员刑事责任的条款，而不能直接对单位进行追责。

第四节 报复陷害和诬告陷害责任

监察对象对控告人、申诉人、批评人、检举人、证人、监察人员进行打击、压制等报复陷害的，监察机关应当依法给予政务处分。构成犯罪的，依法追究刑事责任。控告人、检举人、证人采取捏造事实、伪造材料等方式诬告陷害的，监察机关应当依法给予政务处分，或者移送有关机关处理。构成犯罪的，依法追究刑事责任。

一、监察对象报复陷害行为的责任

《刑法》中"报复陷害罪"，是指国家机关在工作人员滥用职权、假公济私，对控告人、申诉人、批评人、举报人实行报复陷害的行为。[1]而《监察法》中的"报复陷害"，可理解为监察对象滥用职权、假公济私，对控告人、检举人、证人和监察人员实施报复陷害的行为。批评权、检举权、控告权、举报权是我国公民享有的重要的民主权利，公民行使该权利管理国家权力，并严格受到国家法律的保护。我国《宪法》第41条第2款规定："对于公民的申诉、控告或者检举，有关国家机关必须查清事实，负责处理。任何人不得压制和打击报复。"《监察法》为了切实保障公民的上述权利得以实现，对侵犯公民的上述权利的行为人追究法律责任。同时《监察法实施条例》明确规定，监察对象对控告人、申诉人、批评人、检举人、证人、监察人员进行打击、压制等报复陷害，情节严重的，监察机关应当依法给予政务处分。构成犯罪的，依法追究刑事责任。

二、诬告陷害监察对象行为的责任

《刑法》中"诬告陷害罪"，是指捏造事实，作虚假告发，意图陷害他人，使他人受刑事追究的行为。[2]《监察法》中的"诬告陷害"是指控告人、检举人、证人捏造监察对象的违法犯罪事实，作虚假告发，意图使监察对象受到监察责任追究的行为。

---

[1] 全国人大常委会法制工作委员会刑法室编著：《〈中华人民共和国刑法〉释义及实用指南》，中国民主法制出版社2011年版，第432页。

[2] 中国法制出版社编：《刑法新解读》，中国法制出版社2017年版，第281页。

其中"捏造"是指无中生有，虚构违法事实，意图使被诬告者受到错误调查、和检察机关的各种处理活动等。"虚假告发"是指行为人将捏造的事实向检察机关进行告发。诬告陷害在主观方面必须是故意，具有陷害他人，意图使他人受到监察调查甚至刑事追究的目的，故其行为不仅侵犯了公民的合法权利，同时妨碍了监察机关和司法机关的正常活动。

诬告陷害监察对象的行为须满足以下四个构成要件方可对其追究法律责任：①必须捏造监察对象的违法事实，即无中生有、栽赃陷害、借题发挥，把杜撰的或他人的违法事实强加于被害人。对其所捏造的事实，并不要求具备详细情节与证据；②必须向检察机关或有关单位告发，或者采取其他方法足以引起司法机关的追究活动。如果只捏造事实，既不告发，也不采取其他方法引起司法机关追究的，则不构成诬告陷害；③必须有特定的对象。如果没有特定对象，就不可能导致检察机关追究责任，因而不会侵犯他人的人身权利。

诬告陷害行为所要承担的责任主要表现为行政处分或者刑事责任。《监察法实施条例》规定，控告人、检举人、证人采取捏造事实、伪造材料等方式诬告陷害的，监察机关应当依法给予政务处分，或者移送有关机关处理。构成犯罪的，依法追究刑事责任。与此同时，监察人员因依法履行职责遭受不实举报、诬告陷害、侮辱诽谤，致使名誉受到损害的，监察机关应当会同有关部门及时澄清事实，消除不良影响，并依法追究相关单位或者个人的责任。

三、致使监察人员名誉受损的责任

监察人员因依法履行职责遭受不实举报、诬告陷害、侮辱诽谤，致使名誉受到损害的，监察机关应当会同有关部门及时澄清事实，消除不良影响，并依法追究相关单位或者个人的责任。

◇【法条链接】

一、《中华人民共和国监察法》（2018年）

第六十四条 监察对象对控告人、检举人、证人或者监察人员进行报复陷害的；控告人、检举人、证人捏造事实诬告陷害监察对象的，依法给予处理。

【释义】本条是关于处理报复陷害和诬告陷害这两种行为的规定。

二、《中华人民共和国监察法实施条例》（2021年）

第二百七十五条 监察对象对控告人、申诉人、批评人、检举人、证人、监察人员进行打击、压制等报复陷害的，监察机关应当依法给予政务处分。构成犯罪的，依法追究刑事责任。

【释义】本条是监察对象对控告人、申诉人、批评人、检举人、证人、监察人员报复陷害法律责任的规定。

第二百七十六条 控告人、检举人、证人采取捏造事实、伪造材料等方式诬告陷害的，监察机关应当依法给予政务处分，或者移送有关机关处理。构成犯罪的，依法追究刑事责任。

监察人员因依法履行职责遭受不实举报、诬告陷害、侮辱诽谤，致使名誉受到损害的，监察机关应当会同有关部门及时澄清事实，消除不良影响，并依法追究相关单位或者个人的责任。

【释义】本条是对控告人、检举人、证人捏造事实诬告陷害监察对象行为的规定。

三、《人民检察院刑事诉讼规则》（2019年）

第十三条 人民检察院在对诉讼活动实行法律监督中发现的司法工作人员利用职权实施的非法拘禁、刑讯逼供、非法搜查等侵犯公民权利、损害司法公正的犯罪，可以由人民检察院立案侦查。

对于公安机关管辖的国家机关工作人员利用职权实施的重大犯罪案件，需要由人民检察院直接受理的，经省级以上人民检察院决定，可以由人民检察院立案侦查。

【释义】本条是对人民检察院立案侦查犯罪范围的规定。

第一百七十四条 错告对被控告人、被举报人造成不良影响的，人民检察院应当自作出不立案决定之日起一个月以内向其所在单位或者有关部门通报调查核实的结论，澄清事实。属于诬告陷害的，应当移送有关机关处理。

【释义】本条是对错告的规定。

四、《中国共产党纪律处分条例》（2018年）

第五十二条 制造、散布、传播政治谣言，破坏党的团结统一的，给予警告或者严重警告处分；情节较重的，给予撤销党内职务或者留党察看处分；情节严重的，给予开除党籍处分。

政治品行恶劣，匿名诬告，有意陷害或者制造其他谣言，造成损害或者不良影响的，依照前款规定处理。

【释义】本条是关于党员制造、散布、传播政治谣言，匿名诬告，有意陷害，制造其他谣言等违纪行为的处分规定。

五、《信访工作条例》（2022年）

第四十七条第三款 信访人捏造歪曲事实、诬告陷害他人，构成违反治安管理行为的，依法给予治安管理处罚；构成犯罪的，依法追究刑事责任。

【释义】本条是对信访人诬告陷害追究法律责任的规定。

六、《中华人民共和国刑法》（2020年）

第二百五十四条 国家机关工作人员滥用职权、假公济私，对控告人、申诉人、批评人、举报人实行报复陷害的，处二年以下有期徒刑或者拘役；情节严重的，处二年以上七年以下有期徒刑。

【释义】本条是对报复陷害罪的规定。

报复陷害罪，是指国家机关工作人员滥用职权、假公济私，对控告人、申诉人、批评人、举报人实行报复陷害的行为。"滥用职权",是指国家机关工作人员违背职责而行使职权。"假公济私",是指国家机关工作人员以工作为名,为徇私情或者实现个人目的而利用职务上的便利。"报复陷害",主要是指利用手中的权力,以种种借口进行政治上或者经济上的迫害,如降职、降级、调离岗位、经济处罚、开除公职、捏造事实诬陷其经济、生活作风上有问题等。报复陷害的行为,必须采取滥用职权或者假公济私的方法。如果行为人进行报复陷害与滥用职权、假公济私没有联系,则不构成本罪。根据本条规定,报复陷害的对象只能是控告人、申诉人、批评人和举报人。应当注意区分的是:第一种情况,如果国家机关工作人员采取捏造犯罪事实的方法诬告陷害他人,意图使他人受刑事追究的,无论其是否滥用职权、假公济私,都应以诬告陷害罪论处,而不以本罪论处。第二种情况,因本罪的犯罪主体必须是国家机关工作人员,非国家机关工作人员实施报复行为的,不构成本罪,应按其报复陷害的行为及后果等作其他处理。[1]

第二百四十三条第一款 捏造事实诬告陷害他人,意图使他人受刑事追究,情节严重的,处三年以下有期徒刑、拘役或者管制;造成严重后果的,处三年以上十年以下有期徒刑。

【释义】本条是对诬告陷害罪的规定。

本罪的客观方面表现为行为人向公安、司法机关或有关国家机关告发捏造的犯罪事实,以引起司法机关的追究活动:①必须有向公安、司法机关或有关国家机关告发的行为。在公安、司法机关调查取证时,作虚假陈述的,不成立诬告陷害罪。②行为对象为"他人"。向司法机关虚告自己犯罪的,不成立本罪;诬告没有达到法定年龄或者没有责任能力的人犯罪的,仍构成本罪。③必须有捏造犯罪事实的行为。捏造犯罪事实是引起刑事追究的前提条件,至于是否捏造了证据,不影响本罪的成立。捏造的事实可以是全部的,也可以是部分的。行为人只要以诬陷他人为目的,实施了捏造犯罪事实并告发的诬陷行为,便构成既遂。至于被诬陷者是否受到了刑事追究不影响犯罪既遂的认定。

应当注意本罪与诽谤罪的区别:①诽谤罪的目的是损害他人的人格和名誉,而诬告陷害罪的目的是使被诬陷人受刑事追究;②诽谤罪捏造的事实不一定是他人犯罪的事实,而诬告陷害罪捏造的必须是他人犯罪的事实;③诽谤罪行为人的手段是散布其捏造的事实,诬告陷害罪行为人的手段是向有关机关告发其捏造的他人的犯罪事实;④诽谤罪属于亲告罪,即告诉的才处理,但是严重危害社会秩序和国家利益的除外,而诬告陷害罪不是亲告罪,属于国家公诉案件。[2]

第五节 刑事责任

刑事责任是指犯罪人和单位因其实施犯罪行为而应当承担的由国家司法机关依照刑

---

[1] 法律出版社法规中心编:《中华人民共和国刑法》(注释本),法律出版社2015年版,第207页。
[2] 法律出版社法规中心编:《中华人民共和国刑法》(注释本),法律出版社2015年版,第196~197页。

事法律对其犯罪行为所作的否定性评价以及对其本人的谴责。[1]违反刑事法律的行为，应当依法追究其刑事责任，监察人员也不例外。《监察法》第66条对此仅作了原则性规定。由此，监察人员违反第66条之规定，构成犯罪，应当依法追究其刑事责任的行为。

一、玩忽职守罪

玩忽职守罪，是指国家机关工作人员严重不负责任，不履行或不认真履行职责，致使公共财产、国家和人民利益受到损失的行为。[2]该罪的主要表现：一是在履行职责过程中，马虎草率、敷衍塞责、严重不负责任；二是放弃职守，不履行自己应尽的职责。监察人员违反《监察法》第65条规定，所实行的玩忽职守、徇私舞弊等违法行为，构成犯罪的，要依据当前《刑法》第397条的规定追究其刑事责任。

二、报复陷害罪、诬告陷害罪

报复陷害罪，是指国家机关工作人员滥用职权、假公济私，对控告人、申诉人、批评人、举报人实行报复陷害的行为。诬告陷害罪，是指捏造事实，作虚假告发，意图陷害他人，使他人受刑事追究的行为。监察对象违反《监察法》第64条规定，构成犯罪的，依法追究刑事责任。其具体情形包括：监察对象报复陷害控告人、检举人、证人或者监察人员，可能涉嫌违反《刑法》第254条规定的行为；控告人、检举人、证人违反《监察法》第64条规定，构成犯罪应依法追究其刑事责任的行为；控告人、检举人、证人诬告陷害监察对象，可能涉嫌违反当前《刑法》第243条规定的行为。

三、帮助毁灭、伪造证据罪、妨害作证罪

帮助毁灭、伪造证据罪，是指帮助当事人毁灭、伪造证据，情节严重的行为。[3]监察对象有违反《监察法》第63条第1款第3项之规定，构成犯罪的，依法追究刑事责任，并按照《刑法》第307条第2款规定处罚，即"帮助当事人毁灭、伪造证据，情节严重的，处三年以下有期徒刑或者拘役"。

妨害作证罪，是指以暴力、威胁、贿买等方法阻止证人作证或者指使他人作伪证的行为。[4]监察对象有违反《监察法》第63条第1款第4项之规定，构成犯罪的，依法追究刑事责任，按照当前《刑法》第307条之规定科处刑罚，即"以暴力、威胁、贿买等方法阻止证人作证或者指使他人作伪证的，处三年以下有期徒刑或者拘役；情节严重的，处三年以上七年以下有期徒刑"。

四、故意泄露国家秘密罪

故意泄露国家秘密罪，是指国家机关工作人员或者非国家机关工作人员违反保守

---

[1] 曲新久主编：《刑法学》，中国政法大学出版社2009年版，第177页。
[2] 刘宪权主编：《中国刑法学》，上海人民出版社2008年版，第372页。
[3] 郝英兵编著：《最新中华人民共和国刑法配套解读与案例》，法律出版社2017年版，第436页。
[4] 高铭暄、马克昌主编：《刑法学》，北京大学出版社、高等教育出版社2007年版，第520页。

国家秘密法，故意使国家秘密被不应知悉者知悉，或者故意使国家秘密超出限定的接触范围，情节严重的行为。[1]过失泄露国家秘密罪，是指国家机关工作人员或非国家机关工作人员违反保守国家秘密法的规定，过失泄露国家秘密，情节严重的行为。[2]监察机关及其工作人员违反《监察法》第65条规定，构成犯罪的，依法追究刑事责任。例如，泄露调查工作信息，可能涉嫌违反当前《刑法》第398条规定的行为。

除了以上的几种典型的犯罪行为，其他违反《监察法》规定涉嫌犯罪的也应追究其刑事责任。例如在《监察法》第65条第4款中监察工作人员对被调查人逼供、诱供，或者侮辱、打骂、虐待、体罚或者变相体罚的行为明显侵犯了他人的人身权利，可能会涉及故意伤害罪、侮辱罪、暴力取证罪等罪行。

◇【法条链接】

《中华人民共和国监察法》（2018年）

第六十三条 有关人员违反本法规定，有下列行为之一的，由其所在单位、主管部门、上级机关或者监察机关责令改正，依法给予处理：

（一）不按要求提供有关材料，拒绝、阻碍调查措施实施等拒不配合检察机关调查的；

（二）提供虚假情况，掩盖事实真相的；

（三）串供或者伪造、隐匿、毁灭证据的；

（四）阻止他人揭发检举、提供证据的；

（五）其他违反本法规定的行为，情节严重的。

【释义】本条是关于对阻碍、干扰监察工作的行为进行处理的规定。

第六十四条 监察对象对控告人、检举人、证人或者监察人员进行报复陷害的；控告人、检举人、证人捏造事实诬告陷害监察对象的，依法给予处理。

【释义】本条是关于处理报复陷害和诬告陷害的规定。

第六十五条 监察机关及其工作人员有下列行为之一的，对负有责任的领导人员和直接责任人员依法给予处理：

（一）未经批准、授权处置问题线索，发现重大案情隐瞒不报，或者私自留存、处理涉案材料的；

（二）利用职权或者职务上的影响干预调查工作、以案谋私的；

（三）违法窃取、泄露调查工作信息，或者泄露举报事项、举报受理情况以及举报人信息的；

（四）对被调查人或者涉案人员逼供、诱供，或者侮辱、打骂、虐待、体罚或者变相体罚的；

---

[1] 李晓明主编：《中国刑法分论》，清华大学出版社2014年版，第409页。
[2] 赵秉志主编：《当代刑法学》，中国政法大学出版社2009年版，第768页。

（五）违反规定处置查封、扣押、冻结的财物的；

（六）违反规定发生办案安全事故，或者发生安全事故后隐瞒不报、报告失实、处置不当的；

（七）违反规定采取留置措施的；

（八）违反规定限制他人出境，或者不按规定解除出境限制的；

（九）其他滥用职权、玩忽职守、徇私舞弊的行为。

【释义】 本条是关于对监察机关及其工作人员违法行使职权的责任追究的规定。

第六十六条 违反本法规定，构成犯罪的，依法追究刑事责任。

【释义】 本条是关于刑事责任的规定。

主要参考文献

一、著作类

[1] 张文显主编:《法理学》(第5版),高等教育出版社2018年版。
[2] 吴健雄、廖永安主编:《监察法学》,中国人民大学出版社2020年版。
[3] 江国华:《国家监察权力运行及其监督机制研究》,中国政法大学出版社2020年版。
[4] 秦前红主编:《监察法学教程》,法律出版社2019年版。
[5] 张光杰主编:《法理学导论》,复旦大学出版社2006年版。
[6] 谭宗泽、张震、褚宸舸主编:《监察法学》,高等教育出版社2020年版。
[7] 中共中央纪律检查委员会、中华人民共和国国家监察委员会法规室编写:《〈中华人民共和国监察法〉学习问答》,中国方正出版社2018年版。
[8] 时显群主编:《法理学》,中国政法大学出版社2013年版。
[9] 马怀德主编:《监察法学》,人民出版社2019年版。
[10] (春秋)管仲撰:《管子》卷10《君臣上》,[唐]房玄龄注,北京线装书局2014年版。
[11] 陆玖译注:《吕氏春秋·不苟论第四·自知》,中华书局2011年版。
[12] 张晋藩:《中国监察法制史稿》,商务印书馆2007年版。
[13] (清)纪昀等撰:《历代职官表》(卷十八),上海古籍出版社1989年版。
[14] (明)叶子奇撰:《草木子》(卷三下·杂制篇),中华书局1959年版。
[15] 彭勃、龚飞:《中国监察制度史》,人民出版社2019年版。
[16] (清)马瑞辰撰,陈金生点校:《毛诗传笺通释·卷二十六 大雅·抑》,中华书局1989年版。
[17] (清)阮元校刻:《十三经注疏(清嘉庆刊本)·三 毛诗正义·卷第十六 十六之四五二·皇矣》,中华书局2009年版。
[18] 蔡定剑:《国家监督制度》,中国法制出版社1991年版。
[19] 姜明安:《监察工作理论与实务》,中国法制出版社2018年版。
[20] 江国华:《中国行政法(总论)》(第2版),武汉大学出版社2017年版。
[21] 姜起民:《实然与应然——人大对法院的监督关系研究》,吉林大学出版社2012年版。
[22] 《马克思恩格斯选集》(第3卷),人民出版社1995年版。
[23] 《苏联共产党代表大会、代表会议和中央全会决议汇编》(第2分册),中共中央马克思恩格斯列宁斯大林著作编译局编译,人民出版社1964年版。
[24] 《列宁全集》,人民出版社2017年版。
[25] 《毛泽东选集》(第2卷),人民出版社1991年版。

[26] 《毛泽东著作选读》（下册），人民出版社 1986 年版。

[27] 《毛泽东文集》（第 8 卷），人民出版社 1993 年版。

[28] 《邓小平文选》，人民出版社 1994 年版。

[29] 中共中央文献研究室编：《江泽民论有中国特色社会主义（专题摘编）》，中央文献出版社 2002 年版。

[30] 《江泽民文选》，人民出版社 2006 年版。

[31] 江泽民：《高举邓小平理论伟大旗帜 把建设有中国特色社会主义事业全面推向二十一世纪——在中国共产党第十五次全国代表大会上的报告》，人民出版社 1997 年版。

[32] 江泽民：《江泽民论加强和改进执政党的建设（专题摘编）》，中央文献出版社、研究出版社 2004 年版。

[33] 胡锦涛：《高举中国特色社会主义伟大旗帜 为夺取全面建设小康社会新胜利而奋斗——在中国共产党第十七次全国代表大会上的报告》，人民出版社 2007 年版。

[34] 姚文胜：《国家监察体制改革研究》，中国社会科学出版社 2019 年版。

[35] 中共中央纪律检查委员会、中华人民共和国国家监察委员会法规室编写：《〈中华人民共和国监察法〉释义》，中国方正出版社出版 2018 年版。

[36] 秦前红等：《国家监察制度改革研究》，法律出版社 2018 年版。

[37] 张云霄：《监察法学新论》，中国政法大学出版社 2020 年版。

[38] 褚宸舸主编：《监察法学》，中国政法大学出版社 2020 年版。

[39] 吴建伟主编：《监督、调查、处置法律规范研究》，人民出版社 2018 年版。

[40] 江国华编著：《国家监察立法研究》，中国政法大学出版社 2018 年版。

[41] 马怀德主编：《中华人民共和国监察法理解与适用》，中国法制出版社 2018 年版。

[42] 李本森主编：《法律职业道德概论》（第 2 版），高等教育出版社 2015 年版。

[43] 中共中央文献研究室编：《习近平关于全面依法治国论述摘编》，中央文献出版社 2015 年版。

[44] 吴建雄主编：《读懂〈监察法〉》，人民出版社 2018 年版。

[45] 侯建良：《公务员制度发展纪实》，中国人事出版社 2007 年版。

[46] 应松年主编：《公务员法》，法律出版社 2010 年版。

[47] 中华人民共和国监察部编：《中国监察年鉴（1987—1991）》，中国政法大学出版社 1993 年版。

[48] 何家弘：《从应然到实然——证据法学探究》，中国法制出版社 2008 年版。

[49] 徐继敏：《行政证据学基本问题研究》，四川大学出版社 2010 年版。

[50] 杨宇冠主编：《我国反腐败机制完善与联合国反腐败措施》，中国人民公安大学出版社 2007 年版。

[51] 廖斌等：《技术侦查规范化研究》，法律出版社 2015 年版。

[52] 全国人大常委会法制工作委员会刑法室编著：《〈中华人民共和国刑事诉讼法〉释义及实用指南》，中国民主法制出版社 2012 年版。

[53] 中国法制出版社编：《刑事诉讼法新解读》，中国法制出版社 2017 年版。

[54] 孙长永：《侦查程序与人权——比较法考察》，中国方正出版社 2000 年版。

[55] 夏红、毛淑玲、单丽雪编著：《中华人民共和国刑事诉讼法配套解读与实例》，法律出版社 2019 年版。

[56] 法律出版社法规中心编：《中华人民共和国刑事诉讼法注释本》，法律出版社 2018 年版。

[57] 法律出版社法规中心编:《中华人民共和国刑事诉讼法配套解读》,法律出版社 2012 年版。
[58] 陈国庆主编:《中华人民共和国刑事诉讼法最新释义》,中国人民公安大学出版社 2012 年版。
[59] 臧铁伟主编:《中华人民共和国刑事诉讼法解读》,中国法制出版社 2012 年版。
[60] 法律出版社法规中心编:《中华人民共和国民事诉讼法注释本》,法律出版社 2017 年版。
[61] 胡铭:《刑事诉讼法学》,法律出版社 2016 年版。
[62] 钱晓萍主编:《行政监察法概论》,中国政法大学出版社 2016 年版。
[63] 杨宇冠:《监察法与刑事诉讼法衔接问题研究》,中国政法大学出版社 2018 年版。
[64] 郭晓光:《民事诉讼管辖实证研究》,中国政法大学出版社 2016 年版。
[65] 陈光中主编:《刑事诉讼法》,北京大学出版社、高等教育出版社 2005 年版。
[66] 侯明编著:《刑事追诉专题论》,厦门大学出版社 2017 年版。
[67] 陈卫东主编:《模范刑事诉讼法典》,中国人民大学出版社 2005 年版。
[68] 全国人大常委会法制工作委员会刑法室编著:《关于实施刑事诉讼法若干问题的规定解读》,中国法制出版社 2013 年版。
[69] 魏小强:《法意对话录》,中国法制出版社 2013 年版。
[70] 王邦佐等编写:《政治学辞典》,上海辞书出版社 2009 年版。
[71] 本书编写组编:《怎样做合格党员》,党建读物出版社 2016 年版。
[72] 余实践:《纪律简说》,天津社会科学院出版社 2012 年版。
[73] 张卫平:《民事证据法》,法律出版社 2017 年版。
[74] 周佑勇:《行政法原论》(第 2 版),中国方正出版社 2005 年版。
[75] 中共中央宣传部编:《习近平新时代中国特色社会主义思想三十讲》,学习出版社 2018 年版。
[76] 于建荣、何芹主编:《监督执纪工作程序与规范》,红旗出版社 2017 年版。
[77] 郭华:《监察制度改革与监察调查权的界限》,经济科学出版社 2019 年版。
[78] 陈挥、王关兴:《中国共产党反腐倡廉史》,上海人民出版社 2014 年版。
[79] 陈雷:《反腐败国际合作理论与实务》,中国检察出版社 2012 年版。
[80] 周鲠生:《国际法》(上册),武汉大学出版社 2007 年版。
[81] 李翔:《反腐败国际刑事合作机制研究》,北京大学出版社 2011 年版。
[82] 张磊:《国际刑事司法协助热点问题研究》,中国人民公安大学出版社 2012 年版。
[83] 解彬:《境外追赃刑事法律问题研究》,中国政法大学出版社 2016 年版。
[84] 马方、任惠华主编:《监察调查程序与方法》,中国方正出版社 2020 年版。
[85] 陈兴良主编:《刑法学》,复旦大学出版社 2003 年版。
[86] 张保生主编:《证据法学》(第 3 版),中国政法大学出版社 2018 年版。
[87] 张保生:《证据法的理念》,法律出版社 2021 年版。
[88] 陈一云主编:《证据学》,中国人民大学出版社 1991 年版。
[89] 江伟主编:《证据法学》,法律出版社 2003 年版。
[90] 何家弘、张卫平主编:《简明证据法学》,中国人民大学出版社 2007 年版。
[91] 卞建林、谭世贵主编:《证据法学》,中国政法大学出版社 2019 年版。
[92] 张建伟:《证据法要义》,北京大学出版社 2014 年版。
[93] 樊崇义主编:《证据法学》,法律出版社 2017 年版。
[94] 陈卫东、谢佑平主编:《证据法学》,复旦大学出版社 2016 年版。

[95] 陈光中主编：《证据法学》（第 3 版），法律出版社 2015 年版。

[96] 卞建林主编：《证据法——原理·图解·案例·司考》，中国民主法制出版社 2015 年版。

[97] 唐良艳、李海萍主编：《证据学》，法律出版社 2016 年版。

[98] 何家弘主编：《新编证据法学》，法律出版社 2000 年版。

[99] 占善刚、刘显鹏：《证据法论》，武汉大学出版社 2019 年版。

[100] 谢安平、郭华：《证据法学》，中国人民公安大学出版社 2021 年版。

[101] 卞建林主编：《证据法学》，高等教育出版社 2020 年版。

[102] 刘金友主编：《证据法学》，中国政法大学出版社 2001 年版。

[103] 张保生等：《证据科学论纲》，经济科学出版社 2019 年版。

[104] 法学教材编辑部《证据学》编写组：《证据学》，群众出版社 1983 年版。

[105] 魏虹主编：《证据法学教程》，中国政法大学出版社 2008 年版。

[106] 《世界各国刑事诉讼法》编辑委员会编译：《世界各国刑事诉讼法·欧洲卷》，中国检察出版社 2016 年版。

[107] 罗华滨、刘志大编著：《中国特色社会主义监督体制》，中国方正出版社 2012 年版。

[108] 邬思源：《中国执政党监督体系的传承与创新》，学林出版社 2008 年版。

[109] 邓频声等：《中国特色社会主义权力监督体系研究》，时事出版社 2011 年版。

[110] 《刑事诉讼法学》编写组编：《刑事诉讼法学》，高等教育出版社 2017 年版。

[111] 江平主编：《中华人民共和国法律全释》（第 3 册），中国检察出版社 2000 年版。

[112] 国家法官学院案例开发研究中心编：《中国法院 2014 年度案例 5：合同纠纷》，中国法制出版社 2014 年版。

[113] 张柏林主编：《〈中华人民共和国公务员法〉释义》，中国人事出版社 2005 年版。

[114] 徐静琳主编：《行政法与行政诉讼法学》（第 3 版），上海大学出版社 2013 年版。

[115] 中华人民共和国公务员法释义编写组编：《中华人民共和国公务员法释义》，中国法制出版社 2005 年版。

[116] 万毅、林喜芬编著：《刑事诉讼法》，清华大学出版社 2010 年版。

[117] 沈太霞：《人权的守卫者——欧洲人权法院个人申诉制度》，暨南大学出版社 2014 年版。

[118] 高家伟：《公正高效权威视野下的行政司法制度研究》，中国人民公安大学出版社 2013 年版。

[119] 岳光辉编著：《国家赔偿法实例说》，湖南人民出版社 2000 年版。

[120] 中纪委驻国家工商行政管理局纪检组、监察部驻国家工商行政管理局监察局组织编著：《工商行政管理机关执法监察指要》，工商出版社 1997 年版。

[121] 周云之、刘培育：《先秦逻辑史》，中国社会科学出版社 1984 年版。

[122] 高铭暄、马克昌主编：《刑法学》，北京大学出版社、高等教育出版社 2017 年版。

[123] 法律出版社法规中心编：《中华人民共和国刑法》（注释本），法律出版社 2015 年版。

[124] 全国人大常委会法制工作委员会刑法室编著：《〈中华人民共和国刑法〉释义及实用指南》，中国民主法制出版社 2011 年版。

[125] 中国法制出版社编：《刑法新解读》，中国法制出版社 2017 年版。

[126] 曲新久主编：《刑法学》，中国政法大学出版社 2009 年版。

[127] 刘宪权主编：《中国刑法学》，上海人民出版社 2008 年版。

[128] 郝英兵编著：《最新中华人民共和国刑法配套解读与案例》，法律出版社 2017 年版。

[129] 李晓明主编：《中国刑法分论》，清华大学出版社2014年版。
[130] 赵秉志主编：《当代刑法学》，中国政法大学出版社2009年版。
[131] [美] 杰拉尔德·E. 凯登等：《腐败：权利与制约》，王云燕译，人民日报出版社2017年版。
[132] [德] 卡尔·拉伦茨：《法学方法论》，陈爱娥译，商务印书馆2003年版。
[133] [法] 孟德斯鸠：《论法的精神》，张雁深译，商务印书馆1961年版。
[134] [法] 孟德斯鸠：《论法的精神》（上册），许明龙译，商务印书馆2012年版。
[135] [新西兰] 杰瑞米·波普：《制约腐败——建构国家廉政体系》，清华大学公共管理学院廉政研究室译，中国方正出版社2003年版。
[136] [荷] 兰布克、[意] 法布瑞编：《法院案件管辖与案件分配：奥英意荷挪葡加七国的比较》，范明志等译，法律出版社2007年版。
[137] [德] 克劳斯·罗克辛：《德国刑法学总论：犯罪原理的基础构造》（第1卷），王世洲译，法律出版社2005年版。
[138] [美] 约翰·威格莫尔：《普通法的庭审证据》，转引自卞建林、刘玫：《外国刑事诉讼法》，人民法院出版社、中国社会科学出版社2002年版。
[139] [美] 罗纳德·J. 艾伦等：《证据法：文本、问题和案例》（第3版），张保生、王进喜、赵滢译，高等教育出版社2006年版。
[140] [美] 特伦斯·安德森、[美] 戴维·舒姆、[英] 威廉·特文宁：《证据分析》，张保生等译，中国人民大学出版社2012年版。
[141] [新加坡] 何福来：《证据法哲学——在探究真相的过程中实现正义》，樊传明等译，中国人民大学出版社2021年。
[142] [美] 乔恩·R. 华尔兹：《刑事证据大全》，何家弘等译，中国人民公安大学出版社2004年版。
[143] 张文显主编：《诉讼法与司法文明》，法律出版社2021年版。
[144] [日] 田口守一：《刑事诉讼法》，刘迪等译，法律出版社2000年版。
[145] [英] 霍布斯：《利维坦》，黎思复、黎廷弼译，商务印书馆1985年版。

二、文章类

[1] 徐天："《监察法》是党规转向国法的重要变化——专访著名法学家、中国政法大学原校长陈光中"，载《中国新闻周刊》2018年第11期。
[2] 周磊、焦利："构建中国特色国家监察官制度：背景与建议"，载《北京行政学院学报》2019年第3期。
[3] 邹开红："持续深化国家监察体制改革 规范和正确行使国家监察权"，载《中国纪检监察》2021年第19期。
[4] 夏晓东："建设高素质专业化监察官队伍"，载《中国纪检监察》2021年第17期。
[5] 邹开红等："《中华人民共和国监察官法》解读"，载《中国纪检监察》2021年第17期。
[6] 姜明安："国家监察法立法的若干问题探讨"，载《法学杂志》2017年第3期。
[7] 江国华："国家监察体制改革的逻辑与取向"，载《学术论坛》2017年第3期。
[8] 吴建雄："论国家监察体制改革的价值基础与制度构建"，载《中共中央党校学报》2017年第

2期。

[9] 谭家超："《监察法》实施过程中监察建议的制度建构"，载《法学》2019年第7期。

[10] 尹传政："汲取优秀政德文化 加强政治生态建设"，载《光明日报》2018年5月8日。

[11] 吴建雄："监察法学学科创立的价值基础及其体系构建"，载《法学杂志》2019年第9期。

[12] 秦前红、石泽华："新时代监察法学理论体系的科学建构"，载《武汉大学学报（哲学社会科学版）》2019年第5期。

[13] 封利强："监察法学的学科定位与理论体系"，载《法治研究》2020年第6期。

[14] 陈瑞华："法学研究方法的若干反思"，载《中外法学》2015年第1期。

[15] 白斌："论法教义学：源流、特征及其功能"，载《环球法律评论》2010年第3期。

[16] 秦前红："监察法学的研究方法刍议"，载《河北法学》2019年第4期。

[17] 陈柏峰："社科法学及其功用"，载《法商研究》2014年第5期。

[18] 陈东升："开展监察法学研究 破解反腐法律难题"，载《法制日报》2018年6月15日。

[19] 张国安："论中国古代监察制度及其现代借鉴"，载《法学评论》2009年第2期。

[20] 张仲旺、阮兴："中国古代监察制度的特点及现代意义"，载《青海民族大学学报（社会科学版）》2019年第4期。

[21] 张生："中国古代监察制度的演变：从复合性体系到单一性体系"，载《行政法学研究》2017年第4期。

[22] 卜宪群："汉代监察体制的完善及其意义"，载《中国纪检监察报》2019年3月22日。

[23] 程美东、张伟："新时代中国监察制度的思想渊源与实践创造"，载《理论与评论》2019年第3期。

[24] 余信红："民国时期的监察制度评析"，载《华北水利水电学院学报（社科版）》2002年第2期。

[25] 朱媛媛："南京国民政府的监察制度及启示"，载《安顺学院学报》2011年第3期。

[26] 姚秀兰："南京国民政府监察制度探析"，载《政法论丛》2012年第2期。

[27] 聂鑫："中西之间的民国监察院"，载《清华法学》2009年第5期。

[28] 张卫东：" '扩权' 与 '限权'：国民政府时期监察权配置之不同方案"，载《江汉论坛》2020年第8期。

[29] 李凌云："新中国监察制度七十年的嬗变"，载《西部法学评论》2019年第3期。

[30] 舒绍福、李婷："从党内监察到国家监察：建党以来监察制度变迁"，载《新视野》2022年第1期。

[31] 马怀德："国家监察体制改革的重要意义和主要任务"，载《国家行政学院学报》2016年第6期。

[32] 刘晓峰："新中国成立以来我国监察制度发展历程、演进趋势及改革目标"，载《社会主义研究》2018年第2期。

[33] 梁永成："中国行政监察制度变迁30年（1987-2018年）"，载《地方立法研究》2018年第5期。

[34] 程衍："论监察权监督属性与行权逻辑"，载《南京大学学报（哲学·人文科学·社会科学）》2020年第3期。

[35] 龚举文："纪检监察体制改革下的纪法贯通、法法衔接"，载《党内法规理论研究》2020年第

1 期。

[36] 刘小妹："人大制度下的国家监督体制与监察机制"，载《政法论坛》2018 年第 3 期。
[37] 莫纪宏："国家监察体制改革要注重对监察权性质的研究"，载《中州学刊》2017 年第 10 期。
[38] 樊崇义："检察机关深化法律监督发展的四个面向?"，载《中国法律评论》2017 年第 5 期。
[39] 戴涛："监察体制改革背景下调查权与侦查权研究"，载《国家行政学院学报》2018 年第 1 期。
[40] 张云霄："《监察法》和《刑事诉讼法》衔接探析"，载《法学杂志》，2019 年第 1 期。
[41] 陈辉："论监察委员会处置权的合理配置与规范运行"，载《社会主义研究》2019 年 6 期。
[42] 汪江连："论监察机关依法独立行使监察权"，载《法治研究》2018 年第 6 期。
[43] 陈越峰："监察措施的合法性研究"，载《环球法律评论》2017 年第 2 期。
[44] 王昭华、江国华："法理与逻辑：职务违法监察对象权利救济的司法路径"，载《学术论坛》2020 年第 2 期。
[45] 梁坤："纪检监察措施分类适用的法规范解读"，载《法学》2019 年第 3 期。
[46] 邬思源："论马克思恩格斯权力监督与制约思想"，载《求实》2008 年第 6 期。
[47] 孟凡强、吴君："论马克思恩格斯党内制度监督思想"，载《理论学刊》2002 年第 2 期。
[48] 王进芬："列宁加强党内监督的理论逻辑、现实考量和制度设计"，载《南京师大学报（社会科学版）》2019 年第 3 期。
[49] 赵洪霞："列宁的党内监督思想及其启示"，载《理论界》2004 年第 2 期。
[50] 黄勇、武彬："列宁构筑'三位一体'权力监督体系的思想研究"，载《社会主义研究》2013 年第 3 期。
[51] 吴洪凯："列宁对社会主义国家权力监督问题的探索"，载《社会科学论坛（学术研究卷）》2009 年第 8 期。
[52] 孙辉、袁新华："列宁晚年权力监督思想及其现实启示"，载《安庆师范学院学报（社会科学版）》2001 年第 3 期。
[53] 刘金如："毛泽东党内监督思想论略"，载《湖南科技大学学报（社会科学版）》2004 年第 1 期。
[54] "积极探索实践　形成宝贵经验　国家监察体制改革试点取得实效——国家监察体制改革试点工作综述"，载《人民日报》2017 年 11 月 6 日。
[55] 彭新林："国家监察体制改革：动因、要义与方略"，载《学术界》2018 年第 10 期。
[56] 习近平："在新的起点上深化国家监察体制改革"，载《小康》2019 年第 9 期。
[57] 袁曙宏："深化国家监察体制改革的四重意义"，载《中国纪检监察》2018 年第 5 期。
[58] 江国华、彭超："国家监察立法的六个基本问题"，载《江汉论坛》2017 年第 2 期。
[59] 张弛："落实政治过硬本领高强要求　从严从实加强纪检监察队伍建设"，载《中国纪检监察报》2019 年 2 月 12 日。
[60] 王少伟："建设高素质专业化纪检监察干部队伍"，载《中国纪检监察报》2020 年 3 月 16 日。
[61] 莫纪宏："坚持党的领导与依法治国"，载《法学研究》2014 年第 6 期。
[62] 朱福惠："国家监察体制之宪法史观察——兼论监察委员会制度的时代特征"，载《武汉大学学报（哲学社会科学版）》2017 年第 3 期。
[63] 雷思远："如何理解监委依法独立行使监察权——准确把握依法、独立、配合、制约四个关键词"，载《中国纪检监察》2018 年第 9 期。

[64] 姜明安："论监察法的立法目的与基本原则"，载《行政法学研究》，2018年第4期。

[65] 舒国滢、宋旭光："以证据为根据还是以事实为根据？——与陈波教授商榷"，载《政法论丛》2018年第1期。

[66] 马振明："以事实为根据、以法律为准绳是刑事诉讼的基本原则"，载《北京大学学报（哲学社会科学版）》1980年第3期。

[67] 江国华："司法立宪主义与中国司法改革"，载《法制与社会发展》2016年第1期。

[68] 董茂云："监察委员会独立性地位的三个认识维度"，载《东方法学》2020年第3期。

[69] 黄建达："双重属性视角下监察委员会与人民代表大会的关系"，载《北京社会科学》2019年第2期。

[70] 付启章："新时代纪检监察机关自身接受监督问题探析"，载《理论视野》2019年第9期。

[71] 杜治洲："中国特色国家监察的制度创新与运行机制"，载《河南社会科学》2019年第1期。

[72] 李志强："监察委员会的职能定位及其类型化构造"，载《山东社会科学》2021年第1期。

[73] 覃春娥："如何把握好监察机关上下级领导关系——加强上级监委对下级监委的领导"，载《中国纪检监察》2018年第10期。

[74] 杜倩博："监察委员会内部机构设置与运行机制：流程导向的组织变革"，载《中共中央党校学报》2018年第4期。

[75] 刘畅："国家监察体系结构调适与功能优化分析"，载《学习与探索》2020年第11期。

[76] 王冠、任建明："纪检监察派驻制度的演进、逻辑与改革建议"，载《科学社会主义》2019年第6期。

[77] 黄晓辉、傅丹丹："地方各级纪委监委'派驻机构'改革思考"，载《广西社会科学》2019年第7期。

[78] 朱建磊："十八大以来纪检监察派驻机构建设的基本经验"，载《中共济南市委党校学报》2017年第4期。

[79] 桂梦美、王思涵："治理视域下纪检监察派驻机构改革：原则、职责和评估"，载《河北法学》2021年第4期。

[80] 丁方旭、任进："国家监察体制改革视域下中国特色监察官制度的构建"，载《行政管理改革》2021年第1期。

[81] 张元星："构建科学规范的监察官制度"，载《学习时报》2018年8月6日。

[82] 陈伟："监察官法制订的现实必要、原则构建及实践问题"，载《学术界》2020年第1期。

[83] 徐航："监察官法：构建中国特色监察官制度"，载《中国人大》2021年第17期。

[84] 周玉华："监察官法重点难点释析"，载《人民检察》2021年第18期。

[85] 姜永斌："明确法定责任 确保依法履职"，载《中国纪检监察报》2021年8月25日。

[86] 陈光斌："监察官职业伦理：概念、渊源和内容"，载《法学评论》2020年第5期。

[87] 叶青、王小光："域外监察制度发展评述"，载《法律科学（西北政法大学学报）》2017年第6期。

[88] "关权入笼 严防'灯下黑'——从纪检监察干部违纪违法典型案例看〈工作规则〉相关规定"，载《中国纪检监察》2019年第3期。

[89] 宋振策："我国监察官制度设计初探——以监察官法的制定为视角"，载《廉政文化研究》2020年第3期。

[91] 江国华、何盼盼："中国特色监察法治体系论纲"，载《新疆师范大学学报（哲学社会科学版）》2018年第5期。

[91] 秦前红："《监察法》理解和适用的若干重要问题——根据秦前红教授讲座录音整理"，载《东南法学》2019年第1期。

[92] 曹志瑜："法律资格考试有助监察队伍职业化"，载《法制日报》2017年8月10日。

[93] 褚宸舸、王阳："我国监察官制度的立法构建——对监察官范围和任职条件的建议"，载《浙江工商大学学报》2020年第4期。

[94] 周磊："中国监察官制度的构建及路径研究"，载《国家行政学院学报》2018年第4期。

[95] 刘练军："监察官立法三问：资格要件、制度设计与实施空间"，载《浙江社会科学》2019年第3期。

[96] 徐汉明："国家监察权的属性探究"，载《法学评论》2018年第1期。

[97] 陈翠玉、杜强："监察官法制定的现实必要、争议及具体设想"，载《廉政文化研究》2020年第5期。

[98] 温泽彬、陈小鲁："宪法宣誓制度功效探析"，载《重庆社会科学》2021年第2期。

[99] 李斌雄、廖凯："构建中国特色监察官制度的必要性、原则及基本思路"，载《廉政文化研究》2020年第5期。

[100] 朱力宇、袁钢："欧盟监察专员制度的产生及运作"，载《欧洲研究》2007年第1期。

[101] 常利娟、袁依依："基层纪检监察干部队伍建设研究——在监察体制改革背景下"，载《陕西行政学院学报》2019年第1期。

[102] 任建明、杨梦婕："国家监察体制改革：总体方案、分析评论与对策建议"，载《河南社会科学》2017年第6期。

[103] 薛彤彤、任建明："法官员额制改革及其对国家监察官制度的启示"，载《河南社会科学》2021年第1期。

[104] 薛彤彤、牛朝辉："建立专业化导向的国家监察官制度"，载《河南社会科学》2017年第6期。

[105] 张云霄："国家监察体制改革法治化进程初探"，载《法学杂志》2018年第5期。

[106] 曹亘平："对监察委的监督制约严密而有效——多把'连环锁'确保监察权良性运行"，载《人民论坛》2018年第1期。

[107] 吴海红："反腐倡廉建设中的社会监督机制研究"，载《中共福建省委党校学报》2012年第2期。

[108] 于安："反腐败是构建新国家监察体制的主基调"，载《中国法律评论》2017年第2期。

[109] 王建国、谷耿耿："监察权独立行使的法治逻辑"，载《宁夏社会科学》2020年第6期。

[110] 舒绍福："域外监察官制度变迁及其镜鉴"，载《行政管理改革》2022年第3期。

[111] 袁钢："构建中国特色监察官制度：意义、原则与任务"，载《武汉科技大学学报（社会科学版）》2020年第5期。

[112] 姚文胜："国家监察体制改革有关问题的思考"，载《环球法律评论》2017年第2期。

[113] 倪洪涛："论我国公务员范围的拓展"，载《河北法学》2007年第1期。

[114] 姜明安："重视制度设计，保障《公务员法》立法目的的实现"，载《华东政法大学学报》2005年第2期。

[115] 谭宗泽：“论国家监察对象的识别标准”，载《政治与法律》2019 年第 2 期。

[116] 许安标：“人大机关干部是公务员队伍的有机组成部分”，载《中国人大》2005 年第 24 期。

[117] 秦前红：“国家监察法实施中的一个重大难点：人大代表能否成为监察对象"，载《武汉大学学报（哲学社会科学版）》2018 年第 6 期。

[118] 侯志山：“国家监察：中国特色监督的创举”，载《中国党政干部论坛》2018 年第 4 期。

[119] 蔡乐渭：“国家监察机关的监察对象”，载《环球法律评论》2017 年第 2 期。

[120] 董正奇：“公务员法视阈下构建和谐党际、党政、党群关系的思考”，载《理论研究》2007 年第 2 期。

[121] 易丽丽：“我国行政类事业单位改革探索——基于对三个试点省（市）的调研思考”，载《中国行政管理》2012 年第 9 期。

[122] 李帆、樊轶侠：“中国政府公务人员规模与结构研究：基于国际比较视角”，载《国家行政学院学报》2017 年第 6 期。

[123] 蔡金荣：“'国家监察全面覆盖'的规范结构探析”，载《求实》2019 年第 1 期。

[124] 胡于凝、刘金程：“国有企业反腐败与纪检监察研究综述”，载《天津行政学院学报》2013 年第 6 期。

[125] 黄小彤、曾慧华：“当下我国国有企业经营者去行政化改革的路径建构——规范行政者行为还是解除公务员身份”，载《理论探讨》2015 年第 2 期。

[126] 柏维春、李红权：“国有企业腐败的发生机理与治理对策”，载《河南社会科学》2013 年第 5 期。

[127] 秦前红、石泽华：“我国高校监察制度的性质、功能与改革愿景”，载《武汉大学学报（哲学社会科学版）》2020 年第 4 期。

[128] 卫学莉：“基层群众性自治组织职能定位与优化”，载《人民论坛》2015 年第 26 期。

[129] 秦前红：“监察法理解和适用的若干难点问题”，载《人民法治》2018 年第 Z1 期。

[130] “读懂监察法里的'中国话语'”，载《中国纪检监察》2018 年第 6 期。

[131] 蔡乐渭：“论国家监察视野下公权力的内涵、类别与范围”，载《河南社会科学》2018 年第 8 期。

[132] 刘艳红：“中国反腐败立法的战略转型及其体系化构建”，载《中国法学》2016 年第 4 期。

[133] 魏昌东：“监督职能是国家监察委员会的第一职能：理论逻辑与实现路径——兼论中国特色监察监督系统的规范性创建”，载《法学论坛》2019 年第 1 期。

[134] 刘艳红：“监察委员会调查权运作的双重困境及其法治路径”，载《法学论坛》2017 年第 6 期。

[135] 汪海燕：“监察制度与《刑事诉讼法》的衔接”，载《政法论坛》2017 年第 6 期。

[136] 余哲西："述评之二　监督、调查、处置一体推进——保证监察全覆盖的质量和效果"，载《中国纪检监察》2018 年第 13 期。

[137] 秦前红，石泽华：“基于监察机关法定职权的监察建议：功能、定位及其法治化”，载《行政法学研究》2019 年第 2 期。

[138] 王连敏：“如何做好执纪审查期间录音录像工作”，载《中国纪检监察报》2017 年 12 月 20 日。

[139] 叶青：“监察机关调查犯罪程序的流转与衔接”，载《华东政法大学学报》2018 年第 3 期。

[140] 郑贤君：“试论监察委员会之调查权”，载《中国法律评论》2017 年第 4 期。

[141] 李庚：“为什么要赋予监察机关相应的监察权限——确保惩治腐败的有效性和威慑力”，载

《中国纪检监察》2018年第6期。

[142] 陆国栋:"贯彻落实法治理念 严格规范监察措施适用",载《中国纪检监察》2021年第19期。

[143] 王锡锌:"政府信息公开语境中的'国家秘密'探讨",载《政治与法律》2009年第3期。

[144] 付大峰、巢永乐:"监督执纪'四种形态'运用的规范化研究",载《党内法规理论研究》2020年第2期。

[145] 曾哲、丁俊文:"基于法定职权的监察谈话:政治属性与法治路径",载《时代法学》2019年第6期。

[146] 金成波、张航:"国家监察视阈下谈话制度的运用与完善",载《长白学刊》2020年第2期。

[147] 刘玫:"论监察委员会的调查措施",载《学习与探索》2018年第1期。

[148] 童之伟:"对监察委员会自身的监督制约何以强化",载《法学评论》2017年第1期。

[149] 吴宏耀:"侦查讯问制度研究",载《中国刑事法杂志》2001年第5期。

[150] 王中胜:"谈话、讯问、询问三项措施有何不同",载《中国纪检监察》2018年第12期。

[151] 安仲伟:"法治视域下纪检监察谈话制度的完善",载《中共青岛市委党校 青岛行政学院学报》2021年第4期。

[152] 陈瑞华:"论证人证言规则",载《苏州大学学报(哲学社会科学版)》2012年第2期。

[153] 孔令勇:"刑事人身物证同一认定鉴定意见审查判断规则研究",载《中国司法鉴定》2015年第2期。

[154] 王泓杰:"对交通肇事案中的死者进行'全面尸检'的必要性及措施",载《犯罪研究》2014年第4期。

[155] 杨开湘、余蓝:"人身检查概念之检讨",载《时代法学》2010年第1期。

[156] 高崇慧、刘博:"男女平等与保护妇女合法权益探析",载《云南大学学报(法学版)》2006年第1期。

[157] 陈刚:"刑事勘验、检查笔录的科学定义及分类",载《中国人民公安大学学报(社会科学版)》2016年第1期。

[158] 张元星:"监察调查中运用鉴定措施应注意的问题",载《中国纪检监察》2020年第14期。

[159] 王连昭、杜志淳:"国家监察体制改革进程中司法鉴定管理改革探究",载《中国司法鉴定》2019年第1期。

[160] 陈敏、刘鑫:"我国司法鉴定标准体系研究",载《昆明理工大学学报》2013年第3期。

[161] 卢乐云:"司法鉴定的证据能力及其审查——以'两高三部'、'两个证据规定'为视域",载《中国刑事法杂志》2011年第9期。

[162] 张斌:"论我国刑事鉴定意见的科学性保证",载《南京大学法律评论》2015年第2期。

[163] 赵剑海:"试论司法鉴定人签名备案制度的构建",载《中国司法鉴定》2014年第2期。

[164] 孙启亮、金颖晔:"论技术侦查措施在我国职务犯罪侦查中的适用",载《华东政法大学学报》2011年第1期。

[165] 兰跃军:"比较法视野中的技术侦查措施",载《中国刑事法杂志》2013年第1期。

[166] 沈叶:"立案审查的规矩与红线",载《中国纪检监察》2017年第9期。

[167] 黄俞欣:"论监察法中的技术调查措施——以《监察法》第二十八条为视角",载《中国卫生法制》2020年第4期。

[168] 秦卫东、任海新:"检察机关配置技术侦查权研究",载《中国刑事法杂志》2009年第6期。

[169] 王彬："比较法视野下的技术侦查制度研究及其启示"，载《武汉大学学报（哲学社会科学报）》2010年第5期。

[170] 闫利国、徐光华："技术侦查在刑事诉讼中的运用——以监听为视角"，载《华中科技大学学报（社会科学版）》2010年第2期。

[171] 任学强、蒋云国："技术侦查在职务犯罪中限制适用的再思考"，载《中国刑事法杂志》2009年第12期。

[172] 秦策："监察调查程序的法治化构建"，载《理论视野》2018年第2期。

[173] 孙世超："监察技术调查一体化机制的实践困境与制度构想"，载《中国发展》2021年第5期。

[174] 詹建红："理论共识与规则细化：技术侦查措施的司法适用"，载《法商研究》2013年第3期。

[175] 梁三利："留置取代'两规'措施的法治化路径"，载《天津行政学院学报》2018年第1期。

[176] 张翔、赖伟能："基本权利作为国家权力配置的消极规范——以监察制度改革试点中的留置措施为例"，载《法律科学（西北政法大学学报）》2017年第6期。

[177] 王飞跃："监察留置适用中的程序问题"，载《法学杂志》2018年第5期。

[178] 陈光中、邵俊："我国监察体制改革若干问题思考"，载《中国法学》2017年第4期。

[179] 宋英辉："职务犯罪侦查中强制措施的立法完善"，载《中国法学》2007年第5期。

[180] 张咏涛："留置措施的基本内涵与规范运行"，载《新疆师范大学学报（哲学社会科学版）》2018年第2期。

[181] 何静："监察留置措施的功能定位与规范续造"，载《华侨大学学报（哲学社会科学版）》2021年第2期。

[182] 阳平："'两规'到留置的演进历程、逻辑及启示"，载《法学杂志》2021年第5期。

[183] 王少伟："以首善标准完成监察体制改革试点任务——北京开展国家监察体制改革试点工作纪实（上）"，载《中国纪检监察报》2017年6月1日。

[184] 艾明："刑事诉讼法中的侦查概括条款"，载《法学研究》2017年第4期。

[185] 陈瑞华："审前羁押的法律控制———比较法角度的分析"，载《政法论坛》2001年第4期。

[186] 李玉长："聚焦监察法草案⑦：留置调查措施不是刑事强制措施"，载《中国纪检监察报》2018年3月15日。

[187] 王占洲、林苇："监察机关提请公安机关配合搜查中'工作需要'的范围界定"，载《中国人民公安大学学报（社会科学版）》2021年第2期。

[188] 陈辉、汪进元："论'监、检、审'三机关间的分工、配合与制约关系"，载《南京社会科学》2018年第5期。

[189] 蒋山花、舒小亮："论行政扣押行为的执法困境与化解思路"，载《法治论坛》2010年第3期。

[190] 邱景辉："罚金刑执行与监督若干问题研究"，载《人民检察》2004年第2期。

[191] 李宝记："'查封、扣押'的行政法律适用"，载《武汉公安干部学院学报》2015年第2期。

[192] 刘明光："关于通缉的几个问题"，载《公安研究》2002年第4期。

[193] 王秋杰："困境与完善：论我国通缉制度"，载《法学杂志》2012年第11期。

[194] 王彦学："论网上通缉误认"，载《中国人民公安大学学报（社会科学版）》2010年第6期。

[195] 朱建朝、金香平、姜金良："限制出境（边控）措施的法律适用"，载《人民司法》2012年第18期。

[196] 汪进元："人身自由的构成与限制"，载《华东政法大学学报》2011年第2期。

[197] 刘志欣、董礼洁："诉讼程序中限制出境措施的完善与救济——对公民出境自由的限制与救济"，载《法律适用》2013 年第 11 期。

[198] 杜以星："民事诉讼中限制出境措施的若干实务问题"，载《法律适用》2012 年第 4 期。

[199] 胡晓东、熊燕："对限制被执行人出境之申请的审查"，载《人民司法》2010 年第 10 期。

[200] 叶青、王小光："监察委员会案件管辖模式研究"，载《北方法学》2019 年第 4 期。

[201] 付洪林、窦家应："行政诉讼提级管辖改革的探索与实践——以广东法院提级管辖改革为样本"，载《法律适用》2014 年第 5 期。

[202] 龙宗智："刑事诉讼指定管辖制度之完善"，载《法学研究》2012 年第 4 期。

[203] 江国华、龚雄艳："职务犯罪监察管辖冲突及其解决机制"，载《江汉学术》2021 年第 5 期。

[204] 钱小平："监察管辖制度的适用问题及完善对策"，载《南京师大学报（社会科学版）》2020 年第 1 期。

[205] 王一超："论《监察法》与《刑事诉讼法》适用中的程序衔接"，载《法治研究》2018 年第 6 期。

[206] 阳平："我国监察管辖制度体系的构成及完善"，载《法治研究》2020 年第 6 期。

[207] 陈国庆："刑事诉讼法修改与刑事检察工作的新发展"，载《国家检察官学院学报》2019 年第 1 期。

[208] 王希鹏："完善国家监察领导体制及推进纪检监察一体的思考"，载《湖南社会科学》2018 年第 2 期。

[209] 史嘉扣："派驻纪检组要处理好几个关系"，载《中国纪检监察报》2017 年 8 月 30 日。

[210] 李海峰、杨玉华："监察一体化模式下指定管辖的意蕴与规制"，载《廉政文化研究》2020 年第 4 期。

[211] 黄硕："论职务犯罪与牵连案件的侦查管辖权的权力边界"，载《云南社会科学》2015 年第 1 期。

[212] 郭华："我国检察机关侦查权调整及其互涉案件程序的探讨"，载《法治研究》2019 年第 1 期。

[213] 闫召华："论检警互涉案件的侦查"，载《中国人民公安大学出版社（社会科学报）》2010 年第 2 期。

[214] 张曙、阿儒汗："职务犯罪案件与牵连案件的侦查管辖研究"，载《中国刑事法杂志》2012 年第 9 期。

[215] 王霜："监察机关与其他国家机关互涉案件管辖问题研究"，载《重庆理工大学学报（社会科学）》2020 年第 11 期。

[216] 谢小剑："监察委员会刑事调查管辖制度初探"，载《湖湘论坛》2019 年第 5 期。

[217] 董坤："法规范视野下监察与司法程序衔接机制——以《刑事诉讼法》第 170 条切入"，载《国家检察官学院学报》2019 年第 6 期。

[218] 秦前红、石泽华："论依法监察与监察立法"，载《法学论坛》2019 年第 5 期。

[219] 游钟豪、林来梵："监察法规立法规制探讨"，载《福建师范大学学报（哲学社会科学版）》2020 年第 6 期。

[220] 冯铁拴："国家监察立法体系化论析"，载《西南政法大学学报》2019 年第 1 期。

[221] 秦前红、石泽华："监察法规的性质、地位及其法治化"，载《法学论坛》2020 年第 6 期。

[222] 褚宸舸："论立法语言的语体特点"，载《云南大学学报（法学版）》2009年第2期。

[223] 章志远："党内法规研究方法论探析"，载《法学论坛》2019年第4期。

[224] 刘怡达："论纪检监察权的二元属性及其党规国法共治"，载《社会主义研究》2019年第1期。

[225] 姜明安："论中国共产党党内法规的性质与作用"，载《北京大学学报（哲学社会科学版）》2012年第3期。

[226] 朱程斌、李龙："党内法规地位的法治辨析——从规范的角度分析"，载《理论月刊》2018年第1期。

[227] 陶治国："用好'两把尺子'充分履行监督职能"，载《中国纪检监察》2018年第9期。

[228] 黄韶鹏："政务处分的基本原则、方针和要求"，载《中国纪检监察》2020年第13期。

[229] 蔡昌彤："解读'以事实为依据，以法律为准绳'原则"，载《佳木斯大学社会科学学报》2014年第3期。

[230] 王希鹏："《公职人员政务处分法》的开创意义与核心要义"，载《人民论坛》2020年第19期。

[231] 陆国栋："准确把握政务处分种类和适用规则"，载《中国纪检监察》2020年第13期。

[232] 余建军："以人民为中心的价值维度"，载《理论建设》2021年第1期。

[233] 陈辉："论监察委员会政务处分程序的内容构造"，载《西部法学评论》2020年第2期。

[234] 曹志勋："文书真伪认定的中国路径"，载《法学研究》2019年第6期。

[235] 陈辉、汪进元："监察委员会处置权与人大监督权的内在张力及协调"，载《广西社会科学》2019年第6期。

[236] 陈辉："论监察委员会政务处分程序的内容构造"，载《西部法学评论》2020年第2期。

[237] 陈伟："监察建议在坚持全覆盖中的表现形态与规范运行"，载《南京师大学报（社会科学版）》2020年第6期。

[238] 王萍："《中华人民共和国公职人员政务处分法》的实践解读与完善建议"，载《西藏发展论坛》2020年第4期。

[239] 吴洪淇："证据法体系化的法理阐释"，载《法学研究》2019年第5期。

[240] 陈光中："对《严格排除非法证据规定》的几点个人理解"，载《中国刑事法杂志》2017年第4期。

[241] 庄德水："监察委员会有效运行的结构化逻辑分析"，载《理论与改革》2019年第1期。

[242] 沈叶："《工作规则》解读之九 怎样把初步核实做实做细"，载《中国纪检监察》2017年第8期。

[243] 曾东锋、刘昆："监察调查走进公众视线"，载《中国纪检监察报》2018年1月5日。

[244] 程雷："'侦查'定义的修改与监察调查权"，载《国家检察官学院学报》2018年第5期。

[245] 陈瑞华："论监察委员会的调查权"，载《中国人民大学学报》2018年第4期。

[246] 龙宗智："监察与司法协调衔接的法规范分析"，载《政治与法律》2018年第1期。

[247] 熊秋红："监察体制改革中职务犯罪侦查权比较研究"，载《环球法律评论》2017年第2期。

[248] 朱福惠："国家监察法对公职人员纪律处分体制的重构"，载《行政法学研究》2018年第4期。

[249] 刘艳红、刘浩："政务处分法对监察体制改革的法治化推进"，载《南京师大学报（社会科学版）》2020年第1期。

[250] 刘艳红:"《监察法》与其他规范衔接的基本问题研究",载《法学论坛》2019年第1期。
[251] 储槐植、郭明跃:"联合国反腐败公约与中国反腐败国际合作研究",载《刑法论丛》2007年第1期。
[252] 马军亮:"试析中国反腐败国际追逃追赃长效机制的构建",载《哈尔滨工业大学学报(社会科学版)》2016年第2期。
[253] 楼伯坤:"APEC成员合作反腐司法一体化机制构建",载《中国法学》2016年第2期。
[254] 丁开杰:"国际组织反腐举措(一)世界银行——帮助受援国创造善政环境",载《中国监察》2003年第9期。
[255] 陈雪莲:"国际组织反腐举措(二)联合国开发计划署的反腐败框架",载《中国监察》2003年第10期。
[256] 丁开杰:"国际组织反腐举措(三)国际货币基金组织——以善治向腐败开战",载《中国监察》2003年第11期。
[257] 黄风:"我国主动引渡制度研究:经验、问题和对策",载《法商研究》2006年第4期。
[258] 李蓉:"反腐败的国际刑事司法协助——《联合国打击跨国有组织犯罪公约》的刑事司法协助体系",载《政法论坛》2005年第2期。
[259] 黄风:"国际刑事司法协助中的被判刑人移管",载《比较法研究》1990年第4期。
[260] 林雪标:"外逃腐败资产的追回",载《国家检察官学院学报》2010年第5期。
[261] 张士金:"对资产追回国际法律合作的现实考量",载《政法论坛》2010年第1期。
[262] 赵秉志、张磊:"习近平反腐败追逃追赃思想研究",载《吉林大学社会科学学报》2018年第2期。
[263] 张磊:"腐败犯罪境外追逃追赃的反思与对策",载《当代法学》2015年第3期。
[264] 王强军:"利用遣返实现境外追逃问题研究",载《法学评论》2013年第6期。
[265] 薛丰民、黄鹏:"中国反腐败境外追逃实践之劝返模式研究",载《郑州大学学报(哲学社会科学版)》2017年第6期。
[266] 彭新林:"破解反腐境外追赃难点的对策",载《人民论坛》2017年第1期。
[267] 庄德水:"扎牢防逃追逃追赃的制度笼子",载《检察日报》2014年9月30日。
[268] 朱福惠、聂辛东:"论监察法体系及其宪制基础",载《江苏行政学院学报》2020年第5期。
[269] 马怀德:"《国家监察法》的立法思路与立法重点",载《环球法律评论》2017年第2期。
[270] 邓联荣、高通:"赋予监察证据以刑事证据资格研究——以《监察法》第33条第1款为中心",载《湘潭大学学报(哲学社会科学版)》2021年第1期。
[271] 杨晓超:"适应深化国家监察体制改革要求推动新时代纪检检察信访举报工作高质量发展",载《中国纪检监察》2018年第10期。
[272] 兰跃军:"被害人报案与控告",载《刑事法律评论》2014年第1期。
[273] 赵志建:"刑事立案若干问题探讨",载《人民检察》2000年第4期。
[274] 朱福惠:"论检察机关对监察机关职务犯罪调查的制约",载《法学评论》2018年第3期。
[275] 韩大元:"论国家监察体制改革中的若干宪法问题",载《法学评论》2017年第3期。
[276] 孟松:"监察法与刑事诉讼法衔接中的监察管辖问题探讨",载《理论探索》2021年第3期。
[277] 焦洪昌、叶远涛:"监察委员会的宪法定位",载《国家行政学院学报》2017年第2期。
[278] 卞建林:"检察机关侦查权的部分保留及其规范运行——以国家监察体制改革与《刑事诉讼

法》修改为背景",载《现代法学》2020年第2期。

[279] 王译:"监察互涉案件管辖主体配合协助义务之具体化",载《时代法学》2021年第5期。

[280] 周长军:"监察委员会调查职务犯罪的程序构造研究",载《法学论坛》2018年第2期。

[281] 孙倩:"如何把握《规则》规定谈话函询的谈话与其他谈话的区别?注意区分谈话主体、适用对象及针对的问题等因素",载《中国纪检监察》2019年第13期。

[282] 周义程:"一体推进'三不'的内在逻辑与实践进路",载《南京社会科学》2021年第10期。

[283] 沈叶:"问题线索的流转之旅",载《中国纪检监察》2017年第5期。

[284] 陈振:"关于纪检监察机关运用函询处置问题线索的思考",载《广州大学学报(社会科学版)》2016年第12期。

[285] 卞建林:"监察机关办案程序初探",载《法律科学(西北政法大学学报)》2017年第6期。

[286] 何静:"监察留置措施的内部约束与外部制约",载《湖湘论坛》2021年第1期。

[287] 刘素梅:"国家监察权的监督制约体制研究",载《学术界》2019年第1期。

[288] 李学军、刘静:"监察调查中的一体化研究",载《法律适用》2019年第5期。

[289] 龙宗智:"监察体制改革中的职务犯罪调查制度完善",载《政治与法律》2018年第1期。

[290] 曹鎏:"论职务违法调查的理论逻辑、规制路径及证据规则",载《法学评论》2020年第5期。

[291] 陈辉:"监察程序审批机制的双重属性、制度功能及优化路径",载《华中科技大学学报(社会科学版)》2021年第5期。

[292] 朱程斌、李龙:"新时代的国家监察委:通过党内法规的政治机关法治化路径初探",载《广西社会科学》2018年第3期。

[293] 秦前红、石泽华:"论监察权的独立行使及其外部衔接",载《法治现代化研究》2017年第6期。

[294] 万毅:"法典化时代的刑事诉讼法变革",载《东方法学》2021年第6期。

[295] 陈辉:"《公职人员政务处分法》双轨惩戒体制下处分主体之间的关系定位",载《甘肃政法大学学报》2021年第3期。

[296] 詹建红、崔玮:"职务犯罪案件监察分流机制探究——现状、问题及前瞻",载《中国法律评论》2019年第6期。

[297] 屈新、吕云川:"监委会移送的职务犯罪案件需经检察机关审查起诉",载《西华大学学报(哲学社会科学版)》2017年第4期。

[298] 刘练军:"监察追诉的时效问题",载《法学论坛》2019年第1期。

[299] 施鹏鹏:"国家监察委员会的侦查权及其限制",载《中国法律评论》2017年第2期。

[300] 谢佑平、张海祥:"论刑事诉讼中的强制措施",载《北京大学学报(哲学社会科学版)》2010年第2期。

[301] 孙长永:"提起公诉的证据标准及其司法审查比较研究",载《中国法学》2001年第4期。

[302] 张智辉:"公诉权论",载《中国法学》2006年第6期。

[303] 陈卫东:"职务犯罪监察调查程序若干问题研究",载《政治与法律》2018年第1期。

[304] 唐亮:"监察体制改革与检察机关之归位",载《河北法学》2018年第1期。

[305] 罗洪洋、殷祎哲:"社会主义法治监督体系的逻辑构成及其定位",载《政法论丛》2017年第1期。

[306] 周欣:"我国检察机关自侦权的缺陷与重构",载《中国人民公安大学学报》2007年第2期。

[307] 叶正国、王景通:"国家监察体制改革与刑事司法关系的调适",载《江西社会科学》2021年第2期。

[308] 张建伟:"法律正当程序视野下的新监察制度",载《环球法律评论》2017年第2期。

[309] 纵博:"监察体制改革中的证据制度问题探讨",载《法学》2018年第2期。

[310] 王迎龙:"认罪认罚从宽制度中的控审构造",载《中国刑事法杂志》2021年第6期。

[311] 王学辉、徐寅智:"监察法视阈下认罪认罚从宽制度的检视与优化",载《理论月刊》2021年第11期。

[312] 刘志云:"国家利益的层次分析与国家在国际法上的行动选择",载《现代法学》2015年第1期。

[313] 高景峰:"司法工作人员相关职务犯罪侦查模式建构与完善",载《中国刑事法杂志》2021年第5期。

[314] 郑禄:"证据概念素说——兼论中国特色社会主义证据理论的国学文化基石",载《证据科学》2008年第5期。

[315] 张保生:"《人民法院诉讼证据规定适用指南》的理论逻辑和要点分析",载《法律适用》2021年第1期。

[316] 周洪波:"'直接证据'的迷思",载《法律科学(西北政法大学学报)》2021年第2期。

[317] 潘申明、张蕾:"浅析司法实务视野下的刑事证据关联规则",载《法学杂志》2011年第11期。

[318] 江国华:"国家监察与刑事司法的衔接机制研究",载《当代法学》2019年第2期。

[319] 程衍:"纪、监程序分离之提倡",载《华东政法大学学报》2021年第3期。

[320] 王秀梅、黄玲林:"监察法与刑事诉讼法衔接若干问题研究",载《法学论坛》2019年第2期。

[321] 龚举文:"论监察调查中的非法证据排除",载《法学评论》2020年第1期。

[322] 樊崇义、赵培显:"论客观性证据审查模式",载《中国刑事法杂志》2014年第1期。

[323] 秦前红、石泽华:"目的、原则与规则:监察委员会调查活动法律规制体系初构",载《求是学刊》2017年第5期。

[324] 谢登科:"电子数据的取证主体:合法性与合技术性之间",载《环球法律评论》2018年第1期。

[325] 吴洪淇:"刑事证据审查的基本制度结构",载《中国法学》2017年第6期。

[326] 吴洪淇:"英美证据法的形与神——评《证据法:文本、问题和案例》",载《法制日报》2011年1月12日。

[327] 张继成:"证据相关性的逻辑研究",载《广西大学学报(哲学社会科学版)》1998年第6期。

[328] 龙宗智:"取证主体合法性若干问题",载《法学研究》2007年第3期。

[329] 张硕:"监察案件非法证据排除制度体系:法理解构与实践路径",载《政法论坛》2020年第6期。

[330] 龙宗智:"刑事证明中经验法则运用的若干问题",载《中国刑事法杂志》2021年第5期。

[331] 张保生:"事实、证据与事实认定",载《中国社会科学》2017年第8期。

[332] 郑飞:"证据属性层次论——基于证据规则结构体系的理论反思",载《法学研究》2021年第2期。

[333] 李学宽、汪海燕、张小玲:"论刑事证明标准及其层次性",载《中国法学》2001年第5期。

[334] 彭亮:"完善监委向人大常委会报告专项工作制度 依法接受人大监督",载《中国纪检监察》2021年第19期。

[335] 冯俊伟:"国家监察体制改革中的程序分离和衔接",载《法律科学(西北政法大学学报)》2017年第6期。

[336] 范广馨、曹雪飞:"论监察证据在刑事诉讼中的使用",载《四川警察学院学报》2020年第1期。

[337] 彭江辉、邹韵:"我国检监互涉案件处理机制探析",载《西部学刊》2020年第12期。

[338] 程衍:"中国特色独立监察程序下非法证据排除规则的制度建构",载《南京大学学报》2019年第2期。

[339] 陈卫东、聂友伦:"职务犯罪监察证据若干问题研究——以《监察法》第33条为中心",载《中国人民大学学报》2018年第4期。

[340] 谢小剑:"监察调查与刑事诉讼程序衔接的法教义学分析",载《法学》2019年第9期。

[341] 艾明:"我国刑事诉讼中私人违法取得证据禁止使用的法理构建",载《四川大学学报(哲学社会科学版)》2018年第6期。

[342] 陈光中:"关于我国监察体制改革的几点看法",载《环球法律评论》2017年第2期。

[343] 吕晓刚:"程序整合视角下职务犯罪刑事特别程序研究",载《贵州省党校学报》2020年第1期。

[344] 蔡健等:"监检衔接语境下检察机关引导取证制度的完善",载《湖北第二师范学院学报》2019年第11期。

[345] 林森、金琳:"检察机关办理监察委移送案件难点问题探究——以检察机关与监察委办案衔接为视角",载《时代法学》2020年第5期。

[346] 封利强:"检察机关提前介入监察调查之检讨——兼论完善监检衔接机制的另一种思路",载《浙江社会科学》2020年第9期。

[347] 陈小炜、吴高飞:"监察体制改革背景下自行补充侦查和退回补充调查关系论纲",载《西南政法大学学报》2019年第3期。

[348] 张明正:"监察机关调查职务犯罪从宽处罚问题研究",载《南海法学》2019年第1期。

[349] 周晓天:"从宽处罚建议有何法律效力",载《中国纪检监察报》2021年2月10日。

[350] 游晓宇、张富利:"监察体制改革中的监察留置措施问题探讨",载《四川警察学院学报》2019年第5期。

[351] 马怀德:"再论国家监察立法的主要问题",载《行政法学研究》2018年第1期。

[352] 付威杰:"如何理解关于纪检监察机关对涉嫌职务犯罪案件移送审查起诉,移送后对审查调查部门的工作要求,以及审理工作完成后对其他问题线索处置的规定?",载《中国纪检监察》2019年第5期。

[353] 高童非:"监检衔接中先行拘留措施的法教义学反思",载《地方立法研究》2020年第2期。

[354] 杨宇冠、高童非:"论监察机关与审判机关、检察机关、执法部门的互相配合和制约",载《新疆社会科学》2018年第3期。

[355] 杨杨、王园园、李乐:"监检互涉案件办案衔接若干问题研究",载《廉政学研究》2019 年第 2 期。
[356] 王辉华:"职务犯罪案件缺席审判:现实问题与改进路径",载《法治社会》2020 年第 4 期。
[357] 陈卫东:"论中国特色刑事缺席审判制度",载《中国刑事法杂志》2018 年第 3 期。
[358] 樊崇义:"腐败犯罪缺席审判程序的立法观察",载《人民法治》2018 年第 7 期。
[359] 程晨:"缺席审判程序的理解与适用",载《山西省政法管理干部学院学报》2020 年第 1 期。
[360] 邱飞:"在比较中借鉴:关于构建我国刑事缺席审判制度的理性分析——以《联合国反腐败公约》资产追回机制为视角",载《甘肃理论学刊》2006 年第 4 期。
[361] 杨德森:"涉案财物如何查扣和处理",载《中国纪检监察报》2020 年 10 月 21 日,第 8 版。
[362] 马康:"监察程序与刑事诉讼衔接重要问题研究",载《海峡法学》2020 年第 3 期。
[363] 江国华:"无诉讼即无法治——论宪法诉讼乃法治之精义",载《法学论坛》2002 年第 4 期。
[364] 秦奥蕾:"论我国救济性基本权利",载《法学论坛》2009 年第 3 期。
[365] 杨红:"被监察者的权利及其保障研究",载《行政法学研究》2017 年第 6 期。
[366] 马怀德:"扎紧全面从严治党的制度笼子",中央纪委网站推出的"廉洁文化公开课"2017 年第 11 期。
[367] 汤维建:"论人大监督司法的价值及其重点转向",载《政治与法律》2013 年第 5 期。
[368] 何深思:"人大监督刚性的天然缺失与有效植入",载《中国特色社会主义研究》2013 年第 1 期。
[369] 陈端洪:"政治法的平衡结构——卢梭《社会契约论》中人民主权的建构原理",载《政法论坛》2006 年第 5 期。
[370] 王洋:"加强和改进人大监督研究综述",载《当代社科视野》2011 年第 2 期。
[371] 徐永平:"充分发挥社会监督的反腐败功能",载《理论研究》2012 年第 2 期。
[372] 张丽青:"健全人民群众监督机制是防止腐败的根本途径",载《郑州大学学报(哲学社会科学版)》2004 年第 3 期。
[373] 王梅芳、赵高辉:"新媒体生态下的舆论监督",载《南京社会科学》2011 年第 5 期。
[374] 梁平、张蓓蓓:"从舆论监督到新闻法治——基于当代传媒与司法的关系研究",载《河北法学》2012 年第 3 期。
[375] 吴建雄、郭太盛、郭烽:"把权力关进制度笼子的科学要义",载《红旗文稿》2017 年第 2 期。
[376] 闫鸣:"监察委员会是政治机关",载《中国纪检监察报》2018 年 3 月 8 日。
[377] 李晓明、韩海军:"反腐败合力的形成:资源整合与优势互补——兼论纪检监察部门与检察机关在反腐败中的关系",载《学习论坛》2012 年第 3 期。
[378] 赵肖筠、郭相宏:"法治原则述要",载《法学评论》1998 年第 4 期。
[379] 龚举文:"对监察权有效监督制约将使监委更具权威",载《中国纪检监察》2018 年第 8 期。
[380] 谭世贵:"论对国家监察权的制约与监督",载《政法论丛》2017 年第 5 期。
[381] 谈江萍、饶兰兰:"我国刑事诉讼回避制度的完善",载《江西社会科学》2008 年第 9 期。
[382] 国家保密局指导管理司:"涉密人员离岗离职的保密管理",载《保密工作》2015 年第 12 期。
[383] 茅铭晨:"论宪法申诉权的落实和发展",载《现代法学》2002 年第 6 期。
[384] 王青斌:"论监察赔偿制度的构建",载《政法论坛》2019 年第 3 期。
[385] 金承光:"从逻辑学的视角谈谈证据的充分性及其判定方法",载《政法论丛》1999 年第

1 期。

［386］ 秦前红、石泽华："监察委员会留置措施研究"，载《苏州大学学报（法学版）》2017 年第 4 期。

［387］ 刘万奇："物证新论"，载《法学研究》1993 年第 2 期。

［388］ See William H. Kuehnle,"Standards of Evidence in Administrative Proceedings", *New York Law School Law Review*, 2004~2005, p. 885.

［389］ "Reisman The causes of corruption: a cross-national study", *J. Public Econ.*, Vol. 3, 2000, pp. 399~457.

［390］ T. Persson, G. Tabellini, F. Trebbi "Electoral rules and corruption", *J. Eur. Econ. Assoc.*, Vol. 12003, pp. 958~989.

［391］ Howe S W, Haigh Y., Anti-corruption Watchdog Accountability, "The Limitations of Judicial Review's Ability to Guard the Guardians", *Australian Journal of Public Administration*, 2016, p. 75.

［392］ Ackerman, Bruce., "The New Separation of Powers", *Harvard Law Review*, 2000.

［393］ Gummow, "W. M. C 'A Fourth Branch of Government'", *Australian Institute of Administrative Law Forum*, 2012.

［394］ Mcmillan J., "Re-Thinking the Separation of Powers", *Federal Law Review*, 2010, p. 38 (3):

［395］ Latupeirissa J E, Akub M S, Karim M S, et al., *Specialty Investigation Against Corruption Crime by the Corruption Eradication Commission*, 2019.

［396］ Brown A J, Sampford C J, Shacklock A H, et al., "Chaos or Coherence? Strengths, Opportunities and Challanges for Australia's Integrity Systems", *National Integrity Systems Assessment*, 2005.

［397］ Quah J. National Integrity System, "Transparency International Regional Overview Report: East and Southeast Asia 2006", *Transparency International*, 2007.

［398］ Iyer N, Samociuk M, "Fraud and Corruption", *Ashgate Usa*, 2006.

［399］ Nwozor A, Olanrewaju J S, Oshewolo S, et al., "Is Nigeria really fighting to win the anti-corruption war?: Presidential body language, 'string-puppetting' andselective prosecutions", *Journal of Financial Crime*, 2020.

［400］ Quah J. Defying institutional failure, "learning from the experiences of anti-corruption agencies in four Asian countries", *Crime, Law and Social Change*, 2010, pp. 23~54.

［401］ Nwozor A, Olanrewaju J S, Oshewolo S, et al., "Is Nigeria really fighting to win the anti-corruption war?: Presidential body language, 'string-puppetting' and selective prosecutions", *Journal of Financial Crime*, 2020.

［402］ Quah J. Defying institutional failure, "learning from the experiences of anti-corruption agencies in four Asian countries", *Crime, Law and Social Change*, 2010, pp. 23~54.

［403］ Latupeirissa J E, Akub M S, Karim M S, et al., "Specialty Investigation Against Corruption Crime by the Corruption Eradication Commission", 2019.

［404］ Graycar A, Prenzler T., *Understanding and Preventing Corruption*, Palgrave Macmillan UK, 2013.

［405］ Branduse D M., *Anti-corruption agencies, multiple principals, and the institutional framework.*, State University of New York at Binghamton. 2016.

［406］ Luís de Sousa. "Anti-corruption agencies: between empowerment and irrelevance", *Crime Law & So-*

cial Change, 2010, pp. 5~22.

[407] Brown A J, Bruerton M., "Sufficient, stable and secure? An exploratory comparative analysis of integrity agency financial resourcing", *Crime Law & Social Change*, 2017, pp. 1~18.

[408] Doig A, Watt D, Williams R. "Hands-on or Hands-off? Anti-Corruption Agencies in Action, Donor Expectations, and a Good Enough Reality", *Public Administration and Development*, 2006pp. 163~172.

[409] Ian, Scott., "The challenge of preserving Hong Kong's successful anti-corruption system", *Asian Education and Development Studies*, 2017, pp. 227~237.

[410] Mao Y, Wong C S, Peng K Z., "Breaking institutionalized corruption: Is the experience of the Hong Kong Independent Commission Against Corruption generalizable?", *Asia Pacific Journal of Management*, 2013, pp. 1115~1124.

[411] Howe S W, Haigh Y., "Anticorruption Watchdog Accountability: The Limitations of Judicial Review's Ability to Guard the Guardians", *Australian Journal of Public Administration*, 2016, p. 75.

[412] Quah J., "Defying institutional failure: learning from the experiences of anti-corruption agencies in four Asian countries", *Crime, Law and Social Change*, 2010, pp. 23~54.

后 记

《中国监察法学》（第一版）乃2016年度中国法学会"研究阐释党的十八届六中全会精神"重点专项课题"监察立法研究"最终成果之一，系国家实行监察体制改革试点之后，第一部公开出版的监察法学教材。书稿的形成过程与《监察法》研究、论证和制定过程几乎同步。因此，未能充分反映监察体制改革实践和理论研究的最新成就。

以2018年修宪和《监察法》的颁布实施为标志，中国监察制度的主体框架基本形成。各级监察机关在实施《监察法》的过程中，做了许多有益的探索，形成了许多有益的经验。随后，《公职人员政务处分法》《监察官法》两部配套法律和首部监察法规《监察法实施条例》相继颁布实施，为构建完整的监察法治体系奠定了良好基础的同时，也对监察法学研究提出诸多新的任务。

为弥补第一版的缺陷，并尽可能全面反映监察法治体系的内容和监察工作实践的最新成就，尽可能吸收监察法治理论研究的创新性成果，经与中国政法大学出版社协商，历经两年多的时间，完成了《中国监察法学》（第一版）的全面修改工作。

监察制度是一项全新的制度。为推进监察制度的完善和有效运行，实务界和理论界都在作有益的探索。因此，《中国监察法学》的修改是一项未竟的工作，诚挚希望得到各界人士的批评指正。

江国华
2022年6月